U0920840

实战案例127

中国广告案例年鉴

2006

中国广告杂志社　编

中国出版集团

東方出版中心

序言：新传播背景上的广告策划

在30年不到的时间内，中国广告走过了不同寻常的发展道路。仅从经营额上来看，就是1000万到1500亿的巨变。中国广告像一个一路狂奔的巨人，让人目不暇接。2006年的广告同样走得有点匆忙，我们只能依稀看到它匆匆的背影。可是他的足迹却清晰地留了下来。这些印迹，就是一系列物化的广告实践。而作为凝聚着品牌策划与创意智慧并呈示着广告运作背景、过程与成果的广告案例，无疑是其中最为重要的组成部分。于是，我们的广告案例年鉴编辑工作又感受到更大的责任，那就是，我们每年不仅在编写一本书，而且在收留与纪录中国广告的一段伟大的历史。

如果说广告案例可以理解为“足迹”的话，那么，它们只能出现在特定的道路上。这就是广告案例产生与成长的背景。近年来，一系列革命性的传播变化正在构成一个被专家描述为“新传播的时代”，2006年的这种独特的新传播背景规定着广告案例的轨迹。

一、中国式的品牌化历程

世纪交替之际,世界历史中最重大的事件之一，就是占据全球人口1／5的中国大地上正在进行的市场化历程。在这个史无前例的变革中，品牌化在2005年以来无可置疑地成为中国的中心词汇，因为，中国要在未来20年中继续保持今天这样的成长速度，就必须完成从“中国制造”到“中国品牌”的转型。品牌的中国时代正在到来。但是，中国的文化与体制的独特性又对中国的品牌建设产生了非常重要的影响。使中国的品牌化历程具有独特的规律。

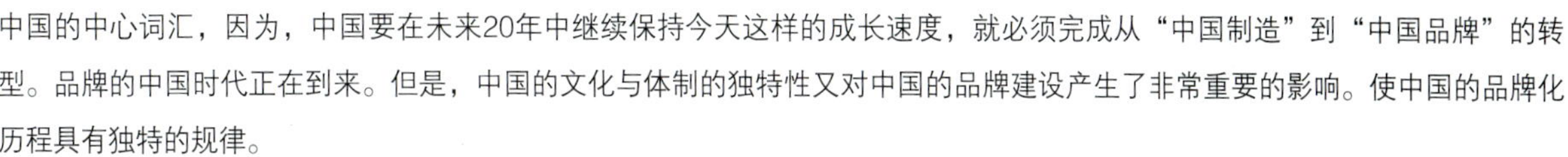

第一，品牌的短期突击行为成为一种趋势。大家可以发现，我们现在的企业营销策划，短期突击成为许多广告公司、品牌咨询公司帮助企业或为企业服务的重要手段。现在很多广告公司几乎都不是做品牌的，而是做销售来“卖货”。因为一说“卖货”广告主就很爱听。这样的短期突击和品牌的宗旨之间确实是有距离的，因为品牌是需要累积的，它需要一个长远的筹划、运作与传播。

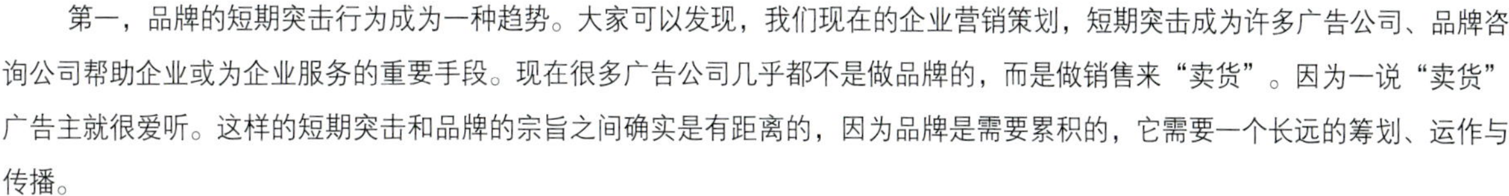

第二，我们的文化对于自上而下的传播方式有一种与生俱来的崇拜感，对于权威也有一种发自内心的认同，这可能与我们国家长期的大一统社会是有关系的。但是品牌的传播恰恰与这种自上而下的认定方式相悖，品牌的成长是由消费者的金钱堆积起来的，它是一种自下而上的积累方式。但是在我们周围，大家似乎并不能立即接受这种自下而上的积累方式，比如说，国内涌现出不少的“名牌推荐委员会”，还通过一些机构在搞品牌的“指导工作”，企图依靠政府力量来认证品牌。而自上而下的品牌运作也为企业所热衷。

第三，我们现在对品牌的思维方式太实了，“故事”和“印象”都是虚的东西，而这些恰恰是品牌的精髓。品牌是由两种形象组成的，一种就是实际形象，另一种是传播形象，其中传播形象决定了品牌的价值。现在很多企业都把品牌的实际形象很完整地体现出来，却没有塑造一个更好的传播形象。包括一些所谓名牌在内，都是从实的概念（产品）来理解品牌，而缺乏从虚的方面（附加值）提升品牌。

这一切，都对2006年的广告整体策划与创意带来深刻影响。体现为中国广告案例的某些重要特性。

二、新创意时代与超广告传播

创意，其实是采用各种手段强化与突出某种品牌与产品信息的方式。应该说，随着传播与信息的日益过剩，创意的价值只会越来越大。然而，业内某些习惯的广告创意方式，确实已经受到了现实的挑战。新创意正在成为一种趋势。

所谓的“新创意”究竟是怎么回事呢？我想，就是从个别的“小创意”到整体的“大创意”。这里表现为两个方面：首先，价值重点从个别创意技巧点扩展到对内能够整合各种形式与各种媒体传播，对外能够整合各种社会资源及人性资源的大创意概念；其次，价值重心从创意者的创意个性转移到接受者的反映状况，即品牌与产品信息能否被消费者注意，并完成有效沟通。

新创意的趋势正是在超广告的整合传播背景上发生的。如果说，前两年“超广告”还是一种理论探讨的话，现在就已经是一种现实。广告的话语开始挣脱广告行业的狭隘的视野，而成为广告公司、广告主与媒体共同的一个话语平台。同时，品牌的营销传播也开始挣脱广告的狭隘的空间。品牌传播的概念开始全面突破了广告的制约，企业投放逐渐摆脱单纯电视投放的模式，更注重与终端、活动与其他媒体（尤其是网络等新媒体）的整合传播；更注重与突击型营销的整合与配套；并开始从“线”状“块”状投放发展到“点”状投放。

读完这些案例，您会十分自然地感觉到新创意与超广告传播的背景，是如此有力地引导着近年来广告策划的走向。

三、新媒体改变传播格局

新媒体正在改变传统营销传播的格局。以分众为代表的“生活接触点网络化户外媒体”风生水起，而网络营销传播也咄咄逼人地闯入了我们的视野。新的媒体不仅在经营额上抢占了不少份额，而且在观念上也为自己找到了生长与发展的空间。

传统媒体是纵向传播的方式，越接近信息源的媒体价值越高；而新媒体以横向传播的形式构建网络化传播，越接近消费者生活形态的媒体（只要形成足够大的网络），越有可能形成价值。不管从中国还是世界传媒的历史看，传统媒体本质上都是宣传的产物。这就决定了它作为政治意识形态衍生物的位置，也决定了它先于消费者的生活而存在的属性，当然也就决定了其自上而下的纵向传播方式。而新媒体诞生与成长的动因却是来自于与消费者生活方式的融合。它跟随人的生活轨迹发生，人到哪儿它就到哪儿，进而形成有效的网络化的接触点。因此，它是生活意识形态的衍生物，而它的传播方式已经不是自上而下的，而是平行的横向传播。最为明显的特征，是它的内容的纯商业化、娱乐化与生活化。传统媒体自上而下的传播方式，决定传统媒体的核心价值之一——权威性。而新媒体从下游出发，渗透到消费者生活的每个层面，通过潜移默化的渗透力与网络化的接触点来影响消费者。

新媒体作为广告主媒体策略的一个方面，形成与传统媒体的互补，已经在发挥独特的作用。而随着人们对于新媒体的接受度的不断提升，新传媒会在某些产品的传播上发挥更加有效与独立的作用。这样，就为广告策划提供了全新的空间。新媒体的整体崛起对于广告策划与创意的影响是多方面的，不管在策划的深度与广度上，都形成极大的启示。可以这样大胆地认为，当营销传播的方式多元化成为现实时，一个整合营销传播的时代才真正开始了。

一位哲人说，太阳每一天都是新的；另一位哲人说，太阳底下没有新东西。事实上，创意人就像穿上红舞鞋的舞者，在广告的舞台上不倦地起舞，努力跳得优雅，跳得漂亮，跳得与众不同，虽然，他们（她）们永远跳不出历史的框架。

向每一位舞者致敬！

中国广告杂志社社长兼主编

2007.1.8

Content 目次

编辑说明

征稿情况：

《2006中国广告案例年鉴》于2006年6月起正式向全国广告公司与广告主征集2005-2006年度运作的广告案例，征稿要求所送案例必须为某一实际品牌的策划与创意。并由送稿者担任主要策划与创意工作。并必须经客户认可,进入实际执行阶段,有媒体执行成果。其间共收到国内240家单位符合上述要求的案例347套。

编选原则：

1. 入选作品必须无违反《中华人民共和国广告法》的内容。

2. 坚持案例“必须由送审者实际运作”与“完成媒体投放”的基本原则，对所有送审案例进行认真审核，杜绝“飞机稿”。

3. 强调案例的整体性原则，所送案例必须交代清楚策划与创意过程，如背景、条件、目的、战略、执行、效果等情景因素。

4. 强调案例的决胜点原则。考察案例解决问题的创造力与整合能力。

坚持宁缺毋滥原则，严格把关，最终入选87家公司所送案例127套，其中包括创意作品上千幅。这些案例的实际运作比例是100%，其中85%为首次发表。

编选方式：

年鉴编委会的18位广告与传播专家对参选作品进行严格审定，并确定基本体例与整体设计；中国广告编辑部担任常务编选工作。31位广告专家作为资深评委进行了评点工作。

基本体例：

基本依据行业分类原则排列，127套案例，共分为12个类别，并以此编制总目录。同时编制“入选广告公司索引”与“入选品牌索引”，查考十分方便。每篇案例前有案例简介，后有名家点评，便于学习。

特别说明：

1. 本年鉴要求收入近年来影响较大的所有广告案例，但有个别出色的案例由于保密、客户不许可以及尚在实施中等种种技术原因未能入选；

2. 本年鉴要求案例运作时间为2005-2006年间，但由于案例运作的周期性特征，不少案例的起始期较早，为尊重案例运作的规律，依然选入其中。

3. 本年鉴强调广告案例的实效性，因此要求送审单位提供执行效果。但所有数据都由送审单位提供，未经核实，仅供参考。同时，本年鉴认为这些效果应视为品牌、产品、销售力与广告力综合作用的结果。

Real Estate
房地产类

大正·雨曦城的“非理性”营销

广 告 主：大正地产 — “大正·雨曦城”项目

广告代理：贵州左与右营销策划

曾有人说，房地产市场成功的秘诀，地段是关键。但是当你拿到一块近乎鸡肋的土地时，怎么办？是放弃，还是继续？大正地产正面临这样的一个局面。在贵阳这样一个旅游城市，拿到的地没有山，没有水，如何找到大正的蓝海呢？针对自己的地理特点，房型结构，大正提出“BOBO”的概念，将传播重点放在年轻一族上。BOBO小镇的房主是一群生活充满个性的人类！仅有年轻是不够的，希望年轻人经历风雨后，成大气！风雨、阳光和生活成为项目的核心定位。传播上利用创新媒体、BOBO杂志和彩虹卡，有针对性地面对消费目标。最终圆满完成了整个项目的推广。

战争背景

近年来，能够在中国市场上呈现“祖国山河一片红”的产业当数房地产。

贵阳，曾一度被认为是西南地区房价最高的城市之一。在这样一个GDP相对较低的城市，出现这样的现象不能简单地用“不可思议”来掩盖其原因，就像越往农村走你会发现人们越看重名牌一样。当这些消费者被奉成“上帝”后，很多人需要“我用的是什么”，“我住在哪里”等等来加重受人尊重的砝码。当然，贵阳四面环山，可开发的土地有限，加之前十年城市发展较慢，使得“郊区生活化”一直不被人们所接受。现时，经济条件好了，交通状况得到很大的改善，人们开始追求舒适、自然的生活。而大多数长期拥挤在两城区的人们不断地向外膨胀，以及越来越多“都市外乡人”的涌入，成为推动贵阳房价不断高涨的主要原因。

在“土地为王”的地产时代，土地的储备量往往成为区别企业的象征。为此，大多数开发商都在进行“圈地运动”。作为一个有着十多年开发经验的多元化企业，大正不知为什么在“圈地”时仅圈到一块近乎“鸡肋”的土地。

就这样，在很多开发商大力宣扬自己的先天优势时，大正只能满足于“我也有米下锅”的条件了。当然，从规划草图上看，大正・雨曦城是一个不错的项目，遗憾的是规划草图上没有留下人们常见的“山”、“水”痕迹。亲临现场之后，我们更是为大正・雨曦城的“处境”紧紧地捏了一把汗——周边除了民房还是民房，把本项目包围得“像冬天怕冷的老人”一样，没有公共汽车可抵达。（毕竟，在我们的眼里大正・雨曦城无论如何都不是那种“用距离来区隔人群”的项目。）

战场分析

在同一时期，贵阳有近15个项目诞生，且都不约而同地做自己“天生丽质”的优势文章，再加上一些人文修饰来打造“精英”、“上层”、“名流”等等领地。几乎所有的都是“青山绿水”，或者“金碧辉煌”式的“上流”形象。有的是“上游生活”，有的是“公园里的家”，有的是“精英领地”，有的是“森呼吸”等等。

与其他项目相比，本项目唯一的长处是位处传统概念的两城区，或者更准确地说至少从地图上来看是这样。其实从项目所在地到城中心，和一些郊外项目所用时间都差不多（因为本地区的交通状况不好，基础设施较差，再者，项目所在地还是一个绝对的三乱地带）。当然，让开发商和我们坚信的是，政府在不久的将来会对该地区进行改造，这也是开发商对我们以及我们对消费者说得较多的话，有点为消费者“目光短浅”担忧的意味。

战略制定

无论“定位是不是屁”，但在如今的市场竞争中，我们都应该在适合自己和市场的前提下，努力寻找差异。

由于自身条件和市场因素，决定本项目不适合走一条“理性”的路，也不适合去对那些上层人士“说三道四”。我们没有山水，没有地理优势，没有自然环境优势，也没有排他的建筑特色。因此，我们的产品不是卖给那些多次置业的精英人士，而更多的是第一次置业者，是那些刚刚经历了太多生活压力而现在正好有条件改变自己的人。这些人群就像坐“城市巴士”的人群一样，要么较年轻，要么年龄较大。在这两种人群中，年龄偏大的在买房子时对广告的信任度很低，习惯对多个项目进行多次实地考察、反复比较后才决定是否置业，所以不是我们传播的重点。而与之相反的是年轻群体，他们对广告较为敏感，信任度也较高。加之本项目90m^{2}以下户型占多数，很适合年轻群体置业，所以我们将传播重点放在年轻一族，并提出“BOBO”的概念。BOBO概念的提出，在于赋予本项目一个与“BOBO族”一样的价值取向、生活姿态，即：居住在这里的人应该是心态年轻、敢于挑战、崇尚自由的群体。他们不放弃都市生活，追求自我挑战，讲究品位，崇尚心灵自由和感情世界的和谐完美，喜欢和朋友聊天、聚会和出游，是一群生活充满个性的人类。由于项目规模不算小，我们将大正・雨曦城一期命名为“BOBO小镇”。

对本项目而言，“年轻群体”只是目标人群的一部分，我们不可能将项目的定位锁定在“年轻化”之上，如果太“年轻化”，将会把另一个人群（文化差异很大的老年群体）排斥在外，甚至因为传播概念过于年轻化，致使这部分人群失去到现场看房的欲望。那么，在传播概念上如何兼顾两个文化矛盾的群体？如何做到在放弃过于年轻化传播概念的同时，又要吸引他们的关注？经过反复思考、论证后，我们决定采取近乎折中的办法，即：在对“中性”文化理念渲染、传播的同时，视觉表现上更偏向年轻群体，这就是我们对本项目的定位方向。

然而，怎样在这两个矛盾文化群体身上找到共同的契合点？其实对生活的理解就是他们最好的契合点。比如：向往美好的生活，知道自己希望快乐，多有些经历是生活的财富，知道生活需要很多风雨，向往阳光等等。这是人们长期以来形成的生活哲学，“不经历风雨，怎么见彩虹”。这就是我们对本项目的核心定位：风雨·阳光·生活。

战术执行

很多时候，我们无法改变外部的环境，但至少我们可以改变自己的思维方式，让不利因素向着有利方向发展。大正·雨曦城的不利因素在很大程度上给我们的推广带来一定的困难，但这何尝不是一件好事？“困难”让我们想得更多，做得更出色，正所谓“最美的风景总是在最险绝的地方”。

由于没有区位优势，没有环境优势，没有配套优势，没有……所以，在针对大正·雨曦城的推广问题上，一开始我们就站在“人”的层面，关注人的情感和居住感受，用感性的视觉和诚实的心态宣扬着一种生活。我们推广的不仅仅是房子，更是一种全新的居住文化——彩虹生活。彩虹象征一种希望、一种从容、一种美丽、一种生活态度，“彩虹”是大正·雨曦城社区的文化主题。在这一推广的过程中，我们秉承着循序渐进的原则，从定位的缘起到“彩虹生活”的营造，到推广方式，再到媒体的运用，每一步都凝聚心血。“寻求创新，力求差异化”是我们在推广的每一个阶段始终坚持的原则。

创新媒体：

1. 倾力打造BOBO杂志——《生活制造》，即楼书。以杂志形式做楼书，目的很明确：一是与其他楼书形成差异性；二是杂志更容易让人接受；三是杂志的重复阅读率和传阅率高，宣传面也较广，同时，杂志形式有利于楼盘宣传内容适时更新，有针对性地重点传播；四是传播渠道上有其他楼书无可比拟的地方，“BOBO杂志”传播渠道主要为咖啡吧、酒吧、酒店、娱乐场所和写字楼，针对的目标正好是大正·雨曦城所要争取的目标客户群；五是在信息传播中具有较强的实效性。

2. 大正“彩虹卡”——又叫大正集团一卡通，是通行于大正集团旗下企业（大正酒店、大正地产、大正快修、大正汽贸等）的VIP服务卡，持有“彩虹卡”客户主要权利为：优惠打折、VIP服务、享受大正旗下任何一个企业的尊贵服务与优惠等。该卡由大正集团制作、发放，目的在于整合大正集团下属企业的渠道客源优势，把所有大正集团旗下企业的渠道有机联合，以迅速储备客户。

点评：

本案最大的特点是定位准确：首先是市场定位，在贵阳各区域均囤积了大规模、产品类型相似的楼盘，竞争态势严峻的情况下，本案“笔走偏锋”，无论是价格还是营销思路都做出了准确的定位；其次是广告宣传定位，人们正在日益追求一种阳光、健康、开放、灵动的生活。正是基于这一点，本案做出了给人们带来一种全新的感觉，一种全新的生活方式的准确定位，突出“阳光、健康、开放、灵动”的主题，提出了“亲近自然、崇尚阳光”“健康社区、阳光生活”的口号；再次是消费目标定位：25岁~35岁的年轻群体，他们有思想、有学识、有抱负、有个性，虽然经济基础薄弱，但收入相对稳定；复次是设计定位，多为50-60、70—90平米之间的小户型，突出户型设计年轻的个性化、时尚化，如夹层空间设计等，增加其实用功能，满足其多种需要。

——邓相超

形象

电梯广告

形象

报纸广告

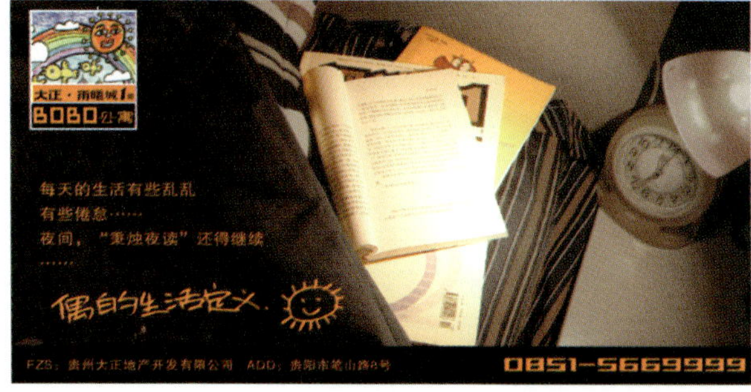

售楼处

墙体广告

车身广告

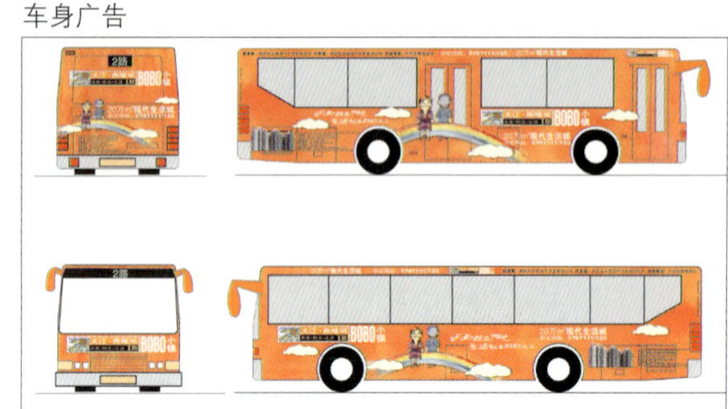

楼书和部分VI

汇景新城的品牌升华之路

广 告 主：侨鑫集团有限公司 —“汇景新城”项目

广告代理：广东省广告公司

汇景新城所面临的是整个区的竞争，与整个广州几大地产巨头的竞争。以“新亚洲”概念作为主线的推广日渐需要新的理念注入提起兴奋点。因此，“上城”则成为了06年推广的核心词，这不仅仅局限于一期组团的推广，而是将其作为一个区、一个城的概念来加以认识。继承了新亚洲理念的同时又发展了新的起点。

从自身品牌发展来看，唯有不断创新升华的品牌，才能永续发展

一、2001年8月-2002年3月，国际豪宅社区与新都市主义——树立形象

二、2002年4月-2002年10月，都市别墅产品和国际教育体系——产品认可

三、2002年11月-2003年12月，融会东方建筑精粹和发现新亚洲之美——品牌确立

四、2004年 4 月，“势在新亚洲”——汇景品牌成长

五、2004年9-12月，“发现新亚洲建筑”——进入巅峰

六、2005年4月，“绽放新亚洲建筑”——进入创新

在已有品牌高度的基础上，以下是我们2005年推广的两大任务：

一、维护与推进广州豪宅第一品牌

二、不断挑战自我，引领需求，强势推出汇景品牌新形象

从市场竞争来看，面临整个珠江新城的激烈竞争，不能单独比拼硬件

进入2006年，随着珠江新城CBD建设的切实推进，合生、中海、富力、合景等发展商重地屯兵，高端楼盘纷纷涌现。凭借市政利好、地段稀缺性与投资价值的优势，这里无疑是我们最应关注的竞争区域。

可以这样说，现在的汇景新城，面临的不是单个盘的竞争，而是整个区的竞争；不是单个发展商的竞争，而是与整个广州几大地产巨头的竞争。市场竞争日益加剧，单独比拼硬件，难免淹没于市场硝烟中，而硬件本来就是见仁见智的因素，难有绝对的说服力。

从买家认知来看，需要在新亚洲理念上注入新的兴奋点

5年来，以“新亚洲”概念作为主线的推广，在买家中已经深入人心，但在新环境新形势下也提出了新要求。如何在新亚洲概念的高度上，融入新内涵进一步升华，给予市场和买家新的兴奋点?

从国外豪宅发展来看，每一个国际化大都市，都有一个上城！

我们看到，在国外只有能吸引名流聚居的富人区豪宅，才能历经时间锤炼令人恒久仰望：

在纽约，曼哈顿上东区；在巴黎，是十六区；在加州，是Orange Country……

不管具体名字是什么，在国际上，都把这样的地方称为“上城”，它们都是各自城市文明的最高象征，透视解析“上城”，先直观性感受它们所给予世人的印象——

尽管地点、时差不同，上城的本质却有极大共性

上 城

解析上城的三个层面

上 城	上 层	上 乘
⬇	⬇	⬇
确立上城的第一个条件	确立上城的第二个条件	确立上城的第三个条件
城市中心地段+优美自然环境	高尚人文环境+纯粹私秘生活	完善生活配套+经典建筑气质
⬇	⬇	⬇
上城・地位：占据城市价值最高贵的地段	上层・人群：城市中最优雅的名流圈子	上乘・配套：完善高尚的配套设施
上城・环境：整座城市绝无仅有的生态环境	上城・氛围：同质而居、高尚纯粹	上城・建筑：象征城市文明的建筑经典

那么，作为21世纪的广州，哪里才是上城?

三大标准体系，在广州的上城——汇景新城，同样得以成立

上城地位：

汇景新城与每个CBD都保持恰到好处的距离！

山水是上城的天然屏障

广州的CBD不断变换，汇景新城的上城地位始终不变！

SPLENDID NEW ASIA
无色 有 万千姿彩

SPLENDID NEW ASIA
无形 有 境界无限

SPLENDID NEW ASIA
无巧 有 意趣无穷

SPLENDID NEW ASIA
无声 有 天籁入耳

上层人文：

在上城居住，从来只属于少数人！

只有高尚的名流，才一步步地走来这里！

从国际名校的建立，到汇景阶层的形成，汇景新城始终追求人文的纯粹与高尚！

“看不见”的上城生活

上乘品质：

在CBD散步都排队，在上城，整条林阴道都是一个人的！

上城的建筑不只是创新，更能历经时间的考验！

不是被时间支配，而是去支配时间！

在别的地方，孩子穿过大马路上学；在上城，孩子走过林阴道去名校！

广州的上城——汇景新城！

因此，我们把汇景2006年推广的核心词定为“上城”。

同时，这一主题，并不仅仅局限于一期组团的推广，而应该提升高度，将其作为一个区、一种城的概念来加以认识。在推广线上，涵盖C23及C789组团，形成上城双曲。既实现对于汇景品牌、新亚洲理念的继承与发展，又扩大规模来针对珠江新城区域的竞争。

第一部曲：上城·峰境推广

时间：2006年4月-8月

从市场竞争来看，商务之城与生活之城正是差异化竞争的立足点

之前我们提到，在未来的发展中，唯一能够与汇景新城媲美的板块的是珠江新城板块

那么，对待珠江新城是一比高下还是和谐发展呢?

珠江新城是一个中央商务区，对高质的居住并不适合。

汇景新城，生活之城

对于汇景新城来说，不论是与CBD所保持的恰到好处之距离，还是五重自然景观涵养的生活，还是大手笔国际配套，甚至是数千位同质而居凝聚的“汇景阶层”，无一不彰显生活之城魅力，这正是我们可资采用的差异化策略立足点。

在差异化的策略中，汇景新城还将继续打造与提升广州“生活之城”的高端品牌形象。

由此，针对本案开篇提出的第一任务我们可作出明确的回答——

维护与推进汇景新城广州豪宅第一品牌，实质是在“上城”主题的统帅下，将汇景新城的生活之城进行完美的演绎。

上城·峰境推广三步走：

“上城·峰境”是上城概念下的第一个产品，除自身组团利益点外，很重要的一个任务是引入“上城”概念，因此其推广我们踏实进行三步走——

STEP1：建立高度，溯源，建立上城价值标准。承接广州的上城——汇景新城。

时间：4月上旬-5月初

通过对上城的溯源，让市场了解上城是什么，从而提炼出确立上城的标准体系，并迅速承接为汇景新城是广州唯一的上城！在这个阶段，主要以“汇景新城，广州的上城”为主线，并将与珠江新城的对比贯穿始终，在五一前，集中“生活之城与商务之城”、“生活中心与商务中心”两个点进行阐释。

推广手段

报纸硬稿系列：建立上城的高度，并通过上城溯源，清晰建立上城的标准体系，并针对珠江新城进行卖点体系的传播

夹报及画册：针对论点，有理有据地进行信息传递

Favorview Palace
天河·汇景新城
有些城是商务的城，
UP TOWN
上城
是生活的城
广州的上城——汇景新城
中央组团[上城·峰境]即将推出！
销售热线：85291188 85291288
www.favorviewpalace.com
现场地址：广州市天河区广园东路、五山路回旋处(汇景路)
开发商：
富鑫地產

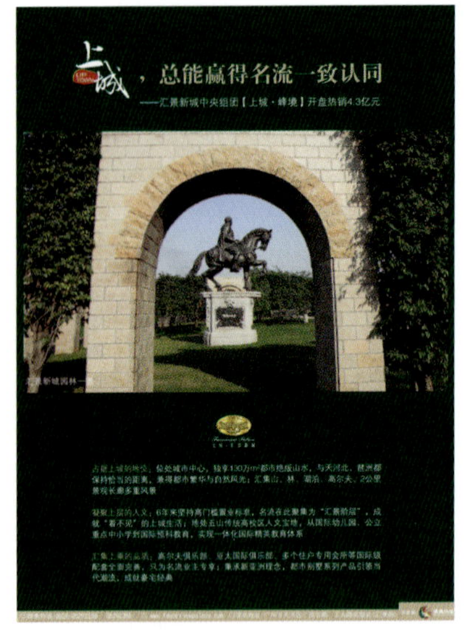

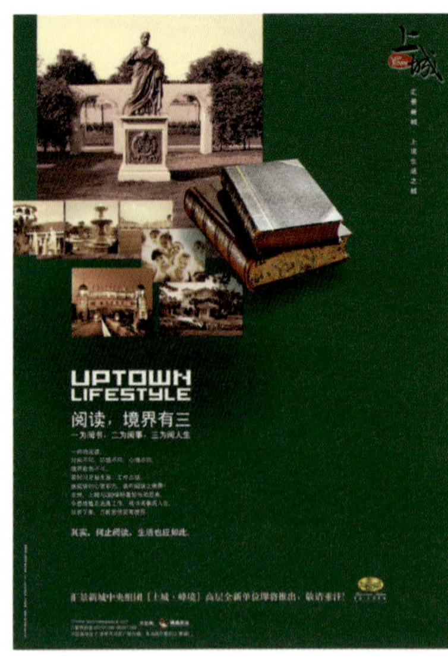

电视：通过人物代言方式传达上城精神核心

户外：明确提出观点，高调性地引发市场关注

STEP2：汇景新城，上流生活之城

时间：5月中旬—6月底

在上城概念的统筹下，将宣传重点逐步转移到生活上面来，通过渲染生活氛围、生活境界阻击竞争对手

辅线：人文角度营销——上城故事系列：业主访谈以情动人，生活感言以真取信

以访谈形式，邀请汇景业主现身说法，结合汇景大社区的丰富资源，来展现汇景阶层对生活的态度，对内增强社区凝聚力，对外则加强吸引力。

STEP3：“居高，各有所享，方有高下”，“生活境界，高低立现”

从7月初开始，上城·峰境推出高层单位，在延续上城概念的同时，结合此契机，通过商务之城珠江新城高层生活与生活之城汇景新城高层生活的对比，来表现“生活境界，高低立现”，展现我们的态度与独到优势，打动消费者。

生活化场景报广系列——

"居高，各有所见，方有高下！在CBD，凭栏只见车水马龙，侧耳只闻喧嚣嘈杂；而在上城，天河北绝版山水之间，5公里无遮拦绿色视野，只是居高生活之基本，更有风景可观，园林可享，鲜氧可闻，天籁可听。生活境界，高低立现。"

家族荣耀，由此开始

家族的荣耀之所以值得长久地延续，

是源于积累与历练，

非凡人物千锤百炼，以瞩目成就，把家族发展推向新高度。

家族的荣耀之所以能够长久地延续，

是源于荣誉与自信，更源于一座与之匹配的传世大宅，

成就家族最高象征，一生相伴，世代相传。

汇景新城[上城·勋堡]，承继汇景新城非凡地位

以唯一三次蝉联"中国十大超级豪宅"之不凡气度，

令家族荣耀，由此开始。

上城·峰境推广小结：

至此，随着以上稿件的出街，与热烈的市场、业界反应，上城·峰境高层单位开盘当天就创造了95%的销售率，汇景产品赢得了更大市场，很好地完成了维护与推进汇景新城广州豪宅第一品牌这一任务。

实际上，要根本性地完成这一任务，就必须对汇景新城的上流生活之城进行更加完美的演绎，也就跳至我们要讲的第二个任务以及新组团的推广。

第二任务：

不断挑战自我，引领需求，强势推出汇景品牌新形象

第二部曲：上城·勋堡推广

时间：2006年9月至年底

前期推广主要论点：

上城溯源——每一个国际化大都市，都有一个上城！

上城标准——上城地位、上层人文、上乘品质

上城定位——上流生活之城

前期针对市场竞争进行占位与演绎，打造上城形象。接下来的C6组团，正是我们再度提升品牌的契机。借此，我们着力延续上城概念，挖掘组团的核心价值，以鲜明的新组团形象，将上城概念继续升华、深化，生动地将上城生活品质演绎出来。

寻找C6主题定位方向——从概念的泛化，到定位的锐化

品牌推广的历程，必然经历两个阶段，第一阶段，乃是对既定概念的普遍化、最大化利用，那么接下来到了下一个阶段，则要考虑对于前期品牌概念的锐化处理，一是整体大概念不断增添新的元素，二是磨尖品牌之矛，令推广更具针对性。

而上城第二部曲C6组团的实际情况，也迫切需要如此考虑。C6组团的特色非常明显，乃是法式建筑风格。那么上城的精神源头就从之前的普遍规律，锐化为对法国上城、或者说是法国上层社会的溯源。

由此厘清C6的核心定位优势：

亮点一：极品大宅

通过研究发现，C6组团占有最中央的区位、最丰富的景观、最齐全的配套、最大气的设计以及最稀缺的大度套型、最豪华精致的装修，可以说，该组团集中了汇景最优势的资源，可谓“极品”大宅！

亮点二：法式风尚

继续深入分析，我们还发现该组团的另一亮点：法式建筑风格已融入到产品设计中的每一处细节！

我们知道，享受生活正是法国历史的重要组成，对生活的精致化、高尚化享受早已提升为阶级的划分标准，更由此衍生出上层阶级专属的艺术，文化，运动，娱乐，服务，时尚，教育的丰富生活体系。法兰西的上层生活体系，与上城所表现的“上流生活品质”十分吻合。而从目前广州市场角度来看，真正在讲法式的项目屈指可数，而C6组团恰恰具备这样的条件。

法式不是风格，而是精神的昭示；传世不是叫嚣，而是规律的洞察。

新组团的定位，绝不只是简单地宣扬一种风格，或者肤浅地卖弄风格。法式风尚，与传世大宅之间，其实有着深层的关系。在法国的上层社会，总存在着这样一种规律，但凡上层阶级专属的事物，总具有传承性。非凡人物历经千锤百炼，取得瞩目成就，不断把家族发展推向新高度。而一座与之匹配的极品大宅，成就了家族的最高象征，一生相伴，世代相传。我们完全可以说，属于上城的极品大宅，实际上就是“传世大宅”！至此，我们确立了C6的产品定位——法式风尚，传世大宅！

消费者定位分析：基业之上，更追求家业

通过以上分析，我们完成了新组团的产品定位，市场是否接受这个概念呢？我们来看目标消费群分析。

经过6年发展，汇景已聚集了众多跨国集团高管、外国驻穗领事、企业家、律师、海归人士、高级公务员等高素质业主，凝聚出名闻遐迩的“汇景阶层”，在高端群体中享有极高的美誉度。这群人，在居所上，对环境、人文、享受、教育等各方

面的品质都有极高的要求。在一生中，不仅自己追求、成就了非凡的基业，更把这种追求扩大到家族层面，追求家业。

对于他们来说，房子不光是住，还涉及身份、家族文化沉淀、传承等一系列因素，要让多少代都觉得买这个房子是值的：对于自己，是身份和地位的象征，社会圈子的认可；对于后代，是种激励，鼓励他们不仅要传承，更要超越；对于前人，是种荣耀，证明自己的努力与成绩，可以光宗耀祖。而“法式风尚，传世大宅”正好满足了他们的诸多高端需求。至此，组团命名[上城・勋堡]也便水到渠成。

[上城・勋堡]推广四步走：

第一阶段：

时间：9月下旬至10月中旬

重点：立足于整个社区形象，与目标消费者进行心理互动

主题：从“家族荣耀，由此开始”切入，强化整体形象

第二阶段：

时间：10.7—10.22

重点：清晰明确地传达新组团定位，宣告即将推出的信息

主题：宣扬“法式组团，极品大宅”的主题

稿件分布：①新组团法式形象；②新组团法式泳湖；③新组团中区会所

第三阶段：

时间：10.23—10.31

重点：展示新组团在户型上大空间、创新设计的优势

主题：延续定位，从“法式风尚”偏重到“传世大宅”，突显室内空间

第四阶段：

时间：11月—12月

重点：在十一为销售主要诉求组团本身之后，转而继续强化社区形象

主题：延续“主导生活的乐趣”，将其延展开来

稿件分布：①时间；②享受配套；③人文圈子；④空间；⑤风景；⑥教育

点评：

本案以“上城”、“豪宅”、“高居”、“极品”等词汇，并“以2公里长中央步行景观风情长廊作为规划轴线”的国际规划思路来突出和强化该楼盘的非同一般和国际化高贵品位，以和目标消费群体的“期待视野”相吻合。在房地产开发同质化较为严重的今天，毫无疑问，汇景新城走出了一条差异化设计、差异化营销的新路子，并且销售事实证明这条路走对了。

另外，所有的整合营销传播的符号无不在强化突出“人・自然・都市”的现代国际生活理念，和塑造都市中心别墅，既有都市的繁华快捷，又兼享青山绿水的宜人景色，集生态化、智能化、国际化的社区功能于一体。

——邓相超

尚东系，营造差异化的品牌形象

广 告 主：杰伟置业——尚东系楼盘

广告代理：广东省广告公司

该案例以纽约上东区为蓝本，意欲在广州CBD珠江新城重塑一个“高智商、高见识、高收入”的社会名流聚集地，并直接命名其为“尚东”。利用这个平台，代理公司帮助发展商整合了珠江新城地块的三个单项目，并以“尚东人”统一之。“一群人，荣耀一座城”，这句口号是本案的精华所在，以此避免沦为与周边其他竞争楼盘同质化的火拼，从传统的“以楼为本”，走向了“以人为本”。

展望面临的市场：在广州这样的成熟型地产市场，产品日趋严重的同质化是客观事实。于广告而言，有什么样的空间，有什么样的园林，有什么样的物管，已经是一种大同小异的诉求，人们对于广告的免疫力越来越强，什么样的卖点诉求，于消费者而言，是大同小异……

浏览我们的项目：广州CBD珠江新城内，三个系列项目尚东·宏御、尚东·美御、尚东·瀚御，占地分别为1万m^2左右、2万m^2、2万m^2……

立足于市场，我们如何跳脱出同质化的泥潭，如何去引发目标受众足够的关注度与好感度，最终驱动消费者的购买力?

推广核心的深入思索

在烽烟四起的珠江新城，尚东如何占据一席之地?

尚东占据广州CBD珠江新城的优越地段，享受广州歌剧院、广州博物馆等诸多高品位配套，但我们发现，小小的珠江新城内，楼市风起云涌，同期在售的项目，达到20个以上，它们同样共享珠江新城的配套。

尚东三大项目，环珠江公园而立，但我们同样发现，中海观园、誉峰等项目，正望珠江公园的角度比尚东更好。

尚东·宏御，地铁上盖，但我们同样发现，中海花城湾同样是地铁上盖，更有多个项目邻近地铁站。

尚东的发展商，在广州有较高的品牌认知，但在同区域内，中海、富力、合景泰富、保利等大型实力发展商云集。

尚东的产品，确实是高品质的，但在同样高品质产品繁多的珠江新城，还未能脱颖而出。

那么，以怎样的角度，去营造尚东的差异化形象，以怎样的手段，让整个市场眼前一亮?

思考一：超越单个项目之上，以“尚东系”建立更高平台

尚东的系列项目，每一个项目占地都不大，是三个分散的小地块。我们却从中抓住了它们的关联，从而以独有的角度，营造尚东不一样的平台：

其一，尚东·宏御、尚东·美御、尚东·瀚御，三大项目，环绕珠江公园而立，从三个不同的角度，望珠江公园，同时在珠江新城的每一个区域，都有不同的居住格调，比如尚东·宏御周边的精英文化，比如尚东·美御周边的豪宅一条街。尚东的三个地块分布，形成一个整体的系统，满足高尚人群对于居住审美的不同需求。这是解决了一个楼盘所不能解决的问题。

其二，尚东·宏御的户型，以140m^2为主，尚东·美御的户型，在160–170m^2之间，尚东·瀚御达到200m^2以上，户型自成梯次，形成一个完整、选择丰富、却又保持每一个社区单纯性的整体。因此，我们建构出一个全新的概念——尚东系，这是一种全新的、科学的板块化地产营运模式，一个完整的、科学的、先进的、独特的居住体系，它拥有单个项目无可比拟的优越性。

通过“尚东系”，让我们的项目，从一开始，即站在不同寻常的高度，引发全城瞩目。

思考二：从以楼为本到以人为主，以“尚东人”建构更深度传播

与竞争对手同样的位置，同样的配套，甚至同样的产品，尚东如何去营造非同一般的形象，以引发目标人群的关注?

经过深入的思考，与发展商的深入沟通，我们找到一个可以与竞争对手不同的诉求角度。当其他项目都在炫耀珠江新城的地段，炫耀家门前的珠江公园，炫耀自己产品的时候，我们发现，在珠江新城这个国际的大舞台，有一群独特的、对于城市有巨大影响力的人，他们是尚东最主要的目标客户群，他们是城市不断向上的力量，他们保持着不断向上的精神，他们更认同这种精神的沟通。

这群人，在美国的曼哈顿，可以找到类似的模板——

1876年，纽约曼哈顿中央公园建成。

在纽约这个傲视国际的大都市，在曼哈顿这个纽约的CBD，寸土寸金的CBD中心，却有一个340公顷面积的中央公园。

就在中央公园的东边，第五大道上，一群高智商、高见识、高收入人士，修建豪华寓所，从此这里便成为社会名流的聚集地，上东区已初具雏形。

顺应他们对精神的需求，一些著名的博物馆紧随其后拔地而起，如大都会、Guggenheim、Frick和Whitney等博物馆。

而位于上东区的麦迪逊大道，逐渐形成零售形式的高级商业街，几乎所有世界顶级时尚专卖店都能在麦迪逊大道找到。

纽约最好的私立学校、私人俱乐部也纷纷落址上东。

在纽约，18%的公共关系和广告经理，21%的管理分析师和14%的促销代理，16%的经济学家……都居住在上东区。

正是因为这样一群足以荣耀整个城市的人，在城市荣耀之处，占有堪称荣耀的资源，进而上升为荣耀的生活标签，上东区因此而名闻遐迩。

在广州，在珠江新城，同样有一群“尚东人”——

他们是集体的灵魂，又或是一个公司的支柱，掌控这个城市的现金流与文化流，他们享受城市中流砥柱的成就感，同样他们运用自我的掌控力，为整个社会营造巨额价值。

因为高人一等的见识，足以让人心悦诚服。信心十足的观点，让他们影响周围甚至整个社会，他们的言论，左右这个时代的方向，他们是城市当之无愧的舆论领袖。

当别人在追求成功的时候，他们已经在享受不断成功的乐趣；整个城市都在仰望他们的背影，他们永远仰望天际……在他们前进的路上，唯一的参照物，只有自己，最需要超越的，永远只是自己！

总而言之，他们是城市最具影响力的一群人，以一群人的力量，铸就一个城市经济的荣耀、文化的荣耀、精神的荣耀……

我们可以这样概括他们——“一群人，荣耀一座城！”

至此，尚东的传播核心横空出世，以“尚东人”为诉求，传播“一群人，荣耀一座城”的阶层精神，引发心理共鸣。

推广策略的步步深入

在核心的旗帜下，一步一个脚印地建构项目形象

第一步：高举“尚东系”的旗帜，凌驾于单项目之上

这一阶段，我们需要解决的问题在于，让人们认知“尚东系”的概念，让尚东立于更高的平台之上，超脱于单项目的竞争。

因此，我们使用“谁来荣耀珠江新城？”“尚东系，在珠江新城建筑精神！”两篇广告，以设问与回答的方式，旗帜鲜明地提出“尚东系”的概念。

告诉消费者，一个真正的精英聚居之地，绝不仅仅是一个高档社区，而是一个更具影响力和包容性的泛精英居住区，形成了一个区域的特殊人文氛围、明确的身份象征以及绝对的生活享受。尚东系，就是以环珠江公园的三个地块，以一个科学的体系化概念贯穿。尚东·宏御、尚东·美御、尚东·瀚御共同组成尚东系一个庞大的居住体系，并将不断扩充尚东系的容量，以形成更具科学性、完整性与丰富性的尚东人群聚居地。

这样一个推广理念的推出，从全新的角度，唤起受众的心理认知。阶层聚居，充分迎合了“尚东”人群的心理诉求。

第二步：为人群定性，促使目标人群对号入座

这一阶段，我们需要解决的问题在于，旗帜鲜明地提出我们的推广主张，让目标受众产生自我认同，从而关注尚东。

因此，我们使用“一群人，荣耀一座城！”的稿件：金融环境、企业大势、资金流动、文化走向……这个城市，所有开创盛世的荣耀之处，总记载他们的尊贵名讳。“有些人因为城市而骄傲，有些城市因为人而闻名!”尚东人的肩膀，托起整个城市。

为目标人群定性，促成目标人群的对号入座。通过对报纸、网络等线上媒介关于“尚东人”的共性展现，唤起他们的共鸣，促成对于尚东的关注。

第三步：以精神的沟通，做深层的说服

这一阶段，我们需要解决的问题在于，对目标人群进行精神的沟通，做深层的说服，让他们产生心理的共鸣，从而认知

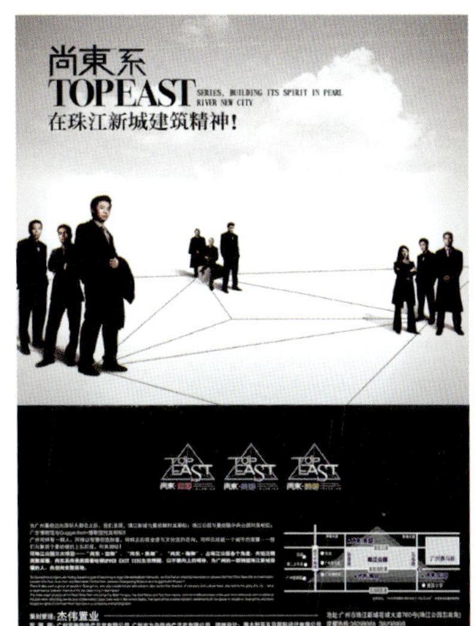

三大项目统一独特的围墙包装，成为珠江新城一道最耀眼的风景

楼书等物料高度整合，整体形象再次提升

尚东是为他们这群人度身定做的，这里是一种本族群的阶层居住，定居于此，是最适合的选择。

因此，我们使用“最需要超越的，永远是自己！”、“之前，成功是成就自己，之后，成功是成就别人！”、“与优雅的人，一起优雅的聚居！”等广告稿件，描述目标人群的精神状态，引发他们的深度共鸣，从而真正认同我们的项目，使其意识到尚东系就是他们居住的最佳选择。

用气质化的包装，塑造一个高端的形象

除去线上的传播，我们同样在现场等方面，做出了独特的创造。

在同一时间，在三个项目的地块上，出现了一组金属材质的围墙，统一材质，统一风格，仅从颜色及LOGO的组合上区分，让人一看就能把三大项目联系在一起，从而把三大项目整合在尚东系的统一命题之下。

整个围墙的设计，现代、大气、高档，大面积的金属材质，占据珠江新城的交通主干道，无疑是三块巨型的围墙，释放出巨大的传播张力，不仅让人感知到项目的档次，“一群人，荣耀一座城”的主张，更是因此深入目标人群的心中，为开盘储备了大量的客源。

在项目统一的调性之下，物料部分统合到整个广告推广的风格之下，从金属材质的围墙，到金属材质的楼书，我们把形象统一做到极致。

文化、格调、国际的设计，结合项目理念的缘起，尚东人精神的阐述，与项目本身优势的传达，让人立即感受到尚东非同反响之处。

策略总结

1. 三个项目整合而成“尚东系”，绝对是一次全新的尝试，让项目一开始就具有一个不一样的，超越于单个项目之上的高度。

2. 以“尚东人”为核心的推广诉求，以精神内核与人沟通，引发心理共鸣，是一种更为深度的说服。

3. 有步骤有理有序的策略执行，线上传播、线下传播调性的高度统一，最有效地形成了个性化的形象。

点评：

知己知彼，百战不殆。

这是形容省广的这个案例的最好表述。

广告公司在打仗！他们清醒地洞察到了珠江新城区域尽管具有无可比拟的地段优势，但是产品同质化的倾向严重，再人云亦云地跟风诉求地段可能是一条不归路。所以在策略层面需要有更高的立意。

做广告，越往后会越难。因为产品的同质化会让广告人越来越难找到独特的功能卖点。假如用功能不足以诱惑人欲了，剩下的手段，只有用情绪去攻人心了。在尚东，“一群人”并不仅仅是一群人，而是一群“人心”，人心所向，往往无坚不摧。

——王 放

锦绣泉城，借城市营销构建品牌价值

广 告 主：山东中齐房地产开发有限公司—“锦绣泉城”项目

广告代理：山东潜意识广告有限公司

“家家泉水，户户垂杨”的园林意境在如今的济南已越来越远，锦绣泉城项目在全国首次提出“泉态社区”概念，重现济南泉城风韵，以营造一个“感动整个济南”的楼盘为目标。上市报广以“追忆城市”为主题，内部认购期以“感受城市”来提升项目形象，最后阶段彰显项目的“现代”感，突出项目卖点。同时配合房车文化节城市印象摄影暨征文大赛、话剧欣赏等活动增强影响力。借城市营销构建品牌价值，使该项目在济南形成良好形象的同时，也在全国楼市普遍低迷的大环境中取得了极佳的业绩。

项目背景：乡归何处

济南因为有上天的眷恋，所以有一汪汪甘泉；济南因为有一汪汪甘泉，所以有了神话般的生活，“过去不用出门，躺在床上都听得见汩汩的流水声”……

然而，随着济南朝繁华都市迈进的脚步，恍然驻足，我们才发现：泉城丢了！

济南曾经引以为豪的泉水，正以惊人的速度递减，“家家泉水，户户垂杨”的生活，已然越来越远。与此同时，“拆”已成为使用频率极高的词汇，出现在建筑物身上，就如一个个惊心触目的疤痕。荼毒之后的城市，宝贵的文明传统被割断，新城市对未来表现得无所适从，只好一味地抄袭，拆了又建建了又拆，无休止地折腾。

世界上有数以千计的海滨城市，但只有一个泉水城市。济南，本是世界上最具魅力的城市，现在却只能从公园里的栅栏后面和滞销的济南历史书籍中寻找。一座座舶来建筑蒙住了我们的眼睛，没有了依守泉边的生活，我们的“家”在哪儿？

项目解读：采一城之色成锦绣

锦绣泉城是山东中齐房地产开发有限公司继成功开发“齐鲁世纪园”和“泉印兰亭”后，倾情推出的又一力作。项目位于济南东部新城区核心位置，既能抛开工作走进生活，又能迅疾由生活投入工作；项目占地160余亩，总建筑面积约26万平方米，建筑简约现代；人车分流、底层架空等社区规划，无不体现以人为本的理念；并首次提出“泉态社区”概念。

由国际顶级景观设计公司美国易道主笔园林规划，萃取济南本土文脉中的基本元素，采用后现代主义手法，打造出既符合世界与时代潮流又不失济南本土人文特色的泉态园林景观。作为社区的点睛之笔，10000平方米的中央湖区成为锦绣泉城最大的水系，同时各组团空间水景与其呼应，辅之以喷泉、跌水等现代水景形式，成为社区水文化的集中体现。广告要解决其他渠道无法解决的问题，而不只是单纯地将广告作为“产品说明书”。对于高档项目而言，浅层面的展示与说明，尤其无法真正体现其品牌价值。而品牌价值所带来的产品附加值，恰恰是高档项目在销售推广中的决胜手段。

因此，我们接手项目后，面对的首要问题便是：社区由谁来住？社区与目标人群共同的气质，或者说我们的品牌主张是什么？用什么方式来传播这种气质？即推广中，我们“对谁说”、“说什么”与“怎么说”的问题。

目标人群解读

消费者不是专家，他们往往很难准确说出自己喜欢何种风格的社区、建筑与户型，因此我们要以我们对社区的构想，去吸引目标人群，引导市场需求。所以我们的广告不仅是传播、促销的工具，也是区隔消费者的重要途径。

我们建筑尊重地脉与地域人文的产品，并试图通过产品传递一种感受、一种气质，社区成型后应当使人感受到它的价值感、文化感，而不是一种简单的舶来品或一味的复古。

项目的定位及价位，决定了城市的中产阶层是我们的买家。目标人群阶层尤其是我们主诉人群的文化层次，决定其消费行为背后，隐藏着许多文化层面的因素，单纯地为满足生理需求或纯物质化的消费模式，对他们不能构成最强的吸引力；若能将消费与精神愉悦联系在一起，就能较容易地打动他们的心。而广告及软性宣传文章对他们消费行为的影响不可低估，传递的信息如果能与他们产生共鸣，或有独到价值，他们会欣然接受。他们需要轻松、舒适、温馨、自由自在的生活气质，这要求广告设计、软性文章要凸显舒适文化风格，引发气质的共鸣。

项目立意：依守泉边的生活

泉水可以复涌，老建筑拆了就不能复原；流行歌曲可以重复，吕剧若是失传却不能重新来过。建筑是城市成长的最好见证，保护它们就是保护城市的历史文脉，我们要给子孙后代留下一笔丰富的文化遗产。

罐装饮料飞溢的泡沫和老济南的掬泉泡茶不是取舍关系，奔驰宝马撒欢儿的柏油路和冒着汩汩清泉的石板街不是取舍关系，花园洋房和家家泉水同样不是取舍关系！就像儿时对家园的美好记忆不会被现在的幸福生活取代一样！我们应该记录生

锦綉泉城
SPLENDID SPRING CITY
住在济南的理由
门前那条冒着汩汩清泉的石板路
全世界只有一条……
TEL. 8326111. 8326222

锦綉泉城
SPLENDID SPRING CITY
住在济南的理由
推开门就有清泉冒出的大院儿，
全世界只有一处……
TEL. 8326111. 8326222

锦綉泉城
住在济南的理由
泉水洗菜，泉水烧茶，泉水洗衣的生活
全世界只有一处……
TEL. 8326111. 8326222

锦綉泉城
SPLENDID SPRING CITY
住在济南的理由
泉水叮咚的梦境，
全世界只有济南……
TEL. 8326111. 8326222

豪放的城市
锦綉泉城
SPLENDID SPRING CITY
住在济南的理由
TEL：8326111. 8326222

婉约的城市
锦綉泉城
SPLENDID SPRING CITY
住在济南的理由
TEL：8326111. 8326222

活，提醒我们自己和我们的后人，济南曾有过怎样的前世今生，应该怎样留住我们的济南……

仁厚的济南需要纯粹的建筑。锦绣泉城，一座可以留下济南的建筑，一座带着我们重回泉边的建筑，一座具有诗意的现代生活建筑。

因此，锦绣泉城的目标是营造一个“感动整个济南”的楼盘——它让济南人看到失去的记忆，让济南人找到一个文明古城震撼心灵的归属感；锦绣泉城又将是济南的“城市名片”——它应当成为济南房地产行业的旗帜，成为济南人的骄傲；锦绣泉城还将是济南中产阶层的榜样居所——锦绣泉城专为这样一群人打造：他们是“新济南”崛起的领导力量，他们是“新济南”变革、成长的中坚，他们是这个城市新兴的中产阶层，锦绣泉城则代表了济南新兴中产阶层的欲望和梦想。

推广定位：如何有感觉的传达

项目对于消费者的意义不仅仅是居住，项目的价值感不应仅表现在物质上，更重要的是项目精神层面的价值与内涵是否与消费者的追求相符。因此，项目气质是最能体现产品价值的所在，并且必须贯穿整个推广的始终。

“没有一种潮流能够替代济南人依守泉边的生活”，在现实中复原记忆中的故乡，阐发与时代辉映的地域人居理想，根据产品特点及地域特点，结合消费人群心理需求，确定项目的slogan为：“依守泉边的生活”与“住在济南的理由”，二者互为补充，实为一体。

广告语充分展现了项目鲜明的开发立意及其特有的文化居住氛围，传达出深厚的精神内涵，完全确立了项目的个性。

阶段推广：

以鲜明风格创造品牌个性——广告是典型的注意力经济，以对传统广告的颠覆与市场中其他广告的鲜明区别，赢得受众瞩目，从而成就品牌。

以独特品位感召受众——以品位凸显档次，告知受众，我们不是有勇无谋的莽夫，不是街头喊破嗓子的小贩，而是有着深厚文化底蕴的儒商。

引导并培育消费者——通过各种诉求，挖掘并体现消费者内心向往的居住与生活理想，并将其培养成为一种习惯，一种喜好，一种生活方式，影响并引导消费者或清晰或模糊的生活态度和价值取向，这样我们的广告诉求更应该说是一种对消费者的培育过程。

震撼上市（第一阶段）：追忆城市

在推广的第一步，就是树立项目城市代言者的形象。这说起来容易，但落实到表现上，却不是那么容易的事。“城市精神”用什么来表现？这个定位是虚化的、精神感知的，在实体表现中，怎样做到最贴切的传达？

2005年3月，锦绣泉城的开篇报广正式出街，以“住在济南的理由”为核心主题，分别以“门前那条汩汩冒着清泉的石板路，全世界只有一条”、“凿开地面就有清泉冒出的大院儿，全世界只有一处”、“泉水叮咚的梦境，全世界只有一处”为主标题，鲜明的形象与风格，传达出项目的气质与个性，给人深刻印象。“又见济南”、“泉水湿了济南的眼睛”、“七千个人的城市”三款直指项目立意的报广，跟随前一系列的城市追忆，配合以“留住济南”为主题的四则软文，在市场中引起震撼。

内部认购期（第二阶段）：感受城市

一方水土养一方人，以两位同出济南的历史文化名人为例：作为婉约派代表词人，李清照也曾作出“生当做人杰，死亦为鬼雄”的铮然诗句；豪放派词集大成者辛弃疾在壮志豪情之余，亦有“众里寻他千百度，蓦然回首，那人却在灯火阑珊处”的婉约情怀；辛李二人在性格之中颇有相通之处。

因此，本阶段我们从城市特有的文化气质入手，通过“豪放的城市”、“包容的城市”、“婉约的城市”、“纯粹的城市”四则报广，表达项目气质与城市气质的呼应，再次拉升项目形象；并围绕“泉态人文社区”这一产品理念，分别推出了四款以泉态规划、泉态建筑、泉态景观、泉态泛会所为诉求主题的报广。

包容的城市
锦绣泉城
SPLENDID SPRING CITY
論語
住在济南的理由
TEL：8326111. 8326222

纯粹的城市
锦绣泉城
SPLENDID SPRING CITY
住在济南的理由
TEL：8326111. 8326222

锦绣泉城
26万平米泉态人文规划，以城市的名义
《规划，来自对城市的尊重》
住在济南的理由
TEL：8326111. 8326222

锦绣泉城
26万平米泉态人文建筑，以时间的名义
《建筑，来自时间考验后的从容》
住在济南的理由
TEL：8326111. 8326222

锦绣泉城
26万平米泉态人文景观，以生活的名义
《园林，来自自然与生活的交融》
住在济南的理由
TEL：88326111. 88326222

锦绣泉城
26万平米泉态人文泛会所，以和谐的名义
《泛会所，来自和谐的交流》
住在济南的理由
TEL：8326111. 8326222

泉态社区勾勒（第三阶段）：项目个性卖点展示

根据营销提出的要求，项目推广风格转向现代化、国际化调性，针对目标群体的特征——济南的中产阶层展开对话。面对观望氛围浓厚的市场状态，推广层面进入现代化“依守泉边的生活”的生活形态描述。“生活的水分，不怕多”、“我家的湖比大明湖还大”等一系列报广的推出，站在中产阶层的角度以体验式的描述，实现了项目卖点的形象传达。

品牌提升（第四阶段）：主题深化，以时代风格解构传统文化元素

前期推广已确立了项目继古承今的品牌形象，针对目前主推楼盘的特点，当前需要特别彰显项目特征中的“现代”感觉。由此，我们借用中国传统文化中的二十四节气，每月推出两款针对项目卖点或项目形象诠释的报广，跳脱传统的内涵，对其进行全新的阐释，凸显了品牌在市场中的鲜明风格，而“依守泉边的生活”永远是贯穿推广始末的主线。

建立推广体系，既可持续品牌的个性形象，在体系的框架维护下，又方便依据实际推广进度的变化，相应进行具体篇章广告风格的调整，有较大的自由展示空间。

活动配合：

1. “留住济南”首届山东房车文化节城市印象摄影暨征文大赛。

项目上市期，配合城市追忆的系列报广，推出此活动，有力地实现了推广主题的有效配合。

2. “泉城人家”话剧欣赏。

2005年10月，邀请山东话剧团专场演出曾在国家文化节获得大奖的话剧《泉城人家》。邀请老业主、准业主、潜在客户观赏具有浓郁本土文化生活气息的话剧，通过演出以及相关炒作配合，传递项目所特有的气质和文化底蕴，彰显项目的高品质特质，以口碑传播形式推广项目，深化项目知名度与美誉度。

逆境飘红：产品与品牌的成功整合

锦绣泉城内部认购前一日，在上午8点钟，锦绣泉城的售楼处门前已经有购房者开始排队等待。其中，有地产业界人士，亦有很多中齐地产的老业主。内部认购当天，锦绣泉城首批推出的三百余套精品单位被抢购一空。第二天，仍有百余批客户赶至售楼处，只得无奈而归。下半年在全国楼市普遍低迷的大环境中，锦绣泉城的开盘当日又重演了以上一幕。

锦绣泉城销售的传奇是产品与推广成功配合的成果，同时，逆境飘红的市场业绩更成为项目的无形广告，锦绣泉城不仅在济南形成了良好的形象，也赢得了来济考察的外地开发商的极高赞誉。

点评：

民族的才是世界的，而本土的则是永恒的。如今房地产市场，在建筑风格上，欧风美雨已遍及长江南北，大河上下，而山东济南的“锦绣泉城”却高举本土文化大旗，以本土文化融汇当代文明，滋养园林生辉，在细节中雕琢完美。

抓住了泉，就抓住了济南的灵魂；抓住了水，就抓住了济南的神韵。本案就在这方面大做文章，通过美轮美奂的广告宣传，推出了地产业的“这一个”。于是“住在济南的理由”便围绕“家家泉水，户户垂杨”进行浓笔重彩的渲染。“海右此亭古，济南名士多。”在众多的历史名人当中，本案却独具匠心地选取了叱咤宋代词坛的李清照和辛弃疾，一为婉约班头，一为豪放领袖。于是在城市个性上便有了“豪放之城”和“婉约之城”。

综合以上各点便有了“泉态人文”的理念。锦绣泉城浓缩了“泉文化”的精华，重新唤回了济南人儿时的梦想，让历史和现代完美地结合起来。

——邓相超

依守泉边的生活
惊蛰
7000个人的苏醒仪式
锦绣泉城沁园春组团23号楼于3月11日盛情发售，献给清醒了的人们
T：88326111 88326222
锦绣泉城
SPLENDID SPRING CITY
●大型泉态人文社区 26万平米泉城文化长廊
●开发商／山东中齐房地产开发有限公司
◎园林规划／EDAW美国易道◎整合推广／

依守泉边的生活
7000个和谐主义者的集结日
春分
锦绣泉城·沁园春组团盛情发售
85m²简约二居、109m²浪漫二居
118m²完美三居、130m²极致三居
※献给期待和谐的人们※
T：88326111 88326222
锦绣泉城
SPLENDID SPRING CITY
●大型泉态人文社区 26万平米泉城文化长廊
●开发商／山东中齐房地产开发有限公司
◎园林规划／EDAW美国易道◎整合推广／

住在济南的理由
锦绣泉城
T：88326111 88326222

现正火爆销售
依守泉边的生活

住在济南的理由
SPLENDID SPRING CITY

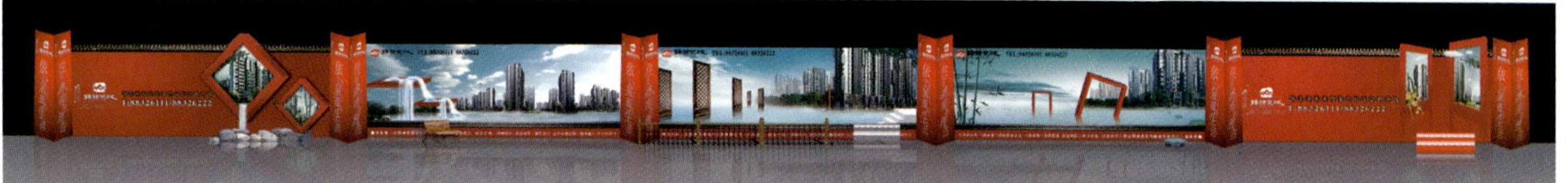

凯旋新世界系列广告策划回顾

广 告 主：新世界中国地产广州区 —“凯旋新世界”项目

广告代理：蓝光通达广告有限公司

凯旋新世界自2003年来，其业主主要由广州各行业中高管和官员组成，成为广州上层圈的聚集地。这样的特征对广州城市上层人士无疑具有很强的诱惑。该楼盘利用了中国人思想观念中门第的情结，将世界建筑与门第建立联系，通过家族气息和人文气质将中国人心中门第感觉营造出来。应而，最终以“私家重地”为推广主题，适时结合了高品位的“雕塑展”私家鉴赏会将信息传达到目标受众。

自2003年发售以来，凯旋新世界以其地处珠江新城正中心，南拥一线江景，北临28万平方米城市绿肺——珠江公园；建筑整体堆高5米、又架空7米，近8万平方米法式风情中央园林，超宽楼距；完善优质社区配套等诸多优势，始终占据珠江新城房产市场上的龙头老大位置，使“凯旋新世界——广州第一豪宅”的形象深入人心，成为广大市民衡量真正豪宅的标杆物业。

市场背景：“十一”黄金周

2005年9-10月，我们又面临一个房地产项目的关键销售期——“十一”黄金周。对开发商而言，“十一”期间的销售额是决定全年销售计划能否顺利完成的关键；对于广告公司来说，9-10月是最繁忙时期，物料、报纸广告、单张等各种宣传材料齐上阵，只为最大限度吸引消费者眼球，进而拉动项目的销售额。同时，我们也知道“十一”期间是各大项目、广告公司恶战之机，几乎所有的主流媒体铺天盖地的都是楼盘广告。不使出浑身解数、没有独特视角及打破常规的创意点，想赢得消费者感兴趣的目光难于登天，更不应提“让该项目脱颖而出”。

面临任务：一亿销售额

9-10月份凯旋新世界给出的营销目标为销售总额为10038万元，销售套数为50套。其中，9月份目标销售额为5038万元，销售26套；10月份目标销售额为5000万元，销售28套。

东区要针对T3-03、T6-01、T6-03单元加大销售力度，西区则要重点推介T30-01、T30-02、T31-01/02低楼层分拆单元以及T27栋全新单元。让项目提前进入黄金周及黄金月，以在市场上拔得头筹。

策略之源：一种家族传承的观念

门第——

①指整个家庭的社会地位和家庭成员的文化程度等。

②指在社会上有影响力的家庭或家族。

私家领地——

指私人所独有的不容他人侵犯，充满了神秘与高贵。

家族，中国人思想观念中最为根深蒂固的一个情结，一个顽念，在中国传统文化中，“书香门第”、“门第世家”被世代传颂。身为其中一员，总是拥有至高的优越感及凌驾感；建筑，历史最鲜明的标徽与注脚，历经百年磨砺，成为人类生存的一种姿态，一种幻想。建筑与家族之间的那所顶级豪宅，总是社会贤达、文化名流、达官显贵青睐的私家府邸，成为承载巅峰人生的一种标尺。

创作思路：在物质与精神上建立联系

凯旋新世界自2003年发售以来，其业主主要由广州各行业中领军人物及来自欧美、澳大利亚、新加坡、新西兰等地多为世界500强企业高管或驻穗领事馆官员所组成，一个纯粹的上层生活圈被成功构建，对广州城市上层人士无疑具有很强的诱惑。

所以在9月我们的推广思路是，在凯旋新世界建筑与门第之间建立联系，通过私家大堂、社区园林等系列建筑细节折射出一种家族气息，一种人文气质，并通过这种家族气息、人文气质将中国人心中的门第感觉营造出来，满足渴望“谈笑有鸿儒，往来无白丁”生活的人群。

形式创新：以客户的角度与客户交流

“如果可以的话，我不想我的生活也被全城瞩目”，一位前来看楼客户的话语让正在销售中心取经、为9月推广主题犯愁的我们眼前一亮。专属于自己，不为外人涉足，没有闪光灯，没有众多仰慕者，在城市高处，俯视着全城，在同等身份、地位的地方自在地生活这不正是我们的目标客户所想要的、我们所想要找的吗?

客户说出了自己的心声，那我们这一阶段“私家领地”的推广主题自然也水到渠成。刚好凯旋新世界与广州美术馆联手举办了“馆藏意大利文艺复兴时期雕塑展”私家鉴赏会，所以在画面中我们决定用雕塑作为组成元素之一，并在9月29日，9月30日连续发布两个整版销售信息。

广告主题：T27栋门第生活“私家重地”珍品单元震撼推出。

诉求点——私家重地，门第生活。

支撑点——①罕有单梯独户，尊贵气质与生俱来；②45度极致生活，私密性强、景观一流、视野开阔；③居于城市中心，俯视全城。

推货策略：

①东、西区并重，加快东区的销售进度，利用价格优势消化剩余套数在5套以内的T1、T4、T5栋，同时利用附带装修推进T2、T3、T6单元的销售；西区则利用全新单元、成熟社区作为卖点，迅速掀起销售高潮。

②以西区的开售促进东区的销售，主要是利用价格杠杆去促成可比性，吸引对价格弹性影响较大的客户。

③在不同的阶段采取“明推、暗推”两种方式，以符合当时的销售目标，加强对销售的引导。

时间节点：8.26-9.9　主推单元：主推T6、T30栋单元，T27储客。　推售目标：加快东区的销售，为西区铺垫。

时间节点：9.10-9.25　主推单元：主推T27栋单元，其他均为暗推。　推售目标：掀起销售高潮，为黄金周造势。

时间节点：9.26-10.26　主推单元：加推T28栋，其他产品全部推售。　推售目标：推出全线产品，满足客户需求。

效果检验——以客户的心声作为推广主线，客户也自然回报给我们惊喜，“十一”黄金周单盘成交额超过亿元，再次刷新了历史纪录，单位价格也从9月的17000元/m^2升涨到20000元/m^2，总价更是突破500万元/套。

点评：

运作房地产项目，最关键也是最难过的关就是创新。凯旋新世界以其简洁、和谐、永恒、品味、细节的价值标准树立了都市化豪宅的典型代表。凯旋新世界的行销策略的最大特点是提出了“私家重地，门第生活”的理念，抓住了中国人思想观念中最为根深蒂固的一个情结——家族，打出了“罕有单梯独户，尊贵气质与生俱来”口号。其他各点也都成为此理念的支撑，诸如“45度极致生活，私密性强、景观一流、视野开阔”、“居于城市中心，俯视全城”。

另外，凯旋新世界作为典型的高端物业，其业主或潜在买家多有海外背景，所以发展商在户型设计方面也参照了香港、美国、欧洲等发达地区的设计元素，以更符合其目标客户群的居住要求。尤其是其广告宣传的《白宫篇》、《金字塔篇》、《凯旋门篇》更是迎合了高端消费者的心理。

——邓相超

凯旋新世界
传世珍品
我仅在私家领地鉴赏
PRIVATE ROOM WITH A VIEW OF THE CITY
THE SUPER STRATUM COMMUNITY WILL LEAD TO THE NOBLE LIFE
OUR CORE OF GOLD
私家领地
绚丽登场
枫·丹·丽·舍
凯旋尊线: (8620)3885 8182

凯旋新世界
私家生活
拒绝再被全城瞩目
PRIVATE ROOM WITH A VIEW OF THE CITY
THE SUPER STRATUM COMMUNITY
WILL LEAD TO THE NOBLE LIFE
OUR CORE OF GOLD
枫·丹·丽·舍
33席名流领地恭候驾临
N—SPACE
凯旋尊线: (8620)3885 8182

凯旋新世界
CENTRAL PARK-VIEW
凯旋新世界 南中国核心私家领地
新品楼王全线绽放
91m²-480m² 一房至五房
私家领地 专属专享
凯旋尊线: (8620)3885 8182

凯旋新世界
CENTRAL PARK-VIEW
凯旋新世界 南中国核心私家领地
诞生起
注定为世人瞩目
91m²-480m² 一房至五房
私家领地 专属专享
15席珍藏版领地单位加推中
凯旋尊线: (8620)3885 8182

丽江花园整合推广散记

广 告 主：粤海房地产开发（中国）有限公司—“丽江花园”项目
广告代理：深圳市德野天际广告有限公司　广东天际广告有限公司

该案例立意在“美丽人文”。在策划的初始点，广告代理公司已经意识到丽江花园所在地块楼盘相互之间同质化的竞争，所以希望通过“美丽人文”将自己的楼盘差别化，从而让购房者在心中预先埋伏下不仅仅是买房，买的更是“可触、可感、可近、可拥有的生活”的印象。为此，他们在线上和线下两条战线展开了对购房者的“攻心战略”。

丽江花园是广告人心目中的“丽江”——纯真且净，温和且雅，纯粹且简。无论是它的组团推广还是它的社区文化品牌包装，从来都是落落大方，从容不迫。带有中国传统文化的烙印，人与人之间亲密有礼，心与心之间没有距离；又具有现代生活的质感，赋予每期组团特有的可触、可感、可近、可拥有的生活感觉，触动人们的内心处境和思想欲求，吸引了城市中素质较高的人群。

这样一个以人文著称的社区，我们如何才能把2005-2006年度推广任务完成得更好，能为丽江花园锦上添花呢?

一个中心：人文沉淀十五载

一、屋村运动会及艺术节——“我运动，我快乐”和“让爱走动”

接手丽江花园最后一期组团丽岛翠堤推广任务的时候，正值丽江花园第九届村屋运动会的筹备，正好为我们提供了一个深入了解丽江花园社区个性的机会。两拨人马分两次进驻丽江花园实地体验4天之后，我们感觉到丽江的动静之美——无论晨昏日夜，在长长江堤上，或者茂密桃花林里，又或者在人来人往的商业区，都没有匆忙的步伐，也没有冷漠的面孔。十几个组团高低错落在郁郁葱葱的绿化里，并没有新兴社区的喧闹与浮华——从骨子里散发出人与人、人与自然的和谐。对奉行产品至上的地产界来说，丽江花园是难得的净土。

于是，“让爱走动”成了贯穿这次屋村运动会的主题。围绕这个主题，我们设置了一个动感而温馨的LOGO，并且在所有的宣传品上都体现了“生活有爱，爱随生活”的互动。

二、春节包装——春到福到，到家了

屋村运动会之后很快又是春节。丽江花园每年春节都有不同主题的新年包装，而2006春节的包装除了要表现暖洋洋的春节

运动会物料

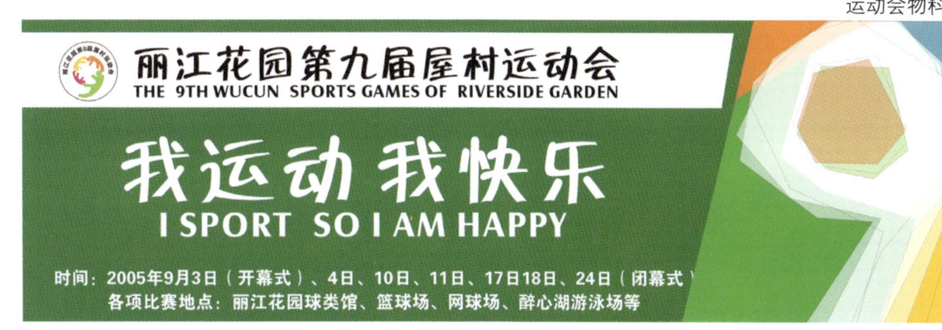

艺术节物料

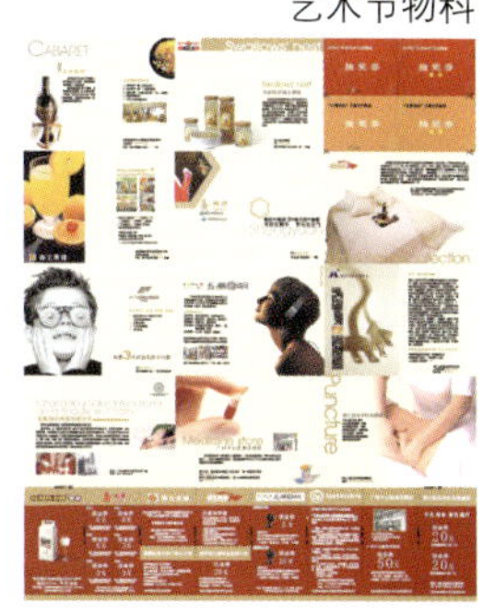

春节物料

喜庆气氛之外，还肩负着为前期铺垫的责任。为此，我们将节日涵义进行延伸，充分结合丽江社区的人文底蕴及生活气质，将主题提炼为“春到福到，到家了”，意在体现春天将至，福气盈门的欢乐、祥和气氛。运用在丽江社区主入口处的丽江桥头，又暗含了迎接业主回家之意——家在丽江，丽江就是家，延续一贯的人文关怀笔触，又为下面组团的推广埋下伏笔。

两个基本点：左岸车位和丽岛翠堤

经过屋村运动会和春节的社区包装，我们延续了丽江社区的人文气质。但对房地产广告来说，推动销售的广告才是真功夫。于是在正式推广丽岛翠堤之前，我们通过左岸车位的销售推广小试牛刀。

一、左岸车位销售推广——把停车场变成“家”

左岸位于丽江花园最好的地段之一 ——主入口处的江边，停车场是一栋独立于住宅的4层建筑，内部空间开扬通透，通风采光都远远好于传统的地下停车场，让车也住有江景的房子，想来这也出于丽江花园尊重生活的人性化理念。对于真正热爱生活的丽江人来说，租车位不如买车位，买地下车位不如在左岸买一个有江景的车位，让爱车堂而皇之地拥有一个家，何乐而不为？于是体现停车场地理优势的“让爱车一路绿灯开回家”，以及体现丽江人买车位理念的“车住左岸，出入由你”等主题海报呼之欲出，很快就覆盖了各个组团。

二、 丽岛翠堤销售推广——“人文大宅，气质生活”

作为15年开发压轴组团的丽岛翠堤，具有“高层、公园、大户”等集过往组团优点于一身的优越。我们不由得思索：

丽江花园15年来的发展，以及目标客群在过去15年的人生岁月中，对生活的体会以及追寻有没有变化？

如果说丽岛翠堤是丽江花园15年来发展的果实，那么，我们可不可以说，它也是目标客群15年岁月中应有的收获？

项目与客群之间有没有“亲近”的地方，让他们发生共鸣？

对此，我们一次又一次从内而外地分析项目的最大吸引力：优美环境的吸引力——醉心湖、桃园等十几年涵养出满岸翠柳、桃花芳菲；优秀户型的吸引力——精装修大户型，既是大家庭享受天伦之选，也为年轻实力人群创造了一步到位的高品质居住空间；优厚人文的吸引力——15年人文推广，独特社区人文厚积薄发。

1. 精准定位：是精华，亦是升华

总体来说，丽岛翠堤的目标群处于社会行业中上层，质朴、豁达、有思想。丽江花园对他们最大的吸引力，是十几年来在社区人文发展上的努力，用心经营社区文化包装，构造独特形象定位，区分同质人群，在业主以及租户中形成的情感凝聚力、共同价值观。换言之，丽江·丽岛翠堤，起承转合中国五千年生活意境，集中丽江15年居住场景，更集中南北中西的人文情景，是社区氛围的精华；既有15年社区发展成熟配套，也独拥中央公园和醉心湖的动与静，是生活环境的精华；现代高层建筑形式，236户纯大户居住，户户南北通透，犹如别墅的境界，是居住条件的精华；物质享受上精华荟萃，必然引起精神享受上的升华，这也是目标人群真实的购房心理及生活追求。

由此可见，我们的推广应该做的是，把丽江生活的精华——“15年人文沉淀”的丽岛翠堤，作为，产品与客群之间的生活情感纽带，借此而从丽江的此岸，升华到生活的彼岸去！

2. 攻心策略：线上线下两步走

对于丽岛翠堤的目标客群，发展商、代理商以及广告公司三方的意见十分一致：丽江原业主（包括租户）约占50%；由其他楼盘分流而来的买家约占30%；周边换屋人群约占20%。

显然目标客群对丽江花园的认识并不一致。而以人文底蕴取胜的丽江花园，一向并没有市场上流行的高价装修标准、豪气万千的豪言壮语，一直也并没有宣称自己是豪宅。可说是，知之者谓其“心悠”，不知者谓其“何有”。

实质，对懂得生活的人而言，丽江花园就是一种最舒适的生活状态，自然、自在、自信，从心底焕发，从骨子里坚持。

因此，我们决定，围绕一个诉求中心，面对不同人群，划分不同时期，制定不同的诉求策略，宣传不同的产品优势。

先对内：我们讲丽江生活的精华——原业主对丽江产品的特点、对丽江生活已有一定认识。随着他们个人的发展，对空间、朝向、布局等有新的需要。对他们：我们讲“实”——产品的创新优点，打动业主及板块内人群购买。再对外：我们讲丽江生活的升华——以社区人文及生活气氛优势，区隔其他同等户型的竞争楼盘，吸引广州大道沿路及天河等地区人群购买。

3. 广告执行：推陈出新，以少胜多

由于本次推广的销售总套数仅为236户，客群分明。因此，虽然销售额达到几个亿。但我们坚持认为，广告只做给236位目标客群看，只需要吸引他们认识或者重新认识丽江花园，对丽岛翠堤这个终极组团产生好感，萌发购买欲望，我们的销售推广就成功了一大半。

第一阶段：包装导入 阻击对手突围

在丽岛翠堤正式亮相之前，洛溪板块及华南板块推出众多各有千秋的大户产品，已形成激烈的竞争态势。如何才能在重重包围中突围而出，是我们前期推广的重任。

考虑到丽江花园就在洛溪桥下不远处的板块门户，在板块中最具地理优势。而洛溪大桥西往东方向的行车一向较缓慢，如果结合这个特殊的地理位置设置户外广告，应该可以获得较高的关注，达到较好的截流效果。

“慢一点，反正快到了——丽江花园大户组团丽岛翠堤即将推出”是我们的第一块户外广告的公益类主题，既提醒洛溪桥上往来车辆注意行车安全，又巧妙地点出丽江花园也将有大户产品，消费者大可不必赶着购买现有的其他社区，吸引市场的关注，阻击竞争对手。“2006，丽江·丽岛翠堤，东南向公园大户”——旗帜鲜明地表明丽岛翠堤的推出时间，与“慢一点，反正快到了”构成回应。“礼遇。奢侈人文想象空间”——强势树立丽岛翠堤在景观视野及景观纯粹性的优势。“回家，回到丽岛翠堤！”——强化内部认购信息，唤起丽江原业主参观样板房的兴趣，暗示目标人群丽岛翠堤是他们的家。

本阶段主要针对丽江业主和业主关系客户展开宣传，手段主要有销售物料、网络论坛、新闻前期报道、电台，以及项目在社区内的包装展示等，在社区内部的候车亭、停车场、商业走廊等看楼外围通道，侧重渲染人文景观的生活形象，在样板房通道内主打卖点诉求，形成立体宣传之势。

第二阶段：硬广宣传确立公园大户优势

本阶段主要针对外围人群，以产品为主，围绕样板房开放和项目公开发售，以长文案的形式诉求丽岛翠堤的最大卖点“东南向公园景观”，结合大阳台、宽景观等精美图片，充分演绎出无遮挡高层大户的优越舒适，将发售信息告知市场。

第一阶段户外广告

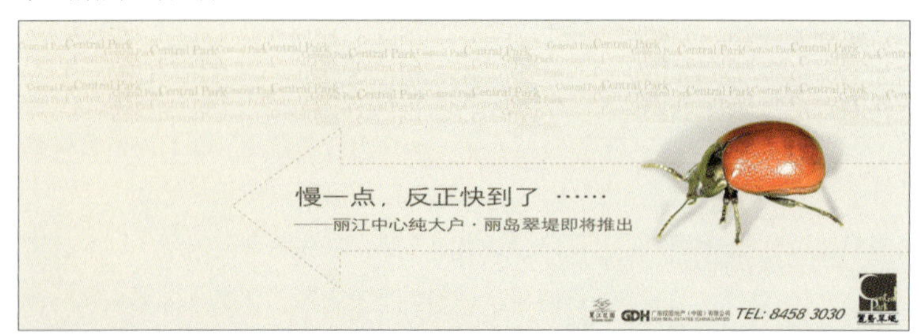

明信片

第三阶段：文本营销 丰满大户生活气质

丽岛翠堤的目标人群是对生活有深刻体会的一群，通过时效性较短的报纸广告显然无法对他们形成深刻影响。为此，我们特意整合了丽江社区的深厚人文底蕴与丽岛翠堤的大户景观，并以“人文大宅，气质生活”为主题，高调面向丽江新老业主，把丽岛翠堤所蕴涵的大家风范，以夹报形式从外而内作出深入剖析，在塑造人文大户形象之余，也奠定产品销售的基础，并进一步通过楼书将产品演绎为“人生第二故乡”的思想与情感层面，通过生活楼书将丽江的人文大家气度娓娓道来。

在丽江花园十多年深积厚累的人文生活底蕴之上，我们进行了提炼和升华，在组团推出之前就进行推广布局，从运动会宣传、春节社区包装等切入、渗透“人文精华”，再推出前期以悬念式户外广告结合项目广告奠定“生活升华”之形象，逐步以报纸、夹报、生活楼书等完善“人文大户，气质生活”，让本年度推广主角“丽岛翠堤”一步步到达丽江花园香格里拉式生活的气质高峰。

点评：

该案的亮点，在于先期在策略层面就明确了线上、线下并走。线上为产品塑形，线下为产品造势。如今已是商品及其丰富的时代，再好的东西，如果“养在深闺人不知”，那便如镜中花水中月，到头万事皆枉然。所以利用公关手段不断地制造EVENT，往往可以达到“于无声处起风雷”的效果。“眼球经济”，就是要利用一切可以利用的管道，尽可能地让更多的消费者参与，或者参看。看来，代理公司的策划者们是深谙个中妙处的。

瑕疵在于线上，对于“美丽人文”这个“魂”的塑造似乎流于表面。“人文”仅仅停留在一句口号上是远远不够的。“人文”的深度，在于“文人”对于文化的感悟度。

——王 放

第二阶段报纸稿

第三阶段报纸夹报

渔人码头推广

楼书

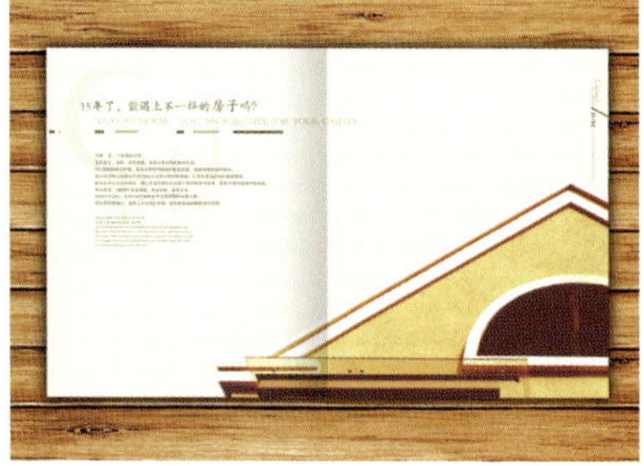

山水黔城的活动营销推广

广 告 主：宏立城房地产开发公司 —“山水黔城”项目
广告代理：贵州天马广告公司

这是一个打“政府牌”的案例。策划的原创点在于将山水黔城的“企业营销活动与政府公益庆祝活动结合起来”，“表面上看，这是一个政府主办的大型假日庆祝活动，更能吸引市民的参与热情，同时，打造山水黔城高尚品质、富贵之地的品牌概念。”围绕这个思路，代理公司利用了一切可以利用的资源，组织了一切可以组织的人员，以“大唐盛世”国庆中秋大型游艺活动的名义，在短时间内发动了一场轰轰烈烈的参观活动......

策划背景

“山水黔城”是贵州宏立城房地产开发公司开发的一座在自然山水环抱中的现代高尚住宅群落，是一个超级大盘，总占地面积2000亩，其中含山体面积1000亩，社区绿化率更是高达45%，开发面积100万平方米，其中同期开发量为80万平方米。山水黔城产品形态丰富，有第一期的环形公寓，半岛别墅和半山别墅；有第二期的电梯花园洋房及60余栋独立别墅等。

6年造一城，宏立城以超常的持久心态，终于把一块曾经的偏隅之地建成了一个贵阳高尚社区的代表，无论从产品、环境、配套，山水黔城都是让贵阳地产值得骄傲的窗口项目。如何把这样一个“品质高尚、贵州骄傲”的项目展示给贵州广大的消费者？以何种形式展示来达到潜移默化的效果？这是我们项目组接受这个项目以来考虑最多的问题。

5月份，通过举办“恐龙化石展”，让众多国宝级化石以开放的方式与广大市民“零距离”接触，吸引了超过60万双眼球，也聚集了大量人气。7月份，通过一系列强有力的媒体组合，为山水黔城塑造了良好形象，为打造高尚品质的品牌奠定了基础。8月份，项目开盘，至9月份一个月时间，签约客户500余套，初步完成预定目标，也让我们信心倍增。于是，接下来的问题就摆在我们面前：如何利用黄金周打好歼灭战？同时为实现整个销售黄金月——10月份的目标任务打下坚实的基础？

在9月下旬举办的“2006贵阳市房交会”上，众多楼盘都得到广大消费者的关注，很多房开商都提前酝酿国庆促销方案，以期延续房交会的热潮，并做足现场功夫来应对今年的黄金周。而在整个营销过程中，“活动营销”则有着“绵软的剃刀”的作用，成为楼盘热销不可或缺的重要因素，而可以预计的是：“活动营销”无疑将成为今年“十一”各大房开商所采用的主要方式。因此，山水黔城这样一座有着“国际品质典范楼盘”美誉的贵州省高档楼盘，应该采取什么活动来造成恐龙化石展之后的又一场贵州本土的轰动呢？同时用什么样的亮点来跳出其他楼盘常用的商业活动的固定模式？又能吸引贵阳市民的眼球，成为茶余饭后的话题，这是我们思考的关键。

策划思路

从调查中我们发现，很多楼盘在“十一”期间多以商业活动为主，同时，在此期间整个贵阳市缺乏大型户外假日活动，市民假日生活较为单一，因此，一个大胆的想法呼之欲出，将企业营销活动与政府公益庆祝活动结合起来！表面上看，这是一个政府主办的大型假日庆祝活动，更能吸引市民的参与热情，同时，打造山水黔城高尚品质、富贵之地的品牌概念，形成一个政府、企业、消费者三方满意的三赢局面。

思路有了，具体措施就比较清楚了，要想打造出一场轰动贵州本土的营销活动，除了宏大的现场规模外，更应该是这次活动所采用的形式。中秋佳节是我们民族传统节日，在此之际，人们更多体味的是一种中国古老文化底蕴，体现的是中华民族五千年文化。而在中国漫漫的历史长河中，盛唐时期恰似一幅绚丽辉煌的书卷，向世人展示出华夏文明的璀璨繁荣。而对于贵州的消费者来说，如果能够在假日期间欣赏到一场原汁原味的盛唐表演，必将能够吸引到众多的消费者踊跃参观。

深度挖掘宏立城的服务宗旨、山水黔城的产品卖点。南明河有三湾：山水黔城第一湾、贵阳第一中学第二湾、贵州省委第三湾，分别是富贵之地、文曲之地、权贵之地。山水黔城位于南明河的上游，整条河环绕小区而守，周边群山环绕，小区内更是有龙、凤两山，得天独厚，算得上是一块风水宝地，而又据历史学家考证，这个山清水秀的地方孕育了最早的贵阳人，是贵阳人居的发祥地，一方水土养育一方人，一地自然风光熏陶一地人的性格、涵养和气质。

山水黔城立足于打造南明河吉祥如意之地、富贵之地，更为丰富贵阳市人民的节假日文化生活，营造贵阳市国庆期间喜庆的节日氛围，以盛世唐朝为活动背景，举办“山水黔城大型游艺活动”，让贵阳市民充分领略中国盛唐时期东方乐舞文化神韵的风采，从而更深刻地理解中国五千年文化的深厚底蕴，让中华民族悠久璀璨的文化给贵阳市民留下难忘的回忆。这种文化气息正迎合了山水黔城所要表达的高档品位，不但是业主尊贵身份的象征，也体现了宏立城超凡脱俗的企业文化。

山水黔城大型游艺活动的主题是“山水相邀盛唐风 黔城盛世中秋夜”，活动的最大亮点是以30余万只大小红灯笼将整个山水黔城装点出一派节日的气象。活动主要分为三个板块：唐俗文化街、南明河面上的大型船型舞台表演区、灯谜区，各个分板块的活动以点布局串成线、文化带动面，显示出文化品位和活动的丰满、充实。

活动执行

方案最终确定时间是2006年9月18日，离国庆时间仅仅12天，这当中包括了政府审批、宣传通道、物料准备、大型船型舞台的搭建、30万灯笼的挂放，如何在短短的12天将这一浩大工程精彩呈现给广大的贵阳市民呢？而一旦这项工程的最终完工也必将是创造了本土本行业的一个奇迹。

充分的前期沟通。积极与活动中所牵涉的各部门密切联系，充分调动各个部门的优势资源。工程部门专门负责现场的布置，这包含调动了上百吨的钢材、电缆，在10天内完成了活动各场的现场搭建；物业公司负责现场的保安，专门出台活动期间的安全保卫方案，并增收150名兼职保卫，让活动期间有充实的保安力量；办公室负责活动后勤工作，1500名工作人员的吃喝拉撒睡都要考虑周到，保证活动的顺利进行；负责物料采购的采购部，以及山水黔城的各位分管副总。将方案中的具体事务明确部门，然后由部门落实到人。每个人知道自己在该方案中是什么职责。

在方案确定时预计活动期间到场人数将有50万人次，必须要考虑到人员的安全，除了严格按照活动期间的保安方案执行外，还请到当地的公安加强警力，专业的电力工程师对用电的维护等等一系列安全措施，将活动顺利开展下去。

唐俗文化街：是此次“大唐盛世”国庆中秋大型游艺活动中最能体现大唐风情以及与广大市民互动的一个重要部分。为了在有限的空间内营造出具有大唐特色的民间风情，“唐俗文化街”充分利用了山水黔城的布局优势，通过仿古牌坊、竹竿、实木等天然材质，错落有致地搭建了三条相互连贯的具有盛唐风情的民俗文化街，在环境的营造上确保了原汁原味。同时在文化街的内容上，充分参考了古代民间集市的构成布局，以民间小吃、民间杂耍、民间工艺三大类构成了热闹非凡、一派繁荣的大唐盛景。为了充实三条全长近两公里的文化街，在民间小吃、民间杂耍、民间工艺三大类的基础上需要数量充实以及错落的合理搭配，才能让进入唐俗文化街的市民具有自然、真实的盛唐体验。充分考虑了民间杂耍，如变脸、耍大刀需要场地大；民间小吃需要人气等特点，文化街在安排上将30个民间小吃、10项民间杂耍、50项民间工艺共80个民间项目相互穿插，每一条街都互不相同，十分精彩，游园市民可以看得开心，买得高兴，流连忘返。唐俗文化街在活动主题构思以及文化街具体构想的指导下，在10天短短的筹备时间内，成功地完成了文化街的主体氛围搭建，同时深入全省各个地区、与广大民间文化团体及个人沟通合作才形成了具有浓郁盛唐风情文化街。自10月1起—6日历时6天，唐俗文化街三条街区游人络绎不绝，高峰期10米宽的街道全是兴致高昂的游人，在体验盛唐风情的历史文化的同时，山水黔城的优美环境也让游人赞叹不已，达到了良好的活动效果。

灯谜区：作为国庆中秋大型游艺活动中的一个不可缺少的文化环节，对整体活动的造势和喜庆氛围起到了辅助作用，10月1—7日，分别在山水黔城小区会所设置A、B两个场地，有效拉动人流走向。为了让消费者尽兴猜谜，灯谜现场共设置有6000余幅谜面，保证数量的充足。在奖项设置上紧密联合产品，以购房折扣为一等奖奖品，引起潜在消费者的高度兴趣。

船型表演区：为了节目的丰富性、观赏性，并能够充分表达唐朝盛世歌舞精粹，特邀请到多次组织大型文艺晚会、演出经验丰富的贵州电视台文艺部操刀，以大型歌舞、乐器演奏相结合的演出方式，让观众充分领略盛世唐朝歌舞升平的景象。

活动效果

活动期间，山水黔城整个楼盘灯火辉煌，30万只大红灯笼沿南明河高高挂起，展现出一派富贵、吉祥、盛世繁荣的景象。许多市民对如此壮观的场面都表现得非常激动，也非常欣赏，如此大规模的盛世灯会的举办在贵阳可算是第一次。

唐朝歌舞表演精彩纷呈，演绎唐朝盛世风情；盛唐民俗文化街展现出唐朝的民俗风情文化，许多富有特色的民间小吃、绝技、工艺、演艺齐齐亮相，使得广大市民大饱眼福，尝尽民间美味。欢乐家庭赏灯猜谜活动，全家动员，热情高涨。

在短时间内引发了目标消费者的强烈关注

2006年国庆期间贵阳市没有开展较大型的庆祝活动，山水黔城举办的国庆中秋大型游艺活动吸引了贵阳市乃至全省人民的强烈关注，活动前一天对外的6万份嘉宾券全部一发而空，而第一天的游园人数就已达15万人次，远远超过预计人次，之后每天平均接待游客7万人次。而这一活动也引发上目标消费者的重视，在短短7天时间签约购买客户就有200余户。

完成本行业的原创性活动策划的奇迹

速度：全长2公里的唐俗街、30万灯笼的悬挂、5000米电缆的连接，大型船体表演舞台的搭建等等通常要花费2个月完成的工程，如今在短短12天的时间内顺利完成并展现在广大市民面前。

规模：在7天黄金周里，共接待参观游客50余万人次，200余户成为山水黔城准业主。

利益：以唐朝歌舞、民俗文化为主题的大型游艺活动，以大手笔、大行动，全方位调动各方面积极性，让社会各界人士都能参与，关注民生、服务大众。体现宏立城公司在服务意识和服务理念上，追求利他甚于利己，不是追求竞争的胜利，而是追求服务百姓的美誉，追求文化的认同感、社会的认同感、百姓的认同感。

广泛的社会传播性

公关的大型活动本身就是一个传播媒体，其作用像一个大众传播媒介，山水黔城这个大型活动的开展，产生了良好的传播效果，活动本身吸引了公众与媒介的参与。贵阳的老百姓的纷纷参与到这场“盛世”游园活动当中，充分领略到中国盛世唐朝东方乐舞文化神韵，深刻理解中国文化的深厚底蕴，同时留下了许多难忘的回忆。

各大媒体争相报道，贵州电视台、贵阳电视台、《贵州日报》、《贵州都市报》、《贵州商报》、《贵阳日报》、《贵阳晚报》、搜房网、新华社贵州站等新闻媒体相继报道，报道次数达上百次。

黔城似锦，盛世欢腾。此次活动是继“龙腾黔城”大型恐龙化石展后，山水黔城承办的又一次大型公益活动。贵州省各大新闻媒体的积极跟踪报道，通过系列活动报道的组合，使本次活动不只是简单的公益活动，而是以此为契机，通过系列活动提升山水黔城品牌形象和美誉度，切实地实现社会的、经济的效益丰收。

这次活动为山水黔城乃至宏立城房开的品牌延续做了很好的铺垫，也为短期的销售目标起到促进作用。这种公益的、健康的营销推广活动，拉近了与消费者的心理距离，提升了项目和企业的品牌形象，从而得到了社会各界的认可和推崇。

点评：

借势是策划的一个重要原则。天马广告根据山水黔城高档而具有民族风格的特性，利用中秋与国庆的重大时机，在房产现场推出“大唐盛世”以及“唐代文化街”活动，确实是聪敏的方式，可以说既聚拢人气，又强化了房产的定位。加上策划者拥有的强势电视资源，时机、活动与媒体的超级整合充分显示了策划的力量。

——张惠辛

盛唐风情文化街

泰宏·阳光新城的花园洋房创作之路

广 告 主：河南泰宏集团 —“阳光新城”项目
广告代理：郑州智信地产服务机构

这是在房市调控的大背景下获得成功销售的一个案例。该案例突出郑州市中心黄金地标的不可复制，辅之以源起于十里洋场上海滩的“洋房”概念，于是，一种异国情调的梦幻和传奇，在中原开始发酵了。

泰宏地产中原倾情之作——阳光新城，坐落于郑州市经三路、银水河畔，25万平方米尊贵建筑群，让浪漫的花园洋房、深邃的洋房文化在中原大地上盛情绽放。

临危受命·力挽狂澜

2005年，调控、涨幅、降价、健康、平稳……这些关于楼市的矛盾词汇充斥着中国地产的每一个角落，在史无前例、错综复杂的利多与利空中，楼市犹如一枚敏感的细胞，全息地反映出时下中国经济波诡云谲的动荡局面。在前期营销推广苍白无力的困境中，如何能够在楼市的调控下安然度过，又如何在同行的搏杀之中傲然胜出，选择，在2005年下半年入市的阳光新城任重而道远！

“诸葛一生唯谨慎，吕端大事不糊涂”，阳光新城开发商泰宏地产经过长时间的考察、论证，决定选择中原地产广告排名第一的郑州智信作为扭转推广困境的担大任者。

基于对中原地产的深入了解，对中原楼市的前瞻力与判断力，智信广告迈出了扭转阳光新城推广困境的坚定脚步！

在全球地标系中寻找定位

推广者·思想者

1、阳光新城，泰宏集团11年地产历程扛鼎之作，泰宏集团地产发展品牌跃升之里程碑！

2、25万平方米尊贵建筑群，融合了花园洋房、多层、小高层、高层等多种物业形态。

3、阳光新城，位于财富大道，银水河畔，郑州市北移东扩金角地带，中原CBD中央商务区与CLD中央生活区共享之地，新市中心黄金地标，经典区位不可复制。

4、一期所推售项目为郑州稀缺物业形态：花园洋房，层层退台，家家入户花园，是比肩别墅的高尚居住形态。

5、中国第一物业品牌：中海物业鼎力加盟！

经过对阳光新城的深刻研究，我们认为阳光新城毫无疑问属于高档楼盘，是郑州为数不多的高档楼盘之一。但在中原楼市，标榜自己为高尚物业的项目比比皆是，如何在市场的喧嚣中脱颖而出，我们颇费一番思量。

毫无疑问，市场研究更趋于理性，而营销的成功更多趋于感性和创新。这就是万科17英里、class的成功所在，给予理性市场的判断，我们为阳光新城做出了“左岸阳光·摩卡生活”的定位。

左岸阳光·摩卡生活

左岸，源自法国塞纳河左岸。提到左岸，常和诗歌、哲学、咖啡馆、艺术、清淡等词联系在一起。左岸，已经成为品位生活、温情生活的代称。左岸，除了表示品位、温情之外，尚有“贵气”的意思，是贵族化过程中形成的特定用语。

项目位于银水河岸，龙湖之畔，又在经三路和中州大道边上，项目区位与“岸（边）”紧密相连，“左岸”一词形象地表现了项目的位置。

“阳光”既与项目的案名相合，又反映了项目的基本定位。阳光代表积极、健康、温暖，与项目潜在客户对生活形态的追求相吻合。

摩卡生活，诞生于咖啡文化的生活哲学，是基于对事业和生活有感悟之后所追求的理想生活状态。

阳光新城的摩卡生活形态是被人们向往和追求的一种理想生活形态。跟许多项目不同的是，它不是在简单地强调一种社区关系，而是在崇尚一种“独立·对话·融合”的人文精神。

摩卡社区不过分强调建筑，而是建筑与街道、建筑与商业、建筑与公共空间、建筑与园林，以及以上所有与住户之间的关系。摩卡社区并不强调建筑的唯一性，它可以包容或者兼容，但是创新的产品是摩卡精神的另一种折射。摩卡社区的每一个细节和尺寸的斟酌和推敲，都是一种思想的声音，为的是让每个生活在这里的人都可以获得更多。

在这个摩卡空间里，传统与现代、自然与城市、环境与建筑、物质与人文、商业与艺术等本是充满对立元素的事物被有机地融合在一起，呈现出和谐的生态，这是属于财富阶层的上流文化社区。

作为理想状态的阳光新城，不仅致力于建筑产品的更新换代，更为各项公共设施投入大量资金，以全面的功能配备，有序的业态规划，形成自给自足，自我循环的社区生活形态。在这里，商店街、幼儿园、学校、公园构成其硬件格局，还有未来上千户“理想的主人”，我们期待一种趋于完美的生活方式被推广、被向往、被传承……

郑州中高档楼盘的消费群体对生活质量的追求进入了讲究生活格调的层次。良好的生活格调在物质生活中折射出健康的精神生活，使物质生活的良好品质与精神生活的良好品质融合无间。对于讲究生活格调者来说，产品的功能意义是体验产品的精神意义的基础，精神意义的体验帮助确认并提升了功能意义（产品的良好品质性能为进行开放性沟通创造了条件，而开放性沟通的成果又使品质性能更显得熠熠生辉），产品的整体意义由此而获得。因此，产品的精神意义尤其重要，只有在产品成为展示精神的“道具”时，品质性能才有意义或者更有意义，消费者才会获得充分的满意。

采用“左岸阳光·摩卡生活”作为主定位语，是在借势项目资源的基础上，升华出一种更加高尚的人文精神，从而能够达到以下目的：

1. 有新意，方便记忆；
2. 简洁明了地指出了项目的区位优势和资源优势；
3. 形象地传达了项目所倡导的生活意识形态：健康、积极、富足、悠闲；
4. 拔高项目形象的同时，又回归到了生活，方便后续延展，容易使项目形象丰满；
5. 丰富了案名的内容，既传承了泰宏的系列项目，又实现很大的超越。

洋房生活·由此创作

花园洋房源于上海，自19世纪中期起，为上海、福建和广东一带上流阶层所专属，是西洋文明和生活方式与中国文化交织的产物。追随着住宅郊区化的进程，低密度住宅持续走俏，一个个花园洋房项目相继面世，诸多的低密度住宅项目在宣传推广中都在不停地给自己的项目冠上花园洋房之名。

放眼中原地产市场，冠名花园洋房的楼盘也不在少数，但是真正从严格意义上来讲，这些楼盘多是“名实而形非”，距离花园洋房尚有距离。阳光新城低密度社区，住宅随着起伏的绿地和大面积的水体而错落有致，将中国传统庭院生活融入现代住宅设计之中，楼体逐级后退形成层层露台，家家入户花园让你悠闲地与花草对视，尽情地享受泥土芬芳。

阳光新城花园洋房，一种超越本土的建筑形式，一种尊崇生活的身份象征，在这里，既可以享受舒适生活，又不飞扬跋扈；既可以顶天立地，又与人平和相处；既有幽雅环境，又有良好的性价比。建筑形态上别于传统的别墅，却又秉承了别墅私密性强、拥有停车位、专属花园等优势，同时又弥补了总价昂贵、邻里之间缺少沟通、空间浪费等不够人性化的劣势。

因此，我们在推广的过程中，充分考虑了花园洋房给中原人民所带来的生活理念和生活方式，阳光新城是一种洋房生活新时代的开启，一个生活作品的创作。

有一种作品·让我们感动

阳光新城位于经三路银水河片区的高尚居住带上，这里是郑州公认的成熟高尚居住区。在此基础上，我们提出了“经三路、银水河”的概念，以这一片区优势吸引郑州购房人群，衬托项目的高端形象。

低密度花园洋房，在郑州，在经三路、银水河片区，在新城市中心，这样的物业形态无疑是极具吸引力的。在很多业内人士看来，泰宏·阳光新城必定在这一地块做高层物业，因此市场上形成了这样一种错觉。低密度花园洋房的提出，让业内人士都颇为惊讶——在如此昂贵的土地上建如此低密度的花园洋房，简直就是一种奢侈！

根据这一市场心理特征，我们决定直入产品，用“经三路·银水河·低密度花园洋房”直接诉求产品，用地理位置吸引客户，用花园洋房打动客户，用摩卡生活留住客户！

事实证明，我们这种做法是正确的，经过报广陆续的投放和户外广告的持续作用，阳光新城在短期内就树立了鲜明的楼盘形象，先是“左岸阳光·摩卡生活”响彻中原楼市，紧接着“经三路·银水河·低密度花园洋房”又传遍中原每一处角

SUNNY TOWN
阳光新城
左岸阳光摩卡生活
"低"出人生高度
11月5日，阳光新城摩卡生活品鉴会暨产品说明会
VIP认筹火爆进行中！
阳光新城
Tel: 0371-65823111/65823222

SUNNY TOWN
阳光新城
左岸阳光摩卡生活
"纳"而姹紫嫣红
11月5日，阳光新城摩卡生活品鉴会暨产品说明会
VIP认筹火爆进行中！
阳光新城
Tel: 0371-65823111/65823222

SUNNY TOWN
阳光新城
左岸阳光摩卡生活
"透"出生活风景
11月5日，阳光新城摩卡生活品鉴会暨产品说明会
VIP认筹火爆进行中！
阳光新城
Tel: 0371-65823111/65823222

SUNNY TOWN
阳光新城
左岸阳光摩卡生活
"退"则海阔天空
11月5日，阳光新城摩卡生活品鉴会暨产品说明会
VIP认筹火爆进行中！
阳光新城
Tel: 0371-65823111/65823222

CBD新市中心，CLD闪耀名流气质的国际居住版图
尊崇28席，每一席，都有一个响当当的名字
花园洋房，开创中原贵族人居新境界

阳光新城
贵族。珍藏。揭幕，中原贵族生活新目标
SUNNY TOWN DREAM COMES TRUE OF RIVERSIDE LIFE
中国第一物管品牌中海物业荣誉相绣
尊贵户型推荐
Tel(0371) 65823111/65823222

落，有力地促进了一期的顺利销售。

未入市·已“传说”四起

阳光新城一期顺利销售，市场的期待高涨，二期推出迫在眉睫，由于工程进度的配合不是很到位，加上2006年政府宏观调控力度的增大，导致我们并不能按原计划进行推广。随着时间节点的推迟，势必会造成市场的疲软和客户关注度的降低。

在此不利的形势之下，为持续提高市场关注和加强对客户心理的刺激，进一步提升项目品质。在我们的建议之下，二期产品进行调整，全新推出5层带电梯花园洋房、全新版高层花园洋房，更多地采用人性化设计，使建筑、人文、自然进行完美融合。

在此基础上，我们对二期定位“经三路·银水河·别墅级花园洋房”，给阳光新城二期进行全新包装，拟定分案名，对二期进行形象和产品方面的多重升级，进一步拔高产品形象，为二期顺利入市和后期快速销售打好坚实的基础。

点评：

地，是好地。

房，是好房。

广告，是好广告。

广告好在，把好地、好房这两个在当地独此一家，别无分号的利益点，用一个连上海人至今都魂牵梦萦的“洋房”概念打包到了一起。

策略上，“洋房”指向营造一个梦幻，这个梦幻包容了神秘、雍容的生活态度，以及时至今日的无限升值空间。创意上，“洋房”的画面表现得很“洋房”。尤其是后续的“传奇”系列，更是“洋”得很英国。看来创作者应该到过上海实地考察，至少读过《上海老房子》这本书。

在房产调控的严酷现实跟洋房梦幻的无限遐想之间，买家终于还是选择了后者。

——王 放

中凯·铂宫：缔造神秘唯一

广 告 主：郑州中凯东兴广告公司——中凯·铂宫项目
广告代理：郑州智信地产服务机构

中凯铂宫位于郑州新区CBD核心区的别墅项目。无与伦比的地段优势，低密度，全水景，加之颠覆传统的建筑风格成为中部城市顶级居住标杆。推广上引入铂的概念，突出项目的神秘和高贵，通过新闻发布会的形式以及名流派对等一系列活动，将中凯铂宫和国际化生活方式紧密联系在一起，成功的吸引了那些来自全球的财富顶尖人群——中凯铂宫的主人。

中凯·铂宫，为别墅项目，附少量低层电梯公寓。项目位于郑东新区CBD核心区域，占地130亩，总户数仅为222户。项目原为“郑州国际社区”，是由市政府参与运作的郑州唯一指定的涉外社区。项目立项之初的定位是打造中部城市顶级居住标杆、郑东新区CBD最高端别墅居住区，专为在郑供职的200位巅峰人士（含外籍人士、知名企业高层管理人员）量身打造。

初步接触：三大优势，成就唯一

无与伦比的地段优势：项目紧邻郑州新经济核心圈——郑东新区CBD，位于郑东新区CBD与龙湖南区之间第一景观区内，远眺龙子湖，近抚双运河，周边学校、医院、商业等配套设施一应俱全。显赫地段不可复制，诞生即意味着绝版。

颠覆传统的建筑风格：铂制弧线结构形式，赋予了中凯·铂宫规划设计单位——国际十大建筑设计公司美国帕金斯·威尔（PERKINGSWILL）公司的独具匠心。银色的铂金式屋顶、简约大气的里面表现，极强的现代感、科技感打破了传统别墅的建筑法则，成为郑东新区又一个地标性建筑体。

低密度、全水景：国内顶尖的上海同济大学景观研究院担纲项目的景观设计，全力打造出了项目的又一大特色——“低密度、全水景、户户临水”。

0.8的低密度、6000平方米的中心水系，60米宽的绿色长廊，在寸金寸土的CBD是绝无仅有的。

一个个中原从未有过的特质凝聚在一起，它的诞生就注定将被载入历史。在短短几天时间里，迅速精确地分析了郑州别墅市场之后，我们得出如下结论：

景观资源与地理半径两全其美的别墅！居住与交际两者兼得的别墅！具备国际化高科技含量的、精致的别墅！一百年不过时的别墅！独特的别墅！

——这就是我们的定位方向！

概念演绎：颠覆传统，鼎立巅峰

要让一个作品不朽，就必须给它注入能与拥有者的心灵产生默契共鸣的东西。中国的毫宅，景观、文化、精神之类的宣传已再不能让消费者感到耳目一新。我们如何让这一块荣耀而深刻的土地展现出它最大的魅力，让这块土地生长出来的建筑，延续城市的历史文化与人文精神，抗衡时间的锤炼，实现它的价值升华？面对如此一个优越的产品，传统的策略和概念显然不再合适，我们要超越传统，勇于创新，作为掌舵者，智信也感到心头的沉重，任重而道远！

经过激烈的论战，从定位到案名、表现，一整套的体系仿佛是为它量身定制：

定位：中部顶级居住标杆，河南首席涉外别墅

来源于其地段、规划、建筑、置业条件的独特价值！在河南开启一个颠覆传统的居住理念。

中部崛起的龙头和引擎地段——郑东新区CBD，来自海外顶尖团队的建筑及景观规划，全水景的岛屿式景观规划，中原至高标准、至高的科技含量的建筑设计、材质选择，成就毋庸置疑的顶峰名流场所至高标杆。

其对入住者身份的审核，更赋予项目独一无二的神秘形象。原汁原味的海外风格，创造一种全新国际化生活理念，营造外籍人士所深刻认同的生活方式，在河南从未有过这样的别墅社区，“首席”决定了其在河南别墅市场无人能及的高度，也是本项目定位最根本的出发点。

案名：中凯·铂宫（配项目LOGO）

释义：

1、与美国总统的居所“白宫”谐音，意指领袖与中央人士的顶层场所；

2、契合项目铂质金属外观，独一无二的金属感、科技感、高贵感、国际化；

中凯铂宫
版图 显赫
Race.Nobility.
CEO专属领地
尊崇专线：86—371—69358888

配套
涉外
中凯铂宫
地段
规划 PROGRAMMING
建筑 BUILDING
景观 LANDSCAPE

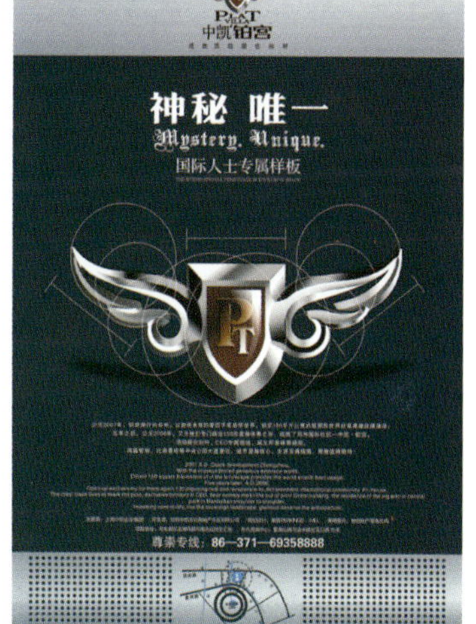
中凯铂宫
神秘 唯一
Mystery. Unique.
国际人士专属样板
尊崇专线：86—371—69358888

中凯铂宫
中凯铂宫 铂质气度 荣耀天下
THE TOP
INTERNATIONAL BUILDING
WORLD MASTER DESIGN

ONLY ONE
WEALTH LEADER

中凯铂宫
地标 地位
Marking.Position.
成就顶级居住标杆
尊崇专线：86—371—69358888

3、世间罕见的铂金品质，最纯粹，最高贵、最高雅；

4、铂金阶层的豪门盛宴，铂质气度，荣耀天下；

5、最全球化、国际化的符号，暗含了本案居住之外的另一个内涵：风云际会的交际平台。

广告语：铂质气度，荣耀天下

顶级的居所只有顶级的人士方能与之匹配，他们是中原乃至中国当下的上层财富人群；有中国特色的特权者与优势阶层；他们仍然处于向上发展的阶段；他们是当代中国的大佬们。

象征着稀有、纯净、永恒的铂金，与案名和项目金属质感的建筑紧密地结合，其独一无二的市场形象、大气尊贵的气质和项目目标群体的地位与身份贴切吻合，赋予拥有者只有少数人才能到达的高度和荣耀。

铂质气度，荣耀天下，穿越浮华，直接击中人心！

战况实录：神秘唯一　高潮迭宕

在概念创新、准确定位和主题思想诠释项目内涵之后，整合资源、梳理卖点，成为整体推盘策略的重中之重。改变传统别墅豪宅的广告战，中凯·铂宫采取了体验营销、圈层营销的推盘原则，以高档的体验活动来向目标客户展现中凯·铂宫所倡导的国际化生活。

前期顶级形象和铂质概念的导入，主要通过极具视觉冲击力、突破常规的设计，简洁而具有金属质感的标志、王冠，一字千钧的文案，重点关键词语的组合，来显示项目形象的神秘高度、地位的高尚尊贵，且给目标客户留下富有意蕴绵长的回味空间。三篇系列报广，其凌驾于河南高端别墅之上的巅峰者形象已傲然树立！

接下来的推广以倡导国际化生活、在郑州树立真正国家化生活范本为推广主线，围绕“寻人、聚人、示人”的三部曲展开。项目高调入世，以高端带低端，首先推出郑东新区68席绝版涉外别墅，使项目的至高形象深入人心。以高端客户直投、外籍客户公关、成立铂金名流俱乐部等结合大众媒体的报纸广告展开一系列圈层营销活动。

2006年5月7日，中凯战略暨新产品新闻发布会揭开了中凯·铂宫——中原建筑奇迹，CBD唯一居住类标志的神秘面纱，让业内外人士大开眼界，无不为之震撼；2006年7月1日，中凯SUMMERNIGHT名流派对、国际化生活方式感悟、体验、期望的征集评奖揭晓，在郑州再掀高潮，激起了郑东新区来自全球的财富尖塔人群对中凯·铂宫、对真正国际化生活的浓厚兴趣，而他们就是中凯·铂宫所要寻找的人。

点评：

作为郑州毋庸置疑的超级楼盘，其实传播策划者能够做的事情已经非常有限。但是他们已经完成了最为重要的工作，那就是，确定了对象并且找到了对象，而且把信息成功传达给对象。

——张惠辛

万科·新榆公馆，唤醒人居理想

广 告 主：沈阳万科地产 —“新榆公馆”项目

广告代理：麦点地产顾问

世界上的任何传奇，都延续在理想的尽端。卓越人居理想中的罗马，在于独具性格。打动人心，包容生活，领航大势。新榆公馆，无论从定名、选址、定位、风格、营销思路哪个方面来看，都一改以往，呈现一种完全颠覆的状态，它具有北欧工业化质感的酷，超越了万科以往的中庸形象，将万科推向一个更为巅峰的地势。

罗马罗马，用去年筑梦

2005年，万科·新榆公馆在仍然保持着原生态的浑南区域，横空出世。仅献给尊重历史热爱探索的生活者，宣告了它的特立独行。在“拒绝平庸”的共识进一步引起人群共鸣之后，很多人已被平庸淹没的人居理想，就在这一刻复苏抬头。

为迷恋创意灵光、推崇精神世界的人们建造——这本就是新榆公馆产品的性格与初衷，在经过抽丝剥茧的营销整合后，更是彻底成为整个项目推广的气质引领。我们在用迥异而神秘的腔调，斩钉截铁地告诉人们：人文切口与艺术精神，是新榆公馆选择与大众交流的方式。

随着一期建筑与景观的渐入佳境，新榆公馆在心领神会的打动之外，获得了物质现实的有效推动。一年的潜移默化与形象积累，使它真正成为了创意人士的灵感居所，成为城市新锐寻找灵感原乡的终点，以及继续灵感旅程的起点。

罗马罗马，用今年抵达

用一年时间，我们将新榆公馆筑在一个晶莹的人居理想里，如同一块琥珀。在创意人士灵感居所已成事实的基础上，新的任务摆在眼前。梦想要落地，琥珀要出土，理想亦要平稳着陆。

所谓着陆，势必要找到稳定的物质落点。新榆的产品特色其实具备众多卖点，如何使它们凝聚，而非此消彼长，才是策略亟待解决的问题。尤其是当这些闪光的碎芒真实呈现在眼前，是何等容易分散注意力而模糊了鲜明的印象。

经过打散、分析、整合与聚焦，“原生态、低密度、建筑细节”成为各路光芒汇聚成束的统称词汇。我们并不放大它们，而是深入它们，将其当作生命体看待，找到心中最敏感的一点，用独特的视角进入产品的世界，发现新榆与人群之间的交流。

策略对我们说：这是一场天生颠覆的广告运动

奥格威有言在先：“一切为了销售，否则一无是处。”

行销策略，注定是广告创意的出处。麦点的创意行为一直保持着对策略的温故知新与不厌其烦。

这一次，在麦点看来，万科首次登陆浑南，首次操作一个献给主流人群而风格又不大主流的项目新榆公馆，实则是在刷新自己的面貌。

从四季花城、金色家园以来，万科始终没有大张旗鼓的动作，而无声并非意味着偃旗息鼓。万科像一种熟知市场秉性与气味的猛兽，已经预先感受到了市场的律动：新的需求与格局，势在必行。万科在思考与准备中筹划着厚积薄发的时机与作品。

几年默默卖房的积累与探索，使万科更明确新作品的方向，并且更迅速地成长。新榆公馆3月拿地，5月宣布“挺进浑南看万科”，8月开始认购，9月即全面开盘，速度不可谓不惊人。新榆公馆，无论从定名、选址、定位、风格、营销思路哪个方面来看，都一改以往，呈现一种完全颠覆的状态，它具有北欧工业化质感的酷，超越了万科以往的中庸形象，将万科推向一个更为巅峰的地势。因此，行销推广首先是一场形象之役，能够吻合与带动一种另类的高贵气质，创造一脉未曾说过的语言。这是该创意的宿命，与策略俱来。

历尽探索，王者归来

一场完全创意革命，就像战士固守天堑，绝对优势与绝对劣势之间性质不稳，不小心操控就会转换。经验告诉我们，太多可说，很容易变成不知所云。

项目的特征是最直接的卖点，它是北欧风格的，既简约工业，又自然怀旧。挖掘项目的文化内涵，是提升品质感的必经之路，“历史中探索未来”是背后的精神堡垒。建筑本身的意识形态，是不可多得的资源，我们得天独厚，有人文感的案名，提供了阐述“公馆进化论”的可能。

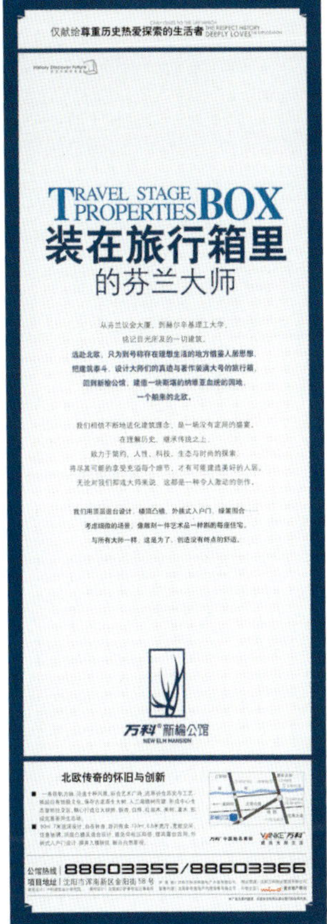
仅献给尊重历史热爱探索的生活者
TRAVEL STAGE PROPERTIES BOX
装在旅行箱里
的芬兰大师
万科 新榆公馆
NEW ELM MANSION
北欧传奇的怀旧与创新
公馆热线 88603355/88603366

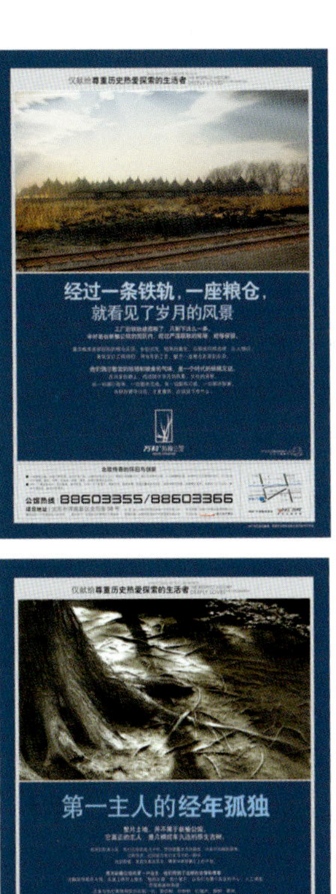
仅献给尊重历史热爱探索的生活者
经过一条铁轨，一座粮仓，
就看见了岁月的风景
公馆热线 88603355/88603366
仅献给尊重历史热爱探索的生活者
第一主人的经年孤独
公馆热线 88603355/88603366

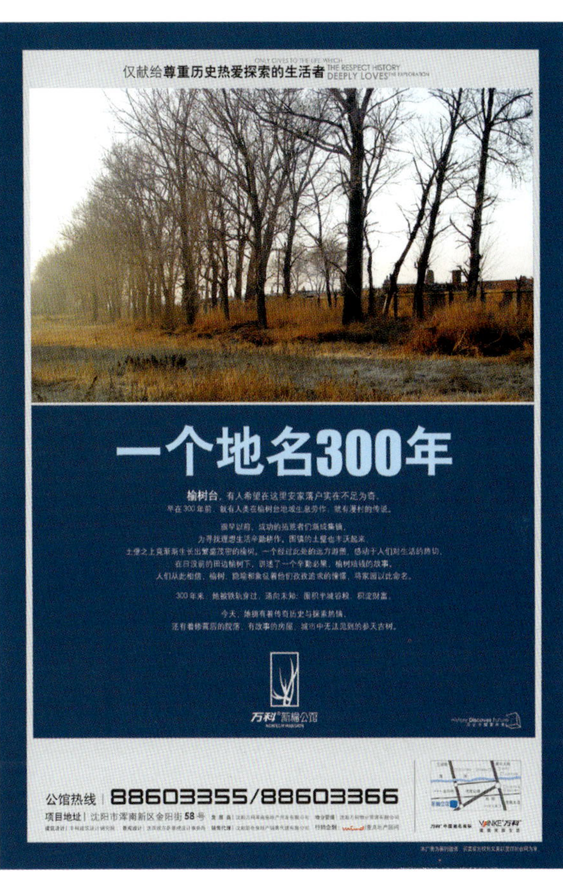
仅献给尊重历史热爱探索的生活者 THE RESPECT HISTORY DEEPLY LOVES
一个地名300年
万科 新榆公馆
公馆热线 88603355/88603366
项目地址 沈阳市浑南新区金阳街58号

精良之形·灵犀在心
入口，强调回家的仪式感
二期主体封顶，火热认购中！
万科 新榆公馆
公馆热线 项目地址/沈阳市浑南新区金阳街58号
88603355 · 88603366

精良之形·灵犀在心
从屋檐到天际的无界视线
二期主体封顶，火热认购中！
万科 新榆公馆
公馆热线 项目地址/沈阳市浑南新区金阳街58号
88603355 · 88603366

自然之中，一切自然而然
万科 新榆公馆
NEW ELM MANSION
一期渐入佳境，二期新品盛装以待！
●珍稀情景洋房 ●北欧灵感<约90m²的新锐户型>
●邂逅暖阳<约130m²的主流户型>
88603355 88603366

以上思路，最后被证实，都是极具价值的曲折。我们最后得益于这个迷失的过程。每个思路，都有如线头，扯着它向前探寻，始于冥想，终于纠缠。唯有某一个切入点，既不会以偏概全，又不会分散注意力，同时展现产品与创意的双重独特魅力。这是我们的新结论，重新聚焦至关重要。

回到产品，回到万科，回到原点。

项目所有的特殊之处，都集中在目标人群身上，他们钟情于万科这样有影响力和文化意味的品牌，他们是一些持有与众不同甚至曲高和寡的审美嗜好的人，同时是物质与精神的双丰富者。属于这个部落的人会为此狂热；不属于的人恐怕难以接受。

从人群出发，所有外在与深层的特点都将被涵盖其中。我们需要描述与打动的，只是某一个具有某种特征的人。

——仅献给尊重历史热爱探索的生活者。

这个简单平静的句子，蕴含无数故事乃至传奇，值得慢慢地，逐一讲出。淡然的外表，浓烈的内在，正契合那些内心疯狂的成功者。

做出使自己惊喜的广告，往往就在一念之间。任何灵感都是这一念的随从。以“万科，归来”作为开篇，首先锁定说话的方式与聆听的人群，继而将土地、老树、铁轨与粮仓的故事细嚼慢咽地说给你听。而画面就如背景音乐，只需内敛、质感与纯净。

万科归来。亦是一场久违创意盛宴的归来。

点评：

“仅献给尊重历史热爱探索的生活者”，以“万科，归来”作为开篇，首先锁定说话的方式与聆听的人群，继而将土地、老树、铁轨与粮仓的故事细嚼慢咽地说给你听。画面就如背景音乐，内敛、质感与纯净。深入挖掘项目文化内涵才能提升品质感，文化内涵背后构筑着精神堡垒。建筑本身的意识形态，吻合与带动了一种另类的高贵气质，创造一脉未曾说过的语言。建筑构筑了思想，广告彰显了主张，轻轻地挠在了人心底里最柔软的那个地方。如品一盅热茗，余香绕梁；如赏一首长诗，质真淡然。正切合了一句：把最独特的气质用最适合的语言传达给最能理解它的人。

——朱玉童

愚园公馆，文化营销创佳绩

广 告 主：上海都涛房地产开发有限公司—“愚园公馆”项目

广告代理：上海华燕房产营销策划顾问有限公司

如今房地产业的竞争，是文化的竞争，让营销披上文化的袈裟，赋予文化的品味与灵魂，实施文化“软营销”。通过挖掘项目的隐性价值，文化底蕴，紧紧抓牢“住”的本质属性，卖的不只是房子更是一种生活方式。

一个烂尾楼项目，在市场知名度高，但美誉度差的情况下，如何突破“烂尾”不良形象的桎梏，寻找一条成功的出路？“愚园公馆”的策划方式或许值得借鉴，通过挖掘项目的“隐性价值”，比如人文底蕴，紧紧抓牢“住”的本质属性，正所谓“卖的不只是房子而是一种生活方式”。

项目研判：是乌鸦还是凤凰？

愚园公馆，原名益都名邸，又名益都愉园，坐落于上海市长宁区愚园路上，靠近江苏路，由8幢8层电梯公寓组成，为一个建筑面积不到3万平方米的小型高档住宅项目。其稀贵的地段优势以及珍稀的项目体量，本应是一个畅销楼盘，然而该项目入市后由于种种原因几易其手，一度滞销，始终不能被市场所接受。

都说市中心的楼盘好销，无论市场的接受度还是抗跌性一直都很坚挺，然而作为市中心黄金地段的一个珍稀多层电梯公寓，为何无法被市场接纳？究其原因，华燕认为该项目的前期定位存在失误，推广名“益都愉园”无法凸出项目自身的特质，而整体的形象包装风格也不能体现该楼盘的档次，种种原因最终导致了项目的“烂尾”形象。

将项目深入剖析以后，华燕发现该项目存在两点“隐性价值”可以进行深入挖掘，再塑项目全新形象。第一，地段价值，市中心楼盘数目不少，纯粹以地段卖点妄想决胜市场显然存在难度，然而“愚园路”却是值得深挖的，上海有名的马路很多，但有的已成为历史不复存在，有的是全新建成的，既有辉煌历史又有灿烂如今的却少之又少，但愚园路就是其一。作为老上海洋房集聚的马路，愚园路同著名的新华路、华山路、湖南路一样，拥有浓郁的海派文化底蕴，其价值影响力不言而喻；第二，多层价值，在寸土寸金的上海市中心，由于地皮稀贵，往往是高楼大厦林立，新建住宅几乎是统一的高层或小高层，而本案由于“时间上的延误”，其“多层电梯公寓”的产品属性反而成为一种稀缺性资源。

综合这两点尚未被挖掘利用的“潜在价值”，项目的出路呈现一线曙光。

价值发现：公馆，上流社会代名词

大量的资料查阅及求证，华燕发现“愚园路”的价值特征在于其不朽的公馆建筑群。愚园路上老洋房林立，汪公馆、路易·艾登以及百乐门、涌泉坊、亨昌里这些耳熟能详的名字，便将一种久远而亘古的尊荣镌刻在这些公馆的身上。每个公馆都会因为那些精彩的人物、精彩的故事留下许多传奇，而正是这些传奇让这些冰冷的建筑有了生命。

公馆，它是一种居住符号、一种身份符号，也是一种文化符号。它体现了一种尊贵的生活质量，也体现着一个人的社会价值和品位。这些公馆建筑往往掩映于梧桐树之中，深藏于高墙之后，饱含着岁月的沧桑与万种风情，承载着名流贵族的荣誉和成就。

而作为愚园路当时唯一在售的公寓楼盘，华燕认为“愚园公馆”正是“公馆”众多价值的完美体现者。从地段来看，该案位于愚园路近江苏路路口，被老别墅区所环抱，符合“公馆”出则繁华，入则幽静的地段特性；从产品来看，该案由8幢8层电梯洋房组成，为市中心少有的低密度高品质楼盘，“洋房”的概念正好嫁接到“多层”的产品属性上，其稀缺价值骤然提升；从品质来看，该案作为准现房，品质有目共睹：别墅级用窗、全石材外墙、美国OTIS电梯、花岗岩楼梯踏步，无不体现了“公馆”的内在“涵养”；从环境来看，该案拥有市中心不多见的50%高绿化率，日本首相官邸景观大师担纲设计，环境幽雅怡人，与“公馆”的幽静庭园足可媲美，毫不逊色。

至此，“公馆文化”的营销定位产生，下一步就要考虑如何开展文化营销，将“公馆文化”深深得植入到目标消费者的心坎里。

文化包装：公馆文化，激发客户强烈共鸣

“公馆文化”的定位一经出炉，随之就有人提出此定位能否被喜新厌旧的上海人所接受。

华燕认为，从人的角度来看，人已经从单纯的“经济人”、“社会人”转向“文化人”。美国心理学家马斯洛的“人类需要层次论”把人的需求按其重要性和发生的先后分为五个层次：生理上的需要，安全上的需要，感情和归属上的需要，

地位和受人尊敬的需要，自我实现的需要。随着经济的发展，人们生活水平的提高，人们对产品的需求也越来越高。人们已经满足了生理上的需要和安全上的需要，消费者购买产品不仅仅是为了物质上的满足，而很大程度上是为了满足精神上的需要，他们希望自己有个性，有品位，希望得到别人的赞赏与尊敬，达到自我实现的需要。越是一些高贵商品，越是一些有地位有文化的人，他们更需要文化营销。

对大量社会精英的调研结果恰恰印证了华燕的观点，虽然上海作为一个国际化大都市，可谓日新月异，然而老上海及下一代对20世纪30年代“公馆”盛行的光辉岁月依然记忆犹新，上海人依然有着深深的“公馆情结”。

既然上海人的“公馆情结”未变，那么接下来对楼盘进行怎样的包装才能唤醒潜在消费者心中的“公馆情结”，成为突破项目营销推广瓶颈的关键所在。

当前技术发展迅速，住宅产品也趋向同质性。一个住宅产品在技术、环境等领域的优势很容易被别人模仿。而文化则具有唯一性，其他项目很难模仿。推广的第一步，华燕认为首先要建立愚园路“公馆文化”的标杆形象，作为其始创者。“愚园公馆”的推广名从而诞生，一经推出便深受消费者喜爱，更有甚者强烈要求将楼盘的注册名改为“愚园公馆”。

Logo点评：以洋房作为背景，文化印记一目了然，繁体“愚园公馆”，凸显浓厚文化底蕴，设计感文化味十足、大气，富有冲击力。

之后，华燕从多方面对项目进行了“立体式文化包装”：为了凸显项目“多层电梯公寓”的价值特征，将其凝练升华为“市中心稀贵多层电梯洋房”概念，出现在所有的对外宣传上；整个项目的平面设计以咖啡色与金黄色为主要色调，彰显项目的高贵气质；售楼处布置及样板房装饰以老上海、公馆文化为主要基调。

巧借时机：反季节销售显威力

华燕接手“愚园公馆”正值房地产销售的“冬天”：一方面政府限制房地产的宏观政策陆续出台，另一方面冬季原本就是销售淡季。但华燕认为，这或许恰恰是项目“升华”的契机。在这段时期，市场上的其他楼盘往往“偃旗息鼓”，在媒体投放上也是出手“吝啬”，只要“愚园公馆”的营销推广手法得当，“愚园公馆”完全有机会做到“淡季不淡”。

在广告形式的选择上，“愚园公馆”以硬广告凭借强有力的广告主题，力求迅速形成全城的轰动效应；而通过系列“软文”《愚园路的“城市演义”》、《寻找历史文化名盘》、《读地时代的楼盘收藏指南》等，从文化角度与目标客户进行心灵上的沟通。

凭借“公馆文化”与客户心灵上的深层次沟通，“愚园公馆”在处于淡季的上海楼市中掀起了巨大的波澜，2个月即突破一个亿的销售额大关，创造了不可思议的销售业绩。

综观“愚园公馆”的全案策划过程，我们觉得它的成功之处在于，挖掘到了项目的“隐性价值”，通过“文化营销”给项目重新注入了活力。

市场变幻不定，产品趋向同质，只有在满足消费者物质需求的同时，满足消费者精神文化上的享受需求，满足他们高品位的消费，这样的营销方式才能成功。从营销推广的角度来看，传统中那种充斥着叫卖声，弥漫着庸俗商人气息的硬式推销已经越来越不受欢迎，这就要求我们转变营销方式，进行文化营销。

点评：

广告业最难的莫过于把一个人所共知的平凡物点石成金为非凡物。愚园公馆借助隐性的文化营销把一个烂尾楼通过公馆、贵族式，甚至奢靡式的包装实现了营销上的点石成金。反季节营销让愚园公馆在众楼皆息的时候异军突起，怀旧的、老上海式的格调宣传让小资们心向往之。在满足消费者物质需求的同时，更满足消费者精神文化上的享受需求，满足他们高品位的消费，这样的营销成功也就不难想象。

——朱玉童

棠湖·泊林小镇，整合传播推广全案

广 告 主：成都棠湖屋业发展有限公司—“棠湖·泊林小镇”项目
广告代理：成都叁柒广告有限公司

“泊林小镇”首先是水木生态的，然后是城市的，“水木生态”代表的是自然，“城市”象征的是现代生活。针对年轻人群，品味和情调是“泊林小镇”的广告主旨；漫妙的画面展示着深层次的美；针对高龄人群，“泊林小镇”的广告则充满睿智，甚至是机锋。“水木生态社区”+“城市纯生活社区”<“泊林小镇”的定位使“小镇”跃然成为21世纪中国城市生活的最先尝试。

项目市场度量

一、宏观市场态势

1. 市区楼盘放量大幅度萎缩，三环开发逐渐成熟，价格持续走高。温江片区相对较低价格优势和成熟便捷的交通，更趋于完善的生活配套，使其在2006年的市场走势中将更具吸引力。

2. 大盘必将走品牌化、规模化和高调的市场线路，客观上会促动市场整体行情上涨，但同时也使得竞争加剧。

3. 小体量开发盘也不断涌现，但主要运用价格杠杆做文章，追求表面直白的性价比。

4. 项目位置相对偏僻，直接竞争和间接拦截的楼盘众多，项目需要一个有力的突发点重新引爆市场。

二、项目认知——市场需求指向产品营造

1. 区域环境认知

温江之于成都房地产消费市场仍系二级市场，观念有待更新，沿线中高端项目竞争激烈。

坐拥温江国家级生态园，系成都地区罕有的水木自然环境，水木生态大有可观。

光华大道通车，生活半径大大扩展，城市已然没有距离。

项目“坐温江，看成都”，由于地理性的先天优势，在价格上凸现明显的优势。

本地区具有成都平原独特的地形地貌和优美自然景观，今后随着规划中滨河路的建成及三产业经济带的繁荣将对片区经济发展产生明显的带动，将使本地区的开发建设具有充分的可行性，并创造良好的社会经济、环境效益。

2. 产品自我认知

区位环境——棠湖·泊林居住小区占地120亩，位于成都市温江区，地块北面为成都市轻型汽车总厂温江分厂，南面为温江机械厂，西面为四川省农业技术学院，东面为杨柳河。地块南临城市干道成大公路，西面和东面均有规划道路。

新都市主义规划布局思想的全新演绎——围而不合，散而不乱的布局方式；适当密度、传统邻里发展原则；行人优先的导向性；小区配套及商业服务；从居住部分独立出来，布置在南面临成大公路的位置上，并向城市开放。诸如此类，都充分满足了现代居住的人性化扩展性需求。

对销售难点的规划设计前瞻到位——相对于项目的均好性设计而言，户型本身不会存在过大的销售阻力，关键在于本身的地块位置。西北面是项目本身的最次地块，规划设计则有意识地将其处理为一个价格相对低廉，环境优美，以高绿地率，低覆盖率，适中的容积率为指导思想的小高层居住组团；由于西面用地边界外视线条件较差，采用将次要户型和次要朝向向西的布局的方式，将不利影响减小到最低，同时形成的通透空隙，对小区空气对流，景观视线都有极好作用；侧立面的丰富层次对城市景观也是极大贡献；颇具营销前瞻眼光。

均好性户型设计——11+1层小高住宅和6+1的多层，户型上以二室二厅单卫、三室二厅双卫为主，端部考虑少量的大三房或四室两厅双卫，保证了户型设计的灵活性、多样性。在较大户型的设计中考虑了入户花园的处理，使功能结构更加完善，入户空间体验更加丰富。

多层花园洋房部分，引入了前庭后院，结合地形的负一层功能用房，入户花园，错落有致的景观大阳台和层层退台等概念，使房型设计更加趋于完美。

交通采用人车分流的交通模式——整个小区设有三个出入口，其中位于成大路和滨河路上的两个出入口为小区主要车行及人行出入口，西北面另有一个临时车行出入口通往三角形场地与规划道路相连。

小区内主要交通流线为两条半环状的干道。紧临西北用地范围线一侧的为主要车行道；靠小区内部一条则为人行通路，但在搬家和需要进行消防扑救时可让机动车通行。在接近出入口的地方，两条道路合为一条并通过一个出入口对外联系。

公共服务设施规划——根据居民日常生活的需要和市场经济规律，按照合理就近、方便原则，布置社区公共服务设施。商业服务设施布置于临街公共建筑群体之中，兼为城市服务，提高商业经营效益。尽可能在公共空间周围的住宅底层设置商业门面，解决商业及居民使用之要求。商业服务设施之一是便利店，它满足平常人们各类需求，包括各类小吃、餐饮、电器

泊林小镇
Berlin A Whistle Stop
泊林小镇·夢想
——建築德意志
Berlin A Whistle Stop
Germany Botany country of origin Life's special area
桃源，一个美丽的生活梦想，
伴随着时间的流逝，它没有消失——
对于追求幸福的心灵，无处不是
桃花源。然而，自然可见的桃源
却总是那么可遇不可求，也许我们
应该认真地判别生活的城市。
或者应该看：泊林小镇，温
江，林水间，生活圈。

泊林小镇·水林
——建築德意志
Berlin A Whistle Stop
泊林小镇

泊林小镇·爱美
——建築德意志
Berlin A Whistle Stop
泊林小镇

维修、保健按摩等等。

产品策略：

项目占地120亩，主力户型为90-180平方米适用性户型，产品规划成熟到位、整体均好性强。由是可见，项目整体均好性应该是我们诉求的重点所在，单独放大任何一点产品功能,都不足以体现项目的优势。因此，在准确把握目标消费群的基础上，让项目传播相对客观稳重，而不是无限放大。

三、客群市场锁定——产品营造同时反映目标客群

1. 客群基本分析

三口之家，生活形态稳定，生活态度相对大众开放现代，有一定经济实力，讲究品位与实在兼备，对品牌关注度较高，是主流客群。

偏老龄客群。追求居住舒适度，看重品质和性价比，比较重要的辅助客群。

外地来蓉客群。两类：一是工薪白领层，现实居住压力大，经济能力相对有限，但急于解决住房，看重性价比，一定程度关注品牌；二类是甘孜，阿坝凉山等地回内地定居者，看重环境和生活舒适度。

2. 客群特点

由客群身份及家庭构成可知，我们的客群由二次颐养置业者、来蓉初次置业者和部分投资客组成。具有以下特点：

渴望提升居住质量以提升生活档次，只要在资金和交通状况允许的前提下，他们花同样的钱，会选择更好的房子和环境。他们不仅对住宅内部的细节有执著要求，同时看重整体社区氛围；这部分人认可区域板块未来的发展前景，有空闲资金购房做投资。

3. “主流市场”里的先进人群

二次颐养置业者并不是置业执行者；来蓉初次置业者多为白领阶层；投资客则视市场风向而定，不是推广重点所在。

因此，我们的客群应该是住宅主流市场里，对区域价值有所远见的“先进客群”，对于这些“先进客群”，传播推广不能单从收入水准划分哪些是“泊林小镇”的购买人群，而应明确界定那些有眼光鉴别“泊林小镇”附加价值的人群，他们是经济实力、文化背景双双领先者。

4. 客群领头羊效应

市场不断验证，中高端住宅物业，往往存在消费的领头羊效应，即这些消费社圈中的主导人群，或许他们的消费能力并不排在首位，但他们的品位、眼光却起着主导地位，影响直接社圈和间接社圈的消费，这极少数的类群，我们称之为消费领头羊，他们是我们项目之外的品牌标高，我们只要把握住这类消费，就预示项目的销售拥有一个成功的起点，通过这类消费群就可以形成销售的几何增长。

这既是我们消费把握的“以点带面”策略，同时这也是项目广告推广直接切入的最佳手段。

5. 界定目标人群对“泊林小镇”品牌塑造的价值

有了清晰的目标人群，对“泊林小镇”品牌形象的建设意义重大，甚至可以说，它为我们的广告创意和表现规定了明确的方向，为我们评价广告创意确定了标准。

既然目标人群以城市中产阶级为主，所以“泊林小镇”的广告应有品味和情调；

既然目标人群有文化品位鉴赏眼光，那么广告应展现“泊林小镇”深层次的美；

既然目标人群是相对的高龄人群而有一定的品位，所以“泊林小镇”的广告就应该充满睿智，甚至是机锋，而非流水账般的卖点罗列。

四、市场竞争策略：

温江经典人居，现代德式小镇。

1. 规避明年众多大盘相继推出而必然选择的高调线路，避免正面抗争。

2. 摒弃小盘直接叫卖或明显夸大的浮夸的做法。

品位和品质相结合的中间线路，是本案比较明智的选择。以产品品质为基础而树立的一个成熟、精致而包含品位的市场形象，在不事张扬的淡定中体现项目毋庸置疑的自信。

我们应该强调的是成熟、品质，及包括物理功能外的心理、情趣、文化上的投影。

项目整合定位

一、案名解析:

既为“泊林”，那么就是有别于城市的、水林兼具的纯翠生活境界。因此“泊林小镇”首先应该是“水木生态社区”，同时，针对项目的市场传播和客群的消费需求，“泊林小镇”又是“城市纯生活社区”。然而：

“水木生态社区”+“城市纯生活社区”<“泊林小镇”

因为，“泊林小镇”还有其深层的形象内涵。从这个意义上讲，“小镇”是21世纪中国城市生活的最先尝试。

二、项目主题Slogan定位:

打破习惯思维，承接案名，直接面对目标人群：水过林阴·留泊生活。

一种以“发乎于景，成之于情”沟通手段，让目标人群直接参与其中。

精致和细节的完美，不流于嚣张的大气，含蓄的自我张扬，淡定而高雅，呈现“泊林小镇”闲适而成熟的品质生活。

三、项目功能定位语:

主语：温江经典人居，现代德式小镇。

辅助语：城市纯生活·水木生态社区

鉴于项目本身客群的复杂多样性，建议采用定位语的推广形式，一正一奇刚柔并济，视传播载体交互使用或二者并用。

四、广告表现调性

“泊林小镇”首先是水木生态的，然后是城市的，“水木生态”代表的是自然，“城市”象征的是现代生活，二者缺一不可。

迎合客群“城市纯生活”的消费品位，我们的广告表现从大师的画作中甄选符合项目意境的场景，与项目的固有图景相结合，形成似是而非的视觉意象，使“泊林小镇”的信息传播既具备艺术感染力，也具有生活的真实性。

同时在文字配合上，我们会通过相应的画家的创作联想撰写生活的思想性文字，从而达成图文相彰的传播效应。

点评：

在都市里楼盘模样越来越类相似的今天，如何抓住消费者的情感已经成为楼盘营销成功的关键要素，房地产作为价值不菲的不动产，选择的慎重程度是不言而喻的。“水过林阴·留泊生活”，一种“发乎于景，成之于情”的沟通，让目标人群直接参与其中。针对不同的消费群发出的不同的宣传主旨，深切地打动着各层面消费者的情感。“水木生态社区”+“城市纯生活社区”让消费者既能体验乐水之智又能撷取城市精华。“温江经典人居，现代德式小镇”流露出精致和细节的完美，没有嚣张的大气，却有含蓄的自我张扬；淡定而高雅，呈现“泊林小镇”闲适而成熟的品质生活。

——朱玉童

“云山诗意”异型广告的台前幕后

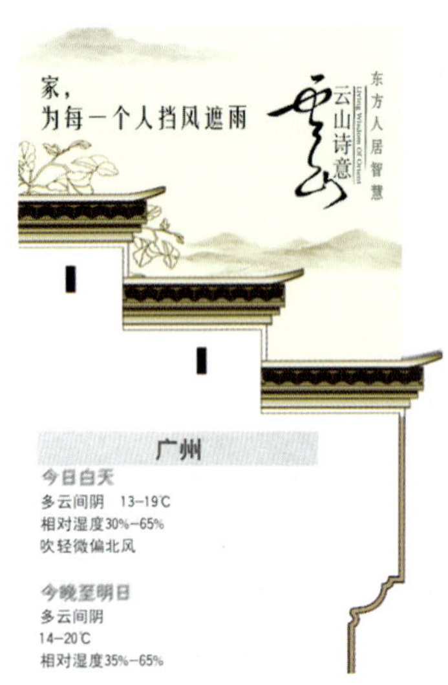

广 告 主：广州市雍桦园物业发展有限公司—“云山诗意”项目

广告代理：蓝色创意（中国）

整套《“云山诗意”天气预报系列》稿，都以生活中常见又具有浓郁传统文化特色且能体现亲情的小物件为形象载体，文案结合天气变化寄托亲情的关注，在逐渐寒冷的季节，通过温暖的标题和画面元素，将天气变化与产品所主张的亲情与家人的关怀结合起来。整体调性温馨而亲切，表现上极具东方韵味。

小投入，也要写出“大手笔”

“云山诗意”自开盘以来，就以独树一帜的品牌策略和创意表现，在广州房地产市场取得了出色的销售成绩。到了2005年底，项目销售压力相对较小，工作的主要任务就是保持市场的关注度，加之这个时间段本身就是销售的淡季，客户计划在此阶段用传统的版式，投放少量的广告对项目品牌进行巩固。

销售的淡季，往往是广告人难得偷闲的机会，同样也是难得的创意表现舞台。选择一次完成任务式的广告创作，还是精彩四射的创意演出，对于一个充满创作激情的团队来说，无疑后者有着更大的诱惑力。

激情归激情，一次报纸半版的广告预算，想在青锋白刃的广州地产广告战中跃然而出，谈何容易！“开源”不切实际，“节流”是唯一的办法。在初期的讨论中，结合广告创意行业的总体趋势，在不增加预算的情况下，报纸广告的异型创意，是最行之有效的解决之道。团队达成共识：要用一期报纸广告投入的预算，展开一次品牌巩固的阶段广告运动！用小投入，写出“大手笔”。而对于异型广告来说，想要出效果，做出好创意是唯一的突破点。

我们深知：好创意，除了创作的激情，更重要的是平静且细微的洞察。

洞察，是超越竞争必做的功课

摊开报纸，想在各个版面的旮旯边角找到创作的灵感。讨论会上提出的各种想法层出不穷，但都无法让所有人眼前一亮。大家继续在黑暗中探索，很偶然地，有人提了一句“为什么天气预报版面都没人做广告？”

报纸的新闻、娱乐、体育往往都是最热门的版面，对比电视而言，报纸的时效性较差，极强调时效性的天气预报在报纸版面来说，是广告投放的冷门。但是，越是“干净”的版面，广告信息越为清晰，越不容易受到其他广告内容的干扰，并且天气预报往往是一份报纸中最具实用性的版面，也是每个生活者必然关注的内容。突出的版面优势，吸引了大家的思路。

顺藤摸瓜，提起“天气预报”，大家自然想起了小时候上学前，父母总是提醒要下雨了，记得带伞；亲友外出，自己一定会特别关心行程中天气的变化；母亲电话里常常叮嘱天气凉了，要注意加衣服......毫无疑问，对于天气的关注，某种程度上讲，就是对家人或朋友的关心，也正是“云山诗意”所倡导的东方式亲情。品牌内涵与报纸版面形成了最好的互动。

更重要的是，天气预报特有的提前性和预知性，让对天气的关注与东方亲情相结合变成可能，为广告创作提供了实际操作性。

创意的切入点清晰可见，接下来就是如何表现。

整套《“云山诗意”天气预报系列》稿，都以生活中常见又具有浓郁传统文化特色且能体现亲情的小物件为形象载体，文案结合天气变化寄托亲情的关注，在逐渐寒冷的季节，通过温暖的标题和画面元素，将天气变化与产品所主张的亲情与家人的关怀结合起来。整体调性温馨而亲切，表现上极具东方韵味。

每个留意过此间天气预报版面的读者，应该都会对这一系列的广告有着或多或少的印象。这点得益于在美术上具有视觉“侵略性”的异型创新设计。报纸传统四平八稳的版式，被一个个富有视觉内涵的元素打破。风筝、灯笼、马头墙、毛线衣，这些具有品牌标志性的元素，“喧宾夺主”地抢占了读者的视觉中心，报纸上小小的“豆腐块”从未如此吸引眼球；温馨而亲切的形象，在读者眼里就是浓浓的东方亲情。“侵略性”的美术设计，不仅没有因为改变读者视觉习惯被排斥，反而让人眼前一亮，抓住了每一颗中国心。

如果单是视觉上的表现，那么就是漂亮的广告还没有上妆。真正“点睛”的是那些在寒冷的初冬读起来暖心窝子的“话”。这些“话”是文案，更是“云山诗意”在与读者“拉家常”。尽量用朴实而不经修饰的字句，表达珍视亲情与对家人的关怀。当读者视线沿着画面的“风筝”移到“不管飞得多远，那一头系着的总是家”，“云山诗意”就完成了与读者面对面的对话。这种引导式的广告，远比“填鸭式”的宣传更能赢得受众的好感。

最巧妙的是，在天气急剧变化的时候，报纸文章的降温消息与“天越冷，心越暖”的文案“相映成趣”。当你看到这种“先知先觉”的广告，会不会也会心一笑，心越来越暖的同时，对充满智慧的品牌宣传创意暗生赞叹。

生活的细节本身就是最有说服力的广告，有心的洞察，把生活中最自然的亲情和项目本身的特点，通过新颖的异型广告结合在了一起。对亲情同样的珍视，让每个读者感同身受，这样的广告，写进了人们心里。也正是这样，“云山诗意”才能从同类产品的竞争中脱颖而出。

鱼和熊掌，也能得兼

客户向来对于我们突破性的创新给予充分的支持，这一次也不例外。《“云山诗意”天气预报系列》顺利出街。值得一提的是，报社由于从未遇到过类似的广告版位要求，在具体操作中给了我们很多便利，效果相当于1／2竖版的异型创意只花费了一个报眼的媒介费用。如此，之前只有一期的广告预算，足足投放了一个月！

在此次广告投放后，“云山诗意”原本就给人留下深刻印象及好感的品牌形象得到了进一步的提升。

与此同时，《“云山诗意”天气预报系列》也获得了“2005广州日报杯－特型广告类”的金奖。

更想不到的是，在天气预报版面的异型广告发布之后，原本无人问津的“冷门”版面，逐渐变得抢手。类似的表现形式，也成为了其他广告竞相借鉴的对象。

异型广告本身就是充分运用智慧的全新广告形式，以“东方人居智慧”为品牌核心的“云山诗意”，这一次，从广告本身的形式上就体现了独具智慧的内涵。

《“云山诗意”天气预报系列》在众多地产广告的竞争中，以四两拨千斤的力量，巩固了项目东方亲情式社区的品牌形象，出色地完成了预定的广告任务，赢得了社会普遍的美誉度，同时也为蓝色创意整个团队赢得了行业内的又一次认可和荣誉。新东方智慧，鱼和熊掌，也能得兼！

点评：

中国兵家历来讲“以正合，以奇胜”，营销上“奇”就是差异化营销，就是在大家都认为不可能的地方玩出新花样，使策划本身充满着新闻、甚至传奇色彩。天气变化无常而天气预报版面却一成不变。一个突然的变化，一个个富有视觉内涵的风筝、灯笼、马头墙、毛线衣元素彻底打破了天气预报版面刻板的面孔。最巧妙的是，在天气急剧变化的时候，报纸文章的降温消息与“天越冷，心越暖”的文案“相映成趣”。一次生动的转变或许真的可以记忆一生，当你看到这种“先知先觉”的广告，会不会也会心一笑，心越来越暖的同时，对充满智慧的品牌宣传创意暗生赞叹。

——朱玉童

南方都市报 A48 气象新闻/深珠新闻

气温飙升8.5℃

广州昨日下午3时16.7℃，未来几天气温继续回升

国内城市今日天气

粤港珠三角区域昨日空气质量状况

省内城市今日天气

今日广州空气质量预报

香港渔船珠海沉没

一人获救五人下落不明，失踪者疑是该船所聘内地员工

深圳巴士集团组建反扒大队

四天两起海难 珠海组织检查

担心人质安全 绑匪“赠”路费

遭绑男孩未受伤害，两嫌疑人取钱时被录像，现已落网

南方都市报 A48 气象新闻

云量增多 缓慢升温

下周初北方一股新冷空气将南下影响广东

广州

粤港珠三角区域昨日空气质量状况

国内城市今明天气

今日广州空气质量预报

省内城市今明天气

旅游景点今明天气

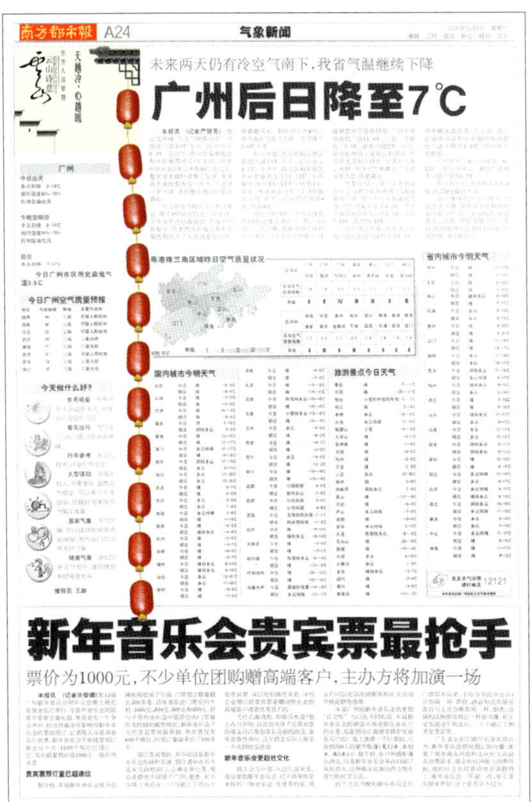

南方都市报 A24 气象新闻

未来两天仍有冷空气南下，我省气温继续下降

广州后日降至7℃

广州

粤港珠三角区域昨日空气质量状况

省内城市今明天气

今日广州空气质量预报

国内城市今明天气

旅游景点今日天气

今天做什么好？

新年音乐会贵宾票最抢手

票价为1000元，不少单位团购赠高端客户，主办方将加演一场

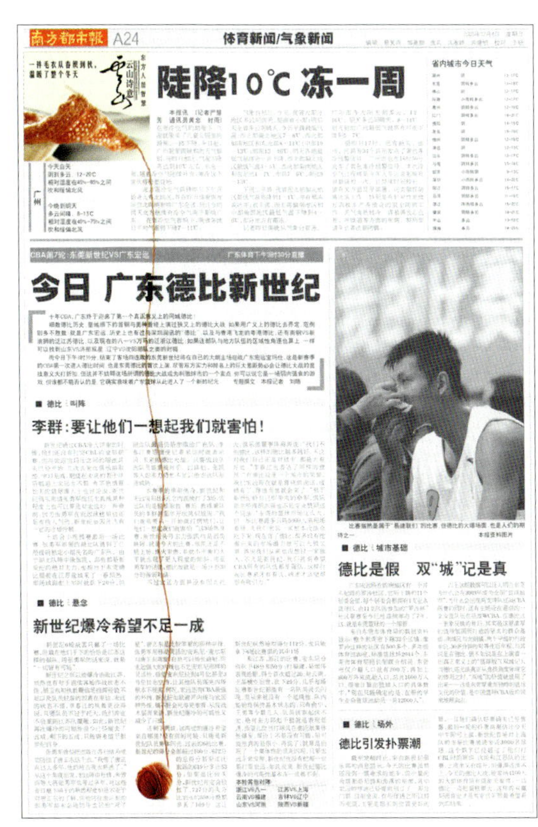

南方都市报 A24 体育新闻/气象新闻

陡降10℃ 冻一周

省内城市今日天气

今日 广东德比新世纪

李群：要让他们一想起我们就害怕！

德比是假 双“城”记是真

新世纪爆冷希望不足一成

德比引发抢票潮

高成·上海假日，板块运作营销策略

广　告　主：江苏高成房地产开发有限公司—“高成·上海假日”
广告代理：上海华燕置业发展有限公司

“江尾海头第一镇、择居颐养后花园”看房直通车、大型企业结集购房、大媒体综合套餐、悬挂横幅、派发折页、参加房展会；政府作为板块助推的抓手，在整体规划和政策导向上起到主导作用；住到浏河去，市中心联合售楼处成为联合力量的象征点；大规划、大手笔、大制作、大社区，大成为规划的亮点，突出实力，突出规模，突出潜力，突出价值。

营销背景：

上海：

2006年，是国家的宏观调控年，在一系列政策的调控之下，上海成为全国房价走下降通道的代表性城市。客户的购房心理充满着“不安定”性，政策性观望和市场性观望等接连产生。“观望”成为市场的主要特征。

上海楼市经过十多年的发展，已经形成内环、中环、外环、郊环的同心圆格局。

上海已进入“老龄化”社会，“养老”型住宅渐渐成为楼市中的重要力量之一。

浏河：

行政版图虽属江苏太仓，但距上海市中心仅38公里，在楼市概念上，已纳入上海郊环板块。“沿江、沿沪”两大优势，使浏河成为上海度假颐养的后花园。江、海、河三鲜美食闻名遐迩，有望成为像“阳澄湖大闸蟹”一样吸引上海的美食天堂。

价值发现：

上海郊环板块的半价行情：上海郊环公寓楼盘大都在6000元/平方米上下，别墅在10000元/平方米左右。而目前浏河的公寓房价仅为3000元/平方米，别墅价格仅为5000元/平方米。

“双低”特性、百姓楼盘：浏河楼盘的低单价和低总价特性，必定成为宏观调控背景下，大众买得起的百姓楼盘。

现时楼市“高性价比”优质楼盘：距离上海市中心只有38公里，与同一郊环线上的松江、老闵行、南汇等处于同轴等距优势，但它的价格却只有后者的一半，性价比特高。

择居、颐养、投资，上海楼市的最新“处女地”：楼市正常的需求，诸如养老、长线投资（非投机）等仍活跃楼市，一些新地区新楼盘成为“错过族”的新视线。

“截流地段”的“截流价值”：浏河地处太仓与上海楼市价格之间的“洼地”，属典型的截流地段，未来短时间内必将有一波行情来填补此低谷，价值将渐进上升。

谋略运用：点面兼顾，重点突破——炮手与枪手的完美组合

“面”线企划：大炮理论——调子要高、嗓门要大、火力要猛

指导思想：在郊环线楼盘云集的市场背景下，任何单个楼盘都将淹没在楼市大潮中，因此，板块运作成为不可或缺的手段。政府作为板块助推的抓手，在整体规划和政策导向上作出主导作用。取消（降低）过路费、社区巴士、021电话等配套措施逐一解决。集结开发商的力量。聚本地十多家开发商，以板块形式向上海市场形成统一的声音：住到浏河去！市中心联合售楼处成为联合力量的象征点！

手段运用：

以政府作为板块助推的抓手，建立浏河板块房产开发统一指挥部和建立新闻联合发布机制。

以浏河板块研讨会作为整体项目启动点：浏河板块发展战略研讨会——“半价行情”碰撞上海楼市。

以养老题材编写电视剧本——聘请老娘舅剧组编写养老题材的情景室内剧。

举办从市中心到现场的试驾车活动——通过媒体力量直观解读浏河与上海的近距离，诠释郊环板块内涵。

“点”线企划：枪手理论——角度要准、出招要稳、火力要狠

指导思想：掌握客户特性，以客户所居住和运行（活动）的区域为重点，运用简短的手法直接强攻。

手段运用：

看房直通车——浏河与上海毕竟有一段距离，售楼处不在市中心，只有车轮"滚动"，销售才能"转动"，因此，如何组织看房直通车就成为关键之关键。

大型企业集结购房——与宝钢和嘉定的一些大型企业工会直接谈判，利用企业的地缘优势、实行优惠性的团购。

大媒体综合套餐——择《新民晚报》、《环球时报》等媒体进行套餐组合推广，一是客户群集中，二是广告费用下降。

悬挂横幅、派发折页。在宝山、嘉定、闸北等动拆迁基地悬挂横幅、派发折页，此乃狙击枪手的打法。

参加房展会。近期的房展会，客户追捧的依然是中低价位房，本楼盘参加房展会，半价的杀手锏必将引爆房展会。

广告精神：

1、总口号：住到浏河去！

城市的发展浪潮让居住不再停留于原有的观念，蜗居中心城区不足为道，宽居，才是生活品质的根本要素。

2、板块形象定位：江尾海头第一镇、择居颐养后花园

浏河是郑和七下西洋的起锚地，位置沿江靠海，距上海市中心仅38公里，"沿江沿沪"两大特征十分明显。

3、LOGO：高成上海假日

锁定上海的目标客户，突出休闲度假颐养功能。因此LOGO的设计显得较为"轻松"，甚至带有点"童话"。

4、导读式形象广告的创新

高成·上海假日先后夺得江苏省著名楼盘、全国十大名盘等荣誉称号，一期别墅半年内即告售罄，二期销售在上海客户的强势带动下，势如破竹，这在以"观望"为主导特征的上海楼市，确实创造了奇迹。通过"枪炮合一"、"导读式广告"等华燕独创的营销利器运用，高成·上海假日理所当然地坐上了浏河板块头把交椅，其所引发的营销话题也在不断地传颂。

点评：

营销贵在造势，声势浩大、势如破竹、顺势而下、气势惊人是每个策划人都希望达到的效果，但很多产品本身是没有势的，就需要通过借势、组势、造势来实现势的提升。"高成·上海假日"的板块运作通过联合政府、联合开发商、联合消费者大手笔地解决了规划、交通、配套、社区生活等系列问题，创造性的解决了地段偏远、交通不便、配套不周的生活问题。看房直通车、大型企业结集购房、大媒体综合套餐、悬挂横幅、派发折页、参加房展会等系列手笔又为吸引大量的消费群进驻提供了很好的拉力，产品势能累加的吸引力与拉力的结合使"高成·上海假日"取得了巨大的成功。

——朱玉童

“铂铭瀚”，适度超前的市场策略

广 告 主：博能鑫新房地产 —“铂铭瀚”项目

广告代理：江西九天策划推广机构

现在房地产市场竞争激烈，各大楼盘相继推出，怎样在如此纷繁复杂的房地产市场占有一席之地，并且取得成功，是一个课题。“铂铭瀚”由“伯明翰”，在欧陆风格被广泛采用同质化的今天，改用在宜春地产市场未曾接触过的英式风情，以演绎高贵、深沉、博大的名流社区特质，用主广告语“城市中央，至尊别墅”，获得了非常大的成功。

江西宜春自古即称昌盛之郡，风光秀美怡人。全市总面积1.87万平方公里，总人口520万，是全国第一批生态试点城市之一。近年来，宜春经济发展迅猛，社会事业繁荣，人民生活安康，综合实力日益增强。

兵马未动　市调先行

宜春发展看城北。城北的袁州区现为市委、市政府所在地，是全市政治、经济、文化和信息中心。“铂铭瀚”项目即坐落于此，属于宜春新城行政中心、金融贸易中心、体育中心和核心居住区。

项目案址南望3000亩袁山，内抱200亩香樟湖，堪称不可多得的高档住宅宝地。第一次踏上这块土地，这里依山傍水的自然环境和周边完善的配套设施就已经深深打动了我们。入则繁华，退则自然，一个绝好的别墅社区雏形在我们脑海中渐渐呈现。

照例开始明察暗访的市场调研，一番踩盘、入户访问、各有关局访问工作后，我们发现宜春地产市场已呈现出规模化（五大高档楼盘竞争激烈）、产品多样化(小区产品设计类型从单一走向多元)、现房受欢迎销售期后移以及城北板块价值日益凸显(三大板块：老城区板块，秀江板块，城北板块)等几大特点。

对消费者的察访发现，需求重心开始转移：

1. 从量到质，宜春人越来越重视项目产品品质、质量与细节等；
2. 从有形要素到无形要素，越来越重视心理感受、荣誉感、归属感和身份感等；
3. 从性能到精神，居住的品位、格调、风格、个性和象征意义等得到凸现；
4. 从产品到服务乃至关系，由于对品位的追求，需求呈现多向软化的趋势；
5. 从单一化、大众化到多元化、个性化，整体需求个性日益分散化。

对于铂铭瀚这样一个地处城北核心地段的别墅社区，如何面对消费者？是“等市场”、“找市场”还是“做市场”？

知己而战　策赢天下

中国各地社会和经济发展迅猛，市场中的不确定性和不可预见性因素日益增多，消费需求日益分化且模糊不定。但万变不离其宗，动态地把握市场需求趋势，适度超前地引导和创造市场，才能掌握竞争的主动。

铂铭翰系宜春为数不多的高档住宅项目之一，规划用地6.3万平方米，总建筑面积8万平方米。分两期开发，先推别墅形态产品，后推高层为主。对于这样一个地段价值日趋显赫，又具备市政、交通、医疗、教育完善配套的高端楼盘，是走常规项目宣传夺取一般市场还是剑走偏锋击中高端客户呢？显然，这是一个涉及项目收益的根本问题。

在前期调研基础上，创意小组经多轮激烈讨论认定，引导与满足宜春上流人士对纯粹高端住宅问世的期待，铂铭瀚具备拔高格调倡导全新生活方式的竞争优势，应该从市场中跳出来！

战略有创新，豁然开朗天地宽。在产品定位上，铂铭翰应该跳出同类楼盘竞争，不针对项目的某一局部环节，而是强调项目整体创新，其精髓是提高竞争门槛，确立具有“唯一性、权威性、排他性”的优势地位。

在风格文化定位上，我们否定了被广泛采用的欧陆风格，提出了宜春地产市场未曾接触过的英式风情。经过筛选，案名最终选定为由伯明翰演变而来的“铂铭瀚”，以演绎高贵、深沉、博大的名流社区特质。相应地，将客户群年龄划分在35—50岁之间的宜春上流人士。而主广告语“城市中央，至尊别墅”的敲定，更准确地传递了铂铭瀚的核心卖点、整体格调和产品形态。

剑出偏锋　笑傲群伦

真正确立铂铭瀚的地位，需要挖掘放大其产品优势和文化内涵。

一个生活圈：宜春新城贵族名流生活圈，确定高端市场地位；

两个中心：中央居住中心、英式文化交流中心，确定核心文化定位；

置业计划书
从此，步入境界新生活
铂铭瀚
城市中央 至尊别墅
袁山公园北岸 英伦风情别墅区
3913116·3913118

C3{哈雷特府邸}
城市中央 至尊别墅

铂铭瀚
城市中央·至尊别墅
3913116

观湖，而后品味

Birmingham
铂铭瀚
首席贵族生活尊崇版图
英伦经典 皇族风范

品山，而后触动

三大标志性景观："骑士广场"（奋进精神）、"伦敦塔楼"（英式风格坐标）和"香樟湖木栈道"（自然景观占有），塑造独特的景观优势；

三个要素：高端人居标准的生活中心、生态人居中心和上流人士的社交中心；

三大观点：alive（活力、激情），develop（发展、潜力），elegant（尊贵、优雅、高尚）。

在营销和推广上全程贯穿以上概念，以"三线一体"路线，做到连续性整体策略出街：

人际线：现场销售人员营销推广、内部口碑传播，实施全员推广；

活动线：SP活动、PR活动、事件营销，切入社会情感传播；

广告线：报纸、电视、户外等，点面、软硬攻势整合。

在导入期和热销期中，我们已成功导入5个篇幅的推广策略：

未来篇——产品、社区、生活和孩子的未来，是创作铂铭瀚影视广告"未来篇"的灵感。

对于期房销售，以强有力的影视广告切入市场，诱动市场反应，留足想象空间。

品位篇——广告其实不是"广"告，而是窄告。

高品的市场位置、高品的开发商和高品的社会上流人士，是铂铭瀚导入期"品位篇"系列宣传划定客户人群的任务。

超越篇——导入期果真获得巨大成功，越来越多的目标客户开始进入有效视野，我们需要进一步丰满和证实铂铭瀚的高端内涵。

在卖点的深度挖掘后，提出"定义宜春高尚人居标准"的口号，铂铭瀚一下子就从复杂的竞争环境中脱颖而出！

生活篇——尊贵地段、荣耀生活、完善配套和一流服务构成了铂铭瀚"生活观"PR活动的主旨。

在"铂铭瀚—红酒品鉴会"上，英伦风情的红酒缤纷代言铂铭瀚的生活观：艺术与尊崇、激情与浪漫。酒会为销售点杀和下阶段推广埋下了精彩的伏笔。

细节篇——一番印象扩散后，推广步骤自然而然地进入到产品细节的诉求。

在"细节篇"中，铂铭翰产品与社区的优势点和利益点得到淋漓的表达，其气度与内蕴不断得到宜春中产阶层的广泛认可，为购买提供了强有力的支撑。

2006年7月9日，铂铭翰成功开盘，部分形态的房源当日即销售过半。

点评：

虽然房产广告策划最难出彩，策划者依然在坚持策略的前提下完成了系统的表现。值得肯定的事，策划者对于高档定位的坚决与贯彻始终。

在策划中，有时常识是最为重要的。

——张惠辛

钟山美庐，化繁为简的创意历程

广 告 主：江苏马会置业有限公司—“钟山美庐”项目

广告代理：北京世纪博瑞广告公司

在一个复杂的世界里，简单反而是最容易吸引人的。曾有人说优秀的广告就在于化繁为简，深入简出。钟山美庐，坐拥南京最稀缺的山体资源，拥有外在的资源和内在的建筑特色。在南京这座有着厚重历史情结的现代都市，简单反而更容易打动消费者，于是把民国建筑的独特风格成为钟山美庐的突破口。加上精准有效的传播，成功将钟山美庐推向市场。

不知不觉间，我们突然进入了一个复杂的世界：旧有的认知经验逐渐失去效力，各种已知的界限被不断打破，高雅不再是传统意义上的品味，传统与现代也没有了明显区隔，丑陋与美丽再也不是对立的概念，商业与艺术可以互为融合……我们再也不能通过传统的方式辨认这个世界。这种复杂不断把我们推向未知的前方，寻找新的符号与标签，为世界寻找自己的理解。

“别墅新国粹”这一概念性的语言为平淡南京房地产推广增添了一丝新意。“新”在这里成为一个关键词：传统与现代之间、建筑与人文之间、历史与文化之间，进而当代社会认知、文化或艺术之间，于差异性与一致性的基础上，突破各自的界限而彼此对话，相互进入并融合，我们可以想象这过程是何其复杂。只有能够简洁地处理各种复杂事物之间的复杂关系才能创造出最佳的商业价值，这充分表达了复杂世界的特性：世界非常复杂，因非异常精彩；但必须“漂变”，使其简单。

复杂世界，简单把握

南京，从根本上来说，就是中国最复杂的城市之一。说其复杂，除了曾经是六朝古都的历史之外，民国时期的中国首都背景也是使其复杂的原因。在这里我们能看到很复杂的现象，高楼林立的大厦旁边，就是极具特色的民国建筑群；中西方思想在这里相互存在，却互不干扰；在现代时尚生活的诱惑下，仍然保有厚厚的历史情结……走在南京的大街上，我们随处可见历史气息浓厚的大宅大院和摩登时尚的建筑群，它不像北京那样有着明朗人文气息，不像上海那样时尚摩登，不像深圳那样年轻多元，这些城市外在的符号，仅使得这座城市复杂，更使得这座城市的人对生活的理解也足够复杂，但是复杂的事实，我们必须简单把握。

钟山美庐，是一个占地仅8万多平方米的“小项目”，但是其外部占有南京最稀缺的山体资源，并紧邻高尔夫球场以及亚洲最大的赛马场，建筑是极具南京特色的民国风格，这些外在的资源和内在的建筑特色，足够支撑起一个项目的高档形象，很多公司在这些背景下也可以做出不错的创意表现。创意是一个化繁化简的过程，什么都想说，但什么都没有说明白的案例不在少数。在这样的背景下，我们如何实现突破？在经过一系列的价值梳理，民国建筑的独特风格成为我们为项目制定的推广突破口。寻找项目的单一性，并在单一性的基础上给予足够的支撑与内涵，这是“复杂世界，简单把握”的一个体现。

民国风格建筑如何传播，如何实现在当代的背景下使其更具价值感与文化感，成为接下来的首要问题，具象化、现实化、直白化无疑不是恰当选择。越是对项目以及城市背景理解深刻，越是趣味无穷。紧接着的发现，让我们找到了项目的语境：上下五千年源远流长的文明和智慧，积淀出无数价值符号。那些有形的，无形的，逐渐消失的，至今依然保留下来的文化遗产，都印证着中国智慧与人类文明，世人称它为“国粹”。国粹以传统文化最精华的姿态，被无限传承与拓展，京剧，旗袍，丹青，茶道，建筑……在经历社会变迁与光阴流逝之后，依然散发迷人风采。民国建筑，在经历了百年之后，依然被世人所向往。除去其建筑本身的价值之外，人文内涵更是使其历久弥新的依据。百年之后，世人对民国建筑，只能通过其外在的庄严与历史感来感受曾经发生的故事。无限想象，在让那段历史不断上演的同时，更让世人无限向往。民国建筑到底是文化的建筑，还是建筑的文化，至此无法考究，但可以肯定的是，它是南京人心底一首挥之不去的诗歌，是每个人心底的国粹。

创意似乎是在无意中突然被发现的。倒不是说创意出于偶然，而是说，只有当人们有意识去梳理价值时，创意才会浮现。至此，“紫金山麓，别墅新国粹”成为项目最佳表达，价值感突出，文化感深厚，是平淡中的升华，同时也是简单提炼的高度概括。有新鲜感，但不陌生，这是“创意漂变”的重要体现。

在粗放的环境中寻找精准出口

康德说过，人类只有很少几个根本问题：“我能够知道什么”、“我应该做什么”，尔后是“我可以期望什么”；再结合人类关于“世界观”哲学表述的三个发展阶段：“人类世界是怎样的”、“我所知道的人类世界是怎样的”、“我怎样表述我所知道的人类世界”。那么，这几个问题的现实版就是：“我应该知道什么”、“我能够做什么”以及“我的愿望是什么”。由于在现实生活中，大多数人并不清楚自己的愿望——人们不知道自己想要什么，大家都在等别人告诉他需要的是什么。如果大家都不知道自己想要的是什么，因此告诉别人他应该要什么就只不过是在骗他。

这是一个过于严肃的根源性问题，它是我们所从事的“广告事业”的一个方面，虽然我们很努力，但我们未必能解决

Friday
THE SIN WAN PAO
PUBLISHERS PACIFIC PUBLISHING CO.
FOCUS OF TODAY
新聞報
24小时贵族热线:
86-25-84803333
1943年，这所房子还跟现在一样，
世人称其为“孔宅”。
THE SIN WAN PAO
PUBLISHERS:PACIFIC PUBLISHING CO.
wen john
鍾山美廬
ZHONGSHAN VILLA

ZHONGSHAN
VILLA
被剪辑过的历史，只留下凝固的诗，宛如九歌。
建筑是一部写在石头上的史书，如同凝固的乐章。
中华民国，一个启蒙中国现代史的时段，烙在每个人心里，直到永久。
民国建筑，一件历史赋予价值的民族精粹，即将再生。
钟山美庐，以民国建筑构筑现代生活样本，以经典启蒙贵族生活。
紫金山麓 别墅新国粹
鍾山美廬
ZHONGSHAN VILLA
美庐专电: 86-25-84803333

Friday
THE SIN WAN PAO
PUBLISHERS PACIFIC PUBLISHING CO.
FOCUS OF TODAY
新聞報
24小时贵族热线:
86-25-84803333
73年前，“宋子文公馆”还很年轻，
却记录中国最后一个贵族。
THE SIN WAN PAO
PUBLISHERS:PACIFIC PUBLISHING CO.
wen john
鍾山美廬
ZHONGSHAN VILLA

ZHONGSHAN
VILLA
被剪辑过的历史，只留下凝固的诗，宛如九歌。
建筑是一部写在石头上的史书，如同凝固的乐章。
中华民国，一个启蒙中国现代史的时段，烙在每个人心里，直到永久。
民国建筑，一件历史赋予价值的民族精粹，即将再生。
钟山美庐，以民国建筑构筑现代生活样本，以经典启蒙贵族生活。
紫金山麓 别墅新国粹
鍾山美廬
ZHONGSHAN VILLA
美庐专电: 86-25-84803333

“愿望”需求的根本问题；而我们价值创造事业的另一个方面就是要像艺术家那样，创造一个有利于产生“愿望”的氛围，而不是要试图告诉人家应该有什么样的愿望。

就房地产推广而言，由于区域文化特征，区域资源价值，建筑文脉背景，价值与价格比，买方与卖方之间的沟通等等，使得当前房地产推广工作涉及的问题越来越多，越来越复杂。买家，特别是二次以上置业买家的购房知识变得异常丰富，需求复杂且变化多端。越了解客户，就越发现他们很难统一。当然，有一些描述仍然是可以归纳出来的，它们建立于目标客群活动的某几个小圈子或者数十个小圈子，例如私企老板圈子、演艺娱乐圈子、艺术家圈子等等。在这里归纳的方法便成为我们简单认清世界或事物的工具。

在特定的城市以及特定的人群背后，民国建筑就是南京高端消费群情感归属之一。在钟山美庐的客群集中，呈现出明显的精神偏好。即：这是一个中年群体，有良好的教育背景，他们在从事的行业中都是佼佼者，就是大家艳羡的所谓的“成功者”。人们习惯于将这个阶层称之为“成功人士”，我们称他们为“天之骄子”。当今是一个身份鉴别的年代，告知一种愿望，远远不如创造一个“愿望氛围”，这是在房地产推广粗放的环境中，寻找精准出口的有效方法。

符号漂变与创意制造

对城市的关注，对客群的把握，对建筑的理解，为广告的创作提供了可靠依据，同时对广告表现也提出了更高的要求，传统的硬功能宣传显然已经不能适应这个群体的需求，当然也打动不了他们日渐挑剔的品味，一种新的思路必须出现，来替代表层的探讨，这种新的思路就是“符号漂变与创意制造”。把复杂世界简单化，把熟悉的事物陌生化，把单调的戏剧化，使它成为一种文化图腾、一个精神地标、一个居住的文化标签，并以此感召更多的同类人群，是本项目的创意表达方式。

老报纸、中山装、留声机是民国时期的人文符号，更是那个时代特殊的历史产物。创意表现选择这些物件或场景来表达不失为一种上上之选。在保持物件形状不变的前提下，以民国时期的砖块拼合主视觉图形，这样的东西，谁都没有见过，但有足够的亲切感与画面震撼力。有效传达出民国建筑背影下的生活情趣取向和文化价值，这是符号“漂变”与符号“表达”，创意“制造”与创意“说白”的本质区别。

点评：

这个案例提出了一个很有意思的命题：简单化。我把这一表述看作是对于大千世界的一种整合与提炼。这其实是一个永恒的艺术命题。可是在一个已经信息过度复杂的所谓后传播时代，这个命题具有足够的营销学与传播学意义。因此，策划者为他们的“别墅新国粹”概念找到了简单而有力的民国符号——老报纸、中山装、留声机，我们必须承认，这个策划的目的已经基本达到。

策划的能力不是表现在把简单的东西复杂化，而在于把复杂的东西简单化。

——张惠辛

汉正街第一大道，创新营销传播案

广 告 主：武汉龙腾置业有限公司—“汉正街第一大道”项目

广告代理：21世纪福来传播机构

汉正街的复兴将会振兴武汉经济，促进中部崛起。“汉正街第一大道”项目，是复兴汉正街的开端。此举将“汉正街第一大道”定位为世界领先的商业街区、国际化现代服装批发市场。与纽约第五大道战略结盟，在武汉和纽约每年举办全球商业街区高峰论坛，并在纽约第五大道开展“中国汉正街文化周”系列活动。通过举办“中部商机国际高峰论坛”使该项目成为媒体焦点。该项目将地产营销和城市营销相结合，对品牌进行延续和创新。在项目开盘两个月劲销4亿元，项目获得了极大的知名度和影响力。

曾拥有 “天下第一街”的美誉、有着530多年历史的武汉汉正街，在沉寂多年后，于2005年9月10日向全国和世界发出声音——复兴汉正街，正式启动“汉正街第一大道”项目，振兴武汉的商业经济。

汉正街再一次成为世人瞩目的焦点。当“汉正街第一大道”推出后，立刻引发了商业街销售史上的奇迹——两个月内劲销4亿，所推内街商铺招租率高达95%，90%经营商户先期入场。

一个老街改造的商业地产项目为何能在短时间内创造这样的热销奇迹，那就是“北京21世纪福来传播机构”为其量身打造，全程策划、组织实施的“中部商机（武汉）国际高峰论坛——武汉商业振兴的路径选择” 和“汉正街第一大道与纽约第五大道战略结盟”等一系列营销“绝”策的结果。

汉正街背景

兴起于明朝成化年间的古汉口之“正街”——“汉正街”，至今已有530多年历史，它是“汉派”商业文化的发祥地。早在明末清初时，汉正街已经成为全国最大的烟草、纸张、粮食、木材和药材等大宗货物集散地之一，“货到汉口活”，“买全国、卖全国”是人们对汉正街的生动描述。

在小平同志南方讲话后，汉正街的个体私营经济迅猛发展，1997年底已发展到1.3万多户，累计实现销售额385亿多元，入库税收3.78亿元，位居全国十大市场之首。改革开放后汉正街成为中国个体经济的发源地——“中国改革开放风向标”，赢得了中国之最——“天下第一街”之美誉。

随着市场经济的日趋繁荣，特别是区域性地方市场的崛起，这条曾名列全国十大市场之首的小商品市场出现了逐年衰落的势头。2002年，由中国市场学会调查后作出的排名是，汉正街的综合排名位居全国小商品市场的第8位。

项目背景

2002年，湖北、浙江两省经济联动，浙江知名企业钱江集团联手铭基集团携50亿重金进入武汉，组建武汉龙腾置业有限公司，规划改造有530年商业历史的“天下第一街”——汉正街，在这块号称汉正街最具商业价值的土地上改造、建设“汉正街第一大道”。

项目总体规划为6个区，由4栋沿街商铺和两栋高层裙房组成，全街采用开创性领先规划：区式布局、双首层、空中连廊、室内立体环形商业街，实现商铺100%临街。汇聚全国知名服装品牌，经营范围包括男、女、童装，为华中首席服装品牌港，占据汉正街乃至华中商业制高点，搭建华中最大的一站式服装采购源头市场。

“汉正街第一大道”一期工程包括商贸旅游区，按功能划分为：商贸商务区、购物旅游区、商业服务区、文化休闲区、滨水观光区。

契机

2005年3月全国两会，温家宝总理提出“坚持推进西部大开发，振兴东北地区等老工业基地，促进中部地区崛起，鼓励东部地区加快发展，形成东中西互动、优势互补、相互促进、共同发展的新格局”。

中部迎来前所未有的发展机遇。

机遇亦挑战，“中部崛起”的呼声让中部六省看到了新希望。各省都在盘算着如何拔得头筹、抢占先机。然而，成败关键点是看谁先找到中部崛起的“金钥匙”、“关键节点”，谁将成为中部崛起的支点、领头羊。

有人说，武汉崛起看商业，江城商业振兴自汉正街始。“中部崛起”的号角赋予了“汉正街第一大道”新的使命。通过汉正街的复兴，振兴了武汉的商业经济，带动湖北省的崛起，从而促进中部崛起。

“汉正街第一大道” 联合汉正街周边7家房地产商结成“汉正街复兴联盟”，将以民间力量推动汉正街的复兴。而这一切，又正好与中央对中部地区“加快现代市场经济体系建设，逐步形成全国重要的商品集散地和商品交易中心”的定位不谋而合。

对话

汉正街第一大道与纽约第五大道签约

策略制定

纵观目前国内老商业街的改造，成功的非常少，问题颇多。而要把汉正街改造成商贸旅游区，必定规模大，周期长，对形成商圈的各种资源要求很高，汉正街的改造能否让众多投资者、购铺人“一铺养三代”的远景真正成为现实?

在中部崛起大背景下，汉正街的改造如何适应形势，武汉如何确立自己的比较优势，如何以新思路迎接这一历史机遇?

北京21世纪福来传播机构在深入探讨调研后从广泛的长远利益考虑，用战略眼光观察全局，认为——汉正街改造能否成功，重点是项目能否在中部崛起中寻找自己的商机，又能否汇入中部崛起的大潮?

汉正街应以“中部崛起”为引导，突出其商业价值，使“汉正街第一大道”成为武汉乃至全国的品牌。武汉以商业作为奠基，选择以商业来振兴地方经济，也适应了国家产业经济结构调整的大思路。

汉正街的商业品牌弥足珍贵，有它独特的历史背景，虽然近年来走了下坡路，但它的商业传统、商业文化的内涵并没有丢，应该将商业地产项目提升到一个战略高度——通过复兴汉正街，带动武汉的商业经济，促进中部崛起；

与20世纪80年代初政府主导下的汉正街复兴不同，本轮汉正街的崛起将带动江城融入国际市场，成为国际知名商城。

老商业街改造与实施“品牌中国”相结合，“汉正街第一大道”定位为以世界领先的商业街区，打造世界级的商业街、国际化现代服装批发市场。“汉正街第一大道”应与世界最著名的商业街——美国纽约第五大道战略结盟，全面提升“汉正街第一大道”的国际影响力。

如何强化其战略意义，北京21世纪福来传播机构制定了以下几个定位：

宏观战略定位：

项目要让湖北省、武汉市成为中部经济支点。

通过汉正街的复兴，振兴武汉的商业经济，带动湖北省的崛起，从而促进中部崛起，使湖北省、武汉市作为中部经济的支点。

项目要为武汉市注入活力，为武汉市民增加荣誉感——打造中国首屈一指的服装采购总站，确定武汉中部标志性商圈地位，引领汉正街实现二次腾飞，增强市民荣誉感。

项目要成为盘活百年老店，带领本土品牌走向世界的桥梁——“汉正街第一大道”与纽约第五大道战略结盟，相互推广商业街区成功经营经验及先进的商业运营模式，在武汉和纽约举办每年一次的全球商业街区高峰论坛，在纽约第五大道开展“中国汉正街文化周”系列活动。

产品定位：

项目要为商户创造价值，成为他们的赚钱机器——“汉正街第一大道”在规划设置上注重引进国内外最先进的理念、方法，通过经营创新以及服务创新开创新一代的批发商业模式，从硬件上说主要有下沉式广场、双首层商铺、100%临街商铺、

室内环形商业街等超前规划亮点。采取商家经营分时段分业态的创新经营方式为经营者拓宽了盈利空间。深夜至凌晨进出大宗货物，凌晨至中午批发经营，下午以零售为主，晚上为灯光夜市，最大限度地提高商铺使用率，达到“白天汉正街、晚上南京路”的盛况，为商户创造更多机会和价值。

项目要填补华中空白，成为汉正街服饰商业圈的时尚先锋——把“汉正街第一大道”建设成华中地区最大规模、最具有影响力的服装采购市场。

项目要成为中国“批零兼营”的新业态代表——提出“泛批发”市场的概念，就是指拥有“零售量相当批发量，批发收益相当零售利润”的鲜明特色，经营商家得到双倍经营利润，投资者自己创造丰厚收益。

增值部分：项目要成为浙商中进，产业升级的典范；项目要成为新一代地产商兼具宏观视野与职业能力的代表作。

内引外联

内引——提升品牌

以汉正街为点，带动武汉的兴奋点；以武汉为点，带动中部崛起的兴奋点——内引以点带面。

2005年9月10日，中共武汉市委宣传部支持，湖北省总商会、武汉市总商会、经济观察报共同主办，武汉龙腾置业有限公司承办的“中部商机（武汉）国际高峰论坛——武汉商业振兴的路径选择” 在武汉隆重开幕，论坛邀请了国务院发展研究中心副主任谢伏瞻、湖北省政协副主席翁行德、建设部中国城乡建设经济研究所所长陈淮、国资委经济研究中心主任王忠明、国家发改委对外经济研究所所长张燕生，湖北省、武汉市政府机构有关领导，中国社科院、北京大学、武汉大学等机构的专家，以及《人民日报》、新华社、中央电视台等80余家新闻媒体记者等400多人出席了论坛。

论坛将老商业街的改造提高到振兴武汉商业经济、促进中部崛起的战略高度来展开讨论，提出中部崛起的机会点，揭示“振兴商业”对武汉、湖北乃至中部的意义与价值。强调“汉正街第一大道”、武汉、湖北在中部崛起中的机会，新形势下赋予“汉正街第一大道”的新使命，就是要以“复兴汉正街、振兴商业经济”为契机，方能执中部崛起之牛耳。

论坛为“汉正街第一大道”奠定舆论基石，让“汉正街第一大道”项目成为全国瞩目焦点。

外联——战略合作

与美国纽约第五大道结盟，提升“汉正街第一大道”国际影响力——外联品牌效应。

2005年9月11日，在第三届世界华文媒体（武汉）论坛的开幕式上，在全球200多家华文媒体的见证下，“汉正街第一大道”与纽约第五大道正式签约战略结盟。在武汉和纽约举办每年一次的全球商业街区高峰论坛；在纽约第五大道召开“中国汉正街文化周”等一系列活动。

成功要点

对于“汉正街第一大道”的策划营销方案完全是反传统的，这和以前很多商业地产营销对比有非常大的突破，它将地产

营销和城市营销相结合，将老商业街改造提高到“中部崛起”战略高度，并对品牌进行延续和创新。既承接了530年汉正街的元气，又扩大了“汉正街第一大道”的知名度和影响力。具体成功体现在以下四方面：

战略高度：将老商业街改造与“汉正街的复兴－振兴武汉商业经济－带动湖北的发展－促进中部崛起”有效链接。

极具权威：邀请政府相关领导、国内权威的专家、学术科研机构、主流媒体的记者等400多人出席了论坛。

国际联盟：与世界最著名的商业街纽约第五大道战略结盟，提升“汉正街第一大道”国际影响力。

强势传播：《人民日报》、新华社、中央电视台、中央人民广播电台、新浪网等广播、电视、报刊、网络100余家媒体，从汉正街的复兴，到武汉的商业振兴，从消息、通讯，到评论、专访等，全方位、多角度、深层次地进行了强势的宣传报道。报刊、网络共发稿254篇475521 字。

成功效应

“汉正街第一大道”开盘两个月劲销4亿元，“汉正街第一大道”自推出以后，立刻掀起数千人抢铺狂潮，每个楼盘都处于热销状态，所推内街商铺招租率高达95%且100%为服装经营商户，90%经营商户先期入场。

活动结束后，在全国展开了一轮强大的新闻攻势，让沉寂多年的曾经被称为“天下第一街”的汉正街又一次成为了媒体的焦点，“汉正街复兴的计划” 和“汉正街第一大道”宏伟蓝图也被广为关注。

点评：

这个商业地产案例让我们惊喜地看到了商业地产操作的一种新的思路和新的方法。“汉正街第一大道”和“纽约第一大道”，或别的第一大道，这种“偶像式攀比”，是很多广告中会使用的方式，但通常这种攀比总停留在广告的层面上。这个案例让我们看到了更深入接触的潜力，让广告中的两个对象发生现实的“捆绑关系”，结成“战略联盟”，从虚到实，一招定乾坤，我们看到了在营销中真的是“一切皆有可能”！

——雷少东

天河城品牌飞跃全攻略

广 告 主：广州天河城购物中心
广告代理：广东省广告有限公司

历时十年经营，中国大陆最早的购物中心广州天河城已成为广州现代商业的标志。随着城市发展，天河城的定位面临从城郊型中高档购物中心向都市核心购物中心转变。这一阶段以“天河城见”为传播主题，通过各方面的创意表现，对“我的广州生活”这一主题语进行生活演绎，以巩固消费者与品牌的情感关系。媒体投放运用地铁平面、南方都市报全版，采用集中式、系列性的广告发布，取得了预期的效果。

引子

广州天河城，中国大陆最早的SHOPPING MALL（购物中心），被誉为“中国第一商城”，以其超大规模、强大功能及引领广州消费潮流的优势，成为广州人、广东人追逐时尚魅力生活的首选之地，也成为广州商家力争的商业中心。2005年开始，广东省广告有限公司担当起天河城的品牌发展顾问角色。

巧妙选点，圈定“我的广州生活”

天河城是一座规模宏大、功能齐全的现代型综合购物中心，历时10年经营，集购物、美食、娱乐、休闲、商务等多功能于一体，名副其实地“把北京路搬进了天河城”，在广州开创了一种全新的消费概念，把广州的商业发展提高到一个新水平。目前的日平均客流量已超过30 万人次，节假日客流量更多，最高一天达 83 万人次。 2004年营业额超过40 亿元，已成为广州最繁华的商业中心。

天河城的成功所带来的 “ 天河城效应 ”，影响已波及全省乃至全国，使之成为广州现代商业的标志，成为市民和旅游宾客购物、观光、休闲的首选场所，成为有关部门和新闻媒体研究的对象，成为同行赶超的目标。

商业地产项目成功的前提是，项目本身要有个性化的主题概念设计，避免同质化竞争。比如华南MALL的主题是“水乡风情”，有的MALL则打出“体育公园”的旗号，这些主题策划强调打造文化品牌，给顾客以全新的消费体验，造就特色卖点，从而避免重蹈传统商业地产简单地引入一两家商业品牌、同质化竞争的覆辙。与简单的地产商出场地、商家输出品牌不同，MALL（购物中心）通过主题概念先行，引发商业品牌的汇聚效应，将地产、商业和休闲娱乐融合一体，已成为“商业+地产”模式的成功代表。

广东省广告有限公司品牌服务组在接触天河城的时候，发现天河城起步阶段是将自己定位为城郊型中高档购物中心，目标消费人群以白领为主，兼顾社会各阶层人士，是一个面向全广州、辐射珠三角的集购物、休闲、娱乐、美食、商务、观光、展览等功能于一体的购物中心。随着广州城市发展，天河城所在区域已成为广州最重要的CBD，其定位相应调整为都市核心购物中心。在对整个项目进行深入的分析和品牌规划之后，品牌服务组重新根据发展需要，通过主题语“我的广州生活”表明其清晰的定位思路。这一主题语既表明天河城是都市型的购物中心，也传达其功能涵盖生活的各方面，并利用广州的影响力辐射珠三角甚至整个华南地区。

广州人对天河城耳熟能详，众多身处广州之外的人对天河城也并不陌生。拿东莞虎门人来说吧，驾车去天河城购物、看一场电影、或吃一次西餐都是很平常的事情，这些也已经成为他们生活方式的一部分。

“天河城见”是省广提出的天河城2005年上半年的传播主题。围绕主题，通过娱乐、餐饮、购物各个方面的创意表现，对“我的广州生活”进行生活演绎，巩固消费者与天河城品牌的情感关系。

天河城见系列广告

统一品牌策略打造天河城

从广州地区商业旗舰到南中国MALL领袖，再到中国举足轻重的大型购物中心，天河城一直在品牌化的道路上不断完善与前进。

2005年，天河城的发展商广东天贸集团确定为 “发展年” 。天河城进一步细化了五年规划，明确MALL连锁经营的思路。即在5年时间里，除了争取自行开发一个大型购物中心外，还要采取租赁经营和品牌管理等方式经营多个购物中心；除经营大型购物中心外，还拓展经营社区MALL和郊区MALL；同时积极探讨适合中国特点和本地特色的新购物中心模式。

为配合统一的“天河城”品牌发展，天贸集团更名为“天河城集团”，作为母公司开始正式实施统一的“天河城”品牌战略；天河城内的“天贸南大”更名为“天河城百货”。

在此期间，省广向天河城建议，提请品牌打造中注意几方面：

（1）自身品牌印象的完整性、记忆性、深刻性，品牌形象，有符合产品的准确的感性、定位、价值观等；

（2）向顾客提供超值服务为基础，超值的服务使顾客从一般简单消费上升到对品牌认同、信任和忠诚的文化境界；

（3）对市场较高把握度，实战操盘较深的心灵感受及其他综合素质。同时，品牌是企业文化、经营理念、产品个性的集中体现。双方最终就如何有效打造天河城统一品牌达成共识，并在此期间，加强了传播攻势，分主题分阶段进行表现，引起了市场的明显反响。

天河城画册

第一阶段—— 地铁三联封广告之一

第二阶段——地铁三联封广告之二

1）地铁三联封传播手法，集中火力全面传播

2）八大传播密码，构建品牌核心优势

1. 运用与购物中心形象相适应的推广手段，讲究社区品位，体现人文关怀；2. 充分利用节假日的宣传机会，实现节假日宣传的节点引爆；3. 充分利用每一个地铁出口的视觉空间，制造最强烈的广告效应；4. 现代化的营销和品牌推广手段，构建购物中心的可持续运营优势；5. 在每一个细节处都运用设计的元素；6. 在每一个可利用的地方都设置广告位，既美化了形象，又创造了收益；7. 用现代艺术的语言构建购物中心的标识，形成现代购物中心的品牌形象识别；8、将促销展示作为一次

南方都市报广告

作品展示，将艺术与商业在购物中心奇妙融合。

3）媒体集中投放策略

为了达到集中高效的媒体投放目的，通过对广州各大报刊、电视等媒体的综合评估分析，采用了“集中火力，重点突破”的策略，并最终敲定《南方都市报》进行全年广告合作。

天河城在广告推广上以集中式、系列性的广告进行发布，几乎全部报纸广告均集中在《南方都市报》，且全部以全版广告（包括1个跨版）的形式投放，以整版软性稿、平面广告搭配投放。事实证明，广告的效果极佳，获得了预期的广告效果，产生了良好的投入、产出经济效益。

回顾整个广告推广策略，从开始的品牌理念、宣传主题语，到虎门天河城的开张等，再到成功推出天河城大厦，均取得了预期的成功，验证着传播策略的正确性。

2006年，随着虎门天河城的开业，天河城迈出了进军华南地区、甚至全国市场的实质性的步伐，成为大珠三角MALL新时代的典范，成为打造魅力都市生活的旗舰。

点评：

天河城案例，可以看出省广对商业地产操作的清晰思路和综观把握全局的能力。这个案例让我们看到了对产品步步提升的过程，从“我的广州生活”城市主流化定位，提升到品牌的文化认同，最大发挥“天河城”的品牌效应，同时有效拉动虎门天河城、天河城大厦的销售。地产操作手法成熟，广告具有一定的实效性，唯一的遗憾是广告创意的原创性不够强，不论是“地铁三联广”的形式，还是“我的广州生活”系列，都有借“前车”之嫌。

——雷少东

阳光SOHO街区时尚体验营造纪实

广 告 主：浙江国际嘉业房地产开发有限公司 — 阳光SOHO街区
广告代理：EMC杭州年代广告有限公司

SOHO办公概念体现了一种时尚、轻松、自由的生活方式和生活态度，也代表了一种更为自由、开放、弹性的工作方式。阳光SOHO街区写字楼的品牌形象设计正是围绕这一理念进行的。二期销售阶段的目标是深入传达楼盘品质，进一步推动销售回笼。在广告中采用拥有目标消费群职业的卡通形象，现身说法，营造时尚体验，成功地将“休闲办公”这一概念深化，成为时尚生活状态的代名词。

案例价值：

1. 对SOHO性格地产进行新鲜定位，并成功运作；

2. "贩卖快乐体验"的时尚体验营销模式；

3. 整合商业资源，结合商业配套优势，打造传递快乐的"阳光SOHO商业街区"品牌；

4. 使休闲办公的概念深入人心，让"阳光SOHO街区"成为时尚生活状态的代名词。

执行效果：

在阳光SOHO街区所在的凤凰路上，形成了一条集合高档餐饮、酒吧、茶馆、卡拉OK、SPA等时尚娱乐休闲场所的繁华商业风情街。

阳光SOHO街区提出了休闲办公的概念，让办公成为一种生活快乐，为创业者们提供了一处能够实现梦想，体验与众不同的"休闲式办公"的场所。

贩卖快乐体验——对SOHO性格地产的新鲜定位

阳光SOHO街区，这一串能够折射出耀眼光芒的珍珠，从阳光铭楼开始，由东向西。

在这里办公，不用再搭乘拥挤的电梯，不用再苦苦寻找停车位，不用再忍受疏离的隔阂；在这里办公，可以任意支配自己的办公时间，可以在忙碌之余到楼下品一杯香茗，可以闻着咖啡的香味进行工作......

这是一种更加人性化的工作状态，没有那么拘谨，也不需要始终保持紧张的神经，以轻松的心情来应对工作，想必也可以让事业事半功倍。

快乐全方位——把阳光商圈整体营造成大品牌

在房地产投资领域，结合了商业领域与房地产优势的商铺投资散发着高回报的诱人魅力，让人体会着财富成几何级数增长的乐趣。而在商铺之上的写字楼，往往具有更加独特的魅力，除了商铺能够形成商业街的繁华之外，一系列的商业设施也会为办公带来便利。

在仔细分析过阳光商圈的周边环境之后，我们已经充分考虑到这一区域的优势的地理位置和人文环境：

1. 位于长三角腹地，经济蓬勃发展，对外交通便利；

2. 进入市场的时机与整个长三角商业规划发展暗合；

3. 庞大而理性的消费群体使阳光SOHO街区完全不同于商业区住宅底层的小空间、混杂式的商业布局；

4. 一条具有休闲和娱乐功能的时尚风情街已经初具规模；

5. 成熟知性社区的魅力为怀抱理想的事业人士提供崭新的办公环境，也为投资者带来新的商机；

6. 嘉业房产的品牌影响力。

这里有着优异的地理位置、整合的商业资源、良好的消费市场和成熟的商业配套，是一个集办公、休闲一体化的商业整体。

在这里，休闲办公得到实现，工作成为一种生活的乐趣，即便是坐在办公室里，也能闻到楼下飘来的咖啡醇香......

快乐来自每寸空间——对阳光SOHO街区的深入解析

SOHO办公早已经是一个不陌生的概念，作为一种时尚、轻松、自由的生活方式和生活态度，SOHO也代表了一种更为自由、开放、弹性的工作方式。能够在这种方式下工作的人，不论是在家工作，还是在其他的场所；不论是专注一职，还是兼职工作，都可以自豪地称自己是SOHO一族。于是，我们更愿意把SOHO叫成Super Office (and) Human Office，即超级的办公室、人性化的办公室。

阳光SOHO街区，就是要用充满人性化的关怀方式来营造这样一个环境，它有着能够承载创业者梦想的办公场所，有着

阳光SOHO街区2期，每一个创意的空间都拥有与众不同的生命力
1、敞开的空间，开阔的视野
2、平行布局实现邻里办公
3、一个可以自由分割和组合的空间
4、两层开放型结构，告别电梯的拥挤
5、新型的办公阶层社区，优化生态环境
6、繁华的凤凰路，完善的餐饮娱乐配套
7、安全的街区，就连停车都很方便
杭钢置业集团
少量尾房
超低起价
震撼均价
David
医疗器材公司销售代表
阳光SOHO街区 2期
Soho
有高度就有自由
想象过4M的层高，超大的开间，错层式的办公布局吗？
嘉业房产
JIAYE REAL ESTATE
长三角顶级规模的房地产运营商
开发商 / 浙江国际嘉业房地产开发有限公司
销售热线 0572-2114908/2117029

阳光SOHO街区2期，每一个创意的空间都拥有与众不同的生命力
杭钢置业集团
少量尾房
超低起价
震撼均价
Divel
自由撰稿人
阳光SOHO街区 2期
Soho
自由在哪里？
可以自由从办公室走入休闲街区，阳光、空气、和谐的邻里关系……彻底改变古板的工作模式，自由就在身边
嘉业房产
JIAYE REAL ESTATE
长三角顶级规模的房地产运营商
开发商 / 浙江国际嘉业房地产开发有限公司
销售热线 0572-2114908/2117029

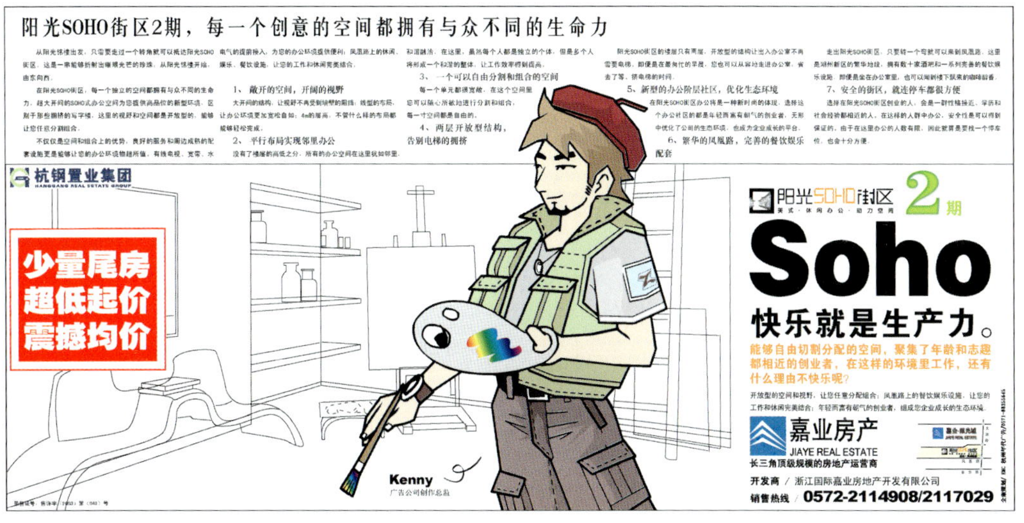

阳光SOHO街区2期，每一个创意的空间都拥有与众不同的生命力
杭钢置业集团
少量尾房
超低起价
震撼均价
Kenny
广告公司创作总监
阳光SOHO街区 2期
Soho
快乐就是生产力。
能够自由切割分配的空间，聚集了年龄和志趣都相近的创业者，在这样的环境里工作，还有什么理由不快乐呢？
嘉业房产
JIAYE REAL ESTATE
长三角顶级规模的房地产运营商
开发商 / 浙江国际嘉业房地产开发有限公司
销售热线 0572-2114908/2117029

崭新的创意空间，有着充足的休闲空间。

作为一种新生的工作、生活方式，SOHO办公代表着一种年轻、时尚的理念。在制定广告策略之前，我们先总结出阳光SOHO街区区别于普通写字楼的七大特征：

1. 敞开的空间，开阔的视野；2. 平行布局实现邻里办公；3. 两层开放型结构，告别电梯的拥挤；4. 繁华的凤凰路，完善的餐饮娱乐配套；5. 一个可以自由分割和组合的空间；6. 新型的办公阶层社区，优化生态环境；7. 安全的街区，就连停车都很方便。

这样的办公环境不仅更加人性化而且更加合理，而且适用于多种不同类型的企业，为阳光SOHO街区的发展塑造了良好的商业氛围。

品牌设计独具一格：我是自由的

以往人们的习惯和概念中，工作就必须到公司、工厂、单位里，在家里那是下班后，要么就是休假，还有就是旷工。在家里上班？那是一件不可思议的事情。

但是，随着社会分工的细化，人们观念的转变，再加上科技的推动，“SOHO”成了一种可能，甚至成了一种必然。这种新的工作方式也让人们在工作中有了全新的体验：自由安排的工作、生活时间；工作时的高度自由，可以喝咖啡、吃零食、听音乐；早上10点半还在享受睡眠带来的舒适，夜里还可以欣赏美妙的月光......这一切都是那么自由，随心所欲、引人入胜。

因此在品牌形象的设计上，我们也着重展示SOHO所代表的自由、开放、弹性的生活方式——

logo基础标志：实景演化的两层SOHO街区，很好地交代了优势特征；卡通数字“2”则以一种诙谐生动的方式告知了产品的销售阶段。

主题意象：线条简约的街区图形和充满个性的办公环境体现了一种可以任意分割的办公格局，一个人性化的办公环境。

其他应用：在报纸广告当中灵活应用，使这一标志不仅成为街区的象征，也是视觉传达主题画面的一部分。

广告创意吸引眼球：SOHO = 生活 + 动感 + 时尚 + 个性 + 快乐......

2004年，阳光SOHO街区已经进入二期销售阶段，因此策划工作的主要任务和挑战是：如何深入传达楼盘品质，进一步推动销售回笼。

我们制作了一个系列的报纸通栏广告展示项目优势，并通过形象的卡通人物造型以“眼见为实”的线索进行策划创意，使项目品质感更深入人心，增加可信度。

1. 建立时尚活力的卡通人物造型

SOHO带给人们一种传统工作方式的改变，可以说颠覆了中国人眼中的工作方式和工作地点的传统方式，这种新颖的办公方式比较容易被广大年轻的创业者所接受。

因此，在广告中以时尚动感的卡通人物为主，营造休闲式办公的氛围。人物形象都是穿着时尚的年轻人，配合线条简约的SOHO办公室图形，用张扬活力的形体动作将一种随性、自由的生活质感淋漓尽致地体现出来。

2. 以简约的线条展示空间优势

阳光SOHO街区超大开间的办公空间能够任意分割组合，任何类型的办公格局都可以应对自如，这种开放式的空间和视野能够为创业者提供高品位的新型办公幻境。

在广告画面中，我们用简单的线条来划分空间，不同装扮的卡通人物配合不同的场景，使置身其中的卡通形象宛如身处属于他们自己创造的办公环境，清楚地展示出阳光SOHO街区可以随意分割的空间优势，简约的线条图形也更加符合年轻的SOHO阶层的审美喜好。

3. 为创业者指明适合SOHO办公的行业

阳光SOHO街区2期，每一个创意的空间都拥有与众不同的生命力
1、敞开的空间，开阔的视野
2、平行布局实现邻里办公
3、一个可以自由分割和组合的空间
4、两层开放型结构，告别电梯的拥挤
5、新型的办公阶层社区，优化生态环境
6、繁华的凤凰路，完善的餐饮娱乐配套
7、安全的街区，就连停车都很方便
杭钢置业集团
少量尾房
超低起价
震撼均价
阳光SOHO街区 2期
Soho
谁说在这里只能工作？
完善的餐饮娱乐配套让工作也变得生动有趣，
这里是湖州新区数一数二的繁华地段。
阳光SOHO街紧邻湖州新区繁华地段的凤凰路，这里拥有数十家酒吧和一系列完善的餐饮娱乐设施。即便是在工作间隙，您也可以尽情享受休闲生活的乐趣。
Vicky
嘉业房产
JIAYE REAL ESTATE
长三角顶级规模的房地产运营商
开发商 / 浙江国际嘉业房地产开发有限公司
销售热线 / 0572-2114908/2117029

阳光SOHO街区2期，每一个创意的空间都拥有与众不同的生命力
1、敞开的空间，开阔的视野
2、平行布局实现邻里办公
3、一个可以自由分割和组合的空间
4、两层开放型结构，告别电梯的拥挤
5、新型的办公阶层社区，优化生态环境
6、繁华的凤凰路，完善的餐饮娱乐配套
7、安全的街区，就连停车都很方便
杭钢置业集团
少量尾房
超低起价
震撼均价
阳光SOHO街区 2期
Soho
谁说在这里只能工作？
完善的餐饮娱乐配套让工作也变得生动有趣，
这里是湖州新区数一数二的繁华地段。
嘉业房产
JIAYE REAL ESTATE
长三角顶级规模的房地产运营商
开发商 / 浙江国际嘉业房地产开发有限公司
销售热线 / 0572-2114908/2117029

阳光SOHO街区2期，每一个创意的空间都拥有与众不同的生命力
1、敞开的空间，开阔的视野
2、平行布局实现邻里办公
3、一个可以自由分割和组合的空间
4、两层开放型结构，告别电梯的拥挤
5、新型的办公阶层社区，优化生态环境
6、繁华的凤凰路，完善的餐饮娱乐配套
7、安全的街区，就连停车都很方便
杭钢置业集团
少量尾房
超低起价
震撼均价
阳光SOHO街区 2期
Soho
等电梯是什么滋味？
阳光SOHO街区特有的两层式办公楼，出入办公室不再需要等、挤电梯。
在阳光SOHO街区，您可以从容应对每天早晨的匆忙，告别了拥挤的电梯。开放式的空间结构和两层式办公楼，让您的工作环境更加轻松和谐。
KAME
嘉业房产
JIAYE REAL ESTATE
长三角顶级规模的房地产运营商
开发商 / 浙江国际嘉业房地产开发有限公司
销售热线 / 0572-2114908/2117029

传统的制造、加工、厂矿以及电子、机械、运输、化工、医药等等暂时都无法做到SOHO办公。但是新兴的如设计、行业规范、咨询、远程管理以及由传统转变来的自由撰稿人、摄影师、远程教育等等却可以很轻松地达到SOHO的目标。

我们在广告中的卡通形象上注明他们的职业，并且通过不同职业的人物对阳光SOHO街区的优势进行表述，以现身说法的形式展示阳光SOHO街区与众不同的好处，也指明了适合SOHO办公的行业。

4. 在广告中加入销售信息

在广告画面的醒目位置出现简单扼要的销售信息，使阅读者对项目的销售状况一目了然，更加提高了平面广告的效率。

广告所取得的效果：阳光SOHO街区——可能是第一个“传递快乐”的地产品牌

动感SOHO街区——对SOHO地产定位的创新

区别于以往为大众所熟知的SOHO办公，阳光SOHO街区除了能够提供一个自主办公的场所之外，还将“休闲办公”这一概念深化，一条具有多种功能的商业风情街为创业者提供了生活、工作、娱乐等多方面的便利，也重新定义了“SOHO”这一概念，使其真正具有“快乐地工作”这样的功能。

传递快乐的品牌——对地产营销模式的创新

时尚体验营造，使SOHO这一崭新的办公方式日渐深入人心，成为快乐、休闲、自由的代名词，而阳光SOHO街区的风情也以具体化、形象化的方式传达到受众的心里。阳光SOHO街区品牌，就是传递快乐的品牌。

情绪的宣泄——对地产广告形式的创新

以生动活泼的形式来传达一种概念，塑造一种全新的办公、生活方式，让“快乐”成为可以实实在在感受到的情绪。这样的广告在地产界可能也是第一个，阳光SOHO街区的时尚体验营造，也是地产广告的有益尝试，以更加人性化的形式向受众展示出一个充满阳光、快乐、时尚、动感的SOHO街区。

点评：

本项目对SOHO地产的特性表达得比较深入，不论是形象LOGO，还是广告表现，都具有很深的SOHO文化特征，跳跃的色彩、时尚的卡通人物……而且全盘提出的“快乐”概念，也符合SOHO受众的心态，可以说这个项目是为这些消费群量体裁衣的作品。但从品牌形象的创造性上考虑，这个项目没有跳脱出大的“SOHO印象”，部分作品执行也不够精细，可能准确地完成了任务，但没有更多的惊喜。

——贺雪飞

Health / Medical products

药品与保健品类

必奇蒙脱石散上市的欢乐处方

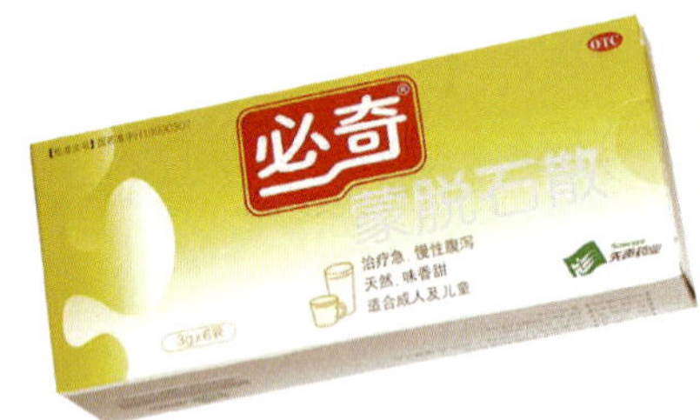

广 告 主：先声药业 — 必奇蒙脱石散

广告代理：上海同盟广告有限公司

长期以来，必奇蒙脱石散一直关注于医院渠道，虽然受到医护人员的广泛认可，但在非处方市场，尤其是对普通的消费者来说，必奇的认知度非常低。正是在这样的背景之下，广告代理商为其制定了一条清晰的推广之路：1.用新包装取代旧包装，用醒目的设计增加消费者的关注度。2.以“安全”为定位，将品牌的定位够出位。3.以幽默和轻松为出发点，选用冯小刚徐帆夫妇打造颇具“冯氏幽默”风格的广告。

一个向左走，一个向右走
诚挚与专业
让两条平行线也能出现交点

先声药业和同盟广告的相识，可以追溯到三四年前：当时的先声，仍以医院为主要销售渠道，致力于处方药的专业渠道推广。而擅长通过大众媒介向消费者进行传播的同盟广告，对医院等专业领域的公关尚未涉及。这样的一次约会，在现在看来好像两条平行线，似乎永远找不到交点。但在一起分析了先声药业当时存在的问题和需要的真正服务后，同盟的专业态度仍然吸引了先声药业的兴趣，一次想法平行的会谈，竟然也找到了共同的话题。在不涉及利益的亲切谈论中，双方惺惺相惜，顿觉相识恨晚。

考虑到同盟广告提供的专业服务并不能真正帮到客户，同盟总经理郁海敏还是向先声药业坦言：同盟很难帮到你们。如果日后先声药业希望在消费者市场上做推广，双方还能够再度合作。同时，同盟诚恳地向先声药业推荐了合适的公关公司以备选择。

就是这看似不经意的举动，如今回忆起来让同盟人感慨不已。2005年下半年，当先声药业真的开始考虑对旗下的非处方类止泻药——必奇，进行大规模的市场推广时，他们第一个想到的就是同盟；而当一次阔别数年后的合作真的摆在面前时，我们很难想象，如果当时同盟出于利益考虑接受了客户的公关委托，或者因为方向不合一拍两散，会不会迎来今天如此深度的合作?

理性的诊断，感性的处方
策略和创意
为必奇的市场定位找准方向

必奇蒙脱石散，正是先声药业这次面向大众市场重点推广的非处方类止泻药。

蒙脱石散类药品，在止泻药市场的整体占有率并不高，品牌处于弱势。但这并不是因为必奇的效果不理想，相反，相对已经被公众广泛认可的众多强势止泻药，必奇成分天然，完全符合世界卫生组织对止泻药的六大要求，而且没有我们常用止泻药的众多禁忌，更是欧洲发达市场风行30年的止泻良药！问题的根结就在于：蒙脱石散的特征没有被广泛传播，消费者缺乏普遍认知。

入世和出市——全新包装，塑造必奇新形象

必奇，从1993年起就已经投入生产，由于一直关注医院渠道，虽然受到医护人员的广泛认可，但在非处方市场，对于普通的消费者来讲，第一次提及必奇，几乎和新的产品没有什么差别！

目标消费群一旦从专业的医院转向大众，作为直接和顾客面对面的非处方类药，包装理所应当与消费者走得更近。必奇原来的包装设计：清楚、直接，但在止泻药品类里，联想较弱。如果作为OTC类药，冷色调和方块构图，无形中和消费者产生了一定的距离感。

产品包装不能直接影响到消费者的购买行为，但是设计醒目、产品介绍清晰的包装会增加消费者对产品的关注度。

既然如此，何不乘着必奇进入大众市场的契机，用全新的视觉形象来吸引消费者呢?！

经过广泛的市场调查，了解消费者的偏好，全新包装的必奇，首先摈弃了常规药品包装的严肃框架，大胆启用醒目的黄色为主色调，在药房陈列不但直接刺激眼球，带来愉悦的视觉感受，更与冷色调的竞争品牌形成了鲜明的区隔。

在新装必奇的表面，细心的消费者还会看到这样一行字：“治疗急慢性腹泻；天然、味香甜；适合成人及儿童。”看似不经意的文字，其实都经过详尽调研，考虑到购买非处方药患者的需要，让消费者不至于病急乱投医！

与此同时，先声药业结合医院和患者反馈的信息，对包装容量也进行了大幅度的调整。为配合散剂特点，新的长型小容量内包装，不但避免了浪费，而且更加方便倾倒冲服。

定位与出位——品牌定位，清晰还要有差异

产品定位容易，但要在林立的竞争品牌中出位，却难！

在对市场和必奇有了深刻理解后，必奇究竟该以怎样的身份进入止泻药市场呢？

止泻速度快？似乎可以算做必奇的重要诉求之一，也是必奇的优势，但与竞争品牌已作过沟通，从品牌差异的角度来看，也不是最独特的诉求。

天然、无毒副作用。在认真研究必奇的止泻药理时，一个字眼跳进了客户人员的脑海——“安全”。结合调研的数据显示：大部分消费者对止泻药没有不安全的认识，甚至不知道腹泻有很多不同种类，至于治疗不同腹泻要用针对的药物，对于普通消费者更是闻所未闻。

沿着安全的思路一路前行，刹那间一个说法柳暗花明——什么人都可以服用！

必奇，适合不同人群、不同原因引起的腹泻，切合腹泻患者的利益，是产品安全属性的具体表现。

凝练成一句话，那就是：多种腹泻，一种方法解决。

在清晰定位同时，产品完成了一次出位！依稀可以听见策划人员长长地舒了一口气。

糖衣和炮弹——为必奇迅速提升寻找载体

清晰的品牌定位只是传播过程的第一步，如何让消费者在短时期内认识必奇，了解必奇，记住必奇，并留下深刻的印象？

必奇这颗即将引爆止泻药市场的炸弹，要让观众欣然接受，还需要包裹一层美丽的糖衣：

他要能吸引整个止泻药市场的消费者；

他要能建立起对必奇品牌的关注度和信心；

他应该具有足够的影响力和号召力，来奠定必奇品牌的竞争地位和专业精神；

他还应该是具有亲和力的新形象。

名人代言——先声药业和同盟的想法不谋而合。当名人与全新形象的产品有机整合时，他的被接受程度会不可思议地上升。

体育名人？影视明星？知名主持人？并非任何明星都适合必奇。

疾病本身已经很痛苦，广告何必再重揭伤疤？——市调时消费者不经意的一句话让代言人的身份逐渐明朗。

比较专业严肃的明星和必奇的属性相关较弱！笑星，光从广告本身而言，已经让人身心开始放松。

在一轮轮的选拔中，一个奇特的组合跳进了大家的视野——冯小刚、徐帆！冯式幽默会让对白变成流传语言，而前所未有的夫妻组合，又会让必奇多一份家人间的互相寄托。这样的结合，是打着必奇烙印的最佳组合。

药品广告的桎梏，名人代言的束缚

局限与突破

三座大山重压下的三次蜕变

俗话说“病来如山倒”，和疾病相关的药品广告，桎梏一旦列出来，也很有排山倒海的气势。在还没有接到客户部对必奇下的诊断书前，制管部先将一叠医药广告的禁忌丢在了每个创意人的面前：

不能出现患者；

不能使用儿童形象；

不能出现医生；

不能直接显示疾病症状

众多“不能”，几乎判了创意绝症。难怪药品广告虽贵为投放大户，却一直是创意的侏儒：难看、难做、难出头。

雪上加霜的是，在必奇广告的创意期间，正碰上国家工商总局发出打击虚假违法广告的通告，部分名人代言广告因此被叫停。名人代言正处在风头浪尖，必奇不但要去捧这个名人广告的热山芋，还要让这个山芋惹火市场。

“新药上市，包装曝光要足，最好从头到尾一直出现；药品功效要细，最好逐条表述。”

创意总监在断然封杀了说教模式后，变本加厉，还追加了以上几个要求，让因止泻而来的创意，变成了一场更为痛苦的便秘：想法不是犯了禁忌不能用，就是不满足新的要求不适合。

就是戴着这样的镣铐，创意进入了发烧阶段。

痛苦的腹泻，难道就不能轻松表现?

结合冯式幽默的语言特点，考虑夫妻搭档的出镜场合。在开出了成堆的“欢乐”处方后，一个由时下流行的综艺节目“猜词秀”引申的创意，既避开了药品广告的禁忌，又符合新的要求，给了大家创意痊愈的希望。

脚本的结果有了，不但形似，而且要追求神似。为了符合冯小刚的语言特点，创意人员从网上搜来冯小刚答网友的长篇资料，下载了冯小刚恶搞金紫荆颁奖典礼的录像，找全了冯小刚导演的多部电影。不断地欣赏、不停地洗脑，短短几天时间，同盟少了几个创意人，多了几个 “冯小刚”，一个个带着“冯氏幽默”风格的对话，至今还在同盟流传：

“腹泻谁最痛苦” “马桶”

“有副作用吗? ” “都是正作用”

“（必奇）有禁忌症吗? ” “有，没拉肚子不要吃”

看似和脚本无关的对话，为一则轻松的药品广告打下了良好的语言基础。

（附：必奇“猜词秀”篇）

徐：“腹泻了怎么办? ”

冯：“上厕所啊！”

徐：“除了上厕所呢? ”

冯：“去医院啊！”

徐：“除了去医院呢? ”

冯：“那还得上厕所！”

徐：“真笨！”

冯：“聪明的腹泻就不上厕所了? ”

徐：“止泻药啊，细菌性、病毒性腹泻，大人小孩都能吃的！”

冯：“我知道，必——奇！”

徐、冯：“多种腹泻，必奇解决！”

药交会的突围，拍摄时的夹击

惊喜与冷静

将挑战自己延伸到每一个细节

将困难化险为夷，带给客户的将不只是惊喜！

2005年12月，在重庆召开的药交会，拉开了必奇全面招商的序幕。先声人踌躇满志，但一个实际的问题摆在了同盟的面前：先声药业和冯小刚、徐帆的合作合同要从12月中旬才正式开始。借口头或文字向经销商传达代言信息，总觉得不尽如人意，力度不够。但海报又不能提前采用冯小刚的形象，必奇的第一次出征难道就出师不利?

相信任何问题都会找到解决办法！

于是，创意部、客户部、制作部三方同时启动：药交会的宣传活动物料在紧锣密鼓地创意设计的同时，一边向客户承诺在不使用代言人形象的前提下，依旧会带给经销商一个惊喜。同时制作方的一支DV拍摄队伍已连夜赶往浙江安吉《夜宴》拍摄的外景点。

同盟所做的一切努力，连先声药业的高层都蒙在鼓里，重庆药交会必奇招商现场，一则悬疑式的易拉宝、两个人们熟悉的彩色剪影、一句震撼的话语，吸引了参展经销商的注意。当所有人都知道了必奇的大动作时，招商会现场，一支DV拍摄的冯小刚致经销商的感言，配合剪辑出的冯小刚导演的电影片段，不但鼓舞了在座的每一位经销商，连先声药业也颇感意外。

“上海同盟广告公司总经理郁海敏先生的必奇广告发布更是将会议带入了一个高潮，当大家知道公司特别邀请知名导演、演员冯小刚、徐帆夫妇担任必奇广告的导演及主演时，大家的惊呼声及掌声让我们相信，正在紧锣密鼓拍摄中的必奇广告一定会很精彩。”

——摘自先声药业内部新闻通稿

间断和持续——长短相宜的“笑”果

看病无小事，创意也是同样的道理。

大到平面，小到一支广告笔，每一份简报，在同盟人看来都是乘胜追击发挥创意的好机会。

平面不能是电视广告的简单再现。出现在街头巷尾的明星，自说自话会拒人千里，只有符合身份的平实表白，唠家常一样的口气，才会让百姓觉得说的有理，才会自然关注腹泻的危害和必奇的功效。

腹泻往往是突如其来、不分场合的，因此，利用各种媒体特点，可以创造出很多种趣味的广告。

即便是许多广告人眼里“小儿科”的物料制作，在创意总监韩从越看来：只要用心，也能做出大味道！将模式化的物料制作变成物料设计，让创意渗透到每个角落，一支小小的广告笔、一枚不起眼的磁贴，经过认真构想，纷纷散发出自己的味道！而对小物料的认真和用功，在细微处显示了创意的精神：

上市不久，必奇就正好遭遇了五一黄金周，同盟广告延续了“笑疗”的广告方案，继续在平面和电台广告上发起创意冲击，将旅游期间因腹泻带来的戏剧冲突再次放大。

好的创意，自己会说服客户，先声药业不但欣然通过了平面的系列广告，而且还一口气决定连录三条充满趣味的电台广告，让创造人员不禁喜出望外。

（附：必奇主视觉）

"最开心的是拍电影，最难过的是拉肚子"——冯小刚

"做演员，什么角色都要胜任；用必奇，各种腹泻都能解决"——徐帆

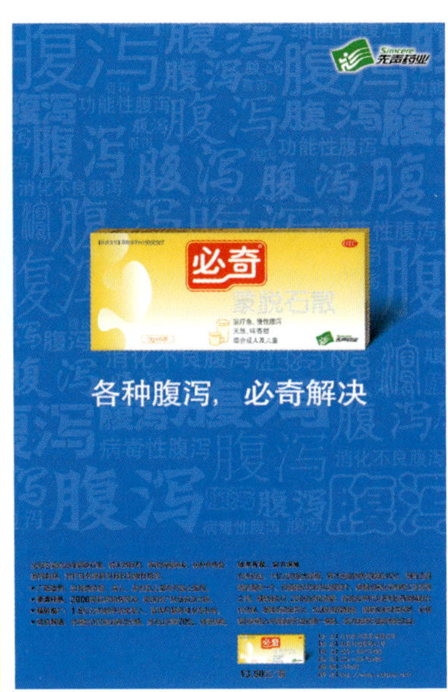

（附：必奇五一旅游旺季平面广告之一）

长假旅行，怎能不带必奇？（报纸上模拟分类广告）

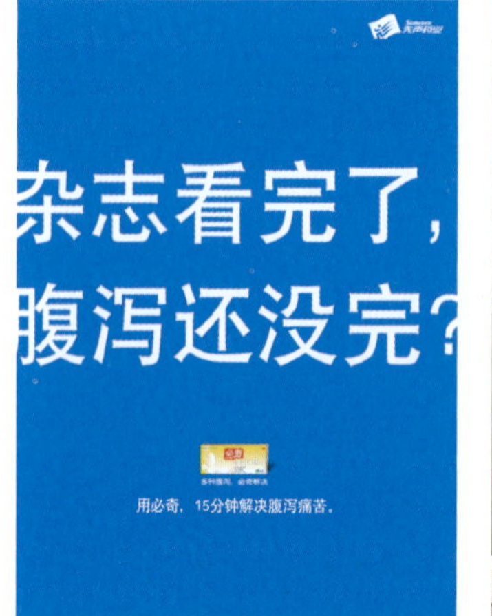

（附：必奇媒体创意广告）

杂志看完了，腹泻还没完？（杂志封底广告）
自动门，不用拉（自动门门贴广告）
多种腹泻，必奇解决（车身错觉广告）
一站式解决多种腹泻（车身广告）

（附：必奇物料）
多种原因腹泻，一笔勾销。（礼品笔）
解决腹泻燃眉之急。（礼品打火机）
吸附病菌、病毒。（白板磁贴）

（附：必奇五一旅游旺季电台广告之一）

《停停走走篇》

导游： 旅客们请看窗外，这是天下第一名山

男子： 司机停车，我要上厕所！（轧——刹车声）

导游： 大家看我右手边，那是明清古寺

男子： 司机停车，我要上厕所！（轧——刹车声）

导游： 我们的前方就是

男子： 司机停车——

导游： 你到底是来旅游还是来上厕所的啊？！

旁白： 必奇天然止泻药，多种腹泻都有效；
成人儿童都能喝，物理治疗更可靠！

男子： 司机——

导游： 你又怎么啦?

男子： 刚才那些地方可以再去看一次吗?

旁白： 多种腹泻，必奇解决！

付出总有回报！一波波的广告推出，客户的市场期望一个个被满足，竞争对手纷纷惊慌，紧跟着采取了各种应急措施，以应对先声药业与同盟共同创造的必奇风暴。

先声药业市场总监符华平专门来信：“你们的作品不错，见功夫！”给了同盟所有必奇的服务人员莫大的鼓励。

尝遍百草，才知良药制作的煎熬，必奇的“笑疗”在继续，而我们的期望也将继续。

点评：

作为一个长期从事处方药经营的企业，先声对于策划者的要求显然是更有效的传播力的策划与执行。而同盟广告做到了。他们分别从包装、广告语、代言人与广告表现等进行的全方位的整体创意。值得关注的事，这家创意与策划公司在这些创意要素的具体执行方面显示了强大的实力与爆发力（我认为这一点正是有经验的广告主最应重视的）。例如，他们精心圈定的广告代言人是冯小刚与徐帆夫妇，用这一较少出现的组合，来完成当时还显得生硬的产品的家庭化与亲切化，实在是一个“细节升华”。而针对冯小刚的“冯式幽默”所设计的台词，更显示了策划者对于广告与生活同样深入的理解。

——张惠辛

三金西瓜霜品牌振兴之路

广 告 主：广西桂林三金药业 —— 三金西瓜霜

广告代理：广东省广告有限公司

三金西瓜霜是市场上的老品牌，该案例表现了西瓜霜品牌的振兴之路。品牌部首先把“去火”作为推广的核心，采取“分兵出击”的策略，在保证“去火”这一核心诉求的前提之下，为各个产品赋予具有差异性的品牌个性，实现整体品牌的全民推进。同时，利用西瓜霜整体品牌形象的延伸，在都市白领阶层中强推清咽含片，迅速打开新产品的新市场。

广西桂林三金药业是为广大中国老百姓所熟知的知名企业。经过近20年的持续发展，三金药业已经成为中国中医药产业的中流砥柱。其属下的代表性产品——三金西瓜霜润喉片更是实现了年销售50亿片的奇迹。步入21世纪，三金药业在市场上开始面对更多更强的竞争对手。为了巩固企业现有的领先地位，并且让企业拥有更广阔的发展空间，三金药业决定对自己的品牌策略进行重新审视和调整，让品牌踏上全面振兴之路。2004年10月，三金药业决定“比武招亲”，并最终选定广东省广告有限公司作为自己的品牌战略合作伙伴。双方成立“三金西瓜霜品牌部”，共同踏上西瓜霜的品牌振兴之路。而这条品牌振兴之路，恰恰是从“三把火”开始烧起来的。

第一把火：明确方向，为品牌立法

寻找迎击市场的利器，一方面要从挖掘消费者的真实需求入手，一方面也要仔细研究产品本身的特点，只有找到两者的契合点，才能最终明确营销发展的最佳方案。

首先，西瓜霜品牌部对产品本身进行了深入的思考，并最终把焦点锁定在西瓜霜系列产品的主要成分“西瓜霜”上。通过医学专家的介绍，品牌部发现西瓜霜具有“祛除人体体内火气，从根本上治疗咽喉各类疾病”的药理。而这种药理也正是西瓜霜系列产品与其他竞争对手的最本质区别。那么，能不能把“去火”这一药理作为西瓜霜系列产品的推广核心呢?

我们知道，即使一种非常具有差异性的诉求，也只有获得消费者的接受，才能最终在市场上获得成功。于是，为了考证“去火”这一诉求的接受度，品牌部专门请来多位医科大学的喉科专家和几十位目标消费者做深度的访谈，并且在第一时间组织广州、深圳两地的潜在消费者进行随机调查。在专业的市场人员与企划人员通力合作下，品牌部获得了有力的支持：消费者在“口腔疾病”与“上火”“去火”的概念间有非常紧密的联想度。在季节变换和工作生活不规律情况下，这种联想度变得尤其紧密。

于是，品牌部终于锁定了连接市场与产品的这个契合点：把“去火”作为三金西瓜霜品牌的推广核心。为了保证这一推广策略的最终执行，西瓜霜品牌部还专门制定了一部《品牌宪法》。《品牌宪法》顾名思义就是一部关于品牌推广和执行的法律，有了这样一部宪法便极大地保证了“去火”这一诉求成为今后品牌推广的核心所在。

第二把火：分兵出击，实现品牌全面振兴

三金西瓜霜系列产品和其他竞争对手相比，具有产品线丰富的特点。经过深入思考，品牌部决定采取“分兵出击”的执行策略：就是在保证“去火”这一核心诉求的前提之下，为各个产品赋予具有差异性的品牌个性，实现整体品牌的全面推进。

首先，在整体品牌传播方面，品牌部提出“咽喉防火墙”的概念。整体形象稿《咽喉防火墙》将诉求重点放在了西瓜霜系列产品共同的核心诉求“去火”上。在创意上，稿件采用被烧起一角的画面，配合独特的媒体运用，产生强烈的视觉冲击，给人留下深刻的印象，从而对“去火”的诉求做了最直观的表达。

润喉片作为三金西瓜霜系列产品中多年来的主力军，是老百姓耳熟能详的好朋友，拥有极高的知名度。在推广策略上，品牌部决定把润喉片塑造成“亲切的、一直伴随家庭的常备药”形象，与其他产品形成区隔性。品牌部用“家庭口喉去火消防员”作为润喉片的全新推广诉求，巧妙地将“去火”与“亲情”二者结合起来，达到提示与记忆的双重传播效果。

桂林西瓜霜喷剂一直是西瓜霜系列产品中的主力军，翘楚于口腔溃疡用药市场，拥有极高的品牌知名度，如今也面临着强劲竞争对手的威胁。在品牌推广策略的制定上，品牌部把溃疡患者作为诉求对象，强调“去火治溃疡”的功效，通过品牌认知度的建立来进一步提升品牌知名度，重新唤起广大消费者对西瓜霜喷剂的关注。在创意上则选择更加清新、时尚的画面作为表现方式，突出高档、专业的品牌调性。

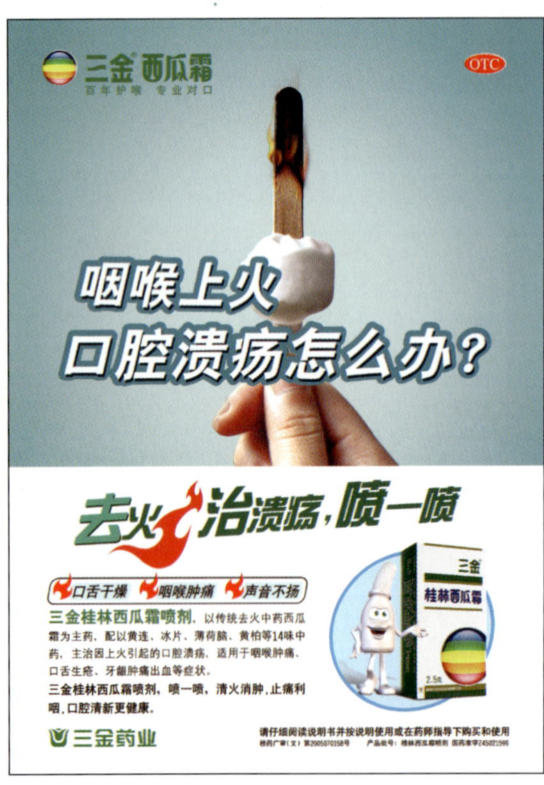
三金 西瓜霜
百年护喉 专业对口
OTC
咽喉上火
口腔溃疡怎么办？
去火 治溃疡，喷一喷
口舌干燥 咽喉肿痛 声音不扬
三金桂林西瓜霜喷剂，以传统去火中药西瓜霜为主药，配以黄连、冰片、薄荷脑、黄柏等14味中药，主治因上火引起的口腔溃疡，适用于咽喉肿痛、口舌生疮、牙龈肿痛出血等症状。
三金桂林西瓜霜喷剂，喷一喷，清火消肿，止痛利咽，口腔清新更健康。
三金药业
请仔细阅读说明书并按说明使用或在药师指导下购买和使用

三金 西瓜霜
百年护喉 专业对口
咽喉防火墙
[清火消肿、止痛利咽，三金西瓜霜系列产品]
西瓜霜清咽含片
桂林西瓜霜
西瓜霜润喉片
三金药业
请仔细阅读说明书并按说明使用或在药师指导下购买和使用
桂林三金药业股份有限公司

三金 西瓜霜
百年护喉 专业对口
西瓜霜清咽含片
清咽要去火
西瓜霜清咽含片
口舌干燥 咽喉肿痛 声音不扬
全是咽火在做怪！
西瓜霜清咽含片以桂林地道西瓜霜为原料，融合乌梅、罗汉果、甘草等12味精选中药，清热解毒、消肿利咽，持久保护喉口健康。
桂林三金药业股份有限公司

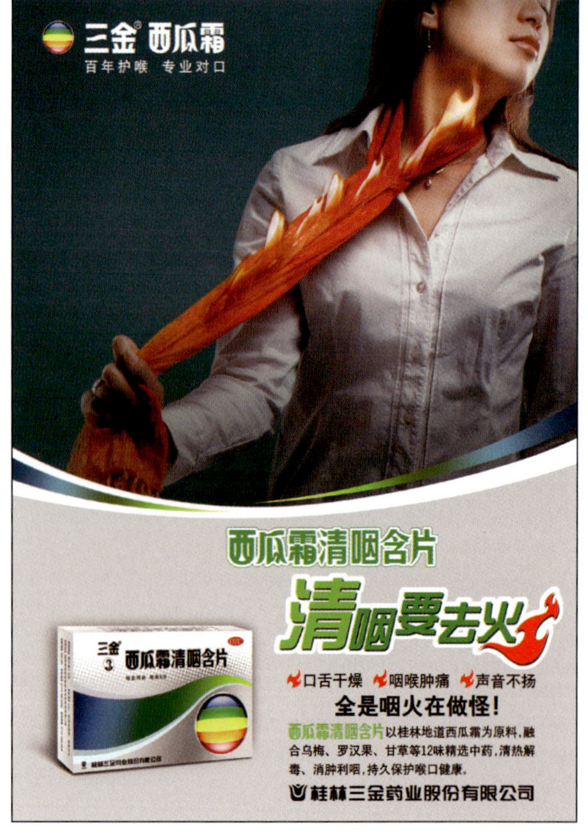
三金 西瓜霜
百年护喉 专业对口
西瓜霜清咽含片
清咽要去火
西瓜霜清咽含片
口舌干燥 咽喉肿痛 声音不扬
全是咽火在做怪！
西瓜霜清咽含片以桂林地道西瓜霜为原料，融合乌梅、罗汉果、甘草等12味精选中药，清热解毒、消肿利咽，持久保护喉口健康。
桂林三金药业股份有限公司

第三把火："要去火，就用西瓜霜清咽含片"

在三金西瓜霜的产品线中，如果说润喉片等传统产品是"固本之源"，那么清咽含片就是"攻坚之作"，这个全新糖剂型产品的诞生为三金西瓜霜品牌注入新鲜的血液。在品牌传播上，品牌部将目标人群锁定在需求度最强，并且是最具消费潜力的一群——都市白领。

都市白领平时工作压力大、情绪易紧张、应酬多且生活不规律；他们多是猛吃猛喝，什么辣椒、麻辣烫、油腻食物顿顿少不了——这种生活状态最容易导致胃火、心火上升、喉口上火，他们是咽喉疾病高危人群之一。

清咽含片在推广策略上，紧扣"去火"的核心诉求，特别体现目标消费群的生活状态，以夸张、幽默的手法加以表现。在推广调性上追求时尚的调性，塑造了清咽含片时尚、轻松的品牌个性。同时，为了更有效地将产品信息传达给目标消费群，品牌部深入了解目标消费群的接触习惯，选择他们接触最多的场所，如地铁、机场等和他们接触最多的媒体，如网络、电视、时尚杂志等进行全方位的宣传，将"要去火，就用西瓜霜清咽含片"的品牌诉求高效地切入市场。清晰的卖点，跳跃的表现，让清咽含片在整体咽喉药市场足足"火"了一把。

经过明确品牌核心——规划品牌策略——完善品牌执行这三把品牌推广之火，三金西瓜霜品牌部成功地将"去火"的这一核心诉求附加到西瓜霜系列产品上，让整体西瓜霜品牌主张更加鲜明，各产品定位也愈发清晰。据不完全统计，三金西瓜霜品牌在品牌策略重新整合之后，系列产品的整体销量比去年同期已经有大幅度的提升，品牌在记忆度和好感度方面更是获得大幅提升。

这个夏天，"三金"不怕火炼。

点评：

三金药业作为一个知名度较高的企业，怎样来具体提升属下产品的影响力与销量，确实是目前品牌推广中一个颇具典型性的问题。策划者的方法十分成熟与合理：找到重点问题，进行重点的突破，挖掘西瓜霜"去火"这一功能特性，其实已经抓住了一个巨大的市场需求空间。现代人火气都比较大，而火气大的后果严重，会影响今日年轻人最在乎的容颜。因此，这既是一个古老的问题，更是一个现代的大问题。有的时候，对于营销与广告策划来说，社会知识比营销知识更重要。

——张惠辛

中一牌前列通片上市策划感想

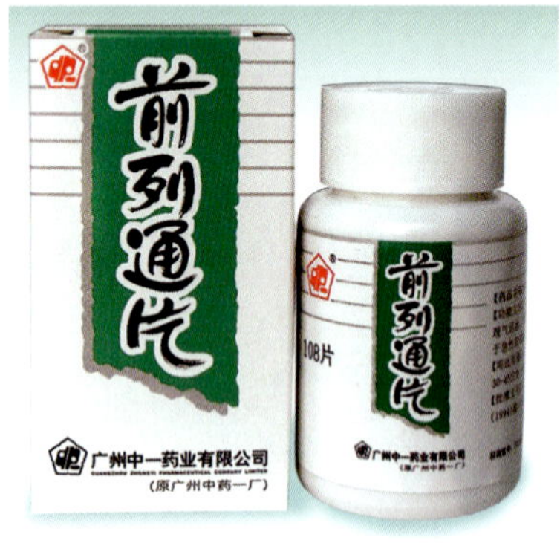

广　告　主：广州中一药业有限公司 — 中一牌前列通片

广告代理：哈尔滨报人广告有限责任公司

为了防止今后企业发展中因后继产品断档带来的危机，中一药业开始了开发后继产品的战略思想。中一药业的前列通片是一个闲置多年的老产品，由于近年来前列腺患者不断增多，而真正具备实力和品牌效应的同类产品仅仅有一两个，前列通片被选定为中一药业重点推出的后继产品。在广告创意设计实施中，力求简捷、突出个性，在不同的市场采取不同的营销模式，以最小的成本换取了最大的广告到达率。

随着市场经济的发展和改革开放的深入，人们的生活节奏不断加快，工作压力也不断加大，然而随着生活水平的不断提高，人们的生活理念又在不断改变、健康意识不断提高。正是基于这些错综复杂的因素，我们为广州中一药业的前列通片策划了市场推广方案和系列广告整合方案。

一、提出战略思路

广州中一药业的前列通片是一个基本闲置多年的老产品，由于该企业这些年来一直致力于治疗糖尿病药物的开发、推广，特别是该企业生产的消渴丸的年销售额已超过5个亿，因此几年来企业一直把销售重点放在消渴丸上，但是市场竞争是无情的，作为一个全国知名企业，从战略发展角度应该在企业如日中天的时候，从现有产品中筛选、培养有市场开发前景的后续产品，以防今后企业发展中因后续产品断档带来的危机，因此我们首先向该企业提出开发后续产品的战略思路和发展前景，这一想法很快得到该企业主要领导的认同。

二、慧眼选产品

广州中一药业生产的产品多达上百个，其中具有独家优势的产品就有十几个，如胃乃安胶囊、乌蛇止痒丸、障眼明片、乳核散结片、三七化痔丸等，针对这一问题我们首先对各产品目前和今后几年的市场容量和同类产品竞争情况一一进行分析，如胃乃安胶囊虽然是一种市场容量很大的产品，但由于竞争对手如斯达舒、葵花胃康灵、丹佛胃尔康、仁和胃康灵等都以高密度的广告争夺市场，我们很难与之拼搏；障眼明片、乳核散结片又受剂型和用药的局限；乌蛇止痒丸受到区域市场的限制。针对这些原因，我们认为其中的前列通片是一个比较有推广价值的产品，一是目前患有前列腺疾病的人不断增多，二是同类产品虽然很多，但大多是销售区域很小的短线品种，真正的大品牌长线的同类竞争对手只有区区一两个，三是当前人们对生活质量的要求而重视对前列腺疾病的治疗。因此我们选定前列通片作为广州中一药业将重点推出的第一个后续产品。

三、市场开发方略

根据广州中一药业的广告投量，我们将中一前列通的市场开发定性为长期品牌策略，原因如下：

1. 广州中一药业是国内知名企业，广告推广必须立足长远，以打造品牌为主，在品牌的带动下使产品逐渐深入人心。

2. 广州中一药业投放广告当前不会像哈药六厂、三精制药、修正药业、人和药业那样高密度投放，作为一个对广告投放极度理智的企业，要把某一产品做强做大，成就一个品牌需要的是较长时间和循序渐进的过程，因此即使是我们制定出以广告为主在短期将前列通片迅速打造成国内知名品牌的战略，由于企业广告策略的模式不相符，必然导致执行力的不足，因此这种长期品牌战略是符合广州中一药业实际情况的。

四、不同市场不同对待

对大的制药企业来说，当前的营销模式早已不像前些年，一套营销推广方案制定下来全国都可以一个模式操作，而现在的市场营销则是以区域为特点，而区域已细化到每个省，如黑龙江省和辽宁省，虽然都是在东北地区，但由于黑龙江省面积大、人口分散，市场操作手法、投入的人力、财力，特别是媒体的选择是绝对不能雷同的，因此我们首先在全国范围选择一些重点省区，而这些重点省区的营销思路特别是媒体选择都是不相同的。

五、黑龙江的广告投放策略与安排

黑龙江省是我们选定的首期开发的重点市场之一，针对黑龙江市场人口分散、农村人口多、地域大的特点，我们把市场重点放在农村，但在广告投放的前5个月省城是万万不能忽视的，因此我们在省城的报纸、广播、车体等媒体投放了总计划20%的广告进行配合，以提高广告密度，营造广告氛围。

1. 长线广告，对中一药业这样的知名企业和其所主推的产品前列通片，我们选择黑龙江卫视和黑龙江新闻广播作为长线

车体尾帘

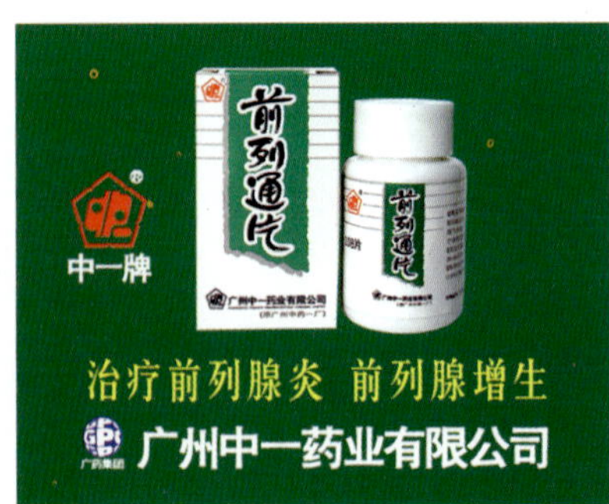

电视标版

中一牌 前列通片

电视角标

A10 传媒晨报
探访最后渔民部落
江上游泳 慎防抽筋
哈市一工地挖出神秘"怪肉"
老人尿床警惕前列腺肥大

报纸软文

前列通片 消炎 消肿 消增生
本埠·社会 A09
出走放牛娃哈站受款待
离家8天、"想见世面"的海伦少年昨平安返家
钱包失而复得 华侨盛赞东北人
骗子QQ下诱饵 不少网民上一当
男友街头看美女 女孩怒吞项链

报眉

前列腺不畅通
有尿痛痛痛

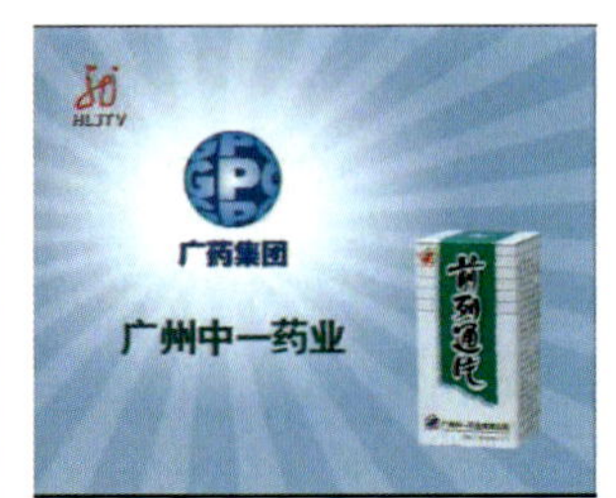

15秒电视广告分镜头

广告的支持，其目的是两个媒体落地好，在省城之外特别是县城以下，能够与之竞争的媒体少，二者均能独显出其媒体的政策优势，而黑龙江卫视又是全国十大卫视之一，对下一步产品开发时的全国广告互动会有很好的配合作用。

2. 中心城市广告。以省城为主的中心城市是市场竞争异常激烈的地方，这里虽然不是市场的主要增长区域，但广告开发前期必须将省城的基础工作做好，因此我们选择了市内公交车尾帘、调频的交通广播，当地的主流晚报，而软文我们则选择当地的另一张发行量虽然不是最大，但报刊内容较受欢迎的报纸，并要求尽可能不要将软文发布在集中在一起的“医药信息专版”、“药房专版”中，从而使广告在确保发布密度的同时又保证了发布质量，使不同形式、不同特点的广告分别发挥不同的作用。

3. 少花钱、多办事、提高广告到达率。广告投放少，效果好，是所有广告商梦寐以求的事，但真正做好这一点却是很难的事情。当前媒体众多，价格昂贵，如何在这么多媒体中集中选择，是要进行细致分析的，首先我们选择媒体以“集中、持续”的战略，因为多年的广告经验我们总结出这样一个规律：要一年投放二三百万广告费打造一个品牌，投放广告一怕发布一段时间又停一段时间；二怕分散投放，看不到广告力度，弄得钱也花了，广告资源却白白丢掉了。为此我们在黑龙江卫视选择了全天节目预报角标和综艺节目方队的宣传形式，辅以诉求性的硬广告，我们在实际中得到的经验是综艺节目中的方队、广告牌等演播室广告最大的特点是能与节目融合在一起，观众在看节目的同时记住了广告，可以说广告到达率是远远高于时段硬广告的。另外城市中的公交车尾帘是比较经济的一种广告形式，城市越大公交线路越长，宣传效果越好，而当地发行量最大的报纸《新晚报》由于费用比较贵，我们从中选择了费用最低的报眉以每周两次的频率进行投放。因此我们所选择的广告形式的基本原则是少花钱、密度大、效果好，特别是要提高广告的到达率。

六、广告创意设计力求简捷、突出个性

在广告创意和设计中，我们首先考虑到广州中一药业是国内知名企业这一特点，前列通片和中一药业始终作为一个不可分割的整体，我们认为只有这样才能让消费者认识到中一药业生产的前列通片工艺严谨、质量上乘，其次考虑到前列通片这一产品毕竟在国内有几家制药企业也在同时生产，不突出自己的个性，广告很容易被其他企业借用，因此广告中前列通片的出现字体一律采用企业各种资料中所使用的标准字体，这样使中一药业与前列通片二者的关系更加不可分割；其次广告中无论是话语还是文字都力求简捷，因为当前消费者无论是听觉还是视觉，所接受的广告都是被动的，能记住产品名称，知道是哪家企业生产的我们就达到目的了，特别是前列通片这样的产品，药品名称和所对应疾病相同，因此在广告创意设计中我们是以话语文字简捷、突出产品个性为宗旨的。此外，对同一类媒体由于其受众人群、覆盖范围不同，我们在广告创意中也考虑其不同的特点，如在黑龙江地区的投放中我们前期选择了以省城为主的交通广播，中期选择了覆盖全省范围的新闻广播，在交通广播中广告创意的风格表现为活泼、幽默、浪漫，而在新闻广播中广告创意则表现得庄重、直白，这样更有利于听众接受。当然，广告设计创意，市场营销策划只是整体营销的一部分，由这些决定了做对的事情外，还有一支团队来把对的事情做好。由于正确的、切合实际的广告策划，计划在7个月内投放210万元广告费启动黑龙江市场，仅仅两个月就已明显发挥出效果，在当地销售人员的配合下，广州中一药业的前列通片年销量从2005年的几十万，预计广告投放结束时可达到280万以上。

点评：

中医药业的整体策划，虽然并没有让人眼睛一亮的东西，却是实实在在地抓住了这个案例投资规模不大，品牌化程度不高的特征，紧紧抓住中一牌前列通片这一闲置多年却有市场潜力的老产品，选准首发市场，进行集中有限资源的重点突破，策略是老到而有效的。其实，很多策划并不需要苦思冥想的所谓创意，需要的只是正确的方式与坚决的执行。

——张惠辛

钙加锌，独特卖点 + 名人代言

广 告 主：哈药六厂 — 哈六钙加锌

广告代理：海润新时代广告有限公司

补钙、补锌是规模较大的两个赢利性保健品市场，而哈药厂的几大品牌一直以来占据该两大市场的较大份额。随着产品的升级与更新，哈药六厂欲开辟新的市场。“哈药六牌”的品牌名称也应运而生，作为角逐市场的新品牌名称，“哈药六牌”延续了“哈药六厂”的响亮名称，迅速提升知名度的同时也大量的节约了传播费用。同时，“哈药六牌”大胆启用了从未拍过广告的江珊出任代言人，避免了接拍广告过度而易混淆的其他明星。利用“补两样只花一样钱”的独特诉求点赢得消费者的共鸣。

关键词：钙、锌市场

众所周知，历经十几年的不断培育，补钙、补锌市场已成为规模巨大的盈利性市场；即便在品牌纷争的今天，两个市场的消费能力仍在稳步上升。

进入2005年，随着巨能钙等一批问题企业的相继退出，钙、锌市场的竞争格局又发生了新的变化：绝大部分份额被几大品牌瓜分殆尽，两到三个大品牌甚至能够占据市场的半壁江山，如三精制药的葡萄糖酸钙、葡萄糖酸锌及哈药六厂的新盖中盖、朴欣口服液等。

如何在这场已逐渐形成均势的角力中出奇制胜，甚至挖掘、转化出新的市场，就成为哈药六厂与老朋友海润新时代广告所要共同面对的问题。

关键词：命名、包装

哈药六厂的汪兆金厂长考虑得极为长远。

早在几年前，汪厂长就凭借老到的商场经验把握到单一补钙、补锌市场的发展瓶颈，提前开发、报批了一种钙锌同补的全新产品，并将其一直雪藏。如今，在这种市场发展相对均衡的品牌对峙中，正是这款产品异军突起、打破僵局的最佳时机！

作为即将杀入市场的新生力量，名字一定要喊得响、叫得亮！经过哈药六厂与海润的反复讨论，“哈药六牌钙加锌口服液”这个名字进入了大家的视野。

“哈药六牌”直接借用了哈药六厂的大品牌优势，更有效防止了跟进者的仿冒行为；“钙加锌口服液”够直接、够顺口、够清晰，让人一听、一看就知道是何种产品，极大地缩短了消费者对产品的认知过程。

很快，这个名称就被双方确定下来。紧接着，包装设计又被提上日程。

几番鏖战。终于，一款以渐变双色为底纹、棕色药瓶为主打元素的设计从40多份创作稿中脱颖而出。渐变的双色象征着产品中的两大元素“钙”和“锌”；压鼓处理的棕色瓶上“钙”、“锌”两字格外醒目，更以“+”号形象辅助“加”字增强消费者的记忆；尽量放大的品牌名称牢牢占据了画面的右上角，起到很好的防伪作用；盒顶“钙锌同补、增强吸收”与“价格1+1=1”、“效果1+1>2”的信息更具有直观的促销力……

当一切前期准备工作按部就班地完成后，一场双方最为关注的重头戏即将上演。

关键词：卖点、名人

挖掘卖点是市场推广的重中之重。在以往的单纯补钙、补锌广告中，无非是从症状、原料、吸收、效果等方面入手，诉求趋于同质化。而作为钙锌同补的全新儿童保健品，我们势必不能重走老路。

如何挖掘出产品钙锌同补的最大特点？在和客户充分沟通后，一个独特、对消费者充满诱惑的卖点浮出水面——补两样只花一样钱！

看似普通的一句话，却蕴涵了无尽的智慧与巨大的能量！首先，它开创了此类广告中用价格说话的先河，影响了一批后来跟进者，如黄金搭档的“花一样钱补五样”等；其次，它巧妙地站立在同类广告功效诉求的肩膀上，以更高的姿态打压那些还在依赖单纯补钙、补锌产品的竞争对手；最后，针对孩子母亲这个既注重实效又看重实惠的目标阶层，这一诉求更有着绝对的杀伤力。

卖点找到了，那么钙加锌又该以何种方式将其推广出去？经验告诉我们：名人代言是新产品快速启动市场的捷径之一。

在选择代言人的过程中，我们曾考虑了蒋雯丽、徐帆等众多影视明星，都因她们接拍广告过多容易混淆而主动放弃。最终，在海润新时代艾民总裁的建议下，我们大胆起用了从未拍过广告，但知名度、气质形象与口碑均佳的江珊出任钙加锌广告代言人。

哈六钙加锌（明星妈妈）15秒篇

哈六钙加锌（明星妈妈）30秒篇

TVC创意简洁而富有生活气息，既符合产品定位，又能以代言人为视觉中心，给代言人充分的发挥余地。片中，通过与演员的充分沟通，我们成功塑造出江珊的慈爱母亲形象，那种“入戏”的真情流露比起代言人泛着职业的微笑捧起产品不知要有力多少倍！

同时，TVC更将名人一颦一笑的细节号召力一一用足。“两指向左一挥、化二为一”，经过创意总监刘文欣在拍摄现场的精心设计，这个看似简单的手势让无数电视机前的观众在一夜之间将“补两样只花一样钱”的卖点牢牢记住。这才是使用名人的真实目的。

关键词：奇迹

市场是检验广告对错的唯一标准。产品与TVC同步投放后，哈药六牌钙加锌一夜走红，产品上市当月即收回6000万广告投入！不到2个月，销售额就已突破2亿！用哈药六厂汪厂长的话来说：“这也创造了哈药集团单品月销量最高，当月回利最快，利润最高，广告反映最好等几个市场奇迹。”

钙加锌的成功，无疑在市场上投下一枚重磅炸弹。从此，钙、锌市场合二为一，被重新洗牌；竞品方面，三精制药的葡萄糖酸钙、葡萄糖酸锌口服液销量锐减，许多品牌一蹶不振，竞争均势被一举打破！事后客户不无感慨地说道：“事在人为啊！现在是微利时代，用这么短的时间、相对少的投入却煮开了一锅原打算用十倍广告费才能煮开的水，奇迹！让对手望而生畏的奇迹！”

面对如此振奋的市场反馈，海润新时代的每一位员工都感到由衷的自豪。海润不但实现了“用智慧创造价值”的承诺，更沿着一条与客户共同成长的道路不断前行，在这种全新的共赢模式下，每个人都是受益者。

点评：

谁说在市场均势的情况下就没有市场，谁说在市场均势的情况下没有新品牌发展的空间，“哈药六牌钙加锌口服液”就是在一场逐渐形成均势的角力中异军突起，出奇制胜的，并挖掘、转化出新的市场，形成新的市场增长点。

简洁明快的名称“哈药六牌钙加锌口服液”是塑造产品成功的开始，以“+”号形象辅助“加”字增强了消费者的记忆，江珊的形象与产品形象的吻合，更是增强了产品的感染力，强有力的产品卖点的挖掘，“补两样只花一样钱！”开创了此类广告中用价格说话的先河，影响了一批后来跟进者，如黄金搭档的“花一样钱补五样”等；其次，它巧妙地站立在同类广告功效诉求的肩膀上，以更高的姿态打压那些还在依赖单纯补钙、补锌产品的竞争对手；最后，针对孩子母亲这个既注重实效又看重实惠的目标阶层，这一诉求更有着绝对的杀伤力。

——李光斗

清亭秀减肥胶囊河北市场推广纪实

广 告 主：北京盛唐本草科技有限公司 — 清亭秀减肥胶囊
广告代理：石家庄中仁广告艺术有限公司

该案例是清亭秀减肥胶囊在河北地区上市的推广计划，与市面上常见的减肥产品不同，清亭秀是胶囊型。给人的感觉是更加安全、快效，基于这样的考虑，清亭秀选定了河北时尚女性为主要目标消费群。在包装设计上，从时尚女性日常具有高接触度的网络入手，对包装进行设计，最终让产品在终端和其他产品有效地区隔出来。同时，清亭秀冠名河北电视台的民间选秀活动开展事件营销，选秀节目与清亭秀消费群体高度契合，并得到年轻时尚女性的大力追捧。最终，该产品以较为低廉的传播费用完成了一个新品上市的计划。

引言

2005年4月，中仁广告艺术有限公司受北京盛唐本草科技有限公司之托，全面代理该公司的清亭秀减肥胶囊在河北地区的上市推广工作。在减肥市场鱼龙混杂、你争我夺的大背景下，接手这样一个产品，堪称临危受命。谨严的市场调查之后，我们对清亭秀减肥胶囊进行了全新的包装与定位，并以此为基础在广告、终端促销以及媒介使用等方面分别做了大量的工作。广告整合投放之后，清亭秀减肥胶囊的销量迅速飙升，短短几个月内实现销售总额近千万元的好成绩，在河北创造了一股清亭秀旋风。

抓住空挡 以“时尚”突围

4月的河北，真正的夏日还远未到来。即使最爱美的女性，也没有将减肥作为要务提上生活日程。但是所有经营减肥产品的精明商家，在心理上却早已经进入新一轮的红色警戒，没有人能比他们更了解减肥产品一年一度的终极厮杀。北京盛唐本草科技有限公司就是在这个时候，把他们的新产品——清亭秀减肥胶囊摆到我们面前的。

北京盛唐本草之前和我们有过其他方面的合作，这次的合作与其说是前期合作的延续，不如说是对我们之前工作的肯定。尽管如此，我们也不敢有丝毫的自得情绪。而是像往常一样，召集相关人员对产品及市场环境进行了周密的考察。

与市面上常见减肥产品不同的是，清亭秀是胶囊剂型。就河北市场来说，这样的产品还是相当少见的。大部分产品主要是片剂、茶饮料等等。胶囊剂型给人的观感较好，给人的心理感觉较为柔和，目标群体普遍认为胶囊剂型会比片剂更安全，效果优于减肥茶。但是，理性地看待产品的成分，还是中药当家。一般来说，中药给人的感觉是见效慢，效果不理想，实际上也往往如此。这也是早些年有些生产商在产品中加入西药违禁成分的原因。就我们的产品来说，如果强调安全，总会在效果宣传上做些放弃。这实在是个天然的矛盾体。

纵观河北市场，曲美仍然是当之无愧的老大，不仅仅因为其主要成分盐酸西布曲明所带来的显著效果，也不仅仅是5年以来屹立不倒的口碑效应，更有其国际级影星巩俐代言的突出优势。种种因素让这种产品在市场上占据了突出有利的地位。除此以外的一些二线品牌，虽然没有当红明星的代言，但是由于广告力度较大，终端促销方式合理，销售情况也相当可观；再者就是相当多的低端品牌，对市场进行补缺式的销售。由于其价格低廉，消费者试用成本低、风险小，所以也赢得了相当的市场份额。在市场严丝合缝、密不透风的情况下，如果单纯以低价位介入恐怕面对多种产品的疯狂围堵，用不了多长时间我们就会在市场上销声匿迹；如果靠大规模的广告投入，很难说不会陷入广告鏖战而难以自拔。所以我们还是把主要精力集中在寻找市场空挡，构建自己的独特利益空间上面。

河北市场上的产品，多是生产主导型的，或者说做得比较自我。对受众群体细分工作做得不是很到位。比如曲美，使用巩俐作为其代言人，无形中提高了其消费人群的年龄层。除此以外的二线品牌，则多是泛泛的宣传，没有明确的针对性，如丽姿等就启用香港年龄层次各不相同的六位明星作为其形象代言。这样虽然有效地建立起产品的知名度，却没有建立起产品鲜明的个性。低端产品则无品牌形象可言，往往是凭借迅速降价维持其市场利润。通过对市场区间的层层考察，我们发现，河北商场上尚缺少一种以时尚女性为主要目标群体的减肥产品。我们所谓的时尚女性，主要是年龄在18—30岁之间，经济生活优越，受主流时尚文化影响较大的群体。和所有女性一样，这部分女性同样有自身审美的需求，同时由于成长环境、教育环境的不同，他们在性格、趣味等各个方面又表现出不同的特点，这也给我们的营销策划带来了新的机会。所以，我们决定针对这部分女性，做一次营销方面的创新尝试。

包装：波普艺术的狂欢

“包装成功了，产品就成功了一半”，这是流传在包装设计界的行话。作为营销策划人员，当然不能让销量过分倚重包装。但是，我们也不得不承认包装在整个营销策划中具有决定性的重要意义。对于这样一种定位于时尚女性的产品，该如何把时尚女性的精神面貌有效地展现出来，如何让包装和时尚女性的审美要求产生独特的结合点，确实是个不易求解的谜题。

为此我们专门针对目标群体做了一项专门调查。调查涉及他们的生活习惯、审美偏好等各种问题。基本上以在时尚主题的商场附近做随机拦访为主，同时结合了几组集中座谈。调查显示，时尚女性最热衷的事情莫过于上街购物、泡吧上网等。客观地说，网络在其生活中占有的分量更大。一个简单的数字能说明一切，白领女性每天工作7—8个小时，这期间无论工作多忙，他们总是不会忘记忙里偷闲地跑到网上去浏览一些她们需要的时尚信息，不仅作为逛街购物的参考，也是加强自身素养的一项必备功课，因为这世界毕竟是变化得太快了！

既然网络是时尚女性日常生活的重要部分，那我们就干脆从网络入手，进行全面的包装设计。

网上的确存在着多种流行时尚的基因，但是我们也不能一网打尽，繁琐的杂烩会让人心神迷乱，简洁的纯粹倒是更能吸引人的眼球。选来选去，最后我们的设计师把目光锁定在波普插画上了。所谓的波普，就是英文POPULAR的简称，含有大众的、流行的意义。这种艺术形式产生于20世纪50年代末，在60年代形成一种国际性的文化潮流。它首先出现在英国，但在美国广泛流行，它是一种以被人轻视、被艺术鄙视的俗物为对象的艺术。这个流派标榜的正是抽象表现主义避之不及的“俗”，它的旗号是：艺术不应该是高雅的，艺术应该等同于生活。它从传统中跳脱的艺术理念令人耳目一新。

在具体表现形式上，它完全取消了艺术创作中的手工操作观念，直接用制版印刷的方法把照片形象移到画布上。还应用了古典主义者和现代主义者视为大忌的“重复”，甚至于推向极端，可口可乐瓶无尽无休的排列，以及明星们的照片都成为了最好的创作主题和素材。这十分贴切地反映出了后工业时代的特征，现代工业正是这样每天重复着同一样东西。这种新生代的艺术形式，每天在网络上大量出现。无疑，这是年轻女性最能理解和接受的，也是最符合她们审美要求的。因此，我们选择了将包装盒设计成这种醒目、清新的形式——让更多年轻人喜欢，也让产品在终端和其他产品有效地区隔开来！

搭上“魅力红星”快车

说到时尚，就不能不说到“超女”；说到超女，就不能不说“超女”给我们这个奋进也沉重的时代带来的亢奋。2005年，超级女声作为年度文化元素的亮点，在全国范围内升温。与此相应的，全国各地的电视媒体也出现了类似的选秀活动。这些活动在形式上各有不同，但基本上是以年轻女性为主要目标群体，挖掘演艺人才，强调个性彰显。

河北电视台金牌栏目《激情久久》自2004年重新开播以来，观众对它的关注度绝对不亚于之前红遍河北的《激情99》。改版后全新上阵的《激情久久》增加了二级栏目《今天我最红》，该档节目主要针对青年人，堪称展示当地青年人风貌，为演艺人才铺路的圆梦工场。

为了借助超级女声在全国造成的影响力，更好地贯彻其栏目宗旨，同时也提升自身的收视率，《今天我最红》也进行了一次为期一年“魅力红星”的评选活动。活动范围在河北省内，主要还是围绕着挖掘民间有出众演艺才能的年轻人。节目从年初开始，每周有4位选手参加周赛，周赛的胜出者参加月赛。如此周而复始，直至最后的年度总决赛。在超级女声被狂热追捧的大背景下，这种节目形式被多数人关注几乎是一种必然。节目的开始阶段《今天我最红》节目组几乎走遍了全省各地的高校，在全省高校中迅速掀起了一场魅力红星风暴。

这个时候我们再反观清亭秀产品，一种全新的推广思路涌上心头。既然走品牌年轻化的路线，就不能不考虑社会上的流行元素，大至世界性的、全国性的，小到这种地区性的，都应该随时援引，为我所用。由于地域的接近性，还有“魅力红星”的参加者就出在自己身边的原因，这个节目在短时间内创造了河北电视台在本地的收视新高。这个时候如果清亭秀能够很好地和这个节目结合起来，不仅会大幅提高产品的品牌形象，更会借助节目的宣传传遍整个河北，让所有关注时尚的女性都对它有所了解。于是我们写下了清亭秀营销过程中的第一个大手笔，为“魅力红星”进行全程冠名，并为年度冠军提供10万元的专项奖金。

历时一年时间，每周都有同样精彩同样多的魅力女孩出现在电视屏幕上，个性迥异，风光无限。在某种意义上说，她们就是时尚女性最前沿的代表，区域时尚的领跑者。清亭秀减肥胶囊的名字随着她们的歌声与微笑，传遍了河北省的城乡各地，大街小巷。

包装设计

电视广告：小制作中的大创意

一度，我们为电视广告陷入了困境。

尽管我们对产品非常了解，但对客户的消费心理还没有充足的把握。围绕着减肥这个目的，消费者到底是只关注效果，还是更关注安全、关注价格？一个个左右购买的因素在我们脑海中反复盘旋。我们曾经试图输出绿色瘦身的概念，我们也曾试图强调其中药成分，以增加使用者安全方面的信心。通过反复的市场摸底，我们最终把这个想法否定了。

和目标群体广泛接触之后，我们发现本地的消费者似乎不在乎什么绿色、什么价格，其减肥心理相当功利。她们只是关注减肥能够带给她们什么样的效果，以及能够给她们带来什么样的附加价值。针对她们的这种心理，我们创作了这样一则电视广告：女主角在不同场合出现，将自己的减肥经历和结果和他人做对比。其一是女主角坐在餐桌前，看到另外一位苗条女孩，产生了“同样是吃，为什么她长不胖”的疑问；其二是女主角出现在健身房内，面对另外一位苗条女孩，产生了“同样是吃，为什么她瘦得比我快”的疑问；其三是在办公室内，面对苗条同事受到上司嘉奖，产生了“同样是努力工作，为什么她总是被赏识”的疑问。

单纯以审美的眼光看这则广告片，的确称不上是上乘之作。但是既然能够很好地完成我们的营销目的，我们又有什么理由不这样做呢？北京盛唐本草的王总看了我们的创意，颔首微笑表示满意。其实作为长期合作的伙伴，从他的微笑中，我们能够读到很多东西：和我们自身的感觉一样，他大概也觉得广告片创新元素不足，他之所以同意执行，这完全是出自一位商海沉浮多年的精明商人对市场的全面考量！

在最后选择演员阶段，王总又拨通了我们的电话，向我们建议在选择演员和化妆的时候把主角打扮得像超女人物。他的这一建议，让我们不得从心眼里佩服这位精明的客户。选择这样一个貌似“超女”人物的演员，是不必多付出任何费用的。但是那种外貌上的相似性却足以把整个品牌的关注度提升几倍，从而让品牌在市场上蹿红！

电视媒体投放：“垃圾”资源成就明星品牌

对于中小企业而言，最令人感到头疼的莫过于高昂的广告媒体费用。北京盛唐本草虽然近两年发展势头强劲，但是面对诡谲多变的市场，在媒体投放方面我们还是不得不多做一番思量。在公司内部员工的一次碰头会上，从公司媒介人员那里获知，河北电视台各频道存在着大量的“垃圾”时间。这些“垃圾”时间是怎么产生的呢？说到这里，就不能不就媒介经营情况多说两句了。由于媒体分众化趋势加剧，电视观众有大量被分流。因此，在某些非黄金时段，媒介的利用率非常低，对电视台来说，这是媒体资源的巨大浪费。因此电视台方面有意将这部分时段打包售出，在费用上做了大幅压缩。这对我们来说是一个机会，因此我们迅速约见了电视台方面的具体负责人，把这部分时间购买下来。

从5月起，清亭秀以及北京盛唐本草的其他产品的广告滚动在河北电视台播出，巨大的广告播出量本身其实是一个最好的广告。一时间，有关清亭秀的谈论之声在市井坊间此伏彼起。几乎所有的人都注意到了在河北，有一种全新的减肥产品在短时间内以极高的频次反复播出。与高知名度伴生而来的是终端的主动提及以及指名购买试用。清亭秀在终端以极短的时间获取了最高的关注度。

实际上，一个阶段的广告投放下来，我们大概只投入了正常投放 1 / 2 的广告费用，这不能不说是我们媒体应用的一次成功典范。

小结

短短3个月，清亭秀在河北的销量就从万飙升到近千万，截至2005年10月秋季来临，更实现了1600万的总销售额。它在我们心中，既是以一个年代为奠基的杰作，又是这个年代的深刻印记。对消费者来说，它不仅是个有形，有颜色，有口感，有气味的卓越产品，更是一种个性的独白，一种对前沿时尚的深深向往。

点评：

在具体表现形式上，应用了“重复”，甚至于推向极端。这十分贴切地反映出了后工业时代的特征，现代工业正是这样每天重复着同一样东西。这种表现形式让青亭秀产品在终端和其他产品有效的区隔开来，给人耳目一新的感觉，也让消费者迅速的记住了这个个性的品牌。

另外，媒体的重新整合，变垃圾时段为黄金时间，又是一个很好的媒体新资源开发的例子，也是成功运用的又一个例子。

纵贯整个清亭秀品牌推广过程，在资源整合上做地相当成功，正是这个成功的资源整合才起到了全局的统领作用，促使清亭秀整个品牌营销的成功。

——李光斗

搭魅力红星快车

电视广告

仁和闪亮滴眼露的事件营销策略

广 告 主：江西药都仁和药业有限公司 — 仁和闪亮滴眼露

广告代理：成都阿佩克思广告有限公司

眼科药物行业是近年来发展很快的一个市场，产品同质化程度高，而仁和闪亮滴眼露则处于一个相对较弱的位置。仁和闪亮滴眼露需要在短时间内提升销量，并赋予青春时尚、充满活力的品牌形象。通过与湖南卫视合作开展了闪亮新主播主持人全国选拔活动，将品牌紧密地植入到活动中，彻底与节目成为一体。不仅扩大了知名度，而且迅速将品牌内涵传达到目标人群中。在媒介投放上，有效的运用了新老媒体，进行了有效的品牌互动和传递。

品牌背景

仁和闪亮滴眼露是针对学生和年轻上班族群开发的一款日用型滴眼液产品，从2004年中开始投放市场，第一阶段我们经过分析，该产品在上市传播初期围绕着如何记住品牌的年轻时尚化这一特定属性展开诉求："电眼篇"的电视广告投放，在这一时期完成了新产品上市传播的战术功能，至2004年底，产品的大流通销售数据为700多万，已经完成了初步的品牌积累。经过2004年的市场反馈发现，消费者认为闪亮滴眼露的品牌是青春、时尚的，但品牌个性不强，功能利益不够明显；所以，2005年，闪亮滴眼露应该开始对品牌内涵进行挖掘，完成从产品属性到心理属性的转变，从仅记住产品名字，转向占领消费者的心智。因此，企业急需找到一个传播范围更广更快的全国性事件，来解决快速传播品牌力和提升品牌价值的战略部署。而湖南卫视的快乐大本营节目改版和主持人选拔比赛正好提供了这样一个机会。

市场状况

2004年全国眼科用药报告指出，2003年全国眼科药物的销售总额会超过15亿元。同时，2003年也出现了真正的行业领导者和一批强势品牌。正大福瑞达2003年的销售额超过5亿元；乐敦、润舒、润洁3个品牌销售均过亿元；而以玻璃脂酸钠或透明质酸钠为主要成分，辅以类似薄荷、冰片之类的添加物生产而成的缓解性眼部护理用品，其技术和生产工艺的同质化非常严重，入行门槛也非常低。

随着人民生活水平及健康意识的逐渐提高，近几年来国内居民眼科用药形成快速的增长趋势，以玻璃脂酸钠或透明质酸钠为基本原料衍生的各类滴眼液产品，越来越受到人们的青睐。由于滴眼液产品能有效缓解各种轻度眼疾，同时带来清凉舒爽的感受，使得人们在对眼疾进行辅助治疗的同时，更能放松心情。

主要竞争对手

闪亮滴眼露的主要竞争对手，分别是正大福瑞达生产的润舒、润洁，曼秀雷敦生产的新乐敦、小乐敦，珍视明药业生产的珍视明。其品牌渗透率（2004 CMMS中国品牌发展报告）和眼科用药购买金额排序（受中国医药报社委托，北京美兰德医药信息咨询有限公司于2004年5月到6月期间，在全国30个省会城市对居民家庭眼科用药情况进行了电话抽样调查。）高踞市场前三名。而闪亮滴眼露此时还停步在20名以外。

闪亮滴眼露面临的问题：

1. 如何在短时间内，迅速提升闪亮滴眼露销量？如何做实效的广告运动？

2. 面对润舒润洁等强势品牌，常规的市场手段很难取得竞争优势和在短时间内奏效，那么仁和闪亮靠什么去战胜这些强势品牌？

3. 如何将闪亮滴眼露现有的青春时尚、充满活力的校园男女生的品牌形象，转变成为最能符合时下各种时尚男女们个性的眼部护理品牌？

广告运动目标

目标1：强力提升品牌知名度，努力进军第一阵营。

目标2：强化品牌形象的塑造，使闪亮滴眼露成为更具青春、时尚、活力的滴眼液品牌，以品牌形象的强化拉动销量的大幅度提升，实现跨越性增长。

目标对象

请定义本次广告运动的目标受众，并提出理由，说明本次广告运动是针对哪些人群？面对怎样的消费群体？为什么选择他们作为目标对象？请对目标对象进行适当的描述。

根据企业销售反馈的分析结果，明确闪亮滴眼露的核心消费者为：

18－28岁的年轻人，涵盖学生群体和白领

他/她们是多数派——他/她们是占绝大多数的普普通通的年轻人！

他/她们拒绝落伍，对时尚有着异乎寻常的敏感，总是掌握最新的娱乐资讯；

他/她们有个性、独立、自主。

他/她们更认同“爱自己”的哲学——只要我愿意，快乐需要理由吗？

随时在肯定自己，随时也在否定。

他/她们都有强烈的自我意识。

他/她们渴望展现自己。

他/她们也很矛盾，一方面，他/她们不顾别人的看法，坚持自己；另一方面，他/她们又渴望世界对他/她们的认可，渴望掌声和鲜花，期待梦想的实现。

创意策略

您对目标受众或市场进行了哪些研究使您决定选择这一策略？请说明本次广告运动策略的出发点与主要诉求点。您想要传达什么信息？

核心

用闪亮本身的积极正面的生活态度，影响需要闪亮自我的年轻族群。

正如前面所分析，常规的竞争手段，很难在短时间内产生销售和抵抗竞争对手。对于渴望闪亮自我的年轻族群，借闪亮新主播向他们传达展现自我、闪亮世界的积极正面的生活态度，与他们形成个性认同的对话平台。

经过数据分析，仁和闪亮品牌与栏目收视人群与目标受众高度重合，针对年轻族群的心理特征通过栏目对闪亮产品及内涵进行传播。

首先，我们确定闪亮滴眼露给予消费者的心理价值在于展现自我、闪亮世界，鼓励他们去找到真正的自己，并用这个真正的自己去让全世界欣赏。其次，与湖南卫视的“闪亮新主播”进行合作。“闪亮登场”的主题，切合目标消费者个性，又符合栏目特征，“仁和闪亮新主播”将产品名与节目名合理融合；评选出的“仁和闪亮之星”使产品与节目评选结果以及消费群体很好地结合。接下来，节目的主题曲诞生了，“闪亮一下/世界为我鼓掌/我插上天使的翅膀飞翔/勇敢追逐梦中的幸福”，这是渴望展现自己的年轻人的心声，是闪亮滴眼露要传达的品牌精神。产品、消费者、节目三者个性合一，使产品通过栏目具备了年轻人的个性。从扩大知名度到品牌内涵传递，常规传播要经历几年时间，仁和闪亮滴眼露却可以将这个过程缩短到几个月。

改写赞助模式

常规的赞助模式只能对品牌知名度产生一定程度的作用，对品牌内涵的传达没有帮助。闪亮滴眼露与栏目合作的目的，不仅是知名度扩大，还有品牌核心内涵的树立，更重要的，是彻底与节目成为一体，紧密捆绑。

所以，我们在两个传播阶段，围绕“闪亮登场”和“跟我一起闪亮吧”两个主题，专门设计了品牌与栏目主张两者合而为一的LOGO，其后，将这个LOGO和相关元素最大限度地进行利用：包括节目的脚标，舞台背景板，评委台卡，评委牌，甚至评委席上的产品陈列，舞台背景的主色调等等，总而言之，最大限度地和节目共享资源。并且，配合闪亮滴眼露主力销售区域与湖南卫视共同商定节目开展的赛区，让闪亮滴眼露的消费者与闪亮新主播的参与者最大限度重合。其次，在所有闪亮滴眼露包装上印刷闪亮新主播节目信息，用非常规媒体，最大限度地去推广节目，扩大影响力。利用非主赛区小型路演来

仁和药业集团
嗨！闪亮登场吧！
快速缓解
•眼胀•眼涩•眼疲劳
让你的眼睛闪亮动人
闪亮
眼洁滴眼露
EYE POWER
仁和闪亮
新主播
全国选拔活动火热进行中
主办：中国湖南卫视 仁和药业集团
网络合作伙伴：
详情请登陆

仁和药业集团
仁和闪亮
新主播
快乐我做主
你想成为明年超级女声主持人吗？
你想成为何炅的搭档入主快乐大本营吗？
你想签约湖南卫视吗？
快来参加《仁和闪亮新主播-主持人全国选拔活动》
明天的闪亮之星就是你！
报名方式：年龄16周岁以上：携本人身份证或户口本前去报名点报名
四赛区：重庆、沈阳、杭州、北京火热报名中
详情请登陆http://www.hunantv.com
http://www.slxzb.com
北京赛区报名时间：10月19日－10月25日
报名地址：北京市海淀区西三环中路8号 钓鱼台山庄华天大酒店16栋
咨询电话：010-88028338 88028360
主办：中国湖南卫视 仁和药业集团 网络合作伙伴：

仁和药业集团
闪亮一下吧！
仁和闪亮滴眼露
快速缓解
•眼胀•眼涩•眼疲劳
让你的双眼闪亮动人
仁和闪亮
新主播
主办：中国湖南卫视 仁和药业集团 网络合作伙伴：
详情请登陆 http://www.hunantv.com http://www.slxzb.com

扩大节目的影响面，并让主赛区之外的人能够参加评选，优胜者送到主赛区比赛。这样，大家对这个活动就不仅仅是观看者，而是实实在在的参与者。

为勇敢闪亮的青春代言

“闪亮一下/世界为我鼓掌/我插上天使的翅膀飞翔/勇敢追逐梦中的幸福”，多少年轻人心中的呐喊，他们在关注闪亮选手的过程中，目睹了选手追梦和展现自己的过程，也得到了勇敢实现梦想的勇气。

勇敢地展现自己，不仅仅是在舞台上，在人生每个重要的时刻，年轻人都将受到闪亮精神的鼓舞，勇敢地展现自己，世界也会为你而闪亮，为你鼓掌。

通过闪亮新主播的平台，仁和闪亮走进受众的心，以他们的方式说话，表达他们的心声。鼓励他们展现真实的自己，去实现他们的梦想。让他们为自己的信心和勇气而感动，正如闪亮滴眼露所带给他们的感受一样，使用过产品后，充满勇气和信心地闪亮登场，在人生的每个重要时刻。闪亮精神，世界为之鼓掌。

扩张影响力

通过这个节目，参与者可以通过自己的自信与勇气，去赢得掌声和喝彩；而观看者，可以充分享受民选的魅力，去自己决定谁是获奖者。这在其后疯狂的拉票行为中得以体现。

线上部分：去书写闪亮之星们自信勇敢的心态，实现梦想的过程。电视广告、公交站牌、报纸杂志等媒体密集投放，利用闪亮之星评选的悬念等引起讨论。

线下部分：将栏目的高知名度高收视率转化为实际的销售。终端活化POSM时刻提醒大家关注节目；路演地面推广又利用这种节目的影响力。

广告语：

第一阶段——嗨，闪亮登场吧！

第二阶段——跟我一起闪亮吧

创意调性：活泼的、生动的、自信的、有吸引力的，具有明显的“闪亮”感。

其他交流传播

软文炒作

主题广告歌“闪亮天使”推广

终端生动化陈列：

活动报名期间在各分赛区现场，投放以活动为主，产品为辅的宣传广告。派发拥有统一仁和闪亮新主播标志的海报、DM单、校园灯箱等。

主题广告歌

终端促销配合

网络互动：

1. 全面覆盖，最大范围地传播广告信息。

选择以大流量门户网站为主，即新浪、搜狐、网易、QQ以保证曝光量，覆盖绝大部分网络用户。同时这四家网站也是同类产品投放量最大的网络媒体。

2. 直达目标受众，形成舆论热点。

选择国内知名的社区类网站，猫扑、天涯、博客投放论坛炒作话题。其个性化的内容不但吸引了大量的网络受众，特别是论坛内更聚集了极高的人气。

TVC《闪亮登场篇》5秒

TVC《舞台篇》15秒

3. 选择搜索引擎、互动活动等进行硬广、软文的投放，告知信息并为活动和产品造势，对两个推广阶段的不同主题进行传播。

屏保、歌曲、有奖游戏下载

媒介策略

请说明此媒介策略是基于什么样的传播计划。您对目标受众或市场进行了哪些研究使您决定选择这一策略？此媒介策略是如何选择媒体的？其所占的比重如何？媒体组成如何？媒介策略是如何体现创意策略的？

电视媒体：

第一阶段5秒TVCF，以产品闪亮登场为主要诉求点，同时细节处理有舞台及明星感，从而与活动产生联系。

第二阶段15秒TVC，传达普通人也可以在人生重要时刻闪亮登场，建立与受众的对话，传达闪亮精神，诠释品牌内涵，强化对产品的印象。

报纸媒体：通过在各活动所在城市选择强势报媒，投放活动信息和公关软文。

网络媒体：迷你网站，购买关键字搜索，门户网站广告，网络公关，信息链接，各大BBS软文炒作等。

媒体投放

电视广告：

湖南卫视，每周五晚栏目贴片广告，每晚18：00娱乐无极限节目预告片，每日中午栏目宣传片

各赛区落地电视台：栏目贴片广告，节目宣传片

互动媒体：新浪、搜狐、网易、QQ等多家门户网站，并链接到仁和闪亮滴眼露网站专门区域

其他辅助的营销传播手段

在活动进行的4个城市选择性投放高校校园灯箱广告，发布活动信息。

效果

2005年9月广告运动正式开始，截至2006年1月，品牌知名度从20名以外上升到行业第四（CTR品牌调研）

2005年9月广告运动正式开始，截至2006年1月，短短5个月时间：闪亮滴眼露全国销售收入为59046536元，增幅为整个2004年全年销量的8倍（企业销售数据汇总）。

点评：

闪亮滴眼露是一个很好的产品、消费者、电视节目，三方完美融合的例子，也是实施效果非常显著的一个例子，一个药品因为“闪亮”在一个电视节目的嵌入，使她具备了消费者的个性。目标消费者在快乐欣赏节目的同时，也潜意识地接受了闪亮滴眼露是符合自己个性的产品，可以带给她自信勇气。

闪亮滴眼露把电视节目高度的影响力完美地链接到产品的整个营销过程，同时使电视节目的个性与产品的个性完美的融合在一起，使目标消费者在潜移默化中接受了产品个性。

市场是检验营销成功与否的标准，闪亮滴眼露的最终效果验证了品牌营销的绝对成功。

——李光斗

黄金搭档：金蝉如何脱壳？

广 告 主：上海黄金搭档生物科技有限公司 — 黄金搭档

广告代理：上海焦点广告传播有限公司

2006年保健品市场整体表现疲软，黄金搭档产品欲从淡季中有所突破。经过缜密的市场研究发现，黄金搭档前期传播给消费者留下了礼品的深刻定势，基于这样的思考，最终：黄金搭档定位为“不仅仅是维生素”。为了突破黄金搭档淡季销售，做出了“放弃普通装，在同品牌下增加特惠装规格”的销售策略，突破产品的价格瓶颈。在品牌的整合传播策略上，黄金搭档与消费者的沟通在认知层面解决问题从而引发尝试，取得了良好效果。

2006年对保健食品行业来说，是举步维艰的一年，行业审批监管力度不断加强、媒体负面信息接二连三、消费者信任度持续低迷、媒体费用居高不下，导致很多知名保健食品企业不得不收缩战线，调整预期市场目标，做长远打算。环顾目前的保健品市场，不仅在高端媒体上的声音大为减弱，连终端表现也大不如以前，陈列位置和促销导购大幅缩水。

与行业整体萎靡不振形成鲜明对比的，是脑白金和黄金搭档的市场表现。最值得关注的是黄金搭档，今年以来频繁出招，令人眼花缭乱：

——元旦春节旺季一过，打出了“不仅仅是维生素，花一样钱补五样”的口号，在各大媒体高调宣传；

——在元旦春节和中秋国庆之间的淡季，快速推出了三款自用特惠装，抢占自用人群；

——12条广告停播事件，丝毫也没有影响其在中秋国庆市场的表现，不仅礼盒装出货量和纯销捷报频传，新推出的特惠装更是后来居上、蓄势待发；

——更令人惊奇的是，黄金搭档新推出的儿童功效片，一改过去大喊大叫的“史氏风格”，变得温情脉脉、娓娓道来，开始真正与消费者进行沟通了。

覆巢之下，为何还有完卵?

群芳凋零，为何一枝独秀?

作为上海健特的策略合作伙伴、黄金搭档市场营销和广告推广的幕后推手，多年以来，我们一直以保健品、OTC产品为样本，致力于探索符合中国国情和中国企业实情的营销之路，黄金搭档今年的一系列营销举措，就是我们和客户团队为突破保健品营销中的礼品怪圈、淡季怪圈和信任怪圈所做的探索，我们称之为“金蝉脱壳”。

【金蝉脱壳第一步】发现问题：突破淡季瓶颈

从市场营销的角度观察，黄金搭档自推出以来，可以说是得失参半。所谓“得”，是指在保健品这几年惨淡经营的大环境下，黄金搭档能够紧紧跟随老大哥脑白金，从维生素礼品市场切入，销售迅速起量，在竞争激烈的维生素保健品市场上迅速站稳了脚跟。所谓“失”，一是先天不足，产品概念不清晰，定位模糊，产品复合体与脑白金大同小异；二是仓促上马，在试点市场尚未成功，产品概念、营销模式尚未得到验证的情况下就匆忙推向全国；三是传播手段单一，不看宏观环境和消费者已经发生的变化，一味照搬脑白金“电视+软文”的所谓“成功经验”；四是广告风格和媒介策略与脑白金如出一辙，受脑白金负面形象资产波及甚大。

在对黄金搭档进行营销诊断的过程中，通过对历年各项销售数据进行对比分析，我们可以清楚地看到，黄金搭档淡旺季明显，淡旺季投入产出比严重失衡，而且呈现旺季越旺、淡季越淡的趋势，从而导致产品未来增长乏力。固守礼品市场虽然也是一个选项，而且相当比例的消费者已经把黄金搭档定位成一个礼品，但从企业整体发展战略和品类规划的角度，显然并不是上策，不解决淡季无所作为的问题，黄金搭档新的生意来源和增长空间就难以保证，礼品市场流失人群也难以承接，作为中国维生素类保健品行业的一面旗帜，黄金搭档必须在淡季瓶颈这一保健品行业普遍面临的问题上有所突破，在这一点上，我们和企业管理层达成了高度一致。

【金蝉脱壳第二步】寻找定位：不仅仅是维生素

很多人都感到奇怪，为什么黄金搭档在最近铺天盖地的广告中会打出“不仅仅是维生素”这么一个看起来不够清晰的诉求，广告风格也一改过去声嘶力竭高分贝喊叫的做法，变得如此单纯、异常安静？除了这句话已经成为网络上年轻族群相互调侃的口头禅以外，在营销上到底有什么考虑?

“不仅仅是维生素”是由焦点营销团队提出，经过内部激烈争论、反复进行市场研究，最后由史玉柱拍板确定的，它是黄金搭档整合营销方案的一个重要组成部分，目的就是要在产品概念既成事实的前提下，给黄金搭档一个看起来不是定位的阶段性定位，逐步承接和理顺消费者脑海中黄金搭档既往营销资产，解决消费者对黄金搭档品类认知模糊的问题，逐步修复黄金搭档四处出击、多点诉求、各自为战、前后不一带来的营销遗留问题，逐步开辟未来发展的可能性空间。

通过全国规模的消费者定性和定量研究，我们发现：黄金搭档之所以淡季销售乏力，在消费者态度(Attitude)层面有三大原因：不知道黄金搭档的功效、价格太贵、不喜欢/不相信广告，其中尤以不知道产品功效从而影响初次尝试的消费者比例最高，这和黄金搭档前期传播给消费者留下的礼品定势有关，更与黄金搭档目标市场模糊、定位缺失有关。

为此，我们深度研究了礼品市场、泛功能保健品市场和维生素市场的市场容量、市场环境、消费者需求、竞争状况、企业资源等，分别探讨了黄金搭档淡季生意的来源和进入不同市场的可行性，先后提出了多种可能的定位方向，并在不同市场进行消费者测试，最后达成了共识：黄金搭档“不仅仅是维生素”，是站在维生素之上的泛功能性保健品，对儿童、青少年、中老年和女性具有不同的确切功效。这一定位方向，在竞争产品已经占领了消费者脑海中对维生素类产品重要而未满足需求的情况下，结合产品自身特点，通过与维生素品类相关联，既解决了消费者对黄金搭档的品类认知困扰问题，继承了产品既往诉求等广告资产，又采用与竞争品牌相对立的方法，跳出了现有竞争格局，因而得到了各分公司老总、总公司管理层和史玉柱的一致认可，用史总的话说：“脑白金的成功经验之一，就是一旦认准的就要坚持，不仅仅是维生素这句话，用了就要坚持，不能动摇。”

《定位篇》

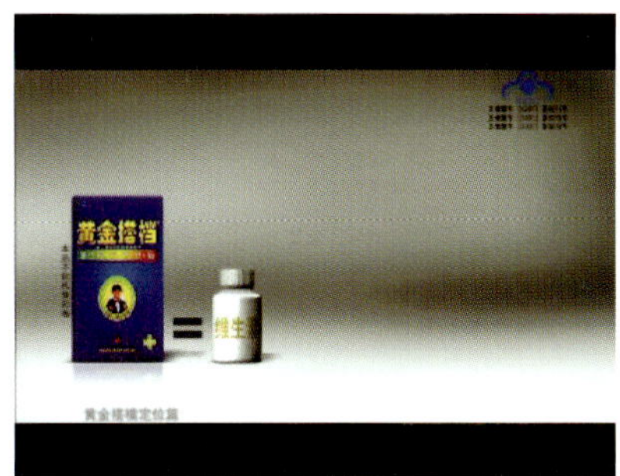

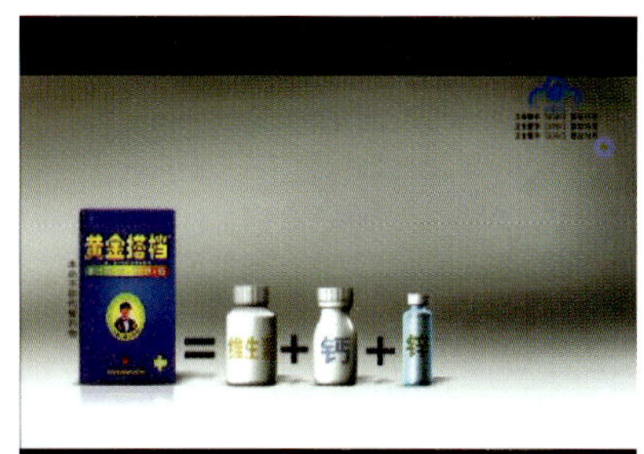

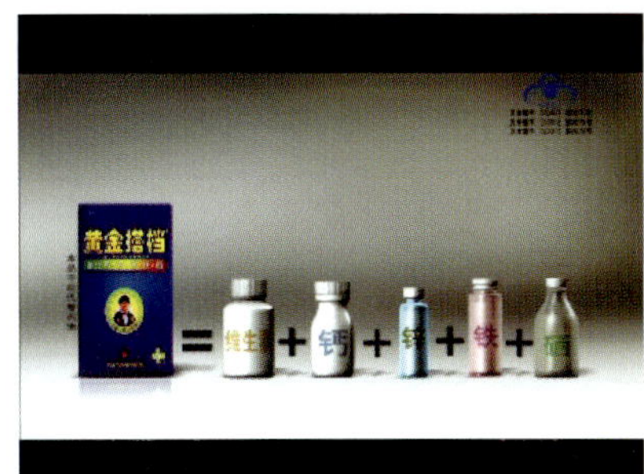

【金蝉脱壳第三步】特惠包装：化解价格障碍

影响黄金搭档淡季销售的第二个因素，就是初次尝试价格问题。

黄金搭档的消费群体主要集中在全国二三线市场，从全国情况来看，虽然由于控价因素，黄金搭档礼盒装各规格、普通装各规格全国价格差异较大，但消费者仍普遍反映价格较高，作为礼品尚可接受，自用的时候则流失到了21金维他等竞品，此外，普通装与礼盒装差异性不大，也是阻碍淡季自用消费者尝试的原因之一。

深入分析黄金搭档各型号产品历年市场销量数据，还可以看出有这样几个特点：1. 普通装逐年下降，礼盒装稳中有升；2. 中老年产品贡献率稳步增长，占比最高，女士、儿童型逐年下降，女士型产品贡献率始终不高，呈萎缩趋势；3. 旺季中老年礼装贡献最大，淡季儿童普装贡献最大，女士各规格贡献最小。

综合以上各方面的因素，在产品复合体的打造问题上，我们大胆提出了“放弃普通装，在同品牌下增加特惠装规格”的设想，为此，我们和客户团队一起，先后进行了消费者价格敏感度测试，走访了全国各级市场不同渠道的经销商，征求了从消费者、经销商、终端促销人员到各分公司管理人员的意见，最终坚定了推出特惠装的信念，并得到了客户的高度认可，在上海健特强大的渠道动员优势支持下，现在特惠装已经在全国快速铺货，从目前情况来看，特惠装受到了经销商、终端、消费者的欢迎和好评，出货和纯销情况良好，事前担心的特惠装对礼品市场的冲击也不如预想中强烈，当然，这一点还要在即将到来的2007年元旦春节市场上得到验证。

为了配合特惠装的上市，我们还在高空电视和地面终端表现上进行了宣传，旗帜鲜明地提出了“花一样钱补五样”的口号，从全国监控终端广告跟踪监测评估情况来看，消费者对这一诉求的接受程度很高。

【金蝉脱壳第四步】整合传播：从灌输到沟通

黄金搭档自用市场培育的第三个重大障碍，就是产品形象和广告好感度不佳。虽然在对全国二三线市场的调研中，我们惊讶地发现，消费者对黄金搭档乃至脑白金产品的好感度非常高，认为这个产品很有名、档次高，但这并不能成为我们无视

《小强篇》

选班长啦
个子高!!
我天天补充钙锌铁硒和维生素
不仅仅是维生素
黄金搭档
新装上市!!

《帆船篇》

维C和铁搭档效果会更好
是黄金搭档吧
维生素C+铁
对 黄金搭档里的维C和铁搭档
就像小船和帆搭档
才会跑得更远
维生素A+锌
有助增强抵抗力
有助智力发育
帮助骨骼成长
维生素D+钙
有助增强抵抗力
有助智力发育
帮助骨骼成长
我们要
黄金搭档

黄金搭档在广告传播过程中存在问题的理由。

事实上，自黄金搭档上市以来，国家对保健食品的监控力度在加强，媒介传播成本在增大，媒体舆论监督力度在加强，消费者对保健品的信任度在急剧降低，黄金搭档上市之初从脑白金全盘接受过来的“电视+软文”这一“成功法宝”的传播效率也在急剧降低，急需摆脱礼品形象，从维生素礼品市场过渡到自用市场的黄金搭档，再也不能依靠灌输式的广告和狂轰滥炸式的媒体投播方式与消费者沟通了，黄金搭档需要的已经不只是打送礼市场时的知名度，而是要真正通过与消费者的沟通，回答“黄金搭档是什么”和“黄金搭档有什么用”的问题，让消费者知道并且确信黄金搭档的功效，在认知层面解决问题从而引发尝试，因此，以整合传播的方式与消费者有效沟通，已经成为摆在我们和黄金搭档营销团队面前的重要任务。

根据全新的整合营销目的和思路，我们重新规划了黄金搭档今后的传播路径，相信一定能够让消费者耳目一新。以电视广告片为例，史玉柱曾有一句名言：“消费者是真正的营销大师”、广告片要“让瞎子也能听懂，让聋子也能看懂”，我们拍摄了全新的黄金搭档《定位篇》、《小强篇》、《帆船篇》、《祖孙篇》，真正从消费者需求出发，从消费者内心洞察出发，通过聆听消费者的声音，找到能够触动消费者的按钮，并在拍摄前以motionboard的方式进行消费者劝服率（TPM）测试，事后进行广告跟踪评估。

我们始终坚信：中国的本土企业都是凤凰，不断在涅槃重生；中国的本土品牌都是金蝉，也一定会有放声欢唱、展翅高飞的一天！

点评：

作为一个以叫卖式广告著称于世的脑白金系列的兄弟产品，策划者能够成功地说服广告主实现了策略转型，就是一个了不起的事情，因为广告主曾经以原有模式在保健品市场大获成功。而这种策略转型，其实是在保健品市场出现传播危机的前提下必须的突破。应该承认，脑白金曾经所向无敌的礼品定位，已经部分出现了接受的疲惫。因此，一个有责任的广告公司不仅要做好策略与表现，更要提出合适的新策略。企业应该对于这样的广告合作伙伴脱帽致礼！

——张惠辛

云南白药创可贴的蓝海战略

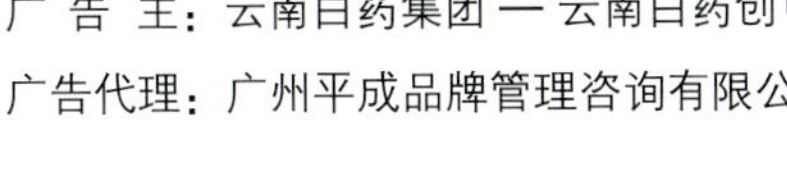

广 告 主：云南白药集团 — 云南白药创可贴

广告代理：广州平成品牌管理咨询有限公司

对手：购买时的第一选择——邦迪

自身现状：市场份额增长缓慢；品牌老化

任务：打破邦迪对市场的垄断；扩大云南白药创可贴的知名度。

策略：超越邦迪只讲保护及强调产品材质舒适性。云南白药创可贴引领创可贴向更高的层次发展，“从护理到治疗”，以“有药好的更快些”产品独特利益点切入，引导消费者进入创可贴的升级时代。

战果：年市场份额较去年同期上升120%，建立云南白药创可贴的独特价值，87%的受访者认为创可贴应该是治疗伤口，消费者重复购买率上升22%。

市场综述

1）邦迪等于创可贴的代名词

在2005年之前，中国创可贴市场上邦迪处于绝对领先的地位，市场占有率超过70%。而且在消费者的认知中，邦迪已经成为创可贴的代名词，是购买时的第一选择（中国消费者认知研究中心调查结果）。

2）后来者云南白药创可贴建树不大

作为民族品牌的伤科圣药——云南白药，近年来不断将传统产品现代化，开发加入白药的创可贴，使传统伤药能够更符合现代生活需要。

但是，云南白药创可贴从一上市开始就面对竞争对手的强大压力，从2001年来，每年的市场份额增长缓慢。同时还由于自身品牌的老化，年轻的消费人群对白药认识贫乏，只限于传统产品\运动碰伤治疗\止血去瘀的功能认知。

3）挑战寡头，云南白药创可贴如何后来居上

因此，如何打破邦迪对市场的垄断，激发传统伤科圣药的认知，并将其转移到新产品——创可贴上，从而扩大云南白药创可贴的知名度，成为企业和品牌发展的一个关键。

4）采用有药的创可贴差异化策略，突出云南白药创可贴的治疗价值

超越邦迪只讲保护及强调产品材质舒适性。云南白药创可贴引领创可贴向更高的层次发展，“从护理到治疗”，引导消费者全面进入创可贴的升级时代，用“有药”和“无药”树立创可贴的新认知范式。

创意策略

以“有药好得更快些”产品推广主题，突出产品治疗的价值。

媒介策略

“集中CCTV，高调登场”

云南白药创可贴的主要目标对象是城镇家庭人群，大众传媒对他们有很强的影响力，尤其是权威性的大众媒体，因此本次广告运动的媒介投放集中在各个高端媒体。

云南白药创可贴的次要目标对象是商业合作伙伴，他们期望在权威媒体上能看到云南白药创可贴的影响，促进整个商业流通。集中全部资源投放电视，100%集中CCTV，集中CCTV5及CCTV8高频投放，在世界杯期间形成高效到达。

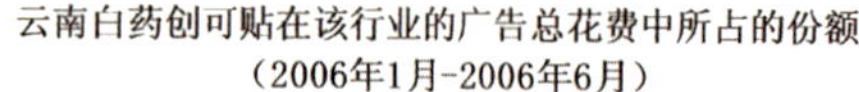

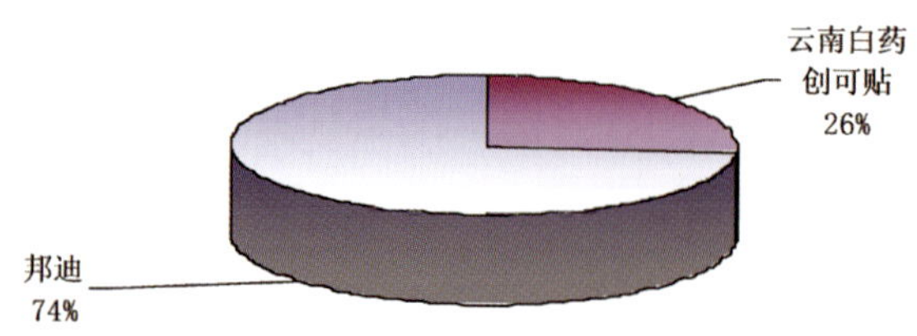

数据来源：AC尼尔森市场研究公司

云南白药TVC

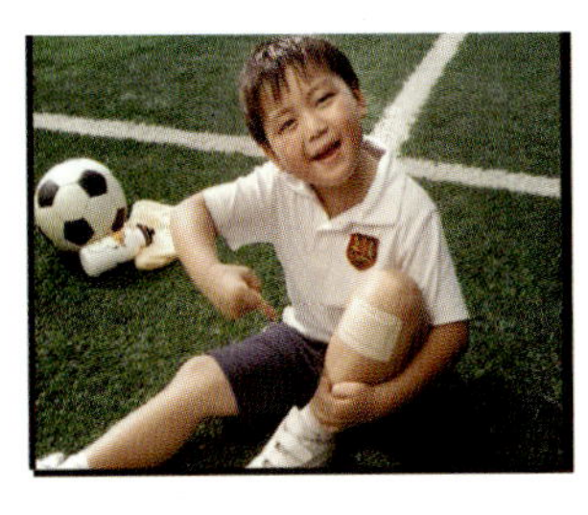

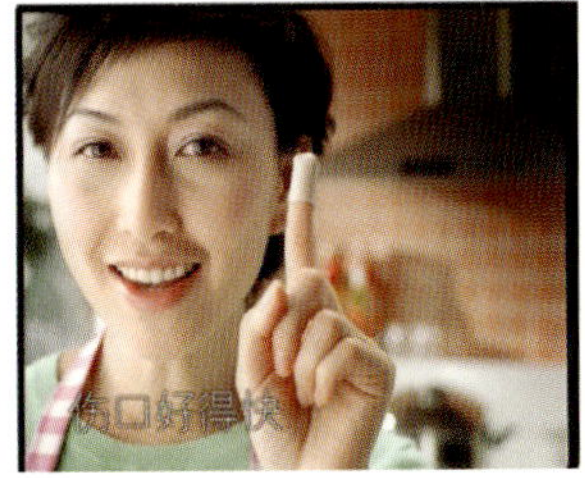

效果证明

1） 效果一：

打破邦迪和创可贴的唯一相关性：“有药的创可贴”概念提升云南白药创可贴与治疗的创可贴相关性，中国消费者认知研究中心研究发现87%的受访者认为创可贴应该是治疗伤口，75%的人考虑首先购买有药的创可贴。

2） 效果二：

建立云南白药创可贴的独特价值，提升品牌影响力。根据企业提供的销售证明（上市公司）推广终端拦截调查，发现消费者重复购买率上升22%。

3） 效果三：

实现云南白药创可贴历史最高增长率。根据企业提供的销售证明（上市公司）2006年市场份额较去年同期上升120%。

点评：

“云南白药创可贴，有药的创可贴”

品牌试图抢占“有药的创可贴”这一处女领地。综观TVC到平面，乃至包装设计，中肯的评价是：中规中矩。Slogan够白，该说的都说了。可能客户考虑到目标对象是城镇家庭，大白话就等于one show文案。大白话文字在药物广告中屡见不鲜。可能广告法的限制实在是多。

——陶磊

解读老品牌黄氏响声丸的迅速崛起

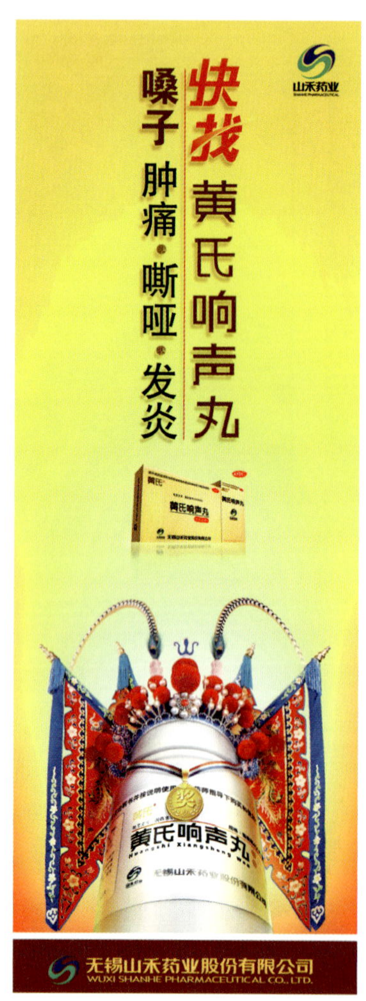

广 告 主：无锡山禾药业 — 黄氏响声丸

广告代理：上海灵诺策划传播机构

虽然有着10多年的销售历史，可是黄氏响声丸销售业绩始终处于不温不火之中，黄氏响声丸的背后，是刚刚转制的老牌企业无锡山禾药业，急切需要将黄氏这个品牌做强，从而带动整个山禾品牌，使老企业重振雄风。灵诺策划用了一个“倒行逆施”的举动，“逆时代潮流”地将黄氏响声丸拉回到广谱的咽喉类用药，将产品定位为“大喉药”概念，使得黄氏响声丸在短短1年的时间，销量从3000万飞跃到1个亿，增长两倍还要多。

2004年，灵诺人做了一件让策划人看起来倒行逆施，却让客户切实尝到甜头的案子，之所以让有些策划人认为是倒行逆施，是因为我们打破了陈规，抛弃了业界认为势在必行的市场细分策略；之所以让客户兴奋，是因为这个突破常规的做法，让黄氏响声丸这个十几年的老品牌焕发了新活力，短短1年的时间，销量从3000万奇迹般飞跃到1个亿，增长2倍还要多。

回顾黄氏响声丸一年下来的操作，如果其中有什么经验可以为其他企业所借鉴，那就是对目前中国OTC市场的有效把握和对市场细分策略的果断颠覆。

老产品突破面临瓶颈

虽然已有10多年的销售历史，可是黄氏响声丸销售业绩始终处于不温不火之中，一直没有突破过亿，且在2003年下滑到3000万。

黄氏响声丸的背后，是刚刚转制的老牌制药企业无锡山禾药业，急切需要将黄氏这个品牌做大做强，从而带动整个山禾品牌，使老企业重振雄风。

2004年4月，被企业寄予厚望的灵诺全面介入。经过初次沟通，我们了解到，因为这几年缺乏传播刺激，老消费者对黄氏响声丸逐步淡忘，而新消费者又没有加入，造成销售量逐年下滑。透过现象看本质，灵诺认为绝非表面上看起来那么简单。

数据显示：呼吸系统用药占世界药品销售的8%，占中国药品销售的3%，达到88.12亿元。如果仅仅是缺乏传播刺激那么简单，那么在前几年有传播刺激的情况下，销售量为什么也没有大的突破?

没有调查就没有发言权，在没和企业打招呼的情况下，灵诺小组的成员首先做的是深入市场，面对面地和消费者、销售人员进行一对一的深入沟通，一切都是为了挖掘产品所面临的最深层次的问题。

我们走进火车站附近的一家药店，正巧碰见一位消费者购买咽喉药，店员询问了消费者有哪些症状，随即推荐了一个竞争品牌，我们建议消费者使用黄氏响声丸，店员却进行了有效的拦截：黄氏响声丸只是针对嗓音嘶哑的产品，咽喉疾病比较严重才吃的产品！最终那位消费者放弃了黄氏响声丸。

这不是偶遇的个案，同样在与消费者的聊天过程中，我们也发现，凡是知道产品的消费者，都认为黄氏响声丸是非常专业的咽喉类用药，除非症状非常严重，否则没必要吃。

因为非常专业，所以没有必要选择这么好的产品？消费者和销售人员竟然对产品存在着这么大的误会！这是我们市场调查下来感到最为突出的一个问题，也是让我们感到最为困惑的一个现象。

除此之外，一些其他迫切需要解决的问题也逐渐被一一挖掘了出来：

新消费者不认识产品，老消费者淡忘产品

虽然是个有10多年销售历史的老产品，黄氏响声丸却不得不面临着新消费者不认识，老消费者被竞争产品抢走的尴尬局面。

圈内人认可，消费者忽视

黄氏响声丸，国内第一个专业咽喉用药中药品牌，因为确切而显著的功效，一直受到行业内医生等专业人士的青睐和推荐，更是诸多歌唱演员、教师的必备的咽喉保养产品。就是这样一个资质优秀的产品，大多数消费者却不认识、不认可，产品被最广大、最具备购买力的消费者普遍忽视。

疑惑：市场细分策略

面对困局，产品如何突出重围？销量突破出路在何方?

透过现象看本质，不难发现，产品的实质问题有两个，一个是因为长期传播乏力，造成消费者流失，二是产品作茧自缚，把自己定位在专业的喉科用药上，使消费者产生了误会，缩小了需求人群。

在我传播、我存在的信息时代，企业的传播乏力，是造成老消费者逐步流失的主要原因，也是圈内人认可、圈外人忽视的主要原因。只要发出声音，发对声音，产品传播乏力的问题自然迎刃而解。

让消费者消除误解，扩大需求人群，被灵诺认为是品牌面临的最为核心关键的问题。我们重新审视了黄氏响声丸的传播策略定位：专业的、适合严重咽喉疾病的喉科良药。这个市场定位似乎是科学地依据产品特性进行了市场细分，但也正是这个细分策略，成为黄氏响声丸这个老品牌向上突破的最大瓶颈。

所谓市场细分，就是企业的管理者按照细分变数，即影响市场上购买者的欲望和需要，购买习惯和行为诸因素，把整个市场细分为若干需要不同的产品和市场营销组合的市场部分或亚市场，其中任何一个市场部分或亚市场都是一个有相似的欲望和需要的购买者群，都可能被选为企业的目标市场。

近些年来，市场细分策略逐步被越来越多的企业和广告策划公司运用，成为制定营销策略的一大手法，也确实有很多产品利用市场细分策略取得了成功。

难道黄氏响声丸的市场细分策略不对吗？问题的答案只可能有两个，一是产品的原有的细分策略方向错了，二是产品并不适合进行市场细分。我们认为，在目前的中国市场环境下，黄氏响声丸不适合细分市场，或者说，还没到细分市场那一步。

目前的咽喉类OTC，没有进行细分的可衡量性。既然是OTC产品，就是无须医生开处方，能够自主选择购买的药品，由患者自己判断疾病是轻是重，这些细分变数是很难被衡量出来的，我们也很难得出重症咽喉病的市场规模有多大，购买力有多少，在这种情况下，进行市场细分变得非常冒险不科学。

可是面对目前的市场细分带来的困局，产品究竟又将如何突出重围?

颠覆：确定“大喉药”概念

一个让某些策划人认为是“倒行逆施”的举动产生了，我们“逆时代潮流”地将黄氏响声丸拉回到广谱的咽喉类用药，将产品定位为“大喉药”概念。

所谓“大”，意味着全，完整意味着涵盖一切，所谓“大喉药”，意味着黄氏响声丸是适合各种咽喉病症的用药，是治疗咽喉各种症状效果很好的药；意味着是治疗咽喉病症运用人群最广的药；意味着是适合各类咽喉患者的用药。

通过这一诉求概念，将“黄氏响声丸”定位于大喉药品牌，一定天地宽，分割整个咽喉药市场，不再只是少数人适合的产品，而是适应于各类咽喉病痛的、标本兼治的解决之道。

在传播策略上，我们制定了大喉药策略方向，意在扩大产品的需求面，但是单单有这样的指引性方向还不够，还要在传播表现和执行上巧妙传达信息，推动购买，才能让产品的目标人群对产品产生强大需求。

对号入座 拉动需求

在拉动需求方面，我们将“大喉药”概念掰开揉碎，通过多种方式，把咽喉病症铺展开，唤醒消费者对产品的需求欲望，让消费者对号入座。

我们通过症状、人群、病情、内外表现四种细分方式，希望在某个方面能使消费者感觉熟悉，感觉这就是适合他的产品，市场反应再次印证了对号入座是药品广告创造需求的一大有效手段。

理性感性 创造区隔

创造区隔找差异，实际上是要求我们在大喉药的基础上，利用消费者求新求异求疗效的心理，对消费者进行理性的说服，感性的号召，情理交融的诱导，甚至制造潮流，煽动集体无意识。

我们在功能机理上进行强烈区隔，产品面临着两项选择，一是出位的功能定位机理诉求，二进行实效的功能机理定位诉求。

在此基础上，我们创造了产品功能机理上的诉求区隔：“解火抗炎、直对病因、双管齐下、迅速起效”，咽喉病症虽然多种多样，消费者多将其归结为“上火”和“发炎”两种原因，解火抗炎两种说法虽然平实，但恰恰能够击中最广泛目标消费者的心智，切实符合“大喉药”策略。

黄氏报版

黄氏响声丸
熟悉又陌生的咽喉药
黄氏响声丸对10大嗓子疾病都有效
不光嗓音嘶哑才需要
响声丸不光能响声
别再误解这味好药
10种咽喉病症 1种解决方案
嗓子不适怎么办
快找黄氏响声丸
嗓子不适
快找黄氏

不是演员专用药?
黄氏响声丸对6大咽喉患者都有效——
不光演员才需要
不光演员才需要
响声丸不仅能响声
10种咽喉病症 1种解决方案
嗓子不适怎么办
快找黄氏响声丸
嗓子不适
快找黄氏

请警惕
小毛病能惹大祸
小毛病惹出大麻烦
治嗓子学鹦鸟要不得
咽喉病的幕后真凶
上火发炎
10种咽喉病症都需要
10种咽喉病症 1种解决方案
嗓子不适怎么办
快找黄氏响声丸
嗓子不适
快找黄氏

如果您属于以下6大人群,
建议您,花点时间看完这封信。
给咽喉病患者的一封信
咽喉病缠上6种人
不该被忽视的健康大事
"去火消炎"
治咽喉病的绝招
黄氏响声丸
6种人更需要
10种咽喉病症 1种解决方案
嗓子不适怎么办
快找黄氏响声丸
嗓子不适
快找黄氏

山禾药业
10种咽喉病症
1种解决方案
黄氏响声丸
无锡山禾药业股份有限公司
OTC
方出世家 传承百年
去火抗炎 直对病因
嗓子痛吗? 痒吗? 不舒服吗?
还在忍受嗓子不适带来的痛苦吗?
嗓子不适怎么办
快找黄氏响声丸
【黄氏响声丸5大优势】
○功效齐全 适用广泛○ 直对病因 快速起效
○方出世家 传承百年○ 原料道地 工艺精湛
○ 系出名门 品牌知名
想正确解决10种嗓子问题吗?
快找黄氏响声丸。
嗓子不适
快找黄氏

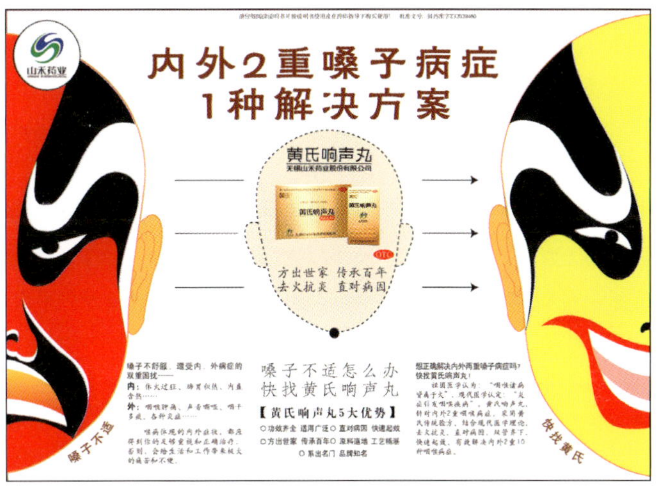
山禾药业
内外2重嗓子病症
1种解决方案
黄氏响声丸
无锡山禾药业股份有限公司
OTC
方出世家 传承百年
去火抗炎 直对病因
嗓子不舒服、遭受内、外病症的双重困扰——
内:
外:
嗓子不适怎么办
快找黄氏响声丸
【黄氏响声丸5大优势】
○功效齐全 适用广泛○ 直对病因 快速起效
○方出世家 传承百年○ 原料道地 工艺精湛
○ 系出名门 品牌知名
想正确解决内外两重嗓子病症吗?
快找黄氏响声丸!
嗓子不适
快找黄氏

同时，我们还力求在感性层面上为产品创造差异。作为一个延续百年的经典产品，黄氏响声丸的历史本身，就说明了它强大的生命力，并自然地形成其先天的优势壁垒。这样一个有历史感、传统感、经典感的产品，在表现方面可以发挥的余地非常大，我们首先想到了具备中国传统特色的戏剧、脸谱等要素，经过一系列的提炼组合再创造，品牌主要视觉差异点脸谱的形象诞生了，并提炼了“方出世家，经典传承，现代医学，治嗓灵验”的形象区隔说辞。

两大资质 创造信任

信任是药品广告必须解决的问题，没有信任感的药品，消费者不会轻易购买。如何建立产品的信任感，我们把眼光放到了产品和企业两大优秀资质上。对于企业的种种优势，我们的策略是：发挥其最大优势进行传播。

至此，以“大喉药”为方向，拉动需求、创造区隔、建立信任，三位一体的整合传播策略浮出水面：以“解火抗炎、直对病因、双管齐下、迅速起效”为理性区隔，以“脸谱形象”、“传统感、历史感、经典感”为感性区隔，用足“企业荣誉”与“产品荣誉”两大资质，定位“大喉药”品牌，分割整个咽喉药市场。

执行：发出发对发大传播声音

找出本质问题，制定正确策略不容易，做表现执行更非易事。表现执行一词说起来容易，做起来难，我们看到过很多专业的书籍论及执行，灌输我们如何执行，如何进行有效的执行，而我们这里只要提及一点，一个有效的执行，是需要在大策略引导下的执行，策略是执行的束缚，但更是执行的方向，只有在策略引导下，才能发出、发对、发大传播声音。

平面广告一直是药品广告的销售利器，一则有效的药品平面广告，考验的是创造力、说服力、销售力的三力合一，且必须在标题、文字及设计风格上进行人性化的深度研究和创造突破，而黄氏响声丸的平面，就是以软文加硬广告形式表现。

平面的硬广告部分直接在文字部分阐述产品机理、广告语等内容，通过症状、人群、病情、内外四种细分方式，以大喉药策略为方向，分别炮制了《10种咽喉病症 1种解决方案》、《6种咽喉病人 1种解决方案》、《内外2重咽喉病症 1种解决方案》、《轻重缓急4种咽喉病症，1种解决方案》4篇一系列平面。在画面表现上加入脸谱等传统元素，凸显传统、经典形象，彰显品牌感。

为了进一步消除消费者对黄氏响声丸的误解，在软文部分中展开了深入细致的说服。《不光嗓音嘶哑才需要》、《不光演员才需要》、《小毛病、大麻烦》等，分别配合4篇硬平面，这几篇并非纯粹的软文的表现，具备很强的说服力和销售力。奥格威说，做广告就是戴着镣铐跳舞，那么做药品广告创意，就是在戴着双重镣铐蹦迪，可谓难上加难，这一点尤其体现在电视广告表现上。

电视广告的创意执行目的很明确，一是要符合大喉药策略，拉动最广泛的消费需求；二是在众多药品广告中能够脱颖而出，能够强烈记忆；三是表现出产品的传统感、历史感、经典感，经过品牌小组三天两夜的苦苦拼搏，在否定了N稿的基础上，一则符合三大原则《变脸篇》创意终于被“逼”了出来。这则电视广告以川剧变脸形式为基础，考虑到川剧的受众面狭窄，我们移植了京剧的表演形式，通过两者的合理结合，以变脸的方式表现症状前后的对比，既体现了品牌的经典感、历史感，又以实效为基础，拉动了需求消费，且记忆点深刻。

灵诺从来就认为，广告的目的就是销售，而要做出实效的广告，制定正确的策略，表现执行从策略出发是不二的原则，这也是为什么凡是有客户要求做表现，而灵诺始终坚持要求首先做出或者诊断策略的关键原因，也是一个品牌发出、发对、发大传播声音的关键。

后记

作为策划人，时刻要求我们创新，创造力是合格策划人必须具备的生存条件，否则，在这样一个缺乏变化的世界里，我们无法为我们的客户奉上出色的策划和广告。

面对这个事实，我们都明白创新的重要性，都明白不应该墨守成规，但是，我们不知道，这样的想法很有可能让自己误入为了创新而创新的歧途，或者很有可能掉进了另一套成规里，使自己服务的品牌变得与其他品牌更加雷同，这个另一套成

黄氏响声丸TVC

规，指的就是那些金科玉律。

从一开始我们接受西方传来的品牌知识，我们部分广告人就对其中所有的金科玉律深信不疑，包括“目前的市场已进入细分时代”这样的所谓定论上。

“细分策略”教导我们不管是拿到任何产品首先想到的就是细分市场，细分市场是否真正适合目前的中国市场？是否真正适合你操作的产品？细分策略没有成为手中的工具，反倒成了教条主义，束缚营销操作的包袱。与时俱进，具体问题具体分析，这些做事情的方法，同样适用于策划这个行业。

事实证明，很多情况下，我们在金科玉律面前栽了跟头。尽信书不如无书，拿来主义是要有，照搬主义可要不得！黄氏响声丸的成功就是从不合时宜的理论中走出来，从而走出自己的海阔天空，谁又能说这种扭转不是创新?

无论经验也好，创新也好，符合市场客观情况最重要，这绝对不是泛泛一句空话。

点评：

这是一个非常值得研究的反教条主义的优秀案例。确实，不少营销理论强调“细分”。似乎不细分就不懂营销，事实上，细分是市场成熟到一定阶段的产物。一个刚刚启动的市场，如果提早细分，无异于自缚手脚。而本案的策划者，正是从现实市场出发，实事求是，不唯书，不唯理，在定位中不仅不去进一步细分，反而扩大覆盖面，结果就发现了市场的新机遇，创造了销售奇迹。

——张惠辛

前列康“飓风行动”全案策划要点

广 告 主：康恩贝药业 — 前列康牌普乐安片

广告代理：上海灵诺策划传播机构

对手：无明确垄断性对手，但同类产品极多，极容易被替代。

自身现状：前列康的渠道经销商以对待鸡肋的心态对待前列康，不卖不行，断断续续总有人买；卖又卖不大，挣钱也不多。消费者更对前列康无任何特别印象。

任务：彻底改善前列康的市场表现。

策略：从渠道与终端、传播策略两部分下手。

战果：500天不到，从年销售额不过亿，到年销售额2.6亿，成为当年中国医药界一批黑马。

今天，中国营销界特别是医药营销界，很多人都知道有一个“飓风行动”。它之所以被很多人提起，是因为通过这一奇特的行动，一个卖了20年，销量从未过亿的治疗男性前列腺疾病的小门类产品，经过500天不到的时间，达到了年销售额2.6亿。而且，在2006年，它的目标是年销3.6亿（截至笔者写稿的5月，这一目标的实现看来已成定局）。

应该说，这一业绩的取得，在近年来竞争极其激烈的医药OTC市场，确属一个不大不小的奇迹。也许正因如此，生产这一产品的企业——康恩贝药业，在2005年成了中国医药界的一匹黑马。

没错，您可能猜到了，这个产品就是每晚都在中央一套招标黄金时间，由“老大哥”高明推荐的前列康，它的全称是前列康牌普乐安片。康恩贝在中央电视台2006年度招标中名列医药行业前茅。前列康问世于1984年。它的唯一成分是植物花粉。在今天，这种只有唯一成分的中药，正在被康恩贝打造成一个全新的门类——植物药。

牵手是必然的

2004年年初，康恩贝药业成功地在上交所上市。借此契机，这个奋斗了多年的药厂，上上下下都憋着一股劲儿，希望能大干一场。康恩贝总裁胡季强，那一阵子经常研究两家企业，一家是老牛跑出了火车速度的蒙牛，另一家就是杭州的同城兄弟——民生药业。民生药业的21金维他在不经意的3年间，从8000万做到了8个亿。也许，民生与康恩贝都属医药行业的缘故，值得借鉴的东西更多一些，康恩贝最终找到了21金维他的全案策划者——灵诺策划传播机构。于是，康恩贝常务副总裁张伟良及品牌事业部总经理徐伟，与灵诺总经理张家祎进行了为数不多，但深度不浅的洽谈。很快，2004年7月1日，双方签署全面合作协议，决定以康恩贝前列康为整个康恩贝上台阶的突破口，开始康恩贝药业再上台阶的全面行动。

也许是鉴于签约时正是夏季，热带风暴很多的季节，也许是内在涌动的激情像飓风一样渴望掠过大地，也许我们期待拥有飓风般摧枯拉朽的气势，一扫前列康销售多年来沉闷的气氛，于是，整个行动被命名为“前列康飓风行动”。

立体的飓风 系统的飓风

如果说，自然界中的飓风是只能感知而无形的东西的话，那么前列康的飓风从一开始定下的基调就是立体的、全方位的、系统的。灵诺策划近年来在公司内锐意提倡整体项目的概念，它的核心含义是灵诺所接的每一个项目，为了最终达成销量和品牌目标，必须全方位立体地考虑营销和传播的全过程。并用结果倒推的观点，审视营销和传播的每一块短板。哪里有问题，就下力气去解决。绝不做泛泛的、套数似的应付差事的策划。正是基于这样的一个本质的出发点，灵诺在接手前列康项目之后，开始全面审视前列康需要解决的问题。

大量装腔作势的营销传播书籍，总是把简单的问题人为地复杂化，灵诺人绝不上这个当。前列康当时面临的问题，可以归结为简单的两句话：第一句话，如何让目标人群能够买到并且很方便地买到前列康（方便地买到是因为前列康被同类产品替代的可能性极大）。第二句话，如何让目标消费群想买。第一句话的解决，需要的是渠道和终端的全面系统策划。第二句话需要解决的是传播问题。正是从这本质的两句话入手，灵诺开始了前列康系统的策划。

渠道与终端，两场大会吹响进军号角

前列康作为一个卖了20年的老产品，渠道和终端无疑都是有货的。问题的关键是，由于多年的主客观原因，前列康的渠道经销商以对待鸡肋的心态对待前列康。不卖不行，断断续续总有人买；卖又卖不大，挣钱也不多。所以，当时康恩贝的经销商对待前列康的态度是放任自流。前列康要想实现真正的突破，必须唤起经销商对它的热情和重视。否则，一切都将是空谈。

再看终端。实事求是地说，中国城乡的几十万家药店，很多都有前列康卖，问题是，前列康并不大的包装往往蓬头垢面，躲在药店货架的某一角落。除了一小部分忠诚的消费者指名购买时，售货员才不得不从货架上找出不易察觉的前列康之外，在整个终端，前列康给人的感受是被冷落，在相当多的药店，甚至是被遗忘。不全方位解决好终端陈列及店员热情问题，前列康的崛起同样也是一句空话。

面对渠道和终端具有广谱性的大问题，绝不是一两个花拳绣腿似的动作就能解决的。必须有令渠道和终端感到真诚和震撼的行动，才能打开局面。打开局面之后，跟进系统、常规而略显枯燥的服务，才是可行的。如果一上来就推出一套套繁琐而有用的服务，经销商和终端恐怕都难以接受。

正是基于这样的思想观点，张家祎和张伟良、徐伟，最终果断决策，用两个重量级的大会，吹响前列康向渠道和终端进军的号角。第一个大会：飓风行动——前列康全国经销商大会。第二个大会：飓风行动——全国连锁百强企业西湖论剑峰会。两年后的今天来看，这两个大会不经意间开创了中国OTC药品销售的一种模式。

2004年8月28日，浙江杭州的人民大会堂，400名前列康一级经销商和主力二级经销商聚集一堂，共商前列康崛起大计。会上，康恩贝总裁胡季强以清晰的思路和坚定的语气表达了做大前列康的决心。品牌事业部总经理徐伟详细解读了前列康崛起的渠道和经销政策，特别令人触动的一个细节是，徐伟在经销商大会上十分动情地给全体经销商深深鞠了一躬，对以往前列康经销中的某些不规范给经销商带来的麻烦表示深深的歉意。并面对他们立下军令状：以后绝不会再出现这样的情况！如再出现，自己引咎辞职。这令所有在场的经销商心头一热。灵诺策划传播机构总经理张家祎用一小时的时间，系统地向经销商解读了前列康整合营销传播策划方案，这一方案涵盖渠道、终端和传播三大板块，而不仅仅是广告怎么做。使全体经销商第一次系统、全面地了解了前列康现在和未来的走向，信心大增。10家主力大众传媒的领导，在现场与康恩贝签订了广告协议。2004年8月的杭州是炎热的，但是会场的气氛比室外的温度还要热。这是一个非常成功的大会，4000万元订货额是其中的一个重要标志。更重要的是，它唤起了经销商有些失落的对康恩贝、对前列康的激情。

需要特别说明的是，一个产品的经销商大会可能各企业每年都在开，但是，前列康的“飓风行动——全国经销商大会”却与泛泛的全国经销商大会有三点本质的不同。第一，前期精心准确的造势，在经销商心理上进行了充分的铺垫。让经销商明确地意识到这次大会不同于以往泛泛的经销商大会，可能会有重要的举措出台。请看我们用意颇深的题目：“康恩贝真诚提醒经销商朋友：8·28会议是个分水岭”、“康恩贝真诚提醒经销商朋友：8·28会议是个转折点”、“康恩贝真诚提醒经销商朋友：8·28会议是个新起点”。这样的真诚告白，康恩贝在影响最大的行业媒体《医药经济报》用连续三个头版半版刊出，无疑能引起经销商的强烈关注，唤起经销商的期待，给经销商以心灵的震撼。

第二，在经销商大会上详细解读整合营销策划方案，这一点十分必要。事实上，绝大部分经销商在拿你的产品之前，渴望了解企业的态度、企业在营销和传播方面的详细规划，并且他们中相当多的人，对方案的正确与否有准确的判断力。如果在经销商大会上让他们知道企业的决心、企业的详细的营销传播运作方案，并赢得他们由衷的赞赏，那无疑他们的态度和投入的热情是截然不同的。遗憾的是，相当多企业的经销商大会变成了套话连篇和吃吃喝喝的大会。

第三，媒体代表参与经销商大会十分必要。一方面让经销商亲眼看到企业未来的传播是真实的、不掺假的，另一方面，每一个媒体代表从他们的视角谈论对企业的看法和对产品的信心，对经销商也是一种很大的心理激励。当然，请媒体来绝不是为了作秀，灵诺一贯主张，对经销商的广告承诺必须说到做到，欺骗经销商等于自掘坟墓。

第二个大会，飓风行动——中国连锁百强企业西湖论剑峰会，10月28日在杭州萧山宾馆召开。康恩贝联手行业协会，把全国连锁百强的重量级人物聚集一堂，探讨品牌药与连锁百强终端的最佳结合点，这在当时也是一个创举。这一会议最大范围内快速解决了在全国终端的陈列与理货问题。因为连锁百强的头头们，通过这次会议真切地感受到前列康崛起的极大可能。在连锁终端助前列康一臂之力，不仅是帮了朋友，自己也同样能得利。

两次大会只是吹响了前列康进军渠道和终端的号角，扫清了一些前进道路上大的障碍，而地面营销人员的全面跟进，才能使渠道和终端工作向纵深发展，为此，康恩贝和灵诺详细制定了十几个版本的渠道和终端推进手册。数百个人员开始按既定方针，以特别能战斗的激情和技巧，在地面全面扎实推进。限于篇幅，在此不再赘述。

传播——找对人、说对话、广泛说、深度说

找对人、说对话

解决了买到而且能很方便地买到前列康的问题后，接下来是让消费者想买的问题。前列康到底卖给谁？经历了相当艰难

康恩贝真诚提醒 药店经理朋友：
8·28会议是个转折点
现代植物药 源自康恩贝
以下是上半年我们的部分优秀终端伙伴：
尿频 尿急 尿不尽… 【尿痛】 尿白 尿费劲
前列腺，要健康 就要前列康

工商深度强强联合 8.28携手共赢

康恩贝 CONBA
康恩贝真诚提醒 经销商朋友：
8·28会议是个新起点
现代植物药 源自康恩贝
前列康® 飓风计划 全面启动
20年辉煌路
而今迈步从头越

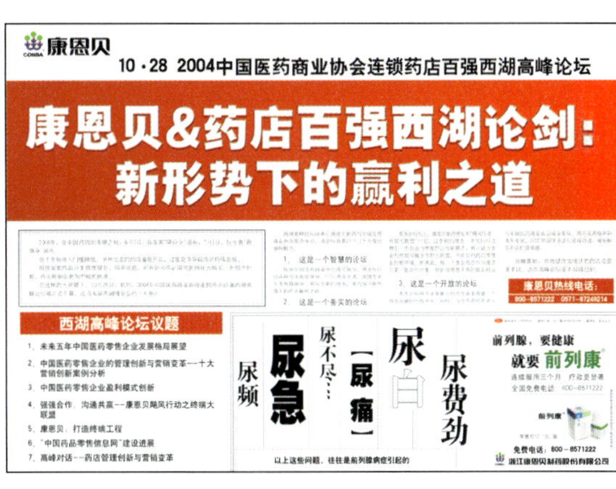

康恩贝
10·28 2004中国医药商业协会连锁药店百强西湖高峰论坛
康恩贝&药店百强西湖论剑：
新形势下的赢利之道
西湖高峰论坛议题
尿频 尿急 尿不尽… 【尿痛】 尿白 尿费劲
前列腺，要健康 就要前列康

康恩贝真诚提醒经销商朋友：
8·28会议是个分水岭
现代植物药 源自康恩贝
前列康® 飓风计划 全面启动
康恩贝 CONBA
20年辉煌路
而今迈步从头越

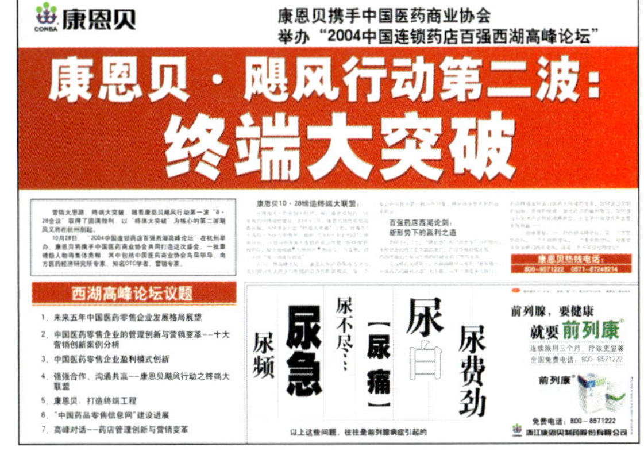

康恩贝
康恩贝携手中国医药商业协会
举办"2004中国连锁药店百强西湖高峰论坛"
康恩贝·飓风行动第二波：
终端大突破
西湖高峰论坛议题
尿频 尿急 尿不尽… 【尿痛】 尿白 尿费劲
前列腺，要健康 就要前列康

的讨论。有些人认为，前列康应该定位为细分人群，如前列腺疾病的保养。但灵诺一开始就旗帜鲜明地指出，前列康必须定位为前列腺疾病的广谱用药，不进行具体的人群细分。这主要基于三点，第一，前列康要成为前列腺疾病用药的第一品牌，必须有最大份额的销售，细分人群不能满足这一需求。第二，前列康的功能不仅是有“养”的，同时有很好的治疗作用，定位在“养”有以偏概全之嫌，同时也浪费了产品力。第三，人群无法细分。理论和现实有着不可逾越的差距，理论上可以细分的人群，在现实中无法成功划分，这主要是指没有专门针对细分人群的媒体，或者说，利用大众传媒手段操作前列康，只做细分人群，无疑是大炮打蚊子，杀鸡用牛刀，造成巨大浪费。因而，灵诺在与康恩贝核心人员充分讨论以后，解决了前列康卖给谁的问题：所有前列腺疾病患者。功能定位在“植物药物，治养同步”。诉求点为“症状出发，对号入座”：尿频、尿急、尿痛，前列腺有问题，就用前列康。

找对了人，想清楚了要说的话，如何更清晰地传达给消费者，灵诺人经过反复考虑，决定用卡通人的形式表现症状。由于前列腺疾病大多在上厕所时更感痛苦，所以灵诺人大胆地将男厕所的通行标志，作为传播记忆符号，并用这一标志的变形，清晰地点出症状。在平面、电视、终端中贯穿这一传播符号，取得了非常好的效果。特别有趣的是，前列康发布了以符号贯穿的广告之后，笔者至少发现有6家医院或其他杂牌产品，也在盗用这些符号。这从一个侧面反映了这些符号的成功。

广泛说、深度说

鉴于前列康启动时已是一个全国各地都有货的产品，再机械地做所谓样板市场，已经毫无意义。于是，前列康一开始的传播就是考虑到要有相当的规模，要有广度。所以第一步，前列康就是在销量最好的7个省区全面高频次启动电视、广播、报纸广告。两个月后，这些省区的终端销量平均增长了248%。此时，康恩贝和灵诺果断决策，再启动剩余的9个重点省份，这样，两个月的时间，康恩贝已经有序而又迅速地全面启动了全国16个重点省份。十几家卫视高空的交错覆盖，造出了全国品牌的声势。而地面的报纸半版篇幅的高密度投放，又聚焦在报纸所在地，进行了深度的说服。所在地交通台的高频次套播，不停进行品牌提醒，形成有益的补充。既有面的广度，又有点的深度，点面结合，立体交叉的传播攻势迅速形成。

附1：广播《出租车篇》

王：师傅，快停车！

张（停车）：才五分钟，又要上厕所啦？！

王（无奈，赔笑脸）：唉，尿急呀！

张（对李说）：用前列康呀！

王（疑惑）：前列康？

张：以前呀，我这前列腺毛病比你还重，吃了几个疗程的前列康，嗨，好了！

王：真的？一个疗程多长？没副作用吧？

张：三个月一疗程。现代植物药，哪会有副作用，现在我还吃着保健呢！

王：快开车！

张：去哪儿？

王：药店呀！

王，张：哈哈

画外音：前列腺，要健康，快找前列康！浙江康恩贝。

（笑声结尾）

附2：广播《老夫妻篇》

（马桶抽水声反复地响起三四遍，夹杂着王的叹息声）

王（痛苦地感叹）：唉！

张（刚睡着又被惊醒，抱怨状）：一夜七八趟，还让人睡吗！

旁白：尿频、尿急、尿不尽、尿痛、尿白、尿费劲。前列腺有问题！快找前列康！前列康，现代植物药，治养同步好疗效。治，活性治疗分子，深入起效；养，多重养护群，有效调养。20年效果验证，前列腺要健康，就要前列康。记住，三个月一疗程。康恩贝制药。

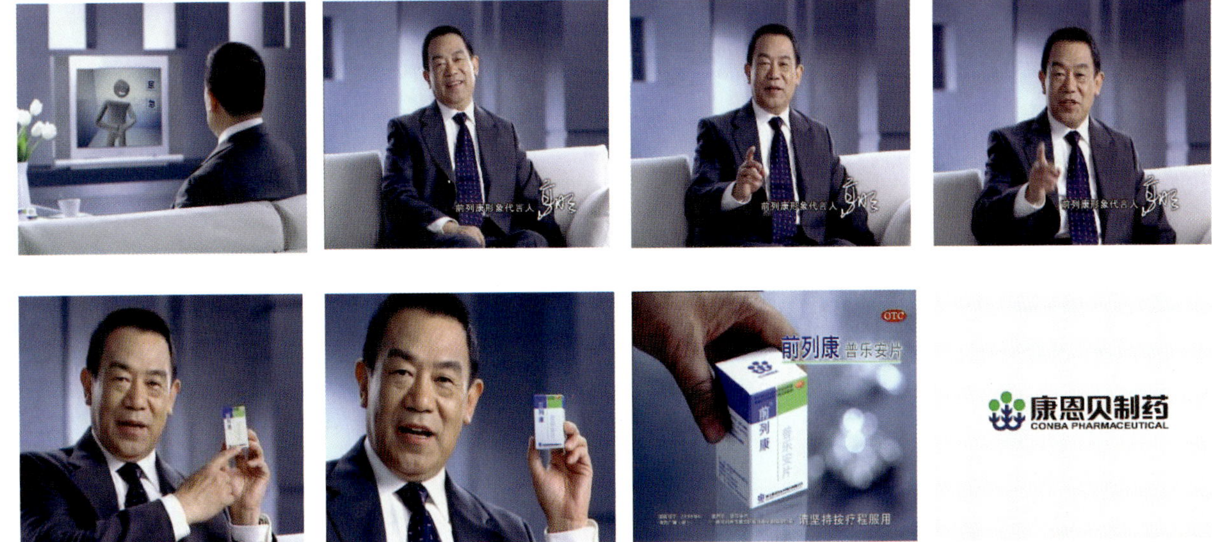

旁白：尿频、尿急、尿不尽，是前列腺有问题。第一不要急，第二别乱吃药。我推荐前列康！20年大品牌，值得信赖。前列腺要健康，就要前列康。康恩贝制药。

王（无奈，赔笑脸）：老婆，我也烦呀！

张、王（同时无奈地感叹）：唉，尿频！尿急！怎么办?

画外音（一个中年男子的声音）：用前列康！

王、张（疑惑）：前列康?

画外音：尿急、尿频、尿不尽，尿痛、尿白、尿费劲，请用前列康！

王（急切地问）：副作用大吗?

画外音：现代植物药，无毒无副，三个月一疗程，长期保健效果更佳！

王：老婆，我出去一下！

张：去哪儿?

王：药店呀！

张：哎，哎，老公！天还没亮呢！

画外音：前列腺，要健康，快找前列康，浙江康恩贝！

渠道、终端、传播，三位一体立体系统的飓风，从2004年8月28日开始刮起，医药行业的同仁，和广大前列腺病患者，都清晰地感觉到前列康飓风的力度。所以，在2004年度，前列康一举突破亿元大关，销售额达到1.7亿元。

乘胜追击 一鼓作气 为前列康注入品牌灵魂

前列康首战告捷之后，康恩贝人和灵诺人并没有被胜利冲昏头脑，他们清醒地意识到，要想使前列康的增长后劲十足，要想把前列康打造成前列腺用药第一品牌，除了渠道和终端工作常抓不懈之外，必须给目标消费者一些更深层面的东西。为前列康初步形成的品牌找到灵魂。

经常看报纸电视的朋友可能都有感觉，治疗前列腺的各种广告良莠不齐。绝大多数给人的感觉都是充满了江湖气，极其不可信赖，给前列腺病患者造成的印象十分不好。作为打造前列腺疾病治疗第一品牌的前列康，显然不能与它们混为一谈，必须想办法在它们中间脱颖而出。而这一大类广告普遍的不正气，恰恰给我们提供了难得的机会。经过充分的探讨，灵诺认为，必须给前列康注入正气、正派、正经的品牌印记。“正”就是前列康的品牌灵魂。在这一品牌灵魂下，前列康的品牌个性应该是真诚的、专业的、稳重的，而非滑稽的、粗犷的、激进的。这种个性要想清晰地传达给消费者，最快速而行之有效的方法，就是把它附着在一个人身上。这个人，应该是大家熟悉的、厚道的、正派的、可信的“老大哥”形象。经过反复的比较，我们最终决定，选择高明作为前列康的形象代言人。因为他在荧屏上的形象非常符合我们的要求。2005年6月，北京，灵诺策划传播机构策划的前列康《高明篇》拍摄完成。由灵诺旗下灵动影视全程制作，著名影视导演张家诺导演。这条片子中，我们让高明像老大哥一样站在患者的角度，娓娓道来，说出了我们想说的话。“第一不要急，第二不要乱吃药”，有针对性地在广告法许可的范围内，打击形形色色的不上台面的狠宰消费者的相当多的竞品。影片播放后，相当多的医药行业老总都跟我们谈到这条广告，深表赞赏。认为高明找得好。

其实，找明星代言，必须想清楚，要让明星表现你的什么意图，而不是围绕着明星转，明星应该为产品的策略、品牌的个性、产品的销售服务。正是因为有了清晰的前列康的品牌个性，才能够准确地找到合适的表达者。高明篇播放三个月以后，市场调查显示，前列康的正气、正派、正经在目标消费者中取得了预期的效果。前列康的品牌灵魂正在随着广告的播放，在目标消费者的心目中形成清晰的印记。

2005年12月，广州南海。《医药经济报》举办的中国医药企业高峰论坛上，四十才出头儿的康恩贝总裁胡季强代表中国医药企业宣读了医药行业自律宣言，这是一种至高的荣誉，事实上，康恩贝无可争议地成为2005年中国医药行业的一匹黑马。必须说明的是，这匹黑马的跃然而出，主要是企业自身的功劳，灵诺只是用专业经验和某些深刻洞察，帮助企业下了该下的决心，并进行了全程追踪和具体的表现。这并非常见的客套话，胡季强的高瞻远瞩和下决心的气魄，张伟良准确的判断和相当强的协调能力，徐伟的既充满激情又极其敏锐系统的思考力，康恩贝OTC人员吃苦耐劳的精神和强大的执行力，前列康20年销售在消费者心中留下的良好印记，是这一战役成功的核心要素！但是，我们想说的是，在中国，有着类似于康恩贝这样背景的产品还有很多很多，为什么它们至今还在苦苦摸索，没有成为行业的一匹黑马呢？它们真正缺乏的是什么呢？与其临渊羡鱼，不如退而结网。我们相信，每一个有心人，都会从康恩贝前列康的崛起中，找到有益于自己的东西。

点评：

中国，乃至全世界的广告公司策划与创意人员都有一个通病：自以为艺术家或者至少是广告艺术家，殊不知艺术家的问题在于永远生活在自我之中，这样就没法为企业去真正地发现问题，更谈不上解决问题了。企业是要靠盈利生存与发展的，而要盈利，首先就要实现有效销售。这是企业的根本问题，本案策划者的特点是十分实在地直奔问题的核心，而且成功地让问题简单化，他们把前列康的问题概括为两句话：第一句话，如何让目标人群能够买到并且很方便的买到前列康（方便地买到是因为前列康被同类产品替代的可能性极大）。第二句话，如何让目标消费群想买。这两句话道出了这次策划的真缔：要实现提高销售的目的，必须做到经销渠道（线下）与广告传播攻势（线上）的整合。而“找对人、说对话”的策略看似简单，却是对于营销传播的精到见解，实在，有效，不故弄玄虚，构成这个案例的鲜明特色。

——张惠辛

特居乐避孕药，凯莉的房间

广 告 主：先灵广州药业 — 特居乐口服避孕药

广告代理：奥美顾客关系行销

对手：妈富隆等先行进入中国的口服避孕药品牌

自身现状：不详

任务：改变现有的市场认知，向女性传播“有了Triquilar（特居乐）的 OC,你不再需要担心”的观念。

策略：为品牌设立一个虚拟代言人“剀莉”，在网络上建立“凯利的房间”，用非常个人化的方式来传播“别担心，快乐些”的理念，建立起消费者对特居乐的品牌信任。

战果：在5个月的时间里，凯莉的房间共有166，0915人的访问量，有1200个注册用户。许多妇女把凯莉视为一个值得信任的朋友。

挑战：

即使在今天的中国，口服避孕药(OC)这个话题在好朋友间仍然是一种禁忌。我们的挑战就是来改变现有的市场认知，传播这样的观念：有了Triquilar（特居乐）的OC，你不再需要担心。

理念：

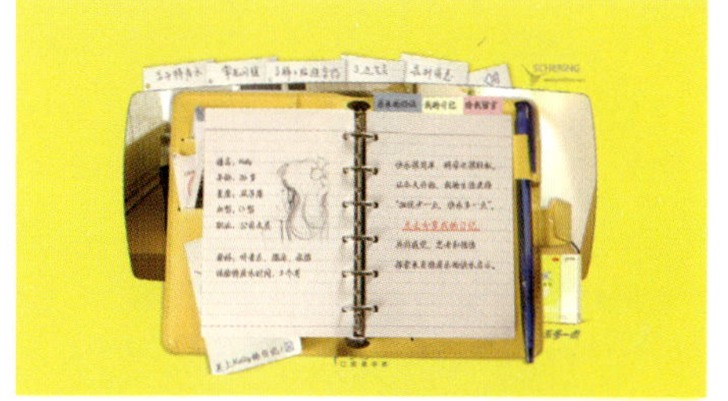

我们的网站取名为“凯莉的房间”，我们塑造一个名叫凯莉的人，用一种非常个人化的方式来传播理念。凯莉是一个已婚妇女，通过个人日记，她告诉大家她的担忧，生活状况和个人经历。在这里，访客们可以阅读凯莉21天的日记，对有关OC的敏感问题进行提问，获悉产品的有关信息，或者仅仅只是写一些支持她的话。

Schering Triquilar，凯莉的房间

“别担心，快乐些”是一个简单的想法。从本质上来说，品牌的代言人是一个名叫凯莉的女孩。你可以一览她的房间，听她的音乐，查看她的东西，但是更为重要的是，你可以读她的日记。她每天会增加一页，从忧心忡忡的她（服用药物之前）到轻松快乐的她（21天服用药物的周期之后）。

解释：

最上面的向导上基于产品和公司信息的网页，登陆后，点击黄色浮动的日记图标进入凯莉的房间。一旦进入了她的房间，你就可以有一些选择。你可以直接浏览她的日记，你也可以探究一下她的房间。你也可以使用向导箭头来环视一下她的房间，你可以看看她的花园，听听她的音乐，读她正在阅读的东西。凯莉的日记由三部分组成：我之前的担忧，我的日记和向我提问。

结果：

在5个月的时间里，凯莉的房间共有1660915人的访问量，有1200个注册用户。

在这段时间里，用户们发了754个问候、问题给凯莉。更为令人印象深刻的是，这些信息表明许多妇女把凯莉视为一个值得信任的朋友。他们觉得向凯莉征求两人关系或者说是OC的建议感到很舒心，他们还会发表一些支持凯莉的言语，定期地关注网站与其保持联系。这个作品获得了亚太时代（Times Asia Pacific）金奖，并入围亚洲DM（DM Asia）。

点评：

真的是很人性化的传播方式！一直庆幸自己不是女性而得以逃脱很多烦恼的事，现在看来，有这样可亲又有效的品牌传播，做女人也没什么可烦恼的！大不了上上网，就可能得到很友好的帮助。借助网络的力量，这个无法大张旗鼓推广的品牌，收到很不错的传播效果，而且无论是页面设计、音乐还是文字，都统一地传达着一种朋友般的轻松和关怀，除了页面loading有点慢，是我最近看到的为数不多的好作品！

——陶磊

隆力奇,黄金段与黄金资源整合运用

广 告 主：江苏隆力奇生物科技股份有限公司

广告策划：中央电视台广告部

经过三年的央视招标时段广告，隆力奇的知名度已经提升到足够高度。接下来的市场推广计划是提高品牌美誉度，进一步扩大主推产品的市场份额。这一阶段策略采取“招标时段＋青年歌手大奖赛＋黄金电视剧”的广告投放组合，配合大型促销活动，同时进行渠道整合，将精力集中到大卖场、连锁超市等现代通路上。配合招商会，较大幅度地提升了主推产品的销售量。

2003年以来，隆力奇连续投放央视招标时段广告，提高了知名度，巩固了渠道，在此基础上，今年隆力奇采取“招标时段+青年歌手大奖赛+黄金电视剧”的广告投放组合，对战略目标和销售目标的实现起到了很好的促进作用。2006年1-7月份，隆力奇花露水的销售增长80%，洗发水、沐浴露等的销售增长了50%。

从2003年到今天，隆力奇投放央视招标段广告三年了，这三年间，隆力奇在央视的投放策略主要分为两个阶段：第一个阶段以黄金时段广告为主，这种方式一直持续了三年；从今年开始，在隆力奇品牌知名度提升到足够高度，销售渠道全面打通，系列产品销售实现突破增长之后，隆力奇的策略发生了一些转变，一方面保证黄金时段的投放量，另一方面拿下了第十二届CCTV青年歌手大奖赛的冠名权和CCTV-1下半年黄金剧场特约这两项大资源。

黄金段广告：销售额三年翻三番

十几年的时间，隆力奇从当初的乡镇民营企业发展到国内日化业最具竞争力的现代化集团之一，2002年销售规模十几个亿。十几个亿是日化企业的一道坎，本土日化能达到这个规模的已经屈指可数。为了寻求新的突破，从2003年9月开始，隆力奇的广告登上了央视一套每晚黄金时段，运用“5秒标版广告”与“15秒A特段广告”集中爆破策略，提高品牌知名度与亲和力，2003年全年销售达到25亿。2004年-2006年，隆力奇连续三年中标央视黄金广告时段，取得了快速发展，从2003年的不到20亿增长到了2005年的50多亿。此后几年，隆力奇广告一直没有离开过央视招标时段。2003年11月18日，徐之伟果断出手，以1.4亿元中标额成为央视招标会上本土日化行业第一名；2004年，隆力奇以1. 68亿蝉联本土日化中标桂冠；2005年，隆力奇以1.8783亿元第三次蝉联本土日化行业第一。央视招标时段极大地提升了隆力奇系列产品的知名度，刺激了经销商的积极性，推动了全国销售渠道的层层渗透，占据了国际品牌尚未开拓的三四级市场的广阔空间。2005年，隆力奇销售额突破50亿。

黄金段+大活动：

2006年，隆力奇的市场推广计划是紧抓核心产品，继续多元化策略，借力优质媒体资源，提高品牌美誉度，进一步扩大主推产品花露水、洗发水、沐浴露、牙膏等的市场份额，促进市场的整体销售。在前几年招标时段投放的基础上，隆力奇有了足够的知名度，渠道畅通，消费基础非常坚实，于是，2006年，隆力奇采取了招标时段和大型活动相结合的方式，除了继续大量投放央视招标时段广告外，还以5606万夺取了第十二届CCTV青年歌手电视大奖赛的独家冠名权，并以9300万成为2006年CCTV-1下半年黄金剧场特约商。隆力奇董事长徐之伟表示，隆力奇这几年的品牌知名度已经很大了，所以才会选择一些能提升企业美誉度的活动，而青年歌手大奖赛就是一个很好的载体。

徐之伟说，虽然正式比赛是5月至8月，但实际上时间提前至3月份，这拉长了企业的宣传周期，对企业来说是很划算的；

另外，可以将青歌赛和隆力奇的消费群相结合，一方面配合赛事，另一方面在主推产品、品牌包装和代言人选择上做足文章。借助央视青歌赛，隆力奇推出了一系列活动，买隆力奇产品满20元或者买一瓶隆力奇洗发水即可获刮刮卡一张，刮中即可免费去北京看青歌赛，并与国内知名音乐家亲密接触。有数百名消费者去北京游玩并亲临青歌赛场，为自己喜欢的选手加油助威，近距离感受歌坛新星的风采魅力。“隆力奇邀您免费去北京看青歌赛”大型全国系列促销活动启动仪式，拉开了隆力奇全面启动品牌销售攻势的序幕。

“招标时段+青年歌手大奖赛+黄金电视剧”的广告投放组合，对隆力奇战略目标和销售目标的实现起到了很好的促进作用。2006年1-7月份，隆力奇的广告主推产品的销售都有较大幅度的提升，其中花露水增长80%，洗发水、沐浴露等增长了50%。 在渠道的整合方面，今年更趋向于合理，隆力奇的分公司集中更多的精力到大卖场、连锁超市等现代通路上来，而把一些传统通路交给流通渠道的经销商去操作，借助他们在物流、成本控制能力等方面的优势进一步去扩大产品的分销能力。7月份，隆力奇召开了8场招商会，8月份开了9场。全国各省的经销商齐聚隆力奇，十分踊跃，现场打款，山东、河南等地光一个省的经销商在一场招商会上就现场打款800万。

点评：

为了确保效果，央视投放与事件营销结合这类资源整合型的策划是必需的。而更应关注的是在执行中，那种品牌与事件之间由内及外的契合度。我们可以发现，品牌那种创新与年轻的内在精神内核，时时贯穿于活动全过程，成为活动的灵魂。这充分体现在品牌对于活动的选择：央视青歌赛。这种品牌与事件内在的紧密结合，对于品牌的整体提升是更为有益的。

——张惠辛

Automation

汽车类

POLO GOL “雷霆上市”试驾活动

广 告 主：上海大众华南分销中心 — POLO GOL

广告代理：上海蓝梦广告有限责任公司

Polo、Gol作为两款时尚、年轻、运动的车型，在年轻一族中已拥有极大的关注度与兴趣度。但如何更好地吸引这些年轻一族，并让他们成为Polo和Gol一族，尤其是在华南市场销售不佳的情况下如何更好地促进销售，是广告公司要为客户解决的关键问题。蓝梦广告协同客户抓住市场追逐改装车的热潮，为POLO和GOL在华南地区的销售找到新的目标市场，打开销售局面，同时针对GOL进行了成功的改装，并通过一系列的推广活动将GOL改装车的概念推向市场。

活动简述

由上海大众主办的"POLO GOL Racing DIY改装车试乘试驾活动"，于2005年8月9日在广州长隆酒店盛装举行。

极具赛车动感的展台，"武装到牙齿"的GOL"雷霆(Racing)"改装车，穿上"魔兽世界"盛装的POLO，以及刚刚在贵州囊括全部冠军的333车队王睿、韩寒等著名赛车手的到场，都印证了这是一次不同于以往的厂商试驾。事实上，2个多小时的专业飘移表演和竞技挑战赛，已经把速度与激情带给了参加试驾的每一位车主，也让原本就充满动感时尚的POLO和GOL，在引擎的轰鸣声中又一次展现了流淌着德国血统的运动精神。

作为德国大众热销已久的经典车型，POLO在欧洲各国不断融入都市精英的品位生活，GOL则已经代言了南美的桑巴热舞。改装，正是那群活力天生的年轻车主们，把个性和钟爱注入品牌的最好方式。正如这次活动中，由上海汽车工业供销广东联营公司提供的GOL"雷霆"，在原有配置上加装了全车大包围、运动座椅和方向盘、金属脚踏板和排挡杆等17样改装件，装备了全新的战袍，吸引着在场车手们的尽情驾驭。

333车队的专业表演为本次试驾活动拉开了序幕。车手们首先驾驶着尚未经过专业改装的POLO，以一段精彩绝伦的疾速绕桩，迅速征服了所有观众。而后，主角GOL改装车也在受限的狭小场地中，展现了赛车手原地180度掉头和甩尾飘移绝技。这些令人惊叹的完美表演，最终激发了到场嘉宾与车主们相继入场竞技，挑战职业车手的驾驶技术。一番角逐之后，不仅在试驾车主中诞生了技术超群的"民间车王"，同时也让所有体验了疾速绕桩和定点刹车的车主们，对德国车的精良工艺，完美操控感，以及改装车的运动澎湃动力留下了深刻印象。

竞技试驾期间，有不少车主当场填写了GOL"雷霆"改装车的意向订单，甚至有位车主在价值已经高达17000元的改装件基础上，要求广东联营公司的技术人员为他预定的改装车加装更多的个性装备。

本次活动取得了较好的效果，活动的举办也得到了客户——上海大众华南销售服务中心的好评。

本次试乘试驾活动后，GOL改装车及其后推出的POLO改装车继续延伸其推广活动；GOL"雷霆"协会，统一穿着改装车T恤，在广州主要闹市地段展开公益活动，同时展示POLO GOL的运动时尚风采，给2005年热辣的盛夏掀起一阵"雷霆旋风"！

项目背景

上海大众是德国大众在中国最大的合资企业，也是最早进入中国的汽车企业。其Santana车型在中国风行20年后，仍旧是轿车领域占有率最高的品牌，20年后的今天，其产品系列涵盖Santana、Gol、Polo、Passat、Touran五大系列，社会保有量第一，达250万辆。

所有的车型中，Polo、Gol作为两款时尚、年轻、运动的车型，在年轻一族中引起极大的关注与兴趣。但2005年由于华南地区GOL车的销售情况并不火热，为了配合经销商的工作，为GOL在华南地区的销售找到新的目标市场，打开销售局面，华南销售服务中心抓住市场追逐改装车的热潮，针对GOL进行了成功的改装，并通过一系列的推广活动将GOL改装车的概念推向市场。

为了协助我公司总代理的区域客户——上海大众华南分销中心完成市场销售以及改装车的上市宣传活动，经过我们的研究与分析，策划了"POLO GOL Racing DIY"广东地区"雷霆上市"的活动方案。

项目构成

本次Polo、Gol改装车整车推广活动分四部分构成，分别是前期媒体宣传造势、经销商推广、雷霆上市活动及后续阶段性推广。

媒体前期宣传在全广东（主要是广州、深圳两个地区）展开，通过上海大众华南分销中心向广州日报、南方都市报、广东电视台等各家主流媒体上报本次活动的方案以及本次活动所带来的媒体发布意义、社会影响力。各家广东媒体得到消息后

纷纷表示对本次活动的浓厚兴趣，起到了较好的活动前期媒体宣传效果。

广州、深圳的经销商也对参与本次活动非常积极，因为改装车的上市直接影响到经销商车辆的销售，经销商本身对改装车以及本次活动的推广实际就是为他本身牟利——因此经销商的推广也带来较好的活动辅助。

“雷霆”上市活动是整个活动的焦点和导火线，上市当天邀请全广东主流媒体到达活动现场亲身参与，并且亲身体验Polo、Gol改装车带来的雷霆动感。

活动后续阶段性推广内容更加繁多细致，主要分为：

1. 车辆改装厂推广——赠送广州地区主要汽车改装厂大幅海报张贴；
2. 酒吧街GOL群落活动——GOL荧光腕带赠送；
3. 高尔车主公益活动——统一穿着GOL改装车T恤——在广州主要闹市区域展开公益及路演活动等。

项目执行

本次活动是异地操作，我们在广州当地的协力商发挥了极其重要的作用。上海总部活动计划、方案、设计完成后，到达广州进行最后的上市活动。

同时，我们和客户方共同组成工作小组，负责客户、广告公司、经销商、协力商、政府部门的各项沟通，并在活动开始前的一周就工作细节进行了多次讨论，安排，总结，保证活动进行的万无一失。

2005年8月9日“POLO GOL Racing DIY改装车试乘试驾活动”在广州长隆酒店拉开序幕，整个活动做到滴水不漏、险象环生，让每位参与活动的媒体人员和意向客户尝试到了改装车的乐趣。活动的亮点和决胜环节便是333车队的特技表演和到场媒体的竞技比赛，让所有体验了竞技比赛的车主们，对德国改装车的澎湃动力留下了深刻印象。

背景版

刀旗

活动展示台

T恤

活动请帖

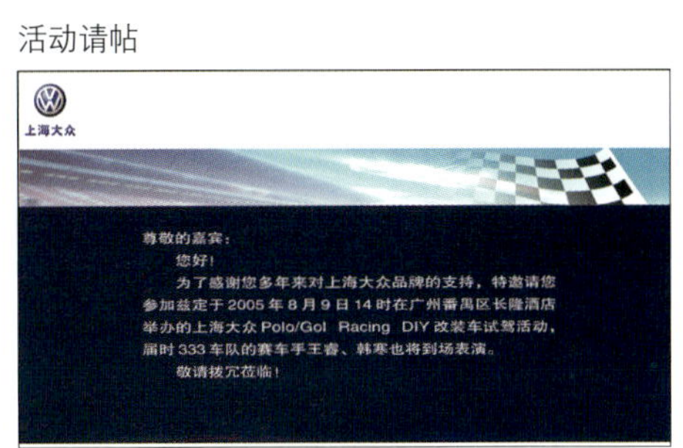
上海大众

尊敬的嘉宾：

您好！

为了感谢您多年来对上海大众品牌的支持，特邀请您参加兹定于2005年8月9日14时在广州番禺区长隆酒店举办的上海大众Polo/Gol Racing DIY改装车试驾活动，届时333车队的赛车手王睿、韩寒也将到场表演。

敬请拨冗莅临！

活动导向牌

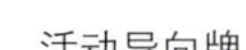

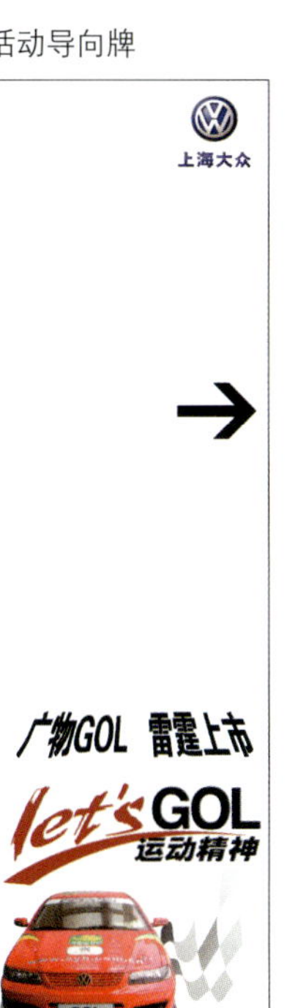

围栏三角板

项目评估

本次活动通过2个多小时的专业飘移表演和竞技挑战赛，已经把速度与激情带给了参加试驾的每一位车主，也让原本就充满动感时尚的POLO和GOL，在引擎的轰鸣声中又一次展现了流淌着德国血统的运动精神。

我们的策划与执行取得了圆满的成功，无论是用户的积极参与、客户的高度评价还是媒体的大量报道，都体现了较好的活动效果。

用户的反应：作为“POLO派”的车主参加完本次特别试乘试驾活动后都受益匪浅，通过亲身体验GOL改装车的魅力，表现了用户对GOL改装车的浓厚兴趣，并且丰富了车主俱乐部的生活，非常值得车主参与。

客户的评价：活动在上海大众广东当地和上海总部引起了较大的反响，本次活动拉近了上海大众和车主消费者之间的距离，用表演和比赛的形式宣传了新款的改装车型，引起各方的注意。作为一家国内一流，国际知名的企业，上海大众将在今后为消费者提供更多更好的车型，举办更多有益的活动。

媒体的报道：超过15家平面媒体、4家杂志媒体、7家电台、4家网络媒体大力宣传了本次活动，引起了广东媒体浓厚的兴趣，为本次活动塑造了较好的媒体宣传效应。

点评：

试乘试驾是汽车营销里面惯用的手段，也是体验营销的重要工具之一，但是做改装车的试乘试驾活动倒是不多的，而且请来大众POLO333车队的明星车手来做试乘试驾的示范效应和“平民车王”的评比是很有新闻价值的炒作焦点。POLO GOL Racing Diy 雷霆上市活动能够抓住华南市场客户追逐改装车的热潮，并充分利用这种热潮，切中消费者下怀，应该来说是比较成功的Event活动。但是毕竟这样的Event活动有一定的局限性，而且国家对改装车有一定的限制，所以要把这个活动的效应扩大还有一定的难度。

——郑 鑫

东风Honda CR-V“驾优寻古”活动

广 告 主：东风本田汽车有限公司

广告代理：博报堂

抓住消费者真正喜欢的东西，抓住现阶段正在流行的热点，结合产品本身的特征，推出独特的推广模式，这是东风Honda CR-V：“驾优寻古”武侠文化打造NAVI版CR-V活动的关键。东风Honda CR-V的推出把“消费者普遍喜好的自驾游”、“金庸武侠名著里的故事发生地”相结合，包装出了现代时尚与古典优雅相结合的“驾优寻古”自驾游活动来配合“NAVI版 CR-V”的上市，取得了良好的市场反响和传播目的。

东风本田汽车有限公司(以下简称东风Honda)于公司成立3周年之际(2006.07)推出了新款卫星导航系统NAVI版CR-V。

这次广告策划的关键是解决以最快的速度、最吸引人眼球的卖点将这款卫星导航系统NAVI版CR-V迅速推向市场，达成销售目标问题。

战略

传统的传播模式是以Creative为中心， PR、EVENT、特约店CRM、SP的宣传一般都是围绕创意进行，有时甚至不会运用；而我们策划本次活动采用了整合营销思维模式，以活动作为与目标消费者沟通的重心，通过PR、Creative、特约店SP与CRM的全线辅助进行整合营销，制造SUV汽车市场的新闻热点，吸引消费者通过“驾优寻古”自驾游活动关注到NAVI版CR-V产品本身，采取购买达成销售。

广告活动目标：利用“驾优寻古”自驾游、金庸武侠名著以及张纪中导演《鹿鼎记》剧组参与宣传等PR活动结合卫星导航系统NAVI的性能传达CR-V是一款可以给您生活带来无限乐趣的车，在现有商品的基础上挖掘潜力，借助活动魅力强化CR-V品牌形象及价值感，吸引消费者关注商品及活动，促使来店量的增加，从而推动销量，最终达成销售和活动的双赢。

目标对象描述：生于60－70年代，35岁左右，大学本科以上学历，私营企业主、白领阶层，家庭年均收入20万—30万元左右；已婚、一家三口，生活舒适优雅；喜爱高尚的休闲运动如自驾游、阅读等，对金庸武侠名著情有独钟，对故事的人物和发生地充满向往，假日休闲时喜欢开着车子到有文化底蕴的地方旅游、探险；并欲在短期内购买CR-V的潜在消费者。

创意策略

活动名称发想：借助卫星导航系统NAVI版CR-V新款上市的契机，结合金庸武侠名著和张纪中导演《鹿鼎记》开拍的新闻点来包装本次自驾游活动促使消费者来店赏车、试驾、购买。同时表现卫星导航系统NAVI版CR-V用户驾驶着这款都市优越车，去探访金庸武侠名著中故事所发生的名川古迹。

根据以上策略方向，我们提出了“驾优寻古——东风Honda风靡中国3周年 CR-V NAVI新款优游上市！”的活动口号，展现本次活动时尚与古典的完美结合。

创意表现策略：旨在唤起CR-V 目标消费者的武侠情结，将一辆颇具都市感的CR-V置放于烟波浩渺的水墨山水之中，寓意有了NAVI的指点，纵横武林便不再是梦想。新品登场和“驾优寻古”活动的巧妙结合，十足意境让人如临其境。

同时配套的特约店POP宣传物料也同样是将现代与古典结合，更好地保证了线上线下传播口径的统一性。

执行

线上执行：

报纸媒体：根据CR-V市场销售份额的划分，选择了新闻版、汽车版的彩色版面投放广告。

网络媒体：1）在新浪、搜狐等门户网站的首页、新闻频道、汽车频道，投放通栏、浮动图标、大BUTTON、对联、摩天楼、富媒体；2）并固定位置的文字连接可以进入东风Honda企业网站和NAVI版活动官网。

电梯平面媒体：根据电梯媒体对目标群体传达信息的针对性强、是大众媒体的有效补充的优势，在商业区写字楼，针对中高级白领这类目标消费群进行媒体投放。

PR公关宣导：1）上市新闻发布会：7月14日在北京张纪中导演率领《鹿鼎记》剧组参加了主题为“驾优寻古”的NAVI版CR-V优游上市的新闻发布会。2）赠车活动与开机仪式：8月10日武夷山《鹿鼎记》开机仪式上，东风Honda赠送了CR-V给《鹿鼎记》剧组，并宣布CR-V为《鹿鼎记》剧组官方指定用车。3）“驾优寻古”自驾游：购买了NAVI版CR-V的车主在9月份还可以参加“驾优寻古”自驾游的桃花岛剧组探班、寻缘五台山、学艺青城山等活动。4）每次活动都邀请媒体参加，配合相应的公关软文报道。

线下执行：

宣传单页

折扇

特约店外喷画

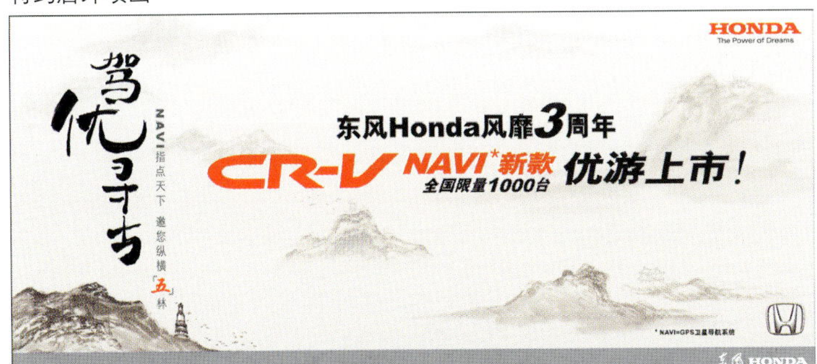

特约店海报

网站

试驾礼——张纪中签名金庸武侠剧DVD

北京“东风Honda CR-V NAVI版 新款优游上市！”新闻发布会

武夷山 “鹿鼎记”开机仪式

活动开展前：广告公司参与组织了销售人员培训，提高销售员素质，推动消费者的购买行为。

活动开展中官网报道：1. 活动介绍、NAVI介绍。2. 路线选择：NAVI版CR-V用户可上官网报名参加“驾优寻古”，自行选择自驾游路线。3. 热点报道。4. NAVI版CR-V用户讨论交流和精彩下载，使该网站成为CR-V用户的交流平台。

特约店执行流程：

老客户：对老客户进行电话邀约，告知活动详情，邀请他们带新客户来特约店，并提供“介绍礼”。

新客户：1. 对有购买意向的潜在消费者进行电话邀约，派发产品宣传单页。2. 以张纪中导演签名的金庸武侠名著DVD套碟做试车礼，鼓励新客户来特约店赏车试车。3. 潜在消费者购买了NAVI版CR-V后，组织其参加“驾优寻古”自驾游活动的抽奖，当参加自驾游人员的名单确认后，随时保持和CR-V用户的联系，及时通知活动具体开展要求和情况。

效果

来店量增加42.9%。（博报堂市场部）

新闻转载率高达554,000篇（Google网站），东风Honda公司网站点击率由活动开展前的4,000人/天，飙升到35,000人/天，最高时达到50,000人/天。（东风本田汽车有限公司）

56%的东风Honda 特约店认为本次活动通过特装车带动了普装车的销售。（东风本田汽车有限公司）

在2006年1－8月份，东风Honda CR-V完成了今年销售目标的75%，销售依然在中高档SUV汽车市场遥遥领先。（销售数据由中国汽车工业协会提供）

点评：

汽车销售不仅要把产品铺到全国各地，更要能够铺到消费者的心里，打开消费者心门，从而汽车产品的销售问题也就迎刃而解。这就需要牢牢抓住消费者最感兴趣的话题和内容，本广告策划能够把两个关键点充分结合起来，是本案例的最成功的特色：通过市场调查，把驾驶东风CR-V的“消费者普遍喜好的自驾游”、“金庸武侠名著里的故事发生地”两者相结合，从而形成一个以自驾游Event为核心，PR、Creative、特约店SP与CRM的全线辅助进行整合营销的模式。同时本案例能够巧妙地抓住时机，把东风CR-V优游上市和纪中导演《鹿鼎记》开拍的新闻点两者同时推出来，对双方而言都是一种很好的借力使力，共赢发展。 ——郑 鑫

哈飞“路宝”，巧占市场空隙

广 告 主：哈飞汽车集团 — 哈飞路宝汽车
广告代理：广东省广告有限公司

汽车作为移动的生活空间，让消费者选择一个什么样的移动空间，每个品牌都是需要有自己的差异化定位，奇瑞QQ的“秀我本色”，那么路宝是什么？广东省广告公司通过大量的市场调研，找到消费者真正需求点，把路宝的品牌形象与生活理念结合在一起，提出“My love in my life”的口号，以插画的形式进行表达，提出“路宝助你爱情生活加速度”、“买车容易养车更易”，“都市新宠轻松生活”等理念，获得了较好的市场反响。

“想给爱情一个永恒回忆，就给她一部路宝吧。”

2005年，这个响亮的声音，如春雷般惊醒激战已久的中国微型轿车市场，并将大众的焦点从“秀我本色” 的奇瑞QQ和中规中矩的长安奥拓身上剥离，关注起哈飞路宝。

这个声音的幕后，正是广东省广告有限公司与哈飞汽车的亲密合作。从2004年底开始与哈飞汽车合作以来，基于广东省广告有限公司对汽车市场的清晰分析和深度掌控，使路宝巧妙地利用了市场现有的品牌空隙，成功地进行了市场变革，使其品牌推广焕然一新。

品牌定位：关于恋爱症候群的新发现

一、爱上路宝的N大理由

选择一个产品需要理由吗？爱上一个品牌需要理由吗？我们说：绝对需要。

作为中国微型轿车四朵金花之一的哈飞路宝，因靓丽流畅的外形、卓越的性能、宽敞的空间，在风云车评比中荣登微型轿车冠军宝座。但是，之前路宝并没有鲜明的品牌定位以及传播口号，一直停留在“微车”以及“内秀外慧”的原始阶段，同时在传播推广中没有运用统一的整合的策略，推广手段相当粗糙，消费者印象模糊，市场反响不理想，缺乏灌输让消费者选择的充分理由。

市场实践证明，任何一个品牌都不可能为全体顾客服务，细分市场并正确定位，是品牌赢得竞争的必然选择。只有品牌定位明确，个性鲜明，才会有明确的目标消费层。唯有明确的定位，消费者才会感到产品有特色，有别于同类产品，形成稳定的消费群体。而且，唯有定位明确的品牌，才会形成一定的品位，成为某一层次消费者文化品位的象征，从而得到消费者的认可，让顾客得到情感和理性的满足感。

要想在竞争中脱颖而出，唯一的选择就是差异化，而定位正是在战略上实现差异化最有效的手段之一。

广东省广告有限公司在项目合作开始，就展开了大量的市场调研，一方面分析市场上的竞争对手的情况，明白自己站在哪个位置；更重要的另一方面是对路宝进行360度全方位解剖，进而挖掘出路宝的市场定位和品牌定位。在多次走访市场并对消费者深访后，将路宝的特点逐一列项，率先挖掘出消费者爱上路宝的N大理由。

路宝的外形比较时尚，很有一种“都市精灵”的感觉；路宝的轮廓非常富有现代感，给整车增色不少。采用目前世界汽车设计前沿的整体流线型与局部棱角型相结合的方法使整车圆润流畅、错落有致、和谐统一。挺拔有力的前大灯和神来之笔的前转向灯及夸张现代的后大灯与车体浑然一体、相互辉映，从而使整车活力四射、光彩照人。并且将迷人的外观造型与良好的动力性、舒适性和安全性有机地融为一体。

哈飞路宝可谓是微型车中的一匹“良驹”，前大灯挺拔有力，后大灯夸张现代，整车流线优美，富有激情四射的“明丽”风采。

二、颠覆love传说，路宝新装上路

在省广进行品牌定位的时候，经过了一个相对漫长而痛苦的抉择。汽车市场上，最直接和最大的竞争对手奇瑞QQ提倡“秀我本色”的青春享乐主义。路宝应该建立怎样的品牌形象呢?

“My love my life”理念的提出，成功地将路宝的品牌形象和生活理念联系在一起，将品牌形象人性化。这样的生活理念简单而深奥，能够引起消费者内心的共鸣和对生活的信心，产生一种振奋人心的感觉，催人上进，甚至成为消费者心中的座右铭，从而给消费者以深刻印象，同时也使消费者在产品的使用过程中能体会出一种良好的令人惬意的生活气氛、生活情调、生活滋味和生活感受，而获得一种精神满足。路宝的最终定位，使品牌融入消费者的生活中，成为消费者的生活内容，使品牌更加生活化。

“My love my life”理念的提出，也成功地在微车市场上建立了一种新的理念。这种差异化策略，进行产品与概念的创新，不模仿对手，不与对手发生正面冲突，还能够在市场上赢得目标消费群的重新认识，并获得肯定。2005年期间，路宝在“My love my life”的整合下，新装上路，在微车市场上创造了一番不俗的成绩。

路宝1.3L上市广告

路宝促销广告

My love My life系列广告

产品推广：爱的加速度

一、宣传升级，助你爱情生活加速度

广告语是否具有独创性，最简单的办法，就是把它放在其他车型上试验，如果其他车型也可以用这句广告语，说明它的创意是有问题的，在某种程度上还会影响汽车的品牌形象及销售业绩。

省广路宝品牌服务组的全体人员在服务路宝期间，就像海绵一般疯狂地吸取世界各种汽车广告，从平面到影视到户外的创意，并紧紧围绕品牌理念，进行多种形式的创新。从开始的系列品牌广告，到跟进的推广手段以及促销广告，都在创意中千百遍寻觅，在细节中无数次考证。

二、买车容易养车更易，都市新宠轻松生活

国内的汽车消费受观念的影响，在很长一段时间里以大排量车型为主流，然而近年这种状况已经有所转变，油价上涨，牵动着越来越多车主和准车主的神经，在舆论的引导下，“节约能源、简单生活”正在成为国人的新风尚。

哈飞路宝采用了堪称经济型轿车中最出色的发动机，在节油方面表现极为出色，百公里油耗仅4.5升，排放同时达到国内最新标准要求。与排量1.6升的经济型轿车相比，每百公里要省2升油左右。以一辆家庭用车每月大概跑2000公里计算，则1.0升比1.6升节油40升左右。一年下来，就可以节油480多升。以现在的油价估算，可以节约2000多元（以4.5元／升计算）。省油性能之好对用户极具诱惑力。路宝通过通俗易懂的一句“买车容易养车更易”，轻松地打动消费者的心，被他们评为最节能的小车之一。

公关塑身：简单爱

出色的公关活动，能使品牌一举获得知名度和美誉度，具有一箭双雕之效应，而广告要同时达到这两个目标是相当困难的。因此，路宝在市场推广的同时，很注重公关活动的开发运用。通过组织更多的和蔼可亲、深切关爱、耳目一新的公关活动，从情感上攻陷消费者，从而获得销售的胜利。

一、见证LOVE，伴你成长

边走边看，边看边走，这似乎是众多车友所憧憬的。在2005年，路宝率先发起了“边走边看”DV大赛，广泛征集由网友使用DV自行拍摄的作品，拍摄他们自己与汽车的故事，主人公可以是有车族，也可以是无车族；可以拍摄自己，也可以拍

省油广告之一

省油广告之二

终端三角单张

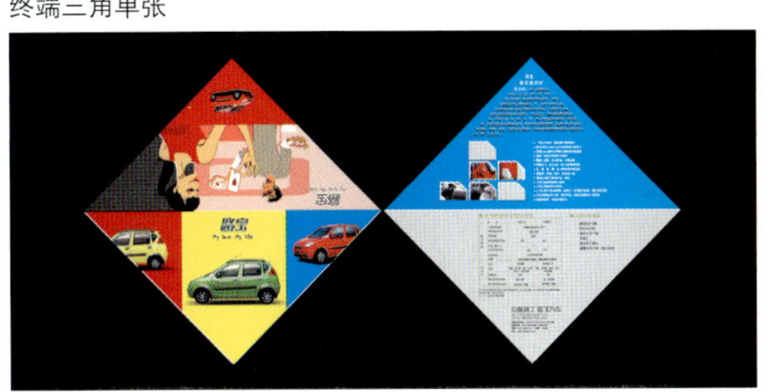

网络浮条广告

摄身边的朋友；把网友知道的汽车故事与大家分享，故事体裁不限。最终通过网上的票选评出相应的等级，并给予一定的奖励。

通过这种参与性强、时尚气息浓重的公关活动，路宝成功地将品牌理念传达给目标客户，在目标客户群中形成了很好的口碑，并结合各种软性报道，将活动的信息在市场上进行传播，吸引新的消费者关注。

二、玫瑰玫瑰我爱你，路宝宣言你的爱

玫瑰作为爱情最好的见证，女人对玫瑰永远情有独钟。无论在世界哪一个角落，在情人节收到999朵玫瑰的女人，永远是最幸福的人。

2005年情人节，一个很重要很特别的日子，路宝汽车为全国的幸运儿精心准备了999朵玫瑰花温馨大礼(每人一份)。只要消费者登陆搜狐网站，点击弹出的“哈飞路宝与你玫瑰相约”广告，进入玫瑰有约页面登记提交个人资料，根据在线统计的第9名、第99名、第999名、第9999名注册者，即成为999朵玫瑰的幸运获得者。此外，还从其余注册者中随机抽取10名，赠送99朵玫瑰。浪漫情人派对，让更多喜欢路宝的时尚人士享受了一个不一样的情人节。

将爱情进行到底

经历了近两年的牵手，广东省广告有限公司经过多种品牌传播手段的整合运用，品牌定位所确定的品牌整体形象驻留在消费者心中，而且路宝的整体销量在微车市场中保持了强劲的上扬势头，跟2004年相比，2005年实现了大幅度增长。皆大欢喜的品牌成效，令品牌服务组和路宝同样振奋，而路宝的爱情记忆将继续传唱。

点评：

爱情是永恒的话题，养车成本也是消费者最关注的问题，哈飞路宝的这个案例巧妙地把路宝的品牌形象和爱情、养车等生活理念结合在一起，给路宝找到了一个差异化的品牌定位，是这则案例最有特色的地方。如果“想给爱情一个永恒回忆，就给她一部路宝吧！”这句话真正能够成为现下的流行时尚，那么路宝的营销将会取得更大的成功，尽管已经形成了很好的市场反响，但是我想离目标还是有一定的距离。不过作为一个国产的微型车品牌能够做出这样的品牌定位和广告策略，是非常有创意的，希望路宝真正能为中国的消费者的爱情生活加速，而且实现“买车容易养车更易”的独特主张。

——郑 鑫

长安铃木SWIFT雨燕策划推广纪实

广 告 主：长安铃木公司 — 长安铃木SWIFT雨燕

广告代理：广东广旭广告有限公司

雨燕是一款带有“欧洲赛车血统”的运动紧凑型时尚轿车，从产品本身的角度来看应该是有一定的特色的，但如何在短期内迅速把雨燕车切入中国市场，寻找到真正的目标细分市场，是本案例要解决的关键问题。雨燕以“生动·生活”作为价值主张，围绕“生动·生活”展开了系列推广活动，从“仅露一点锋芒，却赢尽世界目光”的前导推广到“感受生动，感受雨燕——长安铃木20万辆扩能工程竣工投产暨SWIFT雨燕投放仪式”，再到围绕“时尚、操控、安全”的平面广告和“生动雨燕，飞越青藏高原”的新闻公关活动线上线下相结合的推广模式。

时尚雨燕，翩翩而至

中国是世界发展最快的经济体，2020年预计经济总量世界第二，仅次于美国；中国是世界上汽车产业发展最快的市场，2020年预计我国总家用轿车保有量将达到7200万。中国中产阶层高速成长，人均GDP已突破1000美元，预示着更多的人能够购买万元级、十万元级商品。这是一片多么生机勃勃、充满希望的市场。2004年中国车市经过价格战、车型战、营销战的洗礼，2005年汽车市场从超高速成长转为高速成长，汽车价值在竞争中理性回归。

正是这个时候，雨燕翩翩而至。当雨燕最初在上海国际车展上亮相的时候，便以其迷人的外形、良好的动力操控性、卓越的安全性赢得无数青睐目光，备受媒体和爱车一族追捧。这样一个天造地设的宠物，承载了人们多少的期待？雨燕来了，以它动感的个性、可爱的外观，就要飞入市民家中。

车是生命意志的载体，而不只是机器，这样它才具有了生命力。雨燕就是充满活力的生命。“雨燕”是SWIFT的中文名。“雨燕”给人的联想就是：灵巧、敏捷、活力、动感、亲近、亲切。如果把它比喻成一个人的话，那么它确实像小燕子赵薇，活泼好动，自由不拘，轻松快乐，享受生命的丰富与生动。

作为铃木公司的全球战略车，SWIFT雨燕是具有“欧洲赛车血统”的世界车型，该车在正面偏置碰撞、正面碰撞、侧面碰撞以及滚翻等各项安全测试中，均达到世界A级车的最高安全标准。SWIFT雨燕的推出，重新定义了国内两厢轿车设计、使用的新标准，给中国经济型轿车市场注入了生机和活力。整车造型时尚前卫、色彩鲜艳活泼、动感迷人，而且颇有几分宝马Mini Cooper的味道,很好地融时尚与经典为一体。其优势可概括为：动感外形、高效动力VVT发动机、性价比高、宽敞空间、人性配置等。由此我们提炼出雨燕的产品定位：运动紧凑型时尚轿车。

个性雨燕，生动·生活

SWIFT雨燕的竞争对手为POLO、飞度FIT、VIZI。上海大众波罗POLO产品定位为全球共享的时尚魅力小车，通过广告语“r u polo 是你吗？”向时髦、个性、向往西式生活的城市年轻白领打招呼。广州本田两厢飞度FIT产品定位为动感十足的精巧型轿车，通过广告语“外在动人，内在动心”、“动感飞度，飞扬生活”向时尚、个性、酷爱运动的年轻白领群体打招呼。天津一汽威姿VIZI产品定位为可爱、多彩的潮流小车，通过广告语“生活多姿才多彩”和形象代言人孙燕姿向目标消费者年轻、追随潮流的小资人群打招呼。它们都各具个性。

而与SWIFT雨燕共鸣的是谁呢？他（她）们是城市前卫白领，年轻时尚，追求潮流，生活较优裕，天生好动，他（她）们紧跟时尚生活潮流而动，他（她）们因动而动，他（她）们动起来生活很精彩。他（她）们认为：生活不一定要很豪华但一定要生动，生活不一定要很铺张但一定要精致，生活不一定要很富贵但一定要格调，浪漫的激情不可少，感性的冲动不可缺，有冲劲生活才会生动。

由此我们为SWIFT雨燕提炼出独具的核心价值主张：生动·生活。既体现SWIFT雨燕运动赛车血统的产品价值——同级车中操控性能突出，外观生动、色彩生动（红、黄、蓝、白、银5种主打颜色），又体现目标消费者独具时尚活力的生活价值主张——丰富个性的生活。

SWIFT雨燕以欧式运动造型的时尚靓丽和日本铃木动力的性能强劲赋予了时髦消费者一种“时尚加速度”：是更“时尚”的生活，也是“加速度”的生活。让年轻的消费群体会“时尚”和“加速度”提升生活品质的双重享受，使他们扩大了生活半径，拥有更美好、更多的生活快乐。

围绕着SWIFT雨燕的核心价值“生动·生活”，我们规划了系列的生动推广，那就是我们的愿景：雨燕来了，就让生活来得更生动些吧！

动感雨燕，生动上市

上市阶段传播目标非常明确，即迅速提升SWIFT雨燕知名度，让更多的媒体来关注SWIFT雨燕，让更多消费者知晓雨燕。

长安铃木
动感生活，激情驾驭
SWIFT 雨燕
新车上市
雨燕—铃木SUZUKI全球战略车，独领动力美学造车风骚
(中日合资)重庆长安铃木汽车有限公司
CHONGQING CHANGAN SUZUKI AUTOMOBILE CO., LTD.

长安铃木
时尚
操控
安全
SUZUKI
Way of Life!
"时尚+操控+安全"三体合一，领步动感生活
SWIFT 雨燕
(中日合资)重庆长安铃木汽车有限公司
CHONGQING CHANGAN SUZUKI AUTOMOBILE CO., LTD.

雨燕 生动·生活
SWIFT
激情值得期待 生动生活即将驶来
长安铃木

雨燕 生动·生活
SWIFT
生动·生活
全新雨燕 生动登场
赢尽惊羡目光 动感魅力一路奔放
雨燕——铃木全球战略车，独领动力美学造车风骚
长安铃木

激情飞驰
城市就是我的游乐场!
雨燕
SWIFT
1.3L 生动登场
长安铃木

时尚跃动
城市就是我的游乐场!
雨燕
SWIFT
1.3L 生动登场
长安铃木

线上方面：首先是前导广告，在4月份产品上市前，一则“仅露一点锋芒，却赢尽世界目光”的前导报广，吸引了广大消费者的好奇及关注的目光，在传播上则通过中央电视台、一级市场的各大报纸媒体及汽车专业杂志进行全方位的空中轰炸。

两周的前导宣传后，在产品正式上市当天，推出“动感生活，激情驾驭”的产品上市广告，突出SWIFT雨燕“生动·生活”的传播概念，展示产品出众的个性化外观设计。在此期间，我们加大了各大平面媒体投放的范围及投放的密度。

线下方面：我们结合了长安铃木年产20万辆的新厂房落成投产及SWIFT雨燕投放两大行业焦点话题，在长安铃木新厂房内举行了主题为“感受生动，感受雨燕——长安铃木20万辆扩能工程竣工投产暨SWIFT雨燕投放仪式”的新闻发布会，成功邀请了全国100多家新闻媒体参与，同时还邀请了超过20家汽车专业媒体对SWIFT雨燕进行了专业的试乘试驾活动，让专业媒体更加充分地了解SWIFT雨燕的产品性能优势。此次活动后，各大新闻媒体竞相对SWIFT雨燕进行热门报道，在全国范围内刮起了“雨燕旋风”。在此期间，长安铃木全国各大经销商全面开展了以“动感生活，激情驾驭”为主题的媒体及消费者的试乘试驾活动，让更多的消费者认知雨燕、喜欢雨燕。

经过5个月的传播推广和公关炒作，SWIFT雨燕成功地在全国范围内建立了较高知名度。

激昂雨燕，激情飞越

第二阶段的传播目标一方面是继续提升SWIFT雨燕知名度，另一方面则要培养消费者对SWIFT雨燕的美誉度。

在线上传播方面，我们通过平面广告的重点诉求SWIFT雨燕的三大卖点：时尚、操控、安全，让目标消费者更加认同SWIFT雨燕品质感。

在线下活动方面，我们策划了主题为“生动雨燕，飞越青藏高原”的新闻公关活动。一直以来，小排量轿车的行驶性能备受关注。我们邀请了几家著名的汽车专业媒体与我们的雨燕车队共同飞越青藏，通过青藏高原的恶劣的高原气候、复杂的道路状况，考验SWIFT雨燕的性能，让更多的消费者更加信赖SWIFT雨燕性能的可靠，共同见证SWIFT雨燕的过硬品质，并在拉萨举行成功飞越青藏的新闻发布会，通过造势活动初步建立起了品牌美誉度。

品牌是积淀的结果，需要围绕着品牌核心价值不断地丰富其内涵和个性。SWIFT雨燕在市场上取得令人瞩目的成绩，有了一个良好的开局，为此我们还规划了后续的推广活动，让SWIFT雨燕为更多的消费者带来“生动·生活”。

点评：

凸现产品本身的特点，牢牢把握目标消费者的关键特征，是雨燕品牌前期推广并能切入市场的关键。雨燕车产品本身具有很多特征，广告公司提炼出“时尚、操控、安全”三大特点；并通过对目标消费者的深度考察，提出了雨燕“生动·生活”的价值主张，通过两个阶段的推广，雨燕车获得了很多消费者的青睐。但是广告主题的传递是需要延续性的，笔者了解到雨燕现阶段特别推重雨燕的“省油”特点，并作为其现阶段向消费者进行传播的主要卖点，如果单从这个案例本身来讲是非常有创意和系统性的，但是从长期来考察，广告前期传播的主题和现阶段传播的主题有蛮大的差异性，缺乏一致性。

——郑　鑫

华普汽车“海尚”河北上市推广

广 告 主：上海华普汽车有限公司——华普汽车“海尚”新车型

广告代理：河北星河广告有限公司

“海尚”是上海华普汽车2005年的新款车型，作为海派汽车的代表作在河北市场开始推广。为了使河北消费者认同现有品牌文化，公司进行了精心的市场调研，针对当地消费者的特点，提炼出了新的品牌内涵——海的时尚，适应了当地消费者的心理需求，让消费者感到“快意人生”般的豪气。而后采取了“六道轮回”包围式整合传播策略，使燕赵大地掀起了一股“海尚”之风。

2005年末，上海华普汽车新款车型“海尚”上市。作为海派汽车的代表作，“海尚”仍然继承了“享受海派文化”的品牌血脉，外观时尚，注重细节，再加上优越的动力性能与合理的价位，一时受到了外界的广泛关注。但是，海派文化在北方、尤其是“自古多慷慨豪迈之士”的燕赵大地能够取得同样的心理认同吗？这对于一个定位于文化战略的汽车品牌是个十分重要的问题。我们面临的任务是：“怎样在最短的时间内让本地消费者对现有品牌文化认同乃至喜爱。”形势严峻，不容乐观。基于此，“海尚”在河北市场的推广方案开始筹划。

一场文化的攻坚战，一次新品的登陆行动

从接受这个项目开始，我们便在河北多个城市展开大量的市场调研工作。在经过抽样调查和消费者访谈后，我们得出结论，“海尚”目标群体呈现出如下特点：1. 以男性为主；2. 个体户群体占有比较重要的地位；3. 更偏向于业务需要；4. 在心理需求上，希望能以较低的价格购买到更体面的车，既重视外观设计又对价格很敏感。

在对海派文化的认同上，大多数消费者对海派文化的理解还很模糊，还停留在“上海滩”、“十里洋场”的形象记忆，因此有相当目标消费者对海派文化有不屑情绪，认为其矫揉造作，靡奢轻浮，缺乏霸气。所以设法改变河北消费者对海派文化的态度，让其成功落地河北，触动本地消费者的内心世界，是本次推广活动最紧要之处。这已不仅仅是一个新产品的异地上市，而更像是一种亚文化的越界攻坚。

斟酌，再斟酌，精心的品牌解读

在项目严苛的要求下，我们与客户仔细推敲了“海尚”品牌的内涵，首先是“海尚”品牌的信息流——“海”，给人的意会有上海，海派文化，大海等等；“尚”，给人的意会为时尚。再看“海尚”的品牌定位：时尚、大气（品牌广告语：品味时尚 快意人生）。由此我们不难发现，不论是“上海”还是“海派文化”，在本地消费者看来，都不能对品牌定位提供全面的支持，海派文化下的海尚品牌至多仅能体现时尚，而不能体现“快意人生”的气概。

究竟什么东西能够让河北消费者能够感到“快意人生”般的豪气呢？

无疑是大海。能够让这片“张飞”、“赵云”等猛士辈出的土地上的人民所折服的豪气，只能是来自大海般的气度。

于是，我们把“海”字产生的另外一个信息“大海”或者说“海般气度”融入现有的品牌传播中，从而让河北消费者认同和理解“海尚”品牌的定位和理念乃至华普汽车推崇的品牌文化“海派汽车”。

于是我们提出了这样的想法：“海尚”不再局限于“上海”的时尚、“海派文化”的时尚，而是包括了“海的时尚”。

这样既保存发扬了原有的品牌内涵，又适应了本地消费者的心理需求。

媒介大智慧，快速传播的终极奥义

对于区域市场，很难要求客户投入大量媒体费用，因此，媒体的选择和执行要求更加精准、强效和迅速，需要大胆、灵活以及极富攻击性的媒体策略，同时也需要更多的创意融入进来。在这一点上，我们得到了客户华普汽车方面的大力支持。尤其令我们全体创作人员感动的是，我们得到特别的权力：河北可以别于其他区域市场，自由地选择媒体组合以及采用创新的媒体形式。

在此基础上，我们首先分析了目标消费群体的媒体接触习惯，发现了一些重要的线索：

1. 目标消费群体的主要活动范围在以大型商城为核心的大型商圈内，那里是商铺林立的中心商业区。

对策IDEA：这些区域可以采用创新形式的户外广告和DM单页地毯式投放。

2. 目标消费群体的被动信息主要来自省内主流报纸的汽车版。

对策IDEA：对所有主流报纸的汽车版进行间隔式轮流投放，既节省资源又能够织就报纸媒体的“包围网”。

3. 目标消费群体的主动信息主要来自网络，尤其是省内门户网站和一些大型论坛的汽车板块。

对策IDEA：投放悬念性的网站首页广告，在大型论坛发布“海尚”新车资料帖和讨论帖。

百米海墙

“传声海螺”——可以在海螺处收听海尚广播广告的灯箱

海尚河北首位车主

4. 目标消费群体对媒体形式和内容的评价心理更倾向于规模、创新和趣味上，而不是理念、价值、审美或情调。

对策IDEA：在媒体执行上要大气、高尚，同时兼具互动性和参与性。

正是根据上面这些线索，我们最后决定策动“六道轮回”包围式整合传播策略：

1. “海尚登陆”传播活动（“传声海螺”计划）：设计制作“海尚登陆”宣传版和精心设计的“传声海螺”。人们可以通过充满大海气息的“传声海螺”试听“海尚”的广播广告和发动机声，并以投递DM的形式进行悬念宣传活动。

宣传文案：“12.24 海尚登陆”　“试听！来自海尚的引擎声”。

2. “海尚登陆”无敌海景（“百米海墙”计划）：在河北省会城市中心广场树立百米海景墙体。同时为产生更积极的影响，取得公众对品牌的理解和好感，在海墙展区进行海洋科普知识及海洋环境保护的宣传。

3. 主流媒体转盘式轮投（报纸/广播/电视）：在主流媒体上轮流投放硬广告，但集中在与汽车相关的板块和频道。

4. 海派文化盛宴（“海尚”圣诞歌舞演出）：举办一场以“开始海尚生活”为主题的表现海派时尚与海般气度的圣诞歌舞演出。舞台放置巨型鲸鱼及鲸鱼尾鳍。

5. “海尚登陆”新车上市仪式。

6. 媒体互动（新闻软文、网络广告）。

上市仪式，焦点，亮点，更是起点

此次河北上市推广的高潮部分便是上市仪式，它既是“海尚”在河北消费者面前的初次亮相，又是“海尚”进入河北市场的第一步，此外更受到了媒体的强烈关注——他们将根据上市仪式发布的信息来决定“海尚”有关报道篇幅的大小和深度，所以上市仪式的成功与否非常重要。

上市仪式流程详解：

（1）《海尚生活》歌舞演出

邀请专业歌舞团体编演一场以“海尚生活”为主题的歌舞音乐演出。营造充满海洋气度的现场气氛并将现场焦点自然过渡到“海尚”登陆。服装道具等要求时尚、大气。音乐方面采用海洋幻想音乐开场，并以其为主背景音乐，辅以海浪、潮水、海鸥等音效。

（2）华普汽车领导致词

（3）吹响海螺汽笛——华普领导吹响海螺汽笛。背景传出激荡水声和悠远的轮船汽笛声，并响起神秘物体从海底不断上浮而产生的气泡声。

（4）“海尚”鲸鳍亮相——随着突然一声巨大的尖利啸叫声，在观众的惊呼中，背景墙上鲸鱼尾鳍部分裂开，“海尚”在一字排开的5只巨大鲸鱼尾鳍中开出，就好像“海尚”从大海深处径直开到鲸鱼背上一般。在轰鸣声中，我们尽情展现“海尚”的澎湃动力和海派激情。同时现场彩弹发射，彩絮满天。

（5）华普汽车领导上台宣布“海尚”河北全线上市。

（6）4S店开业仪式——华普汽车领导宣布新的4S店开业，主持人邀请经销商代表上台。华普领导将象征区域专营权利的“海螺汽笛”授予经销商代表。经销商代表吹响“海螺汽笛”，3辆“海尚”车同时发动引擎。经销商代表收起“海螺汽笛”，所有车辆的发动机即刻关闭。经销商代表介绍4S店概况和地理位置。

（7）第一辆“海尚”现场提车——主持人宣布河北第一位“海尚”车主，他是来自河北藁城市的一位男性用户。主持人邀请其上台参加现场提车仪式。邀请车主上台后，华普汽车领导为车主发放了一把巨大的汽车钥匙，由车主现场将车开走。

（8）互动问答“六选一”抽奖活动——主持人宣布抽奖活动开始，邀请观众上台回答一些问题（关于“海尚”），回答正确就可得到六选一抽奖机会。获奖的现场观众可以在华普提供的六种奖品中任选其一。

奖品设置六种（奖品全部是上海特色并产自上海），同时准备纪念品若干，回答问题错误的参与者或其他现场幸运者送纪念礼品一份。

（9）新闻发布会——主持人宣布上市仪式结束，开始新闻发布会，由礼仪小姐引领，来宾和记者前往新闻发布会现场。华普领导用幻灯片的形式详细介绍“海尚”的车型资料，并宣布“海尚”的市场价格。之后媒体依次提问，由华普方面进行回答。最后是二级经销商签约仪式，总代理代表和经销商代表上台签字、交换合同、握手。

此次上市推广，从方案的策划、实施、执行在短短的2个月内全部完成，实在是因为客户提供了充分的自由度和百分百的信任，甚至连经销商们都给予了密切的配合。正是在此基础上，此次推广活动取得了优异的成绩，“海尚”品牌在河北成功着陆，至今影响力还在不断扩大，市场销售增长速度很快，销售台数远超预期。

点评：

一体化和当地化是两种主要的国际广告策略，但也同样适用于在地域文化多样化下的国内营销。为了迎合不同地域消费者的文化习俗，策划者应适当采用当地化策略，为当地消费者“量身定制”相应的品牌文化和营销活动。本案例就是一个成功的典范。“海派文化”是上海特有的文化，具有自身鲜明的特色，尤其是与以正宗或传统印象的“京派文化”相对照时，其所蕴涵的时髦（或曰“现代”）、求变、创新等方面的特征就更加突显。“海尚”汽车作为“海派文化”的代表投放河北市场必然会遇到一些文化的障碍。活动策划者对“海尚”的品牌内涵进行了新的挖掘，使“海尚”不再局限于“上海”的时尚、“海派文化”的时尚，而是包括了“海的时尚”，即保持了原有的积极的文化涵义，又创造了新的文化涵义，实现了从文化环境到产品的转移，提升或重新改变消费者对于品牌的认知，对品牌整合营销策略起到了助推器的作用。

——王伟明

凯旋广告拍摄侧记

广 告 主：东风雪铁龙——凯旋汽车

广告代理：上海电通广告公司

2005年秋天，北京电通东风雪铁龙的新车“凯旋”上市。凯旋是一辆融合众多尖端科技的中级轿车，消费目标直指从成功走向卓越的商务人士。广告创意者从神舟六号凯旋归来中找到了灵感，设计出了脚本，由来自澳洲的优秀广告片导演Rob Dupear执导该片，在全体制片人员的合作下制作出了具有好莱坞大片风格的凯旋汽车广告，获得巨大成功。

一架太空飞行器从天而降，不可思议地变形成一辆全新的东风雪铁龙凯旋轿车！凯旋在一片欢呼声中开始了全新的旅程，从欧洲到中国，所经之处，沸腾的人群夹道欢迎，仿佛在迎接一个英雄凯旋归来，这就是凯旋汽车广告片的内容。

时值2005年的秋天，神舟六号凯旋归来，举国欢庆。那是一个国人为国家科技成就自豪的时刻，也正是北京电通东风雪铁龙Team为凯旋上市的TVC脚本脑力激荡的时刻。

凯旋是一辆融合众多尖端科技的中级轿车，消费目标直指从成功走向卓越的商务人士。我们的创意策略考量，是要在凯旋与科技之间找到一座桥梁，传达凯旋智领科技，卓远天成的概念，需要呈现出一种大气、稳健、进取、震撼的格调。

看到神舟六号凯旋归来的场面，我们找到了灵感，凯旋的场面加科技的交汇呈现，不正是凯旋所要传达的核心概念吗?

为了便于客户理解创意表现，我们决定制作动态的MotionBoard向客户提案。卖创意和卖商品一样，都需要卖相。对于这样偏视觉表现的脚本，MotionBoard比StoryBoard更容易让客户理解创意精神。看完我们的提案，当时就有客户建议干脆用杨利伟做代言，可见我们的创意与客户形成了共鸣。

东风雪铁龙Etchart先生说："我很乐意看到这样的创意，除了它能清楚地传达产品的相关信息，它真的很特别。在中国，汽车市场竞争异常激烈，大部分的汽车广告都是让汽车不知疲倦地路跑，这个广告不一样！"

确定了脚本，电通与本片的制作公司观池着手在世界范围内挑选导演。对于导演的选用，我们有自己的标准，基于片子对后期的视觉效果要求很高，导演在合成及三维制作上的经验和功力显得尤为重要。而且，我们需要的不只是一个好的导演，更是他背后的一个好的团队。

最后来自澳大利亚的Rob Dupear获邀执导该片。Rob从摄影起家，不但是一位优秀的广告片导演，还是一位出色的后期专家。他的作品节奏明快，擅长视觉语言，并富于后期效果。他在亚洲有很多工作经验，最重要的是，他对后期总是亲历亲为，会严格控制后期的品质。他同时从澳大利亚带来了他的摄影师Daniel Ardilley和后期视觉效果导演Sigi Eimutis。

谈到接手这个TVC的考虑时，Rob觉得创意脚本非常酷，很国际化，"这是个大胆的idea，视觉会非常吸引人。说真的我也不知道最后出来片子会是什么样子，但我喜欢这个挑战！"

Rob的工作非常严谨，他总是把前期工作做到位，拍摄过程自然就有条不紊。Daniel Ardilley是个大块头的大活宝，片场有他就有快乐。Sigi Eimutis则很安静，他随身带着两个宝贝：一个方的定位器和一个圆的测光仪。他全程跟拍，在拍摄之前他总要用它们记下位置和光线，后期效果能成方圆全靠这两个宝贝。

由于脚本有许多欧洲风格的场景，片子选择在欧洲风格建筑较多的上海拍摄。2月的上海，小风飕飕的，还有点刺骨。所有制作人员都全副武装，还是冻得瑟瑟发抖。不过拍摄完全按原计划进行，非常顺利。除了冷，老天居然非常配合。室内拍摄时下雨，室外拍摄就阳光明媚。天气完全跟着拍摄计划走。关机那天负责本片的观池制片人William终于松了一口气，最担心的天气因素没有拖后腿："托老天的福啊！"

广告中我们设计的场面宏大，需要大量的群众演员。四天的拍摄中，每天都会有200人左右的群众演员参加演出，这其中如何始终保持他们良好的拍摄情绪是非常重要的。好在剧组里有很多的人来疯，他们充满活力和感染力。导演一声"action"，他们就可以让群众演员每个昏昏欲睡的细胞又活过来，让兴奋、饱满、快乐的情绪又回到他们身上。虽然拍摄的过程很枯燥很辛苦，但我们的片场总是充满了欢笑。

在浦东拍摄间隙还发生了一个小花絮，一辆最新款奥迪A4从我们面前急驰而过。出乎意料的是，A4开出不足10米，突然急刹车，然后倒车，在我们面前停下。当时直接的反应就是他们要干什么? 我们中没有美女啊！这时，从车上走下四个年轻男女，原来他们盯上了凯旋轿车。他们像鉴赏艺术品一样围着凯旋走了一圈，然后互相低语着上了他们的A4。很戏剧性的一幕，呵呵，这不正是一支最好的广告片吗?

全部拍摄工作结束后，就进入关键的后期制作阶段。凯旋广告片的后期制作由澳大利亚digitalpictures iloura公司负责。这是一个世界顶级视觉效果、动画和数位化后期团队，很多中国电影大片，如《七剑》、《十面埋伏》的后期均出自他们之手。后期制作是这支片子的生命，飞行器变形为汽车和欧洲风格及中国式街景的营造是其中的重头戏。飞行器造型的设计灵感来自一种贝壳，动感圆润，与车的外形很和谐，做变形时就显得非常自然。除了在上海拍的一些实景，大部分的街景是通

过电脑建模做出来的，也需要大量的精力与时间。

后期公司的专业与敬业令人钦佩，其中有个细节让人颇有感触，每天工作完，负责不同镜头的视觉效果师都会坐在一起，一起看各自做的东西，然后大家互相提意见，互相切磋，互相促进，那种团队的气氛非常好。希望在我们的Team里也推广这样的做法。

对于本片的后期制作，观池制片人William连呼过瘾：“在我的印象中，从来没有一支中国的广告片，有如此多的后期镜头，尤其飞行器变形为汽车的那段简直让你透不过气来，完全可以和好莱坞的大片媲美。只有一个月的后期时间，能做出这样的效果，真的不容易。”

广告制作完成后，立即在全国范围内进行了测试，收到的反馈令人兴奋。大部分人都很喜欢这支片子，用他们的话说，“有种看大片的感觉”。他们都表示会去经销网点亲身体验，而且都读懂了本片所要传达的含义：凯旋是一辆科技含量很高的中高级商务轿车。广告播出后，凯旋的预订量也足以令客户欣慰。这支片子同样得到北京电通领导的高度评价，东京电通的同事也赞赏有加。

把一个好的想法变成一件好的作品，是一个跨越。它需要代理商、制片公司、导演、后期公司的齐心协力，真诚合作，只要中间任何环节出现细小的差错，最后的效果都可能不尽如人意。

回顾整个TVC诞生、拍摄、上线的过程，我们都清楚做这样广告的机会不是每天都有，所以我们都非常珍惜这样的合作机会。我们所有的努力就是为了能让片子加分，把片子做到最好。其实，对于拍一辆车来说，当时客户的预算并不多，但观池老板张斌看完脚本后表示，即便是赔钱也要把这部片子拍好。就是因为有了这样一种精神，才有现在这样令人满意的作品诞生！

除了要感谢自己的创意团队和公司业务团队的全情付出，更特别感谢客户的眼光与信任，大多数客户都希望广告公司能为他们的产品做个好作品，总觉得别人的广告好，但是他们不明白怎么去做。我们很幸运遇到了明白的客户。坦白说，接受这样的创意是需要眼光和勇气的。从第一次提案开始，客户就给我们充分的信任，放手让我们去做。在拍摄现场不会吹毛求疵抓住一些小问题不放，更不会提些莫名其妙的修改建议。

创意需要伯乐，遇见一个好客户，的确是作为创意人的一大幸事。而制片公司的专业水平和导演的执行力以及合作时彼此间的信任和默契，也是本片得以成功的关键。

点评：

创意是广告的灵魂。广告主题解决的是广告“说什么”的问题，而广告创意则要回答“怎样说”。很多时候，同一主题以不同的方式表现出来，其效果有鲜明的差异，由此可见创意的重要性。独创性与新奇性是广告创意的本质属性。我们平常所说的“独辟蹊径，独具匠心，独树一帜，独具慧眼”等，都是指广告创意的独创性。广告创意必须是一种不同凡响，别出心裁，前所未有的新观念、新设想、新理论，是一种“言前人所未言，发前人所未发”的创举。缺乏创新性的广告，不仅不能使广告本身从广告的汪洋大海里漂浮出来，更无法使广告商品从商品的海洋里漂浮出来。凯旋汽车的这则广告就具备了这两个特性，使观看者眼前一亮，留下难以磨灭的印象。这则广告也呈现出一种大气、稳健、进取、震撼的格调，非常准确地表达了所要传达的含义：凯旋是一辆科技含量很高的中高级商务轿车。

——王伟

帕萨特领驭，发掘消费者心中的渴望

广 告 主：上海大众 — 帕萨特领驭汽车

广告代理：精信广告有限公司

2005年对上海大众及它的旗舰车型帕萨特是具有争议的一年。上海大众失去了在汽车业占据了20年之久的第一的领先位置，并且帕萨特的销量也持续下降，从2004年开始落后于本田。帕萨特的最主要弱点在于帕萨特的外观从它五年前上市到现在都没有任何改变，消费者眼中的帕萨特已经成为一个陈旧而保守的品牌。为了改变了消费者对帕萨特原有的印象，激起消费者对新帕萨特的渴望，企业策划了“志，在掌握”这次营销战役，并取得显著的效果。

这次战役使上海大众重新取得中国汽车业排名第一的位置，同时，上海大众的帕萨特也重新获得了B级家用车排名第一的位置。

战役名称：

志，在掌握

战役总结：

这次战役的目的是：

1. 新型帕萨特车型成功上市
2. 在2005年2月前抑制市场份额下降的趋势
3. 通过建立新的品牌形象使消费者达到共鸣，改变消费者对帕萨特负面的认知度（陈旧，一成不变）

此次战役改变了消费者对帕萨特原有的印象，建立起了强大的感性联系，并发掘了对新帕萨特的渴望。

市场挑战与目的：

1. 失去同类汽车的领先地位：2005年对上海大众及它的旗舰车型帕萨特是具有争议的一年。上海大众失去了在汽车业占据了20年之久的第一的领先位置，并且帕萨特的销量也持续下降，从2004年开始落后于本田。

2. 失去市场份额: B级车市场的竞争变得越来越激烈，价格战日益成为争抢市场份额的主要策略。 超过5家的竞争者参与其中。

3. 失去消费者吸引力：帕萨特的最主要弱点在于帕萨特的外观从它5年前上市到现在都没有任何改变，消费者眼中的帕萨特已经成为一个陈旧而保守的品牌。不过，这一品牌仍然被认为具有依赖感，信任感，控制感并彰显地位且不张扬的特点。

我们需要克服以上的不利因素，通过与消费者建立强大的情感联系而创造一个新的品牌印象。

时间表

上市	公关活动	预告	直邮	广告
	2005年10月	11月初	11月初	11月24日

所面对的是:

1. 强大的竞争/价格战。
2. 在竞争中身份地位与生活形态已经越来越多成为交流的平台——如何让新的帕萨特能代表更高形态的优越而不过分炫耀身份地位的代表。
3. 平衡现有帕萨特品牌的正面价值属性。

目标市场：

男性在中国仍然是汽车购买和驾驶的最主要的人群。既然此次战役是帕萨特品牌的再上市，那所有的潜在的男性车主仍然是我们的主要针对人群。

对消费者的挑选过程包括对车、对生活方式的调查，其中媒体的观点在其中起到重要作用。

对于那些3~5年前买车的消费者而言，二次购买/升级购买的可能性非常大，如此推断，现有的帕萨特消费者中，那些在2002~2003年间购买的人群也被认为是我们的目标市场。精信顾客关系管理数据库帮助我们很好地去找到相符的消费人群。

根据心理价值需求的原理，我们看到一个广泛的消费群——中高收入者，本地企业家，在跨国公司担任要职的中级/高级管理人员和职业人士。分析了解这些消费人群的想法对于我们建立与他们能产生共鸣的联系相当重要。

核心目标人群：自信，知道自己的路在哪儿，并一切都在掌握之中。

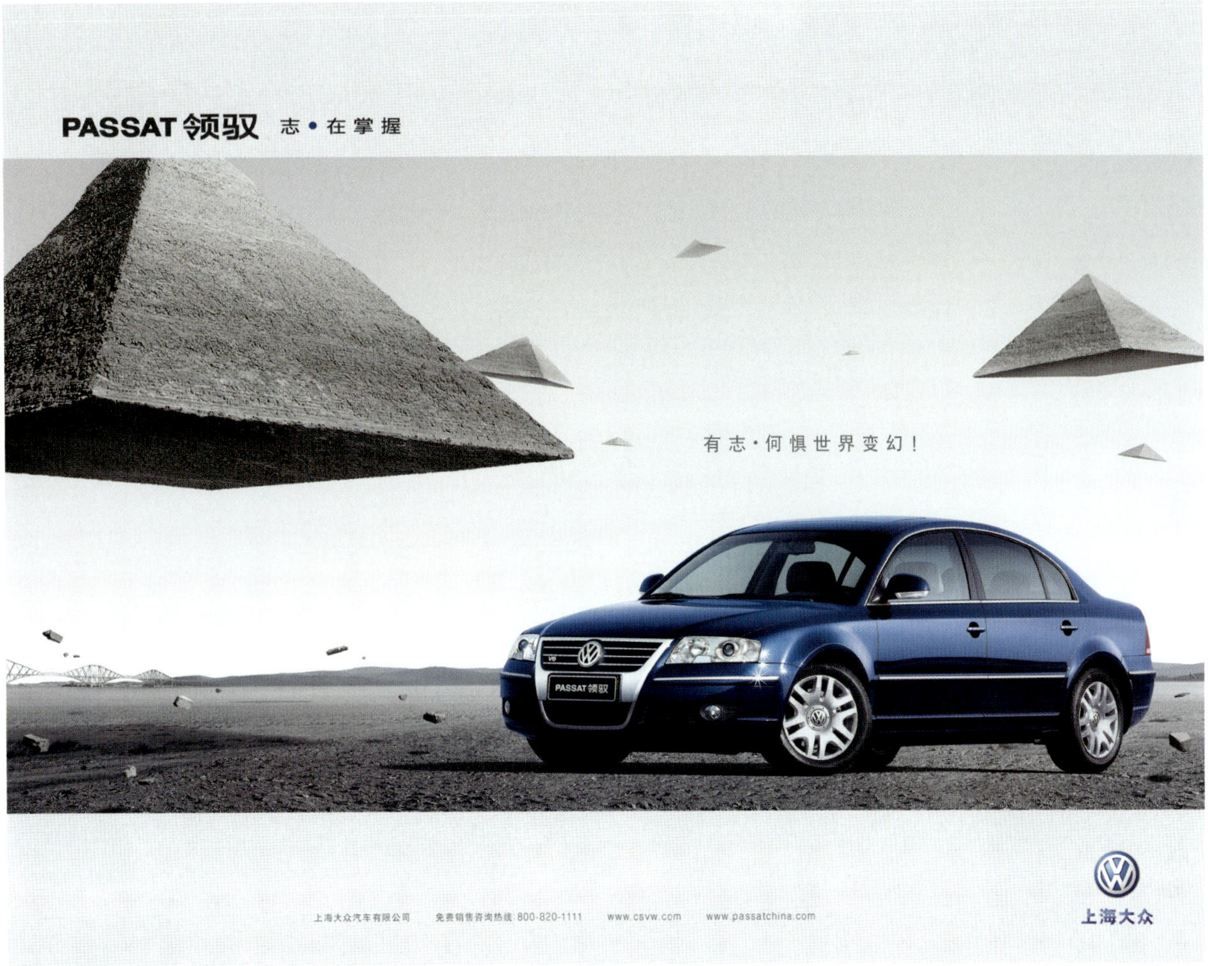
PASSAT 领驭 志 • 在掌握
有志·何惧世界变幻！
PASSAT 领驭
上海大众汽车有限公司
免费销售咨询热线: 800-820-1111
www.csvw.com
www.passatchina.com
上海大众

V6
PASSAT 领驭
PASSAT 领驭 | 亮相在即
预售热线: 800-820-1111
上海大众

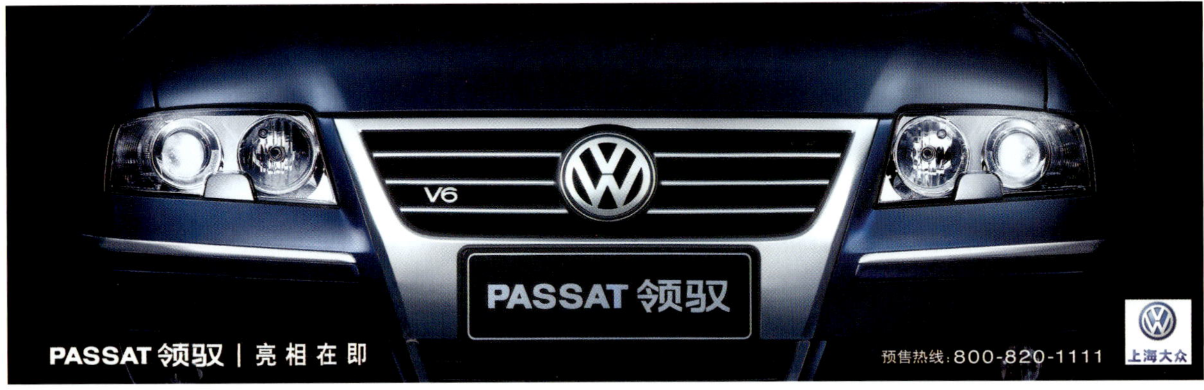

我们的最终目标人群有别于那些因为工作、家庭和某些关系的压力下需要用炫耀成功而去作心理平衡的男性，我们的目标人群除了拥有财富，更具有自信的气质和对生活志在掌握的能力。他们的成功源于他们的自我努力，经验和知识。这样的自信让他们在现在高度发展的中国大环境下仍然具有掌控的能力。“即使其他任何东西都已经失去了控制，我仍然具有对自己生活完全掌握的自信。”

策略:

集中于一个主题——掌握

1. 洞察／动力：帕萨特具有正面的属性但是也被认为是保守。这一观点需要清楚。

策略: 保留车上的英文名字PASSAT，增加 新的车型的中文名字 领驭——“我的领域，我掌握”

在上市前一个月我们做了预告，让消费者看到一个不同的帕萨特——“那是帕萨特吗？”领驭 即将上市！

2. 洞察／动力：在媒体上大力宣传，突出新帕萨特的外观让消费者能够充分意识到其不同。

策略：运用公关活动举办各种活动并与设计团队共同庆祝新帕萨特的设计——“设计的美感”。邀请媒体试驾并亲自看到美感和感觉掌握。

3. 洞察／动力：需要强大的情感联系来创造渴望。

策略：通过广告来建立品牌形象，志在掌握——帕萨特的一切都是自信的掌握。

4. 洞察／动力：已经购买车子3~5年的帕萨特车主正在寻求升级。需要向他们描绘出具有品牌精神的一种优越感。

策略：直邮——用国际象棋的棋盘来诠释一种帝王感和掌握的精神：“驾驭世界，你就是国王”

战役成果及评价:

2006年2月，帕萨特领驭在销量上超过了Accord，并成为最畅销B级家用车。

从1月和2月的销量情况，领驭已经恢复PASSAT在B级车中的领导地位，也推动上海大众恢复了在中国汽车市场排名第一的9.3%的市场份额的地位。（2005年，上海大众落后于通用汽车）

点评:

评价一个传播活动的策略是否妥当，要看实施之后的效果，效果具有第一发言权。从本案例实施后的数据可见，整个营销活动是非常成功的，明显的对销售产生了影响，有力地推动了品牌的知名度，也推动上海大众恢复其在中国汽车市场排名第一的9.3%的市场份额的地位。

任何一个品牌都是有其既定生命周期的，一个品牌正常的自然生命周期是一段平滑的抛物线，但是根据企业促销和创新等推进程度的不同，抛物线的弧度会发生变化。我们可以发现，在长寿型企业的品牌生命谱系中，其走势均呈扇型分布，这是源于企业创新推动的结果。因而，现今无论是实业界还是理论界都一致认为：创新是企业生命之源。只有不断地给企业注入新的理念，给产品注入新的因子，才能实现销售力和品牌力的再造，才能使一个企业长寿。上海大众的“志，在掌握”这一营销活动给帕萨特注入了新的活力，为上海大众重新取得中国汽车业排名第一的位置，无疑，这是一次非常成功的营销战役。

——王伟明

龙岗本田，“和”文化打造服务品牌

广 告 主：深圳市新力达汽车贸易有限公司

广告代理：广东博士公司

龙岗本田是深圳市新力达汽车贸易有限公司与广州本田汽车公司合作经营的特约销售服务店，是深圳经济特区外首家广州本田汽车特约销售服务4S店。公司处于发展壮大阶段，却面临着激烈的市场竞争，广东博士公司为其整合推出“和”文化的品牌战略，走文化差异性的道路，打造龙岗本田的品牌竞争力，塑造品牌的强势地位，成功地使该公司成为龙岗地区汽车行业的一面旗帜。

2002年4月，深圳市新力达汽车贸易有限公司成立，2003年1月与广州本田汽车公司合作经营的“四位一体”广州本田汽车龙岗特约销售服务店（以下简称：龙岗本田或龙本）正式开业。它是深圳经济特区外首家广州本田汽车特约销售服务4S店。成立3年来，龙岗本田4S店不断发展壮大，已成为龙岗地区汽车行业的一面旗帜。公司处于发展壮大阶段，但目前却面临着强有力的竞争，深圳的广州本田汽车特约经销商店已有7家，分布在6个区，市场竞争激烈，它们的经营方式十分相近，各店之间没有明显的差异性；如何让龙岗本田上一个新的台阶，树立企业的核心竞争力，拉大与同行业的差距，走在行业的前列?

博士公司站在品牌战略的高度，并结合汽车服务企业特性和龙本的实际，尽力打造龙岗本田的品牌文化，并借“文化力”促进“销售力”。同时，通过“文化”的差异性，可以实现市场区隔；通过“文化”的价值，可以提高企业的核心竞争能力！以此为诉求，博士公司为其整合推出“和”文化的品牌战略，走文化差异性的道路，打造龙岗本田的品牌竞争力，塑造品牌的强势地位。博士公司提出“和”文化的策划方案、传播语、LOGO、服务手册、员工手册、宣传物料后，受到龙岗本田领导的肯定和一致好评；博士公司随后又为龙岗本田“和”文化制定品牌营销、业务推广的策略，结合文化提出了一系列整合推广方案，并制订详细实施计划，推进“和”文化体系的执行。在前期的企业内部文化导入阶段已体现出了企业内部和谐的机制和氛围，让员工在和谐的工作环境、和睦的同事关系中将发自内心的微笑带给客户。

市场综述：

企业和品牌背景

深圳市新力达汽车贸易有限公司成立于2002年4月，隶属新力达集团。公司占地7200平方米，主要经营汽车销售、汽车维修、进出口等业务，于2003年通过ISO9001（2000）质量管理认证，并在同年取得一类维修企业资格。 2003年1月龙岗本田与广州本田汽车公司合作经营的“四位一体”广州本田汽车龙岗特约销售服务店正式开业。该店位于龙岗中心城，是深圳关外第一家广州本田汽车特约销售服务店。公司严格执行广州本田汽车特约销售服务店国际化、规范化的管理模式，以专业、高效、贴心的服务宗旨，为客户创造更多的增值服务，目前已成为龙岗区汽车行业的领头羊。在企业高速发展的阶段，要想在提升其在业内的竞争力，需要重新打造企业品牌优势。

市场情况

目前，中国的汽车行业正处于快速发展时期，市场前景广阔，世界各汽车品牌相继进入中国市场，竞争比较激烈，它主要表现在不同品牌的同档次的车型越来越多，造成汽车经销商的销售难度越来越大。

同时，由于科学技术的突飞猛进，使得技术和服务的雷同现象普遍存在，因此企业经营也越来越“同质化”。企业经营的差异性不够，使消费者很难判别企业品牌的优劣，造成了消费者对品牌的忠诚度也很低，无法实现市场区隔，特别是汽车经销商品牌尤其明显。

比起买日常用品去沃尔玛、家乐福，买家用电器去国美、五星，汽车销售企业的品牌性好像差了很多。“海尔，真诚到永远”、“‘无微不至，无所不在’，国美彩虹服务”、“沃尔玛，天天平价”这些耳熟能详的服务理念和承诺成了人们消费中的一种参照。而人们在汽车经销商那里看到了什么，又记住了什么呢?

因而，汽车经销商们如何打造“服务品牌”？如何走差异化道路？是它们面临的十分迫切的问题。

对汽车销售业的人员流动频率高早有耳闻，近日，一直做汽车销售的小杨从一家品牌汽车的4S店跳到了一家名不见经传的小店，问其原因，她说：“到哪里不是卖车，只要待遇好一点就行。”她只把自己定位于一个“卖车的”，而这也是她的大多数同事的一种说法。“卖车拿提成，这个月卖了多少车，会拿多少工资？”这是他们关注的话题。

也许这样的员工也能做出优秀的成绩，因为“拿高工资”也是一种目标。但他们工作的心态是什么样的？随时准备着向高处跳，还是多挣些钱?

“看不到希望，再做还是帮经销商卖车。”小杨用一个“帮”字定位了自己的工作性质，并且得到很多同行的认同。

员工认为工作不是为自己的前途而努力，不是为提高自己而努力，而是为老板工作。这种外企最忌讳的现象实实在在地

龙岗本田 和 文化之和爱篇
和
和爱
和爱
SLD 新力达汽贸
广州本田龙岗店

龙岗本田 和 文化之和合篇
和
和合
和合
SLD 新力达汽贸
广州本田龙岗店

龙岗本田 和 文化之和气篇
和
和气
和气
SLD 新力达汽贸
广州本田龙岗店

龙岗本田 和 文化之和谐篇
和
和谐
和谐
SLD 新力达汽贸
广州本田龙岗店

以和为贵
SLD 新力达汽贸
广州本田龙岗店

和行天下

存在于汽车销售行业。这种员工忠诚度极低的背后，虽不乏生存之计的现实考虑，却也在某种程度上反映了汽车销售行业中的企业品牌和企业文化的缺失。因为，一个企业的品牌不只表现为消费者的忠诚度，更重要的是员工的忠诚度。

竞争对手

汽车市场面临着七国争雄的局面，鹏峰、深业、易达、安迅、新力达、兴业、华峰等7家分割着广州本田的深圳市场份额，龙岗本田要想建立领先行业地位，必须提升品牌的核心竞争力。

品牌文化建立目标

整合文化的推广要达到品牌形象与销售的双丰收。

目标1：为龙岗本田树立广州本田深圳市场领先地位提供文化思想基础；并为以后代理其他汽车品牌提供良好平台。

目标2：通过“和”文化的建立，兼顾企业内外各方利益、互惠共赢，培养员工和客户对企业的忠诚度，建立员工、客户、企业、社会的和谐关系，使企业长期稳步发展。

目标3：以“和”文化树立品牌新形象，提升品牌美誉度，加大客户对品牌的认可和忠诚度。

目标4：用文化营销模式带动销售力，扩大市场份额，提高市场销量。

目标对象

龙岗本田的消费群是：企业主、职业经理、公务员、高级白领等，他们在社会中积极进取，取得一定的成功，大部分有家庭和事业，追求一种和谐、平衡的生活状态。

创意策略

博士公司历经两个月的市场调查和对文化的整合提炼，建议龙岗本田实施“文化战略”，走文化差异性的道路，综合分析提炼后，整合提出使用中国的传统文化——“和”文化。

为什么选择“和”文化呢?

“和”文化是中国思想文化的首要价值和精髓。

“和”文化是中国思想文化中最完善最富生命力的体现形式。

“和”文化比其他文化有更多包容性，容易简单阐发和传播。

“和”文化与世界“要和平、求合作、促发展”的时代主流相吻合。

随着时代的发展，“和”文化也不断与时俱进，现代的“和”强调的是“和生、和处、和立、和达、和爱、和谐、和平”。另外，面对铺天盖地的信息，消费者只愿意也只能够记住简单的信息，越简单越好，简单到只有一点，最容易记忆。

总结、提升出一种能让消费者快速、深刻记住企业的核心内容，创造能让大家记忆深刻的点，有了这个点才有了你的形象在大众心中的位置。这就需要：创造显著的差异性，建立自己的个性；力求简单，只要一点，容易记忆。而“和”文化完全符合这一点。

文化提炼

通过对“和”文化思想内涵的整合后，如何把“和”文化变为龙岗本田的品牌文化呢? 龙岗本田的“和”文化强调的是“服务文化”，结合企业的实际，通过精心的提炼，我们将它分为“一个核心”、“三个层次”、“五个层面”，主要内容如下：

1.“一个核心”指的是：

“以和为贵”作为龙岗本田的“和”文化的核心价值。

2.“三个层次”指的是：

第一层次是“和而不同”。它强化不同人本有的异质性，如个性、多样性等。

第二层次是“和善从流”。它能动创新与时俱进的主流价值，如公益、道德等。

第三层次是“以和为贵”。它永远寻求最佳的和谐相处之道，如和解、和平等。

3.“五个层面”指的是：

（内部）企业与员工层面：“和衷”。

（内部）员工与员工层面：“和睦”。

（外部）企业与客户层面：“和气”。

（外部）员工与客户层面：“和合”。

（外部）企业与社会层面：“和谐”。

4.“和”文化在企业不同层面的思想已作了演绎，龙岗本田的“和”文化的传播核心为“和”，那么它的统一形象传播语是什么呢？我们结合汽车与文化的特点，提出了多条相关的传播语，经过反复推敲，最终决定了选择——

“和行天下 驾驭未来”作为统一传播语，它带给人无限的想象，生动形象、意寓深刻，而且朗朗上口、容易记忆。

战略规划

如何提升龙岗本田创新经营能力？龙岗本田的创新经营，集中体现在文化创新方面，那么，如何提升龙岗本田的“和”文化呢？相对于技术创新来说，文化创新更综合、难度更大，从创新的层面来说，它比技术创新的层面更高、更不好把握。

因此，龙岗本田的“和”文化的关键是执行，执行到工作中的每一个细节中去（具体细节有待进一步制定），并且得到客户、员工、社会的认可，创造了价值，才算是文化的创新，否则，谈文化是没有意义的。因而，龙岗本田的所有企业活动都以“和”文化统一起来，作为主线，让每一次活动都为企业做加法，不断积累自己的品牌资产，创造更大的价值。

如何推行龙岗本田的“和”文化，我们将它分为三个阶段实施：

第一阶段：2006年为文化建设起步阶段。

主要对龙岗本田的“和”文化的完善、实施、修正的工作，表现在企业内部的培训及“友心”俱乐部组织的活动等。

第二阶段：2007年为文化提升阶段。

主要对龙岗本田的“和”文化的整合传播的工作，表现在一些主流媒体的宣传等。此大纲策划主线是“和”文化，主要从五个方面：企业与员工、车主、社会，员工与车主，员工与员工之间的角度，策划以“社区展览、公益、联谊、自驾游、促销、社会事件”等活动。

第三阶段：2008年为文化价值体现阶段。

主要对龙岗本田的“和”文化的价值分析、评估（包括效益、品牌文化的美誉等）的工作，表现在品牌的效应是否创造了价值。

形象传播

1. 文化VI的导入：观念决定行为，行为决定结果，思路决定出路，因此，经营创新必自观念创新开始。博士公司提出“和”文化的策划方案、传播语、LOGO、文化画册、服务手册、员工手册、宣传物料。

“和”文化LOGO标志以书法书写的汉字“和” 为核心，镜像相互，周边环圈由篆体的“新力达龙岗本田，和行天下”字围成，红色、黑色交接寓意和谐相融，体现了“以和为贵”的核心价值。

“和”文化画册深入挖掘和阐述了“和”文化的丰富内涵，在画册设计和制作工艺上也能让人深深感受到中国传统文化意味。

2. 文化的整合推广：博士公司随后又对龙岗本田“和”文化进行品牌营销、业务推广，结合文化提出了一系列整合推广方案，并制订详细实施计划，推进“和”文化体系的执行。

媒介策略

“和”文化形象宣传（活动前期告知、后期跟踪报道）

策略：通过活动主题引起政府关注，获得各大媒体的新闻报道及行业杂志、电视台汽车专栏对活动进行积极的报道。

品牌文化需长期推广宣传，在媒体的投放上选择广告、软文、新闻、专题相结合等形式，根据活动整合媒体计划，以“形象+促销”为主要推广和媒体目标，采取软文炒作和汽车专栏广告相结合的媒体投放策略，营造强大的广告氛围。

效果证明

文化整合方案提出后，受到新力达龙岗本田赵总及集团领导的一致肯定和好评。目前，新力达龙岗本田已开始进行文化的前期导入工作，从展厅布置、文化衫、车贴等形象的统一到文化手册、服务手册、员工手册的思想导入，由上至下，全员学习，先在企业内部推行，在员工之间倡导“和谐企业、由我做起”，在企业与员工之间体现出了和谐的机制和氛围，让员工在和谐的工作环境、和睦的同事关系中将发自内心的微笑带给客户。通过强化培训，使“和”文化真正深入人心，在企业内部学习讨论。将“和”文化融入企业的规章制度、流程标准，尤其对服务满意度、考核体系进行了一系列调整，部分机构及职能调整；加强文化推进，落到实处。通过一系列文化活动和培训，改变全员观念，使后续策划方案得以顺利推行。通过企业内部员工活动、车友会互动活动等各种方式，充实“和”文化的内涵，广泛传播，形成社会效应，提高品牌知名度和美誉度。

正如同“文化传薪火，实干创未来”，龙岗本田文化建设的关键在于执行，真正把文化的元素渗透到工作和生活中的每一个细节里去，文化才能转变为先进的生产力。面对市场竞争激烈的残酷现实，新力达龙岗本田更加要居安思危，与时俱进、脚踏实地，不断地进行文化创新，文化才具有更强大的生命力，否则文化价值就无法体现出来。文化的渗透和演绎是个漫长的过程，它靠企业的长期经营和积累来打造、传播，散发它的无穷魅力和光彩。

点评：

品牌是文化的载体，文化是凝结在品牌上的企业精华，也是对渗透在品牌经营全过程中的理念、意志、行为规范和团队风格的体现。在品牌的塑造过程中，文化起着凝聚和催化的作用，使品牌更有内涵；品牌的文化内涵是提升品牌附加值、产品竞争力的原动力。 因此，当产品同质化程度越来越高，企业在产品、价格、渠道上越来越不能制造差异来获得竞争优势的时候，品牌文化正好提供了一种解决之道。广东博士公司为龙岗本田提出“和”文化的策划方案蕴含着丰富的民族文化，凝结着深厚的民族文化情结，使龙岗本田与其竞争对手在“品牌文化”上产生了鲜明的差异性，提升了其核心竞争能力，是一个非常成功的案例。所以有人说，未来的企业竞争是品牌的竞争，更是品牌文化之间的竞争。这是一种高层次的竞争，任何一家成功企业都靠着其独特的品牌文化在市场上纵横捭阖。

——王伟明

路邦：老企业战略转型实战范本

广 告 主：青岛王冠石油化学有限公司 — 路邦汽车润滑油

广告代理：21世纪福来传播机构

路邦企业（青岛王冠石油化学有限公司）是海尔集团控股的中美合资企业，自1989年成立以来专注润滑油行业发展，16年来跻身于本土润滑油行业的前列，却又遇上传统企业发展的瓶颈，形势岌岌可危。关键时刻，企业果断地进行了战略转型，把经营重点放在了润滑油时代被冷落的路邦系列养护品上，从产品、价格、渠道、推广、传播5 方面对产品进行全方位市场策划，使企业迎来了第二次腾飞。

一个16年专注润滑油行业发展的老牌合资企业，如何老树开新花?

一位年届60，说话一是一，二是二，看似呆板的领军人，如何在朴实中透露锋芒?

一群埋头苦干，莫问前程的中年人，如何在传统的道路上做出新意?

一个十余年依靠内部智慧发展的企业，如何将外脑智慧移植为自身优势?

它是一个关于化解企业发展十年之痒的命题，是传统企业如何成功战略转型的命题。

它用行动揭示了这样一个真理：创新和实战是企业腾飞的双翼！好产品、好营销共同构建战略转型命脉。

背景篇：传统主业遭遇震荡，企业急需转型

大河不满小河干

路邦企业——青岛王冠石油化学有限公司是海尔集团控股的中美合资企业。自1989年成立以来一直以润滑油为主业，历经16年发展跻身本土润滑油前列。然而，受国际原油供应不足的影响，行业生产成本直线飙升，利润急转直下，本土企业相继垮掉，昔日的阳光产业寒风刺骨。同时，国际润滑油巨头的铁蹄如入无人之境，短短几年，美孚、壳牌的标志随处可见，行业竞争不断升级。

传统主业形势逼人，青岛王冠面临绝地突围?

寻找方向转移风险

是把鸡肋啃出味道，还是再养一只会下金蛋的母鸡？企业意外地发现自家后院就有金矿。在经营润滑油时代被冷落的路邦系列养护品，正迎合时下汽车、摩托车市场与日俱增的养护需求。汽车养护业早已被发达国家证明拥有强大的市场潜力，其行业利润甚至排在整个汽车产业链之首。而国内汽车养护仍处于起步阶段，早在数年前诞生的本土企业，要么规模小资金少折戟江湖；要么缺乏核心技术，产品不支持，昙花一现；要么经营思路和理念不切实际，一直不温不火；要么产品陈旧缺乏创新，与个性化消费需求日益脱节。

买车容易养车难！国内养护企业经营的不景气与巨大的市场需求形成鲜明反差。这样的反差足以让任何渴望并且有实力进军养护市场的企业热血沸腾。而路邦无论从哪个方面都具有成为行业领导的潜质。

首先，路邦是纯正的美国血统（青岛王冠分装），其生产厂家美国LSC公司是美国最大的独立润滑剂厂商之一，最初只为美国军方提供服务。

其次，自1998年以来，路邦已经多年试水市场，自上市以来，顾客好评不断，甚至有些地方停货之后，老顾客打电话到总部询问原因，并要求邮购产品。

第三，路邦不仅品质可靠，而且产品线丰富，能够满足数十种车辆个性养护需求，与越趋复杂的汽车养护趋势相契合。

第四，路邦推广可以借力企业16年润滑油行业积累。无论是渠道网络建设还是市场推广，都有交叉和值得借鉴的地方。

种种迹象表明，路邦能够承担转移企业风险的重任！在外脑的共同推进下，企业决定两条腿走路，将润滑油作为现阶段利润中心，提供经营资金支持；将路邦作为企业未来利润增长中心，实现企业的二次腾飞。

然而，在以润滑油为主的企业发展历程中，路邦一直寄居润滑油产业链，缺乏独立自主的运营和符合市场的发展规划与策略，严重挫伤了产品个性，制约了产品发展。

如何确定路邦的核心竞争力?

竞争篇：对手的软肋就是路邦的机会

找准路邦的定位才能确定产品的核心竞争力，才能鲜明区隔于其他产品，从而给予消费者选择路邦的理由。通过对现有养护品市场表现和消费需求的分析，我们发现，现有养护品在品质上的重大缺陷以及操作模式的单一，产生了极大的消费抱怨。存在以下两大倾向：

首先：现有产品不能满足消费需求。

Roab
路邦养护，全程无忧
Roab
ANTIFRICTION

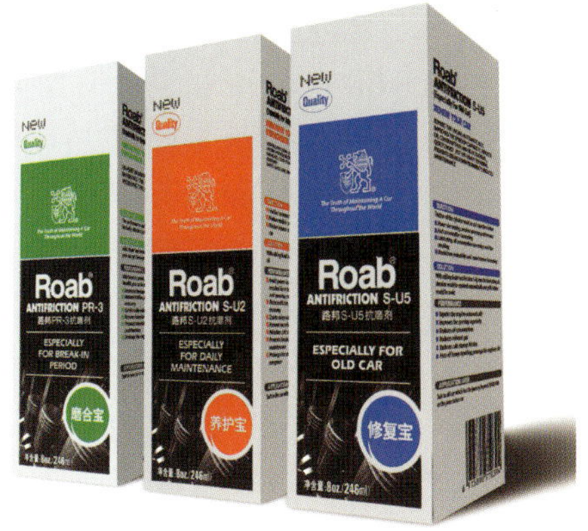
New
Quality
Roab
ANTIFRICTION PR-3
ESPECIALLY FOR BREAK-IN PERIOD
磨合宝
Roab
ANTIFRICTION S-U2
ESPECIALLY FOR DAILY MAINTENANCE
养护宝
Roab
ANTIFRICTION S-U5
ESPECIALLY FOR OLD CAR
修复宝

行在北京
Beijing Street Map
路邦 让爱车尽情享受三大时期量身养护
LIFE EXPRESS
消费地图

路邦 Roab
Roab
ANTIFRICTION
For Use Only By Trained Mechanics
全球汽车养护之道
以国际化的变革让每一个驾驶者充分体验驾驶的乐趣
以卓越品牌实现中国汽车养护时代的跳跃
以超前的理念统领中国汽车养护新时代
以尖端的技术赢得行业市场喝彩
以专业的精神服务中国爱车一族
以24年的文化底蕴震撼汽车行业

Roab 路邦
路邦
全球汽车养护之道
Roab

一方面，产品承诺与产品功效不符。往往是一种产品解决多种问题，甚至包治百病，导致使用效果不明显，消费承诺难以兑现，消费落差很大。

另一方面，不少产品不仅不能解决养护问题，反而引发其他问题。比如，有的抗磨剂虽然具有较好的抗磨作用，但容易在缸头结焦……负面效果使部分消费者对养护品敬而远之。

其次，现有模式不符合消费需求。

除去小产品杂品牌低价倾销的原始模式之外，养护品呈现以下三大运作模式：

以JB为代表的渠道模式。从最初的电视直销到近年的终端推介，开创了中国汽车养护业的先河，成为行业发展的缩影，但后劲不足。

以安耐驰为代表的广告模式。依靠凌厉凶猛的电视广告攻势，在营销手法落后的汽车添加剂行业，迅速成为知名品牌。但随着直销片广告效应的下降，销量持续下降。同时，这种单一的广告模式也使它没有扎实的终端渠道支持，在电视广告引爆市场的时候，消费者却难以在终端找到产品的影子，从而使产品随着过气的广告不断流逝。

以蓝珊瑚（BLUE CORAL）为代表的大牌模式。

蓝珊瑚（BLUE CORAL）现已成为世界上历史最悠久的汽车养护用品品牌之一，一直以来，坚守国际大品牌发展模式，虽然品牌品质可靠，但推广模式实在与中国特色国情相去甚远，所以一直维持不温不火的发展态势。

通过对消费者、竞品的分析可以看出：产品品质受限和营销模式单一严重制约了市场发展。而整个养护品市场处于上升时期，存在巨大的需求空缺，操作提升空间大。从市场空缺，对手软肋出发，路邦制定出鲜明的竞争策略。

策略篇：迎合消费需求，占位营销先机

路邦以不同于现有市场的产品模式圈地，开创养护品市场第四种操作模式，以建品牌为中心，从产品、价格、渠道、推广、传播5 方面对产品进行全方位市场策划，充分表现产品独特的操作个性和延展性，制定出不同时期，不同阶段适应产品发展的不同营销方案，卖货与建品牌同步进行，相互促进。

产品策略：开创直指消费需求的量身养护时代

路邦产品丰富、卖点多，需要明确的产品定位和合理的产品线分配。

产品定位：量身养护

通过对消费调研的严谨分析，我们发现：从购车到汽车报废，汽车最需要养护的有“新车磨合、老车修复、日常养护”三大时期。在不同时期，消费者渴望得到不同的针对性解决方案。从抗磨剂到止漏剂到清洗剂到变速箱保护剂——路邦近百种产品，正好能够满足不同时期、不同车况的养护难题。

在“新车磨合期、老车修复期、日常养护期”三大时期不同需求的鲜明划分上，我们提出“量身养护”的路邦定位，将路邦产品按照三大阶段进行划分。比如，将路邦抗磨剂划分为针对新车磨合期的“磨合宝”，针对养护期的“养护宝”和针对修复期的“修复宝”。

产品命名：路邦FB-3磨合宝　　产品定位：磨合期专用　　产品诉求：为爱车奠定一生基础

产品利益点：使爱车在2000公里内的每一次行驶中受益；高效磨合，远离汽车“糙、废、慢、钝”四大问题；防止汽车“先天不足”，延长使用寿命，保障汽车“终生受益”。

产品命名：路邦S-U2养护宝　　产品定位：日常养护专用　　产品诉求：常葆爱车年轻态

产品利益点：零摩擦保护，避免磨损造成的动力下降，远离启动困难；零启动时间，告别热车烦恼，提高驾驶乐趣；零燃油耗费，减少发动机故障，节省燃油费用。

产品命名：路邦S-U5大修宝　　产品定位：日常养护专用　　产品诉求：唤醒爱车强劲动力

产品利益点：让老车重现新车动力，延长大修期；自动修复磨损，改善烧机油、冒蓝烟现象，降低噪音；延长大修期，提高加速性能，重现新车动力；安全保障，减少发动机故障，降低维修费用 。

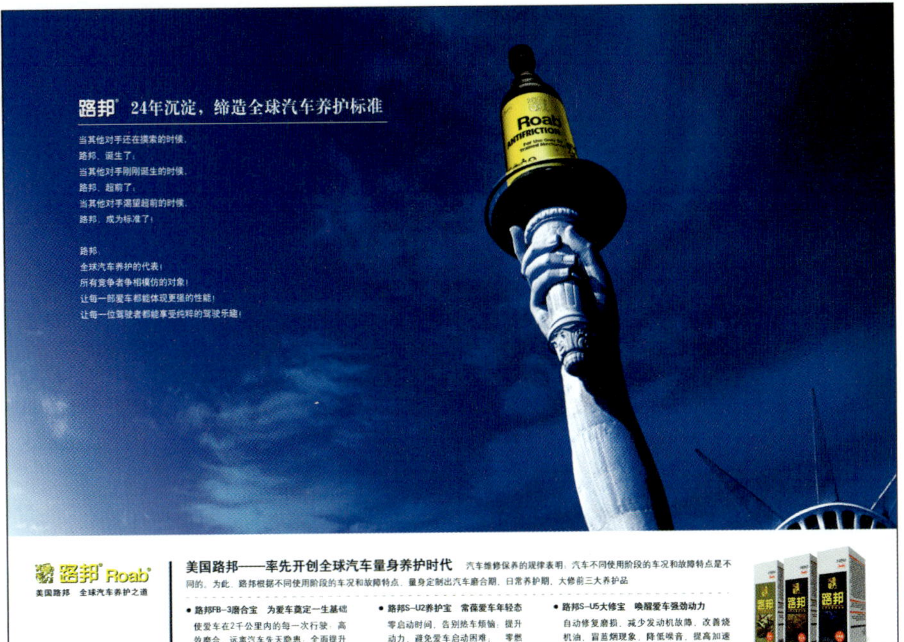
路邦® 24年沉淀，缔造全球汽车养护标准
当其他对手还在摸索的时候，
路邦，诞生了；
当其他对手刚刚诞生的时候，
路邦，超前了；
当其他对手渴望超前的时候，
路邦，成为标准了！
路邦，
全球汽车养护的代表！
所有竞争者争相模仿的对象！
让每一部爱车都能体现更强的性能！
让每一位驾驶者都能享受纯粹的驾驶乐趣！
路邦® Roab®
美国路邦 全球汽车养护之道
美国路邦——率先开创全球汽车量身养护时代 汽车维修保养的规律表明，汽车不同使用阶段的车况和故障特点是不同的。为此，路邦根据不同使用阶段的车况和故障特点，量身定制出汽车磨合期、日常养护期、大修前三大养护品
• 路邦FB-3磨合宝 为爱车奠定一生基础
使爱车在2千公里内的每一次行驶，高效磨合，远离汽车先天隐患，全面提升汽车性能
• 路邦S-U2养护宝 常葆爱车年轻态
零启动时间，告别热车烦恼；提升动力，避免爱车启动困难； 零燃油耗费，节省燃油费用
• 路邦S-U5大修宝 唤醒爱车强劲动力
自动修复磨损，减少发动机故障，改善烧机油、冒蓝烟现象，降低噪音，提高加速性能，延长大修期，重现新车动力
Roab
ANTIFRICTION

Roab
ANTIFRICTION
路邦® 一路上有你

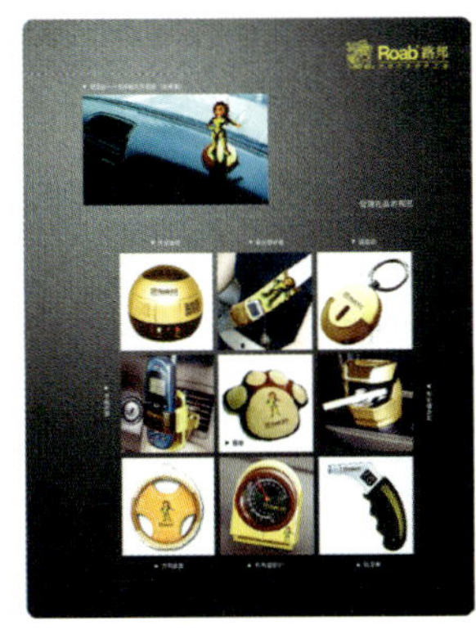
Roab 路邦

身份定位：国际品牌

国外汽车已经有百余年发展历史，因此，在消费者心中外国的产品就比中国好。在养护品行业，各类产品争相与国外扯上关系，背景包装成为公开的秘密。而路邦是名副其实的美国货，在其他产品都在打国外牌的背景下，在路邦量身养护的定位上，路邦更要放大最纯正的美国声音，高举美国牌。

一方面，在产品宣传中突出路邦在美国的发展历程，养护行业对路邦的评价，消费者对路邦的感受，以及相关养护机构、专家对路邦的认识，多方面多角度展示路邦品牌、品质值得信赖的特质。

另一方面，建立以品牌价值为核心的系列视觉元素组合。不仅从包装上体现产品品质，突出鲜明的国际品牌特色，而且专门为产品量身定制品牌手册，更重要的是为路邦塑造全套的CI手册，满足产品在各个渠道的宣传需要……从各方面诠释“全球汽车养护之道”的品牌理念。

产品线规划：以明星产品带动系列产品

汽车养护是一个长期的过程，需要经历一段的时间消费者才能显著感受产品功效。而消费者本身求好心切，养护市场整体又面临信任危机，使得能够眼见为实的产品演示效果变得极其重要。

在路邦近百种产品中，我们发现，抗磨剂最具演示效应，见效又快。而且，抗磨剂占路邦90%以上销量。因此，我们提出“抓住重点产品，打造路邦明星产品，划分三个差异化的阶段，以明星产品带动系列产品销售，其他产品跟着抗磨剂卖”。

价格策略：差异化价格歧视政策

在定价上，中国消费者消费心理很特殊，往往很难从口头获得他们真实的想法。在现实购买中，他们更多倾向在可接受范围内价格更高的产品。因此，路邦最终以“市场、竞品为导向”进行价格定位，针对三大类型产品实施“差异化价格歧视政策”，拉开产品之间的价格差距，建立产品功效与消费价格等式。

渠道策略：形象渠道与实销渠道相结合

渠道和终端是产品最终的战场，一切策略、创意都将在这个平台上角逐。市场调研显示：“汽车用品市场、汽车用品超市、汽车修理厂、汽车美容养护中心、超市”是汽车养护品的主要销售渠道；而店中店/专柜、网上商城、品牌4S店、团购以高档的品牌形象、便捷的消费方式，越来越成为有车一族，特别是年轻一族的最爱。

在众多渠道中汽车修理厂、汽车用品市场是货流最大的市场；汽车用品超市形象最宜做宣传，最易形成影响力。因此，在整个渠道规划中，路邦将形象渠道与实际卖货渠道分开，各有侧重，相互支持。

推广策略：将差异化实效营销进行到底

产品策略再好，没有好的推广策略配合也不行。而推广是现时养护品普遍的软肋，因为推广不力或不会推广，迫使很多企业一直用销售的思维去考虑和解决问题；迫使在销售努力到极点后转而投入到终端的肉搏战当中，以至于唯一的竞争手段就是打价格战。随着市场竞争的加剧，推广的作用越来越明显，可以这么说：谁先把握和运用好推广的利器，谁就能在市场上获取成功。

整体上，路邦走差异化营销路线，针对三个时期不同的消费特点，采用不同的营销路线，磨合、修复期以恐吓营销为主；养护期以走量为主，占领市场，增加产品信赖度。通过这种差异化营销路线，体现路邦三大时期产品的差异化特色；建立竞争壁垒；满足不同消费者的需求；树立行业标准。

同时，路邦产品实施有主有辅、重点突破的推广策略。比如路邦抗磨剂，在实际销售中，因为汽车日常养护需求量最大，因此以“养护宝”为主，将“修复宝”、“磨合宝”作为小众市场细分化、差异化的辅助推广。

具体而言路邦差异化实效营销推广策略，从以下4方面入手，满足产品不同发展阶段的不同营销需求：

首先，充分利用政府资源，进行超高端政府营销，全面提升产品形象，构建最具影响力、号召力的消费理由；其次，利用名人名车进行高端影响力营销，刺激销售；第三，与汽车销售商合作设专柜、店中店等，做足中端壁垒式营销；第四，人海战术全线拦截。在市场启动阶段，以“中端营销+低端营销”聚焦为主，集中所有的力量，选择最有销售力、能立竿见影的推广方式重点突破。随着市场的深入发展，依据具体情况，启动其他推广模式循环促进，进一步树立和打造路邦品牌形象。

颠覆传统的"哑铃式"传播策略

传统养护品传播要么上电视广告搞垃圾时段直销轰炸，要么打报纸广告，投软文，搞硬广。不论哪种方式都是传统医药保健品营销手法。医药保健品营销手法无疑是国内营销领域最成熟的手法，将卖药的方式拿来卖养护品也无可厚非，但一味跟风，不考虑行业和产品个性，显然无法避免红极一时的命运（最典型的一点，医药保健品是既卖疗效也卖心理，介于感性与理性之间；养护品可能以感性驱动产生初次购买，却只能以理性功效产生持续销售）。

路邦不能步其后尘。在传播方面，路邦开创性地采用突破传统的"哑铃式影响力传播"！

哑铃的中间是活动营销，一端是新闻营销，一端是终端营销。具体而言，以实效的高端公关活动切入（比如，结合燃油价格不断上涨，油资源逐渐减少，提倡社会节约的宏观背景，从社会资源的节约入手，倡导共建节约型社会），新闻营销全面跟进，从深度和广度上全面放大活动影响，站在行业市场高度，站在消费者切身利益的立场上进行定期报道，展开消费讨论，掀起一场养护行业舆论风暴，全面树立行业威信和品牌形象。同时，通过终端人海战术和精品专柜建设，全面展开针对竞品的攻势与拦截，与活动和新闻营销交相辉映。

实战启示篇：圈地·出击·收获

实战：从事件营销到样板启动到全国推广

无机油行车5050公里，打破吉尼斯纪录

世界能源的三分之一消耗在摩擦上，减少摩擦，降低磨损，节省燃油耗费，对于建设节约型社会具有积极的意义。在"共建节约型社会"的主题号召下，路邦联合中国机械工程学会摩擦学分会润滑技术专业委员会和北京机械工程学会摩擦学分会，于12月26日至30日开展无机油行车活动。车队从青岛出发，挑战无机油行车世界纪录。经过连续行车，穿越大半个中国，跨越7省市，在青岛和湖南衡阳之间，成功实现汽车无机油行车5050公里，创造了新的吉尼斯纪录。

无机油行车事件营销，为路邦大规模新闻营销和样板市场广告传播提供了契机，赢得了社会舆论和行业支持。

3个月启动样板市场

从修理厂到换油中心，从汽车美容店到大型汽车用品市场，从月福到中美汽车连锁，从电台互动栏目（如听新闻互动，送路邦产品）到电台广告宣传到基尼斯事件营销……2005年短短3个月，在鲜明清晰的整体思路指导下，路邦在北京、青岛样板市场已经风生水起。例如：北京四元桥宝莱俱乐部，路邦不仅全面占领俱乐部外在宣传优势，而且有效占位俱乐部内部资源，使路邦在终端布置上领先其他品牌，获得销售先机。

作为王冠公司二次腾飞的发展中心，路邦计划"2005年年底启动样板；2006年—2007年上半年建网络打基础样板市场继续深耕招商更多网络覆盖；2007年下半年实现全国提升；2008年上半年结合奥运契机成为主流品牌”。2006年，随着路邦在北京样板市场越走越稳，路邦在北京的市场影响力逐渐向外辐射，全国多个省市地区的经销商开始与企业接洽，王冠也逐渐将样板市场的成功经验结合其他市场进行有针对性的复制。

启示：好酒也要靠吆喝 吆喝也要有好酒

20年前“好酒不怕巷子深”，厂家拼命地提高质量；10年前竞争逐渐呈现“好酒也怕巷子深”的态势，不少概念型产品在市场火爆一时，灵活多变的小企业如雨后春笋般诞生，在推动了国内市场整体营销意识的同时，扰乱了市场正常的竞争秩序，形成了许多形式大于内容的产品和疯狂的暴利攫取。受这一因素影响，不少厂家开始从“极端的质量”走向“极端的营销”，不研究消费者，不研究市场，只一味“出奇出新”，认为只要吆喝好产品就能卖得好。

从近年来养护品市场的发展轨迹看，对于新事物新产品，面对消费期望与消费满意度的巨大悬殊，消费者历经多重洗礼，逐渐从消费感性步入消费理性时代，从某种意义上讲，甚至从一个极端走向另一个极端，对于概念型、夸大型营销产品产生了极强的耐药性。

在养护品行业面临集体信任危机的危急关头，路邦在养护行业却越走越好本身就足以证明：这是一个产品与营销共同制胜的时代，市场正在经历由乱到治，由感性狂热到理性回归的关键转型。

同时再好的策略得不到执行也是白费，路邦的成功，尤其是市场策略的成功与企业市场执行密不可分。初次接触路邦市场人员，会给你不善言辞，缺乏自信的感觉，言语间他们会向你透露自己的困惑，坦言对于市场的无知与迷茫，甚至你不得不怀疑：这一群人行不行？但就是这样一群看似不成功的人却恰恰能办到口若悬河之辈无法办到的事情。路邦北京市场负责人这样评价自己：“天生没有长得一颗聪明的脑袋，就是一个辛苦的命，但事不是做出来的，是拼出来的！”正是这种实实在在做事，实实在在做人的态度成就了路邦，成就了企业与外脑智慧的融合，成就了企业的战略转型。

点评：

在迷宫式的市场环境中，企业只有时刻准备适应外部环境的变化。不管企业战略制定时考虑得多么全面、周详，但市场环境瞬息万变，总会感到“计划赶不上变化”，当企业在一个产业做到一定规模之后，由于原有产业的局限，没有太多的发展机会，于是在保留原有产业地位和规模的基础上，开辟另外的产业；或者完全放弃原来的产业，转向新的产业。著名经济学家钟朋荣教授认为：在企业转型中，企业在战略上首先要考虑尽可能与企业原有产业相关，就近转型和相关转型，这样市场网络、品牌、技术和关系等很多资源都可以利用。路邦企业的战略转型就是基于这种原则的成功案例，从润滑油到汽车养护业的战略转移是在精心的市场调研后做出的选择，而从产品、价格、渠道、推广、传播5 方面对产品进行全方位市场策划，充分表现产品独特的操作个性和延展性，制定出不同时期、不同阶段适应产品发展的不同营销方案，这也是路邦成功的关键。无疑对企业而言，没有战略谋划，一切都无从谈起；而没有战略转移，企业就不可能有长久的兴旺。

——王伟明

Food
食品类

利乐包“牛奶运动”推广广告回顾

广 告 主：利乐中国 — 利乐包牛奶

广告代理：上海同盟广告有限公司

同质化越来越严重的牛奶市场竞争越来越激烈，牛奶质量的问题使得消费者对这个行业越来越缺乏信任，身为一个以提供乳品包装为主的企业，利乐不能趟各大牛奶品牌激烈竞争的浑水，也不能突出牛奶而怠慢其他饮料商。同盟广告用一个“答非所问”的方式，解决了无法用传播来回答的问题，向消费者传达了喝牛奶的好处以及“利乐，保护好品质”的信息。

相信绝大部分广告人从来没有遭遇过这样的事情，而且未来可能也永远不会遭遇到这样的事情——请你做一个“答非所问”的策略，做一套“答非所问”的广告，而且还要想办法成功！

什么是“答非所问”的策略？当你分析了一大堆的问题，发现所有的问题，你都不能通过传播来说，一说就有麻烦出现，你必须“答非所问”，用其他的方法来解决这个问题！相信你没有遭遇过这样的问题！而同盟广告在为利乐推出新广告时遭遇了，而且让人难以置信的是，居然解决了！

背景

利乐是一家提供乳品和饮料包装的企业，其中，以乳品包装为主。它是产业链中的上游企业，不直接生产产品提供给消费者，因此各乳品厂家利乐包装产品销售好坏变得至关重要，影响到利乐的市场表现。而利乐也有责任帮它的各个牛奶客户去推动白奶的销售。2004年，中国乳品行业整体发展态势良好，但是与上年同期相比，一线城市整个牛奶市场发展停滞，其中上海白奶上半年下降11%，二三线城市增长速度下降。

提出问题

随着前几年的高速成长，市场趋向饱和，白奶的成长减缓是可能的；也没有任何证据表明在过去的一年消费者在牛奶的饮用习惯上突然出现了改变，导致白奶消费停滞和下降的原因又何在？问题到底出在哪里？只有真正找到问题，才有可能解决！

对于乳品行业的分析

中国乳业虽然在圈地战、资本战、价格战、广告战、口水战的轮番洗礼中屡屡成为新闻界的热点话题，并在轮番不间断的炮轰下，不断走向前进、成熟，但与此同时，许多隐患也渐渐抬头。

- 激烈的行业竞争带来负面影响

“常温奶与保鲜奶之争”、“杀菌乳与灭菌乳之争”、“还原奶疑惑”、“早产奶现象”、“奶粉没营养”等系列口水战和概念战，是2003年乳品行业一大自杀性败笔，自我揭丑式的曝光和争辩把行业内的丑恶暴露无遗，到头来受伤的是整个乳品行业。

- 质量问题频繁曝光增加消费者对乳品的不安

各种关于乳品行业的负面报道非常多，如：毒奶粉事件、劣质奶片、保鲜奶冷链无法全程保证等等，质量安全问题成了消费者对乳品关心的头等大事。

《中国居民奶品消费调查报告》显示，在质量信任度方面，有44%的消费者已经不相信奶品生产商对奶品质量的承诺；45%的消费者不相信奶品生产商对原料奶来源有很好的控制。

中国乳业集体遭遇诚信危机，只有消除消费者的疑问、不安，甚至恐惧，才能推动牛奶销量的上升！

对于消费者的分析

目标消费群多为29-49岁的女性，孩子的母亲、家庭主妇，对于近一年来乳品行业的负面报道她们有些无所适从，对牛奶的信心也有所下降，只要是可以补充营养，有助于身体健康的食物，她们都会买来给孩子，所以逐渐地，她们也会用果汁、豆奶、保健品什么的来替换牛奶。其实她们并不是不需要牛奶，她们也不是不了解牛奶有什么好处，真正的问题是她们无法分辨以至信心缺失，出于自我保护，潜意识地降低使用量，或至少没以前那么热衷。

头痛医头并不能解决问题！

解除社会对牛奶的信任危机？——利乐不想碰也不能碰这个问题，原因是：1.这样可能会越描越黑；2.各派的互相攻击中都有利乐的客户，帮哪一方都不符合利乐的利益。向消费者描绘喝牛奶的好处？——消费者并非不知道，但是却潜意识降低使用量，原因是：1.对牛奶的信任危机；2.其他类别饮料的替换性选择。那么攻击其他饮料，突出牛奶？——这种方式同样不可行！因为其他饮料也使用利乐包！条条路看上去都堵塞了，该往何处去？

打破思考局限，采用独特的“答非所问”的解决方案！

新闻媒介的负面报道，生产厂家的相互攻击，使得消费者产生了混淆，缺乏信任感，以至于牛奶使用量减缓、停滞，但是这种现状利乐可以扭转吗？消费者可以通过利乐重拾信心吗？

任何进一步的传播或解释都需考虑到可能的潜在误导或混淆！利乐不应该也没有这个必要去趟这个浑水！

这件事到底应该谁来做？牛奶协会？对！就是应该牛奶协会来做！利乐也许应该与牛奶协会一起来做公益广告，宣传牛奶！但是利乐包装的好品质，如何传达给消费者，传达给客户呢？牛奶协会并没有这个责任。

好！那就让利乐来扮演牛奶协会的角色，来推动使用利乐包的白奶市场的增长！

所以，这次的传播和常规的传播变得极为不一样，不是针对某一特定的问题给出答案。不牵涉到具体的解释或评判，尽量避免任何可能产生歧义的细节或暗示。一个新的策略出现了！这就是“答非所问”的传播策略！

我们采用纯粹正面的教育，让消费者感受到：

1. 主要信息：喝牛奶对家人是健康快乐的

2. 次要信息：利乐，保护好品质。有利乐的保护，就可以放心享受这种健康快乐的感觉

创意表现

于是，便有了以下的TVC创意——喝牛奶是健康快乐的，而利乐包装的OK保证了这种健康快乐！

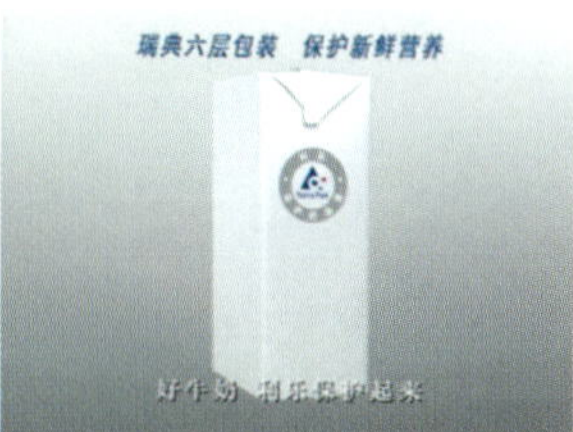

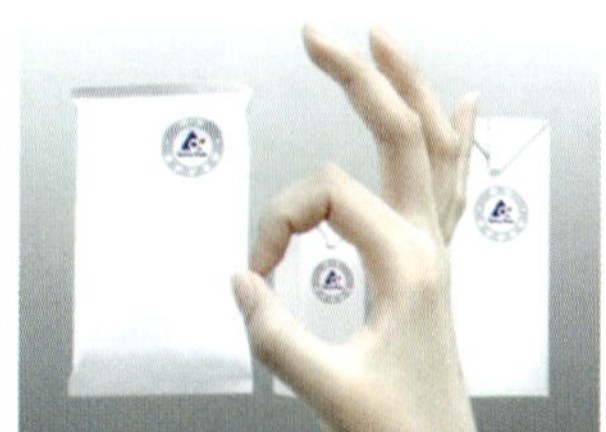

TVC中呈现了不同的人群在不同的场合喝牛奶时愉快的表情和健康的状态，同时，采用套在利乐Logo上的OK手势，表示利乐可以给牛奶好的保护，有了利乐的保护，你便能尽情享受牛奶带来的健康和快乐。此外，还特意撰写了一首琅琅上口的广告歌曲。

会议上，我们真的想痛快地畅饮牛奶来庆祝！三个月后，客户要求我们开会！客户告诉我们，在我们不知情的状况下，客户邀请一家市调公司做了非常客观的调查，结果令人非常满意！我们面面相觑，同事们都出了一身冷汗，如果结果非常糟糕，那今天的会议就会变成告别会议了！

广告后测

1. 广告的知名度

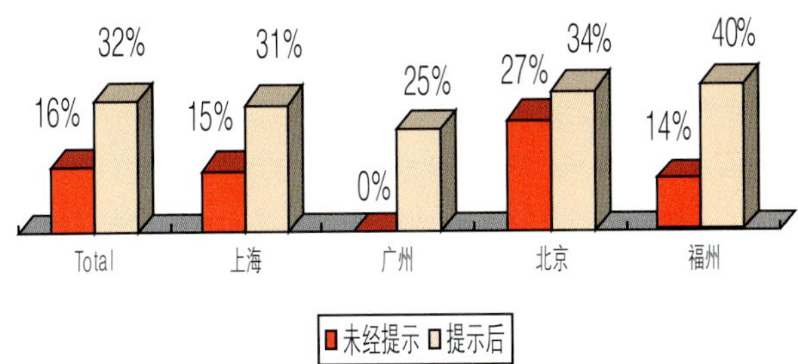

2. 消费者从TVC中得到的信息

	SH	GZ	BJ	FZ
喝牛奶带来健康/快乐/活力	73%	91%	90%	90%
利乐，保护好品质	67%	47%	80%	49%
利乐，保存牛奶的新鲜和营养	68%	39%	74%	39%
牛奶+利乐=健康+快乐	47%	34%	73%	40%
这是关于包装的广告	57%	30%	57%	34%
利乐包装的牛奶可以随时随地地喝	40%	42%	64%	33%
这是关于牛奶的广告	24%	71%	43%	48%

3. 对TVC的总体评估

非常不喜欢 不喜欢 一般 喜欢 非常喜欢

2% 22% 59% 18%

喜欢的理由

	Total	SH	GZ	BJ	FZ
好的音乐	26%	41%	30%	10%	33%
有创意的/特别的	18%	11%	–	33%	4%
歌曲容易记忆	16%	8%	7%	30%	–
有活力的	13%	13%	11%	14%	13%
孩子的表演很生动	11%	5%	9%	16%	11%
画面很好	9%	9%	9%	9%	9%
亲切的	9%	15%	11%	5%	2%
易懂的	8%	10%	2%	9%	2%
孩子的笑脸	6%	3%	24%	2%	7%
让人放心的	6%	15%	–	3%	–

4. 购买的意愿

肯定不会购买 有可能不会购买 不置可否 有可能会购买 肯定会购买

1% 8% 48% 43%

购买的理由

	Total	SH	GZ	BJ	FZ
保鲜	24%	33%	26%	20%	8%
卫生的包装	19%	14%	11%	26%	20%
方便饮用	18%	21%	29%	13%	11%
保营养	16%	18%	23%	15%	7%
品质可靠	15%	20%	11%	15%	8%
方便储藏	14%	14%	11%	20%	2%
高品质	14%	11%	3%	23%	5%
可信赖的	6%	7%	6%	3%	10%
尝试	5%	9%	–	2%	10%
无须冷藏	5%	1%	6%	8%	–

注：以上数据来自N-Dynamic Market Research公司2005年5月份的市调结果

总结

本次利乐TVC的传播，很好地完成了利乐公司的推广，让消费者对牛奶的形象开始有一个非常正面的扭转，对使用利乐包装的白奶产生了富有成效的正面看法，购买的意愿大幅上升，竟然达到了91%！白奶的市场重新回到发展的轨道，达到了理想的品牌传播效果。同时TVC本身也博得了消费者相当的好感。

“答非所问”的策略，牛奶协会般的广告创意表现，却取得了意料之外的良好效果！

让我们举起牛奶，为牛奶干杯！

点评：

利乐包“牛奶运动”推广广告核心策略：

用一个“答非所问”的方式，解决了一些无法用传播来回答的问题，向消费者传达了喝牛奶的好处以及“利乐，保护好品质”的信息。

创新点：和常规的传播不一样，不是针对某一特定的问题给出答案。但创意没有表达出以上的策略和概念；广告片覆盖了广泛大众为目标人群，不同年龄层，小孩、年轻男女、商务人士、学生、家庭三代同堂等等。同样都做了一个OK手势，表情都充满健康、快乐与活力。全因为利乐牛奶的瑞典六层包装，保护新鲜营养。

创意以非常直面和功能诉求的方式表达，与一般的直白广告一样，没有惊喜，也没有突破，常理之中，意料之内而已。

——张秀华

蒙牛酸酸乳2006品牌传播策略

广 告 主：蒙牛集团 — 蒙牛酸酸乳

广告代理：维传凯普传播机构

2005年成功利用“超级女声”作为品牌的沟通方式和传播载体，蒙牛酸酸乳获得了爆炸性的增长，然而，“超级女声”毕竟不属于蒙牛酸酸乳，蒙牛酸酸乳需要提高自身的品牌个性和品牌主张，让消费者把目光放到品牌本身上来。借助同一个主题，维传凯普设定“真我新声代”为蒙牛酸酸乳2006年度品牌沟通主题，以期获得持续的传播累计，从而使得“超女”成为品牌的组成部分。

因为太重要，所以会担心失去。而如果这个重要的东西本不属于自己，那失去就会是迟早的事。如果没有“超级女声”，成为考虑蒙牛酸酸乳2006传播的起点。“超级女声”只是娱乐营销的一种工具，品牌才是主体。2005蒙牛酸酸乳获得的爆炸性增长，是成功地利用了“超级女声”作为品牌的沟通方式和传播载体。如果没有了这个载体，蒙牛酸酸乳能否继续保持增长，就要更多地依靠品牌自身的吸引力和创造其他的与消费者沟通的方式。

着眼长远着力品牌

相对于那些漂亮的市场指标来说，蒙牛酸酸乳品牌自身仍需完善和提升，这是我们与蒙牛的共识。因此品牌在某些方面的不足和缺失，就成为我们前进和努力的方向。在“超级女声”传播平台的基础之上，维传凯普要解决蒙牛酸酸乳品牌传播中三个方面的问题：一是把蒙牛酸酸乳传播中的“品牌关注”转化为“品牌沟通”。从借助“超级女声”形成的“被动关注”转化为品牌的“主动沟通”，从而形成品牌归属和销售力；二要固化目标人群，确保品牌传播的精度和深度。受“超级女声”活动核心对象的影响，蒙牛酸酸乳的核心消费人群集中在14－25岁的女性，而她们在乳饮料消费群体中最具价值；三是要建立鲜明的品牌个性，形成更强势的品牌认知。蒙牛酸酸乳2005年的品牌传播和“超级女声”活动粘连性太强，自身的品牌个性和品牌主张不明确，2006年要借助“超级女声”累积的品牌关注建立更加鲜明的品牌个性。

以上几个问题聚焦在一点，其实就是把目光重新放在品牌本身。由此，维传凯普与蒙牛酸酸乳产品组共同确立了2006年的品牌传播目标，即以塑造酸酸乳鲜明的品牌个性为传播核心，实现品牌力及销量的双重提升，成为酸乳饮料市场的领导品牌。对蒙牛酸酸乳进行全方位构建，成为我们最重要的任务。

品牌个性：率真、自信

蒙牛酸酸乳作为一种乳饮料，是一种比饮料有营养、比牛奶更好喝的产品，由于其酸酸甜甜的口味和营养健康的利益赢得众多消费者。经由几年的发展，乳饮料在营养、口味等产品层面的利益已被广泛认知，消费者选择的指引开始更多地依靠对品牌形象和个性来进行。在主要竞争品牌蒙牛酸酸乳和伊利优酸乳之间，产品并无显著差异，谁的品牌气质和个性更能符合消费者需求，就可能获得更多选择。在2005年的消费者研究中显示，蒙牛酸酸乳具有青春、女性、活力的形象，但缺少能吸引她们的品牌个性。

个性是一个品牌的魅力所在，蒙牛酸酸乳的品牌个性是什么？我们从目标群体的性格特征和产品联想中进行寻找。2005“超级女声”活动将蒙牛酸酸乳的目标人群特征勾画得更加清晰，她们年龄在14—25岁之间，洋溢着青春的活力，追求时尚，率真自信、崇尚个性，勇于表现，富于幻想，容易相互影响，是极具自我实现意识的新新女生。而其中，“率真”、“自信”是更人格化的特征，是个性所在，而“年轻”、“时尚”、“活力”是群体的外在特征，是个性的外在表现。据此，蒙牛酸酸乳的品牌个性被定义为“率真”、“自信”。以“率真”、“自信”作为酸酸乳的个性，符合核心消费人群的特性和价值观，且在“超级女声”活动中也形成了引导；并且“率真”、“自信”与酸酸乳“轻松的”、“自然的”、“清新的”、“欢快的”产品联想互为呼应，都是本真状态的情绪体现。同时，与竞争品牌也有着明显的个性差异。

沟通主题：“真我新声代”

“率真”、“自信”的品牌个性，需要一个表达方式，使之能更容易地被感知和接受。客户希望沟通主题能与音乐有关，使之可以成为类似“超级女声”那样既是活动主题也有主张性。经过与客户几轮的切磋琢磨，“真我新声代”作为2006年蒙牛酸酸乳的品牌沟通主题，被最终敲定。从字面看，“真我新声代”突出“真我”，直接宣扬率真、自信的品牌个性，而“新声代”作为“新生代”的谐音，传达和“音乐”之间的关系，形成与“超级女声”的近似联想。因此“真我新声代”不但切合策略表达要求，并具备新颖性和内涵演绎的充分空间。

“真我新声代”，将成为目标族群的族徽和称号。她们青春年少，率真、自信，以自己喜欢的方式做事和做自己喜欢的事；她们喜欢唱歌，富有用歌声表达真实自我的才华；她们怀有梦想，向往舞台，希望以自己的出色表现赢得喝彩与掌声。

酸酸乳主视觉海报

麦克风形状的产品挂架

原味砖

真我新声代礼品

《粉红风暴》广告片

产品代言人卡通形象设计

“真我新声代”经过不断的丰富和推广，将成为蒙牛酸酸乳鲜明的品牌符号。

从蒙牛酸酸乳自身的品牌建设看，“真我新声代”作为2006传播主题，还有更深远的意义。无论2005年蒙牛酸酸乳与超级女声的传播配合是多么的相得益彰，一个让蒙牛无法释怀的现实是，“超级女声”不属于蒙牛酸酸乳，“超级女声”作为一个媒体栏目，其传播资产无法固化到蒙牛酸酸乳品牌自身。因此，从长远的品牌发展角度考虑，蒙牛酸酸乳需要建立自己的传播活动的品牌资产，能够在同一主题下，获得持续的传播和累积，从而成为品牌的一个组成部分。

“真我新声代”是在对目标群体深刻洞察的基础上，提炼出的传播主题，既具有个性的描摹，又有活动的包容和延续性。在蒙牛酸酸乳2006年度的传播中，“真我新声代”作为年度品牌沟通主题，将贯穿于所有的传播活动和传播物料中。

品牌代言人：个性鲜明四超女

“真我新声代”，需要一个鲜明的形象代表，使之更直观可感，更有感召力。

2005年，张含韵作为蒙牛酸酸乳的代言人，其乖巧、可爱的形象体现了酸酸乳产品的某些特性，但其“酸酸甜甜”的风格表现在消费者评价中褒贬不一，但有一点是确定的，那就是其个人气质和影响力已不符合蒙牛酸酸乳新的个性设定和传播要求。因此，选用新的代言人，演绎“真我新声代”的主题，成为必需。我们根据品牌个性和品牌气质的要求，在国内外的明星中逐个筛选、评析，最终确立了使用“超女组合”作为蒙牛酸酸乳“真我新声代”代言人的方式。兼顾操作性的考虑，选择了李宇春、黄雅丽、陈西贝、赵静怡作为代言人，从四人个性风格上讲，各自代表了不同的类型，也都比较符合“率真、自信”的品牌个性。四超女组合代言蒙牛酸酸乳，即使在2006年可能没有“超级女声”栏目的情况下，也可以聚焦关注度，将“超级女声”传播资产最大化，是延续蒙牛酸酸乳与“超级女声”话题的最佳途径。同时，四超女组合方式能够更广泛建立目标群体对蒙牛酸酸乳的品牌好感度，形成更有号召力的群势效应。此外，超女粉丝们可以各有喜欢，无论是对个人或组合的喜好，都可以避免单一代言人的个人风格等同于品牌气质可能造成的负面效应。

2005年酸乳饮料定性调研的发现

代言人：张含韵在成都及北京的年轻组出现负面的问题，主要是来自网络的绯闻及一些负面的评价；

广告语：消费者对于“酸酸甜甜就是我”的知晓度及喜好度很高，但对其要表达的品牌主张比较模糊；

以张含韵代言的TVC，小女生的歌曲演绎“酸酸乳”的“酸酸甜甜”，跟总体活动推广形成关联，给品牌增加“可爱”的个性。确立了基本的传播元素，2006年蒙牛酸酸乳的传播架构形成。围绕“真我新声代”的沟通主题，以大型年度主题活动作为传播的主线，以TVC、平面、包装、终端物料等为视觉表现，以结合主题活动的线下促销为利益诱因，从主题的推出到内涵的演绎，层层递进，使2006年的传播真正能够达成沟通目标群体，塑造品牌个性，提高品牌号召力的目标。

点评：

品牌个性：率真、自信

品牌代言人：个性鲜明四超女

蒙牛酸酸乳找来了05年新鲜火爆出炉的超级女生：李宇春、赵静怡、陈西贝与黄雅莉4位超女为代言人。配合人靓歌甜唱出的歌：“酸酸的甜，我最喜欢甜甜酸的酸，双重的感觉，真感觉，真我新声代，精彩瞬间，最美的体验……真我新声代，酸酸甜甜就是我！”歌曲带出产品的口味与目标消费群的喜好，加上年轻活力的超女，一下子让她们的粉丝产生认同与追捧。喜欢上超女而喜欢上她们代言的产品。成功地利用“当头起”去把品牌知名度提升而达到促销的目标。这一品牌推广策略引起后来一巢蜂式的模拟与抄袭。

——张秀华

完达山即时奶整合营销推广案

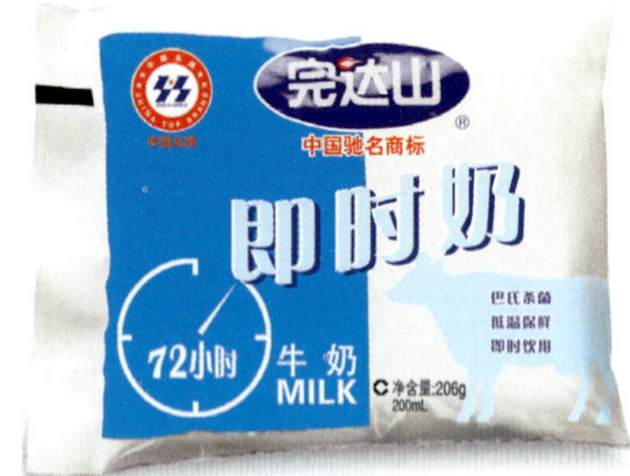

广 告 主：完达山乳业股份有限公司 — 完达山即时奶

广告代理：哈尔滨日月广告有限公司

乳品市场的竞争日趋激烈，乳品产品也在不断地细分。完达山是一家拥有40多年历史，中国本土规模很大、非常成功的乳品企业，如何利用营销策略的调整及执行，并积极扩大消费者使用范围、提高使用频率和进一步巩固消费者忠诚度成为完达山需要解决的课题。日月广告经过周密的调研，结合现在家庭对于液态奶的种种质疑，通过一整套完备的营销策略，结合完达山72小时新鲜即时奶的独特卖点，达到了非常好的销售效果。

背景综述

乳品市场竞争激烈而残酷，作为乳品领导品牌的完达山，受到了来自竞争品牌的强大压力与威胁，完达山优先考虑推出新的产品并以此进一步推动液态奶业务的发展。究竟采用什么样的产品概念与因地制宜的推广方式成为营销部门的思考重点！

市场调研

那么，新的市场机会在哪里？消费者没有被满足的需求是什么？乳品市场液态奶品类整体格局的现状与发展趋势是怎样的？

在与完达山内部作了详细沟通，充分了解客户意图的基础上，日月广告公司营销战略管理咨询中心完达山项目组精心准备市场调研提纲，在完达山主要的一级市场进行调查访谈。通过调查发现，在国际KA卖场及全国连锁KA卖场，卖场货架上液态奶的陈列比例出现了很大的调整，低温奶占据了大部分货架空间，而常温奶的货架空间在不断地减少，这一现象是否说明什么问题或说明某种市场趋势呢？

在接下来的消费者调查访谈中又发现一些重要的数据，作为城市的消费者对液态奶的新鲜度（液态奶产品下生产线的时间至消费者饮用时的时间间隔长短来判断液态奶的新鲜度）最为关心，其次是液态奶的营养成分尤为关键（通过牛奶的杀菌工艺判断，购买时会在包装上寻找液态奶是UHT超高温灭菌还是巴氏低温灭菌的标记），再次是牛奶的口味是否好？对于消费者也是选择的关键之一（消费者在选择牛奶时总是关心牛奶的香味是人为添加香料修正的还是好原奶的自然香气？）。在进行家庭小组访谈时再次发现一个重要的线索——现在很多的家庭都会订购巴氏牛奶并由送奶员送上门，而在超市购买的牛奶只是作为补充，但在家庭巴氏奶的用户中会经常出现中断的现象，造成这种现象的原因是什么？通过研究发现，很多家庭在订购牛奶的过程中会出现连续几天的外出情况，因此中断定购巴氏奶的现象，而回来后又没有及时续订，因此中断消费。另一种是送奶不及时造成消费者饮用不方便而终止订奶。出现这种情况是问题还是机会呢？日月广告公司营销战略管理咨询中心完达山项目组又进行了进一步的研究！

营销策略

在推出新产品时，日月广告公司营销战略管理咨询中心完达山项目组需要思考以下问题，新产品的概念是什么？是否符合消费者没有被满足的那部分需求？这个新产品怎样与现有的竞争产品区隔并对竞争对手形成一定壁垒？新产品怎样与现有的产品线匹配，新产品与现有产品的关系是怎样的？新产品在技术层面企业是否能够实现？新产品包装怎样表现？新产品该怎样推广？

营销策略是方向，是指路灯，是一切可能的前提！策略对了，加上好的执行就会达到预期目标；策略错了，执行得越好越会输得一塌糊涂。

因此日月与客户共同研究确定，根据消费者对液态奶需求方向确定如下策略：

新品概念策略以消费者对牛奶没被满足核心欲望为基础

新鲜——保质期72小时的牛奶全程4摄氏度冷链销售

美味／香浓——独特的先进闪蒸工艺提升牛奶香气，不添加任何防腐剂

营养——采用特定地区的优质奶源，巴氏灭菌工艺，最大限度保持牛奶营养成分

产品概念确定后，客户组织研发部门对产品概念进行研发；生产部门对生产线进行改造以适合新产品生产；奶源部门组织特定牧场的优质原奶；日月对新品影响以及推广方案，产品包装设计，助销品设计，新品推广活动参与人员培训等方案进行细化工作。

执行方案细化

1. 市场调研

从全国液态奶市场规模上看，截止到2004年9月底，市场保持平稳的增长；相对于2003年同期，整体液态奶保持20%的高增长态势；但销售额的增长明显落后于销售量的增长，显示出价格竞争愈来愈激烈。

从不同液态奶品种在未来几年的年度复合增长率的变化趋势来看：在低温巴氏鲜奶中脱脂鲜奶会持续维持高增长率；而在常温UHT奶中脱脂UHT奶会有个高增长阶段，然后几个品种的增长率都将回落。

2. 产品策略

- 独特的卖点满足消费者的需求，并对竞争对手形成壁垒；
- 合适的价格，给厂家带来利润又适合消费者接受；
- 通过新品丰富补充现有的产品线。

整合营销传播策略方案

1. 整合营销传播策略

· 借助完达山的一切品牌资源，提炼差异化产品概念，侧翼攻击市场。

· 推广目标：给消费者更新鲜、更美味的牛奶，同时通过其补充完达山产品线，增加新的销售机会。

· 定位：独特的技术保障度的产品概念，创造类别领导者。

· 完达山品牌资源。

· 完达山高知名度。

· 完达山品牌的承诺——滴滴精“采” 放心好奶。

· 拥有全国第四大乳品企业规模，以及40年的乳品制造经验的良好形象。

· 独创完达山即时奶72小时Logo，统一视觉形象。

——独创完达山即时奶72小时Logo的好处

· 强化即时奶产品概念，易于消费者理解和记忆。

· 延续完达山“滴滴精‘采’ 放心好奶”的品质承诺，给品牌加分。

· 通过即时奶72小时Logo，统一即时奶传播，不脱离完达山大品牌品质概念。

2. 策略执行支持

广告策略

1）拍摄30秒广告。

2）终端广告，吸引终端积极参与。

创意核心

新鲜——才会更营养——巴氏杀菌技术有效保持营养成分

新鲜——才会更美味——独特的闪蒸技术保证牛奶更香浓

新鲜——才会更放心——4摄氏度低温全程冷链销售品质更放心

1） 采用完达山即时奶的72小时概念LOGO作为视觉记忆点，积累即时奶长期的品牌资产。

2）核心信息：

● 100%优质牛奶。

● 巴氏杀菌工艺， 最大限度保持牛奶营养成分。

● 全程4摄氏度冷链销售，72小时保鲜。

● 独特的闪蒸技术保证牛奶更香浓。

3）终端策略：

● 新品上市生动化布置，怎样选好的位置进行陈列。

● 新产品进行赠品、买赠促销。

● 在终端卖场开展新品试饮活动。

4）新闻策略：

与地区联网广播电台的热线栏目，举办如何选择牛奶的节目，通过栏目增加即时奶的曝光度及产品概念的传播，电话参与直播的听众可获得完达山提供的即时奶新品。

5）促销策略

● 特色主题陈列

● 在新品上市期间对新品进行主题陈列

促销赠品

消费者凡购买1包3袋装即时奶便可获得促销品一份，鼓励消费者对新品形成购买。

店内TVC传播

● 制作新产品传播广告，在卖场内循环播放。

驻场促销员导购试饮

● 卖场派驻促销人员，每店2人/两班倒。

● 在卖场内开展免费试饮，吸引消费者对新品的尝试并形成购买行为。

开展终端推广，提升推动力

● 活动目的

——结合新品上市作为促销主题，利用促销活动产生首次尝试和销售机会；

——直接刺激消费者购买欲及提升单次购买量，提高关键渠道的陈列空间，保持高标准陈列水平以及在关键渠道增加新品曝光频率，以达到销售的增长。

● 活动产品：

72小时即时奶 1包3袋装

● 活动时间：2005年10月15日 – 2005年12月15日

● 执行流程– 管理架构

活动执行总监	1人
活动执行总监助理	1人
活动督导	1人
驻场促销员	38人（2人/店）

执行流程–工作汇报

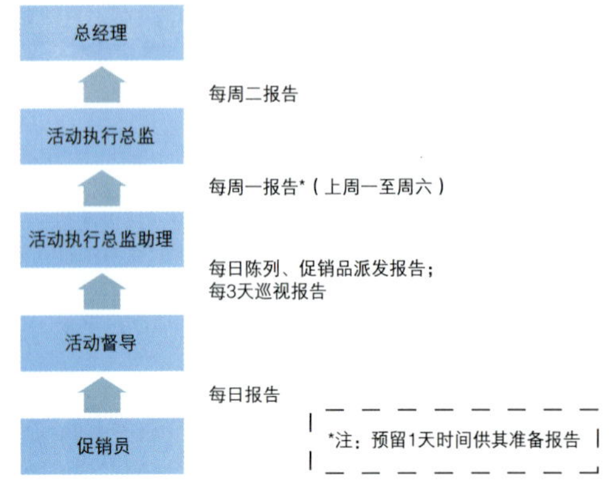

人员管理 — 培 训

● 培训内容

—即时奶产品介绍　—促销活动介绍　—活动管理与要求　—促销员培训资料

活动推广人员管理——奖励方案

● 综合奖励方案

— 活动结束后，综合活动执行督导、执行总监的意见，评选出优秀促销员1名，给予奖励。

● 神秘顾客奖励

— 活动中由活动督导、活动执行总监分别作为神秘顾客，在巡视KA店时，每周分别选出一名表现优异的促销员送出一份神秘促销品作为奖励。

陈列管理– 陈列渠道要求

● KA渠道 – 家乐福、沃尔玛、好又多等

— 参与产品——即时奶

— 国际KA卖场进本土KA卖场进行陈列并派驻促销人员；

— 陈列有两种方式，冷藏柜端架陈列及常规冷藏柜正常排面陈列；

冷柜正常陈列效果

冷柜端架陈列效果

卧式冷藏柜陈列图

特价区陈列效果

助销品

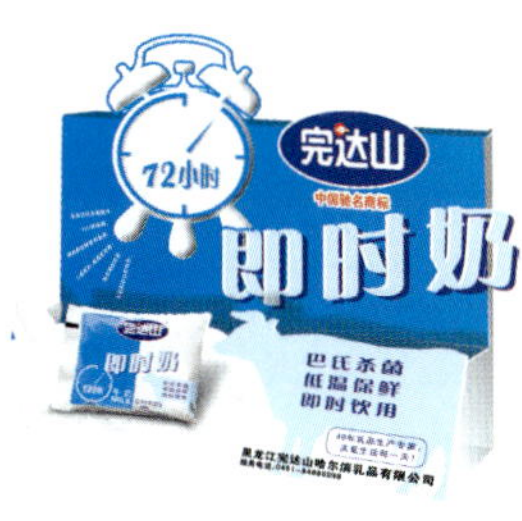

促销品

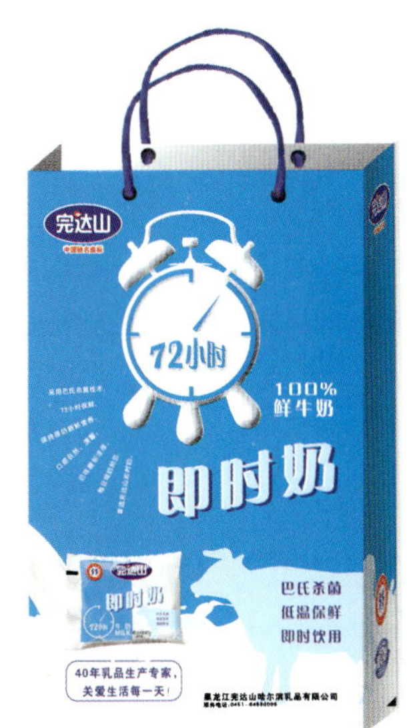

海报

试饮区效果

后 记

完达山即时奶营销推广方案通过有效执行，一上市即引起轰动，在终端卖场出现抢购现象。法国家乐福超市的一位品类主管对即时奶评价说："即时奶上市是非常成功的，一个新产品上市不久能够取得骄人的销售业绩和抢购现象，在我们家乐福是不多见的。"即时奶上市的成功也引起竞争对手的跟随，并推出同名产品，从这点来说一个能够被竞争对手模仿的产品应该是成功的产品。完达山即时奶上市近1年的时间里，销量已稳定并良性增长。通过对消费者的跟踪调查，即时奶现已成为购买纯牛奶的首选，如果在即时奶缺货的情况下才会选择其他的纯牛奶。

点评：

完达山据说是一家拥有40多年历史，在中国本土规模很大、非常成功的乳品企业，在乳品市场规模不断壮大，竞争更为激烈的情况下，如何利用营销策略的调整及执行，并积极扩大消费者使用范围、提高使用频率和进一步巩固消费者忠诚度，成为完达山需要解决的课题。

调整产品线：如何筛选现有产品，如何推出新的品种？成为完达山营销的主要任务。

完达山整体新品概念策略，定位为新鲜，保质期72小时的牛奶，全程4度冷藏销售。 品牌的承诺——滴滴精"采"放心好奶。 创意表现中规中矩，平面和终端广告又是以纯产品功能＋利益点的平铺直叙式的硬性广告传播，一切都过于太理性与合情合理了。

——张秀华

农夫山泉系列公益广告拍摄散记

广 告 主：农夫山泉股份有限公司 — 农夫山泉

广告代理：杭州博采广告有限公司

广告以纪录片的方式呈现，以饮水思源作为主题，博采广告制作组的人们翻山越岭进行拍摄，孩子们明亮的双眸，纯真的话语，简单而美好的心愿，都让人在不知不觉中流下泪来，孩子是父母的天使，可天使的命运却如天上地下。当你看着屏幕上孩子们那种你所不曾了解的另一种眼神时，是否仔细想过，应该为他们做些什么？每喝一瓶农夫山泉，就捐给这些山区的孩子一分钱，一分钱的阳光工程，让人们记住的绝对不仅仅是这一瓶矿泉水。

初春的山区，雨雪绵绵，通往浪川的山路被白雪盖着，车一过就像两条蜿蜒的黄麻绳，泥浆水弄脏了雪白的山麓。浪川是当年方志敏在浙东的根据地，由于群山环绕，山里与外界少有联系，封闭安全，民风淳朴。这里的人们正月是不出门的。唯一联系外界的一条乡道也是去年才修的，窄窄的，两车交汇都要彼此侧身收腹。

浪川乡，一个听起来波澜壮阔的地方，其实安静得让人觉得回到了70年代初期，走在路上就像时光倒流。可以看到自己从前的影子。翻山越岭，不为正月探亲访友，也不是想做猎奇的驴友，而是某种情感的驱使。因为做农夫山泉《饮水思源》一分钱的案子。从一分钱阳光工程开始，6年来我和我的同伴们已经走过浙江，江西，广西，宁夏的边远地区，用心寻找那些需要帮助的孩子。

每一次拍摄，我们都坚持真人实景，在茫茫人海里寻找那个让你心动的孩子，心动的场景。表面看来对于广告片来说这样的成本是不划算的。但对于心灵的成本呢？金钱是不可以用来计算感情成本的。上帝只存在于真实的细节中。

大脚（杨建国），尹小琴，……那些曾经在农夫山泉广告片里露脸的或是未露脸孩子，都曾给我带来一次次的心灵震撼。这种震撼在日后留下了后遗症——

拍摄了三条一分钱广告后，我们依然努力地寻求着新的突破，这次的拍摄和以往不同，我们大胆地采用了无脚本拍摄，也就是说是没有事先构思的故事脚本，只有目标和方向——纪录片的方式。这样的经验在广告来讲是非常难得的。（这当然要感谢农夫山泉钟总裁10年来的信任。）

从年初五开始，我们一行人在浙江淳安境内开始了寻缘之旅。

也许这就是一种缘分吧，当年寻找大脚时近乎绝望的感觉，这一次全然没有，和山里的孩子似乎多了一层心缘，甚至觉得每一个孩子都让自己心动，那些破旧的课桌不再是道具了，而是和孩子们交流的平台。

摄影机、照相机对于孩子来说没什么太大的差别，在短暂的好奇和新鲜过后，他们一个个安静地坐在了镜头前，和坐在镜头后的我聊了起来。

“我叫叶正龙，在七保完小读书……”

和孩子聊天是件快乐的事，他们的天真和无畏常常很让人吃惊，有的说，“我就想当个研究生，研究动物什么的，博士太麻烦了，老是有人问他问题，……”非常可爱的理论。

“我最大的愿望就是要奖状，有奖状就是读书好，年年有奖状就能考上研究生……”听起来的确很有道理。

问答并不是都让人开心的，当问到小杨晟最大愿望是什么的时候，现场的所有人眼圈都红了，灯光大助理，一个五大三粗的大男人居然拿着纸巾，丢下工作跑到屋外抹起了眼泪。

“我最大的愿望是，我爸爸能活起来……”镜头里的杨晟低下了头。孩子的眼睛是不会说谎的，这一刻，孩子无助的眼神看着镜头，我们为自己此时的无能感到难过。

采访在摄影机的马达声里，进行着。这样的拍摄让人忘了是在拍摄，更像是和孩子心灵的对话，

“我想当老师……”

“我想上大学……”

“我想要文具盒，铁皮的，因为铁皮的耐用些……”

也许对于城里孩子来讲这些愿望都早过时了，但我相信对于山里的孩子这是真实的，因为那是他们所能想到的最需要或最极至的目标了。

拍摄采访3天后，我们带着6个小时的采访素材回到了杭州。面对长长的6小时素材，我们感觉不是无从下手而是无法取舍，公司后期机房每一个剪接室里都弥漫着孩子们动人的乡音，那些发自内心的期盼。只觉得30秒实在太少了。

临行前，女儿用她的压岁钱，买了文具盒想要送给这些和她同龄的孩子，却没有从未想到要买铁皮做的。女儿是用她自己喜欢的方式挑的，当然是漂亮的塑料文具盒，这件事让女儿很是后悔。

孩子是父母的天使，可天使的命运却如天上地下。反复听着这些孩子的心愿，看着屏幕上孩子们一双双充满故事的眼

睛，那是你不曾了解的另一种眼神，我在心里仿佛听到孩子稚嫩的声音：

天上一颗星星
地上一双眼睛
一颗星星，一双眼睛
我问星星
我是天使吗?
……

这歌后来成了这次广告片的主题歌曲。一分钱的主题做了6年，对于我来讲已经不再是写创意拍片的工作，而是一种难以割舍的情感需求了。是缘分，和这些孩子的缘分，即使有一天不再是广告的需要，我依然想继续做下去，这是我的心愿。

最后，我告诉大家，这些素材被剪接成农夫山泉今年的《饮水思源》系列公益广告。

（文／博采广告有限公司创意总监：李炼）

《系列一》

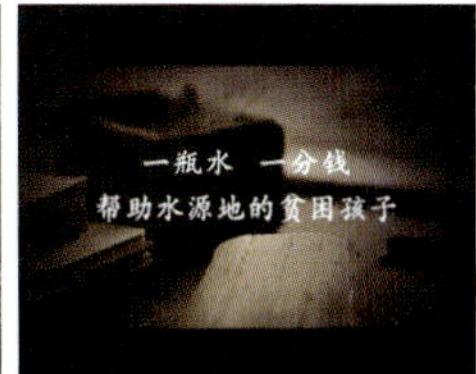

《系列二》

《系列三》

《系列四》

《系列五》

《系列六》

点评：

从一分钱阳光工程开始，农夫山泉意识到“取之于民，让利于民”的回馈社会理念。拍摄了一系列的公益广告片。拍摄队不辞劳苦，翻山越林的走遍浙江、江西、广西、宁夏等边远地区，寻求那些需要帮助的孩子，真人真事地把他们的求学、求知、求生存的基本需求用纪录片的形式摄录下来做公益广告片的素材。

用情感的诉求策略去打动每一位消费者，让他们觉得饮用农夫山泉便能帮助到这些贫困的孩子。希望企业真正地落实他们的承诺：一瓶水，一分钱，帮助水源地的贫困孩子。

——张秀华

雀巢能量e上市推广个案

广 告 主：雀巢水公司 — 雀巢能量e

广告代理：阳狮上海

功能型饮料的需求日益增长使得很多饮料公司开始关注这个市场，但是越来越多的新产品出来，又使得同质化开始严重。雀巢水公司推出的雀巢能量e饮料，在阳狮上海的努力下全新定位、包装、上市，不再局限于运动饮料的市场，而以“释放更强的你”来针对压力大并且力求最好的上班族，不再拘泥于传统的整合行销，而改用大不同工具箱的行销手法，加上和网络游戏的成功结合，使得雀巢能量e饮料大获成功。

2004年底，为了发展市场，雀巢水公司计划在中国市场推出全新的功能型饮料，带着这个构想雀巢中国与阳狮上海作了最初的交流与沟通。

“功能性饮料在饮料市场快速成长。雀巢水计划上市一种全新的功能型饮料，它的内含成分有助于将人体内的营养物质（脂肪、蛋白质和碳水化合物）转化为能量，从而让人精力充沛，神采焕发。我们希望得到一系列强有力的上市推广策划，这就是我们想要的。”

事实上，雀巢中国的最初构想和美好期待，也给阳狮上海带来许多未知及前所未有的挑战！

怎样的明天

愈压力，愈兴奋——阳狮上海

听取了客户部的创意简报后，雀巢创作组迅速做了分工。

接下来的数十天，创作组开始启动全面的调研及分析工作，结果表明：随着都市生活节奏的加快，工作压力的增加，消费者对功能型饮料有着巨大的潜在需求，这意味着功能型饮料有着相当大的市场，尼尔森资料表明，2004年功能型饮料已经占有了整个饮料大市场6.6%的份额，并且以每年95.5%的速度增长。

而主要竞争对手也浮现眼前：乐百氏脉动、娃哈哈激活。

乐百氏脉动当时已稳居功能型饮料的第一把交椅，它聘请了国际著名影星李连杰做形象代言人，随着“挑战天天有，你准备好了吗”的广告宣传，乐百氏脉动的产品在市场上随处可见。

娃哈哈激活也在市场营销方面做足了文章，请来了人气歌星王力宏作形象代言，线上线下开足马力，“一起来激活”的广告宣传带动了消费者的激情。

雀巢水面对的是两个强有力的竞争对手，它们率先进驻市场，并已成功树立起自己的产品形象，无论在产品、广告，还是销售渠道上，均有着相当的优势。

先下手为强！面对竞争对手的先入，雀巢全新功能型饮料如何打开格局、脱颖而出呢?

而阳狮上海创作组在接下来的时间内会有怎样的决策和表现呢?

那些日子里，会议室的墙面上贴满了种种疑问！

“它是谁? 它叫什么? ”

“它有着怎样的个性? 谁会喜欢它? ”

“怎样才够精彩? ”

……

雀巢能量e的诞生

“我努力把一切做到最好，希望每一天都活得淋漓尽致。但是我并不能每时每刻都保持充沛体能，现在起，我要属于自己的生活，我要时刻兴奋、时刻释放活力、时刻表现出更强的自我！”——雀巢能量e

根据市场调研的结果，创作组将目标消费人群锁定在20-35岁时尚而忙碌的都市上班族。

阳狮上海策略高层特别指出：“基于对市场与竞争对手的了解，雀巢功能型饮料要满足的是时尚而忙碌的都市上班族，他们日常面临的压力来自多方面，包括工作、学习、生活，每个人都希望自己成为一个有力的竞争者，而不仅仅是满足体能、运动的需求，所以，它绝非单纯的运动饮料！”这也决定了雀巢功能型饮料作为一种能量释放型饮料，与运动饮料有着本质的区分。

它是谁?

“它了解我，它懂得我的需要！”

“它看起来应该够时尚，并有着酷酷的感觉！”

“一看到它，我就能感觉到一种喷薄而发的力量！”

“时刻激励、激发着自我，它是令我精神百倍的源泉！”

只要去想，总能找到答案。雀巢创作组在不断地自问、思索中，不经意地敲开了成功之门。

它叫什么?

“整整一面墙全是名字，上百个？上千个？我实在记不起来了……”

“我们注意到能量这个词，同时也联想到了英文energy，我们试图寻找到名称与能量之间的联系。”

“每天都有新鲜的想法冒出，可是，不到最后我们绝不会轻易决定，因为，好是更好的敌人！”

经过反复筛选和商议，最终雀巢功能型饮料有了全新的命名——雀巢能量e。

事后这个名称，因简洁上口，贴切传神，得到消费者和市场的一致好评！

它有着怎样的个性？谁会喜欢它?

关于目标消费群体，创作组作了这样的描述：“他们生活节奏紧张、工作压力大、他们更希望从繁忙的工作中摆脱出来，渴望活力，时刻表现出绝佳的自己。”

这粗略的印象，事后却启发了创作组的创作灵感，其实，目标消费人群心中所思的，就是创作组一直努力寻找的！

“我努力把一切做到最好，希望每一天都活得淋漓尽致。但是我并不能每时每刻都保持充沛体能，现在起，我要属于自己的生活，我要时刻兴奋、时刻释放活力、时刻表现出更强的自我！”

释放更强！一语道出了都市白领的心声，面对压力，究竟选择逃避还是选择释放出更强的自己呢？雀巢能量e就是要喊出这样的心声，说出人人心中所想的那句话——释放更强的你！

释放更强的你?

带着浓厚的兴趣，雀巢在第一时间邀请阳狮创作组召开工作会议，会议中，双方交流互换了意见和想法，并迅速对现有的方案进行完善和补充，最终达成了共识。

不走寻常路

“我希望不同凡响，我希望有所改变，突破那些保守的设计思维，用全新的方式去演绎酷与时尚！”——设计师Zack

在开展全面的推广工作之前，阳狮策略高层确定了运用“大不同”品牌工具箱，对“释放更强的你”这一核心概念进行包装整合，即无论广告、设计包装、平面制作、POSM、网络互动、活动赞助等，均要向消费者清晰传达出一个相同的声音！

在谈到“释放更强的你”这个概念本身时，整个创作组灵感不断、表现精彩纷呈，然而，广告永远是戴着枷锁起舞，要让消费者在最短的时间内，清晰接受到创意策略，并且在他们的脑海中留下至为深刻的品牌印象！所以，最终要找的是一个简单、清晰、有力的诉求方式！

接下来的时间里，创作组向雀巢水反复提案、研讨，并对消费者和市场做了进一步大规模、深入的调查，双方最终确定了一套精准、实效的传播创意，希望这一系列整合的创意表现，可以在短时间内，迅速将雀巢能量e推向市场，并成功树立起个性鲜明的品牌形象！

其实，整个创作的过程紧张而艰辛，长达数月的时间内，创作组每天都在不断思考、不断改进，从一张张Layout到最终的执行，中间的努力付出不言而喻！

草稿展示

强烈的高科技感、工业感，棱角硬朗的轮廓设计，但对成本和执行的要求较高。

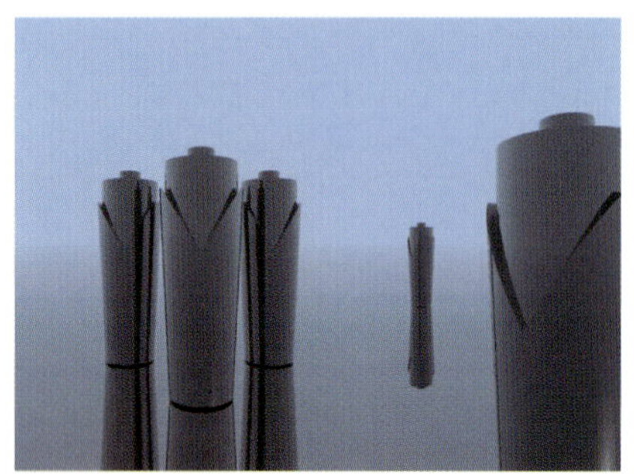

表达出酷与时尚，握感舒适，前卫的设计思路，对工艺的要求较高。

包装设计

一直以来，中国市场上的能量型饮料，在包装设计上采用了相近的设计风格。

“用什么样的方式，可以将能量释放的概念表现得更特别、更为出挑些？”

创作组在设计过程中从直觉中得到灵感，突破性地将能量符号化，在设计中加入了比喻能量递增的箭头颗粒，整体设计以另类的黑色呈现主基调，酷而时尚，将能量释放的概念完好表达。

流线型瓶体设计，自下而上的箭头设计，握感舒适，一种由内而外的能量释放体验！也地道呈现出国际化的设计思路。

大不同工具箱

和整合行销有所区分，整合行销强调的是在传播途径的各个层面，以相同的形式向公众传达一个讯息！而大不同工具箱则是在整合的基础上，更注重融入，即在行销过程中针对媒介特征以及媒介与消费者沟通的时机，用最贴切的表现手法更为巧妙地传达出创意概念！

运用大不同工具箱，创作组突破性地将触感融入到包装设计中，而接下来，在推广行销的各个层面，大不同工具箱均演绎出贴切、精彩的创意表现！

主视觉及平面

“让人一眼就明白！”从受众的角度思考，创作组选择直观的表现手法，把“能量释放”的概念清晰表达，最终确定的方案是：都市中，酷而有型的模特将束缚一身的铁链奋力挣断。

在画面中你能感觉到压迫、束缚，当然更有彻底挣脱与能量释放的体验！

主视觉

刹那间，这能量爆发的过程，充满了视觉张力，也记录下能量迸发时的释放体验。

户外灯箱

束缚与释放的对比，能量释放瞬间的精彩展现。

车身广告

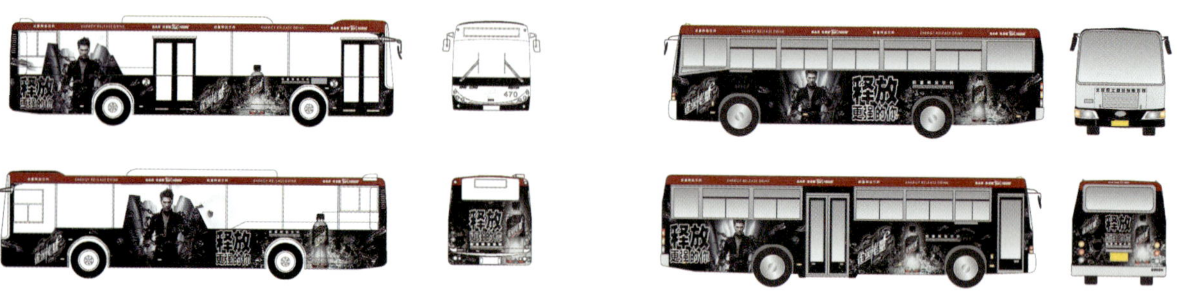

POSM

充分利用媒体特性实现创意概念，从店堂海报、超市货架、卖场堆头、地铁包柱……整套的创意表现，始终贯穿“能量释放”的核心概念，并巧妙运用到各类媒体中，为“释放更强的你”做精彩、贴切的阐释。

附全套的POSM

雀巢能量e网站

这里充满了未知与悬念，时刻考验着你智力与体能的极限！

你需要智慧过人，去揭示悬疑，也需要不断补充能量，完成一段段未知的探险！

在网络传播平台上，创作组尽量降低网站的商业气息，特意选择游戏的形式，让雀巢能量e官方网站变成游戏互动的平台，并将雀巢能量e巧妙融入到充满悬念性、故事性的网络游戏中，让人们在游戏中悄然接受产品的功能特性。

雀巢能量e网站游戏主页面

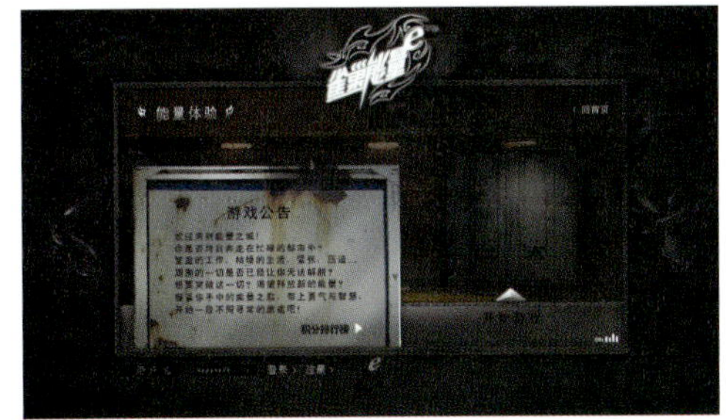

任务介绍，考验着玩家智力与体能的极限！

雀巢能量e的功能展示：及时补充雀巢能量e，补充体能，确保完成任务。

雀巢能量e挑战24小时

运用阳狮全球的“大不同”工具箱，活动也有精彩表现！

配合雀巢能量e的上市，2006年4月起，雀巢能量e联手星空卫视，共同主办“雀巢能量e挑战24小时”真人秀节目，在此活动中，选手必须在规定的时间内，完成常人不可能完成的任务，这些任务除考验选手的头脑，更有突破极限的体能考验，他们的一举一动将被现场镜头忠实记录，最终的胜者必须经历多轮挑战，才可获得由雀巢能量e提供的10万元培训基金。

"雀巢能量e挑战24小时"节目精彩震撼，时间跨度更是长达6个月之久，更多的人将会亲眼目睹一场声势浩大的"能量释放风暴"！

释放更强的你

雀巢能量e已于2006年初成功上市，短短的几周时间，市场好评如潮！

雀巢能量e在大卖场的销量一路攀升，部分地区甚至供不应求；时尚、年轻的白领争相购买雀巢能量e，或被它酷酷的外形吸引、或是喜欢上一种活力释放的生活态度；而"雀巢能量e挑战24小时"活动及媒体的争相报道，让"能量释放"在一夜之间成为一种现象，在社会上掀起一股强大的能量释放风暴……

此时，雀巢中国水业务单元总监Werner Schuppisser向阳狮上海表示了由衷的祝贺，感谢这一年多来阳狮上海所做的一切，并为这些感到激动与自豪！

"释放更强的你！"绝非一句口号，而是一年多来，每位雀巢能量e创作成员的亲身写照！

如果说，我们是在创造奇迹，还不如说，我们释放出了真正更强的自己！

点评：

卫休斯这样形容饮用水市场："一个新兴的、有活力的、发展迅速的业务"，可见其市场前景之广阔。

中国功能饮料市场品牌种类繁多，激活、脉动、苗条淑女、红牛、佳得乐等等，各品牌你方唱罢我登场，好不热闹。但就整个行业来讲，功能饮料产品同质化现象较为严重，价格也相对集中。

雀巢以蜚声国际的品牌声誉开拓饮用水市场，占据一席之位，在功能诉求方面，从其他功能饮料的"补充能量"到雀巢的"激发能量"，换了个说法，没有本质上的改变。"能量"一词在经过频繁使用后，渐渐变得苍白无力。雀巢瓶装水在国际市场上拥有不错的口碑，但要想在中国市场屹立不倒，还有很多工作要做。

——江绍雄

王老吉与世界杯的非一般事件营销

广 告 主：广州王老吉药业股份有限公司 — 王老吉凉茶

广告代理：星际传播机构

事件营销一直是一种热点，借助2006世界杯来推广自己的品牌不计其数，怎样在众多品牌中突围，是每个想要借势的品牌所需要考虑的首要问题。世界杯的饮料市场一向是啤酒占主导地位，因为世界杯本身就是火热的。王老吉这一老牌凉茶饮料在种种表面的迹象中和世界杯之火是如此矛盾，星际传播机构却把这一切变成了优势。不是竞猜传统的输赢结果，而是红黄牌的数量，使得“不怕上火的世界杯”的王老吉凉茶着实火了一把。

不怕上火的世界杯，火热出炉

四年一度的世界杯，无疑是快速消费品销售的一个契机。每届世界杯时啤酒的销售都比平时上升2-3倍，同时，各类饮料的销量也普遍上升。作为近年来迅速崛起的凉茶类饮料的标杆品牌——王老吉也紧紧地抓住此次活动的机会，以“不怕上火的世界杯”为主题，利用事件热点结合王老吉产品特性，在特定的时间内扩大品牌认知、促进终端销售。这种独特的品牌推广方式令王老吉在硝烟密布的世界杯饮料大战中好好地火了一把。

星际传播机构的王老吉项目组半年前开始这个策划的时候，发现王老吉与世界杯面对几个矛盾点：凉茶类的饮料如何在一片啤酒的广告中得到共鸣，突围而出呢？这是第一个矛盾。另外我们都知道王老吉的主张是不怕上火，众所周知世界杯是那么的火，恨不得燃烧每一个球迷的所有精力，这是第二个矛盾。世界杯是世界性的比赛，王老吉身上的烙印是传统的本土文化象征，两者能够找到契合点么？这是第三个矛盾。

众多的矛盾，意味着王老吉似乎要在世界杯的舞台上隐退，甚至被淹没，但，其实矛盾就是突破点。星际的项目组成员更多的是在考虑如何将矛盾变成优势。

不怕上火，强化王老吉一贯的品牌主张。

不怕上火，充分体现了王老吉的凉茶产品特性。

不怕上火，在夏季这个上火的季节，引起市场在世界杯期间新的话题。

不怕上火，与世界杯足球赛的特质对立，但又有关联。

不怕上火的世界杯，创意何止平面

星际的王老吉专项组成员在不断地重复着这些矛盾，似乎又在矛盾中发现了一个非常具有戏剧性的结合点——世界杯，个个都上火，而王老吉卖的就是“不怕上火”，通过调查我们发现，通宵看球的上火几乎是所有人最先关心的状况，一些公司内部的铁杆球迷还开玩笑地说：“我们就喜欢上火的世界杯，越火越好，但自己的身体当然是希望能够不怕上火啦，一晚喝几罐王老吉那是必然的啦！”于是大家都在想，既然是有需求，那怎么把这些人的矛盾拉到一块呢？我们能不能宣扬一种更为和谐的世界杯文化呢？冲撞、碰撞、争执、红黄牌......是否可以把王老吉的品牌文化渗透到其中呢？

通过几次激烈的碰撞，我们似乎找到了一条世界杯与王老吉共同的“通路”，就是红黄牌。和足球相关的竞猜游戏，无外乎是猜测哪一队能够取胜，哪队能够进入几强......这和王老吉的品牌主张似乎格格不入，王老吉怎样才能树立自己独特的世界杯促销游戏呢？

看球的人容易上火，那么球赛中，有什么容易“上火”呢？我们想到了红牌。红牌和黄牌，意味着球赛当中的冲撞、犯规。火辣的碰撞，是球赛不可避免的状况，而王老吉正是不怕上火的最佳选择，是不是红牌黄牌火药味的背后，我们可以得知王老吉不怕上火的产品特性，活动主题已经呼之欲出——“王老吉：不怕上火的世界杯”。我们不猜谁胜谁负，我们就猜谁的红黄牌拿得比较多，哪支球队的队员比较火爆，那就更应该喝王老吉，不怕上火啦，而对看球的铁杆们，顺理成章的讲法就是——喝王老吉，通宵看球不上火。

创新性的活动，如何吸引更多的眼球?

当全世界都在猜测比赛结果输赢的时候，王老吉却在大玩红黄牌的预测，只要猜中了每场比赛中两队的红黄牌数量的多寡，就有机会赢得奖品。这个新鲜的玩法不仅简单，而且更重要的是有属于王老吉特性的内涵，而且也令所有的球迷或者非球迷都得到了一次过瘾的尝试。

户外广告、电视上的主题画面，是以透明的、动感的“冰人足球员”，在巨大的王老吉罐子上激情的一射，爆发出来的力量感和冰凉感，让人为之一震。充满创意的画面，出人意表的主题，再加上新颖的玩法，所有这些DNA，都注定了王老吉在这个夏季最火热的世界杯期间，获得最大限度的成功。

王老吉
不怕上火世界杯

王老吉不怕上火球队竞猜
赢豪华越野车!

roadshow

王老吉
通宵看球——
怕上火喝王老吉!

怕上火喝王
王老吉
不怕上火的

王老吉

怕上火 喝王老吉

王老吉

王老吉
不怕上火的世

不怕上火独辟蹊径之立体销售

线上传播：全面组合，立体传播

王老吉此次活动的线上采用了立体式传播，这种全方位的包围、还有投放的密集程度及形式的多样性使得活动信息的传播更全面且更有针对性。

电视：以广东、福建、浙江三个重要销售区域的各个城市为主，辅以其他省市的主要电视媒体，30秒的产品广告与5秒的活动告知每天相隔播出，保证了产品功效宣传的同时也加强了活动信息的传播。

报纸：配以各市主流大众报纸的世界杯专栏及专业报纸《体坛周报》进行传播，兼顾了球迷与非球迷，扩大了受众面，投放内容更是针对世界杯的进程进行编排：开赛前是活动启动新闻及活动信息硬广告，小组赛期间、1/4决赛前及半决赛后进行相关球赛点评、活动参与情况等的软文投放，对相关信息进行炒作；其间还穿插了活动告知的硬广告。另外还特约了赛事的红黄牌榜，所有内容都与活动紧紧相扣。

网络：除选择在2002年世界杯点击率最高的新浪网相应栏目投放全屏、浮标、通栏等形式的广告外，更设立了活动的主题网站作为信息传播的辅助渠道，方便了上网一族。

电台：重要省份的交通台，日常收听率比较高，以活动信息告知为主，除了覆盖多一个受众面以外，还可以通过的士司机、乘客进行口头传播。

户外：进行了大量的候车亭、框架的活动信息硬广告投放，更在广州的多个地铁站投放了屏蔽门、灯箱、包柱、吊旗等多种形式相结合的广告，可谓是铺天盖地。

与SP合作，创新传播

传统的快速消费品推广，通常是通过线上的媒体投放来进行终端销售的拉动，而此次在王老吉与星际传播针对世界杯进行了长达6个月的策划与讨论，一个整合线上、终端、公关和SP竞猜的整合主题推广方案最终出炉。

被称为第五媒体的SP短信息服务发展非常迅速，目前已经拥有了4亿的目标受众，本次活动创新性地吸引了SP运营商作为此次活动的执行，将整个活动与消费者沟通的重点集中于竞猜“不怕上火的球队”上。“不怕上火的球队”=比赛中两队得牌数较多的一队。

1张红牌=2个王老吉上火指数

1张黄牌=1个王老吉上火指数

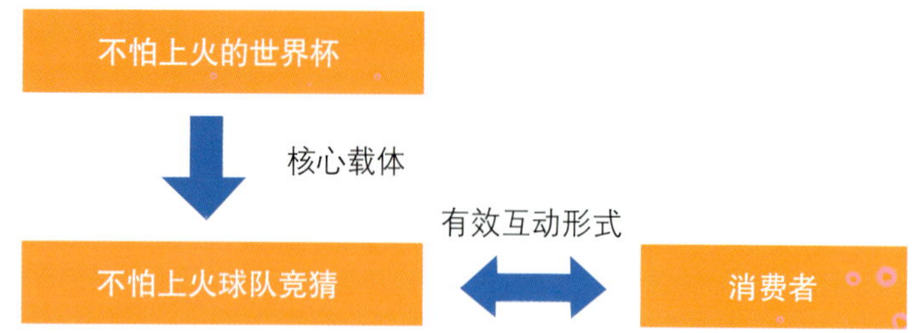

在活动的设置上，将“怕上火，喝王老吉”——足球比赛红黄牌——不怕上火球队竞猜巧妙结合来进行王老吉与世界杯之间的关联传播。

店内促销

配合着“不怕上火的世界杯”活动的开展，遍布全国各大卖场的王老吉销售点也启动了相应的主题促销活动。在以买赠

王老吉
不怕上火的世界杯
王老吉

号线
Line 3
王老吉
不怕上火的世界杯
王老吉

王老吉
不怕上火的世界杯
王老吉凉茶

地铁广告

往一号线方向

通宵看球——
怕上火喝王老吉
王老吉
王老吉凉茶

王老吉
不怕上火的世界杯
通宵看球——
怕上火喝王老吉!
王老吉
王老吉凉茶
中国建设银
China Construction Ba

为主的终端促销中，通过特别设计的促销品点子冰杯、OK脖枕、吉娃三种来作为赠品。这些赠品都与世界杯期间球迷们的生活形态紧密相连。同时，通过生动化的终端促销包装为店内促销造势。在为期两个月的推广中，王老吉在全国72个地区的网点进行了主题促销活动，各地的销售均有一定程度上升。除了在传统的商场与超市进行大规模的促销活动外，在遍布全国的800家餐饮店也同期进行了主题活动的促销。

精彩路演

在世界杯开赛前的一个月，在王老吉华东市场的重镇杭州，全国首场“不怕上火的世界杯”的路演热闹开启，在随后的两个月里，伴随着世界杯比赛的热潮，王老吉的ROADSHOW也一再升温，除了延续常规ROADSHOW的试饮及品牌宣传外，在现场互动的游戏设置，以生动的形式向消费者传播了此次活动“喝王老吉，通宵看球不上火”的主题。

通过此次世界杯的主题活动，罐装王老吉进一步地巩固了其作为凉茶第一品牌的地位，在深化了“怕上火，喝王老吉”的品牌定位的同时，利用世界杯的事件营销，让“王老吉”这一承载了百年文化精髓的品牌散发着时尚和活力，继续着它传奇的营销奇迹。

点评：

随着凉茶功能认知度的提高以及人们保健意识的增强，未来凉茶市场份额将继续猛增，凉茶市场前景非常诱人。王老吉在产品定位上不局限于传统的“凉茶”概念，将自己包装成“预防上火的功能性饮料”，以“怕上火，喝王老吉”为核心诉求，把凉茶的功效通俗化、时尚化，剑走偏锋地与世界杯的“火热”做了一次很好的对接。2006年世界杯期间，熬夜看球怕上火，喝王老吉成为首选。

在市场推广过程中，广告立体传播与终端执行到位二者相辅相成，为产品的热卖奠定了坚实的基础。与大面积广告覆盖相比，终端宣传效率更高，高铺货率让消费者可以方便买到产品。王老吉的成功再次印证了产品营销“终端为王”的道理。

——江绍雄

冬瓜爽，以蔬菜汁饮料另辟蹊径

广 告 主：四川绿科集团 — 自流地“冬瓜爽”

广告代理：四川中原广告有限公司

蔬菜汁饮料的推广核心就是“绿色”和“天然”，可是近几年大量的营养健康诉求使得消费者开始麻木。冬瓜饮料怪怪的口感也使得销售产生了瓶颈。但是厉害的创意就是把劣势变成优势，利用大众对于冬瓜汁饮料的初识程度联想到年轻人正在经历的很多无法言喻的初次体验，并且基于对于核心消费群的精准定位及入微把握，干脆把“感觉挺怪”作为传播口号，调动年轻一代的尝试欲望，并由此获得成功。

审视过去，从头再来

随着饮料市场的成熟及健康消费意识的不断增强，各种“天然”、“绿色”的果蔬饮料越来越受到消费者的青睐，其市场潜力毋庸置疑。然而，作为全力打造果蔬饮品为主的四川绿科集团，旗下主推的“自流地”果蔬饮料品类却不尽如人意，产品在广汉地方市场也仅停留在乏力的自然销售状态，成都市场更是难觅踪影。

2004年，“自流地”品牌在成都市场曾有过短暂的广告运作，其模糊的形象定位使产品推广毫无起色。在品牌消费集中度日益增强的饮料市场，仅有优质的产品而没有建立个性鲜明的品牌形象将很难有所作为，为此绿科集团与四川中原广告携手，迅速成立绿科项目组，正式向果蔬饮料市场吹响品牌号角!

寻找突破，品牌重塑

首要解决的问题是对品牌构架进行重新梳理。四川绿科集团下属三个饮料品类：一类是以“自流地”命名的果蔬饮料，现有产品“冬瓜爽”、“黄瓜爽”、“粒粒爽”等;另一类是以“V能V行”命名的功能性饮料；还有一类是以渠道自然销售的纯净水。这是典型的一企多牌、一牌多品企业，品牌战略的规划对于绿科集团的长远发展将至关重要。品牌战略目前在企业中的实务操作核心为品牌构架，即企业、产品、品牌之间的相互关系和层次秩序。如果没有成熟的品牌战略规划，其品牌推广将变得无序和混乱。面对如此庞大的产品体系，且无论是“绿科”母品牌或“自流地”、“V能V行”等子品牌都毫无市场知名度及影响力的前提下，该如何寻求市场突破?

品牌运作的核心是产品，好的产品加消费潜力能够为品牌建立赢得市场优势。经过对果蔬饮料市场大量的调查分析，最终确立“冬瓜爽”作为突破先锋，集中优势力量，通过单品形象塑造与市场推广赢得消费认同，从而带动整个“自流地”品牌形象的建立，同时缓解目前面临的市场销售压力。

改头换面，另辟蹊径

我们希望能通过对“冬瓜爽”过去的消费者调查找到一些启发，然而结果却着实让绿科项目组成员大吃一惊，作为一种瓶装快消饮料，对产品认同的消费者却绝大多数是老年人，可这部分老年群体都是通过单位购买而并非产品的直接购买者，这绝对是有违快消品消费常理的现象。

不仅如此，当第一次接触“冬瓜爽”包装的时候，除了能看清“自流地”三个字以外，我们几乎分不清这是一种什么饮料，在不具有任何品牌基础的条件下，这样的包装对市场的销售毫无意义。要想“冬瓜爽”完成预定的战略目标，是该彻底地改头换面了。我们都知道，包装的设计必须充分体现产品的定位与策略，“冬瓜爽”该怎样进行市场定位呢?

目标群体的定位关系到产品市场成败。“冬瓜爽”的目标消费群到底是老年人还是年轻人？虽然产品在一部分老年人心中具有较好的认知度，可毕竟这部分人不是产品的直接购买者，在他们较为理性的习惯消费意识下，“冬瓜爽”还是没有到农贸市场去买冬瓜做菜来得更实在。作为随意性消费很强的蔬菜汁饮料，抓住年轻消费群体才能让市场空间更为广阔。如何才能让15—25岁的核心消费群体迅速接受“冬瓜爽”？

虽然，冬瓜富含多种维生素和人体所必需的微量元素，不仅可以清热解暑，还可减少脂肪、美体养颜，但是，“冬瓜爽”不同于橙汁、番茄汁等果蔬饮料具有强烈的直接食用习惯及消费基础。在做了大量的消费者产品测试之后，最大的问题摆在绿科项目组成员面前：产品的色泽和口味无法让消费者与“自然、健康”联系到一起，与心里预想的冬瓜汁味道截然不同，这是一种很难形容的味道，感觉挺怪。口感的好坏对一个饮料产品的影响不言而喻，其次消费者对于市面上大量“自然、健康”的广告诉求也早已司空见惯。“冬瓜爽”究竟该如何打破宿命树立个性鲜明的差异化品牌形象?

以冬瓜为原料的蔬菜汁饮料“冬瓜爽”与众不同的产品特质本身就是果蔬饮料市场的一次突破，消费者感觉产品口味挺怪是因为没有任何的体验经验作为比较，仅停留在对于冬瓜熟食味道的印象中，这完全可以称得上与冬瓜汁饮料的初吻。对于15－25岁花季年龄的核心消费群体，他们正经历太多无法言喻的初次体验。第一次有了爱恋的感觉，第一次牵手，第一次

旧包装 新包装

自流地冬瓜爽包装

自流地冬瓜爽卡通形象

自流地冬瓜爽终端堆头

自流地冬瓜爽四层货架

钥匙链

接吻，甚至极具时代特色的第一次与网友见面……对于他们来说这一切都感觉怪怪的却又美妙得无法言喻。他们年轻自信、我行我素，在传统审视的眼光中感觉挺怪，感觉怪而并非坏。就如同“冬瓜爽”感觉怪怪的是因为天生与众不同，这种与众不同的支撑也好比初恋中的男女“自然、健康”而不带任何邪念。于是“感觉挺怪”传播口号的提出，不仅转化了“冬瓜爽”产品本身的口味问题，更调动了核心消费群强烈的尝试欲望，快速赢得产品与消费者的第一次亲密接触。同时也让消费者初次体验到“自流地”是一个与众不同、“自然、健康”伴随的新兴饮料品牌。

品牌沟通，触动心弦

品牌沟通的最终目标是与目标消费群达成共识及产生共鸣，因为品牌是由消费者产生的，如果不能，再美好的愿景也只能是一厢情愿。影视广告对于一个随意性消费很强的饮料产品来说，在品牌形象的沟通及快速打开市场方面的作用是不言而喻的，但有限的推广预算使其无法实现。只能选择相对有限更具针对性的媒介渠道，以核心消费群最易接近的公交站台广告、高校园区广告为主，集中投放，这就要求平面广告创作的质量更加苛刻。

随着《上市篇》、《邂逅篇》、《海滩篇》、《网友篇》系列平面的相继推出，在“冬瓜爽”精心酝酿的品牌专属空间里，融入核心目标消费群生活的创意诉说，真实而又亲切地沁入人心，“感觉怪怪的”成了流行于核心消费群中的口头禅。在后来做的消费调查测试中，绝大多数受访对象认为看了“冬瓜爽”的广告，唤起了他们对曾经点点滴滴美好的回忆，也更让他们懂得了对爱情的珍视，没有比这更让我们值得欣慰的了。

不仅如此，互动性强的公关活动也陆续随之步步展开：“校园情感论坛”旨在帮助正处于花季的学生群体能够有健康积极的心态面对感情、生活及学习；“绿色基地新鲜游”不仅对“冬瓜爽”的品牌内涵进行互动沟通，更使自流地“绿色、健康”的品牌价值理念深入人心。

再接再厉，越走越好

“冬瓜爽”系列推广一段时间后，市场销售超出了预定目标。这不仅在于对核心消费群的精准定位及入微把握，更得益于绿科集团在渠道建设及终端促销方面的鼎力配合。这仅仅是绿科集团强势进军果蔬饮料市场迈出的第一步，更期望它们在激烈的饮料市场博弈中越走越好！

点评：

饮料市场风云变幻，碳酸饮料江河日下，茶饮料、果汁饮料、蔬菜饮料轮番登场。

纵观饮料市场，很多产品因口感欠佳而惨遭淘汰，口感对饮料的重要性不言而喻，自流地冬瓜爽以“感觉怪怪的”为传播口号，不仅转化了产品本身的口感问题，而且有效调动消费群的尝试欲望，有点遗憾的是该产品包装稍缺亮点。

——江绍雄

可口可乐2005品牌营销全案

广 告 主：可口可乐公司 — 可口可乐2005品牌营销

广告代理：麦肯光明广告有限公司

可口可乐已经不再需要去做一些所谓的品牌推广了，它们所要做的就是怎样使自己的品牌形象更加贴近年轻消费群体。连续播出6个月的广告连续剧，以新生代明星的真实生活为剧情，可口可乐产品作为剧情的感情纽带，来层层提升可口可乐的品牌价值。传播渠道上电视与互联网并进，和全球最红的网络游戏《魔兽世界》的强强联合，名副其实的大创意与大整合。

概况

可口可乐中国一直致力于使品牌形象更贴近年轻消费群体。在2004年的广告活动中，可口可乐提出了“要爽由自己”的概念，结合2004年雅典奥运推出一系列奥运整合行销活动，成功地虏获年轻人的心。而2005年，最主要的任务就是怎样继续推进这个概念，以及如何在全国范围内大幅度提升青少年对可口可乐的品牌喜好度，进而促进销售的增长。

策略

1.对消费者的洞察

2005可口可乐营销战略的目标人群仍然定位在16到24岁的新生代“开路先锋”。他们逐步认识到最能为自己带来满足和成就感的，莫过于通过自己的方式实现梦想。可口可乐所传递的品牌理念——要爽由自己，恰恰契合了这一消费群张扬个性与追求自我的心理需求。此外，数据显示网络游戏的新生代玩众增长迅猛，网络游戏是他们在网吧中的主要玩乐。数据同时显示，网吧数量也以平均每年近25%的速度增长。

2.营销目标：

目标一：大幅提升年轻消费群对可口可乐品牌的喜好度

目标二：开拓更贴近年轻消费群的沟通渠道

目标三：保持市场占有的领导地位并促进销售稳步增长

3.营销与品牌策略：

打破常规：大创意与大整合

大创意的核心是一部连续播出6个月的广告连续剧，融品牌代言明星于新生代的真实生活中，用最真实的叙事手法展现新生代“要爽由自己”的个性追求，以剧情的连续效应层层提升可口可乐“真实原创”的品牌价值。消费者对品牌的接受与好感随着每播出一集而递增，这种“滚雪球”的累积效应产生出了远远高于投入的品牌宣传效果。青少年的个性生活和兴奋点，包括爱情、友情、运动、音乐、舞蹈和游戏等，都被巧妙地编进了故事中，而可口可乐成了剧中的情感纽带、灵感源泉和欢乐时光，成为当之无愧的剧情核心。

大整合的核心在于突破了传统的传播渠道与模式。在传播渠道上电视与互联网并进，集合各媒体的独特优势，将“要爽由自己”的品牌宣言发挥到淋漓尽致；在收视率上，重质量而非数量，整合分散的投入，集中投放央视与上广传媒集团；在营销手段上，强强联手，与网络游戏互动，贴近新生代受众群。

执行

电视广告：五集正片、五段剧情、一条剧集预告片、四条剧情预告片在6个月内连续播出，在中国大陆首次以广告连续剧的形式投放电视广告，其本身就具有强烈的原创性，开创了中国电视广告创意的新典范。广告剧中起用6个明星，被誉为电视广告业的“老友记”，五集广告的陆续播出引发了预期中的口头传播效应，激起了受众广泛的收视兴趣。同时，在媒体投放上，只投放45秒版本，强化收视效果，注重收视率的质量而非数量。

迷你电影：五条广告片合在一起成为一部五分钟的迷你广告电影，创造了中国最长广告的记录，并且仅在中央电视台一套黄金时间播放一次。同时，整合其他品牌传播形式包括平面、户外、互联网、新闻发布会等，为迷你电影的播放作配套宣传，支持其收视。

互联网：新生代是生活在网络爆发时代的一群“开路先锋”，他们可以拒绝电视、报刊等传统媒体，但无法挡住网络的渗透。可口可乐在2005年品牌营销上向互联网迈出了坚定的一步。首先，重整公司网站，推出更贴近新生代、更注重互动的iCoke.cn品牌网站；其次，携手中国最受欢迎的门户网站新浪网，通过网络发布剧情预告片，吸引消费者登录iCoke.cn在线观看和下载完整版的广告片、幕后花絮等。最后，与网络游戏巨擘Blizzard公司及第九城市强强合作，进军网游市场，开拓网

电视广告

迷你电影

互联网

报纸

新闻发布会

iCoke.cn网站

新浪网网络广告

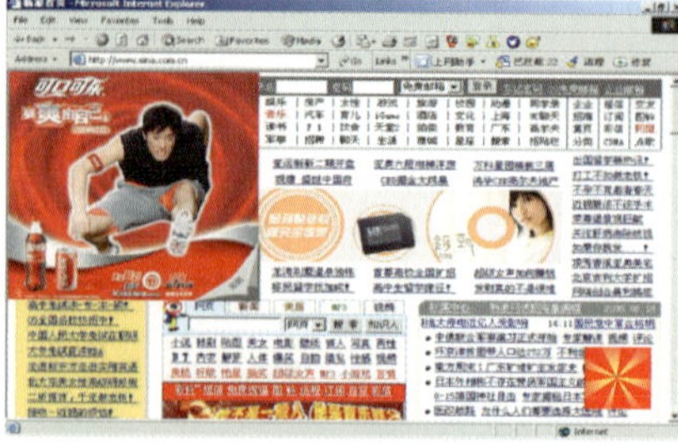

网络游戏联合促销

报纸广告

户外广告

吧新渠道，抢夺年轻网民的“眼球”注意力并提升他们对可口可乐品牌的亲和力。

平面与户外：用平面广告和户外广告辅助电视和互联网。在每集广告剧投放前，平面和户外广告都会登载剧情精彩部分，以吸引消费者观看电视广告。

营销活动与网络渠道：可口可乐与Blizzard公司合作，将全球最红的网络游戏《魔兽世界》引入营销活动，以迎合青少年中的最新热点。在游泳试玩阶段和夏季促销活动期间，可口可乐不但推出了以游戏为背景的主题电视广告、促销包装、平面海报、立体展示、户外广告等传统营销手段，而且在全国18个一线城市举办了不同规模的大型互动式路演活动，吸引网络游戏迷及年轻消费群的踊跃参与并感受其炫酷气氛，增加对可口可乐品牌的认同和喜爱。同时，可口可乐与游戏营运商第九城市紧密合作，迅速抢占并建立网吧渠道，既拓展了品牌的沟通渠道也开辟了新的销售网络。

进军网吧渠道

促销包装

促销海报

iCoke.cn网页

结果

1.青少年对可口可乐品牌的偏好度比2004年同期上升近3点；未提示广告知名度提高16点，基本达到预期的“滚雪球”效应。

2.www.iCoke.cn已成为最受年轻人欢迎的快速消费品网站之一。在整个营销活动期间，iCoke.cn网站的访问人数超过3400万人次，网络版电视广告片的下载次数达74万人次，而幕后花絮的下载次数高达150万人次；在《要爽由自己》迷你电影在央视播出当天的4小时内，网站访问人次创记录地高达100万人次；一周内，网站访问人次数更高达400万人次，广告片下载量达到25万人次。

3.2005年夏季，借助《魔兽世界》互动式网络游戏营销活动，可口可乐公司大大拓展了网吧渠道，销售陈列活动覆盖超过16000家网吧；网吧渠道的销量比2004年同期增长超过100%，在网吧这一具有战略性发展潜力的营销渠道建立了毋庸置疑的市场领导地位。

4.2005年可口可乐销量与2004年同期相比获得两位数增长；在5－9月销售高峰期间，实际销售增长比计划高出一倍多。

点评：

以广告连续剧的形式投放电视广告，本身就极具新意，很容易让受众产生期待与联想。再加上广告剧中，六位人气明星齐齐上阵，阵容不可谓不强大。强大的明星阵容＋优秀的广告创意＋新颖的广告形式，让可口可乐赚够了观众眼球。

在抢占年轻网民市场方面，可口可乐与“网游”合作，开拓网吧渠道的策略颇具前瞻性，执行也相当到位。但值得注意的是，在个性张扬的今天，广告代言人的选择充满了不确定性，隐含较大的风险和机会。明星的行为方式成为公众关注的焦点，负面消息往往会对品牌造成伤害。在可口可乐代言人选择历史上就曾经有过一些失误，如：张惠妹因台独言论遭封杀；谢霆锋因‘顶包案’广告被停播；本土化的典范‘阿福’遭侵权投诉等。

——江绍雄

三万昌茶叶的营销策略

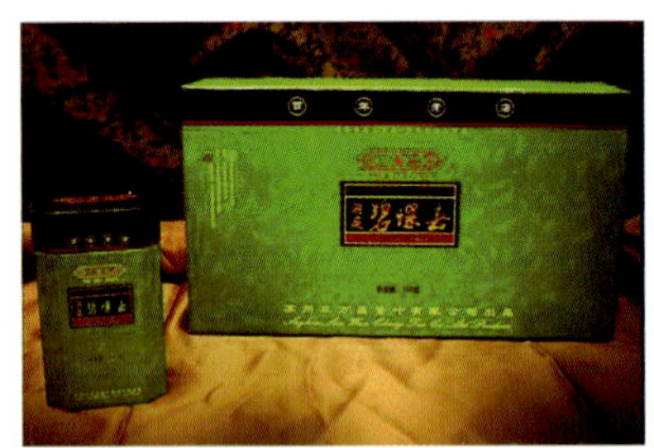

广 告 主：三万昌茶叶有限公司 — 三万昌茶叶
广告代理：苏州广电总台广告中心

随着新媒体的出现，传统媒体受到了前所未有的竞争与压力，虽然电视媒体仍被很多广告主作为首选，但是它的地位无疑也在受到很大的威胁。“三万昌”作为一个老字号在短短5年间，依靠电视传播，迅速崛起成为苏州茶叶第一品牌，是两者一个非常成功的合作和整合。电视广告、节目冠名、置入式广告的有机整合和强大攻势，使企业的产品的知名度和美誉度都达到了极佳的效果。

一、传统产品搭乘现代媒体，老字号枯木逢春

“撒尿牛角浜，喝茶三万昌”，一句顺口溜道出了三万昌茶楼在苏州人心目的影响。三万昌始创于清咸丰五年（公元1855年），是苏州的茶叶老字号。“三万昌”，意喻为“绵绵不绝，繁荣昌盛”。三万昌过去是米油客商及五洋茶会聚集的地方，当时苏州的市场动态，主要根据三万昌茶会上得来的消息。用现在的话来说，三万昌是沪宁线上的信息中心，在当时社会发挥过重要的作用。后来由于历史的原因，三万昌逐渐衰落，在1999年观前街更新改造之前已经消失多年，慢慢淡出人们的记忆。

从事茶叶买卖的张建良深知品牌的重要性，在改造观前街、挖掘老字号的过程中，果断出资15万元，受让了“三万昌”注册商标权，并在观前街开出了第一家恢复使用“三万昌”名号的茶庄。但是如何让老字号真正获得新生？仅仅躺在老字号上吃老本，显然难免步入重蹈覆辙的危险，为此，张建良凭着强烈的品牌意识，寻求与现代媒体的合作，赋予“三万昌”品牌新的价值。

我们看到这个老字号的品牌价值和潜在的巨大生命力，决心凭借自身的优势和实力，帮助“三万昌”这个本地老字号重新复活并再次焕发出生命力。

由于茶叶是日常消费品，尤其在苏州有饮茶的习惯，茶叶深入千家万户。我们从整个苏州大市的范围着手，苏州下辖五个县级市，对于茶叶销售来说，这些县级市正是一个个大的市场。这部分人群接受广告有其自身的特点。他们下班回家后主要的娱乐方式就是看电视，因此电视在这些市场上的影响力大大超过了其他媒体。这也是我们先天的优势，我们节目通过无线和有线的双重传输，全面覆盖整个苏州地区（含张家港、常熟、昆山、吴江、太仓五市），以及江苏无锡、南通，浙江嘉兴、湖州，上海青浦、松江等部分地区，覆盖人口超过1600万。而且，我们的节目比中央台、省级台更能针对性地瞄准当地的受众，照顾到地理和受众的差异性，以亲和力取胜。我们全天的收视份额在40%以上，晚上黄金时间更是高达54%，远远超过了央视、省台频道组在苏州的收视份额。有这样强大的影响力，我们自信完全有实力将“三万昌”品牌激活。

我们结合以上特点和“三万昌”目标消费者的收视习惯，选择了苏州1套和苏州2套这两个在苏州收视率最高的主频道，采用新闻栏目和电视剧相结合的方式，为“三万昌”量身定做了一套广告传播方案。

“三万昌”对我们专业细致的策划、切实可行的营销方案非常满意，对通过电视媒体进行大力度的品牌推广充满了信心，当年销量的13%都用来投放我们台。我们和“三万昌”一起努力，共同树立这个品牌的知名度和价值。

事实证明，“三万昌”选择我们电视是对的。在精准而有效的广告投放之后，5年间，“三万昌”一跃成为苏州妇孺皆知的茶叶品牌。“喝茶买茶三万昌，百年老店三万昌”这句在我们台投放时使用的广告语，已经成为了苏州人家喻户晓的一句话。如今“三万昌”在苏州的连锁店已发展到9家，而且拓展到了南京等地，在南京黄金商业地段新街口开设了两家连锁店，面积达到了460多平方米。在与我们合作的短短几年间，其销量增长了10倍，牢牢掌握了苏州市场三分之一的份额。2003年，苏州三万昌茶叶有限公司摘得了“中华老字号”牌子。2004年，“三万昌茶叶”被评为苏州名牌产品。

二、突出原产地宣传，“三万昌”几成碧螺春代名词

在我们为“三万昌”专门设计的个性化广告方案中，品牌诉求点定位根据不同阶段制定了不同的方向。

在其品牌启动初期，由于消费者对这个老字号已经逐渐淡忘，要重新树立起这个老字号，首先要重新树立品牌的核心价值。对于“三万昌”来说，其品牌核心价值就是三万昌碧螺春的茶叶品质和正宗血统。

洞庭碧螺春已有1300多年的历史，是中国十大名茶，并获得了原产地产品保护。“洞庭碧螺春，茶香百里醉”。碧螺春产于苏州吴中区湖水相映、茶果间作的太湖洞庭东山和西山，茶叶吸收了太湖烟水和花果的香甜，清香袭人。碧螺春炒制工艺要求高，需要做到“干而不焦，脆而不碎，青而不腥，细而不断”。碧螺春茶叶用春季从茶树采摘下的细嫩芽头炒制而成，500克碧螺春茶需细嫩茶芽6万－7万个，白毫显露，色泽银绿卷曲成螺，故名“碧螺春”。

由于“碧螺春”身价不菲，市场上假冒伪劣产品泛滥，极大危害了“碧螺春”的声誉。除了呼唤规范经营秩序外，市场

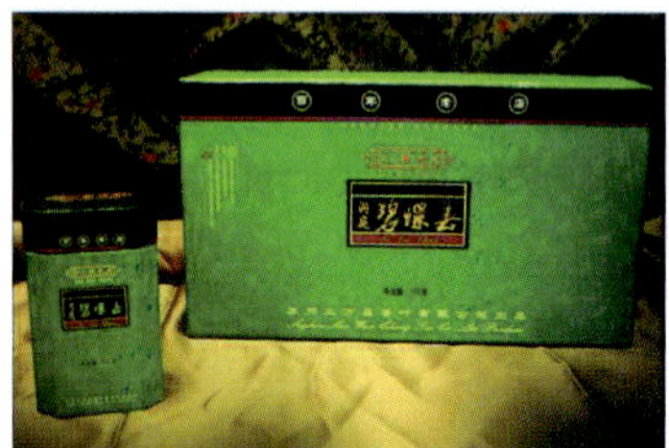

也期望诞生具有浓厚地域特征的茶叶品牌。为此，我们以绿色、正宗为诉求，突出宣传三万昌的碧螺春来源自太湖洞庭，在太湖东、西山拥有自己的茶叶生产基地，给人以“绿色生态、正宗放心”的感觉，大大提升了“三万昌”品牌核心价值。经过一段时间的广告传播，逐渐在人们心中树立了对三万昌品牌的信赖和好感。随后，我们乘胜追击，还推出了茶叶广告优惠套餐，助推三万昌的快速成长。

2003年，国家质监总局批准“三万昌”使用“洞庭（山）碧螺春茶原产地域产品”专用标志，并获得原产地域产品保护。随着在苏州茶叶市场的影响力日臻扩大，“三万昌”也逐步主导了苏州市场的价格走向，特别是“碧螺春”新茶定价唯“三万昌”马首是瞻，苏州茶商纷纷以三万昌的品牌为行业标准，三万昌的价格为茶叶价格风向标。在我们与“三万昌”的积极合作下，消费者的品牌意识也迅速觉醒，加之产量非常有限，近年来，品牌著名的正宗“碧螺春”新茶价格扶摇直上，从三四百元上涨到了一千五六百元，高档的更是达到了四五千元，让打造品牌的“三万昌”尝到了电视广告营销的甜头。

三、不断创新传播形式，百年老号生机无限

茶叶企业需要高端市场，也离不开中低端市场。据调查分析，百元以下的大众化茶叶销路更广，流动更快，也贡献了更多的销售额。“三万昌”同样也没有放弃中低端市场，大量生产大众化茶叶。这一大人群也正是我们电视的一部分目标观众。

为了扩大在中低端市场的影响，我们运用整合营销的理念，根据栏目观众构成特征，有针对性地为“三万昌”设计了新的广告投放形式。在苏州话方言新闻栏目《天天山海经》中安排了置入式广告，在新闻栏目主持人的茶壶上刻上“三万昌”的字样，开创企业投放电视平台的广告新模式，该广告模式不仅有利于到达目标人群，而且更为观众乐意接受，“三万昌”品牌潜移默化地流入观众心中。

现在，客户都希望在预算范围内争取传播效果的最大化，与电视台共同策划栏目已经成为企业推广自身品牌的一种绝好方式。为此，我们与栏目组、“三万昌”沟通、协商，共同创新广告形式和投放组合，由“三万昌”冠名赞助《新闻夜班车》“五一七天乐”特别节目，通过赞助栏目中冠名的权利实现了对品牌的宣传，其宣传的效用大于单独的硬性广告宣传，使企业和产品的知名度、美誉度达到了极佳的效果。

广告是把撕开市场的利剑，但是如何使广告更加奏效，少不了软性广告与硬性广告并肩作战、“软硬”兼施，为此，我们还运用自身的新闻资源，与“三万昌”携手联办新闻活动，这也是我们为“三万昌”提供整合营销传播服务的一部分。例如，每年当碧螺春新茶上市的时候，新闻栏目一方面对观众关注的“三万昌”的动态进行及时报道，从另一个角度以更加软性的方式将品牌传达给目标观众；另一方面，我们组织了一些消费者体验活动，如《社会传真》走进社区公益游，组织部分中老年观众到三万昌在洞庭东西山的生产基地踏青、采茶，让目标消费者直接接触企业，对企业品牌价值形成更加感性和理性的认识，从此建立对“三万昌”的品牌忠诚度。

这些整合营销方式，都和直接的广告紧密结合在一起。从可能接触到目标消费者的各个角度共同宣传，硬性与软性形成有机结合，综合运用我们的各种资源，充分发挥我们媒体的优势，帮助企业做大做强，帮助品牌腾飞。据介绍，大众化茶叶完成了“三万昌”一半以上的销售额。

百年品牌三万昌，千年经典碧螺春。随着品牌的蒸蒸日上，“三万昌”的前景越来越广阔。目前，“三万昌”正在西山加紧建设7000平方米的茶叶加工厂，主要从事碧螺春系列的袋泡茶、易拉罐等中档绿茶制造，依托“三万昌”三个字的金字招牌，与市面上的其他品牌绿茶展开竞争，进一步扩大碧螺春的市场占有率。“三万昌”还准备在上海、无锡、镇江、扬州等地创立连锁直营的茶庄、茶楼。从苏州品牌向全国品牌发展，从单一经营向多元化发展。“三万昌”张建良董事长坚定地表示，今后的广告投放，90%仍将选择电视。

点评：

以优质产品碧螺春充实“三万昌”品牌，“三万昌”几成碧螺春的代名词。利用电视媒体宣传“三万昌”的碧螺春来自太湖洞庭，炒制精良，工艺要求高，三万昌使用“洞庭（山）碧螺春茶原产地域产品”专用标志，提升“三万昌”品牌核心价值，增强了人们对三万昌的信赖和好感。百年品牌三万昌，千年经典碧螺春，打造品牌的“三万昌”尝到了电视广告营销的甜头。通过软性广告与硬性广告的齐发，电视栏目的冠名等，企业和产品的知名度、美誉度达到了极佳的效果，“三万昌”的前景越来越广阔。

三万昌广告的成功，关键在于选对媒体。选择最适合作日用品广告的电视，而且是本地收视率最高的地方电视台；获得消费者认可后，又与历史悠久的名牌产品碧螺春相结合，借碧螺春的名望确立了自己在茶行的地位。

——董景寰

红了饼干全新品牌打造实录

广 告 主：红了饼干企业 — 红了饼干

广告代理：叶茂中营销策划机构

“美福莱”的名字很少有消费者能够识别其为食品生产企业，这三个字成为品牌构建之路上的一个障碍。叶茂中策划给这个企业的饼干重新取名，利用中国传统的文化，结合当下流行热点，用“红了”给饼干取名，一鸣惊人。并且在以后的推广中运用了网络这个新媒体，结合流行的网络游戏，使得“红了网络饭饭”，率中国饼干迈入网络时代！

打造全新品牌，从一“名”惊人开始

通过市调我们发现，消费者对企业原名“美福莱”的认知度、辨识度以及好感度都相当低。只有极少数消费者能够辨识出“美福莱”是一家食品生产企业。甚至有相当一部分消费者认为“美福莱”是个半土不洋的名字以致心存反感。显然，美福莱这三个字以及成为品牌构建之路上的第一个障碍。一个好的名字是品牌成功的基础，于是寻找一个适合的品牌名称便成了叶茂中策划要完成的第一个课题。

成功的品牌命名，必须遵循三个原则：简单易记忆，上口易传播并且能让受众产生积极联想。面对3500多个常用汉字，究竟哪几个字眼才能组合成符合以上要求的品牌名称呢?

在中国传统文化中，红，象征活力、愉快、幸福、吉祥与好运。在中国，门联、请帖都用红纸；馈赠礼品也要在包装纸上放张红纸条；迎娶的车辆，要挂红彩带……

回首再看看我们所处的这个时代：从影视圈到体育界，从超级女声到莱卡我型我SHOW，从芙蓉姐姐到芙蓉哥哥，无论明星，抑或平民，这正是一个谁都想红的年代。

于是“红”从3500多个汉字中跃然而出，站在我们的面前。“红了”——既代表了一种幸福如意的状态，又代表了一种积极向上的愿景。作为品牌名称，简洁明了，朗朗上口。在随后的品牌名称测试中，“红了”一鸣惊人，其记忆度、辨识度与好感度全部高得吓人。

面对1.03亿万网民市场，心脏狂跳

截止到2005年6月30日，我国的上网用户总人数为10300万人，同半年前的调查相比，我国上网用户总人数半年增加了900万人，增长率为9.6%，和上年同期相比增长18.4%。可见我国上网用户总数依然保持良好的增长态势。目前，中国网民数仅次于美国居世界第二位。

网络+主页=身价数亿的网易CEO丁磊

网络+游戏=中国首富盛大网络陈天桥

网络+购物=全球最大的虚拟购物平台易趣

网络+歌曲=全国人民传唱的《东北人都是活雷锋》、《老鼠爱大米》、《丁香花》

可口可乐+网络游戏魔兽世界=风靡全球数十年的饮料

……

挨上网络，非富即成名

网络+饼干=?

空白！！！

此时此刻，我们控制不住狂跳的心脏，因为我们知道，按照3元均价计算，1.03亿消费群意味着什么? 一个300亿元的空白超大市场出现在我们眼前!

饼干，进入网络时代

在这个商机稍纵即逝的时代，唯有先行者胜!

在我们的建议下，客户迅速组织专家开发提高网民健康的营养添加剂，作为红了饼干占领网络饼干大类的物质利益支持点。

同时，在上海叶茂中策划，红了饼干广告创作也争分夺秒地进行着。在经过一轮又一轮的讨论，否定了一打方案之后，我们决定让红了饼干搭乘网络游戏这班顺风车，因为在2005年，从《天堂》到《文明》，从《仙剑》到《魔兽世界》……超过8000万的玩家在玩网络游戏，网络游戏实在是火得不行。

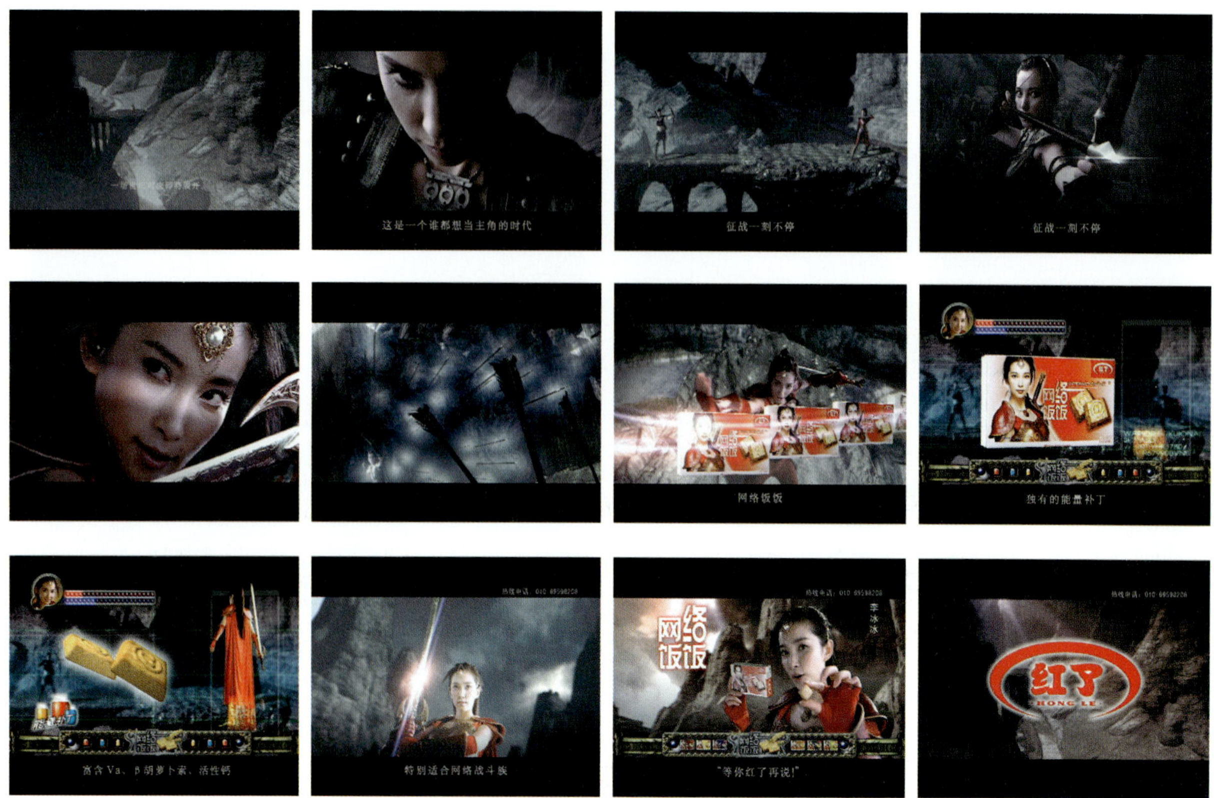

饼干设计成键盘按键的形状，代言人李冰冰小姐化身为网络剑客，特别添加的“能量补丁”补充上网人群必需的维生素A、β-胡萝卜素和活性钙，网络感十足的包装以及充满魔幻网游风格的TVC，共同构成全球第一款网络饼干——红了“网络饭饭”。

2005年，“红了网络饭饭”，率领中国饼干迈入网络时代！

点评：

决定品牌形象价值的不是事实，而是从事实出发的感受与印象。品牌传播重要的不是重复事实，而是塑造有利于品牌的消费者认知。不同的观看角度，就会使事物产生不同的印象。因此，角度就是创意。角度生产不同的传播文化标准。面对社会对于牛奶与利乐包装的不信任，策划者采取的是独特的视角：从游戏角度切入来宣传饼干，用一个“答非所问”的方式，解决了一些无法用一般传播来回答的问题。而网络时代提供了足够的全新体验与全新媒体。也提供了创造的新可能。目的就这样轻松地达到了。

角度就是价值。

——张惠辛

好利来“面包抢鲜尝”上市运动

广　告　主：好利来企业 — 好利来面包

广告代理：维传凯普传播机构

好利来1992年创立，已经有十几年的历史。在蛋糕、月饼相继在市场走俏之后，如何拓宽产品线是要紧要的一个问题。在对市场进行了调研之后，把新的市场增长点放到了面包这个品类上。2005年6月，好利来携手维传凯普针对面包进行了从产品定位、广告创意、促销规划以及媒介传播等一整套的运作。其中策划的“欧式面包节”为其产品注入了“面包专家”的重要资产，可圈可点。

好利来自1992年在兰州成立以来，至今已发展成为拥有600多家连锁店、覆盖全国58个大中城市的国内最大烘焙连锁企业。大多数消费者会把好利来与蛋糕、月饼直接联系在一起，但是这些产品并不是消费者每天必须食用的高频次产品，蛋糕产品同质化严重，而月饼的销售时间太短。如何拓展新的产品线、寻找新的利润来源，成为好利来这艘烘焙航母所要面对的问题。面包作为烘焙产品中重要的品类之一，不仅种类繁多更新频率极快，也是消费者日常消费频次最高的烘焙产品，由此，好利来把下一个要攻占的目标锁定在面包上。

面包：用心烘焙，绝妙好味

2005年6月，在好利来与维传凯普携手之初，我们就接到了好利来北京地区新品面包上市的传播任务。这不只是一场简单的新品上市，更肩负着好利来挺进面包市场进而打造面包强势品牌的重任。“产品上市告知”、“刺激尝试消费”和“增加客流量”，是好利来拟定的三个主要市场目标。对于我们来说，要完成的是包括传播主题、广宣创意、促销规划及媒介组合在内的传播支持。这样的传播规划，要实现在一个月的时间内使消费者知道、接受并尝试购买面包产品，并要尽可能地形成购买习惯——续购，而且是以北京为首站，面包的上市还会延伸到全国范围。当我们第一次看到和品尝到好利来技研部精心研发的40余款全新面包时，我们对产品力有了足够的信心。经过一场艰难的取舍，最终将此次上市的产品定为24款。如此多的品种，我们该如何推广？我们要换一种角度，我们要推广的是好利来面包，不管有多少款，好利来面包首先需要一个整体性的品牌主题或概念，能够体现未来好利来千千万万种面包共同的特质。结合好利来企业的理念及面包本身应该带给消费者的利益，“用心烘焙，绝妙好味”这句朗朗上口又意义明确的面包口号热辣出炉，同时我们将之图形化。事实证明，这个品牌概念不仅表现出好利来面包的美味，更传达了好利来“爱”的理念，对后续面包产品的传播具有非常强的延展性，显示了好利来面包的独特性。万事开头难，一个漂亮的开门红意义非同凡响。当我们再次聚焦如何开展面包上市推广时，一度出现焦灼场面。我们到底要说什么？大喊“好利来面包来了”、“上市了”还是“太好吃了”？每个同志的脑中似乎都对24个浑身散香的面包充满激情，都有无数感情想表达。正因用情太深，想赞美的太多，居然怎么也找不到一句最合适的话去诠释。

一阵集体的焦灼后，有人悠悠地道出：“这不正是1/24的美味嘛，多明白的事情啊……”这个思路更获得了好利来的赞同。好利来面包第一波上市传播主题：“这仅是美味的1/24——畅享24款美味面包，就到好利来！”既简单、又明确。

传播：形式创新，创意做足

在整个活动传播主题确定的基础上，促销口号顺势而出，“24款新登场，美味诱惑抢‘鲜’尝！”。配合促销活动，精心挑选四款主打产品，进行多元化的促销，试吃、买赠、优惠券，组合装折扣等，并配合多种宣传方式，由此引发关注，带动产品尝试性消费，刺激购买。在短短的一个月时间内，促销为达成既定销售目标起到了重要作用。

在好利来的自有销售空间中，终端广告更能显示出促进销售的“临门一脚”的作用。配合此次面包上市活动，设计的广宣物料花样多、形式新，包括店内挂饰(吊旗、DM、摇摇卡、故事卡、书签)、试吃台、展架、店内海报等。在传统广宣品上，力求形式的“变异”，如异形吊旗、异形DM。此外，还开发了多种特殊广宣品，如故事卡、餐盘状夹报。专门制作的面包特刊——《麦时尚》，丰富而完整地介绍了主要面包产品。此次活动的整体创作思路就是准确传达上市主题，求准求异。

在一个月的时间里，好利来面包成功上市，在北京市场掀起好利来面包热潮。客户对整套传播思路及宣传表现给予高度赞扬，市场的反应更是对我们工作的认可。据此次面包上市活动的销售数据显示：好利来面包北京销售额达到预期目标的230%，远远超出了销售预计，面包一战全胜。

面包节，好利来的面包文化

好利来面包成功挺进市场，但我们并不能就此停步。相对于其他连锁店品牌，好利来面包进入市场较晚，大量消费者还没有形成品牌的忠诚消费。如何建立好利来面包的品牌忠诚，形成品牌文化，是我们接着要考虑的问题。

好利来意欲把其面包产品打造成为“面包专家”的形象。欧洲是面包的发源地，也是面包产品最为发达的区域，自然也

好利来
Holiland
好利来
面包
这仅是美味的1/24
新品上市
—— 畅享24款美味面包，就到好利来！

地瓜甜心
面包村有一个非常神奇的女孩，凡是经她手做的食物，都是香甜无比。即使一碟咸菜，一罐辣椒，一瓶盐，她都能做出无比的甜来。直到她决定让大家共享香甜美味，村民们才知道了她的秘密。原来，一次发洪水的时候，小姑娘被困一片荒地，为了填饱肚子，她从地下挖出了一种外型难看，但却异常甜美的瓜，她称之为"地瓜"。
后来她每次做食物的时候，都会放一些"地瓜"，食物也会跟着甜了。从此，"地瓜"就成为面包村里最流行的甜食，而大家都亲切的称这个姑娘叫"地瓜甜心"。
象征美丽和善良。
好利来
Holiland
好利来
面包

好利来
Holiland
花生骑兵
北方飞来大队蝗虫强盗，疯狂抢夺粮食，由于对方是飞行兵，面包村实在无法与之抗衡。关键时刻，一个崇尚发明的小面包挺身而出，拿出了他的发明——根据小鸟飞翔原理制作的木头翅膀。他带领一队面包爬上附近的高山，穿上翅膀和花生国的花生盔甲，从比蝗虫飞得更高的地方直扑而下，在空中一举击溃了侵略者，保卫了家园。村民们奔走欢呼"天降奇兵"，并称这些穿着花生盔甲的孩子们为"花生奇兵"。后来，他们组成了强大的骑兵队来保卫家园，成为了名副其实的"花生骑兵"！象征勇敢和创新。
好利来
面包

麦时尚
健康麦时尚

好利来欧式面包节
品味法兰西
好利来
面包

好利来
Holiland
从这里，品法国
好利来欧式面包节
品味法兰西
好利来
面包

好利来
Holiland
鲜果
春天
水果面包系列抢鲜上市
新品上市

最为正宗。因此好利来发想了一个“欧式面包节”的主题文化活动，并且想把这个活动延续下去，成为好利来面包独有的文化特色。我们听到这个想法，一边为客户喝彩，一边禁不住想，既然是欧式面包节，既然是每年都会延续，为什么不每一年确立一个更明确的主题呢？接着我们提出了“浪漫法兰西……2005法式面包节”的活动主题，在2006年可能延续到德国，2007年延续到俄罗斯……这一想法得到了客户极其强烈的认可。主题创作的思路也随之明确。每一个国家均有其独特气质与象征物，这是很好的创意点。法国是最浪漫的国家，因此我们的主题是“品味法兰西”，寓意品味正宗的好利来法式面包。主题海报就以法国著名建筑埃菲尔铁塔与法棍的有趣结合形成强烈的视觉冲击。针对很多新奇独特的欧式面包，我们特别制作了吃法牌，陈列在产品旁边，既增加了消费者的购买乐趣，又形成了一个独特的面包文化纪念品。为加深欧式面包的印象，我们还制作了篮子状异形的DM，增加了消费者了解产品的机会和趣味，很多到店的消费者都表示从来没见过如此新奇有趣的宣传页。欧式面包节的整体气氛，被布置得浪漫、清新、风情，消费体验成了沟通的最大亮点。通过面包节气氛的渲染，以及进行欧式面包知识、吃法的教育，很多消费者开始对好利来的面包印象，由“会做面包”向“面包专家”过渡。相信经过长时间的传播积累和积淀，面包文化将成为好利来产品文化的重要组成部分，成为好利来面包的重要形象资产。

好利来面包已成功上市，面包新品还在不断推出，我们也在不断为好利来面包创造着精彩。

点评：

好利来面包上市，分为三个阶段，步步深入，在消费者心中留下深刻印象，树立了品牌。

第一步，让消费者震动、认知。面包这是一个品种繁多、竞争激烈的市场，要使好利来面包在众多面包中脱颖而出，必须有非同凡响的传播主题，强调有24款，是“用心烘焙，绝妙好味”的面包，每一种面包是1/24，还有更多的美味等你品尝，非常吸引人。同时，用“地瓜甜心”、“花生骑兵”美妙的故事感染人。

第二步，加深理解，增强记忆，促进销售。在认知的基础上，开展多元化的促销活动，试吃、买赠、优惠券、组合装折扣等，并配合多种宣传方式，还专门制作面包特刊——《麦时尚》，丰富而完整地介绍了主要面包产品。客户对整套传播思路及宣传给予高度赞扬，市场反应远远超出了销售预计，面包销售大获全胜。

第三步，宣传企业文化，打造品牌，树立企业形象。

好利来面包成功挺进市场，但大量消费者还没有形成品牌的忠诚消费，形成品牌文化，把好利来打造成“面包专家”的形象。欧洲是面包的发源地，面包产品最丰富，也最正宗。“欧式面包节”以“品味法兰西”为主题，其海报是埃菲尔铁塔与法棍的有趣结合，篮子状的DM、新奇有趣的宣传页，独特的欧式面包、面包文化纪念品等等使面包节浪漫、清新、风情，实现了与消费者的有效沟通，加之对欧式面包的知识和吃法的教育。好利来欧式“面包专家”的企业形象得到传播，品牌得到培植。

——董景寰

有户口的河田鸡

广 告 主：远山河田鸡有限公司 — 远山河田鸡
广告代理：龙岩风格广告策划有限公司

长汀河田鸡是我国的五大名鸡之一，但由于其品牌形象不鲜明、市场终端管理混乱等问题，这个有很大市场潜力的产品没有得到很好的发展。在调研后，针对原有的问题采取了一系列的措施，提炼出统一的正宗河田鸡的简易识别方法，并且导入产品质量可跟踪系统，保证产品不能被假冒。此外，配合线上宣传以及与消费者的面对面互动和培训，让消费者更好地认识和熟悉产品。值得一提的是，在取得良好的市场效应后，对品牌进行了互动监督活动，保证了品牌的长效发展。

鉴于河田鸡市场一度下滑，长汀县政府于2002年重组远山河田鸡有限公司，欲杀出一条血路，但一连串的问题阻碍着重新发展的路。2003年6月，风格对“远山”品牌进行了新的品牌规划及形象重组。决意以新的策划方略打响“远山河田鸡”品牌。通过对饲养模式、视觉形象、终端控制、户口管理、媒体诉求的系列整合，终于，半年之后，使得河田鸡又重新得到市场和消费者的认可。各地专卖店纷纷告急，要求远山公司发货。而为远山河田鸡上“户口”，成为各媒体纷纷报道的焦点；央视七套《致富经》栏目组、福建日报、厦门晚报等媒体专门为此做了专题报道，造成了极大的市场轰动。从此有户口的河田鸡成了远山河田鸡的代名词。更有趣的是，福州很多消费者还专程从市区开车前往新店购买远山河田鸡。市场惨淡时，远山公司如何突围？如何与冒牌河田鸡进行区隔，显示本品才是正宗？如何有效控制终端？市场普及如何进行？一系列的问号，把风格人推向市场终端。

河田鸡来头还挺大

风格与远山公司进行第一次亲密接触时，了解到长汀河田鸡是我国的五大名鸡之一。早在20世纪60年代河田鸡即名扬四海，1964年在香港名贵鸡博览会上荣获金奖，被我省外贸部门列为出口香港的名贵鸡种，其肉质鲜美、香甜嫩滑、风味独特、含丰富蛋白质，含有人体必需的十一种氨基酸以及大量对人体有益的DHA、EPA。就是这么一项有着强大市场潜力的产品为何却得不到很好的发展。带着许多的疑问，我们开始在长汀河田鸡的最初销售市场厦门、福州、龙岩等地进行广泛的市场调研工作。

市场问题探究

风格经过大量调研，发现远山公司前期的广告宣传，未能真正地与目标受众进行有效沟通，大量的宣传费用打了水漂。

● 消费者不知道哪里才能买到正宗的河田鸡。● 就算买到正宗的河田鸡，也因烹饪不得法而使原味尽失，久而久之，便失去了信心。● 对正宗的河田鸡的特点缺乏认识。● 原始市场的河田鸡没有统一鲜明的品牌形象。● 市场终端管理混乱，给假冒河田鸡可乘之机。

兵来将挡，水来土掩

通过对远山河田鸡的市场调查分析，风格认为要把远山河田鸡重新打造起来，解决之道在于要规范河田鸡的品牌视觉形象，使之有一个统一的识别形象，区别于其他杂牌；发展“公司+农户”的全新模式，建立产品质量信息可跟踪体系，对河田鸡生产实行户口管理，全程监控；采用分区销售，定点专卖的配送方式，确保远山河田鸡的无公害品质。

总结产品特点提炼出统一的简易识别方法

由于长期以来没有通用的统一识别方法，导致人们对河田鸡的识别存在多种偏差。正宗产品的“正宗”定义不统一，也就混淆了消费者对产品的识别。建立一个统一的识别说法显得尤为重要。风格人对河田鸡的特点进行提炼总结，确立了河田鸡“三黄三黑三叉冠”的统一识别说法（即“三黄”即嘴黄、脚黄、皮肤黄，“三黑”即颈羽黑、翅羽黑、尾羽黑，单冠直立后分成三叉状的其他鸡种没有的显著特征），让消费者学会如何识别正宗的河田鸡。

给河田鸡上户口吧！

“三黄三黑三叉冠”的识别方法较为烦琐，那么，是否有轻松的识别办法呢？

经过数次脑力激荡，“给鸡上户口”的大创意跃然纸上。不出所料，给客户提案非常顺利。远山公司办事效率堪称神速，在风格的指导下，他们导入EAN・UCC产品质量可追踪系统，给每只河田鸡都贴上条码编号，顾客只要登录“远山河田鸡”网站即可查询到所购河田鸡的相关信息。当然，这些工作远远不够，为使河田鸡的形象更鲜明、可人，风格设计了一个卡通形象，并为其取名“田田”，上户口、建立成长档案，以讲故事的方式讲述它的生长过程。真实再现远山河田鸡生长的

宣传单

海报

车身

吊旗

户外广告

全过程，配以育种基地，放养基地，条形编码等实景图片。再推广“三黄三黑三叉冠”的识别方法作为辅助，再也不怕市场上的“李鬼”了。

海陆空三军出动，全方位媒体宣传

广告决不打水漂，基本策略制定之后，媒体宣传也得到位。风格以卡通形象为统一的产品形象，制作出一系列的包装物、宣传画册，海报，配以软文、硬广，并通过央视、福建电视台、福建日报、海峡都市报、厦门日报、大型户外广告等各种媒体进行全面宣传，使得远山河田鸡在半年内就建立起了极高的品牌知名度及美誉度。

抓牢消费者的胃

针对消费者因烹饪不得法而使原味尽失，对河田鸡的美妙口感失去了信心的问题，风格还承担了远山公司市场教育的角色，不仅对目标消费者进行了产品识别的培训，通过宣传册告知正宗河田鸡专卖店地址，还在投放的产品包装内，加入烹饪佐料，以及烹制河田鸡的菜谱，并结合媒体宣传，使得河田鸡的烹饪方法得到近一步的推广。

痛打落水狗——市场地位巩固

由于产品的出众，其他河田鸡也想趁此机会享受远山河田鸡的品牌光环。市场又出现假冒的远山河田鸡。巩固消费者的品牌消费意识显得尤为重要。于是风格在后期策划当中进行了一项维护“远山”品牌的互动监督活动。鼓励消费者在专卖店购买“远山”时，如果发现产品没有条形码，无法查询到户口；或在非专卖店购买到贴有条形码的远山河田鸡，但在网上却查询不到远山河田鸡的出生日，出生地，饲养地及销售地时，就拿起电话，拨打举报热线，消费者可获得一份精美的礼品。既表明了“远山”的对消费者负责的责任心，也与消费者进行了互动交流，最重要的是巩固了“远山”这一品牌形象及市场。

后记

让消费者了解远山的终端管理，赢得了消费者对这一品牌产品质量的信任；规范的视觉形象，全程监控的户口管理带来了远山河田鸡全新的品牌形象，河田鸡又重新得到市场和消费者的认可。生动创意创造的卡通形象亲切可人，拟人化的叙述过程，使产品信息更容易被接受，使受众更容易记住这个亲切、可信的品牌。

点评：

在食用鸡品种混杂、优劣难辨的情况下，龙岩风格广告策划有限公司为生产实行户口管理，远山河田鸡在打造品牌、铲除冒牌伪劣产品，确保品牌稳健发展上作了许多出色的工作。

第一，规范河田鸡的品牌视觉形象。“三黄三黑三叉冠”是“正宗”的河田鸡的形象，生产实行户口管理，全程监控；分区销售，定点专卖，确保远山河田鸡的无公害品质。为便于消费者识别，给河田鸡上户口，给每只鸡都贴上条码编号，顾客只要登陆“远山河田鸡”网站即可查询到所购河田鸡的相关信息。

为使河田鸡的形象更鲜明、可人，设计了一个憨态可爱的卡通形象，取名“田田”，上户口、建立成长档案。

利用各种媒体进行全面宣传，建立了河田鸡的品牌知名度和美誉度。

第二，巩固成果，打击伪冒，加强终端管理。为维护“远山”品牌，开展互动监督活动，鼓励消费者在专卖店购买，对伪冒河田鸡，打举报电话，赢得了消费者对这一品牌产品质量的信任，巩固了市场地位。

第三，“有户口的河田鸡”的广告语使消费者放心，认为它是安全食品。

户外广告和海报扩大了宣传。美中不足海报内容太多，重点不突出，显得乱。

——董景寰

“仙缘”品牌重塑战略

广 告 主：南通北渔人和水产有限公司—“仙缘”品牌

广告代理：南通骑士广告设计有限公司

南通北渔人和主打市场是糟醉海产品，其竞争者不仅包括当地诸多的生产企业，同时也包括上海的海产品企业。在巨大的市场需求、同类产品的激烈竞争以及自身品牌不清晰的情况下，企业决定在保留适合品牌发展策略的内容的同时，从品牌形象入手重塑品牌。针对原先问题，从销售终端、产品包装、传播策略等进行了大刀阔斧的打造。现在已经进驻了江浙、上海等地400余家卖场，并远销国外。

在南通本地海产糟醉制品市场，北渔人和产品以南通地方特产糟醉泥螺、海蜇、黄鱼、蟛蜞等为主，一直有较好的口碑，深受不少购买者青睐。但由于销售终端缺乏亮点，同时品牌定位较为同质化，因此一直不温不火。为了能推动地方产业，弘扬江海特色文化，我们提出“江风海韵天下鲜，美味营养两相连”的全新品牌理念，重新设计“仙缘”品牌，并投入主要力量对其销售终端进行全面创新，提升了其品牌形象和档次，企业成功地走出了尴尬地位，一举成为地区行业的领先者。

酒香更要名扬

信息化的今天，越来越多的企业都明白“酒香不怕巷子深”的谚语早已不适应，如果没有战略化的宣传策略，任何一个产品或服务再好的企业都会面临被淡忘的结局。北渔人和开始同样面临这样尴尬的局面：企业产品味美价廉，博得每一个购买者的好评；但由于市场敏锐度不够，销售终端形象欠佳，再加上品牌定位较为同质化，因此品牌知名度和影响范围不大，市场销售也是不冷不热；尤其是在本地区同类产品不断提升产品外观档次时，迫使“仙缘”固守的市场份额节节缩小。面对尴尬的局面，企业曾经寻找过几家广告公司合作，但是效果并不理想。2005年5月，北渔人和顾新华总经理找我们寻求合作，在经过一番真诚的交流和考察后，顾总很快下定决心，调整既有的品牌经营策略，委托我们对其品牌进行全面的整合营销策划，“酒香更要名扬”的目标，在共识下很快开展起来。

区别对手，开辟新道路

制订合适的战略，首先就是要清楚对手的实力。东濒黄海给南通带来了广阔的天地。潮来千顷波涛，汐退万里滩涂。这里有中国的四大渔场之一吕四渔场，拥有200多种经济鱼类和丰富的贝类资源，沿海滩涂面积200万亩，是全国文蛤、紫菜、河鳗、沙蚕、对虾五大出口创汇基地。海产品加工市场竞争也异常激烈，综观本地市场，“仙缘”主要的竞争对手是上海及本地的同类海产糟醉食品。这些品牌无论是品牌形象还是销售终端，许多都要强于“仙缘”，市场范围和营销业绩也远胜后者。因此与对手强强对话，走适合自己的品牌道路，成为新品牌腾飞的关键。

一针见血，治标更治本

通过调查发现，这些糟醉制品，不但味道极其鲜美，而且含有丰富的营养。例如醉黄泥螺，不但含有丰富的蛋白质、不饱和脂肪、碳水化合物、多种矿物质和维生素，同时还有一定的药用价值，《本草从新》中记载黄泥螺有“补肝肾，益精，明耳目”之功效。《纲目拾遗》则记之有“润喉燥，生津”之功能；又如醉蛏鼻，竹蛏含有丰富的蛋白质、肝糖、无机盐和多种维生素，易被人体消化和吸收。有抗动脉硬化，减轻疲劳的作用。《良物秘书》载“连咸微寒，清肺补心，滋阴养血”。常食此品能令人肌肤细腻、容颜焕发、精神抖擞……

另一方面，由于特色产品具有强烈的地域文化特色，因此在小品美味的同时，又能感触南通独特的江风海韵，感受近代第一城的历史文化，更是一番滋味在心头。

营养保健和品味生活一直是人们热衷的话题，而市场上以此作为突破点的同类产品很少，大部分则以口味鲜美作为诉求点，显得很同质化。结合产品和市场特点，我们很快兴奋地定案：在突出产品味道鲜美、风味独特的同时，抓住其修身养性的卖点，结合地域文化特征，重新打造“仙缘”品牌形象和品牌策略。一方面，“仙缘”拥有了其品牌特性，强化了竞争点；另一方面，借助“仙缘”品牌宣传，又可以弘扬本土特色文化，反过来又可以促进产品的走俏，实为一劳多得之举。

重生和升华，策略的漂亮实施

在经过多番讨论和详细构思后，制订的初期计划分两个阶段：重生和升华。

1. 重生。去粗取精，为新品牌建立良好的基础。

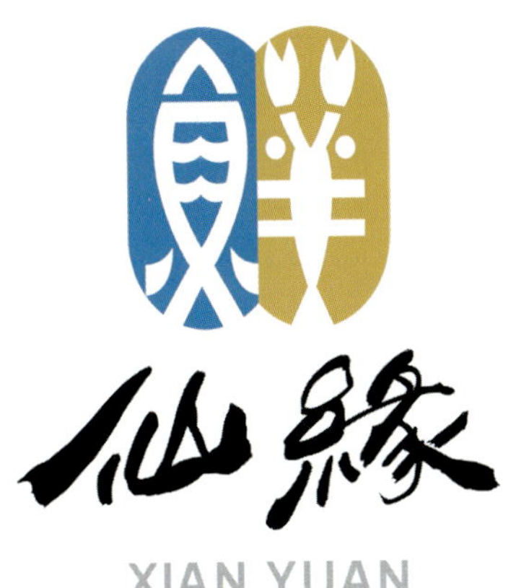
鲜
仙缘

天天尝鲜飘飘欲仙

XIAN YUAN

仙缘
海鲜大礼
如东名产

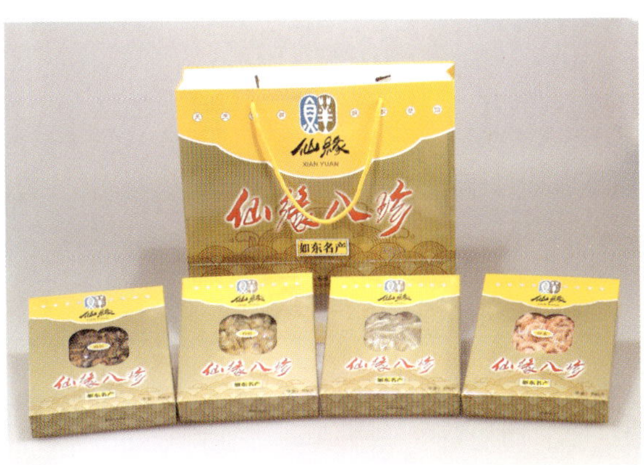
仙缘八珍
如东名产

仙缘
XIAN YUAN
如东名产
黄泥
精品醉蟹
醉蛏鼻

仙缘
如东名产
海蜇丝

要建立新的品牌，就要对陈旧的品牌去粗取精——保留原先适合品牌发展策略的内容，诸如秉承传统独家配方和配制手艺等等，这些通过重塑可以强化“仙缘”品牌的竞争优势，而且也是构成新品牌核心价值的重要部分；另一方面很果断地去除一些不适合企业发展的老品牌形象、传播策略等。

在顾总的支持下，我们对“仙缘”品牌首先从整体形象入手。“仙缘”产品以鲜绝天下为卖点，但因为此类产品同质化现象严重，因此“鲜”并不能个性地反映“仙缘”的灵魂；在调查中发现，企业所在地美丽的滨海城市如东曾流传着八仙中的铁拐李品鲜大悦的故事，而神话是人们对美好事物憧憬的反映，因此我们就地取材，重新包装“仙缘”，“天天尝鲜，飘飘欲仙”！意为口品人间鲜味，神游天下仙境，也寄托了企业的美好期望。

原先无论是标志还是包装等，都缺乏统一识别的感觉，杂乱无章，标志老套无特色，色调缺乏对比，整体感觉比较陈旧，使消费者容易产生低档、口味一般的感觉。在新标志里，我们巧妙将“鲜”字设计成鱼和虾的图案，蓝与金分别代表大海和沙滩，意为取大海精华，创天下之鲜，同时也揭示了企业的行业性质；而书法“仙缘”二字，既揭示企业传承精湛手艺，又使品牌保留地方特产风格，方便新的品牌更好地融进目标市场。可喜的是，最后的定案，大到企业外观形象，小到一张名片，都得到了北渔人和顾总高度的肯定和赞赏，而设计的“仙缘”标志及系列包装更是一举荣获2005中国之星设计大奖赛标志最佳设计奖和包装优秀奖。

2. 升华。销售终端的打造。

有了良好的基础，才有赢得市场的保证和信心。第二阶段便是将打造的品牌框架全面投入实际的运用中，这里面重点是销售终端。

三分卖点，七分卖相！在企业VI全面建立后，我们开始结合市场对产品包装进行全面更新。新的包装，一方面选用姜黄和酒红为主色调，使品牌更具地方特产风格，保留了传统精华；另一方面，加入海蓝、墨绿等辅助色，配以高精度实物图片，强化了视觉冲击力，更加贴近了大众品味，从而做到大众审美和企业风格很好地融合起来。

销售终端是产品走俏的重要因素，在设计时，着重两个点：视觉的冲击力和品牌价值内涵展示。仙缘的销售终端主要是卖场和超市，因此个性展柜、商场POP等成为宣传品牌，吸引眼球的重要手段。新颖的展柜、醒目的包装、活跃的商场POP，营造了全新的全方位的品牌传播环境，成功帮助了“仙缘”新品牌形象一上市就受到广泛欢迎。

通过先期的资源整合，第一阶段广告策略开始有条有理地展开：通过报纸、食品节促销活动、商场POP等形式首先奠定本地市场基础，成功建立和巩固了品牌辐射的源点；产品同时打进当地各大中型超市和卖场，结合媒体宣传，一跃成为当地最大的海产糟醉制品企业，并夺得本地市场王座。

在取得骄人成绩的基础上，我们联合企业，根据计划将品牌开始向周边省市辐射，并配以新闻报道、网站宣传、户外平面、商场POP等形式进行区域宣传，期望能够在尽量短的时间拉近与消费者距离，博得首肯。

收获，期待下一次精彩

通过对“仙缘””品牌的CI导入，资源的重新整合，北渔人和从一个小型加工型企业一跃成为华东地区集加工、养殖多种经营模式一体的大型海产品加工企业。当2006年“仙缘”免费进入著名的上海第一百货商店时，其产品已经先后进驻江苏、浙江、上海等省市大中型超市、卖场400余家，同时产品远销日韩、新加坡、中国台湾、中国香港等国家和地区，无论是规模还是业绩，都是华东地区行业佼佼者——品牌的核心价值“鲜美、绿色、营养”得到了广泛的认同。

根据策略框架，“由区域走向全国，走出国门”成为品牌下一步战略重点。

1、继续通过区域广告投入、销售终端更新，增强区域竞争力，增加品牌价值，奠定全面宣传基础；

2、配合企业，及时跟踪市场，关注信息反馈，完成资源定向调整，适应变动趋势；

3、加强“仙缘”品牌管理，监督企业品牌操作程序，建立适合长远发展的品牌工作秩序。

整个工作得到了顾总和北渔人和员工的大力支持，新的品牌策略也因此得以迅速展开。当看到策划方案既帮助品牌发展壮大，又宣传了特色文化，在市场和社会上都取得了成功时，我们感到非常欣慰。将本土元素与时尚热点结合，加强销售终端，分阶段、区域性投放，成为本案核心所在。

点评：

从案例陈述中，我们感受到了“仙缘”品牌在短时间内发生了巨大变化。“仙缘”这一水产地方品牌，在品牌重塑和终端形象再造之后一年左右的时间里，有计划地开展营销传播，“仙缘”产品不仅在本地深受欢迎，而且参与到水产制品非常丰裕的江、浙、沪地区的市场竞争，还进入日本、韩国、新加坡、台湾、香港等国家和地区，企业也从一个小型加工型工场一跃成为华东地区集养殖、加工、销售为一体的大型海产品企业。从这些效果业绩看，该策划是一个成功的案例。

遗憾的是，在案例阐释中没有系统地描述品牌传播的媒体计划和具体实施，策划的两个阶段“重生和升华”主要反映的是品牌VI设计和实施两个步骤。鉴于此，我们无法对其传播策划部分加以评说，只能就品牌VI设计说几句。

成功的品牌形象设计首先需要准确的品牌定位，而品牌定位最主要的是凝炼品牌概念。“仙缘“品牌定位于“现代传统”上，对传统产品的适度现代化，围绕品牌的核心价值“鲜美、绿色、营养”凝炼品牌概念，超越许多品牌诉求的“鲜美”价值。其不论是品牌形象还是品牌概念，在诉求上非常切合这类产品的现代消费者心理。

从产品设计上看，色彩选择、元素运用和组合造型，整体风格鲜明、统一，富有视觉冲击力，而铁拐李的形象与现代性设计很好地结合在一起，体现了新的品牌定位。其设计的精致感，透射出了产品的属性和品牌的层次，尤其值得一提的是品牌Logo设计上很有创意，既简洁又直观地凸现了产品属性，书写体的品牌名称也与食品类产品非常吻合。“仙缘”标志及系列包装荣获2005中国之星设计大奖赛标志最佳设计奖和包装优秀奖，可谓实至名归。虽然在提供的设计中我们没有看到个性的展柜、活跃的POP，但我们已从这些包装上窥见一斑。

——陈月明

湖雪面粉全案策划记

广 告 主：湖雪面粉有限公司 — 湖雪面粉

广告代理：华盛时代广告

面对面粉行业的品牌建设还没有很成熟的市场环境，湖雪面粉通过全案性的策划，从制定产品标准入手确立湖雪在同类产品中的领导地位，进而从品牌定位、产品包装、广告创意等对产品进行全方位的包装，并且利用中央台广告招标的时机，将产品一举推出，为达到春节热销的预期目标赢得了广泛的口碑。

第一次与湖雪面粉高层沟通是在2005年的9月，正是北京最美的时节。然而，心急火燎的湖雪董事长见到我的第一句话就是：我们要赶在春节前实现新产品的上市。这样算来，给我们策划与执行的时间最多只有3个月，时间极其紧迫。我们面对的更大问题是：除了做的决心，湖雪什么也没有带来，包括做什么样的产品、怎样做、做成怎样……

对于我们来说，这是一次严峻的挑战。因为不仅我们，几乎是整个策划界，还从来没有人做过面粉品牌。没有任何成功经验和模式可以借鉴，一切都要从头开始。同样，湖雪也承担着巨大的风险，是简单地做一个产品上市策划，还是进行系统的品牌营销规划。是按部就班，还是全面突破，客户都要做出十分艰难地抉择。

时不我待，肩负千斤重担，我们迅速开始了极地探索。

面粉：大市场怎能少了大品牌！

市场调研下来，每个人都吃了一惊，在给客户的市调报告中，我们连续用了三个没想到：

一、没想到面粉的市场规模竟然如此巨大

人常说“民以食为天”，民间也有“宁可居无所，不可食无面”的说法，据统计：我国每年面粉的销售额在1500亿元以上，几乎与我国乳业的规模相当。如果加上面粉延伸产品，这个数字还会更高。

二、没想到面粉行业还没有一个全国性强势品牌

许多行业已经进入“品牌寡头”的时代，而在小麦粉加工企业中，年产量在5万吨以上的企业将近100个，面粉行业的品牌非常分散，基本上是“众人各扫门前雪”、“一城一地一诸侯”。北京“古船”老大、内蒙“河套”领衔，青岛又变成了“百乐麦”……区域称霸，群雄并起，没有一个品牌走遍全国，家喻户晓。

三、没想到面粉业的主要竞争手段仍然是价格，而不是品牌

品牌化竞争是近年来营销界最热门的词汇。而放眼我国面粉行业，“价格战”、“促销战”此起彼伏，很少有以品质、价格、服务相结合的品牌综合竞争。

市场分析的结果使我们欢欣鼓舞，我总结了一句话：“面粉是大市场，大商机，唯独缺少大品牌！”面粉市场就像一座尚未开发的金矿，谁率先把握市场先机，大规模进军全国市场，谁就搭上了快速成长的高速列车。

那把凿山之斧就是品牌。

从半信半疑，到踌躇满志，客户终于被说服了。在我们的策划下，湖雪面粉最终确立了面向全国市场，面向大众消费市场，做“中国大众食品行业领军品牌”的企业战略发展目标。

打开全国市场的支点：湖雪+小包装+饺子粉+节庆市场

时针指向了2005年10月，客户希望湖雪新产品能在年节节庆市场形成热销，这要求全国招商大会及渠道铺货工作必须在2005年底前完成。

但全国市场的运作谈何容易？选择什么样的产品、走怎样的销售渠道、如何进行品牌传播等等都要在短短两个多月内完成。任务多、时间紧、压力大。我们真切感受到“速度就是胜利，效率就是财富”，项目组全体成员历经无数个不眠之夜，连续几十天的通宵达旦后，湖雪进军全国市场的支点渐渐在眼前清晰起来。

一、小包装面粉是居民面粉消费的主流

随着饮食结构更加丰富与多样。那种“大碗吃面，餐餐擀面”的时代早已成为历史。在市调中，我们得出普通城市家庭每月面粉直接用量在5公斤左右。因此湖雪要拓展全国大众消费市场，5公斤及以下规格的小包装面粉是首选。

二、饺子粉等专用面粉在节庆时节会形成消费高峰

馒头、面条等虽然是家庭的主要面食，但是快节奏的生活使城市家庭渐渐放弃了自己买面粉做馒头、擀面条的“奢求”，转而直接购买面食制成品，饺子则不同，尽管有速冻水饺，无数家庭还是保持着包饺子的传统习俗。

俗语之“好吃不过饺子”不仅仅指饺子的中国味道，更是指包饺子的过程本身。尤其是逢年过节，阖家团聚，全家人围坐一起包饺子是不可或缺的活动。包饺子承载了中国人对幸福、和谐的渴望，对美好生活的向往。包饺子就是把团圆包起来，把真情包起来。

难怪面粉的种类很多，饺子粉的走货量始终名列前茅。而在节庆时节，饺子粉更会形成一次大的消费高峰。

三、对价格较为敏感的家庭主妇是面粉的主要购买者

如果在大街上问一对夫妇“现在家里谁在做饭？”，可能会有老婆、老公两种答案。但“做饭的可能是男人，买菜的八九是女人”。

家庭主妇始终是面粉等厨房用品的主要购买者。她们对面粉的价格比较敏感。性价比高是家庭主妇买面粉的标准。

四、商超是大众购买面粉的首选渠道

道理很简单。食品安全形势严峻，正受到越来越多消费者的关注。“吃得放心”是消费者选择食品的第一要素。商超信誉较好，管理规范，人们买面粉首先想到商超也在情理之中。

“策划从市场中来，到市场中去”。市场需要的也是我们需要的，更是企业需要的。顺理成章，湖雪全国品牌建设的市场策略呼之欲出：

以湖雪小包装饺子粉为主打产品，加强全国商超渠道的渗透，通过抢占年节节庆市场，带动湖雪系列面粉产品的全国市场拓展，最终实现湖雪品牌的迅速崛起。

整个市场策略可以细分为三步：

1. 以湖雪饺子粉为市场切入点，打开节庆市场；
2. 通过湖雪饺子粉带动湖雪面粉系列产品的全国销售；
3. 提升湖雪品牌竞争力，使之成为“中国大众食品行业领军品牌”。

选择湖雪的“两大标准，九大理由”

“得品牌者得天下”。品牌之威力路人皆知。然而，一个面粉产品如何做品牌呢！湖雪给了我们长袖善舞的舞台。历经数次头脑风暴，我们提出了湖雪品牌推广的“两大标准，九大理由”。

一、两大标准：湖雪树立面粉行业标准

“足球之所以好看，是因为大家都按规则踢球。如果没有规则，没有标准，混战一气，胜利与失败都会变得毫无意义。”

目前的面粉市场就像是“诸侯混战”，没有公认的行业标准，也没有人提出并遵循什么标准。一个面粉品牌在甲地销售火爆，而在乙地就会被打入“冷宫”。湖雪要进军全国市场，绝对不能重蹈覆辙，最好的办法就是树立好面粉的标准，使自己成为标准的化身。当然，这个标准一定要经得起市场的考验。

1. “新鲜小麦，天然麦香”，树立好面粉的标准

消费者在买东西时，要问两个问题，这东西好吗？为什么好呢？面粉也不例外。好面粉的标准无外乎要向消费者证明两点：这个面粉做出的食品好吃（解决的是好的问题）；这个面粉的原料工艺上乘（解决的是为什么好的问题）。

“一切品质从选材开始”。小麦的品质优劣关系面粉品质的好坏。而小麦的新鲜程度是小麦品质的重要指标。并且在消费者心智资源中都有选择“新鲜”食品的消费偏好。好面粉的标准：“新鲜小麦”是当之无愧的一条。

食品，安全属第一。天然健康，潮流所指。好面粉，天然自不能少。做出的面食更要吃出浓郁的麦香味来。“天然麦香”是湖雪与消费者有效沟通的另一条标准。

在“新鲜小麦，天然麦香”的标准之外，湖雪还公开承诺“拒绝陈化粮，不含添加剂”，对面粉市场进行更深入的规范。

2. “纯麦”，给饺子粉树标准

如果单单推出湖雪饺子粉，我们发现消费者对湖雪饺子粉的认知度还不强烈。作为新品牌，必须在消费者第一次见到它

时就能留下抹不去的印象。通过副品牌来体现主品牌要强调的特点，直接告知消费者成为业界常用的方法。

在否定了一大叠副品牌名字后，“纯麦”脱颖而出。“湖雪纯麦饺子粉”树立起饺子粉的新标准。“纯麦”就是“纯正天然”，“纯麦”也是“新鲜小麦”。“湖雪纯麦饺子粉”直接向消费者诉求产品在原料上、在口味上的品牌个性，与其他饺子粉进行有效的品牌区隔。湖雪纯麦饺子粉也由此开创了“纯麦”这个饺子粉的新品类，“创始人”湖雪因此成为这一品类的领导者。

“纯麦”是从湖雪饺子粉的原料来源上树立标准的。那么湖雪饺子粉包出的饺子好在何处呢。饺子讲究“色、香、味”俱全，于是湖雪饺子粉包出的饺子“香滑可口，光泽柔爽、筋而不硬，水煮不破”成为湖雪饺子粉独树一帜的品质卖点。

湖雪纯麦饺子粉图标

二、九大理由：揭开湖雪“独树一帜”的奥秘

“标准与规则是足球比赛正常进行的保障，这只是第一步，还需要有保证标准成立的依据和执行的细则，这样标准才不会成为一纸空文，才能得到认同和实施。”

“言之无文，行而不远”。湖雪树立行业标准绝非空穴来风。湖雪的独特品质不胜枚举，我们遵循“准、狠、精”的原则，反复挑选，“选择湖雪饺子粉的九大理由”最终横空出世。

1. “新鲜小麦（只选取新鲜优质小麦，拒绝陈化粮）；2. 绿色食品（通过“绿色食品”认证）；3. 品质享受（天然好味，包出的饺子色香味俱全）；4. 环保包装（绿色健康）；5. 科研先进；6. 纯正天然（不含增白剂，天然乳白色）；7. 质量认证（ISO9001：2000质量标准体系和HACCP食品安全标准体系认证）；8. 国家免检（“国家免检”产品）；9. 质量保险（中国人民财产保险股份有限公司责任保险）。

“选择湖雪饺子粉的九大理由”改变了以往饺子粉没有清晰标准诉求的局面，湖雪饺子粉得以“独树一帜”，实现与消费者的有效沟通。

以“选择湖雪饺子粉的九大理由”为基础，我们乘胜出击，又提出“选择湖雪面粉的九大理由”。“九大理由”囊括了湖雪产品与众不同的品牌个性，成为湖雪与消费者沟通的“秘密武器”之一。

三大品牌识别，湖雪练就“包你好吃”真功夫

尽管有了“选择湖雪的九大理由”。但我们没有裹足不前。湖雪要拓展全国市场，必定需要更多更有传播力的理由来，而事实上，选择湖雪的理由又何止九条，湖雪项目组的每个成员都能脱口而出“N大理由”来。又经过无数次的头脑风暴，我们为湖雪树立起品牌载体、品牌传播、品牌包装等三大品牌识别，使湖雪“练就”品牌快速成长的“金刚铁骨”。

一、品牌载体识别：品牌代言人+企业吉祥物

1. “围裙丈夫”刘仪伟代言，品牌沟通其实很简单

当我提出要为湖雪寻找品牌代言人时，客户反问我：“怎么用代言人，用谁做代言人好呢？”

连续数日，我们沉浸在大陆及港台明星的档案中。倪萍、沈殿霞、濮存昕……最后，有“围裙丈夫”之称的刘仪伟获得大家的一致认可。

2. 导入企业吉祥物，“福面娃娃”携手湖雪

品牌载体的形式有两种，一种是用人；一种是用虚拟的人，诸如动物、卡通等。相较真人，企业卡通形象可以长期使用，还可以自由延展，应用范围更广，风险也更小。

有没有可能品牌代言人和企业吉祥物同时使用呢？当然可以！

企业吉祥物可以弥补对品牌代言人的某些认知盲区，湖雪在品牌传播上，以品牌代言人刘仪伟为主载体，以企业吉祥物为辅助载体，可以强化湖雪品牌印象，使湖雪品牌更加深入人心。

在品牌代言人确定后不久，湖雪企业吉祥物“福面娃娃”也新鲜出场。

“福面娃娃”是一个可爱的胖面娃娃，以圆为主体构图，乳白色为基调，红色为点缀。既与湖雪面粉的产品属性相匹配，又充满喜庆、亲和的气氛。

可爱的“福面娃娃”赋予湖雪品牌灵性和亲切感，面粉生硬、缺乏新鲜感的固有认知由此改变。

有趣的是，“福面娃娃”问世不久，2005年11月11日，北京2008年奥运会吉祥物揭晓，竟然是五个可爱的奥运福娃，这让我们欣喜万分，“福面娃娃”与“福娃”只有两字之差，这不能不说是一次绝妙的巧合。借助奥运福娃的热销，湖雪企业吉祥物“福面娃娃”也迎来了更大的传播机会。

湖雪企业吉祥物系列延展

二、品牌传播识别：刘仪伟“快板解说+功夫厨艺”+央视广告

1. 刘仪伟说“快板”，展“厨艺真功夫”

品牌代言人的作用就是为传播加分，湖雪的品牌传播自然少不了刘仪伟。广告语及广告片都要和刘仪伟相匹配，达到“见刘仪伟如同见湖雪”方为最高境界。

怎么做？自然得先从湖雪广告语入手。

在为湖雪饺子粉创作广告语时，我们遇到的最大困难是如何将饺子粉与饺子进行有效的区分。避免卖饺子粉反成了卖饺子，为别人做嫁衣。

在白板上，我们将想到的广告语一一写上，白板变成了“黑板”，仍然没有找到公认的好广告语，挑灯夜战，到凌晨时分，我突然眼前一亮，在白板上写下“包”字，项目组沸腾起来。

立即“湖雪饺子粉，包你好吃”在夜色中问世。“包你好吃”提出一个“包”字，一语双关，既是指包饺子的“包”，避免湖雪饺子粉与速冻饺子等产品相混淆。“包”同时又是一种口语化的品质保证。“包你好吃”由刘仪伟风趣道出，还会使广告片产生意想不到的喜剧效果。

《湖雪饺子粉·刘仪伟快板篇》TVC迅速在我脑海中展现：

厨房中，刘仪伟施展功夫，将印有“湖雪面粉”的围裙套在身上。刘仪伟变出一袋湖雪饺子粉，然后和面、擀皮、包

馅，动作流利迅速，一气呵成。包饺子的过程中刘仪伟施展太极、掷飞镖等各种功夫。顷刻间，香喷喷的饺子新鲜出炉，全家大喜。最后满脸是面的刘仪伟神秘一笑，伸出大拇指说：“湖雪饺子粉，包你好吃！”

为塑造优美的韵律，使消费者产生深刻的记忆。背景音乐采用了大家喜闻乐见的快板书形式。轻松、上口的快板将饺子粉卖点一一呈现给消费者。“老婆买回湖雪面，今天我做饺子宴。湖雪纯麦饺子粉，新鲜小麦味道鲜。筋道爽滑又经煮，晶莹剔透人喜欢。阖家团圆包饺子，年年月月湖雪面。湖雪饺子粉，包你好吃!”湖雪饺子粉包出的饺子“香滑可口，光泽柔爽、筋而不硬，水煮不破”四大品质卖点表露无遗。“快板解说+功夫厨艺”使广告风趣、幽默、极易识别和记忆，从而使目标消费者对湖雪饺子粉产生好感，并迅速拉动终端销售。

为配合下一步湖雪面粉系列产品的全国品牌传播。我们还创作了湖雪面粉的广告语：“好面粉，好厨艺”。

老婆买来湖雪面粉，厨艺大长，做出可口的饭菜，博得全家上下的赞誉，这是家庭主妇梦寐以求的事情。再加上由刘仪伟这位公认的厨艺高手说出“好面粉，好厨艺”，家庭主妇自然会对湖雪面粉产生更深的好感与信赖。

《湖雪饺子粉·刘仪伟快板篇》拍摄故事版

2. 湖雪结盟强势媒体，“面粉行业央视第一标”一鸣惊人

时针指向2005年11月，一年一度的央视黄金资源广告招标即将举行。对于湖雪来说，这是一次绝佳的品牌发展机会。

中央电视台的品牌影响力自不待言。CCTV-1黄金时段也被认为是最具性价比的广告资源。通过投放央视广告，无数区域品牌成长为全国性品牌。湖雪要从一个区域品牌快速成长为全国性强势品牌，必须占据传播的制高点，必须形成强大的品牌传播势能，必须借助全国性强势媒体的力量。中央电视台当仁不让，是“首选中的首选”。在我们的精密策划下，2005年11月18日，在2006CCTV黄金资源广告招标大会上，湖雪开历史先河，一举夺得“面粉行业央视第一标”。

一时间湖雪面粉夺得“面粉行业央视第一标”的消息被各大媒体竞相转载，没花一分钱的传播费用，“湖雪”品牌就传遍大江南北。湖雪面粉招商大会尚未开始，许多迫不及待的经销商就纷纷打电话联系合作事宜。我们公司也接到不少经销商打来的电话。

三、品牌包装识别：新LOGO+新包装+新形象

1. 企业VI整合，湖雪“新标”写新篇

“人品好，样子也要长得好看。”原来湖雪的企业VI十分混乱，特别是企业标志传播力不够，红矾的主体设计缺乏视觉

上的冲击力和有效的记忆点，严重影响了企业形象传播。湖雪要向全国发展，“换标”是当务之急。

经过大量的测试与比较，我们将湖雪LOGO改为以中文“湖雪”字体为主，英文“LAKE SNOW”为辅的文字图形化LOGO。这样更突出“湖雪”品牌，大气、简洁、易识别，英文字也体现了企业的国际性。

湖雪老LOGO　　湖雪新LOGO

湖雪新老LOGO对比

湖雪面粉老LOGO　　湖雪面粉新LOGO

2. 包装广告化，让包装自己广告

终端是品牌与消费者面对面交流的前沿阵地。产品包装设计是在终端吸引消费者眼球及购买欲望的最有效工具之一。产品包装也是广告，而且是在终端最有效的广告。

但是，湖雪原来的产品包装过于简单、略显粗糙，没有将包装的作用最大化。因此，在湖雪新品包装设计中，我们全力提高包装的可读性，让包装也产生广告的功能。

比如，为使正面包装产生“抓人”的效果。我们将正面包装设计得十分简洁，刘仪伟形象和产品名称几乎占据了包装的全部。我们还在正面包装上将“拒绝陈化粮，不含增白剂”设计成一枚醒目的印章，湖雪“新鲜小麦，天然麦香”的卖点与产品名称共同体现。

如果说正面包装要吸引消费者，那么背面包装的作用则是让消费者静下心来阅读，说服消费者产生购买。因此我们将包装背面变成了简版的“产品说明书”。除了包装上必须具备的常规元素外，我们还将“选择湖雪饺子粉（面粉）的九大理由”以及湖雪系列产品的四大品质特点融入其中。通过包装，消费者就能对湖雪产品有详细透彻的了解。

湖雪饺子粉老包装　　湖雪饺子粉新包装

湖雪饺子粉新老包装对比

3. 包装生动化，刘仪伟全国“卖面”

获取品牌代言人价值最大化，就是要使代言人与代言品牌完美对接。让代言人为品牌说话、为品牌服务。

具体到产品包装上，最有效的方法是让品牌代言人“上包装”。

为充分体现刘仪伟幽默、亲和的个性，让刘仪伟在全国的销售终端“卖面”。我们在湖雪饺子粉新品包装正面放上了刘仪伟竖起拇指赞赏“湖雪饺子粉，包你好吃”的动人形象。

从市场反馈来看，湖雪新品包装放在终端，消费者远远望去，就能看到刘仪伟身着喜庆唐装，热情微笑的“卖货”形象，给人以强烈的视觉冲击力。

湖雪产品新包装

湖雪饺子粉新包装全图

会议营销：湖雪招商大会迅速打开全国销售渠道

时针指向了2005年12月，在我们夜以继日的努力下，湖雪品牌营销的各项工作准备就绪，只等招商大会的召开了。为确保招商大会万无一失，我们对每一个细节都作了周密安排，还创作了《湖雪面粉招商广告》在《中国经营报》等权威媒体上刊发。

2005年12月12日，在北京京都信苑酒店，湖雪品牌战略发布暨全国经销商大会在京隆重举行。大会现场空前火爆，200多位经销商争抢湖雪面粉经销权。当场签约量高达5万吨，远远超出我们和客户的预期。湖雪面粉全国销售渠道顷刻间已然建立。

后记

2006年元旦，刘仪伟主演的湖雪饺子粉广告影片亮相CCTV1黄金时段。湖雪面粉全国销售出现井喷式增长。为配合央视广告强势投放，湖雪还在全国销售终端进行大规模的促销活动。湖雪全国品牌化运作正在有条不紊地进行。一个全国面粉强势品牌正在悄然崛起，面粉这个古老的行业正在焕发出新的青春！（李光斗/文）

点评：

做这样的项目才能真正感受到“机遇与挑战同在”。所谓机遇是指面粉市场巨大却没有一个全国性的著名品牌，容易打造一个新的品牌霸主；所谓挑战，面粉产品的难以创造较大的利润空间，而建立全国性品牌需要巨大投入，一着不慎全盘皆输，企业和策划公司都将冒很可能失败的风险。

这是一个非常专业、非常规范的策划案。从大处看，该案围绕湖雪面粉新品牌塑造和全国市场推广两大任务展开。从市场调研到品牌概念提炼、品牌VI设计，品牌利益诉求，再到广告策划、TVC创意、招商活动组织，尽管时间仓促，却有条不紊，稳扎稳打，考虑周全缜密。从细处看，有许多点睛之笔，如“两大标准、九大理由”的确立、品牌代言人的选取、央视广告的竞标、以点带面的品牌推广策略、广告口号的创意以及包装的设计，都充分体现出足够的专业水平。这是“品牌+推广”策划的很好范例。

许多加工食品在我国早已进入品牌寡头统治时代，面粉行业则一直在传统的市场模式中进行，区域性品牌似乎满足于割据一隅的安逸生活。在缺少全国性品牌竞争的面粉市场，谁敢为人先，打造全国性著名品牌，谁就可能创造第一。确实，该案创造了许多面粉行业的第一。

像许多策划人喜欢夸大自己的功绩一样，本案例叙说中也有许多虚夸成分。例如，该案也提出了“树立面粉行业的标准”。标准象征着市场地位和权威，制订行业标准的意识和欲望是一个垄断性企业或品牌应有的气魄，许多国际大企业或大品牌往往就是标准的制定者。遗憾的是这些本案制订的所谓“标准”都是“软”的，缺乏技术的含量和定量的依据，因此很容易被竞争者溶解。又如，湖雪品牌“第一品牌”的地位并没有像策划人那样乐观。也许该策划案已经完成了项目规定的任务和目标，但湖雪面粉的品牌之路则刚刚开始，生命的根基很不稳固，市场渗透力和控制力尚未足够强大。需要提醒的是，中国品牌史上有过太多昙花一现的行业“第一品牌”它们也有过湖雪面粉品牌这样的开局。

从市场发展的规律看，湖雪面粉揭开了面粉市场的集中化序幕，也将引发面粉市场的激烈竞争。湖雪品牌如何应对接踵而来的地方品牌乃至全国性品牌的自卫、阻击和竞争，在市场的搏击中成长为中国第一品牌，我们将拭目以待。

——陈月明

水晶之恋网络情人节社区活动

广 告 主：广东喜之郎集团有限公司 — 水晶之恋果冻

广告代理：广州平成品牌管理咨询有限公司

2005年圣诞节至2006年情人节期间，水晶之恋以一股紫色浪漫风暴席卷了整个新浪网，小游戏、手机图片、大头贴、贺卡、小测试、无处不在的爱的呢喃细语，宛若一场华丽的视觉盛宴，把唯美风格发挥到淋漓尽致，让天生充满的幻想的女性无力招架。

市场综述

1）行业发展趋势

果冻市场是一个成熟的市场，有两大类竞争企业，一是由喜之郎集团为领导的品牌型企业，占据70%市场规模，主要竞争优势是品牌力和市场细分。二是杂牌的地方企业，主要竞争手段是低价竞争。果冻市场的主流消费人群已从儿童为主的家庭消费向学生人群、青年男女人群、年轻父母转移，他们消费果冻的需求均不相同。果冻产品同质性强，可替代性强。在市场细分后，分众人群的品牌教育成本非常高。

2）定位策略

水晶之恋是喜之郎集团1997年推出的定位于年轻男女的果冻品牌，经过9年的市场拓展和深化，在情侣果冻市场，“水晶之恋”有较高忠诚度以及较高市场份额。其包装型产品的主力推广期是圣诞节、情人节，散装产品以日常销售为主。

作为成熟产品，水晶之恋需不断维持与年轻情侣的深度沟通，以巩固“爱你一生不变”的品牌内涵。该品牌每年全国推广预算不到200万元。

3）竞争环境：

水晶之恋果冻主要的市场竞争来自替代产品。主要包括同样定位于情侣消费的产品，如巧克力、雪糕、鲜花等，它们以时尚品位、西式生活方式，分流很大一部分消费者；由于产品的果冻属性很强，“水晶之恋”缺乏作为情侣消费产品的情趣及内涵，需加强品牌时尚性塑造。

创意策略

2005年圣诞节至2006年情人节期间，水晶之恋以创新“体验式的节日互动专区”推广形式，通过目标人群的“身心体验”来强化和放大品牌所代表的“爱的语言”品牌内涵。

媒介策略

与国内最大的门户网站——新浪网合作，由新浪的3个主要频道“无线频道、星座频道、商城”提供水晶之恋专区内容支持、技术支持和资源支持。

整套广告组合配合频道赠送推广资源，全面打造水晶之恋互动节日平台

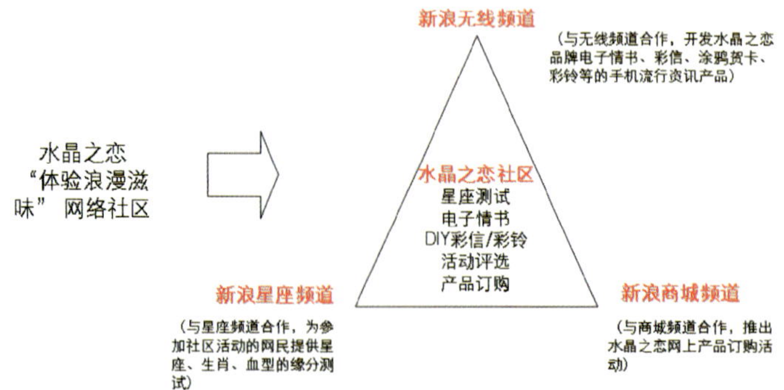

效果证明

1） 推广活动效果总评：

“品牌传播面广，受众到达率高，品牌好感度提升，成为果冻类产品投入最少，获利率最高的产品”

——水晶之恋在受众节日来临之际，以丰富而立体的方式向目标受众呈现一个浪漫多彩的品牌社区，有效实现品牌与受

网络广告——浮动图标

网络广告——星座球

网络广告——爱的见证

网络广告——分享爱的滋味

网络广告——爱的语言圣诞节

爱的小游戏

网页页面

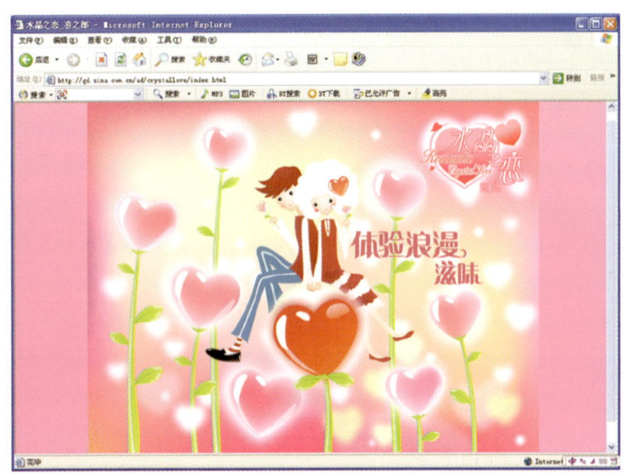

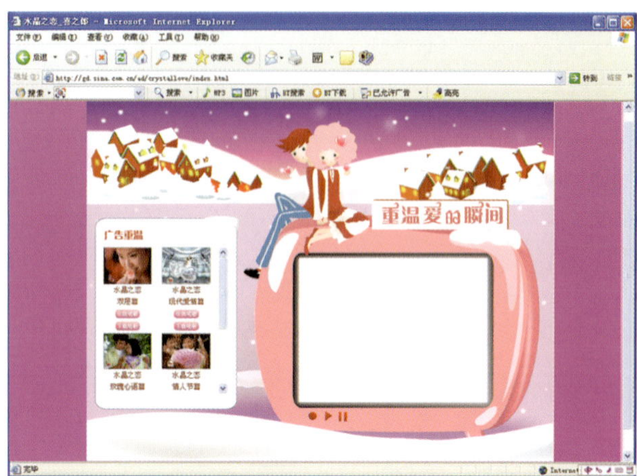

创意贺卡

彩信动态

众的深度沟通，赢得受众广泛好感。通过新浪优势广告投放，使水晶之恋的品牌印象得到广泛传播和强力宣传。

——本次网络推广活动达到7.76亿人次的高浏览量，以投放期56天计算，平均每天有超过1387万人次接收了水晶之恋的品牌信息；

——根据全国目前6038.4万18-30岁的网民数量来计算，每一个水晶之恋的目标受众平均接收到12.85次水晶之恋活动及品牌信息。

——根据活动中网民的注册信息统计，女性占59%，16-27岁占87%，学生占48%。说明了年轻女性尤其是大中院校的学生，对水晶之恋社区活动参与程度较高，与水晶之恋推广的目标人群高度吻合。

——本次活动信息传播面广，目标人群信息到达率高，品牌形象得到进一步深化，取得了很好的广告效果。

2）广告投放总体概况：

此次投放，广告曝光超过7.74亿，广告总点击数超过41.7万，实现了非常优异的推广效果。

3）水晶之恋社区总体概况：

从页面浏览、点击数据来看，本次品牌社区的推广非常成功，本次推广活动，水晶之恋“体验浪漫滋味”社区总体曝光超过79.3万，点击数超过51.6万，整体点击率高达65.1%。可见社区内容设置对于网友具备非常高的吸引力。

“爱的缘分”参与测试人次30,409人。“爱的语言”注册人数938人。彩信下载数达到4,252，大头贴发送量达到620，创意贺卡发送量达到828，涂鸦贺卡作品数达到450，彩铃下载数达到1,329，LoveMail作品数量达到196。“爱的见证” 活动共有180名网民提交了照片，投票总数高达1,515,335。 “分享爱的滋味” 网上销售水晶之恋浪漫心语礼盒共184盒。“爱的小游戏”游戏点击数高达54,837次。“水晶之恋小测试”共有32,341人次参与测试问答。“重温爱的瞬间”广告欣赏获得17,677点击数。水晶之恋情人节网络社区成功获得了网民热情参与，有超过244万的网民亲身体验到水晶之恋制造的网络浪漫！网民统计数据来源：CNNIC2006年1月发布的《全国第17次互联网报告》，活动浏览数据来源：新浪提供的《水晶之恋情人节网络广告投放报告》

4） 本次推广实现水晶之恋品牌曝光机会超过7.7亿次，实现受众点击超过93万人次。

网民深度参与品牌相关的各种互动活动。从整体数据来看，取得了非常优异的推广效果。

5） 网民通过参与品牌社区活动，实现了品牌与消费人群深度沟通。

年轻情侣们将对“浪漫爱情”的美好情感转移到品牌上，有效强化受众对于品牌文化的认知，提升品牌好感度和心理定位。网民唯美浪漫的爱情体验，大大提升了品牌价值认同感。

6） 水晶之恋成为果冻类产品投入最少，获利率最高的产品。

以行业8%的广告量投入，集中互联网络的推广，使水晶之恋成为果冻类产品投入最少，获利率最高的产品，市场份额年增长率达10%以上。（数据来源：广东喜之郎集团有限公司）

点评：

1998年那则模仿泰坦尼克的浪漫广告，还有那首：“我的心在为你跳跃，给你最美的水晶之恋，一生不变”的广告歌曲，给本是平常零食的果冻，披上了一件魔幻的爱情外衣，让年轻情侣们看到的不仅仅是果冻，而是对方那颗晶莹剔透的心，从此以后，表达爱情又有了一个新的方式。

水晶之恋在品牌策略上则将喜之郎果冻布丁的“认知之道”进行了彻底的发挥。直接赋予此种“果冻”一种“水晶之恋”的欲望想象，将消费者情感认知显性化。在食品向欲望转化中“爱的语言”电视广告中一句“明天的明天，你还会送我水晶之恋吗”让女性被作为欲望的载体与果冻食品建立了合理的等价空间，成功把产品指向了男性受众，使果冻成为了继巧克力、玫瑰之后能够代表爱情的又一个新事物。

通过对消费者认知意识的合理调动与指引，水晶之恋也在消费者大脑中建立了良好的认知基础，成功确立了“水晶之恋是爱情象征”的品牌定位，其独特的心形外型和水晶物语成为新的情侣食品与表达情感的介物。

——邵千华

雀巢冰爽茶“超线”整合传播

广 告 主：雀巢水公司 — 雀巢冰爽茶

广告代理：上海灵狮广告

2005年可口可乐联合雀巢推出的雀巢茶饮品系列广告，给我们带来了一股前所未有的冰极海洋体验，雀巢冰爽茶在系列活动中，除整合了中国移动和联通手机用户资源、iPod之外，更借助腾讯公司QQ平台和网络技术，以联合营销的模式，在大量的广告投放与消费者参与情况下，打了一场热夏冰凉战。

线上，线下，哪里是界限？这回，雀巢冰极超越线上线下的窠臼，颠覆传统TVC的模式，实现了更具突破性效果的整合传播。

上海LOWE领衔的雀巢冰爽茶亚太范围的广告运动，从“特有冰凉成分”USP的建立到“冰到你抖”的概念演绎，经过一系列“别出心裁，有计划，有步骤”的阶梯式传播，已经成功地在消费者心中植入了超级冰凉的鲜明品牌个性，进而在“乱花渐欲迷人眼”的纷繁茶饮料竞争中一枝独秀，脱颖而出。相应的市场表现也令广告主和广告公司皆大欢喜。

就在吉姆·柯林斯的《从优秀到卓越》这本书风靡坊间的时候，雀巢冰极同样认为应该“Good To Great”，要求整个团队一鼓作气，乘胜追击，更上层楼，举手摘星。新一轮的超限广告运动也就此横空出世。

老调如何不重弹

“冰到你抖”的概念经过先前的传播，成功在消费者心中建立了由“抖”到“冰”的联想，成为雀巢冰极鲜明独有的品牌传播概念资产。厂商希望新的一轮传播攻势秉持这一概念，再次固化加强，通过“抖”的故事演绎，突出“冰”这一USP，掀动新一轮市场热潮。

挑战在于：老调如何谱新章？就像续集永远很难拍，概念的延续演绎，想要再次挑动人们的神经，就得有更夺人眼球的表现。简单的重复无济于事，反而会造成传播的接受疲劳。唯有做到一浪高过一浪，才能起到蓄力合发的乘方效果。

玩的就是悬念

单靠精彩的故事演绎，“大片”的执行，是否就能达到所需的“Great!”效果？伟大谋略家孙子说过“守正合，以奇胜”。要引发更大的关注，营造核聚变式的传播势能，就得守正出奇，在“正”(冰到你抖的核心概念)的基础上，打破常规。

就电视广告而言，在嘈杂的媒体环境中，或雁过留小声，或船过水无痕。能不能来个晴空霹雳？譬如，先以精彩的创意故事，吊足观众胃口，然后在紧要关头戛然而止，正如章回小说每回的结尾，从而更能引发观众持续的关注？好奇、猜想、等待，观众能充分参与到其中，传播的影响力就能成倍释放。

雀巢冰极的新电视广告基于此出发点而设计了一个扣人心弦的悬念故事：丛林旅途中，两个男子争相讨好女子，其中一人使坏撞倒另一人，抢得了为女子引路的机会，得意地与女子走上深涧吊桥。被落在桥头的男子心生一计，他打开冰极一喝，立刻如意料中的冰得抖了起来，吊桥随之激烈摇晃。但出乎意料的，本想只是开个玩笑捉弄使坏的男子，没想摇晃过于激烈，女子完全站立不住，整个身子摔了下去，她拼命去抓桥板，桥板裂开……命悬一线间，故事却戛然而止了。

"跨媒介"整合

未完待续的结局，与其让观众被动接受，不如想办法让他主动参与。TVC结尾于"命悬一线，结局尽在nestea.qq.com"这句旁白，充分利用悬念的引力。好奇心的驱动，将观众引到另一个能承载更多传播内容的媒体——网络。网站不仅提供受众急切想知的精彩结局，同时通过网页表现形式，对"冰爽"概念再次完美传达，并且实现了促销活动等信息的清晰传达。消费者追踪关注过程本身，以及更全方位的内容传达，使受众的接受、体验和被影响程度大大增强。跨媒体创新传播方式本身的话题效应，关注度和新鲜感都营造出强大的传播势能，充分挑动了消费者面对广告海洋的麻木神经。

到目前为止，nestea.qq.com的点击率每天平均达25万次，广告片的下载率也大大超乎预期。成功实现线上线下媒体跨越的第一步，源于电视出色的广告创意，令人满意的执行，悬念张力的完美营造。只有引发受众的强烈兴趣，才能让他们主动追着看广告。

广告片的拍摄与后期在新西兰进行。所有场景都是在棚内拍摄完成的，丛林、索桥等均由搭景造出。再结合先进的三维技术，逼真效果让人如同身临其境。这次后期我们运用了许多世界级水平的特效和电影《金刚》中运用的最新技术，场面恢弘，扣人心弦。创意与执行的臻于至善，令这部广告片赢得了可口可乐高层的首肯，称之为"可口可乐有史以来在中国最棒的广告片"。（雀巢冰爽茶为可口可乐与雀巢合作公司BPW的产品，在中国的营销工作主要由可口可乐负责）

在新一轮"冰到你抖"广告运动成功造势之后，"每小时送一部Nano"的促销活动借势展开。促销电视广告与主题广告统一故事背景；通过先前引发的冰极网站高点击率传播促销信息，加上POSM和PR的全方位整合传播，令雀巢冰极离"Great!"的战果越来越近！

电视广告，何必总是有始有终；线上线下，何必拘泥，何必分清。传播路数，并不总是一二三四五。"超线"才能超越极限，跳出常规思维，才能有超常规的收获。竞争面前，“相加”的效果已经不够，我们需要“乘方”的效果。

如果产品特点够鲜明，在广告中就应该做到极致淋漓地表达。雀巢茶爽泡泡，以巧妙的类比手法，将喝这种饮料的体验生动传达，超越了感同身受的极限。

如果你没有特点，你可能需要“讲故事”，如果你很有特点，而且自信能够征服人，那最好别绕圈子，尽量将它完全秀出来。

雀巢茶爽泡泡是款令人兴奋的创新产品。它能在你喝的时候产生微小泡泡，就像有东西在你的舌尖跳舞，极富活力乐趣。目标消费群正是那些勇于尝试新鲜事物的都市年轻人。他们渴望体验新感觉，这与雀巢茶爽泡泡带来全新感受的产品特点不谋而合。市调的结果也表明，对于茶爽泡泡的产品概念，年轻人非常喜欢。因此，将产品自身的特点形象到位传达，就是撬动市场的最好支点。

让我们“DEMO”吧

那么雀巢茶爽泡泡那种在舌尖跳舞，或顽皮地搔痒，或轻微的触电是一种什么样的感觉呢？怎样才能做到感同身受的到位传达？DEMO常常是广告人“讨厌的鸡肋”。所谓“讨厌的鸡肋”是因为食之厌恶（不只无味），弃之不行（并非可惜），比一般的鸡肋还要讨人厌烦。DEMO常常背负着阻碍创意行云流水和耗费创意天才的罪责。而其实，DEMO本无定律，DEMO本无藩篱限制，所以DEMO本无罪。有罪的是处理DEMO的俗套方式。要将雀巢茶爽泡泡的饮用体验生动形象地表达，是用传统直白的DEMO方式还是能另辟蹊径？客户与我们最后决定采用纯粹的类比手法。整个广告片就是一个有故事的DEMO，可以说将DEMO进行到底了，但与传统的方式全然不同，以新鲜刺激的故事赋予所要传达的干燥信息激扬活力，实现产品个性、创意故事和市场目标群的融合。

就是这感觉

由于片子要同时在大陆，香港，台湾和亚太其他地区播出，所以要考虑的方面非常多。为做到最真切模拟饮用茶爽泡泡的感觉，同时适合各个地区的市场状况、文化、消费者喜好甚至是法律问题，我们大概发展了50多个创意故事，参加各地区客户的“海选”。最终《鱼》篇和《洗车》篇成为幸运儿最后胜出，成为“超级创意”。坦白地讲，那些被PK掉的故事也是相当棒的。

《鱼》篇：我们看到渔夫在海岸边拉网，惊恐的鱼儿跳出水面，一切都正常得不能再正常了，突然一个年轻人飞奔过来跳入渔网中。在渔夫困惑的同时，我们看到年轻人正在享受着鱼儿暴怒又无序的拍打，他感到如此的痒非常有趣所以禁不住大笑。镜头切换到年轻人原来是站在海边的栈桥上喝产品，我们听到他的心声“这是我喝雀巢茶爽泡泡的感觉”，然后我们看到小泡泡们又一次飞过来，包围他，搔痒他……

《洗车》篇：一个阳光明媚的下午，我们看到一群年轻人边把车开进洗车间边脱下了衣服，在洗车间内，我们看到他们正畅快淋漓地享受着洗车刷的拍打，那种有点痛又有点痒的感觉，让他们情不自禁大笑大叫，洗车工不敢相信地看着眼前这一切。镜头切换到这些年轻人原来是靠在车边喝产品，我们听到其中女主角的心声“这是我喝雀巢茶爽泡泡的感觉”，然后我们看到小泡泡们又一次飞过来，包围她，搔痒她……

就是这感觉！通过其他新奇有趣、爽快欢乐的行为，将茶爽泡泡带给年轻人的体验生动模拟演绎，超越DEMO的常规形式，超越了感同身受的极限。广告片的三维和后期在澳大利亚和新西兰共同完成，值得一提的是，《鱼》片中在男子身上蹦跳的鱼是三维做出来的。

要超越创意传达力的极限，先要超越固化思维的极限。打破常规的藩篱，就有更宽广的天际，让创意的天马飞驰。

点评：

雀巢冰爽茶电视广告中的爱情、冒险、挑战、 音乐、 悬念汇集了这个时代所有与青春有关的词汇。整个广告诉求风格与产品的冰爽定位紧密相连。在炎炎夏日中，让观众眼睛大吃冰淇淋。带来一股强烈的冰爽视觉冲击，仿佛身临其境。广告语“冰到你抖”当我们还没有亲口喝到饮料的时候，它已经让我们的燥热的心冷却安静下来。广告情节在紧张刺激中戛然而止，即而转向了网络，让受众主动去寻求广告结局，在这过程中产品信息到达率当然又无可厚非地一次次被刷新。

另外，茶爽泡泡“就是这感觉”两则影视广告通过奇趣、搞怪、夸张广告情节，成功演绎了茶爽泡泡带给我们的生动体验，广告中放肆的笑声也感染着每一个人。 广告的背后传达的实际上是一种健康、积极的生活态度。这种充满跳跃性的思维感受使“茶爽泡泡”在受众心中找到自己最完美的价值定位。“前所未有的新奇体验，只给敢于挑战的你”，向最爱变化的都市人群传达了强烈的自我品牌个性宣言。

在这场合作中，雀巢借助成熟的网络平台，为自己打响了网络营销的第一炮。

除了为自己开辟了新的宣传平台外，最大的收获应该是在这场合作中锻炼了网络营销技巧，为来年亲自开创网络营销模式奠定基础。真不失为一次整合营销的完美出镜。

——邵千华

维珍饮料中国市场启动仪式策划案

广 告 主：英国维珍集团维珍（中国）饮料有限公司 — 维珍饮料
广告代理：成都大西南广告公司

作为一个跨多个行业和领域的品牌集团，维珍集团积极致力于全球化的扩张发展，中国的广阔市场对它更是有着无法割舍的吸引力。旗下世界畅销的第三大饮料品牌维珍饮料，2005年正式落户中国成都，成立维珍（中国）饮料有限公司。维珍饮料中国市场的启动方案成功启用一个大胆而新颖的创意，让中国人见证了一场举世无双的“婚礼”，使维珍饮料热闹非凡地“嫁”入了中国，这是中国策略的成功。

引子——平地一声惊雷起

公元2006年3月22日，成都南延线新会展中心，美丽的天鹅湖畔，历史见证了一个值得大书特书的仪典。上万市民亲临现场作为观礼嘉宾参与了一场举世无双的“婚礼”。“新娘”是来自英国的著名品牌维珍饮料（Virgin），而“新郎”正是数以亿计的广大中国消费者。22日当天即有几百家媒体铺天盖地报道了这一活动（请注意是当天）。欲知详情，请听我慢慢道来……

逐鹿中国，英国“处女”杀入重围

“Virgin”中文译名维珍，始创于1970年。作为英国最大的私营企业，维珍集团涉足多个领域，总资产超过50亿英镑。成立于1994年的维珍饮料集团生产20多种饮料产品，是欧洲和东南亚最畅销的饮料品牌。维珍（中国）饮料有限公司于2005年落户成都，主要生产维珍可乐、维珍青柠、维珍橙味、维珍无糖系列饮料。

作为世界第三大饮料品牌，维珍饮料在欧洲的市场占有量仅次于可口可乐和百事可乐，而中国巨大的消费市场是不容忽视的。于是，维珍（Virgin）以“彼可取而代之”的豪情扯起大旗，杀入中国饮料市场。

楚汉相争抑或三国演义？

近年来的国内可乐市场可谓是群雄割据，狼烟遍地。我国碳酸饮料市场巨大，全年碳酸饮料市场消费量高达800万吨左右，并且在以每年20%左右的速度递增，其中可口可乐和百事可乐就占到80%。“两乐”占据了大部分的市场份额，处于垄断地位。“两峰对峙，一水分流”，作为“两峰”，可口可乐和百事可乐的地位几乎是固若金汤的，“一水”则是从两强相争的硝烟中杀出一条血路来的非常可乐。

要在有百事可乐和可口可乐这两头猛虎盘踞的市场取得突破，从两大巨人的饕餮席上分得一杯羹，必须要有一些自己独特的非常手段，使之既能融于两乐创造的可乐文化又能有自己的独特之处，赢得消费者，在“两乐”的夹缝中生存、壮大乃至超越。这是维珍面对的现实，“生存还是毁灭”这是每个维珍人必须思考的问题。

中国策略的力量

维珍选择2006年春季正式进军中国市场，前期的市场策略对一个品牌来说是异常重要的，选择一家有实力和策略的广告公司扶助其品牌上市就更加重要。维珍（中国）饮料有限公司在中国上海、北京及广州招募各路英豪，但最终维珍选择了成都大西南广告，用维珍（中国）饮料有限公司董事长胡奉宪的话说：我们在上海、北京试用了多家大型广告公司，最终只有成都的广告公司提供的方案让我们怦然心动。2月21日我们和维珍饮料的全球市场总监CHRIS第一次看到方案，CHRIS十分惊喜，当晚电传英国，理查德·布兰森也是连呼OK，一致通过，接下来就是我们的完美合作。

在中国文化传统中构建中国当代广告

大西南广告公司站在文化的高度诠释维珍品牌的意义。我们认为商业品牌只有在尊重当地文化传统、渗入本土意识的前提下，才能在同质化竞争中建立与消费者的密切联系，在亲和中赢得认可，在融合中求得发展。大西南的创意理念是：站在中国文化传统的基础上深刻解构Virgin的文化内涵。维珍应该在中国文化传统中做文章，从中国文化元素获取灵感，通过演绎中国情感故事来感动中国百姓，从而融入本土，与中国消费者一道获得和谐美满的幸福生活。

Virgin挟世界排名前30的辉煌成就进入中国，面对一个生机蓬勃、欣欣向荣的伟大国度的热情拥抱，以及庞大的市场消费者群体的选择期待，必须在产品同质化竞争白热化的时代剑走偏锋。Virgin要卖的不再仅仅只是饮料而是文化，是亲切，是合作，是感人的、符合中国价值认同的形象和方式。产品有产品的竞争，广告有广告的竞争。大西南认为，如果把Virgin来到中国设计成一次文化互融，把Virgin品牌在中国的推广放在极具中国意味同时又极富中国情感认同的事件上推进，对于Virgin文化的阐释以及品牌美誉度的建设具有深远的战略意义。

品牌竞争的最高层次是文化，文化传统是哺育一个民族生存发展、不息奋进的思想根基。源远方流长、根繁则叶茂。商业品牌只有在尊重当地文化传统、渗入本土意识的前提下，才能在同质化竞争中建立与消费者的密切联系，在亲和中赢得认可，在融合中求得发展。没有坚强的文化根基的润养，一切非凡的创意和伟大的构想都将黯然失色。

大西南经过认真调研，缜密思考，大胆创意，加上公司对快速消费品市场的深刻理解，终于找到了石破天惊的创意“让理查德·布兰森（Virgin）扮一回新娘”！借助全国春季糖酒盛会之际正式嫁到成都、嫁给中国消费者！当大西南这一惊世骇俗的想法传到英伦，传到维珍老总布兰森耳朵里之时，这个擅搞各种惊奇的叛逆分子也禁不住两眼放光，连声“OK”“GOOD IDEA”，对大西南的创意激赏不已。而维珍饮料公司高层甚至觉得如此出色的创意在他们看来似乎只能产生于北京上海，没想到竟然出自成都！“简直棒极了！”维珍的市场启动仪式放在2006年全国糖酒会上，因此我们必须实施“石破天惊”的一击，制造本届糖酒会万众瞩目的焦点，并将因Virgin饮料推广之成功，带动其产业及品牌的延伸，我们把本次活动称之为“推动Virgin品牌的引擎”。通过我们的策划，Virgin在本次“糖酒会”上的闪亮登场，不仅是Virgin产品的上市良机，也是Virgin品牌推广知名度和美誉度的绝佳契机。大西南把维珍在中国的亮相理解为一场中西合璧的婚姻，这种构思秉承了Virgin一贯的不同凡响的品牌演绎风格，结合中国传统文化元素演绎中国的情感故事，让消费者对Virgin“一见钟情”，中国就是Virgin的家，Virgin就是中国消费者的Virgin！

用中国文化感动中国人，对Virgin来说，这是一次伟大的尝试，对大西南而言，我们将因循挑战创意极限的原则，用颠覆传统的方式来演出一场创造公众吸引力的文化大戏。

2006最具爆炸力的事件营销维珍超级文化大戏

序曲：好戏登场 从悬念开始

3月15日，《成都商报》报道了一则令人震惊的消息——《一位来自英国的身家50亿英镑的“新娘”将嫁到中国！》，报道说，这位“新娘”将披着盛装来到有“第四城”美誉的成都举行极具中国特色的婚礼，预告了一场盛大豪华的跨国婚姻，并且时间就在3月22日，地点在蓉城南郊美丽的天鹅湖畔，言之凿凿，成功地吸引了媒体及公众视线，由此拉开了本次新闻炒作的序幕。值得一提的是，当天即有11家媒体报道和转载了这一新闻。其中包括搜狐网、天涯社区、网易等把持网络话语权，人气极高的网络媒体。就像此前的每一个取得巨大成功的炒作案例一样，网络同样扮演着先行者的角色，显示出它在网络时代的巨大威力。

正当公众们愈来愈对神秘新娘和不可思议的婚礼充满期待，各种传言已是满城风雨的时候，3月18日《成都商报》登出了对该事件的系列追踪之二《给“英国亿万身家新娘”披上20000平方米红盖头》，终于公开了新娘的神秘身份“Virgin”，中文译名维珍，正是赫赫有名的英国维珍集团旗下的维珍饮料。由此，维珍饮料进军中国市场的启动仪式正式高调登场。仪式举办地选在本年度全国糖酒商品交易会主办地之黄金位置成都世纪城新会展中心天鹅湖。届时占地20亩的天鹅湖将被25000平方米的红绸覆盖，天鹅湖中心将搭建超级大舞台举行“联姻”仪式，并冲刺吉尼斯纪录。新娘的神秘身份终于公开，我们将媒体及公众的注意力由“50亿新娘”成功过渡到对维珍饮料的好奇及红盖头吉尼斯纪录的期待，宣传重点由“新娘”本身向维珍品牌介绍和天鹅湖揭盖头活动转变，网络上持续热炒。在接下来的数天内，全国的媒体更是为之疯狂了，上百家媒体追踪报道了此事，广大市民和媒体越来越浓厚的兴趣更加渲染了此次婚礼的不同凡响和引人入胜。网上的相关帖子也在热烈的甚至是激烈的讨论中，对此次堪称空前的绝世婚礼表现出了极大的关注和热情。

渐热：新闻发布会

21日上午在凯宾斯基饭店举行了维珍新闻发布会，维珍集团外方代表Iain先生，维珍（中国）饮料有限公司董事长、总裁胡奉宪先生均出席会议并致辞，就维珍概况、品牌文化、发展计划、销售模式、市场策略等方面作了阐述并回答与会记者的提问。这给不少关注本次活动的市民和媒体带来了一个肯定的信息：那就是维珍新娘将毋庸置疑地出现在22日的庆典现场，正式“嫁”到中国成都。正是因为前期的媒体宣传效果及大西南出色的公关才能，使新闻发布会现场盛况空前，总计有62家媒体现场采访，CCTV、湖南卫视、新华社、香港《文汇报》等全国知名媒体也悉数参加，由此掀起了本次活动的第一个小高潮。在此我们的新闻策略牢牢锁定了“维珍”、“登陆中国”、“联姻”、“红盖头”、“吉尼斯”几个关键词。新

超过 60 个标准篮球场的天鹅湖

25000m²红盖头创吉尼斯纪录

200名工人夜以继日赶制大红盖头

盖头掀起前媒体趋之若鹜

吉尼斯颁发“最大的红盖头”证书

欢天锣鼓闹新婚

现场演绎盛唐乐章

CCTV 全程跟踪拍摄

英伦文化和中国元素的完美演绎

激情舞蹈，引领可乐新生活

48 名壮汉揭开神秘“新娘”

15 米“新娘”矗立天鹅湖上

礼花争艳,群情鼎沸

新华社激情采访

忙碌而幸福的胡总

媒体追捧大西南团队

搜狐专访

中英各界代表喜笑颜开

成都商报
糖酒之花18次盛开蓉城

成都商报头版头条深度报道

湖南卫视全程关注

现场赠饮点水泄不通

闻媒体全方位展开，从报纸、网络开始延伸至电视、电台。

高潮：掀起你的盖头来

终于，22日上午天鹅湖现场引爆了本次活动的最HIGH点。占地20亩的天鹅湖被25000平方米的红绸覆盖，天鹅湖中心搭建了一个舞台举行婚庆大典。22日上午10点整，维珍饮料登陆中国启动仪式“掀起你的盖头来”正式拉开大幕。在浪漫悠扬的《掀起你的盖头来》音乐声中，主持人宣布开场，激情飞扬的“世纪鼓韵”响彻整个天鹅湖。随之登场的大唐华章“燕乐鼓舞”歌欺裂石之音，舞有天魔之态。在大世界基尼斯代表向维珍（中国）饮料公司董事长胡奉宪先生颁发了最大的“红盖头”——“大世界基尼斯之最”证书之后，胡奉宪先生致辞宣布：掀起你的红盖头维珍饮料正式进军中国！音乐声中，揭幕开始，“开！”随着主持人一声令下，48个年轻力壮的小伙子一起发力，红盖头从四面徐徐拉开。围观的群众忍不住齐声高喊为其加油助威，现场的锣鼓声响彻云天，25000平方米的红盖头飘然掀起，数万只彩色气球随之飞向天空，红、白、蓝、橙四个高达15米的维珍饮料模型终于现身，整齐地矗立在天鹅湖中心。叹为观止的空前盛大的婚礼令现场气氛臻于沸腾，观众情绪达到极点！“维珍嫁女”的活动成为了本次全国糖酒交易会最大的亮点。无论是媒体、公众、经销商都期待着维珍新一轮的品牌推广再出奇招，继续演绎维珍的激情文化，抒写维珍饮料与中国消费者，英国风情与中国元素的美好的“婚姻生活”。

维珍展厅，激情绽放色彩

在维珍的糖酒会展厅，同样热闹非凡。我们设计的以“激情绽放色彩”为主题的维珍展厅，是所有展厅中最具特色和文化底蕴的展厅。维珍展厅也成为了模式化的会展一道亮丽的风景线，大量参会人员驻足观望，并有很多朋友被深深折服，在展厅前合影留念，进而还有找维珍（中国）饮料有限公司董事长胡总索要签名。来自五湖四海的经销商朋友云集维珍展厅，展厅里预先预定的座位不够经销商签约使用，不得不临时和组委会申请多加几张桌子，两天时间内维珍签下的订单不下两个亿。这一切让维珍代表看在眼里，乐在心里。本次活动取得了极大的成功，在活动前的新闻发布会高朋满座；在糖酒会的维珍展厅客商云集；在活动现场“天鹅湖”人头攒动、水泄不通。包括新华社、cctv、湖南卫视、《中国日报》、《成都商报》等百家媒体蜂拥而至，新华社、搜狐、湖南卫视等重量级媒体对本次活动都作了专访，成都本土最重要的媒体《成都商报》还在其头版头条报道了维珍现场活动仪式。新华社、《北京晨报》、《华夏时报》、《中国日报》、香港《文汇报》、《成都商报》、《天府早报》、四川卫视、湖南卫视、搜狐网、新浪网、天涯社区、国际在线网站、中国食品酒业情报网等共计有百家以上的媒体、三百多次报道、近千次的转载对本次事件持续关注。

红盖头下的创意团队

成都大西南团队坚持“最短时间、最好作品”的服务理念，致力于“在中国文化传统中建构当代广告”，并在中国传播领域大力倡导执行“经营、销售、传播一体化工程”。在维珍项目上，大西南团队精诚团结、努力拼搏，在极短的时间里我们创造了奇迹，我们本次为维珍策划的市场启动仪式留下了一个艺术与商业完美结合的典范。

（文／成都大西南广告公司总经理　何春）

点评：

将维珍比喻成新娘，“嫁”给中国消费者，新奇、大胆，形象而贴切地抓住了本土化策略的精要，让人不禁拍手称妙！这才是绝妙的创意，才是真正的big idea。

“让布兰森也当一回新娘”沿袭了维珍集团一直喜欢用领导人做品牌象征的传统，布兰森一贯的“商业顽童”形象，使他在公众面前穿着婚纱富有情趣却没有哗众取宠的感觉。维珍饮料中国市场的成功启动与高明的媒介策略也关系密切，提前用悬念预热，活动期间跟进报道达到了及时和轰动的效果。

——邵千华

红河的F1速度

广 告 主：红河卷烟厂 — 红河香烟

广告代理：上海电通广告

20世纪90年代红河卷烟厂是以市场化、品牌化思路打造品牌的先锋，也是将烟草企业的理念与品牌形象完美结合的典范。不断的展示企业文化内涵的广告诉求、赞助赛事和公益行动使原本寂寂无名的红河在烟草业炙手可热。无论是对CBA红河奔牛队的赞助还是去年以“红河弯”命名上海F1国际赛车场最有挑战性的1号弯道并签约成为“中国赛车运动推广战略合作伙伴”，还有更多系列性的推广赞助项目，无不充分体现和散发着红河品牌勇于挑战、奋勇前进的独特“奔牛文化”。

2005年2月27日

一个看似平凡的日子，对于国际烟草行业却意味深远。这一天，世界上第一个旨在限制全球烟草和烟草制品的公约——《烟草控制框架公约》生效。该公约是世界卫生组织针对烟草的第一个世界范围的多边协议，更是第一个具有国际法律约束力的全球性公约。《公约》第13条规定：每一缔约方应根据其宪法或宪法原则，在公约对其生效后的5年内，广泛禁止所有的烟草广告、促销和赞助。也就是说，《烟草控制框架公约》生效后5年之内，“擦边球”烟草广告将消失。

中国是世界上最大的烟草消费国，烟民数量约3.2亿，中国同时也是该条约的第77个签约国。对于加入WTO后已经处于国际烟草虎视眈眈中的本土烟草行业，该条约的生效更增加了它们的竞争压力。而国家则新近确定了“大市场、大品牌、大企业”的远景目标：中国烟草专卖局宣布力争在３年内，将全国卷烟工业企业调整为30至50家，品牌压缩到100个左右。而2003年中国烟草业一类烟的生产牌号就有120多个。由此可见，中国烟草企业面临着内部的激烈竞争、外界的豪强环伺、法规的强力压制和政策的硬性调控。同时，越来越开放和规范的竞争平台，让烟草企业进入了品牌竞争的新时代。塑就品牌的力量，是本土烟草行业的当务之急。逆水行舟，不进则退。

2004年６月

经过与各大广告公司的接触和沟通之后，红河确认了电通为其构筑品牌之路。上海电通广告团队，历经全面的调研分析，十数次南下云南弥勒镇，为红河策划了全新的品牌攻略。力争在5年大限之前，为红河全力而快速地提升品牌形象。电通首先对红河进行了深入的市场分析：红河的销售状况长期处于一省集中的局面，在云南省的销量占全国整体销量的1/3。但是在北京、上海、广州等群雄逐鹿的大容量城市，销售量过低的情况不容忽视。与此相对应的是，购买红河的消费者结构偏低，低端人群构成了销售的整体重心。在产品结构中，虽然红河提升了精品烟的销售，降低了甲级和乙级烟的比例。但是从总体来看，甲级和乙级烟占有比重较大，导致整体价格结构偏低。

由此可见，全面提升企业形象和品牌价值，使红河从一个地区性品牌转化为全国性乃至世界性的大品牌，是红河赢得未来的必走之路。

再看竞争对手：占据领先地位的本土烟草企业显然已经启动了各自的品牌战略，利用各种全国性的强势媒介，大张旗鼓地宣传各自的品牌理念，红河已经落在了后面。但是电通认为，无论是红塔集团的“山高人为峰”，大红鹰的“胜利之鹰”，还是白沙的“鹤舞白沙，我心飞翔”，从沟通方式来看，都欠缺了最重要的沟通基础，即与消费者的双向沟通。这种“单一呐喊”式的强力灌输，在已经饱受广告轰炸的消费者心里，是否拥有足够的力量？因此，电通将红河的品牌策略着重于沟通方式的思考：利用新的文化载体，进行有效的双向沟通。不仅让消费者知道，更要让消费者认同，成为消费者由衷的选择。通过消费者喜好的形象激起他们的欲望，引导他们的生活价值观，激起文化共鸣，而不是用生硬的企业意志征服他们，这样的品牌于消费者、于社会都是意义深远的。红河原有的形象是奔牛，在寻找新文化载体的过程中，电通没有简单地抛弃这一符号。牛的努力勤奋、踏实稳重、豪迈雄壮等特征，都是具有正面意义的积极形象，也为消费者留下了较为深刻的印象。从红河之前的奔牛形象具有浓重西部色彩，在沟通层面也同样存在企业本位思考轨迹的广告表现中，电通得到了“奔腾、红色、激情”的正面信息片断。而最杰出的创意，往往就是现有资源的组合。如何在消费者留下的固定印象中，挖掘出更新更能激起共鸣的元素？

2004年，恰逢F1进军中国，在中国最具影响力的国际化都市——上海，掀起了空前的F1热潮。F1无疑是2004年度最具轰动效应的新闻事件，其承载的“国际化，现代，速度，激烈，时尚”等讯息正是为人们所津津乐道的内容。红河的原有符号“牛”，代表了“奔腾”与“激情”，与赛车运动之“竞速”与“激烈”的精神相得益彰。而赛车所代表的“国际化”、“科技感”与“新时尚”等概念，弥补了旧有符号“牛”之陈旧，而能赋予之全新的动力。因此，如果完成奔牛到赛车的转化，能够让红河新时期的品牌形象得到立竿见影的提升，进而弥补红河品牌形象之不足，让它走出“小国寡民”之地方品牌形象，迈向国际化的无限舞台，那该是怎样的一个结果？一个大胆的想法由此产生：红河＋F1赛车！

2005年8月18日

在电通的积极沟通和全力斡旋下，红河与中国汽车联合会、上海赛车场等多家单位正式签约，宣布成为“中国赛车运动推广战略合作伙伴”。这也是电通为红河度身定制的品牌战略：利用F1的轰动效应，将红河的奔腾精神与赛车的疾速驰骋相联系。新世纪的中国人，正处于一个更加自信、更勇于接受挑战的新时代。日益强盛的中国让中国人无论在政治还是经济上都渴望创造更加辉煌、令世界叹为观止的壮举。体育从一个侧面反映了一个国家的综合实力，而原本令国人可望而不可即的世界最昂贵运动——F1，也已经走到了我们的身边。把红河的奔腾激情，注入赛车新载体，在捕捉消费者价值感受上势必更近了一步。并且，赛车运动作为国外运作悠久的广告载体，具有巨大的广告承载力和广泛的传播效应。良好的宣传效果有利于红河新时代品牌战略的推广。以非灌输式的事件营销，打开品牌的创新之路，容易接近消费者并取得心理认同。电通所创造的“红河＋F1”组合，是红河品牌战略的重要举措，使红河的品牌之路后发先制，占尽优势。

同时，电通创意团队为红河与F1的联姻度身赶制了从线上到终端的全方位广告表现。以国际广告公司的大手笔，重新包装红河，完善红河的品牌策略。让喜迎佳偶的红河，向国人充分展现其焕然一新的面貌。

上海电通为红河策划了这样一支品牌形象广告片：一位赛车手整装待发，静坐车中等待在出发线一端……他的眼睛凝望远方，回忆起他追梦少年时的岁月：一片怀旧的温暖色调，云贵风景的中国西南小镇，一群少年正骑着自行车彼此追逐嬉戏。镜头转换之间，男孩们渐渐长大，他们穿越小桥流水、山坡林阴……其中一位男孩虽然跌倒，但是他面露坚毅，始终执著向前。这群少年你追我赶，进入了一条长长的山中隧道。黑暗中，只有迎面隧道出口的亮光。霎时，时空切换，从隧道中穿越而出的不再是少年，他长大成为一位真正的赛车手，他驾驶着F1赛车，在众人的欢呼激越之中，继续驰骋……奔腾，致远千里!

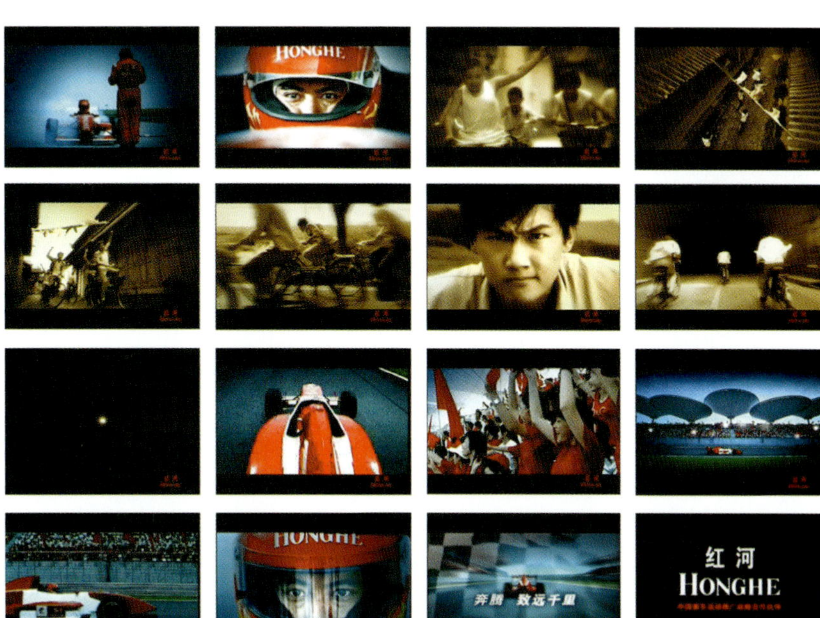

旁白：奔腾，致远千里!

红河：中国赛车运动推广战略合作伙伴

昔日的少年，如今的赛车手，我们不仅仅是将“红河”与“赛车”进行简单的连接，更不仅仅是塑造了一个企业成长的故事。在这条广告片中,我们采用了很多符号，始终执著的少年眼望前方，而这正是红河发展历史中“坚持”精神之表现；黑黑的隧道，则是人生与企业发展过程中所经常面临的起伏与波折，唯有坚持到底的人，才能最终迎接那明媚曙光……红河,它“出于山而归于海”，从最初发展时的艰难挺进，到汇聚万流，奔腾而起，达到“致远千里”之境界，是深度决定了它的广度，是格局决定了它的最终胜出。

2005年9月4日

作为2005红河杯参与全国汽车场地锦标赛上海第四分站赛的辅助赛事，在上海国际赛车场，上演了一场红河与美女巨星们的激情碰撞！以宣扬体育慈善爱心为目标的“2005年成龙慈善杯”车赛在上海国际赛车场隆重举行了。现场众多美女明星驾驶着赛车，在一面面红河的广告牌中风驰电掣，与红河“奔腾 致远千里”的口号交相辉映，现场更播放了红河新近拍摄的企业形象宣传片。红河，终于开始全新跃然于世人面前。

目睹这一切，回想这一年电通与红河的合作,其间无数次的挑灯夜战，无数人的绞尽脑汁，从最初的纸上征战，到红河最终全新奔腾于13亿人面前——电通与红河合力打造的梦想终于成功。

点评：

企业宣传片塑造了一个企业成长的故事，片中少年坚毅的眼神，赋予了红河坚韧、拼搏、勇往直前的企业文化内涵。在选择合作对象时，红河则准确把握了自身品牌特质，依靠合作对象的品牌形象，为自己成功塑造了自我品牌。在红河展开的上海赛车项目推广活动中，无处不在的“红河”标示，不断强化品牌形象，让受众自然而然地将赛车运动的国际化和与产品联系起来，再加上明星效应，频繁的曝光次数，成功地将F1的内涵嫁接到了红河身上，由原来低端产品形象提升到了一个新的高度。正是这种不余遗力、持续不懈的品牌文化渗透和传播产生了巨大的营销效应，使红河品牌声誉由区域快速向全国延伸，并不断得到强化，而消费群体也得到扎实的巩固和发展。

“万流奔腾红河雄风”的户外广告给人以心灵震撼，在这里牛不再是传统印象里那个沉默寡言、慢条斯理的牛，而是积蓄了所有力量奋力搏击的野牛，它代表了一种无法替代的精神图腾，通过文化延伸塑造出“奔牛”形象，以奔放、豪情、勇敢、奋进、执著的内核文化与“红河”品牌完美结合，辅之以极具视觉冲击的平面表现，不只将品牌文化演绎得淋漓尽致，更以品牌形象差异化的策略将“奔牛”与“红河”在消费者心中打上了不可磨灭的烙印。但是近几年内，红河虽然在品牌内涵的传播上有着从前的辉煌，但随着单品牌多品种的发展态势，“红河”旗下的其他品牌却出现了新产品不如老产品的尴尬处境，看来加强自我品牌特点还需要“红河”更多的努力和不断的探索。

——邵千华

3D互动新生活—Coca Cola – QQ

广 告 主：可口可乐和腾讯公司 — 3D互动新生活，Coca Cola-QQ
广告代理：腾讯公司

碳酸饮料市场的竞争始终都是“可口”和“百事”两大巨头的角逐，“百事”的强势挑战让可口可乐面临着前所未有的威胁。可口可乐首次与腾讯合作，借助腾讯最新推出的3D QQ秀和活泼的网络平台，使可口可乐的icoke网站焕然一新，极大增强了娱乐性和互动性，可口可乐的拥护率取得了大幅增长。

可口可乐公司——“年轻人一直是可口可乐在市场定位和推广中很重要的一个部分。我们会不断发现他们所喜欢的生活方式和习惯，例如体育、音乐、旅游、时尚，还有网络这个新兴媒介。”——而从2005年起，随着与九城、天联世纪、联想等的合作，网络营销的市场策略已逐渐成为可口可乐几大营销策略的重头戏。

腾讯公司——腾讯公司作为中国互联网的领先企业，致力为用户提供包括资讯、沟通、娱乐、交易等在内的全系列优质网络服务，中国IM市场的领头羊；具有超过5.3亿以上的注册用户，覆盖了95%以上的中国网民，拥有流量第一的门户网站QQ.com和庞大的用户群，是最有价值的在线广告平台之一。

就在2006年，国际饮料业巨头可口可乐与中国互联网领头人腾讯缔结战略联盟，宣布结成战略合作伙伴，联合打造3D互动在线生活。而可口可乐公司也同时宣布，其深受年轻人喜爱的iCoke网站 (www.icoke.cn) 将在拥有逾5.3亿注册用户的在线生活平台腾讯公司的技术支持下，借助腾讯最新推出的3D QQ秀网络虚拟形象，全面升级成中国首个运用3D形象的在线社区，为年轻消费者提供革命性动沟通体验。腾讯公司不仅拥有最庞大的年轻用户群，其不断完善的360度服务更是已深入到年轻人生活的方方面面。正因如此，可口可乐此次选择与腾讯合作便完美地诠释了其一贯坚持的品牌战略方向，那就是：用创新的手段加强同年轻消费者的沟通，并致力于带给他们最热门的潮流和文化。合作推出后，在腾讯的帮助下，iCoke网站焕然一新，其娱乐性和互动性跨上了新的台阶，并立即受到年轻人的追捧，而可口可乐的iCoke网站目前已增加拥有超过120万的忠实用户。此次战略合作中，腾讯通过广告的投放以及与QQ特色业务（3D秀、QQ主题包、Q ZONE）的合作，使其覆盖影响了亿万数量的年轻目标受众，不仅大大带动了可口可乐iCoke网站的流量，更是巩固了其在众多年轻人心中的品牌形象。这次合作中，腾讯再一次使可口可乐感受到了互联网营销的巨大魅力。这次合作通过线上与线下两种方式实现，线下采取Q币卡，外包装，海报，户外广告等合作方式（主要为合作身份的体现）；而重点的线上合作除了传统的硬广投放以外，也进行了以3D秀为核心，以QQ主题包和Q ZONE为辅的创新特色业务的合作。

最引人注目的是本次的核心合作项目——3D QQ秀。

3D QQ秀虚拟形象技术这一革新创举，是腾讯公司推出的最新产品。它将一改过去网络在线聊天单一的文字沟通方式，升级成为独具个性的立体沟通方式，令网络生活突显个性，成为时尚潮流的风向标。而腾讯此次突破传统营销模式，运用全新的“3D秀”营销策略，运用最新的技术，以其5.3亿的注册用户为依托，将可口可乐的iCoke网站全面升级为中国首个运用QQ娱乐平台的在线社区，为年轻消费者提供革命性沟通体验。

此次合作中，腾讯还特别为可口可乐旗下代言人特制了3D QQ秀酷爽造型，并将陆续出现在2006年可口可乐的系列主题广告和市场活动中，包括刘翔、S.H.E、张韶涵、潘玮柏、余文乐和李宇春等众多热门的明星。腾讯通过3D技术特制代言人形象，为年轻消费者提供了与偶像们亲密接触的另一个舞台，巩固了可口可乐在众多年轻人心中的特殊地位。

而在用户参与上，则采用将iCoke号与QQ号绑定，3D秀商城iCoke专区所有物品均可用iCoke积分兑换的方法。此举就将庞大的QQ用户群与可口可乐更加紧密地联系在一起，因为只要想参加此次活动，进行简单的绑定就OK，程序简单方便，并且一旦注册就会享受兑换3D秀的权利，不仅大大保证了推广效果，更是通过QQ用户拉动iCoke网站的人气快速提升。除此之外，在价格影响下（买一个3D QQ秀需要40Q币左右，约40元人民币），促使众多QQ用户，通过iCoke积分来获得3D QQ秀，以此增加活动参与人数与影响力。目前为止，iCoke3D秀日兑换数量已逼近16万/天。

这次3D QQ秀的合作，取得了巨大的营销效果。腾讯不仅使可口可乐在产品销售促进层面得到良好的收益，更重要的是激发了年轻消费者的激情触点，加强了可口可乐同年轻消费者的沟通 。不单使可口可乐达到品牌宣传作用，更获得延续的宣传效果，让网民在聊天时也在加深对可乐的品牌印象。除了3D秀以外，在Q ZONE和QQ主题包上的合作也是值得关注的亮点。腾讯通过在Q ZONE里设置的iCoke的专属商场，使用户可购买设计个人空间的可乐ZONE皮肤，打造独具个性的iCoke空间，从而在可口可乐与QQ用户之间搭建一个共享和互动的平台，缩短与用户之间的距离。而Q ZONE的合作还有一个更大的效果是：好友ZONE空间的更新能随时在IM聊天工具中显示，并吸引好友点击查看。通过关注链、好友链、QQ群进行病毒式传播。截至2006年4月，QQ Skin的下载量总数已达430万次。从而使可口可乐的品牌形象深深置入了QQ用户的心目中。

在QQ主题包上的合作，则是通过推出可乐主题包的方式。在主题包中嵌入可口可乐产品元素，对QQ皮肤，对话框场

景，魔法表情等资源进行整体创意包装，呈现给QQ用户新鲜娱乐体验和视觉冲击力。2006年1月16日至1月26日，可口可乐三种魔法表情累计使用次数已达到9344506次。

同时，在线上的硬广宣传，线上公关及一系列线下宣传活动的辅助下，腾讯以其别具视觉冲击力的广告展现方式，给可口可乐的消费者带来了新鲜感，使可口可乐在消费者心中的品牌形象更加深刻了。

这次战略合作中，腾讯在传统与创新双剑合璧的作用下，通过打造全新在线生活社区的创新理念，利用3D QQ秀等全新技术，在短期内达成了广告目标。巩固了可口可乐在网友心中的品牌形象。可口可乐依托腾讯强势媒体力量，与QQ特色业务的合作（3D秀、魔法表情、Q ZONE）覆盖和影响亿万数量的年轻目标受众，而且大大带动了可乐ICOKE网站的流量。腾讯广告为本次推广带来的效果已为QQ网友津津乐道，受到业界和诸多媒体的关注，传达成果有目共睹。在预算足够的情况下，此推广方式不失为迅速达到推广目标的有效之道，也是网络营销的又一创新之举。

点评：

可口可乐与腾讯合作的网络广告，在流行网络营销的现在，不是什么伟大的创举，但总算是没有落后，不失其饮料巨人的风范。

广告的亮点在于形式，QQ互动更贴近产品的目标消费人群。面对劲敌“百事”近年来的强势挑战，可口可乐如不采取行动，在市场上将会陷入被动。对此可口可乐一改往日的保守作风，积极反击以求突破，但无论是明星代言和网络投放都似乎慢了半拍，力度却不及百事。也许是可口广泛针对各年龄阶层的人群导致其广告宣传尾大不掉，总之可口可乐让人捏一把汗。

——邵千华

鲁花：从1亿到42亿的飞跃

广 告 主：山东鲁花集团

广告策划：中央电视台广告部

鲁花花生油伴随着“滴滴鲁花，香飘万家”的广告进入了中国千万个家庭，在五年的时间里，销售额从1亿攀升到42亿，其中的秘籍就在于坚持不懈地在中央电视台的黄金时间段投放广告。从几百万的广告费到1个亿，它的管理层坚信，利用央视这个强势媒体，抓住央视每一个代表性的资源以及栏目变动的机遇，加强与媒体的战略合作关系，是其制胜的重要法宝。

5年时间，80%的广告费用都花在了中央电视台，这似乎是一种笨办法，但鲁花成了花生油第一品牌，实现了从1亿到42亿的飞跃。

“滴滴鲁花，香飘万家”这句耳熟能详的广告语如今已经被消费者广泛熟知。回顾鲁花的广告从5年前出现在央视招标时段至今，年广告费几百万到了1个亿，年销售额从1个亿到今年预计的42个亿，鲁花5年大跨越，以最少的投入达到最大化效果，几年时间鲁花成为中国食用油三大品牌之一、花生油第一品牌、中国驰名商标。

鲁花的成功其实非常简单——

一个品牌：鲁花花生油

一支广告片：手掰花生

一个声音：压榨专家

一个媒体：中央电视台

品牌制胜的法宝源于坚持

鲁花在产品定位及传播上的可贵之处在于坚持。

“为了打造全国知名品牌，鲁花在品牌推广中，一直把中央电视台作为品牌宣传的旗舰。因为中央台的权威性、覆盖率、收视率都是业界任何媒体无法比拟的。”鲁花集团品牌总监初志恒说。几年前，鲁花从山东走向全国，首先选择知名度高、影响力大的北京市场作为突破口，借助中央电视台来加大品牌宣传力度。至此，“滴滴鲁花，香飘万家”的广告语传遍中国，鲁花一举成名。同时，鲁花把宣传重点放在压榨油与浸出油的区别、非转基因与转基因食品的差异上，强调安全和营养观念，鲁花花生油在北京市场迅速打响。虽然如今鲁花的市场已经由北而南推向了上海、广州，乃至全国各个省市，但广告80%仍都投放在央视。

鲁花在央视投放并非平铺直叙，而是抓住了央视每一个代表性的资源以及栏目变动的机遇。《新闻联播》、《焦点访谈》的黄金时段，CCTV-1黄金剧场，连续冠名“厨艺大赛”和“美味中国”......鲁花均捷足先登，抢尽先机，收获了十分显著的传播效果。在与中央电视台的深度合作上，鲁花充分感受到了相互促进、相互信任的战略伙伴关系和情谊。

央视招标段年年投放

鲁花十分重视在中央电视台黄金时段投放广告。“我们认为，中央电视台是全球受众最多、最权威的媒体，其中《新闻联播》、《焦点访谈》是最受关注的节目，有非常高的收视率和观众覆盖面，可以称为‘品牌的摇篮’，这正是鲁花绝好的平台，所以我们开始投放黄金时段广告。从2000年起，鲁花开始参与中央电视台黄金时段的招标活动，年年中标，年年递增。”初志恒说，“尤其当各品牌集中中秋、国庆、春节前后黄金季节投放的时候，鲁花从炎热的7、8月即开始反季节投放，并全天投放。这样性价比更合理，消费者先入为主根深蒂固。2006年，鲁花一如既往，坚持7、8、9月投放5秒标版、15秒A特段。”

“任何品牌的成长发展，都有其特定的历史条件和市场规律，但‘离开中央电视台就不可能成为全国性的成功品牌’却是唯一规律。鲁花作为中国食用油行业的三大品牌之一，花生油的第一品牌，其目标十分明确，就是做中国食用油的第一品牌。所以坚定不移的与电视第一品牌——中央电视台结盟自然是战略需要。”鲁花集团总监初志恒在回顾品牌几年来的发展历程时，感慨地说。

“从1998年起，鲁花率先在中央电视台打起了‘滴滴鲁花，香飘万家’的品牌旗帜，如今‘手掰花生’已成为鲁花的电视视觉符号，花生油已成为鲁花的代名词。2000年开始投放招标段以来，鲁花每年在央视的广告费从几百万到了1个亿，年销售额从1个亿到今年预计的42个亿，鲁花实现了大跨越，以最少的投入达到最大化效果。”

鲁花的坚持来自于企业决策层的“定力”。而企业的选择与坚持往往是正确的，因为存在的就是合理的，最简单的坚持

就是品牌成功的真理，正如美国小说《第二十二条军规》所说：如果最简单的方法有效，那它就是最成功的方法。鲁花实践了这一定律。

点评：

一个产品：鲁花花生油；一个声音：压榨专家；一支广告片：手掰花生；一个电视台：中央电视台。鲁花用最为简单的传播方式，创造了从1亿到42亿的营销奇迹。这个“一”其实包含了营销传播的诸多道理——用一个声音说话，传播形象鲜明，持续刺激等等。慎重选择，认准了，就坚持。这是营销成功的最根本原理之一。

——张惠辛

Apparel & Misc.

服饰与生活用品类

爱帝内衣品牌整合推广纪实

广 告 主：武汉爱帝集团 — 爱帝内衣

广告代理：北京互通联合国际广告有限公司

内衣是女人的第二肌肤，是女人生活质量的重要标志。爱帝抛弃大多数竞争品牌所采用的产品功能诉求策略，另辟蹊径，深入目标消费群的内心世界，寻找到她们共同的生活态度和生活理念，以此为切入点，塑造自身全新的品牌内涵。于是，一种符合目标消费者心理需求的全新的品牌概念，及对品牌概念的较成功的情感性广告诠释，超越了内衣的材质、款式、剪裁和价格等同质化利益点，在无形中博得消费者最后一秒的选择。

中国的内衣行业进入了一个高速发展时期，3000多家内衣企业，品牌林立、群雄逐鹿。由于行业的特殊性，企业相互间的竞争主要表现在产品、渠道、价格等较低的竞争层面。真正依靠品牌拉动销售的企业很少或没有。国内前十名的内衣品牌，也更多地停留在产品功能诉求上。经过概念的炒作、价格的厮杀、功能的同质化，品牌竞争是市场发展的必然选择。一个正常的内衣市场，应该是由一两个品牌占半数以上的主导地位，目前这样的品牌航母还没有出现，中国内衣行业呼唤领袖品牌的诞生。

爱帝，品牌营销正当时

品牌属于消费者，没有品牌核心价值的认知、认同与信任，品牌永远都不会赢得有效的市场。一个成熟的品牌应该满足消费者三个层面的需求：物质层面向精神层面的延伸，再升华到使用者的个性形象上。爱帝经过这么多年的市场积淀和表现，在人们心中是怎样的形象，通过与客户的交流和市场的走访，发现她是一位热爱生活、家庭幸福、事业有成的女性模型，她是高贵的、雅致的、时尚的。

竞争品牌如何界定

爱帝的竞争品牌具备哪些条件：它有内衣产品、有全国销售能力（或通路超过5个省份以上）、在百货商场设有专柜、它的知名度具有影响力、现有厂房有自主生产能力、有内外销售能力。调研发现爱帝面临的主要竞争品牌有舒雅、三枪、宜而爽、爱慕、猫人等；南极人、暖倍儿、婷美等对其发展存在着潜在的竞争威胁。其中具有价格和通路优势的有三枪、宜而爽、AB、北极绒等；而终端规划效果好和高媒体投放的有猫人、爱慕、舒雅、顶呱呱等；既存在高媒体投放又具有相当的价格优势的品牌有婷美、南极人、暖倍儿等。

消费者的内衣哲学

我们选择这样一群人作为调研对象：年龄25-44岁，具有良好的教育背景和不错的收入，身处企业中层管理人员，家庭幸福。看看她们的观点，“我自认我的性格张扬，我追求流行；积极进取，我追求享受。对生活，我会追求时尚流行的品位；对父母，我会关心生活与健康问题；对工作，我喜欢富有挑战性的安排；对社会，我关心新事物的报道。内衣，我最重视贴身带来的舒适感，我认为好材质的内衣能让我得到舒服的一天，好质量内衣是舒服的最大因素；一个好的内衣品牌，我认为它出自有权威的企业；其次，我会重视内衣设计的时尚感，我认为有时尚流行的设计最能体现我的风格”。

爱帝，舒服无处不在

消费者来说选择内衣是一种非常感性的行为，舒适度成了他们购买内衣的首选。内衣作为身体的第二肌肤，舒服是一种最真切的需求和感受，它是肌肤对高品质内衣的自然依赖，是紧张后的彻底放松，是内心世界的随性自在和无拘无束。我们渴望舒服的生活、舒适的工作、和睦的家庭，是无处不在的舒服享受。它已经超越产品功能给身体带来的全方位舒适感受，更在是情感层面暗示了人们对舒服的追求，那就是要在心灵的每一个空间，生活的每一个细节，社会的每一个角落普及舒服，体验舒服。爱帝品牌定位于缔造完美舒服的生活。

“舒服无处不在”将是爱帝向目标受众和社会作出的承诺。此概念突破了单一的产品功能诉求，进而上升为一种情感传达，在运用中可被无限放大延展至心灵、社会等广阔领域，并自始至终贯穿于整个爱帝品牌推广中，最终营造出一个无处不在的爱帝舒服世界。

莫麒，爱帝品牌的完美诠释

如何通过形象代言人诠释爱帝内衣的高贵雅致、时尚气质，选择合适的代言人便显得至关重要，必须了解代言人与品牌个性之间的关联性。只有品牌个性与人物联想对应，才能对品牌产生加法甚至乘法效果。

近一个月的筛选、访谈，汇集了一摞摞名人的资料，当集主持、演艺、模特三重身份的莫麒出现在众人面前时，有种眼前一亮的感觉，莫麒的演绎完美地诠释了爱帝的品牌内涵，得到爱帝董事长胡爱娣女士“比想象中的更完美”的评价。

简洁的创意 充分的演绎

内衣是一种非常感性的东西，更在乎的是一种感受。爱帝要传递给消费者的是一种生活理念、生活态度：“美食，我要六分醉、七分饱；爱情，我给八分，留下两分给自己；舒服，我要十分的。”

营销，创意在每个细节

终端，体验舒服时刻

终端作为通向购买的临门一脚，意义重大，营造终端购物气氛格外重要。在日常的购物行为中，很多消费者都会被现场的感性信息所吸引，因此现场的体验就会影响到他们的购物决策。通过对他们的感官刺激，从而改变其行为方式。

明确爱帝本次终端改造的目的，一是传播企业理念和品牌内涵，二是利用终端加强与消费者的沟通，让他们真正体验到爱帝给予的承诺。因此除了在终端设计方面体现舒适、雅致之外，在运作方面，则强调“终端媒体化和终端传播化”，这种运作方式是从信息传播的角度，将终端销售这个环节整合为一级重要的媒体，并在此基础上进行产品核心价值信息的互动式集中传播。也就是通过各种手段将爱帝的各个、各种终端演变为一个个媒体，将爱帝的众多导购人员转变为品牌和产品的传播人员，积极做到与消费者的沟通。

首先，我们重新命名爱帝终端形象店，赋予店名一种文化内涵。比如爱帝舒适阁、爱帝舒适工坊等。其次，对于室内现场布置和物料展示进行重新规划，一切体现爱帝的品牌核心价值，那就是给予消费者无处不在的舒服享受。室外极力加强引导，灯箱、店招等具有创意的展示品，让爱帝在众多内衣终端店里脱颖而出。第三，真正体现“爱帝缔造舒服世界、营造自在生活”的企业目标，让服务温暖人心，让产品演绎舒适，让体验无处不在。

招商盛典，商机无处不在

2005年6月12日，武汉香格里拉大饭店。全国一千多位经销商云集这里共同感受爱帝内衣的魅力，招商盛典隆重举行。

爱帝舒服世界欢迎您——来宾报到区，您即将进入爱帝舒服世界。尽享舒服时刻——企业展示区、新品展示区、终端展示区，在这里你将看到爱帝的成长、充满活力的精神风貌、演绎舒适生活的优质产品以及生动的终端形象。舞台上，霓虹灯下，爱帝内衣极致魅力尽情挥洒。经销商培训区——共建爱帝舒服世界，招商盛典现场的设计形象地传达了爱帝致力舒服事业的企业理念。

翻开《爱帝舒服世界 2005年代理商服务手册》，一种时尚杂志般的视觉表现立即呈现于眼前，用文字营造了一种立体空间的表现形式，充分体现了本次招商大会的策划思路和 “舒服无处不在”的品牌概念。

第一阶段品牌整合推广即将结束，然而这正是一个辉煌的开始。

点评：

“美食，我要六分醉、七分饱；爱情，我给八分，留下两分给自己；舒服，我要十分的。”这是一种生活态度，或者更准确地说是城市中具有一定消费能力的雅致女人的生活态度。在雅致女人的族群越来越庞大的今天，“爱帝”的品牌定位无疑是准确的，它很好地契合了这群人的心智。通过对爱帝品牌的整合营销推广，其内涵不仅会被现在这样生活的女人所认可、接受，从而占据她们心智阶梯的重要位置，进而促进她们的购买；更可以引导那些“未来”的雅致女人的生活态度和生活理念，从而“不战屈其兵”，进入潜在消费者的心智。女人是感性的，而选择内衣更是感性的行为。所以，在这样一个群雄逐鹿的内衣市场中，或许“攻其心”是最佳的方法吧。

——贺雪飞

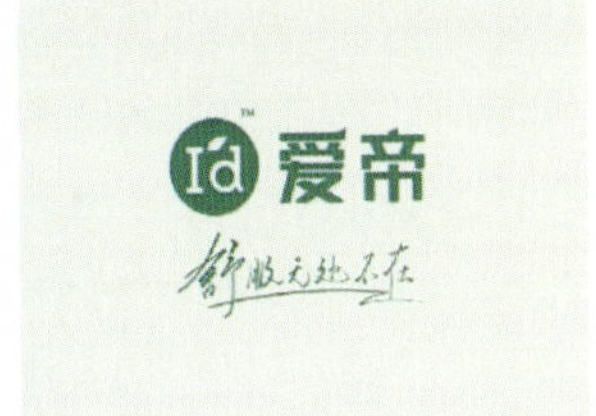

形象代言人签约

招商大会现场

广告片拍摄现场

双羽，以“运动羽绒服”细分市场

广 告 主：波司登集团 — 双羽羽绒服

广告代理：TEB天弋品牌管理机构

羽绒服市场目前处于 “一头狼引着一群羊”的格局。要想在这个市场获得一席之地，必须打破之前的“纳米”、“抗菌”等诉求老调，不走“打价格战”的老路，而要有一个全新的品牌定位。“双羽”开辟了一个全新的细分市场——运动型羽绒服市场。其品牌内涵的阐释紧扣“运动”，并升华到精神层面，使“双羽”成为“突破你自己”的生活理念的象征。其广告和与之配合的整合营销，对品牌的概念进行了全方位的准确传播。

运动是对旧秩序的彻底解构，是对旧价值观的彻底否定。它可以是颠覆、毁灭，自然也可以是创新。羽绒服的“运动”应该是后一种，无论如何，TEB天弋-波司登“双羽”品牌TEAM的成员都希望能以此“运动”更有价值、更持久的市场力度。

羽绒服是一个竞争日趋激烈的市场，因为入行门槛低，新品牌层出不穷，款式相互抄袭加上低成本价格战、反季促销等成本上的恶性比拼，行业可信度日趋降低，整体处在低层次竞争阶段。宣传手段同样单一。除了原始的“知名度”叫卖之外，“纳米”、“抗菌”等差异化诉求也因为谁都在说而迅即变陈旧了。另外，利润的驱动也使众多品牌服装开始介入冬季羽绒服的竞争。整体市场迫切需要全新的手段来摆脱原始竞争的桎梏，形成更具威力、更长久的竞争效益。

强化品牌，是客户和代理商的共识。尽管“双羽”是波司登收购的一个上海羽绒服老品牌，我们还是希望它能缔造一个新阶段——羽绒服品牌经营的开始，期望它能超越传统叫卖的阶段，培养跟消费者沟通的深度和广度，形成双羽的品牌魅力和持久的品牌效应。我们期待着酝酿羽绒服市场的新“运动”！

差异化是品牌建构的核心。“双羽”的市场定位到底在哪里？波司登的内部品牌架构初步设想让“双羽”占领一个中高端的羽绒服市场，同时也希望有足够大的市场容量。曾经一度考虑走Columbia、Ozark、The North Face那样的户外运动方向或时尚大师的方向，皆因小众市场、企业自身支持或其他因素被一一否决，经过大量的市调、分析，TEAM内的多次研讨，一个风格鲜明的方向基本形成——“运动羽绒服”。之前，尽管有“雪中飞”、“雅鹿”、“哥杰斯”等品牌曾推出零散的运动休闲系列或广告诉求空泛的活力、动感形象，但从来没有一个专业做运动羽绒服的品牌。

在物质生活日渐丰裕的时代，“运动”已成为现代都市的生活时尚。因为NIKE、ADIDAS以及众多运动品牌的努力，有型有款、充满活力的产品设计正带动着一个越来越大的“运动服市场”。说穿了，羽绒服就是“冬季穿的衣服”，何不以“运动”作为羽绒服的新定位呢？它意味着活力洋溢的款式、意味着比一般羽绒服更多样化的运动功能、意味着众多年轻人的热衷……它比一般羽绒服更有活力，比运动服更“温暖”——因为我们是“专业羽绒服”。在冰冷、刻板的冬季，“双羽”不仅释放温暖，更释放生机勃勃、催人奋进的运动活力。“运动羽绒服”足以形成冬日街头新一轮的运动时尚风暴！

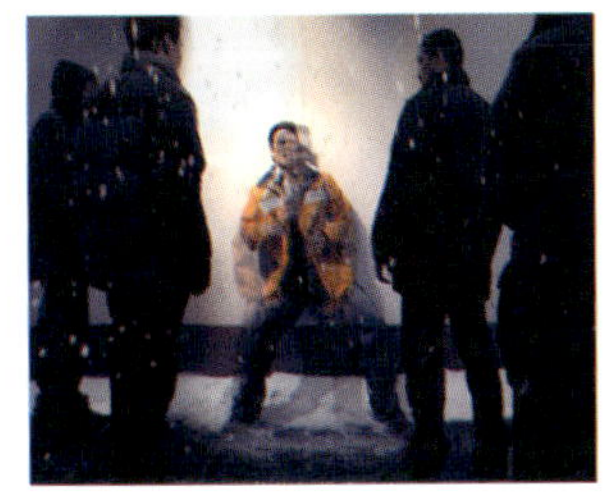

“双羽”的新定位：以“运动羽绒服”细分羽绒服市场，做运动羽绒服的老大；用品牌的力量来创造品牌附加值，形成在中高端价格的品牌优势。“双羽”应该是这样一个品牌：它充满热情和生机，它极富感召力和进取心，它鼓舞你勇敢迎接严酷人生的每一次挑战，它浑身上下都充满了无惧无畏的运动精神。它的英文名也顺理成章地变成了“S－PORT”。

目的明确，一个清晰的创意概念诞生——“突破你自己！”运动的基本意义就在于不断超越自身的极限，迎接更高层面的挑战。双羽的电视广告呈现的是这样的画面：寒风凛冽的早晨，当男主角懒懒地窝在床上不想起来，一个影子从他身上飞出来，快速穿好衣服，精神抖擞地赶去上班；大雪纷飞，当他拼命奔跑也赶不上公车、气喘吁吁正想停下来休息的时候，一个影子从他身上飞出，加快步速跨上了车子；当他在路口遇到歹徒，胆怯地想往后退的时候，又一个影子从他身上飞出，战胜了暴徒……旁白在说：“想回头，有一万个理由；要前进，没有借口！”

短短一个月时间，TEB天弋品牌就快速高效地完成了双羽和另一品牌的电视广告、平面视觉、产品样本、品牌手册、企业介绍等系列宣传物。双羽方也同步进行运动款式的服装设计，聘请资深设计师打造新潮、活力的“双羽”风格。首次经销商会议，“双羽”独特的品牌定位、出挑的广告策略、出彩的服装款式就吸引了众多经销商的眼光。

品牌格局既定，接下来的任务就是用门店规划、各类媒体广告、事件行销、公关促销、网络推广等全方位的措施来强化品牌的整体推广力度了。专业的道具设计师拿出了酷感十足、充分传递运动体验的门店设计。TEB天弋品牌的美指们也煞费苦心地设计了灵活多变的店头POP样式，让门店的每一个角落都成为出色的品牌传播工具。

同时，一系列野外生存等鼓励运动、进取、挑战的品牌延展活动正在酝酿中，一场全方位的羽绒服“运动风暴”蓄势待发。

羽绒服市场的新“运动”，意味着嬗变与突破，意味着羽绒服的品牌经营更多地转向消费者的心智，影响他们的生活态度，并因此缔造更强劲的“品牌魔力”！

点评：

羽绒服的价值是不是就局限在冬季御寒？双羽巧妙地打破了这个局限——羽绒服还可以使冬季充满热情和生机，可以鼓舞你不断突破自己，勇敢迎接每一次挑战。这就是双羽的“运动羽绒服”定位。这个定位开辟了一个全新的空白市场，并且营造了这样的一个消费空间：首先，细分了目标对象——城市中热情好动的年轻人及其他年龄段的运动爱好者；其次，其产品设计和风格定位很好地塑造了产品的运动形象；最后，其系列广告和品牌的整合营销活动，都很到位地阐释了“运动”概念，培养了冬季运动习惯，进而引导了“突破你自己”的生活理念。品牌经营能转向消费者的心智进而引导生活态度，这也许就是品牌的“魔力”所在吧。

——贺雪飞

利郎，建立商务男装品牌

广 告 主：利郎(中国)有限公司 — 利郎服饰

广告代理：广东英扬传奇广告有限公司

在品牌林立，产品及其消费群体都惊人的同质化的男装市场，利郎独辟蹊径，以“商务男装”为品牌定位，成功地替自己开辟出一个独占的细分市场。而陈道明的加盟及其“于平淡处彰现非凡气度”的明星人格特征，又赋予利郎品牌以可感可触的形象和高尚的品位，从而迅速形成与其他品牌的个性差异。“简约而不简单，利郎商务男装。”电视广告从各个角度对品牌内涵的演绎，使利郎超越了服饰本身而成为一种服饰文化。于是，这一切成就了利郎的传奇，它一路凯歌，以销量10亿的业绩占据了中国商务男装第一品牌的地位。

问题

以福建晋江地区为代表的男装市场，品牌林立，无论上游的供应、生产还是下游的渠道、消费群体，都惊人地同质化。毫无过人之处的地方小品牌，如何突围?

策略

2002年，为利郎重新品牌定位，专注商务男装细分市场，结合陈道明“于平淡处彰现非凡气度”的明星人格特征，形成与其他品牌的个性差异，迅速建立中国商务男装第一品牌的地位；2003~2004年，围绕品牌核心优势，发动产品的攻坚战！从产品的开发、设计开始，以市场和消费者为导向，共同打造休闲西裤、休闲西服、商务西服、羽绒风衣等核心产品的独特卖点，通过整合的、多元化的传播推广手段，引爆销售！2005年，品牌经过3年的打造，完成了春夏、秋冬、深冬全线产品布局，开创了自己的领地。2006年，利郎品牌继续深化……

表现

品牌篇

简约不简单篇：进退之间的智慧

只是简单的“进”与“退”却蕴涵着深刻的哲理，陈道明逆流而上、泾渭分明的选择，演绎了利郎品牌的精神内涵与设

简约不简单篇

不变应万变篇

计理念。简单与简约，一字之差，呈现了不简单的人生观和品牌观！旁白：“有人说我处事简单。我认为：进，固然需要努力；退，更需要智慧用心；取舍之间，彰显智慧；简约而不简单，利郎商务男装。”

荷花篇：人情练达，洞察玄机

这是利郎从个体的角度，向世界观的、社会本质的、生活态度的一次蜕变，把人们面对复杂世界、多面人性的迷茫，用最辩证、最直接的方式化繁为简，达至心灵的回归。旁白：“纷繁世界，多则惑，少则明，简约而不简单，利郎商务男装。”

产品篇

1. 休闲西裤：海滩篇

休闲，在设计上讲究休闲元素“度”的把握，既适合休闲穿着，商务场合也不失体面。“度”是利郎休闲裤的灵魂。从“个人”“事业观”的角度阐述“简约不简单”。旁白：“忙碌不盲目，放松不放纵，张弛有度，利郎休闲裤。”

2. 休闲西服：雨篇

工作的时候也是一种休闲。以一种休闲的心态面对繁忙的工作，只要在这种心态下，任何工作都可以视作一种休闲。从“个人”“处世观”的角度阐述“简约不简单”。旁白：“身动心不动，万变型不变，西服也休闲，以不变应万变。”

3. 羽绒风衣：脚印篇

生活是一种艺术，内涵决定外延的行为，从“个人”“修为观”的角度，阐述“简约不简单”旁白：“有人追求外在风度，有人在乎内心温度，我选择内外兼修，有温度更有风度。”

沙滩篇

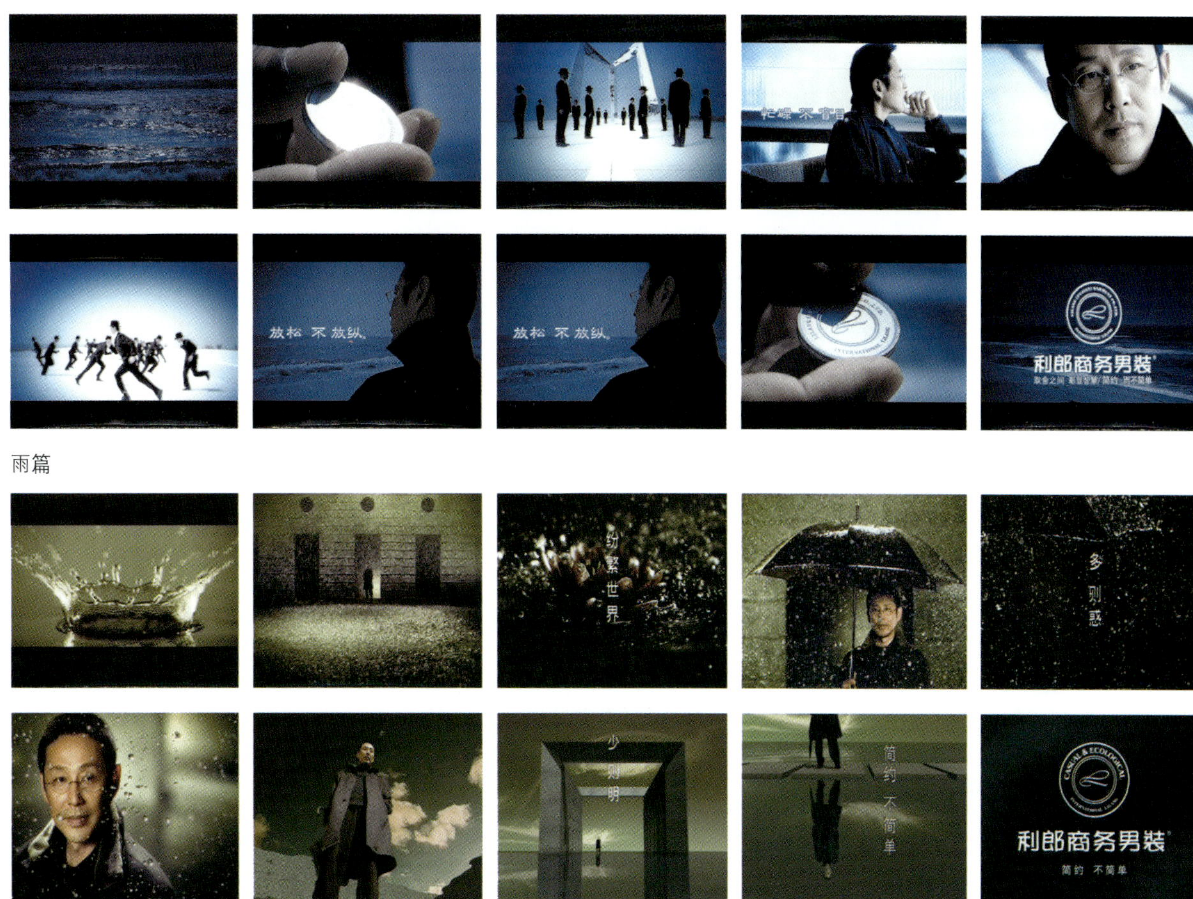

雨篇

脚印篇

实效：2003年利郎品牌销量从7000万元上跳至2.4亿元；2004年获中国十大受欢迎的品牌广告殊荣；2004年陈道明荣膺十大受欢迎的广告代言人；2005年产品销量突破10亿大关。

点评：

男人一生下来，或许就懂得审慎与尺度，"利郎"阐述的正是这样一种男人：商界是男人博弈的重要疆域，商务是男人的事业，又是他的人生，对"度"的把控是其智慧的象征和成功的前提。利郎关注的不是衣服，而是人，是人所面对的外在世界和自身的精神世界，是人的生存哲学、生活态度和生活艺术。"有人说我处事简单。我认为：进，固然需要努力；退，更需要智慧用心；取舍之间，彰显智慧；简约而不简单。"；"纷繁世界，多则惑，少则明，简约而不简单。"；"忙碌不盲目，放松不放纵，张弛有度。"；"身动心不动，万变型不变，以不变应万变。"；"有人追求外在风度，有人在乎内心温度，我选择内外兼修，有温度更有风度。"无论是整体品牌还是单个产品的广告，都把"辩证""有度"的理念阐述得相当细腻到位，既通晓男人心理，又契合"利郎"的品牌内涵，而且文化蕴含深邃而丰富。

——贺雪飞

优衣库中国品牌策略及创意表现

广 告 主：优衣库服装

广告代理：电通集团上海东派广告公司

“百搭优衣库，演绎我风格”，“搭配”不再只是一个技巧性的话题，也不再简单地体现一个人的个人风格，它成为了一个品牌的核心，代表一群人的穿衣理念与风格体现。于是，它可以延伸出一种品牌哲学：人是主角，衣服是配角，引领出一种“追求真正自我风格”的成熟穿衣理念。

优衣库选择中国大陆地区消费水平最高的上海为市场辐射的原点，在中国乃至全亚洲，传达UNIQLO的品牌理念。UNIQLO在中国的战略是扎根上海，逐渐开拓全国市场，并迅速发展壮大，跻身国内一流企业。并以上海为中心，与东京、首尔、香港等亚洲时尚都市联动，使之成为优衣库亚洲时尚信息集散中心，引领亚洲休闲时尚的“百搭风潮”。

如果说，“搭配”是一个与服饰品牌如影随形的词汇，那么，“百搭”则是UNIQLO品牌的时尚代名词。其实，任何一种服饰都要谈搭配，“百搭”也可以说是服饰流行里的时尚词汇，然而，将“百搭”融入并提升为品牌的理念与核心，在品牌推广中不遗余力倡扬“百搭精神”的服装品牌，非优衣库莫属。

那么，“百搭”之于优衣库，究竟何等重要？下面，我们结合优衣库在中国的品牌战略的实战案例，从品牌策略及创意表现方面分析优衣库品牌的“百搭精神”。

一、优衣库的品牌规划

优衣库是在日本创立的全球性集团企业，是日本市场占有率最高的休闲服品牌，是日本最大的服装连锁经营公司，全球著名的休闲服品牌。

1. 优衣库品牌全球规划

目前，UNIQLO是日本最大的服装连锁经营公司，全球第五大休闲服品牌。UNIQLO的目标是成为世界休闲服装第一大品牌，拥有最多的连锁店，成为全球最大的服装超级市场。

在欧洲，优衣库选取伦敦、巴黎等时尚都市为市场辐射点，推行品牌全球计划，现已在英国伦敦拥有15家直营店铺。在世界时尚贸易中心纽约当仁不让，优衣库全球最大店铺开在纽约SOHO区，成立了一个由4名日美著名的设计师组成的精英“梦之队”担任这个全球型旗舰店的店面、服装及其他的设计，赢得非凡市场美誉度。

在亚洲，优衣库先后打进两个亚洲的时尚信息发源地——首尔和香港，现在穿优衣库已经成为韩国和香港年轻人的时尚标志。

同时，优衣库还选定亚洲市场最大目标——中国上海，着力开拓东京发源地之外，亚洲时尚都市的辐射中心，并计划于2006年12月，在上海开设亚洲最大优衣库旗舰店。

2. 优衣库品牌中国市场战略

2001年8月，优衣库日本迅销株式会社与江苏服装巨头晨风集团合作，成立迅销（江苏）服饰有限公司，开设优衣库中国子公司，揭开优衣库实战中国的序幕。

然而，优衣库自进入中国市场以来，非常低调，默默地度过了五个春秋。在这五年里，优衣库在日本国内业绩一路飘红，店铺数量成倍增长，荣誉接踵而至。在欧美市场也顺风顺水，市场反应高涨，店铺林立。

在最为看重的亚洲市场，在亚洲市场至为重要的中国市场，何以如此低调，如此平淡?

2006年，优衣库联手上海知名广告代理公司——电通集团・上海东派广告有限公司，开始反思分析中国市场策略，总结挫折原因，寻找破解路径。

二、中国品牌战略之瓶颈

通过电通集团・上海东派广告有限公司的充分市场调研与分析，优衣库认识到中国市场策略的三大不足：

一是忽视品牌建设的价格本位战略，以价格本位的促销带动消费及品牌认知的策略，市场反应相对平淡；

二是无核心的品牌标准与不明朗的群体定位，丧失了品牌凝聚人气的核心标准；

三是各自为战的行销活动难以有效整合营销理念，未形成以品牌来贯穿所有市场行销活动的营销策略。

电通集团・上海东派广告有限公司认为，优衣库在中国市场打价格战的策略很值得商榷，优衣库价格本位的促销模式并不利于品牌的长远发展。优衣库要想在上海市场、中国市场乃至亚洲市场立于不败之地，就必须着手品牌建设，挖掘品牌内质，提升品牌价值。

新品海报《Skinny》系列稿

UNIQLO夏秋季新品Skinny系列，成为当季的流行色。同步融合2006国际服装最新流行元素，特别注重产品质感和简约特色，极好的弹力，深色的洗旧感使颜色自然丰满，展现极强的流行元素,成为今年风行全球的时尚焦点。

港汇新概念店开业LED

UNIQLO预演品牌重塑计划，港汇大型新概念店开业LED宣传片。该片选用UNIQLO港汇店从二楼迁址四楼崭新亮相的开业提示信息，暗示UNIQLO品牌战略的重大调整。

港汇新概念店开业杂志稿

三、优衣库品牌的创意表现点

2006年，电通集团·上海东派广告有限公司集中精锐力量，发挥创意优势，对优衣库品牌进行了认真分析定位，对优衣库在中国的品牌策略进行了详细地研究与分析，总结出优衣库品牌发展的几大创意点：

1、“百搭”

UNIQLO的品牌核心是“百搭优衣库，演绎我风格”，让消费者领略品牌（Mix&Match）完美搭配、真我个性的核心价值。

UNIQLO提出“百搭”时尚，认为全世界服装消费者共有特性及共同追求是搭配出自己的个性，因此力求设计一种所有人在任何地方都可以穿的衣服。它力求把服装作为工具提供给消费者，通过消费者自己的搭配显示不同的个性魅力，消费者不受固有品牌的束缚，自由的演绎真正的自我风格。

2、“现代、自然、简约”

UNIQLO崇尚无logo时尚，以“现代、自然、简约”的设计风格，体现服装品牌的高品质感，以富有品位和容易亲近的形象，打动追逐自我、追求品质、懂得完美展现个性风格的消费者。消费者凭借优衣库高品质的质地，简约的设计，丰富的色彩，充分表现自我个性，完美演绎真正的my style。

3、卖场式、大陈列、自选模式

UNIQLO（优衣库）全名是UNIQUE CLOTHING WAREHOUSE，它的内在涵义是指通过摒弃了不必要装潢装饰的仓库型店铺，采用超市型的自助购物方式，以合理可信的价格提供顾客希望的商品。

优衣库首家店铺的创办初衷是为消费者提供一个“自己挑选服装的购物方式”的店铺形式来经营，开创了服装品牌经营的新思路。

四、优衣库品牌中国策略之突破调整

从优衣库品牌的市场分析与创意表现点来看，优衣库的品牌特质非常明显，抓住它的品牌特质，就找到了最好的创意表现方式。为此，电通集团·上海东派广告公司把优衣库“百搭”的品牌理念作为市场策略调整与创意表现的关键点，着手品牌的再塑计划。

优衣库倡导的无logo理念，倡导以人为本的服饰“百搭”理念，提倡“衣服是配角，穿衣的人才是主角”，人们选择服装，实际是在选择自己的风格，体现自己的个性，而并不是贴上品牌的标签，被品牌左右穿衣风格就能显现自己的风格，显示自己的身份地位。事实上这是一种非常成熟而具独特个性的穿衣理念。

为此，在电通集团·上海东派广告有限公司的精心策划与建议之下，优衣库提出了“全新优衣库，演绎我风格”的品牌理念，开始了优衣库时尚“百搭”的品牌重塑计划。

1. 推广宣传独到品牌哲学——“衣服是配角，穿衣的人才是主角”

人是主角，服装是配角，强调服装要靠穿衣人的搭配来体现个性。个性不在于服装，而取决于穿衣服的人，强调服装无非是个道具，只有通过消费者的搭配才能展示真正的自我风格和个性。

优衣库倡导“衣服是配角，穿衣的人才是主角”的品牌理念，迎合了现代时尚青年“不依靠品牌显示自己的身份地位，追求真正的自我风格”的成熟穿衣理念，使优衣库在上海时尚白领人群中不断掀起“优衣库热风”。

在创意表现上，以优衣库富有质感且具现代、自然、简洁风格的产品为表现载体，通过精致细节的捕捉、搭配方式的选择以及时尚品质感的突出，彰显优衣库品牌与众不同的个性与先进的穿衣理念。

2. 推出品牌核心标准——百搭

优衣库推崇品牌“现代、自然、简约”的设计理念，在设计风格上，衣服的时尚元素集中体现于版型的设计和细部加工上，体现服装的高品质感：以简约为主，尽量减少过多装饰性设计，使优衣库的服装款型具有独特的个性魅力，方便混搭。

正大广场亚洲最大旗舰店开业LED(一)

UNIQLO在浦东陆家嘴金融中心开设亚洲最大旗舰店正大广场店的开业宣传。UNIQLO正大广场亚洲最大旗舰店，提供几千种服装款式，数百种搭配，与美国全球旗舰店开幕相呼应，成为亚洲时尚信息的发布中心。

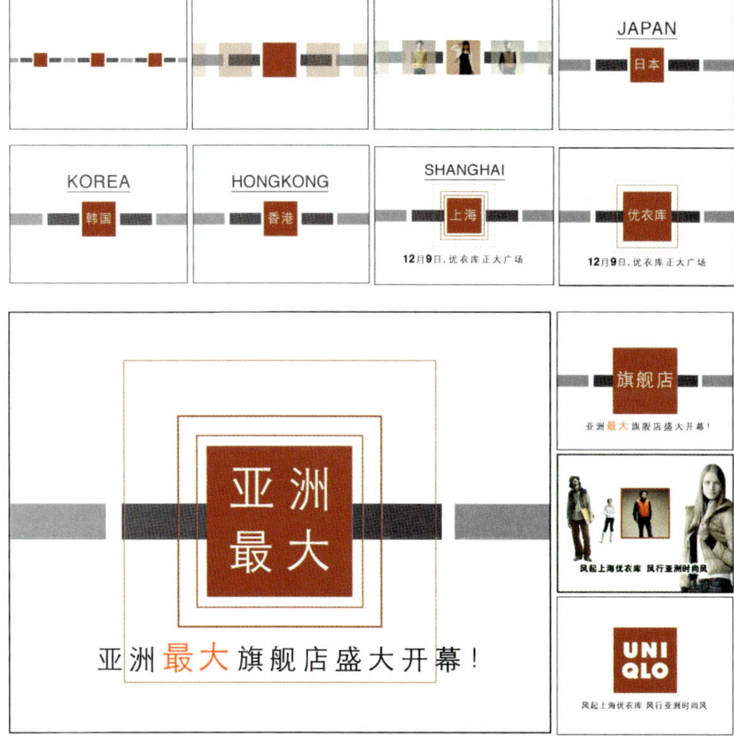

正大广场亚洲最大旗舰店开业LED(二)

网络活动海报

与新浪网(上海站)联手，成功在本市举办了一场以“百搭UNIQLO　演绎我风格”为主题的百搭王网络评选大赛。它是一个立足年轻时尚型人的穿衣风尚秀活动，在沪上年轻时尚白领圈引起了较大反响。

正大广场亚洲最大旗舰店开业海报

通过混搭来展现个人风格，既可达到同一款衣服，穿在同一个人身上，展现不同风格的效果；又可达到同一款衣服，穿在不同人身上，展现不同个性魅力。

优衣库的时尚设计主要有两个方面，第一就是最快速度加入全球时尚元素，第二就是灵活运用时尚元素，通过多种色彩和多种款式为消费者提供任意搭配的自由。

由此，优衣库提出了品牌的核心概念——百搭。人们选择服装、穿服装其实有个审美再创作的过程，会百搭的人才是真正穿衣高手，才真正摆脱了logo的奴役，真正掌控并驾驭了自己的着装风格。

体现于创意表现，则是借助报纸、杂志、网络、地铁、广播等多渠道、多形式相结合的平台发布，高调宣扬优衣库核心品牌理念。用精彩、富于感染力的创意表现稿给消费者以不一样的视觉享受。“百搭”这一理念，简单、易记忆而具非凡实效性，很容易让广大消费者记忆并传播。

3. 锁定重要目标群体——追求品质、充满自信、追求自我风格的消费群体

优衣库的目标是通过新的价值观和时尚文化来提高中国人的生活质量。UNIQLO希望打破“休闲服是仅限于年轻人的、便宜的、不正规的服装”的固有观念，认为休闲服是“任何时候、任何地方、任何人都可以穿着的、可以使日常生活更加轻松快乐的、具备时尚要素的基本款服装”。因此UNIQLO希望打破“价格=档次、品牌=个性”的固有观念。UNIQLO相信，“快乐”穿衣理念是世界共通的。

优衣库“服装是配角，穿衣的人才是主角”的穿衣理念，赢得了在生活上追求自信、自由、自我的时尚白领人群的喜爱，他们一改依靠国际奢华品牌的形象来展现自己身份地位的想法，他们懂得完美搭配，懂得如何真正展现自我风格和自我个性。

创意表现方面，发挥网络媒体便捷快速的优势，迎合广大都市时尚白领注重品质、享受生活的消费理念，有针对性地开展一些与消费者亲密互动的网络评选活动，如成功举办“百搭UNIQLO 演绎我风格”为主题的百搭王网络评选大赛，充分吸引广大时尚达人的兴趣，深得他们的喜爱，赢得了良好的市场效果。

4. 推行品牌行销口号——“全新优衣库，演绎我风格”

一个好的服装品牌带给消费者的理念，不是受品牌LOGO主导，千人一面的风格与时尚，也不是受品牌自身风格制约的、抹杀个性气质的风格，而应是一种成熟的穿衣心得，是一种充分发挥个性特质的穿衣习惯。

优衣库品牌的核心概念“百搭百变”的特征，恰符合年轻一代追求个性、张扬自我的心态和愿望。优衣库提出了品牌在市场行销活动中的口号——“全新优衣库，演绎我风格”。优衣库品牌的全新理念、全新主张，造就一个具有独特而鲜明个性的服装品牌，通过服装精彩的百搭效果，演绎出消费者不同的风格个性。

五、中国战略之创意成果及前景展望

2006年是优衣库在中国市场披荆斩棘，奋进开拓的一年。在电通集团·上海东派广告公司的高效策划之下，优衣库中国品牌策略做出了重大调整，创意表现有的放矢，推百搭，重品质，媒体曝光率大幅提升，使“百搭”理念深入人心，知名度与美誉度一日千里。

目前，优衣库将主消费群锁定在上海白领阶层，以崭新品牌哲学和崭新穿衣理念吸引他们，以高品质和高性价比征服他们，逐步扩大消费层。

同时，优衣库在中国上海直销店铺不断增加，继2006年8月在繁华商业中心徐家汇商圈重要时尚阵地——港汇广场开设概念店以来，又计划于2006年12月初在浦东陆家嘴金融中心开设亚洲最大旗舰店正大广场店，该店以日本东京旗舰店为设计原型，面积达2200多平方米，提供几千种服装款式，数百种搭配。优衣库正大广场旗舰店，与美国全球旗舰店开幕相呼应，成为亚洲时尚信息的发布中心。

截至2006年年底，优衣库在上海开设的店铺将达到8家，产品铺货完全与日本同步进行，真正实现品牌连锁经营。

1. 品牌成功方程式

新品海报《Fleece》系列稿

UNIQLO秋冬季服饰热卖新款Fleece，以高尚质感，丰富款型，缤纷色彩为时尚主打，演绎百变柔情。

新品海报《Fleece》

新品海报《Fleece》

港汇新概念店开业海报

回顾优衣库中国市场战略曲折历程，总结优衣库中国市场战略的成功因素，可以得出品牌策划是关键，品牌建设是核心，品牌营销是动力。

优衣库依靠电通集团·上海东派广告代理公司出色的策划能力与创意能力，大力推进品牌建设，整合品牌营销方案，发挥创意的个性特色，最终形成品牌价值的全面提升。如果总结一个方程式的话，可以归结为：

极致品质＋全新策略＋精妙创意＝品牌成功

优衣库的品牌策略、品牌理念和“百搭”的时尚设计，很快征服了国际各大时尚都市，在纽约、巴黎、米兰等国际时尚都市设立了设计中心，第一时间导入国际最新流行元素。同时，招揽国际知名服装设计师，以最新的设计理念开发商品。

2. 品牌前景展望

优衣库在中国上海市场的成功策略，必将促动优衣库亚洲主导时尚风潮的走向，同时也为优衣库的全球经营策略提供一种新的先进范例，从而全面提升时尚人士的时尚穿衣理念，提升“现代、自然、简约”的休闲服饰在全球的公信力和影响力。

点评：

就服装谈服装已经不是新鲜事。而从“如何搭配服装”及由此产生的“人格魅力”角度出发构建服装品牌内涵，无疑在策略上高人一筹，这就是优衣库品牌建设的亮点和成功点。优衣库在其品牌传播链的各个节点上，如服装设计、店头门面、大卖场般的服装陈列、各类媒体统一传播的“百搭优衣库，演绎我风格”理念，都很好地传播了它的品牌概念：给你足够的空间与选择，关键在于你，在于你究竟在其中选择了什么，进行了怎样的组合与搭配，穿衣或许成为你所有素养、气质、经历、眼光的集中体现，你是主角，衣服只是表现你的小小道具而已。优衣库所传播的这样的一个穿衣理念，不免使人耳目一新，意欲一试。品牌成功也就在此了。

——贺雪飞

美特斯邦威的生命狂想曲

广 告 主：美特斯邦威集团

广告代理：JWT上海

2006年秋天，美特斯邦威不再仅是“不走寻常路”，而是生命“狂想曲”。在秋季护林人主题中，穿插入一个主人公与梅花鹿游戏，遭树叶袭击，遭遇彩虹路延伸的狂想世界，无拘无束，天马行空，成为又一个美特斯邦威展现自身品牌理念与诠释目标消费群体心理追求的契合点。

美特斯邦威作为国内著名的休闲服领导品牌，立志将品牌打造成年轻活力、流行时尚的形象，充分挖掘黑头发、黑眼珠、黄皮肤的品牌内涵。而且设立了一个长远目标：到2010年，美特斯邦威要带着中国创造的品牌精神，走向国际休闲服市场。正是这样的一个理念，促成了美特斯邦威和JWT联手。JWT要深度提炼美特斯邦威的定位和核心沟通信息，让美特斯邦威的品牌理念与中国当代青年产生真正的共鸣。同时树立区隔其他同类品牌的差异点，从而在中国市场上占据绝对优势，然后走向世界。为此JWT要和美特斯邦威一起寻找能够激励中国青年、专属于中国青年的核心价值，并将它和美特斯邦威的品牌理念紧密联系起来，让目标消费者产生深层的共鸣，把美特斯邦威看作是专属于他们的品牌。

为了达到这样的目的，JWT展开了对青年消费者的一系列的调查访问活动，研究他们的内心世界活动以发掘青年消费者心底里最深层的矛盾。如果品牌可以解决他们内心的矛盾冲突，就可以在他们心中建立对品牌最强烈的喜爱和忠诚。

当代中国正经历着快速的变化。旧和新，东方和西方，地方和国家，团体和个人，青年人身处各种矛盾的最前沿。他们受中国传统文化的耳濡目染，在计划生育大背景下，每个青年都被家庭寄予厚望，背负要出人头地的压力；同时他们又受西方文化浪潮的冲击，渴望成为一个“酷”的人，勇敢“做自己”，一切“听从心的呼唤”，“选择不同的道路”，从来“不在乎别人怎么看”。然而前后两者的矛盾决定了他们在生活中不能尽兴地表达自我，年轻人天生的欲望给压制了。

JWT决定利用这个深刻的青年人内心的矛盾，帮助“美特斯邦威”走进目标消费者的内心深处。让美特斯邦威给他们机会“淋漓尽致地表达自我”。因为时尚或是服装正是一个最自然外显的方式，同时又是一个最安全的表现平台，让年轻人可以尽情地展示自己个性的一面，表达自己内心的向往。所以新的创意策略就是利用美特斯邦威当季的设计主题作为个性展示的舞台，比如秋季护林人主题，让他们尽情释放独特的自我。

主 线

做代言广告的创意并不是一件轻松的事，因为那并不是让明星站出来说几句广告词那么简单，好的代言广告是能够充分挖掘、利用代言人的特质去传达品牌的精神，要在代言人和品牌间找到一个深层的契合点，而绝非流于表面的泛泛之谈。

幸运的是，美特斯邦威找准了品牌的最佳代言，周杰伦本身就极具个人魅力，他棱角鲜明，特立独行，他所具有的个性特征也正代表了美特斯邦威主要的受众和消费群体。“不走寻常路”，是美特斯邦威一直坚持的品牌口号，“淋漓尽致地表达自我”是美特斯邦威新一期的沟通策略，在广告片中周杰伦和他的伙伴该是怎样地表达自我，他们又是怎样的不同寻常呢？ 创意团队第一步必须要做的功课便是了解周杰伦，一个真正的周杰伦，一个内心深处的周杰伦，因为对于美特斯邦威来

说，他是品牌形象和精神的载体。

最终大家瞄准了周杰伦的音乐。音乐是人类表达感情、表达自我的一种方式，音乐对于不善言谈的周杰伦来说就是最强的自我语言，而音乐也永远是时尚和流行的一个符号。周杰伦的出现，颠覆了华语歌坛的演绎方式，他的演唱不考虑平仄，咬字模糊，发音短促；他的音乐融入了RAP、HIP-HOP、POP、摇滚、民谣、巴洛克等等元素，中国风、欧陆风、古典风、现代风都在其中游刃有余，仿佛在他的音乐中没有什么不可能，在他的脑海里简直就是一个狂想的世界！

对，“狂想”！这个词让创意团队顿时眼前一亮，周杰伦不正是以天马行空的想象谱写出一首首“狂想曲”吗？而对于以周杰伦为代表的E世代，以周杰伦为代表的美特斯邦威消费群体，他们的思维和行为就是天马行空、无拘无束的。在E世代心中，有对社会的叛逆，但相对于早年的愤青来说，他们更多采取的是一种主动的态度，想干什么就干什么，用自己的想法去开辟一片自己的天地。他们的想法有些稚嫩，但充满勇气；不一定有深度，但绝不会被条条框框所桎梏。音乐、动漫、运动，他们每个人都有一个奇想的国度，他们要的就是彻彻底底地以我为主、释放自我，“狂想”就是他们“不走寻常路”的思维方式，“生命就是一首狂想曲”！

一个令人兴奋的创意概念就这样诞生了，而且大家似乎已经看到了“狂想”这个概念背后太多好玩的、可以狂想的创意空间。在琳琅满目的资讯世界中，短短15秒的广告片要在视觉上抓住受众的眼球是个大挑战。求新、求突破是大家给自己定下的目标，而在视觉表现上能够如服装一样带动一股新的风潮也是创意团队所追求的。

美特斯邦威的品牌精神是不走寻常路，作为媒介载体的广告片当然也可以不走寻常路；创意的概念是“狂想曲”，广告片的表现当然也可以带有狂想的成分，一切不按常理出牌。于是，热衷新锐设计的美术指导们立马想到了用illustration结合实景表现的方式。将新锐的、自由的graphic / illustration / graffiti设计艺术融入到实景中，实景表现现实的状态，而illustration则刚好表现狂想的世界，虚实结合，就是这个创意概念最好的诠释，脚本就呼之欲出了。

这次美特斯邦威秋季的广告片，也要诠释秋季服饰的设计概念，那就是秋季护林人主题，于是拍摄的实景被定在了森林。秋季篇中，周杰伦和伙伴在森林中穿行，他们脑海中有一个狂想的世界，梅花鹿可以跟他们捉迷藏，树叶却来袭击他们，还有盛开的异常鲜艳的花，还有突然延伸的彩虹路，一切不可能在影片中变成了可能。实景的，手绘的，二维的，三维的，单线的，七色的，静止的，动态的，一切不合理的元素在“狂想曲”中显得那样合理和生动。

同样，广告片的视觉表现统一应用在平面和店头海报上，也是非常新锐和醒目。第一次创意提案便获得顺利通过。一个15秒的片子，具有强烈风格的视觉表现，表达一个清晰的创意概念，新颖、独特的创意脚本跃然纸上，而且广告片和平面广告上的新锐视觉也不约而同地对应和强化了美特斯邦威最新的设计风格。

高潮

在第一轮创意提案就获成功后，经过一系列的制作前准备，就到了开拍时间，一周的拍摄是片子好坏的基础。

听说要到美丽的香格里拉去拍片，大家一定会以为这是一个集工作、休闲加旅游于一身的美差，然而事实并非如此。由于当地气候多变，环境恶劣，我们需要投入更多的时间来工作（每天十几个小时），以应付各种应接不暇的突发事件，如光

线太差必须等待天气转好，演员由于高原反应需要休整等等。

由于此次创意采用了实景拍摄与后期动画合成的方式，因此拍摄要求非常的高。演员必须深谙拍摄脚本，并有很深的表演功力才能在拍摄中体现出与虚无动画配合的效果。周杰伦的表现让导演非常满意，保证了广告片顺利拍摄完成。同时，美特斯邦威的全新平面广告和造型也一道拍摄。

尾声

拍摄一切顺利，剩下的就是以同样的状态去完成后期制作，让片子一气呵成。然而这次的收尾却不那么轻松，因为后期的制作在这条片子中占有很重的分量，所以我们特地选择了澳大利亚墨尔本最大的后期制作公司iloura来执行这次任务。

其实在真正开始后期制作之前，iloura就派遣了工程师专程随行飞往香格里拉跟拍，在每个场景用特殊的测光银球把每个可能的后期动画轨迹记录下来。配合后期大量的工作人员的参与，其专业的制作水准及精良而细致的流程控制为美特斯邦威此季广告片的顺利交片提供了保障。

这次美特斯邦威精彩故事的角色不只是演员，还有大量的动画伙伴。在森林里的各种可爱的神奇生物，都是由动画制作公司后期添加进去的。这个过程可并不简单：首先要先勾勒出平面的造型，用三维的骨架进行支撑，再添加它们的皮肤，创造出拟人的逼真动作。为了达到完美的效果，每一个步骤都需要进行无数次的反复调试及修改，即使全部通过后，在融入整个片子的时候发现有任何不合适，也很有可能全部返工。尽管只是短短的十几秒，却有着庞大而复杂的制作过程。

在导演、广告公司以及后期公司三方的不懈努力之下，满含惊喜的成片让大家都备感欣慰。实景与 3D，2D的动画效果相结合的创意构想被完美地呈现出来，可以说是精彩纷呈。

深入内心的挖掘，天马行空的创意，精益求精的拍摄和执行，新谱写的生命狂想曲令美特斯邦威更加非同寻常，也势必将带来新一季流行风尚！

点评：

美特斯邦威是一个属于年轻人的休闲品牌，她追寻的是当今流行时尚、年轻活力的特定人群。在后现代解构主义的时代，个性和独立就是年轻人的群体特征。于是，选择个性鲜明、特立独行的周杰伦为品牌代言人，就使品牌推广成功了一半。经过天马行空的创意、精益求精的拍摄和执行，广告片造就了一个虚幻的狂想世界，在这个奇想的国度，传统彻底地被颠覆，自我无限地被释放，所有的羁绊不复存在，包括时空的界限，这是对年轻人内心世界及精神追求的最好诠释，也是对品牌内涵的最佳表达。从“不走寻常路”到生命“狂想曲”，美特斯邦威实现了对品牌内涵更高的超越、更深的掘进，同时又是更新锐和醒目的视觉化演绎。

——贺雪飞

莱卡我型我秀策划全程回顾

广 告 主：莱卡中国 — 莱卡我型我秀策划

广告代理：上海灵狮广告公司

莱卡是科技含量很高的弹性纤维的品牌，它是高档针织物的原料。采用整合营销的品牌推广策略，通过电视媒体和娱乐唱片企业共同策划举办莱卡风尚大典和我型我秀电视娱乐活动，实现了多个企业跨领域整合，资源共享，各有所得。较成功地将一个工业产品品牌，延伸到一个时尚领域品牌，提高了品牌在消费者心目中的知名度。

壹 一根叫莱卡的纤维

一个橘子只是一个橘子，除非它正好是新奇士。

一根纤维只是一根纤维，除非它正好是莱卡。

莱卡的官方网站这样定义这一产品：

改变针织物性能。

能够提高所有针织物的自由动感与持久保形性能。

能极大地提高经编织物各方向的弹性与延伸性，赋予纬编织物绝佳的合身性与均匀感。

它还能避免横编织物松垂抽丝及起包等问题，提升织物的质量与寿命。

简单地说，莱卡是一根弹性纤维。

和大部分B to B的工业产品不同，莱卡介入了消费者的生活，从他们的欲望着手，讲述品牌故事，就像固特异、英特尔所做的那样，而消费者对他们的投资，也总以慷慨回报。

贰 他山之石可以攻玉

品牌行销是一件费钱的事情。花在广告上的钱，无外乎两种结果：

第一种，有一半被浪费了。

第二种，全部被浪费了。

莱卡当然不希望陷入这两种情况，它和所有有钱人一样，算盘打得水清。

2001年，莱卡在中国举办了第一届风尚大典，投资1000万元人民币，之后每届的投入也在几百万美元。第一届莱卡风尚大典后，莱卡的品牌知名度已经超过了70%。4年下来，莱卡品牌知名度到达了87%，品牌偏好度91%。如果将这几千万元钱用于广告投放，按照今天的媒介成本推算，是太上算了。在中国流行了20年的广而告之时代，看来终于要被新的王朝——整而合之时代逐步取代。

当1954年10月17日，第一条电视广告在英国播出时，刚刚起床的英国人吃惊得连牙膏也咽下去了，所有的国家媒体展开了强烈的、连篇累牍的讨论。“前所未有，闻所未闻的伤风败俗”，“人类所遭受的最肮脏、最丑陋和最令人作呕的噩梦”。在当时的英国人看来，兜售行为是世界上最不光彩的行为，电视广告比起挨家挨户推销的推销员，显得更加无耻，不请自来，在毫无防范的私密起居室里，高声叫卖。

英国人花了好多年才学会忍受广告。

中国人对广告的态度，则是随着时间的累加愈加厌恶。广告从业人员所面临的现实是，大部分消费者都是忙碌而疲劳的——太忙碌而不想去听，太疲劳而对一切漠不关心。操劳和压力使他们不具备耐心，很容易被陈腐之词和愚蠢无意义的事物激怒。就像猫和老鼠的游戏一样，消费者手里拿着遥控器以逃避广告，广告商则使出浑身解数留住他们，两边都疲惫不堪。

商场挥金如土，消费者铁石心肠。为了应付这种局面，新的推广模式——资源整合，越来越受到商家青睐。莱卡在中国的品牌建立，就采用了这种讨巧的方法。

无论是莱卡风尚大赛，还是莱卡我型我秀，观众之所以呆在电视机前几个小时，并不是因为莱卡，而是它所牵手的合作伙伴。换句话说，可以是娃哈哈风尚大赛，或者金汇火腿肠我型我秀。开玩笑，观众的感情还是要考虑的，到底有个接受的底线。优秀的整合营销方案，就像搭积木一样，取长补短，又好像瞎子背着瘸子过河，最大程度优化资源。

莱卡的营销策略是“上游带动下游”，而它的品牌目标则是要将自己从一个工业品牌，延伸到一个时尚领域品牌，在消费者心目中成为时尚先锋的象征。莱卡风尚大典和我型我秀，都是在这个战略目标下策划出来的。其成功之处在于，品牌内涵和活动性质完美契合，在整场演出中的身份把握恰到好处，既不是一个干巴巴的赞助商身份，也没有喧宾夺主，商业味

SMG

LYCRA
莱卡酷

2004莱卡 CHANNEL
风尚颁奖

浓到要吐。虽然琦琦作为我型我秀的评委，时不时要出来点评两句“你的服装和我们莱卡我型我秀的定位不是非常符合”云云，但也因为她超模的身份和莱卡的特性得到了大家的原谅。而超级女声的现场，蒙牛就没法给自己推销“你的衣服和蒙牛酸酸乳的定位不符合，请你回家重新穿过”，或者“你的笑容完全不够酸甜，请喝完12包酸酸乳体会一下再来”。

莱卡通过风尚大典，把自己和最时尚的PARTY、最耀眼的明星整合在一起，高调进入时尚领域，而我型我秀的推出，则是在品牌认知已经确立的情况下，针对市场的特点和需求，进一步缩小目标群，强化行销，将电视媒体业、娱乐唱片业、服装原料商等多个产业跨领域整合，资源共享，各有所得。

叁 我型我秀 vs 超女

说到我型我秀，就没法不说超女。事实上，即便不说我型我秀，也还是要说说超女。这档节目实在是太红了。回首往事，1998年我们有还珠格格，2001年有F4；2002年，野蛮女友；2003年，口齿不清的周杰伦；到2005年，芙蓉姐姐和超女。究竟我们是进步了，还是神志不清了，还是兼而有之呢?

如果仅以火爆程度比较，超女当然要胜过我型我秀，且无疑是2005年最大的赢家。但如果从赞助商的角度评价，则莱卡要比蒙牛做得漂亮，几乎可以称得上是国内整合营销中，品牌内涵和活动性质契合度最高的一个案例。评价一个赞助活动是否成功，有几个指标：

1. 是否达到了预定目标
2. 投入产出比
3. 对销量的影响
4. 对品牌资产的价值

综合来看，两者互有长短：

在对品牌资产这核心性的投资中，莱卡堪称模范。环球唱片香港及内地区董事总经理洪迪，对两档节目做了质的区分：“性质不同。超级女声是以现场观众投票进行选秀的一种综艺节目。而莱卡更多是为唱片公司选择歌手。节目风格会比较重视专业。”潜台词就是，CK内衣和三枪内衣是不能放在一起对比销量的。是啊，这似乎是两个不具备可比性的东西，虽然看上去是那么相似。

无论如何，平民化的超女和专业化的我型我秀，在2005年夏季的末尾，都先后落下了帷幕。一时之间，媒体怅然若失，一夜成名的湖南卫视、人气飙升的环球唱片，泪眼汪汪的超女和莱卡小子，在2005年秋季的第一场雨水之后，都成为了历史。

点评：

品牌是现代市场竞争中的重点，品牌战略也越来越被中国企业所重视，市场的实践告诉我们“做品牌还比较容易，但要做好品牌可就太不容易了”。创品牌是个系统工程，如何做好品牌推广，传统的广告方式作用有限，整合营销传播越来越受到企业的青睐。本案例有以下几个特点：1. 资源整合。针对市场的特点和需求，将电视媒体、娱乐唱片、服装原料商等多个企业跨领域整合，资源共享，各得其所。2. 寓“教”于乐。这里的“教”是指品牌，将品牌内涵和娱乐活动紧密结合，既不以一个干巴巴的赞助商身份出现，也不直截了当地做广告；既没有喧宾夺主，也没有太浓的商业味，使受众更乐于接受。3. 品牌延伸。莱卡是一个工业产品品牌，通过风尚大典、我型我秀等活动，把自己成功地延伸到一个时尚领域品牌，并获得了消费者的认可。

——陈志宏

耐克12.88，与刘翔同步

广 告 主：耐克体育（中国）有限公司

广告代理：传立（中国）媒体NIKE 团队

2006年7月12日，北京时间凌晨3时许，刘翔在瑞士洛桑110米栏赛场创造了新的世界纪录——12秒88。当天下午4点，第一条“Nike 12.88”广告便在耐克（中国）官方网站 (Nike.com.cn)隆重登场。随后耐克12.88广告在国内电视、平面、户外和网络等各大媒体的刘翔相关报道中，和越来越多的中国人一共见证了中国田径的这一历史性突破。

传立（中国）媒体在接到客户媒介简报后仅仅6个小时，就完成了从广告媒介策划、购买到投放执行的所有工作，一项中国广告投放的新纪录也随之诞生了，正如有媒体报道的那样，“伴随着刘翔新的世界纪录，耐克的12.88注定成为经典案例。”

事件

众所周知，耐克是国际著名的专业运动品牌，并以“Just do it”精神激发所有热爱体育运动年轻人。而刘翔则是耐克赞助的最成功的中国运动员，刘翔于2004年雅典奥运会以12秒91的成绩一举夺得了男子110米栏金牌，而一战成名。

7月12日，北京时间凌晨3时许，瑞士洛桑，刘翔终于以12秒88打破了沉睡了13年的男子110米栏的世界纪录，这将是一个令所有中国人都热血沸腾的大新闻。

当时就守候在现场的耐克体育市场部的员工迅速将这一喜讯报告给了耐克公司。商业神经极其敏感的耐克公司立刻意识到这将是一个极其重要的商业机会，所有相关部门都严阵以待，因为耐克必须以最快的速度，在最广泛的大众媒体上进行一轮媒体投放，和所有以刘翔为骄傲的中国人，在第一时间内共同为刘翔所创造的新的世界纪录——12秒88喝彩！

挑战

7月12日，早上9点，上海，耐克公司即召集其创意公司Wieden + Kennedy与媒介代理公司——群邑集团旗下的传立(中国)媒体，下达广告投放指令，耐克强调在所有相关媒体发布刘翔有关消息时，播出耐克新的广告片。会议期间，Wieden + Kennedy就提出了他们的创意想法，基于中国传统观念认为“8”是一个吉祥的数字，而刘翔在之前已创出了12秒91这令人触目的成绩，并为广大国人所熟知，因此，最简单但又最有效的创意，就是为刘翔庆祝他新创的世界纪录——12秒88。这个想法当场就得到了客户的认可。

一个小时之后，当我们离开耐克公司，Wieden + Kennedy就开始了电视、平面、户外、网络广告的制作，而我们则开始了所有的媒介计划，但留给我们的时间只有数小时。

这次投放任务几乎就像一个不可能完成的任务，因为要完成从媒体策划，媒体谈判、购买，到具体计划的制定，再到和创意公司、各媒体协调各种广告物料的制作、递送和具体执行。而如果从以往常规的广告投放来看，基本需要几周的时间，但我们只有不到一天的时间。但我们深知这次是耐克和我们共同等待了两年之久的伟大时刻，我们必须具备颠覆传统的勇气和创造力！而且，真正的对手就是“时间”，我们必须争分夺秒，我们必须像刘翔一样奔跑。

执行

6小时！从接到耐克的指令后仅6个小时！

根据耐克永远秉承的“Just do it”的精神，7月12日下午4时，首支耐克12.88广告便在耐克（中国）官方网站主页(Nike.com.cn)隆重登场，所有的观众都会惊喜地发现在传统中国红的背景上，跳动着白色秒表样字体，从00.00一直到12.88，仿佛见证了刘翔创纪录的整个过程，最后定格到耐克标志和”JUST DO IT”。

7月12日 16:00pm

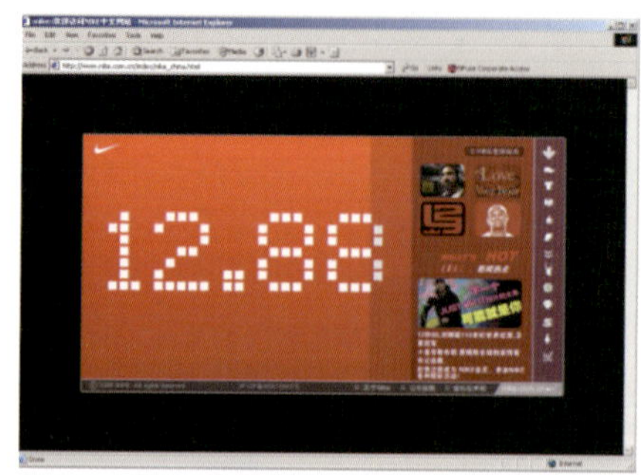

而这次投放真正的核心是耐克特别为刘翔赶制的“12.88”的纪念版T恤，这件白色圆领衫前面印着红色“12.88”，后面衣领处则是一个墨绿色的刘翔跨栏剪影。7月13日下午1:30，当刘翔身着这件具有特殊意义的T恤抵达北京首都国际机场时，

伴随着刘翔获胜后的喜悦，耐克——这家美国运动巨头也同样获得了最高的曝光率。而且所有前来接机的“翔迷”们也都从耐克公司的工作人员那里领到了这件T恤衫，相关报道和图片也立刻通过电视、平面、网站头条和论坛迅速流传开来。

快镜头扫描：

北京时间7月12日凌晨3时许，刘翔刷新男子110米栏世界纪录。

当天下午，近500件耐克“12.88”纪念版T恤便制作了出来。而在当晚6时CCTV-5的《体育新闻》中，许多观众就已经在主持人的手中率先见到了这件特别T恤，其诞生的神速令人刮目相看。

7月12日下午4时，耐克（中国）官方网站主页播出12.88广告，由数码设计公司E-Vision负责改建耐克中国网站。

7月12日下午5时，新浪网首页和体育频道播出耐克12.88广告。

7月12日下午6时，在刘翔的故乡上海，外滩震旦广场的巨大户外电子屏上，耐克12.88广告在美丽的夜色中盛大上演。

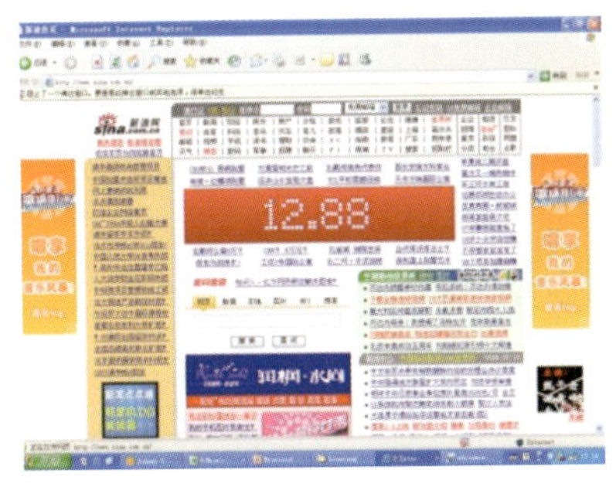

7月13日上午7时，12.88广告出现在《北京晨报》和上海《东方体育日报》头版，并伴随整版刘翔破纪录的赛事报道。

7月13日下午1点半，北京首都国际机场，刘翔身着“12.88”T恤抵京。

7月13日下午3时许，新浪网即报道了刘翔抵京的消息并伴有刘翔身着“12.88”T恤的图片。而截至此时各大网站已经有超过2万条网迷对刘翔的生日祝福和8万多个Blog谈论刘翔破纪录的消息。

7月13日中午12时，第一条“12.88”的电视广告在上海体育频道《体育新闻》开始播出。而当天晚上6时，“12.88”又登陆CCTV-5《体育新闻》。而接下来的三天里，围绕刘翔相关的特别新闻报道：

CCTV-5：《体育新闻》、《体育世界》共24个点

上海体育频道和新闻综合频道：《体育新闻》、《新闻报道》、《国际新闻》等，共106点

北京体育台和北京卫视：《体育新闻》、《体坛荟萃》、《北京新闻》、《晚间新闻报道》等，共40点。北京、上海的广告位只选用正一及倒一的位置。

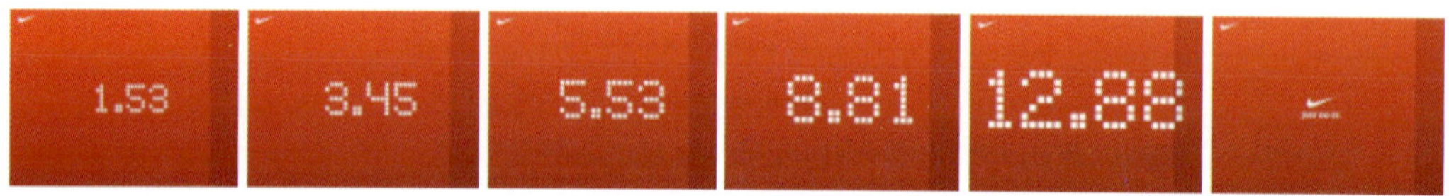

7月13日下午，上海淮海路和北京王府井大街也相继出现了耐克巨幅的12.88户外广告，由群邑集团旗下的宝林公司负责户外广告的谈判和执行。

7月14日早上7时，国内最大的专业体育报纸《体坛周报》的封底整版12.88广告，并且在《体坛周报》还特别策划了一期专题报道：《生于7月13日》。

当我们如同刘翔一样风驰电掣般的完成所有的媒介计划、购买、执行工作之后，

最后我们真的很高兴能为最伟大的中国田径运动员见证一个具有历史意义的成就，并且和最伟大的运动品牌和创意公司共同见证一个成功的广告投放。

投放效果

“这个纪录非常重要，因为中国文化非常重视数字，与此同时，数字8也是个非常吉利的数字。” 传立媒体上海公司耐克组策划总监Alistair Lennie特别指出，中国人会“为带有好多8的电话号码和车牌号花一大笔钱”。因此，刘翔12秒88的记录特别吉利。Lennie还透露，此次广告投放的效果也非常成功，仅电视广告的累计触及人群就已经达到约4600万的年轻人，而年轻人正是耐克追求的核心目标消费者。

媒体报道：

《Advertising Age》——这个国际知名的媒介专业媒体，于7月20日即以《耐克创纪录地庆祝刘翔胜利》（Nike makes tracks to celebrate Liu triumph）为题报道耐克此次广告执行。

《中国经营报》——专门报道了另外4家与刘翔签约的广告主－可口可乐、VISA、EMS和伊利各自特别为刘翔创纪录广告和市场活动，然而“伴随着刘翔新的世界纪录，只有耐克的12.88注定成为经典案例”。

客户评价：

“非常高兴拥有一支不只是普通客户－公司关系的团队，我们现在正要在这里干一些大事了”——Carol Chen，耐克中国区市场总监

“12.88是一个很好的例子来证明一个极棒的团体的努力，而且也证明了每个人在工作上所发挥的完美作用”——Ed Elworthy，耐克中国区品牌沟通总监

后记

耐克自己也承认这是他们最快的一次——从北京时间12日凌晨3时刘翔刷新百米跨栏世界纪录，到12日下午5点网络播出广告，从遥远的瑞士洛桑到中国北京，耐克只用了14个小时。

点评：

现代市场竞争已从“大鱼吃小鱼”转变为“快鱼吃慢鱼”，谁领先一步就能在市场上赢得主动，速度已成为竞争成败的一个决定因素。这是一个广告投放速度的成功案例。主要有以下特点：1. 速度。广告主自己也承认这是他们最快的一次，从刘翔刷新百米跨栏记录，到网站播出广告，只用了14个小时。2. 执行。从媒体策划、谈判、购买，到具体投放计划的制定，再到和创意公司、各媒体协调多种广告物料的制作、递送和具体执行，各个环节，环环紧扣，完成了以往常规广告投放简直不可能完成的任务。3. 团队。广告主、广告公司、媒体之间都发挥了良好的团队精神，每个人都在工作上发挥了各自的作用。4. 准备。机遇青睐有准备的头脑，为了这个机会，广告主和广告公司准备了两年时间，辛勤的耕耘终于结出了丰硕的果实。

——陈志宏

鸿星尔克品牌国际化纪实

广 告 主：鸿星尔克集团

广告代理：广东省广告公司

在国外巨头和国内少数知名品牌所把持的运动鞋市场，要创造一个全新的国际性品牌是件很不易的事情。鸿星尔克在具有优势技术的基础上，“技术集群”的概念就成了其打造品牌的重要支撑。但如何去表现这个概念呢？鸿星尔克的广告通过联想法，在一定程度上较好地诠释了这个概念。同时，鸿星尔克走出国门，在国际体坛上秀出了自己的风采，这无疑是品牌国际化的重要一步。

市场风云，变幻莫测。我国体育运动品市场格局，一直都由国外巨头和国内少数知名品牌所把持。市场竞争变得更加激烈，蛋糕被瓜分得越来越小，品牌生存的空间也越来越狭窄。与此同时，鸿星尔克在进行企业内部调整。面对市场和本身的内外压力，鸿星尔克又该何去何从呢?

省广的首要任务就是指引鸿星尔克进行企业升级，由单一的“技术领跑”向产品、服务、品牌等多领域的“全方位领跑”战略转变，打造一个国际化的品牌，一个属于世界的鸿星尔克。放眼国内外，各种运动品牌数不胜数，但真正做到国际化、全球性的却屈指可数，实现的难度可想而知，省广将如何帮助鸿星尔克实现这一目标呢？世人都拭目以待！

品牌国际化道路之：一个拳头“打”人

鸿星尔克在“科技领跑”的战略指导下，坚持自主创新的发展模式，不断研究开发新技术，创造众多具有自主知识产权的技术：内部空气循环系统、GDS全面减震系统等等。一项又一项的创新科技，令人瞠目结舌。然而，鸿星尔克将不同的新技术以不同的形式告知消费者，但消费者不是电脑，记载不了许多的信息，在他们脑海中形成不了整体概念，对企业科技的形象认知无从谈起。

如何让消费者认知鸿星尔克“科技领跑”的形象呢？既然分散的技术不足于撼动消费者，那么把所有的技术集中到一起，提炼出一个整体概念，就像集中力量在一个拳头上打人，岂能不疼?

那么怎样的概念能够包括所有的技术呢？正在迷惘时，创意导师丁邦清教授的一句话启发了我们：大家知道乐百氏27层净化具体指的什么吗？是的，我们没有必要把技术一项一项解释给消费者，只要让他们知道我们技术集群的概念就行了。

多年来，科技创新已经融入了鸿星尔克人的内心，已经累积了将近37项的创新科技；科技表明，人运动时体温达到37度，运动热情将被完全激发；众所周知，36计代表了智慧的最高峰，而37却比它还多，代表着超越顶峰，追逐智慧极限。37与鸿星尔克有天作之合，大家这才茅塞顿开。于是，“37+”传达鸿星尔克技术集群形象的概念酝酿出炉。

一个拳头“打”人，要如何描绘我们的拳头呢？用怎样的形式去表现“37+”呢？如何能把科技集群的概念准确地传达给消费者呢？既要有科技感觉，又要在一个平面内表现出集群的概念，挑战我们的智慧的时刻到来了。我们从鸿星尔克与经销商之间得到启发：各经销商紧紧围绕和团结在鸿星尔克的周围，鸿星尔克把他们串在一起。对，“串在一起”，我们的思维由“串在一起”的形象深入思考：什么东西能被串在一起呢？思维的阀门仿佛被彻底地打开，大家思如井喷，第一时间想到与鞋子密切相关的鞋带，每个带芯代表一项技术，鞋带把它们串在一起，形成一个整体。接着拉链篇的画面也随即在大家脑海中酝酿形成。

科技集群的企业形象需要创新的科技来支撑，37+技术集群需要不断地完善，科技创新的传统需要去延续。只有这样才能把鸿星尔克打造成真正国际化品牌。

品牌国际化道路之：科技的名片

一个国际化的品牌形象需要有一流的技术做支撑。随着市场细分越来越清晰，竞争变得更加激烈。同时，消费者对运动产品的科技认识在不断增加，要求也愈来愈苛刻。

如何打造鸿星尔克一流的技术形象呢？或者说，如何将鸿星尔克的创新技术完全表达出来，用一个简单明了的概念和形式告知消费者呢?

我们通过实地的调研发现从事网球运动的人群大都是有车一族，这时一个不经意的想法浮现在大家的脑海：ABS刹车系统不也要求防侧滑吗？这正好与我们的防侧滑技术是孪生兄弟！我们立即联想到汽车刹车时地面被摩擦的样子，如果是球鞋在球场进行“刹车”又会怎样？有人提议：地面被鞋摩擦得褶皱了，这一提议得到大家一致的认同。于是，《刹无赦》出炉了，画面既强有力地说明鞋的性能，又不失幽默感。

还是从联想出发，抓地性能让我们联想到各种动物的吸地能力，是什么让它们具有这样的吸地能力？当然是它们独特的脚掌吸盘。我们又是眼前一亮，这不正与鞋的吸盘是一样的道理吗？然而壁虎的联想立即被我们否定了，因为它不具独特的个性，更无霸气可言，与我们运动的、个性的形象不相符。进而我们又想到与壁虎相类似的章鱼，它们的那股子霸气正是我们需要的。于是，张牙舞爪、霸气十足的章鱼与鞋结合的画面得到大家的共鸣，那种运动的霸气、张扬的个性跃然现于眼前。

在前期工作中，让我们积聚了信心，大家一鼓作气，拿下了仿大气层结构具有透气、排汗技术的平面表现。主要从运动者的切身体会出发，如果穿着如此透气、排汗的鞋，会有怎样的舒适感，运动者的心情又会怎样呢？会不会在运动时有想飞的冲动？于是，飞翔在空气中的画面不仅表明鞋的功能，更深一步地体现出“飞”比寻常的舒适和心情。

一流技术形象塑造顺利完成，要实现品牌国际化，单纯的靠广告的形式总显得有些单薄，它还需要更大的舞台去展示自己，如何寻找一个合适的舞台是我们下一步的工作。

品牌国际化道路之：与国际同步

打造国际化品牌，有一流的技术做后盾，还需要一个展示的舞台。众所周知，任何体育品牌的发展都离不开体育赛事的带动。鸿星尔克也不例外，作为继NIKE、ADIDAS之后的第三大专业网球运动品牌，在网球赛事上展示自己的形象理所当然。

随着雅典奥运会中国女子网球的夺冠，澳网、温网等大满贯冠军的取得，以及2008年北京奥运会的即将来临，一股网球热潮正在席卷华夏大地，各大媒体加大对网球赛事的报道，人们对网球的热情也膨胀到一个极点。

天时、地利、人和，网球赛事的赞助是鸿星尔克走向国际化的重要起点，鸿星尔克切入国际化道路的时机到来了。

作为四大满贯赛事的重要赛事，鸿星尔克国际女子网球公开赛云集了国内外众多的好手新人，她们年轻，她们富有朝气，她们有不服输的拼劲，她们拥有远大的目标，她们剑指四大满贯赛事，立志成为新的世界冠军，这与鸿星尔克国际化路线不谋而合。于是，以目标巴黎、温布尔登为主题的创意自然天成。

好的创意没有执行也是白费，如何去表现呢？细节决定成败，于是我们从细节着手，寻求共同的特征。巴黎最具代表性的形象莫过于埃菲尔铁塔，而埃菲尔铁塔的形象却与我们网球运动的元素有着天然的共性，它与网球拍的拍柄浑然一体。举一反三，温布尔登的平面创意也油然而生。平面不但宣传一股“初生牛犊不怕虎”的勇气，也巧妙地体现鸿星尔克走向国际化的决心。

后记

我们相信我们的策略必然会带动鸿星尔克产品的热销，推动品牌向一线城市挺进，一举突破了国内运动品牌的低价竞争围局，打响了品牌升位战役的第一枪，进而向国际化进军迈进坚实的一步。

点评：

技术是一个很抽象的概念，用“37+”来表征“技术集群”概念无疑是一个准确而又引人入胜的诉求点。在广告表现上，通过联想，从产品自身的技术特点寻找到了系列创意点，拉链、鞋带、章鱼、刹车，一段相当perfect的创意过程。但如果在广告中能有更深入的表现，整体将会更出彩。赞助国际女子网球公开赛，是提升品牌形象的很好的PR活动，也是品牌走向世界的重要一步。与之配合的广告也带有瞩目的国际元素。可见，在民族品牌的跨文化传播方面已经积累了一定的经验。但要成就一个国际品牌，鸿星尔克还需要付出更多的努力。

——贺雪飞

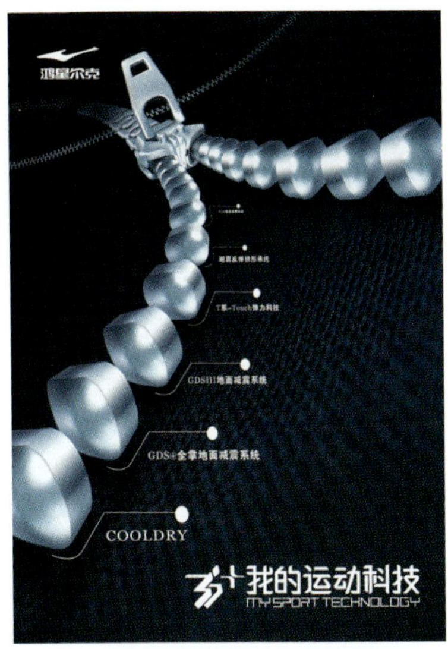
鸿星尔克
COOLDRY
37+我的运动科技
MY SPORT TECHNOLOGY

鸿星尔克
利无敌
ABS锐刹
要赢得尊重就要做狠角色!

鸿星尔克
目标巴黎
THE GOAL PARIS
用胜利为对手送别，是对对手最大的尊重
2006-2008鸿星尔克国际女子网球系列赛

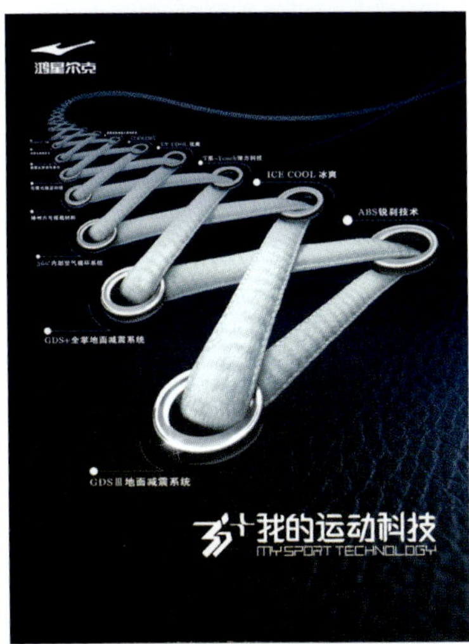
鸿星尔克
ICE COOL 冰爽
37+我的运动科技
MY SPORT TECHNOLOGY

鸿星尔克
彰显霸气
37+科技之ZIP轴吸盘技术

鸿星尔克
下一站温布尔登
next station Wimbledon
用胜利为对手送别，是对对手最大的尊重
2006-2008鸿星尔克国际女子网球系列赛

美克，挑战在终端

广 告 主：美克鞋业

广告代理：福建蓝道广告有限公司

美克运动鞋在两年的短暂时间里，从晋江鞋类品牌中默默无闻名不见经传的小品牌，晋升到国内鞋类品牌的前十位，以 “挑战每一刻” 为核心概念的美克，通过与消费者的持久沟通，采用“鞋子拟人化”的形式，让代言人与鞋子一起跳绳、打篮球、踢足球，让鞋子与人对垒、打斗，让品牌像人一样“活”起来，运动起来，以生动形象的方式演绎出了品牌个性。

经过两年时间在品牌上的浇灌，美克已经从原有品牌森林王国中娇弱无名的小草成长为一棵枝繁叶茂的大树，虽然跟国内一些知名品牌还有一定距离，但能在短短两年时间里从晋江鞋类品牌中默默无闻名不见经传的小品牌晋升到国内鞋类品牌的前十位，美克不能不说经历了一场重大的飞跃。

以“挑战每一刻”为核心概念的美克，通过与消费者的持久沟通，采用“鞋子拟人化”的形式，让代言人与鞋子一起跳绳、打篮球、踢足球，让鞋子与人对垒、打斗，让品牌像人一样“活”起来，运动起来，以生动形象的方式演绎品牌个性，品牌意识就在这样趣味灵动的表达中走进消费者的心里。

再造挑战新突破——核心概念的新突破

经过几年时间的积蓄，美克完成了自身的挑战，品牌形象得到了广泛的认同，销售进入了相对成熟的营销阶段。基础具备了，经验具备了，内功具备了，是该出手了！

如何在挑战基础上超越，如何挖掘深层次的精神内涵，延续挑战概念?

突破，从哪里寻找突破点?

对了！就是突破！以“突破”为下一阶段的推广主题，从挑战到突破，是在原有挑战基础上的又一进阶，只有突破，创新才能走得更远。突破，打破常规，是挑战的延伸。突破的东西可以很多，纪录、常规、旧有观念甚至颠覆性的创造。突破可以有很好的发展思路，挑战是超越是战胜的起始点，突破则是要追求一个完美的结果。有战有果，是挑战的最终目的。

炫一场“中国风”——广告表现新突破

中国人与外国人的结合，生出的是漂亮高智商的混血儿，当中国文化的古朴、柔性、内敛与西方运动的冲击、热情、张扬相碰撞，又会是怎样一场惊天动地的突破性视觉冲击?

近几年，西方时尚产品设计师纷纷从中国文化中吸取灵感，掀起了中国风的流行，他们用西方的思想来理解东方的文化，把中西文化融合成另外一种独特而富有魅力的时尚，把中国元素广泛地运用在服装、饰物、家具等等方面。

美克在广告表现上也运用这种文化的融合，在视觉上有了全新的突破，用创意演绎品牌，利用差异性的交叉冲撞，呈现极至的美感，立体的品牌形象因此跃然而出。挑战与突破的概念简洁而明了地得到了展现，不仅赚足了消费者的眼球，也定格了品牌印象。

挑战在终端——广告形式新突破

山西经销商陈某在自己的车上贴上美克代言人的形象广告，之后每天照例开车到学校接送儿子，一个月后陈某意外发现

光顾专卖店的学生明显增多，销售节节上升，陈某颇感疑惑。倒是聪明的儿子提醒：车体上这么大的广告谁看不见啊?

这不过是一次很普通的终端表现，很多经销商往往会忽视终端户外广告的效应，事实上，终端就像快箭，能一击击中要害，直接明了地传达品牌内涵，加深消费者对品牌的印象，是最直观有效的广告形式。

临门一脚，终端上的新突破!

利用明星代言来创造品牌此条大道已经行不通了，明星效应只是品牌创新前快速打响知名度的一种捷径，却不能保证能有效地带动销售。美克在逐渐进入成熟的营销阶段，明星已经在慢慢成为辅助，从鞋类产品明星代言泛滥的牢笼中挣脱出来，更主要的是依靠产品本身，回归市场，依靠终端视觉来吸引，在终端上实现新的突围，一场品牌的终端革命即将爆发!

我们先要明确何为终端? 终端不只是专卖店、是销售阵地；不只是POP，不只是立牌、单页、灯箱、展台等售点广告，今天的终端是品牌形象的载体，是品牌塑造与推广的重要手段，是集视觉、听觉、触觉等全方位感知于一体的品牌立体体验磁场。如果说高空广告是“强龙政策”的话，那终端拦截无疑就是“地头蛇”策略。“高空广告做得好，不如终端做得好”，正所谓“强龙不压地头蛇”，对处于战略跟进型的美克来说，高空广告重要，终端更重要。系统化的终端视觉可以有效地激化多种广告刺激，扩大传播的效果，帮助品牌快速成长，更好地起到销售“引爆”的作用，是整体广告传播中关键的一环；系统化的终端视觉可以方便整个广告策略进行系统化的操作，将广告战与营销战紧密结合，达到品牌的深耕细作，有效拉升销售。终端广告因能与消费者形成真正的互动沟通，形成品牌体验，因此，终端广告是最有效的广告形式!

终端与消费者的距离近在咫尺，2006年美克围绕终端做文章，把广告落地，赢在最后一米。

终端POP

终端市场求新求变的促销策略促销活动可以使销售如虎添翼，好的促销活动能够提升品牌知名度和美誉度，增加产品购买率。但各个品牌为争夺市场，促销大战硝烟四起，消费者对常规老套的促销活动麻木了，效果越来越差，厂家的银子却越花越多。2006年的世界杯是个巨大的商业契机，所有企业都展开了广告攻势，美克自然也不例外，在其他品牌还是走老路照例一些传统惯例的优惠买赠活动时，美克则在专卖店举行与世界杯有关的游戏，让消费者参与互动，简单精彩的小游戏加上活动的新颖性不仅大大地吸引了消费者，同时也搞活了整个专卖店的氛围，直接有效地促进了销售的同步进行。

终端市场广告传播策略

零售终端地域广，幅员辽阔，如何实施好广告策略对终端市场的带动起到至关重要的作用。终端的广告表现是一个系统的工程，2006年美克对终端市场的广告投放进行整合传播。同时应用有刺激性创意性的视觉平面广告针对户外媒体与终端海报、包装，除了让消费者加强关注外也能一目了然地了解产品本身的特质。创意性终端广告，花小钱，办大事！

终端市场电视广告传播策略

通常店面信息的承载能力是惊人的，当消费者路过店面的时候，进与不进直接决定着购买的可能性。卖场电视在卖场覆盖购物全过程，通过视频和音频的组合，及时进行现场提示，在购买的最后一刻影响消费者对品牌的选择，大大缩短了从广告影响到购买行动之间的时空距离。卖场电视通过音频与视频相结合，使广告具有更强的表现力和打动力，直接刺激和煽动消费欲望。同时覆盖全场，连续性画面构成视觉冲击力。卖场电视移至橱窗，让路过的人都能看见，播放音乐外，重点播放广告，将美克广告、宣传片及代言人音乐和重要活动都放在卖场电视上展示，提高消费者对美克的关注度。此举不但能有效提高销售量，而且还能将传统单调的卖场变成活跃的、吸引眼球的卖场，一举多得！

终端户外广告传播策略

根据调查，首次见面的最初20秒就能决定80%的印象，户外广告鲜艳、醒目的颜色，能吸引人的视线，主画面富有感染力突出品牌核心价值，就能在较短时间给人留下深刻印象。美克的户外广告通过一些有创意的视觉差异得到了广泛的关注，实现了品牌与终端的相携并进。

户外广告效果

终端市场网络推广策略

网络品牌是传统品牌的延伸，通过对网络媒体的利用，企业可以进一步地围绕品牌核心价值做文章，为品牌力做加法，强化品牌在消费者心中的位置，由缓慢积累向快速应用转移。

Flash是青少年所热衷的一种动画形式，不仅喜闻乐见，动手创作的能力也很强，还可以传达自己的思想。以“越挑战越精彩”为活动主题的Flash征集大赛，可以扩大美克的品牌知名度美誉度以及影响力，树立品牌形象，并在推广期结合功能广告、公关和校园推广活动，以网络互动加以宣传，达到双赢目的。

美克依然在坚持挑战的道路，也依然在挑战上不停地创造着新的挑战。在挑战中突破自我，在极限中收获快乐，把挑战进行到底，再造美克新传奇！

点评：

将广告战与营销战紧密结合，达到品牌的深耕细作，并综合运用功能广告、公关和校园推广活动以及网络互动等加以宣传，形成销售绩效最有效的营销战略。好的促销活动能够提升品牌知名度和美誉度，增加产品购买率。策划者在战术上将重点放在终端，这也是满足现在大多数广告主功利性心态必然之路。终端广告最能与消费者形成真正的互动沟通，本案户外广告鲜艳、醒目的颜色，能吸引人的视线，主画面富有感染力突出品牌核心价值，能在较短时间给人留下深刻印象，激发消费者的品牌体验冲动，成为后现代体验营销思潮的有效案例。

——许正林

WNQ，铸造健身器材中的F1战车

广 告 主：万年青健身器材

广告代理：叶茂中营销策划机构

消费者的健康意识不断提高，关注跑步机的消费者也越来越多，但消费者对健身器材的品牌认知度非常低。本案例通过对万年青跑步机改变产品名字，由中国品牌向国际品牌的过渡；通过将跑步机颜色改成法拉利红，一改一贯以来沉闷的黑色，给人以运动的活力；又通过德国研发团队和制作工艺、F1赛车的高科技标准和聘用郭富城为品牌代言人，向消费者传递了WNQ是要从各方面抢占中国健身器材第一的信息。

2005年10月，一家叫万年青的健身器材企业来寻求合作。

作为已经拥有8家分公司、八大物流服务中心、全国各地共设立200多家直营专卖店及近千个经销网点的健身器材企业；作为产品种类覆盖家用、商用、有氧及肌肉器材的健身器材企业；作为产品已畅销全国各地更远销中东、欧美（如美国、意大利、英国）等几十个国家和地区的健身器材企业，更同时其“万年青”(WNQ)牌健身器材，获得“中国名牌”称号且名列行业第一名，是室内健身器材的“第一品牌”！

就是这样的企业，拥有现成的渠道、现成的高忠诚度的经销商，拥有好的产品和过硬的品质，但现在国内的年销量仅过1亿！

是行业不景气?

数据显示：

近几年，国产跑步机每年都以超过25%的速度在增长。2002年，我国跑步机总产量为450855万台，销售额为66936万元；2004年，跑步机的产量达到了745590台，销售额达到了134098万元。

我国目前有171家企业具有生产跑步机的能力，已经成为世界上跑步机的生产大国。

那么是消费者对健身器材不接受?

事实是：

跑步机已完成了从贵族化奢侈品向平民化大众消费品的转变。消费者的健康意识在不断提高，关注跑步机的消费者也越来越多。61.5%的潜在消费者经常进行运动，最主要的运动就是跑步。其中有49.1%会使用健身器材，以跑步机为主。

同样是市场调研告诉我们：消费者对健身器材品牌认知度非常低，在有购买健身器材意向但尚未购买的消费者中，六成多的消费者不知道任何健身器材的品牌；同样在这些潜在消费者中，即使排名第一的健身器材品牌，提示前认知率仅为8.7%，提示后也只达到17.4%。

就是这样一个有市场又有需求、消费者无品牌意识更无品牌忠诚度的行业，就在这样一个蕴涵了巨大商机的行业，2008年的逐步临近更使得中国进入“全民健身”的时代。

一向豪气的叶茂中豪气万千地说：成为第一胜过做得更好！我们就是要抢在其他品牌之前首先成为中国健身器材行业中的第一品牌！

虽然我们不是第一个进入健身器材的企业，但汇集前人经验的《二十二条商规》中的头脑法则告诉我们：在人们的头脑中占据第一比在市场中成为第一要有效得多。在头脑中占据第一就能够在市场上成为第一，但是在市场上成为第一只能够使你较他人更容易地成为人们头脑中的第一。

第一之路长且远兮：

同样的头脑法则教会我们：如果你希望改变人们头脑中的印象，是不能采用逐渐深化的方法来做的，你需要摧枯拉朽、秋风扫落叶般的方式，要改变，就要在人们头脑中，彻底地推翻旧印象，建立新的印象。

要改变，要彻底改变！

要从各个方面抢占第一、彻底改变！

WNQ:第一个打造国际品牌的健身器材！

名字一定要改、名字首先要改！

虽然没有“大白兔情结”那么严重，但万年青饼干毕竟也温暖了一代人的记忆，作为植物，万年青的认知也是高而又高的，但作为健身器材，万年青品牌显然是老化的、过时的、不合潮流的。

提及万年青，刘严雄董事长每每总是动情地说：我们的员工、我们的经销商、我们的消费者对万年青真的是很有感情的！而在品牌打造过程中尽量减少“万年青”的痕迹却是项目组的首要任务，尽管遭遇了重重压力和阻力，但是身为广告人的那份执著和责任感告诉我们："有舍才能得"是颠扑不破的道理，对企业有益的舍得我们必须坚持。

于是在万年青和WNQ之间我们选择了WNQ，万年青逐渐退隐了，取而代之的是对企业同样有实际意义但字母本身没有任何既定含义的WNQ。

毕竟WNQ已经是在几十个国家和地区注册了的国际品牌，又毕竟为了产品的高品质和创新，企业已经高薪聘请了德国工程师，现有的优势资源充分而合理地运用是我们的宗旨，WNQ（德国）是我们的目标。

但WNQ之于万年青，仅仅是更适合国际品牌而已，对消费者而言WNQ同样是生涩且难以记忆的。

如何让WNQ自身具备传播力仍然是我们必须面对的课题，于是有了万年青的新标志。

该标志结合运动的概念，借"火"的元素传递出健康活力的感受；在设计上强调运动感、速度感，给人更多活力、热情、积极向上的感受，让消费者能感受到运动所能带来的"燃烧感"；同时也表现出"WNQ"之火，迅速燎原，蒸蒸日上。

而更重要的，是把WNQ由单纯的字母组合转化成了有内涵的图形，而图形较文字容易记忆是不争的事实。

同时，在TVC的旁白中反复出现"WNQ"，甚至于作为形象代言人的心声来处理——反复呼唤：WNQ、WNQ、WNQ、WNQ……

WNQ，要成为中国健身器材行业中的第一个国际品牌！

但是，这样的处理就够了吗？本身没有涵义的WNQ又该赋予怎样的解释呢？

WNQ:第一个请国际巨星代言的健身器材！

在这样一个消费者普遍不自信，需要意见领袖引导的时代，明星其实是代表了一种形象和具体化了的心理感受，在相当程度上起到了意见领袖的作用；同时消费者对明星的喜欢和信任会转移到由他来代言的品牌上；尤其是新品牌，需要让消费者迅速地认知并接受，明星代言是非常快捷的途径。

这样项目组遭遇了第二个问题：选怎样的明星作为WNQ的形象代言人？

这个明星的公众形象和品牌的核心价值必须一致！

郭富城！获得项目组一致推崇的最适合WNQ的明星：四大天王之一、始终以动感、健康、向上的形象出现的郭富城，其健美的体形无疑是最能代表健身器材消费者的最适合的意见领袖！

巧的是，请郭富城代言的项目组、企业、郭富城达成三方共识的第二天，传来了郭富城成为金马影帝的喜讯，这是否也代表着WNQ成功的开始呢？

请郭富城，但如何塑造一个WNQ专属的郭富城？

唱歌的郭富城？太常见！跳舞的郭富城？太普及！

如何充分利用郭富城的健康动感？但同时又区别于郭富城代言的舒适堡、区别于浪琴、区别于……

WNQ:第一个有品牌载体的健身器材！

我们看到，世界上众多的强势品牌及国内的知名品牌都在利用有效的载体：因为好的载体能够帮助品牌在行业内建立独一无二的品牌壁垒，能够形成合力，最大限度地传播品牌。

要做行业第一品牌的WNQ当然也需要载体！

当我们看到运动服饰、运动饮料、运动饼干甚至运动地板充斥眼球且纷纷战绩不俗的时候，和运动有天然联系的WNQ没有理由不搭"运动"这个顺风车！

而这个有关运动的载体必须具备下列因素：

具有高认知度：对WNQ的目标消费群而言，要属于"地球人都知道"的项目；

具有时尚感：要有天然活力（以产生强烈的健康暗示）；能够产生强烈的视觉冲击；

具有国际感：健身器材中存在"外国的月亮比较圆"的现象是不可回避的事实；而WNQ将走向国际舞台是我们正在努力

的；

具备“第一”的特质：因为WNQ的消费群有钱又有闲，哪怕是健身运动，他们也希望那是沾染了贵族气息的运动。

那么，运动时代中最能代表WNQ的动感形象载体是什么？

WNQ:第一个满足消费者精神和物质双重需求的健身器材！

市场调研告诉我们，无论是现实消费者抑或是潜在消费者，健身器材的消费者都是以有产阶级的生活状态出现的，他们有钱又有闲，他们在生活中、工作中都拥有举重若轻的地位，他们内心的渴望是：做最好的，享受最好的！

那么，怎样的健身器材能够想他们所想？怎样的健身器材的品牌理念能代表他们内心的呼唤？

WNQ:第一个全方位打广告的健身器材！

“酒香不怕巷子深”的时代已经成为过去，“皇帝的女儿不愁嫁”更是无情的历史，市场化的今天告诉我们：好就要说出来，且要说得够大声！

于是WNQ的广告构成了一张立体传播网：

高空——央视广告＋各地主流电视台的TVC投放

地面——路牌、广告牌……

目标消费者所关心的杂志、报纸；

近距离——“终端媒体化经营”使得一家家专卖店成了一个个广告传播最直接而有效的媒体；而代表WNQ声音的网站更是以WNQ.COM的形式时时传播着WNQ的最新信息。

当拥有了这么多的第一后，WNQ要成为健身器材中的NO.1成了不争的事实，但如何真正形成合力串联起这些第一呢？

而WNQ是什么更是带给项目组莫大的困扰：WNQ是健身方程式？WNQ是健身引擎？ WNQ是健身装备、健身马达、健身装甲？

WNQ就是器材中的NO.1显然是我们最想说的？但广告法规定：第一和最好在传播过程中是不能说不能提的，那么怎样的方式能够表达出第一的意思而又不违反广告法呢？

“我们是第一的”、“我们是最好的”、“我们是……”开会再开会、讨论再讨论……

“跑步—速度—第一“，隐约间总觉得三者之间是可以有很形象的一个词表达的，但最合适的是什么？那种如鲠在喉、话到嘴边又说不出口的感觉使整个项目组陷入了焦躁不安的状态……

忽然，叶茂中的一声大吼：“F1”，吓坏了一大片，“还没反应过来吗？WNQ就是健身器材中的F1”！又是一声大吼！

如同云开见日出，清醒过来的项目组欢呼了！整个公司充满了一片久违了的欢声笑语。

是的，F1，只有F1！F1，就是F1！

F1是这样炼成的！

F1，是让世界为之疯狂的运动赛事！ 是充满激情的满眼的法拉利红！是赛车的海洋，是赛车手的天下！是勇敢、是拼搏，是一种不服输的精神！

是做就要做到第一，是一种信念！是对生命力量的最高诠释！

抢占F1，WNQ就是健身器材中的第一！

寓意着WNQ所拥有的德国研发团队（德国工程师），要以德国严谨的制作工艺，不断创新的理念，开发研制出最科学、最现代的健身器材；

而在人们记忆中，最能代表德国严谨科技的就是德国走在世界最前列的F1赛车工艺。

因此，以F1为WNQ的载体，旨在表现WNQ的世界级制造工艺，以及WNQ以制造F1赛车的高科技标准，打造每一款健身器材。

抢占F1，赋予郭富城F1赛事中的英雄——赛车手造型！

WNQ
健身器材中的F1
形象代言人 郭富城

人生的F1
要有健康的身体承受成功与失败
WNQ跑步机秉承F1创新理念
德国制造工艺
奔跑
让生命更有力量
WNQ
健身器材中的F1
WNQ
健身器材中的F1

WNQ
健身器材中的F1
人生的F1，要有健康的身体承受成功与失败，
WNQ跑步机秉承F1创新理念，德国制造工艺，
奔跑，让生命更有力量，
WNQ，健身器材中的F1！

F1赛车手所追求的飙车的感觉是要将体内的激情全都释放的自由的感觉；

而激情和坚定的信念，是F1赛车手们永恒的特征；他们将心中的激情挥洒在赛道上，让所有玩家都记住自己的名字。

喜欢F1的观众和车迷们身上，也有着属于赛车的激情和坚定的信念：当一次一次的失败给自己迎头打击的时候，想一想那些在F1赛道上的车手们，一次比赛失利，哪怕是翻车受伤，下次比赛他们还会继续站在自己所喜爱的赛场上，这就是一种信念，一种属于赛车手们的不服输和追求在赛道上的自由感受的信念；

这就是F1的精神，这种信念来自人类最原始最弥足珍贵的生命的力量！

它是一种积极的、充满热情的、是发自内心的呼唤与渴望的信念。

是赛车手们在证明自己的实力，圆自己一个NO.1的梦想的特殊的赛场。

赛车手造型的郭富城是WNQ消费者心目中从外在到内心统一了的意见领袖，而赛车手造型的郭富城更成为了WNQ独一无二的专属形象。

抢占F1，WNQ呐喊出消费者心声的同时，更研发了满足消费者个性需求的法拉利红跑步机!

为消费者度身定做的F1系列个性跑步机——热情的法拉利红，耀眼的F1红，与众不同。

跳脱人们对跑步机一贯以来黑色的沉闷印象，改以F1赛车激情耀眼的红色，配以F1系列特有的火焰造型图案，让人第一眼就感受到运动时无尽的生命热情，同时也显现出消费者与众不同的独特品位。从视觉开始，每一个运动细胞就已经进入了准备状态。

F1赛车式魅力造型，酷炫到家——在火红的颜色、火焰的造型之外，F1系列模拟F1赛车式魅力造型，打造最火爆的运动张力。更以德国创新科技，坚持一贯的严谨态度贯彻始终，缜密的制造工艺，使整个设计都散发着F1独特的魅力，为您的家增添动感，为您带来全新的挑战动力。

抢占了F1，我们说：人生的F1，要有健康的身体承受成功与失败；WNQ跑步机秉承F1创新理念、德国制造工艺；奔跑，让生命更有力量。WNQ，健身器材中的F1!

F1是这样炼成的：

品牌定位的F1；产品创新的F1；传播理念的F1；品牌载体的F1！

点评：

品牌国际化是中国企业开拓国际市场的必然选择。品牌国际化中原来是中国品牌，如何过渡到国际品牌是中国企业开拓国际市场必须解决的问题。本案例主要有以下特点：一、较好地完成了由中国名称“万年青”向拼音缩写首字母“WNQ”的过渡。二、由于品牌和产品已是“中国名牌”名列行业第一名和室内健身器材的“第一品牌”的实绩，在广告创意上用F1向消费者影含第一的涵义。三、改变产品色彩，用红色一改人们对跑步机一贯以黑色的沉闷印象，使人眼睛一亮，从视觉上增添运动张力。四、挑选的品牌代言人郭富城，从造型上与品牌形象较适合。探讨：①WNQ名字改的不彻底，生涩且难以记忆，读起来比较绕口。②F1创意不错，但赛车与跑步机联系较远，使消费者联想要绕个弯。③更应重视保持市场和消费者认可第一，而非自己强调第一。建议：下一个品牌代言人如果用刘翔会更好。

——陈志宏

芬莉集团全国招商策划案

广 告 主：浙江芬莉集团

广告代理：苗志坚营销策划机构

中国针棉（袜子/内衣）行业，已经是一个竞争日趋成熟的行业，袜业经过10余年的发展，已经基本形成了较为成熟的行业竞争环境，内衣行业更是竞争激烈，“芬莉”虽然是中国老三大袜业品牌之一，但面对针棉行业这样一个“春秋战国”时期，行业细分密不透风的营销环境下，如何才能实现突围？“芬莉”经过周密的市场调研和总结反思，寻找出了品牌突破口：1.找到品牌的基石——目标消费人群：中青年女性（家庭妇女）；2. 找到品牌的通路——品牌定位：优秀的产品，中级的价位；3. 找到品牌的诉求——品牌核心价值（广告语）：爱你自己！

浙江芬莉集团有限公司的前身是浙江芬莉袜业有限公司，坐落于有“华夏第一市”和“国际商贸城”之美誉的浙江义乌市。创始人刘卫高于1995年投资创办。在创办芬莉袜业有限公司之前，刘卫高是原地方国营湖北芬莉针织有限公司的代理商。20世纪80年代初到90年代中期，刘卫高通过代理湖北芬莉针织有限公司的“芬莉”牌袜子，依托“华夏第一市”中国义乌小商品城这个亚洲最大小商品批发市场的辐射能力，迅速完成了创业的原始积累——资金和全国的营销网络。

1995年，刘卫高创办浙江芬莉袜业有限公司，注册商标“芬那丝”，从代理商向制造商转型。到1998年，芬莉袜业有限公司旗下的“芬那丝”品牌与同城的“浪莎”、“梦娜”，成为中国袜业的三巨头，并于2003年介入内衣行业。1998年下半年，随着出口外贸环境和时机的好转，浙江芬莉集团的重心，逐渐从以国内市场为主转到了以出口外贸为主，国内市场的销售逐渐平稳，并被后来者所超越。而此时的湖北芬莉针织有限公司因为种种原因，日趋走向衰落，终于2005年12月底宣告破产。

行业背景

2004年底，随着欧美等国对我国纺织品的设限，浙江芬莉集团的出口外贸压力骤增。国际市场不稳定的巨大风险，引起了芬莉集团董事长刘卫高的深思，并决定重新启动国内市场的品牌与营销，并及时地花180万元人民币，购买湖北芬莉针织有限公司的“芬莉”品牌，实现了集团名称与品牌名称的一致性。

2006年的中国针棉（袜子/内衣）行业，已经是一个竞争日趋成熟的行业。

中国袜业经过最近10余年的发展，已经基本形成了较为成熟的行业竞争环境。昔日与芬莉集团平起平坐，有的甚至是“小弟弟”级的同行，如今都成为了芬莉集团二次进军国内市场最强大的竞争对手。而在芬莉集团的后面，同样聚集着一批虎视眈眈国内市场的中小企业，羽翼日渐丰满。此时的芬莉集团可谓腹背受敌。

中国的内衣行业比起中国的袜业更是“异彩纷呈”。从1995年开始，就没有安静过，几乎是年年洗牌，年年血拼。无论是一线品牌，还是二三线品牌，几乎所有品牌都有明星代言，从当红明星到过气明星，再到刚刚出道的明星，全都粉墨登场，为各大小品牌吆喝助威。内衣行业另外的一个特点就是产品概念五花八门，层出不穷，从“XX卡”到“XX绒”，再到“XX棉”、“XX内衣专家”、“打造XX内衣第一品牌”、“央视上榜品牌”……自吹自擂、混淆视听，几乎抄袭了保健品和药品的那些炒作手法。伴随之，很怪的现象是招商广告漫天飞，招商书、招商手册精美绝伦，牛皮吹破天——天皇巨星助阵、央视巨额广告投放、品牌营销专家团队指导……

面对针棉行业这样一个“春秋战国”时期，行业细分密不透风的营销环境下，“芬莉”——这样一个古老而又年轻的品牌，如何才能实现突围?

突围第一步——市场调研

2006年2月10日，农历正月十三，芬莉集团策划专案小组的成立会议刚刚结束，小组成员就兵分四路，赴东北沈阳、华中武汉、郑州、西南成都、重庆，进行为期一个月的市场调研工作。调研工作要求参与调研的人员必须深入到各级代理商的所有渠道、销售终端和代理商仓库，做到人到、眼到、心到、嘴到、手到，以学生学习的身份和态度，充分听取不同代理商、业务人员、终端营业员的意见和心声，用笔记本、录音笔、数码相机甚至DV等，记录下所有调研时的一线原始资料，确保中国市场、经销商的原生态状况。

功夫不负有心人！一个月市场调研的心血没有白费！随着数据、图片、访谈记录等调研资料的一遍遍的梳理、汇总，中国针棉（内衣/袜子）行业的生态图跃然纸上，芬莉品牌的突围之路豁然开朗！

市场调研发现——中国袜业/内衣的品牌营销现象：

一、品牌与营销的问题：

1. 品牌虽然众多，但是强势品牌缺失——主要表现为：从质量战、价格战过渡到明星战，品牌的支撑点全靠一个明星代言为吸引点。产品概念、广告诉求、营销战略术语、品牌战略术语混为一谈，让消费者雾里看花，不知所云。促销除了特价

还是特价，除了打折还是打折。

2. 营销管理乏力，广种薄收，靠天吃饭——大部分代理商从批发市场起家，做惯了“坐商”，也不愿意跑市场，做维护，就指望老天爷冬天冷一点，长一点，好多卖货。但是，随着全球性暖冬的出现，冬天一年比一年来得迟、来得短。

3. 厂、商之间的互不信任，往往导致市场开拓错失良机。一批中小企业为了赢得市场的发展机会，不惜花巨资请明星代言人来抬高品牌的号召力，并借此来吸纳代理商高额的保证金，但对代理商的一些市场开拓的支持政策，却没有进行细致的规划和合理安排，当初为了完成招商任务而信口答应给代理商的政策却没有兑现，导致代理商对制造商失去信任。

4. 高额的品牌（代言）营销成本，丧失了产品在终端销售的竞争力。制造商请了明星代言之后，往往企图第一年就收回投入的费用，于是同样的产品，价格却翻着跟头上去了，而销量却下来了。

5. 没有厂家从真正意义上去考虑消费者的需求。各种子虚乌有的概念经过消费者几年的消费体验，已经没有号召力。

6. 代理商的网点没有进行细致有效的规划，或者过于密集，导致窜货不断；或者过于松散，市场覆盖不够。给代理商制定销售任务很随意。代理商几乎年年换，销售渠道的不稳定，带来了品牌在市场中没有根。

二、代理商期望什么样的品牌出现：

1. 有良好的品牌形象规划，使品牌有与消费者的亲和力和感召力——而不是企业CIS形象随便搬来套用；

2. 有良好的营销政策规划，而不是给一个品牌代理权，划一块区域经营，给一个销售的最低价格，就简单了事；

3. 有良好的营销管理指导，特别是一些从批发市场起家的代理商，非常期望从一个“坐商”转变为“行商”，但是却不知从何做起，这就要求管理这片区域的厂家业务员需要有良好的服务态度和扎实的营销方法来帮助其实现转变；

4. 有良好的价格管理机制，从介入市场开始到产品换季这一过程中，要具有在市场竞争中能攻能守的产品价格体系，确保代理商的合理利润空间；

策划小组的总结与反思：

除了对上述的市场调研的梳理以外，作为品牌营销策划机构，专案小组也进行“头脑风暴”与总结反思，寻找更多的品牌突破口。

1. 寻找我们的目标人群：谁在消费我们的产品？——袜子和内衣是一个典型的“女人消费，全家使用”的产品，而这个“女人”，她是以“妈妈”（25—45岁之间）为主体，以“女儿”（18—25岁之间），“奶奶/姥姥”（45—55岁之间）为辅的消费群体；

2. 关注消费者的需求——现在不是靠概念来吸引消费者，而是如何从消费者的角度体现品牌与产品的价值；

3. 袜子和内衣不是快速消费品，强烈的季节性，充其量也只能是个中速消费品；

4. 袜子的销售主渠道是在超市和批发市场，而不是在商场；内衣销售的主渠道是在商场、专卖店，而不是在批发市场；

5. 明星代言作为打造品牌的一种手段，已经成为针棉行业的一个衡量标准——代理商认为：有明星代言的产品就可以跨入“品牌”行列，而没有明星代言的则只能算是“杂牌”，或者是“三线品牌”；

6. 明星也不是唯一的品牌营销手段，还需要运作、炒作、管理……

7. 原来的一线品牌因为品牌营销手段的缺乏，市场发展道路已经到了看见“天花板”的时候，并开始走下坡路；

8. 市场竞争单一手段就能取胜的时代已经过去， “后整合营销”时代已经来临，与以往的“整合营销”不同的是，竞争的科目已经从“价格战”、“品质战”、“材料战”、“概念战”、“明星战”等，上升到了“品牌战”、“管理战”、“渠道战”。

突围第二步——整合策划

对症下药，药到病就一定能除么？——那还要看疗效！

找到了品牌营销的问题，市场的问题、代理商的问题、消费者的需求，接下来的工作就是如何来表现“芬莉”品牌在市场中的角色的问题了！如何让“芬莉”在众多的品牌中脱颖而出呢？

经过与芬莉集团营销总经理骆建勇的深入沟通，与代理商的反复交流，策划小组反复讨论，“芬莉”的品牌与营销策略终于新鲜出炉——

1. 找到品牌的基石——目标消费人群：中青年女性（家庭妇女）；

2. 找到品牌的通路——品牌定位：优秀的产品，中级的价位；

3. 找到品牌的诉求——品牌核心价值（广告语）：爱你自己！

围绕上述的三大策略，我们对“芬莉”的品牌营销战术进行了第一步的策划和实施：

1. 我们遵守行业的潜规则，用明星代言，启动品牌营销的第一步。在选择明星的过程中，经过各方面的考察、论证和对比，确定当红的小生，目标消费人群普遍喜欢的邻居大男孩——影视明星佟大为为“芬莉”品牌代言人，与芬莉集团旗下的另外一个品牌“芬那丝”的代言人孙俪，正是荧屏上的“金童玉女”，可谓珠联璧合，与“芬莉”品牌所要表现的“爱你自己！”的品牌核心价值相吻合。

2. 对“芬莉”品牌的视觉识别进行了系统的规划。我们几经周折，说服了芬莉集团的董事会成员和营销总经理骆建勇，放弃原来芬莉集团的企业形象视觉识别系统。而根据“芬莉”品牌的规划，围绕品牌营销、围绕销售终端、围绕消费者来重新设计了视觉识别系统，使“芬莉”的品牌识别更加专业、规范和统一，实现对消费者的亲和力。新的识别系统一经出炉，立即得到了芬莉集团董事会和广大代理商的认同。与此同时，我们制定了《芬莉集团终端生动化陈列和户外广告的实施细则》，以文件的方式对“芬莉”品牌的地面推广进行了量化标准的规定。

3. 针对市场调研中发现实际的问题和误区，有针对性地解决代理商对一个新品牌的需求和顾虑，我们随即编写了《芬莉品牌招商手册》、《芬莉集团营销公司组织运作体系手册》、《芬莉集团品牌营销管理手册》、《芬莉集团代理商管理细则》等手册和文件，明确代理商在整个“芬莉”品牌营销过程中权利、义务、责任、利益与具体的工作内容。并对营销系统的人员进行了严格的培训，进一步规范芬莉集团营销人员的品牌营销工作规则和程序，在前期的招商过程中，充分传达“芬莉”品牌的市场战略构想和品牌的美好远景。

突围第三步——招商开局

完成策划工作以后，时间不知不觉地到了4月中旬，此时离芬莉集团的招商会召开的时间——2006年5月9日，只剩下1个月的时间。如何在这一个月时间内完成“芬莉”品牌的全国招商工作？芬莉集团董事会的担心，成为了苗志坚品牌营销策划机构的动力。苗志坚品牌营销策划机构也明白这次招商会是对整个“芬莉”品牌策划的一次检阅。

企业品牌招商会是一把双刃剑，开得好，会成为品牌切入市场的一个突破口；开不好，就会形成花钱不讨好的尴尬局面。特别是当前针棉行业的品牌招商活动，基本上通过招商会这种单一的方式来实现，由于很多的企业并不熟悉招商会的内在的规律，所以往往是场面搞得很热闹，实际招商效果并不好。苗志坚品牌营销策划机构深谙其道，招商会就是：造势——

让品牌正式走出象牙塔；造市——让品牌真正产生效益；收心——让所有的合作伙伴有荣誉感；拉票——把消费者的人民币选票通过代理商投给我们！

于是，招商会的方案中就有两大项的内容：一是“芬莉”品牌的代理商现金订货的奖励政策。在前期良好的市场预热与交流中，代理商已经基本领会芬莉集团下半年的营销思路，在这样的前提条件下，“重赏之下必有勇夫”局面已经基本形成。苗志坚竭力说服芬莉集团的董事会，设立了针对代理商的“丰厚现金奖励+出国（九寨）旅游”的现金订货的政策。二是当天务实而激情的会议安排。上午，由2004/2005年度中国品牌建设十大杰出经理人，芬莉集团品牌营销策划苗志坚发表《亮剑中国，王者归来，芬莉集团2006-2008年品牌营销战略规划》，下午，芬莉集团2006年度袜子/内衣新品模特秀与“芬莉”品牌代言人佟大为的见面会；晚上，芬莉集团2006年度招商大会现金订货代理商颁奖晚宴。

策划的表现方式：

1. 大会主题：“亮剑中国，王者归来——2006年度芬莉集团全国经销商领袖峰会”

“亮剑中国，王者归来”的主题是对芬莉集团企业发展历程的一个总结，与本次招商会的使命相吻合，而《亮剑》也是当时最火的一部电视连续剧，用“亮剑中国，王者归来”的主题，充分地向全国代理商传达了芬莉集团对国内市场重新重视的决心和信心。

2. 大会地址设在全国最大的针棉产品消费市场——四川成都（五星级酒店成都国际会展中心花园酒店）。

而此前，在苗志坚第一次做市场调研时，芬莉集团就已经与“芬那丝”品牌四川总代理成都永达利商贸有限公司签订了700万元的销售任务，成都姿彩商贸有限公司则与芬莉集团签订了“芬莉”品牌袜子/内衣川渝两地的总代理1000万元的销售任务，这两家代理商在所有芬莉代理商中，是市场操作比较成功和成熟的代理商，一方面也是全国代理商的学习榜样，另一方面四川也是芬莉集团的第一个样板市场。四川风景秀丽，更是芬莉集团安排优秀代理商旅游的好去处。

3. 晚上，芬莉集团2006年度招商大会代理商颁奖晚宴，完全按照电影节颁奖典礼的模式举行，热烈、激动人心的场面激励500多名在场的代理商的斗志。

4. 第二天，成都所有平面、影视媒体的记者都用热情的语言，以不同的角度报道了这次招商会的盛况，以四两拨千斤的方式，运用媒体的力量，拉开芬莉集团征战四川市场、全国市场的序幕。

大会在预先计划中按时举行，并圆满地达成了事先的目标，实现现金订货额1900万元，合同签约金额1亿元的良好招商业绩。为芬莉集团的下半年开拓国内市场开了个好头！

点评：

本案突出的地方有三点：其一是对市场现状的准确把握与清醒认识；其二是清晰的品牌定位与富有实效的营销策略；其三是强化了品牌管理，尤其这一点是本土品牌尚未认识到的盲点或弱点，这一点恰恰是品牌培育过程中至关重要的环节。

——许正林

宝芳抗菌除螨毛巾上市推广案

广 告 主：沈阳宝芳家纺科技有限公司

广告代理：沈阳瑞克广告有限公司

针对我国毛巾产品市场品牌化程度低、消费者对毛巾产品的满意率低、消费者对毛巾产品使用知识严重缺乏、外观、手感、质量最受关注、消费者对市场现有产品不满主要体现在质量方面、毛巾产品的主要购买对象为女性消费者等市场现实，“宝芳抗菌除螨毛巾”以全新品牌定位，很快获得消费者认识与认可，高定价将宝芳抗菌除螨毛巾置于中上层消费群体之中，上市策略采用以科普推广方法为先导，跟进以形象建立——宣传点对点、传播下沉——贴身肉搏战以及走遍Office。

一个崭新的概念、一个崭新的品牌、一个崭新的领域。宝芳抗菌除螨毛巾正如一个刚刚诞生的“婴儿”，需要我们加倍地呵护及精心地照料，因为这个弱小的生命经受不起生活中任何风雨的侵袭。

我们喜欢这个品牌和这个产品，我们“爱”它，怕它出现任何的“消化不良”。对于瑞克广告而言，宝芳抗菌除螨毛巾的市场操作属于“白纸作画”，没有任何的经验，说容易其实很难，因为每一步都如临深渊。

宝芳抗菌除螨毛巾没有任何的竞争对手，我们一直是与消费者作战，向传统的观念挑战，任何的失误都有可能淹没在众多的舆论中。因此，每一个市场策略的制定和执行，都经过十几次的修改和反复论证，尽最大努力制定出符合宝芳、适应瞬息万变市场的高效策略。

倾听 · 来自毛巾的声音

消费者对毛巾产品关注度低，毛巾产品市场品牌化程度低——调研数据显示，只有10%的消费者能够说清日常使用的毛巾产品品牌。

消费者对毛巾产品的满意率低——调研数据显示，只有36%的消费者对正在使用的毛巾产品表示满意，而满意的原因则是“满足基本使用需要”(52%)“说不清”(31%)等不具有忠诚度的主观表态。

消费者对毛巾产品使用知识严重缺乏——调研数据显示，只有16%的消费者知道毛巾的科学使用时间是一个月，50%的消费者认为科学使用时间是2-3个月，7%的消费者认为科学使用时间是4个月以上，有27%的消费者根本不知道。

在毛巾实际使用时间上有17%的消费者用一个月，60%的消费者用2-3个月，23%的消费者用4-5个月以上，有58%的消费者不知道或不清楚毛巾是家庭中细菌的最佳繁殖载体之一。

外观、手感、质量最受关注——针对产品本身，调研数据显示，消费者购买毛巾产品时，手感和质量最受关注，62%的消费者认为吸引自己的产品要具有柔软的手感；59%的消费者认为吸引自己的产品要具有优异的质量(吸水性好/不掉毛/不脱色/不易变硬等；58%的消费者关注毛巾的颜色和式样；在产品附加利益追求方面，63%的消费者追求更好的吸水性；71%的消费者追求更柔软的质地。

消费者对市场现有产品不满主要体现在质量方面——调研数据显示，54%的消费者认为现使用产品“不够柔软，会变硬”，51%的消费者认为现使用产品的不足是“掉毛、脱色”，有16%的消费者对市场现有产品的花色、样式不满。

毛巾产品的主要购买对象为女性消费者——调研数据显示，家庭中，购买毛巾产品的消费者中，女性占90%。

概念 · 接受

宝芳抗菌除螨毛巾实用性被认可——调研数据显示，有73%的消费者认为这样的产品（具有抗菌除螨功能）很实用，认为不实用的只占13%，另有13%的消费者未表示意见或说不清。

宝芳抗菌除螨毛巾市场前景被认可——调研数据显示，只有8%的消费者绝对不会购买这样的产品，92%的消费者表示会购买或会考虑购买（会购买的消费者占46%，会考虑的消费者占46%，各自占有比率一半）。

机会 · 阻力

市场对具有抗菌除螨的家纺产品（毛巾）有需求

参考要素：73%的消费者认为具有抗菌除螨功能的毛巾产品“很实用”，有92%的消费者表示有购买可能。

消费者具有一定的“健康价格”的承受能力（*健康价格即消费者在追求健康过程中所付出的金钱上的心理承受能力）

参考要素：92%的消费者表示会购买或考虑购买具有抗菌除螨功能家纺产品（毛巾），47%的消费者表示能够承受售价在41元—80元之间，具有抗菌除螨功能的毛巾。

对目前毛巾产品的不满

参考要素：明确对目前使用的毛巾产品表示不满的消费者约24%， 41%的消费者无法明确说明使用的满意程度，54%的消费者认为目前使用的毛巾产品不够柔软，会慢慢变硬，除物理因素外，目前毛巾类产品没有抗菌功能（34%）是消费者关心的另一因素。

市场无主力品牌

由于毛巾属于低关注度产品，因此，很多品牌仍然集中于低层次的价格竞争上，国内知名品牌只有“金号毛巾”等及少数品牌，同时，市场上并无抗菌除螨功能的毛巾。

市场需要持续不断的教育

参考要素：52%消费者认为目前使用的产品已经满足需要，而引发这一原因的因素是——58%的消费者不知道或不清楚毛巾是细菌繁殖的最佳场所，同时84%的消费者无法说明毛巾产品的正常使用期限，84%使用毛巾产品超出科学使用期限。

得 · 失

宝芳抗菌除螨毛巾的核心技术为银离子杀菌，而银离子抗菌技术在此之前，已经在各个行业得到广泛应用，但一直以来，从未被开发并应用到家纺产品（毛巾）上。

研发之初的宝芳毛巾具有四大功能：抗菌、除螨、负氧离子、远红外。对宝芳毛巾而言，每个独特的功能都是值得自豪和具有重要性的，但是，我们的消费者是否也同样会关注呢?

黑暗中亮起一盏灯，可以很容易地看见发光的地点，但如果黑暗中同时亮起许多盏灯，亮是亮了，谁会注意到发光的点呢?

显然，一股脑地将所有功能都作为宣传重点是不现实的，与抗菌、除螨能够唤起消费者心中既简单又痛苦的迫切需求相比，负氧离子和远红外功能属于隐性功能，并不具备构成消费者购买的利益驱动性，而且容易混淆宝芳毛巾的利益诉求点，因此负氧离子和远红外功能只能被忍痛舍弃。

产品 · 定位

一个问题：宝芳抗菌除螨毛巾究竟是一条肩负何种使命的毛巾?

“名不正，则言不顺”。我们将宝芳抗菌除螨毛巾看作是添加抗菌除螨功能的传统毛巾的一种，还是看作一个与传统毛巾具有根本区别的划时代产品?

显然，将宝芳抗菌除螨毛巾作为未来毛巾产品行业的标准，更符合宝芳品牌的利益，虽然这样做宝芳面临的市场压力和舆论压力将会很大。但是，“健康家纺概念”的提出，抗菌除螨功能的支撑，能够彻底将宝芳抗菌除螨毛巾与传统毛巾区分开来，形成尖锐的对立，不仅拓展了未来宝芳品牌的发展空间，也将会确保宝芳在同行业中的领先优势。

消费群 · 定位

价格是划分消费群的有效方法，宝芳抗菌除螨毛巾的高定价，已然将宝芳抗菌除螨毛巾置于中上层消费群体之中。

如果将宝芳抗菌除螨毛巾比喻成一个人：

那么宝芳抗菌除螨毛巾就是一个女性，结婚不久或者刚刚拥有一个可爱的孩子。家庭中拥有一辆经济型轿车，生活已达到小康水平。对生活品质有着更高要求的她，特别注重产品的品牌和质量，对于健康的追求日益强烈。她掌握着家庭中生活用品的采购大权。她注意保养，但关注的焦点更为广泛，对于跟家庭有关的信息尤为注意。在购买心理上，更加倾向于家庭的喜好因素。

上市 · 壁垒

壁垒1：消费者的无知观念

因为熟悉，所以忽视。

bofon 宝芳
毛巾的危害，您知道吗？
宝芳抗菌除螨毛巾．抗菌 除螨 防交叉感染
Antibacterial and acarus eliminating towels
Antibacterial, acarus eliminating and anti-cross infection

bofon 宝芳
呵护您的肌肤，从宝芳开始吧！
宝芳抗菌除螨毛巾．抗菌 除螨 防交叉感染
Antibacterial and acarus eliminating towels
Antibacterial, acarus eliminating and anti-cross infection

bofon 宝芳
宝芳抗菌除螨毛巾
持久杀菌除螨，防止交叉感染，呵护家人健康。
Antibacterial and acarus eliminating towels

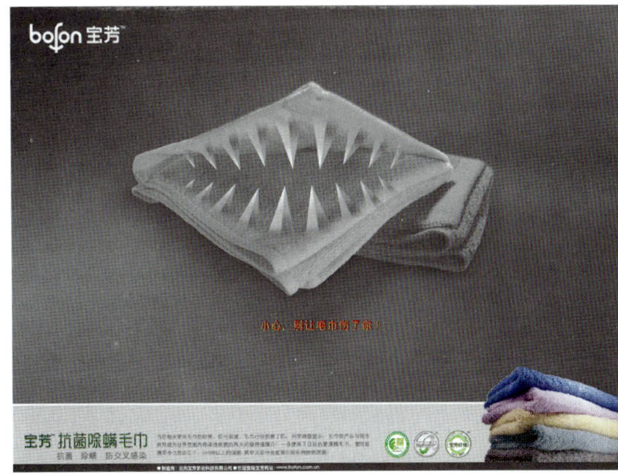
bofon 宝芳
宝芳抗菌除螨毛巾
抗菌 除螨 防交叉感染

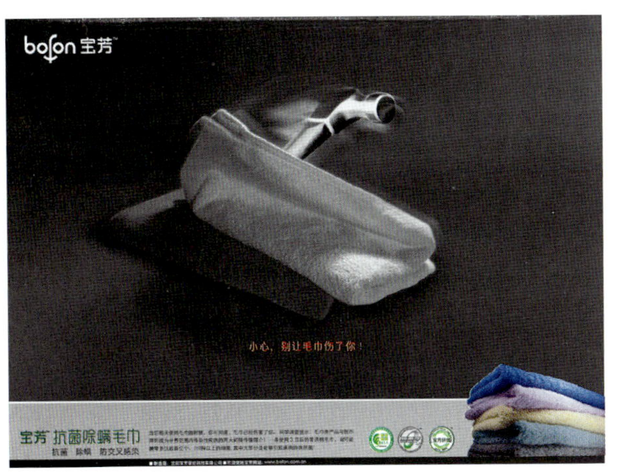
bofon 宝芳
宝芳抗菌除螨毛巾
抗菌 除螨 防交叉感染

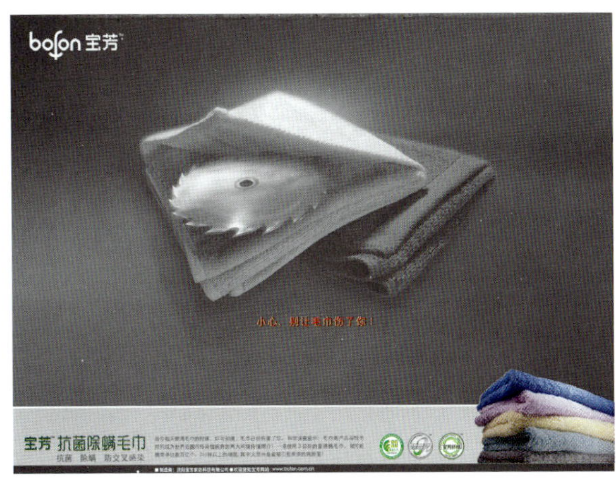
bofon 宝芳
宝芳抗菌除螨毛巾
抗菌 除螨 防交叉感染

母女篇

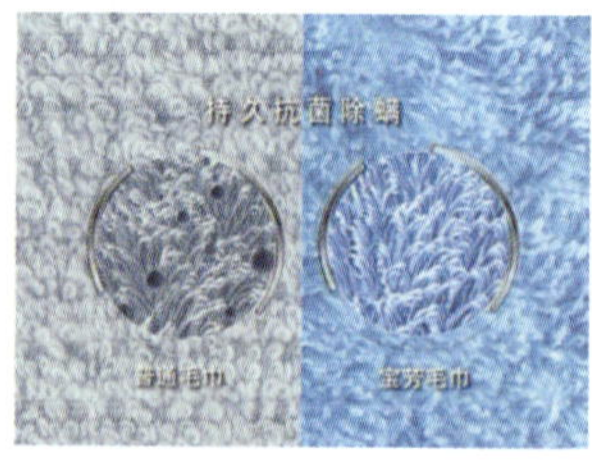

毛巾，是人们日常生活中的必不可少的必需品，一句话："太普通了"，以至于大众对毛巾的认识和关注程度肤浅，甚至可以说无知。因此，像以前分析的那样，宝芳不是与其他品牌在竞争，而是在向传统消费观念、使用方法挑战。要成功，宝芳必须首先改变消费者对传统毛巾的理解和认知，可以预见，随着消费者意识的不断提升，宝芳的发展空间也将逐渐扩大。

通过宣传，告诉消费者被忽视的毛巾危害。

壁垒2：销售高价的支撑

给我购买的理由

由于传统毛巾的价格较低，不会引起消费者的重视，购买也较随意。但宝芳抗菌除螨毛巾的销售价格是传统毛巾的4—10倍，这样，宝芳抗菌除螨毛巾必须要为消费者提供"值得购买"（ 宝芳抗菌除螨毛巾带来了什么不同？ ）和"必须购买"（ 传统毛巾造成了什么伤害？ ）的充分理由。

作为高档产品，精美的设计、高档的包装、优秀的产品质量皆不可少，最重要的是，宝芳会保护家人，防止交叉感染等情况的发生，保证健康美满的生活不再被细菌伤害。

上市・检验

宝芳毛巾上市宣传核心内容：

步骤1：说明普通毛巾存在的问题及产生的危害

步骤2：将宝芳抗菌除螨毛巾从传统毛巾中区别出来

步骤3：强化宝芳抗菌除螨毛巾的抗菌除螨功能的诉求

上市前期：巧妙布局，这里的黎明静悄悄

5月24日—6月2日间，沈阳《辽沈晚报》、《沈阳晚报》上分别刊登了8篇"纯科普教育"系列文章《毛巾的危害》，引起了读者强烈关注，甚至部分读者将电话拨到了编辑部询问毛巾的正确使用方法。取得如此大的反响，很大程度上是由于瑞克对于软文刊登方式的规划。

现代社会，消费者很精明，任何一篇有"商业气味"的软文其效果都将大打折扣，与此同时，读者对于报纸媒体报道的新闻、科学教育等内容又相当信任。因此，在上市初期，宝芳毛巾的教育软文被巧妙发布在报纸的健康版面上，而内容则包装成地地道道的科普性文章，彻底消除消费者心理上的抵触及思想上的对抗，使消费者能够全神贯注地阅读，掌握传统毛巾的基本危害、使用方法等问题，并通过科学数据，最大限度地进行传统毛巾的危害介绍。

之所以以8篇纯科普性文章作为宣传前期的铺垫，主要有3点依据：

清水篇

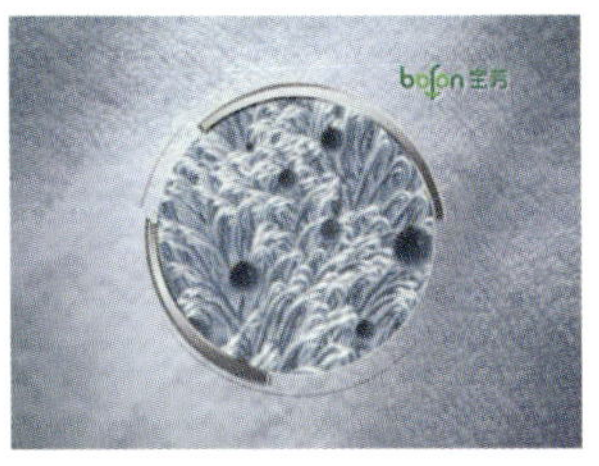

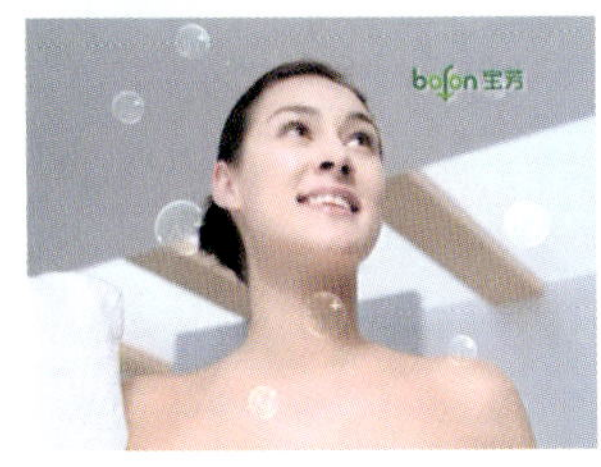

1. 市场上无同类产品，宝芳抗菌除螨毛巾的宣传不存在为他人做嫁衣的可能；

2. 纯科普文章，使消费者对毛巾常识的掌握更加主动，不容易产生反感情绪；

3. 内容被巧妙地融合在报纸的健康版面，可信性增强；

4. 纯科普性文章为日后的传统毛巾危害专项宣传提供科学理论说服基础。

上市期（1）：主角登场，宣传传统毛巾可能造成的危害

科普广告的目的是打下坚实的思想基础，在消费者心目中形成基本印象，但是由于科普性文章天然的软肋——理论性强，趣味性少，不够醒目，因此从6月2日起，7篇专门针对传统毛巾问题的报纸稿《毛巾七宗罪》就诞生了，《毛巾七宗罪》系列报纸稿将传统毛巾所产生的系列问题，以拟人的形式推到审判台上，接受大众的批判。

报纸稿无论从视觉和内容上都具有强烈的针对性，每篇《毛巾七宗罪》都配合一篇对应的、更详细的软文作为补充。在详细说明传统毛巾可能造成的危害的同时，我们的主角——宝芳抗菌除螨毛巾登场了，通过对每一个传统毛巾产生的问题进行宝芳抗菌除螨毛巾的功能点诉求，实现概念上的对立，保证了宣传内容与宝芳毛巾的对接成功。

上市期（2）：形象建立，宣传点对点

作为销售价格较高的毛巾产品，宝芳抗菌除螨毛巾不可能放弃传统媒体的投放，但是，前提是“好钢用在刀刃上”，尽一切可能减少投放的浪费。

在中国的每个城市都有这样的现象，城市中上层的消费者无不与车产生关系，他们或者叫出租车或者自己开车。因此，作为具有消费潜力的人群是宝芳抗菌除螨毛巾不可能放过的，于是，从上市之初，沈阳的天空中就充满了宝芳抗菌除螨毛巾的声音。

宝芳毛巾上市发布会

作为宝芳毛巾消费群中最具有消费能力和信息传递能力的人群——“白骨精”（白领、骨干、精英）而言，与本地、生活最接近的媒体就是这些“白骨精”每天要工作8小时以上的办公场所。因此，在宣传点对点思路的引导下，楼宇电视就进入了瑞克的视线。实践证明楼宇电视的选择，成功地切入到目标人群中。后期媒体传播效果报告中明确指出：楼宇电视广告是刺激消费者购买的最有效媒体，以致在上市宣传期结束后，宝芳抗菌除螨毛巾又追加了楼宇电视的广告投放。

上市期（3）：传播下沉，贴身肉搏战

如果只借助报纸、楼宇电视、广播的宣传，还无法达到最佳的宣传效果，为此，宝芳必须来到消费者身边，与目标消费群展开“贴身肉搏战”，于是一个“走遍OFFICE”的促销宣传概念诞生了。“走遍OFFICE”的重要目的是在宝芳抗菌除螨毛巾上市期间，建立起消费者对宝芳抗菌除螨毛巾更加立体的感受。

寻找目标消费群，进行针对性宣传，即“精确宣传、准确打击”，形成销售机会，促进销售。对毛巾使用者、购买者、“意见领袖”进行精确打击，是“走遍OFFICE”策略中要解决的核心问题。首先，家庭成员是毛巾的主要使用者，而家庭中的女性成员则是毛巾产品购买的决策者，女性作为毛巾产品消费的意见领袖和决策者，直接影响着家庭成员的选择。因此“走遍OFFICE”活动的目的就是针对具有高学历、高消费能力的时尚职业女性，针对这些女性关心自己及家人的形象、关心自己及家人的健康、具有极强信息接受能力和发散能力的特点，将宝芳抗菌除螨毛巾的优势进行信息的重复轰炸（指配合媒体宣传），将更加详尽的产品信息和相关知识传达给目标消费者。

“走遍OFFICE”推广活动主要内容：

“摸一摸，好毛巾自己会说话”——解决消费者重要的手感问题；

“试一试，好毛巾自己会说话”——味道挑战（消费者可以使用任何毛巾与宝芳毛巾挑战，5天内毛巾味道挑战）；

“比一比，好毛巾自己会说话”——细菌生存挑战（高倍显微镜）（观察8小时内宝芳抗菌除螨毛巾和对比毛巾的细菌生存情况）。

点评：

艾·里斯和杰克·特劳特在《品牌定位》中说：“定位是你未来的潜在顾客心灵所下的功夫，也就是把产品定位在你未来的顾客的心中。”本案作为一个品牌推广案例，带给我们很多启示：（1）很多品牌成长的经历告诉我们，新兴品牌常常能后来居上，常常取决于其崭新的产品概念。（2）品牌战略是现代企业市场营销的核心。从品牌战略的功能来看，一个品牌不仅仅是一个产品的标志，更多的是产品的质量、性能、满足消费者效用的可靠程度的综合体现。（3）营销传播的根本问题，是提高消费者对于商品信息的接受效率。（4）本案与其说是对宝芳抗菌除螨毛巾功能的释放与扩大，不如说是在潜在顾客心中寻求一种独特而有利的地位，是针对潜在客户的心理的一种呼唤行动。好的品牌的市场影响力，在于带给消费者信心，给予消费者以物质和精神的享受正是品牌战略的基本功能所在。（5）细分不仅是一种满足需求的营销行为，其实也是一种体现竞争优势的强势出击。

——许正林

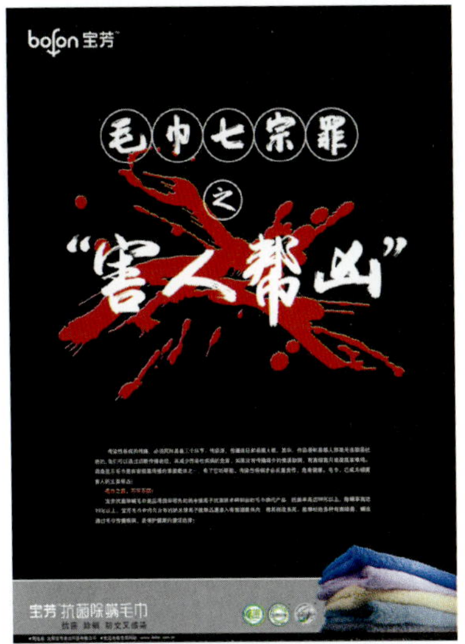
bofon 宝芳
毛巾七宗罪
之
"害人帮凶"
宝芳 抗菌除螨毛巾

bofon 宝芳
毛巾七宗罪
之
"严重渎职"
宝芳 抗菌除螨毛巾

bofon 宝芳
毛巾七宗罪
之
"窝藏凶手"
宝芳 抗菌除螨毛巾

bofon 宝芳
毛巾七宗罪
之
"恶意欺骗"
宝芳 抗菌除螨毛巾

bofon 宝芳
毛巾七宗罪
之
"故疾难改"
宝芳 抗菌除螨毛巾

bofon 宝芳
毛巾七宗罪
之
"反复无常"
宝芳 抗菌除螨毛巾

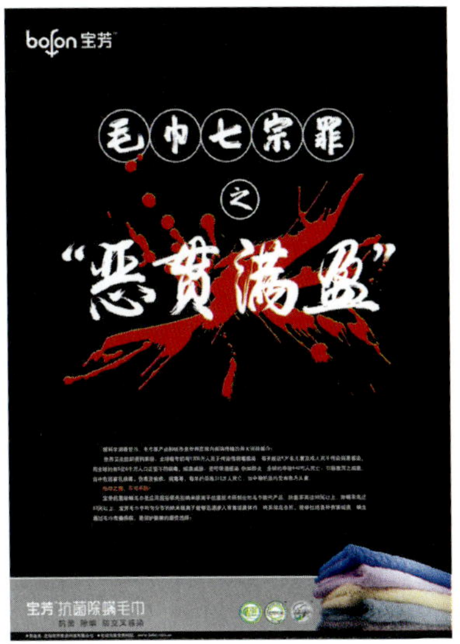
bofon 宝芳
毛巾七宗罪
之
"恶贯满盈"
宝芳 抗菌除螨毛巾

帮宝适的网上营销

广 告 主：宝洁公司 — 帮宝适纸尿裤

本案例是一次通过网络广告来推广产品和品牌的活动，发挥了产品（帮宝适）在网络消费群方面的优势。通过与多家著名网络的合作，在这次推广活动中，帮宝适通过其代理广告公司共发出了超过60万封的电子直邮，并且这些邮件大多针对性非常强。另外，在活动中，还赠送了很多试用装等相关新产品，很多收到试用装的网友，一方面认为帮宝适公司很守信用，提升了品牌形象；另一方面，通过试用，使更多的妈妈了解了新产品的优势，增加了产品的销售，可谓一举两得。

在美国及欧洲国家，纸尿裤已成为真正改变人们生活的产品，是首选的婴儿护理用品之一。著名的纸尿裤品牌帮宝适在40多年的发展中，更是成为儿童护理方面的专家，得到全球数以亿计母亲的信赖，被美国《时代周刊》评为20世纪最伟大的100项发明之一。自1999年进入中国以来，帮宝适也成为中国妈妈们熟悉的纸尿裤品牌。

为不断加强品牌宗旨——“呵护宝宝的成长”，帮宝适创建了帮宝适www.pampers.com.cn/bsod（“透视宝宝多角度世界”）在线世界，通过开发在线flash游戏、举办互动式“绝对宝宝”评选等活动，来拓展品牌的网络世界。

BSOD（透视宝宝多角度世界）的网站的主要内容围绕着如何利用新的网络技术生动地展示宝宝成长的不同阶段。为解决父母亲在协助宝宝发展上的困扰，网站特别配合宝宝成长的3个标志性生理阶段，创造出3个独特的场景：90度场景中，爸爸妈妈可以实际看到刚出生宝宝眼中模糊但又新奇的世界；180度场景中爸爸妈妈则可感受小宝宝开始翻身坐起，如何吃力地学习爬行；到了360度场景，爸爸妈妈还可以探索到更多学习行走宝宝的特点。

90度场景

180度场景

360度场景

此外，网站举办互动式的评选活动的具体做法是制作一个有关BSOD（透视宝宝多角度世界）的网站，增加“绝对宝宝”大赛的报名注册人数，提升活动人气。

绝对宝宝宣传推广活动细节

本次宣传的目的是：激发父母加入到这次活动中，通过帮宝适“透视宝宝多角度”网站来切实地感受宝宝眼中的世界。活动主要针对中国内地24岁以上已经有宝宝或者打算生养宝宝的女性。她们多在24岁以上，每月可支配的收入超过1500元。

在这次推广活动中，帮宝适通过其代理广告公司共发出了超过60万封的电子直邮。并且这些邮件大多针对性非常强。另外，在活动中，帮宝适还赠送了很多试用装等相关新产品。很多收到试用装的网友，一方面认为帮宝适公司很守信用，大大提升了品牌形象；另一方面，通过试用，使更多的妈妈了解了新产品的优势，增加了产品的销售，可谓一举两得。

第一期创意：Banner网站旗帜广告

广告名称：帮宝适“谁是绝对宝宝”？

创意说明：广告首先以拉页形式提出问题“谁是绝对宝宝？”避免使用平铺直叙的手法，给用户设下了悬念。然后广告随机展示帮宝适三个产品背景色：黄色、紫色以及橙色，增强视觉冲击，也对应着相关角度的真人小宝宝。分别弹出的文字包含了针对爸爸妈妈的消费群体参加宝宝大赛可以让宝宝上CCTV，成为帮宝适中国代言人等多种极具诱惑力的元素，其消费群体指向非常明确，牢牢吸引浏览者的眼球。

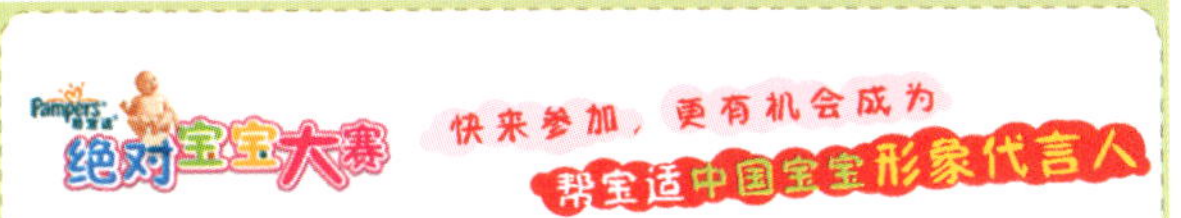

第二期创意

创意说明：互动广告是一种创新，当用户填入宝宝相关月份的时候，将会跳到相关月份的帮宝适产品介绍。然后广告会随机展示帮宝适三个产品背景色：黄色、紫色以及橙色，增强视觉冲击，也对应着相关角度的真人宝宝。同时会介绍产品相关介绍，有怎样的好处等等。画面主体为一随机星星及宝宝闪烁的效果，能很快吸引浏览者的眼球。

与其他网站合作形式

合作网站：新浪网

合作网站：搜狐网

合作网站：MSN

合作网站：999 健康网婴儿频道

合作网站：妈妈在线全屏广告

合作网站：中国育婴网

2月份与网站的合作方式

合作网站：新浪主页旗帜广告

形式：新闻频道旗帜广告

合作网站：妈妈在线

BBS论坛

合作网站：中国育婴网主页广告

合作网站：百度搜索

电子书形式

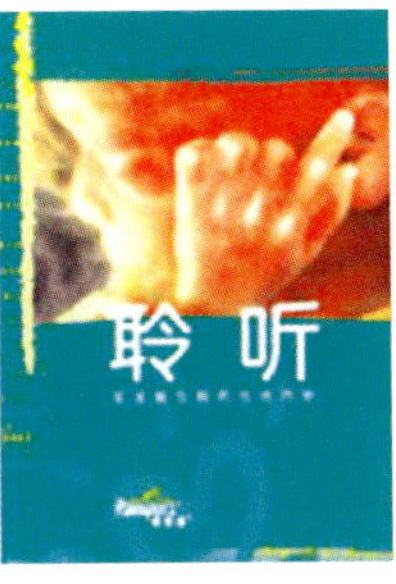

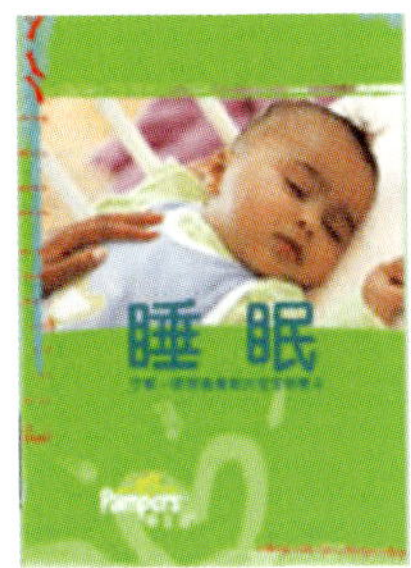

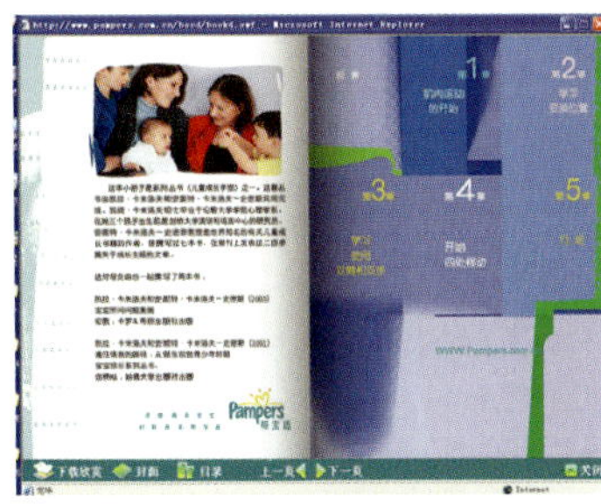

电子优惠券

数据证明，此次帮宝适网络推广活动反响热烈。其中，浏览者印象数（343290481）方面的成果为：独立浏览者数目（53803097）和点击数（531677）。它已经重复影响了目标受众三次。有超过2%的目标受众被广告吸引并且点击。在在线的宣传活动中，利用搜索引擎搜索关键字达到对帮宝适品牌的认知的网民增加了大约30%。

点评：

网络广告是互联网时代产生的一种十分新颖广告方式，它的发展方兴未艾，前景十分广阔，它具有受众对象明确、成本低、速度快、可以与受众互动，效果评估准确等特点。本案例有以下几点特点。1. 受众明确。其目标消费群十分明确，目标顾客是24岁已有宝宝或打算生宝宝的24岁以上白领女性，她们大多对网络十分熟悉。2. 互动沟通。利用网络广告可以互动的优势，能及时与消费者沟通，也能很快吸引浏览者的眼球，能较深入地了解目标消费者的需求。3. 合作多赢。与多家网站合作，扩大了产品的知名度，又优势互补。4. 数据准确。广告效果的定量数据十分准确，为今后建顾客数据库打下了基础。5. 人无我有。选择主要竞争品牌还没做网络广告时，率先行动，在网络宣传方面具有领先优势。

——陈志宏

纳爱斯营养牙膏，创造品牌蓝海

广　告　主：纳爱斯集团 — 纳爱斯营养牙膏
广告代理：广东英扬传奇广告有限公司

国产牙膏的市场确实处于一个市场容量、品牌格局、品牌传播、低端形象四“稳定”期，是一个典型稳定的封闭市场，本案策划者提出“纳爱斯营养牙膏”口号，明显与当前“美白、防蛀、口气清新”的承诺形成品类上的错位，寻求新的市场区分方式。在战略上采取“前期打造知名度——中期培养可信度——后期塑造明星产品”，同时在广告创意方面，为了迎合城市时尚的高端消费群喜好，在包装上配合了透明软管，同时，创造性地选用了“牙齿小子”这一卡通人物，让牙齿为自己代言，并大胆采用了全3D动画的表现形式，在显性地体现出产品对牙齿的功效的同时，更为时尚、潮流。

天衣无缝：牙膏市场固若金汤

数据显示，我国目前牙膏产量达到60亿支，销售额近80亿元。围绕着这诱人的80亿，各大厂商不约而同地横向加宽了生产线，以更细分的功能切入市场，加速各类产品的新陈代谢，新品层出不穷，一场场更具个性的广告运动让人眼花缭乱。然而，拨开这纷攘的表面，其实牙膏市场并不易为。

“稳定”的市场容量：从市场总体来看，市场总量虽然很大，但非常稳定，每年增长量极小，缺乏增长空间，属于比较典型的稳定封闭市场，新进入的品牌必然需要打破现有的品牌与市场格局，谈何容易。

“稳定”的品牌格局：而从品牌结构看，市场主要由高露洁、佳洁士等大品牌等几家跨国公司垄断品牌，在市场占据了2/3的市场份额，且产品线异常丰富，从两三元钱的低端，到10元左右的高端，十几只单品，一应俱全，最大限度地涵盖了各类人群与各个层次市场。国内知名老品牌，如两面针、黑妹等也占据了市场的1/5。各大品牌多年来竞争已无大的起伏，给新进品牌只留下了非常狭小的生存空间，新品牌的进入门槛显得非常之高。

“稳定”的品牌传播：在传播层面，我们可以看到在厂商变着花样推出新品的背后，其实都只是围绕着“美白、防蛀、口气清新”等核心功能而延伸出的概念，产品功能与传播概念仿佛已经被规范，要想建立自己的产品核心功能与品牌个性，突破何其之难。

“稳定”的低端形象：再从价格结构来看，牙膏市场层次分明，国际品牌更牢牢把握了高端市场，超过5元的中高端产品基本被高露洁、佳洁士、黑人、竹盐等品牌占据，相对而言，国产品牌只能在低端市场苦苦支撑。大多数国产品牌以价格竞争完全代替了价值竞争，游走低端似乎成为国产品牌的宿命。

一个市场总量相当稳定的市场，而且在消费者头脑当中，产品的功能也是相当固化，各大品牌已经历经市场的洗礼，市场秩序井然，国产品牌仿佛也认了低端化的宿命，一切都是如此的天衣无缝！

但是，纳爱斯集团，作为中国日化产业的扛旗者，进军每一个品类的市场也自然不会甘居人后，同时，纳爱斯集团也面临高端化的战略转变。战略决定执行！纳爱斯从决定进军牙膏市场的那一刻起，就注定了要挑战国产品牌低端的“宿命”，也注定了它必须天衣找缝，跳脱现有品牌惯有的做法，寻找一个属于纳爱斯的品牌蓝海！

天衣找缝：新概念创造品牌的蓝海

纳爱斯牙膏需要跳脱，如何跳脱？从重新深刻理解市场与消费者开始。

那么，消费者真正的需求是什么呢？难道仅仅是一个个单一的、外化的功能点？防蛀、美白、口气清新，就可以解决消费者的需求吗？

其实，全面的口腔健康才是消费者的最终利益。而口腔健康，不单单是牙齿本身的问题，而是牙齿与牙床一起健康，打个比方，牙床是牙齿的“土壤”，“土壤”的营养流失会直接造成牙齿的不健康，只有牙齿好，牙床好，它们二者结合好了，才会有一口真正的好牙齿。当前牙膏的品牌与产品明显忽略了对牙床健康的关注，通过这样洞察，表面上被国际品牌视作固若金汤产品阵线出现了缝隙，我们以此为突破口，进行针对性的概念提纯，真正满足消费者，建立纳爱斯牙膏自己的产品与品牌体系。

而从我国当前的口腔健康状况来看，口腔疾病的患病率高达50%，而几乎所有的口腔疾病，都是牙床先出现问题，也就是说在口腔保健中保护牙床最为关键。那么什么可以增强牙床、保护牙齿呢，我们从成分入手，我们发现纳爱斯牙膏里含有丰富的VC、VE、VB1、Vd、β-胡萝卜素等营养元素，这些营养可以直接作用于牙床，使牙床变得丰满红润，延缓牙床萎缩，提高牙齿免疫力，避免细菌侵入，有了好牙床，自然会有好牙齿。

因此，营养，是营养！才是消费者真正的需求，也是令纳爱斯牙膏能够实现概念区隔的跳脱之道。“纳爱斯营养牙膏”，为牙床提供营养的牙膏，这一全新的定位概念，明显与当前“美白、防蛀、口气清新”的承诺产生了品类上的区隔，重新划定了新的市场区分方式，定义了一个新的牙膏品类，为接下来的传播推广奠定坚实的基础。

《明星篇》

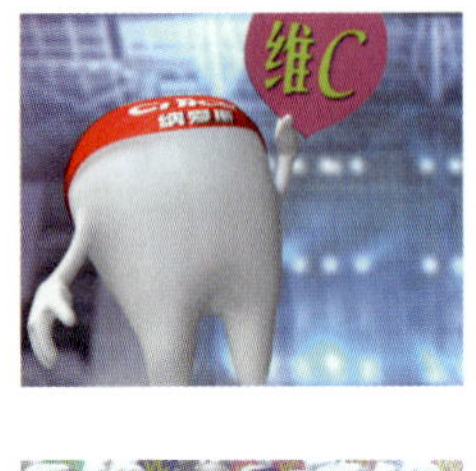

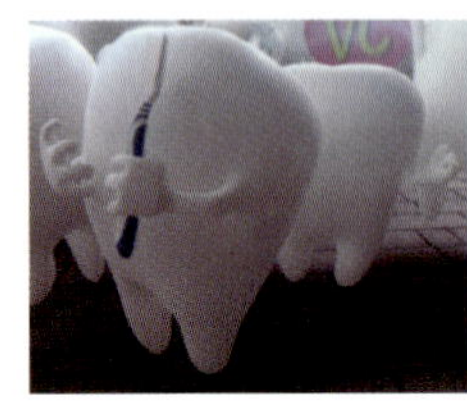
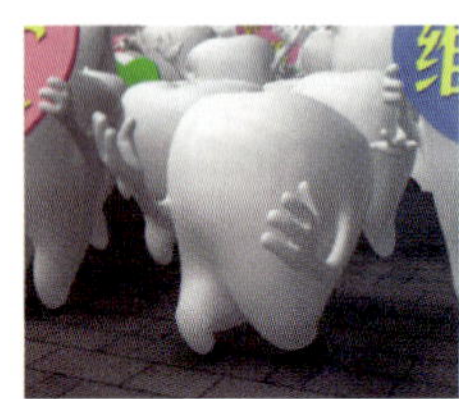
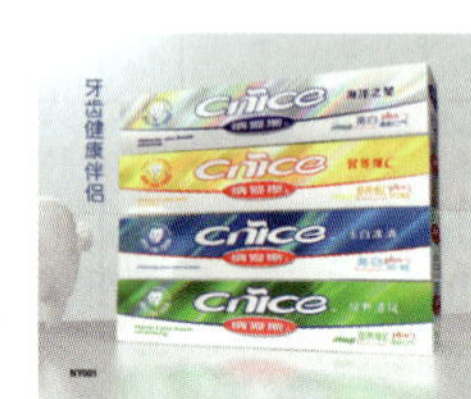

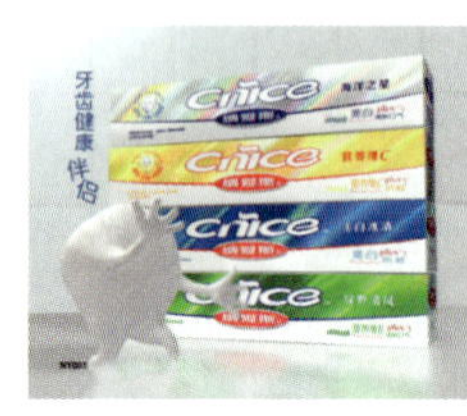

游刃有余：步步皆坦途

全新的概念，必然配与全新的广告传播战略。“营养牙膏”毕竟是一个全新的品类，消费者对于这个概念的接受，不是一天两天，一两支广告片所能完成的，我们发起了一次声势浩大的、递进式的广告传播运动，即“前期打造知名度——中期培养可信度——后期塑造明星产品”。在广告创意方面，为了迎合城市时尚的高端消费群喜好，在包装上我们配合了透明软管，同时，创造性地选用了“牙齿小子”这一卡通人物，让牙齿为自己代言，并大胆采用了全3D动画的表现形式，在显性地体现出产品对牙齿的功效的同时，更为时尚、潮流。

第一阶段，集体亮相《明星篇》

为了避开现时其他“数证式”广告的干扰，我们创作了《明星篇》来拉开“营养牙膏”的序幕，诉求点非常明确单一：就是告知消费者“营养牙膏”来了，运用“牙齿小子”这一视觉元素的进行演绎，以欢快宏大的场面迎接纳爱斯营养牙膏的到来，将牙齿人格化，暗示了牙齿问题就是本人身体问题，现在牙齿的福星来到了，就是纳爱斯营养牙膏。

新产品的亮相与巧妙的创意结合，加上大规模的投播，纳爱斯营养牙膏的认知度已经超过70%，与国际品牌形成了有效区隔，成功切入市场。

第二阶段，营养概念《玉米篇》

第一阶段的认知度教育之后，纳爱斯营养牙膏进入以科学理论树立可信度的第二阶段，这时消费者看到的是“提出问题——解决问题”的实证广告：

提出问题——牙齿缺乏营养后是什么样子？会萎缩而牙齿之间缝隙加大、牙龈出血、口腔异味、蛀牙。

解决问题——纳爱斯的营养成分有效补充牙床里的营养，从根本解决牙齿的问题。

理论是硬邦邦的，除了牙齿小子的演绎，还需要一个喻体可以通俗地说明这些问题，于是我们找到了玉米作为类比对象，因为缺乏营养的玉米也会像牙齿一样萎缩、缝隙加大，从形态上来看也像牙齿与牙床。一个好的喻体，可以深入浅出地说明消费者关心的问题，《玉米篇》的播出，使“营养牙膏”的概念依附着强有力的理念基础，而不是空洞的概念，培养了品牌的可信度，而创意的巧妙，更是亮点。

《玉米篇》

口腔异味
牙龈出血
牙龈炎

口腔异味
牙龈出血
牙龈炎

Cnice
纳爱斯

Cnice
纳爱斯

VE

VC
VE

口腔异味
牙龈出血
牙龈炎
VE
VC
VC
VE

Cnice

Cnice
纳爱斯

牙齿健康伴侣
NY017

Cnice
纳爱斯
NY017

《温泉篇》

VC

Cnice

营养牙床
强根健齿

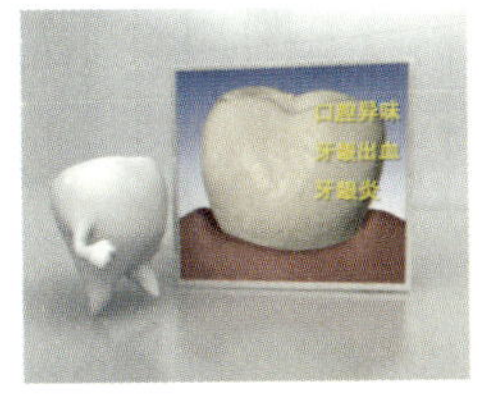

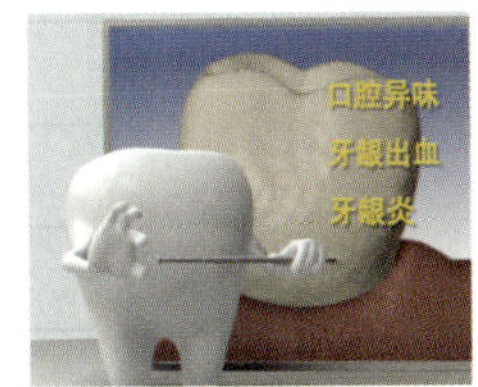

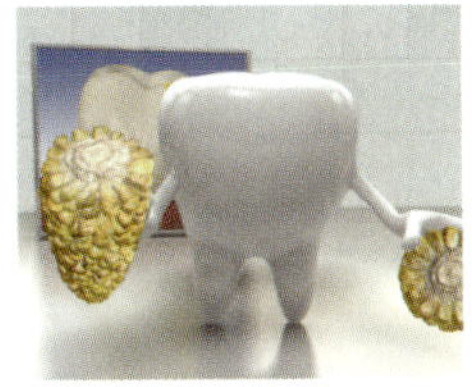

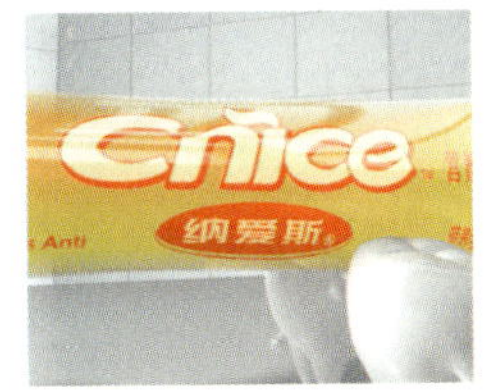

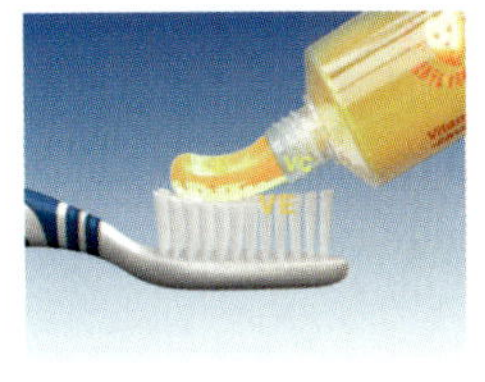

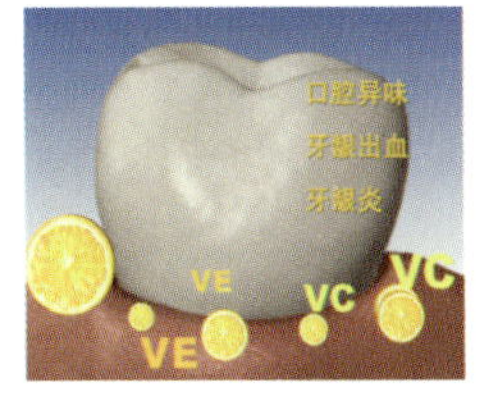

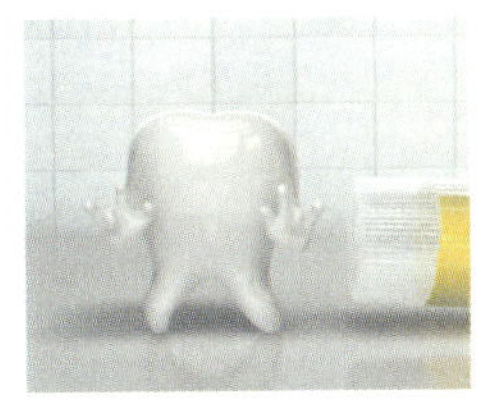

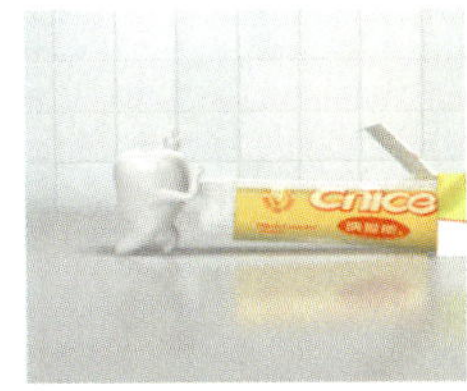

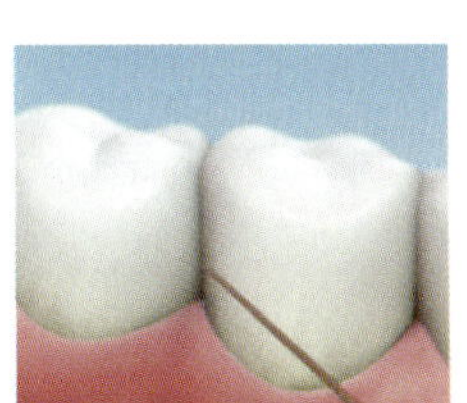

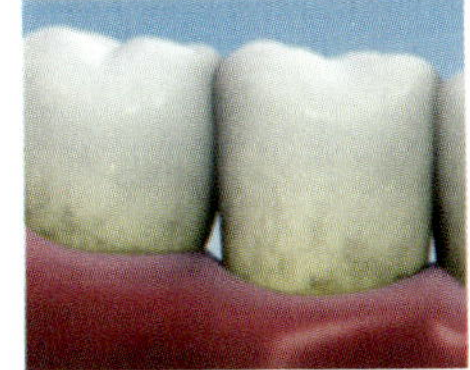

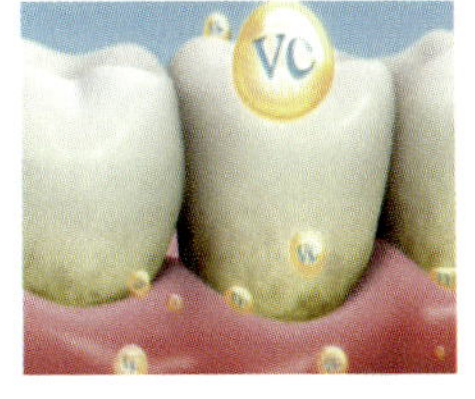

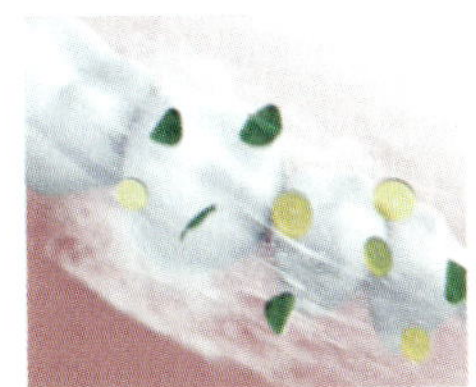

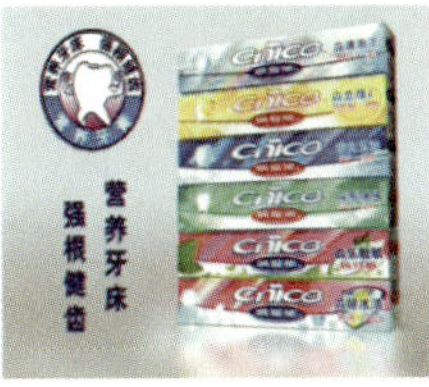

第三阶段，走进高端《温泉篇》

经过前一阶段《明星篇》与《玉米篇》的传播推广，“营养牙膏”的概念已逐步被市场接受，塑造明星产品，也就自然提到议事日程上了，实际上，在整个牙膏行业中，线上广告也是多以明星产品为主出现的。然而对于纳爱斯营养牙膏，需要面对的问题是，如何选择明星产品？是推广低端产品扩大销量，还是塑造高端明星产品？在这个问题上纳爱斯企业目标非常明确，做高端品牌，是纳爱斯牙膏一定要坚持的。实际上，“高举低打”这种广告行销方式，也是外资品牌惯用的招数，屡试不爽。

因此，纳爱斯“齿恋VC”营养牙膏就是在这样的背景下，以明星产品的姿态出现在消费者的面前。广告片开始仍紧扣牙齿缺乏营养的问题：牙床萎缩导致牙齿疏松，从而易藏污垢，产生口腔异味。而纳爱斯VC营养牙膏的出现，可以及时补充营养，使牙床健康，牙齿不再疏松，不易藏污纳垢，口气自然长久清新。而温泉普遍被认为是健康的符号，与VC在一起，通过牙齿小子的喜剧化演泽，在人们心中留下了深刻印象。

傲视崎岖：明天会更好

经过近两年的传播推广，纳爱斯营养牙膏的阵营已经形成。为纳爱斯集团走向国际化、高档化的战略目标打响了头炮，其独特的定位优势，严谨的传播执行，为其在竞争激烈的牙膏行业中创造出了一片新的“蓝海”，成功地赢得了市场。今天，纳爱斯牙膏的品类已经涵盖到了牙膏市场的各个层面，建立了涵盖十几个产品的完整产品线，打破了市场由国际品牌垄断的现状，成为国产牙膏的一线品牌。

点评：

本案让我们想起SWOT分析理论。SWOT分析理论是指分析企业优势（strength）、劣势（weakness）、机会（opportunity）和威胁（threats）。优劣与劣势分析主要着眼于企业自身的实力及其与竞争对手的比较，而机会与威胁分析将注意力放在外部环境的变化及对企业的可能影响上。当前我国的牙膏市场，国际品牌牢牢把握了高端市场，超过5元的中高端产品基本被高露洁、佳洁士、黑人、竹盐等品牌占据，相对而言，国产品牌只能在低端市场苦苦支撑。策划者提出为牙床提供营养的牙膏这一全新的定位概念，“口腔健康”确实是一个非常吸引人的全新概念。这对于同质化竞争非常激烈的本土品牌在战略上是有很好的借鉴意义的。细分市场一方面是一种成熟的现实市场，不同的细分需求以及背后的不同群体都在等待产品去满足它们(他们)；另一方面，市场永远是一个动态而深邃的大海，表面的很多需求往往别人早就看到了。因此真正有效的市场细分还需要敏锐的发现，需要利用这种独到的发现去重新划分市场。其次，本案在品牌推广上采取“前期打造知名度——中期培养可信度——后期塑造明星产品”也非常值得注意。

——许正林

美素、自然堂的CF双赢战略

广 告 主：上海伽蓝集团 — 美素和自然堂

广告代理：广州星际艺术传播有限公司

中国美容市场上烽烟四起，洋品牌也在中国市场上攻城掠地，在各大城市消费者似乎对舶来品情有独钟的情况下，作为本土品牌的美素和自然堂，运用市场细分策略，建立鲜明的市场区分，确立了品牌差异，以专业的服务加丰富的产品线，占据了不同的市场份额，并利用电视媒体的传播度扩大了品牌知名度，获得更多消费者的青睐。值得指出的是通过广告公司与客户的密切合作，共同努力，从创意策略的出台，到后期的执行，到最后交付媒体投放，只用了短短的12天。

美容市场烽烟四起的年代

专业化的产品结构；优质的加盟店配套服务体系，整店输出成为持续发展模式；量身定做的个性化全面护理解决方案(售前/售中/售后服务)；品牌推广日趋重要，向终端消费者进行直接推广成为趋势——专业美容企业需要从产品开发/服务配套/品牌推广/终端管理全面提升来建立可持续发展模式。

市面上众多的化妆品和护肤品品牌多如牛毛，而各大城市的消费者似乎对舶来品情有独钟，作为上海的本土品牌，伽蓝集团下的美素和自然堂，都是以专业的服务+丰富的产品线，而建立了一定的知名度，获得更多消费者的青睐，要在美容市场走得更远，伽蓝知道，必须做得更多。

美素和自然堂，专业+服务各占细分市场份额

美容市场的细分是必然的趋势，星际要为伽蓝集团旗下的两个品牌建立起鲜明的区分，占据不同的市场份额，那就需要做得更多。星际为伽蓝制定的推广策略，是以细分概括全面的策略——美素以专业美容线为突破点，卖的是全面护理的产品和专业的服务，以专业美容店的全国性分布为基础，更以品种繁多的优势，宣传度身定造的行业领导性，意味着每个消费者都有属于自己的美容套餐，以“全面专业”覆盖“个人体验”；自然堂则是以日常护理为主，建立时尚年轻化的形象，领导年轻消费者的购买习惯，以“个体”带动“总体”。

星际站在整个策略执行的前端，既要迅速建立起品牌差异，又要建立可持续发展的品牌趋势，更重要的是，利用电视线上的传播力度，使伽蓝占有更多的市场份额。

雄心：有女人的地方就有美素

美素的主张是“有女人的地方就有美素”，在专业护肤品市场中，这是一个充满了雄心的口号，而美素庞大的产品线及专业美容市场既有的口碑，确实也是向这个方向发展。我们知道，消费者决定了品牌个性，——星际眼中“美素的女人”是怎么样的呢?

美素的女人，追求外表美丽，而且更注重本质美丽；

美素的女人，内心独立，外表诱人，优雅动人；

美素的女人，相信经历使她们更具有魅力；

美素的女人，专注于每一件事情，对细节执著。

星际想到了最适合的人选——温碧霞。一直以来， Irene以成熟的姿态、优雅的气质俘虏了众人的心，对许多女人来说，她就是“真女人”的典范，许多人渴望拥有Irene的气质。优雅——她们未必追求名牌，但是一定要符合自己的气质，才让她们相信，气质是可以从内而外散发的，而美素全面护理的产品系列，真正符合了她们的需求。知性——美素不断创新产品，不靠叫嚣式的推广，也不需要教育她们对美丽的使用手段，而是在潜移默化中引起她们对品牌的共鸣。成熟——对着有阅历的女人说话，美素以专业的态度，诚恳的服务和不断完美的产品质量，诱发她们内心对美丽的终极渴望。

温碧霞在初期的影视明星中，以温婉的气质打动了许多人的心。虽然这些年她并没有活跃在影视圈中，可是在人们的脑海中，似乎从没将她淡忘。美素正是看中了温碧霞这种独特的明星气质和优雅的形态，邀其作为代言人。

MUSEUM + Irene，应该有怎样的化学反应？我们做两条广告片，形象篇的广告注重美素的服务和整体高端的品牌形象，功能篇注重产品线的丰富和全面。于是有了《餐厅篇》和《骨牌篇》的广告。通过一个戏剧性的场景，当所有人以为温碧霞在餐厅中点菜的时候，其实她拿出来的菜单是美素的产品菜单，满足了她美白、抗皱等需求，在充满期待的场景中，带出美素和温碧霞共同的高贵、优雅的形象。

《骨牌篇》是诉求功能的片子，不做过多的铺垫，直接把产品的功效以一种特别的视觉形式——推骨牌，把美素的产品垒成一个堡垒，温碧霞不断地展现美好的面容及身段的时候，产品如鲜花盛开，具有强烈的视觉冲击力。

美素餐厅篇

美素手势篇

信心：自然堂，你本来就很美

自然堂与美素的差异，就在于自然堂要走出一个大众日化线的顶尖品牌，年轻、时尚、专业的品牌内涵，是自然堂最想塑造的形象。

自然堂，是植物护肤的专家，带领着一股清新的气息，星际心目中最理想的代言人，是谁呢？陈好，成为了我们最终的选择。从“万人迷”走到观众的眼前，被认可、被欣赏，陈好的形象，似乎就是代表了女人和男人心目中的“万人迷”，理性而不乏感性，小女人与大女人的完美结合，善解人意又独具个性。这种美丽，不是矫揉造作的，而是陈好在戏剧角色风情万种的背后，给我们看到最本质、最可人的一种特质。

陈好诱人气质和知性的内涵，这不正是我们的消费者内心的渴望么?

“你本来就很美”，这句广告语更像是和千万个女孩子对话沟通的语言，不需要靠过多的化妆品和前卫造型，只要有自然堂清新自然的产品特性，就能使你本来的美展露无遗，你就是“万人迷”。

形象和功能的作用融合在两条广告片中《万人迷篇》和《森林篇》，共同肩负着提升自然堂形象的使命，使“你本来就很美”这个品牌核心能够得到很好的宣扬，通过流畅的场景和情节，使陈好的清新、动人、不矫揉造作的可爱特质渗透到片中，既提升了自然堂的品牌形象，又强化了自然堂各种产品的功能。

严谨的作品，取决于严谨的执行

从创意策略的出台，到后期的执行，到最后交付媒体投放，只有短短的12天。制作的严谨和庞大的人员调动，从时间上来说，是一项不可能的任务。可是，伽蓝做到了，星际也做到了。动用了大量的人力和物力，一分一秒地抢夺，全靠着所有人共同的信念：“严谨的作品，取决于严谨的执行。”所以伽蓝的两个品牌的四条广告片，能够顺利地赶上档期，顺利在各

自然堂森林篇

自然堂万人迷篇

种电视媒体，包括央视播出，这和所有工作组的努力是密不可分的，大家共同创造了一个严谨的神话，一个充满期待的作品的诞生。

星际相信，与伽蓝的合作中，有两个双赢的因素是不可或缺的：客户的信任、严谨的制作，这使星际与伽蓝在2006年初的时候，打了非常具有分量的一场硬仗。然而，最终能够使这场仗继续在美容市场上越打越烈，从而占据更多的市场份额，这才是星际和伽蓝要坚持的未来的共同使命。

点评：

中国美容品市场竞争十分激烈，国外的护肤品企业近年来也加大了对中国市场的扩张力度，中国本土品牌要应对国内外竞争，必须更加努力。本案例有以下特点：一是从市场细分的角度对二个化妆品品牌作了较准确的区分，建立了品牌差异，能更好地针对目标市场和满足不同消费需求。二是在选择品牌代言人时也比较适合产品特点。三是执行力强，工作效率高。从创意策略的出台，到最后交付媒体投放，只用了短短的12天。建议：1. 在一段时间内主打一个品牌可能更有效，也可以一个品牌多个产品系列。集中精力打歼灭战，到条件成熟时再打二个或更多品牌。2. 品牌运营是个长期和系统的过程，它需要广告主和广告公司相互从战略到执行的紧密合作。本案例从创意的出台到最后交付媒体投放只用了12天，既说明了广告公司的工作效率，但除特殊情况外，一般应留有较充裕的时间进行创意。

——陈志宏

美加净手霜推广案例回顾

广 告 主：上海家化美加净品牌

广告代理：上海同盟广告有限公司

美加净是上海的一个老品牌，美加净手霜多年来在市场上处于领先地位。本案例的创新点有两个：1.在众多化妆品品牌中，第一次使用flash为载体进行传播。2.化妆品广告中首度出现年轻时尚、无厘头的风格，对年轻的消费者产生了很大的吸引力，使得老品牌成功年轻化。并通过整合使用广告、公关活动、促销、店头、网络行销、媒介、识别等手段，对美加净手霜进行360度推广，将老品牌年轻化，保持美加净手霜在市场上的领头羊地位。

接工作简报的时候，大家照例开着玩笑，插科打诨，毫无工作的严肃感。面对客户部同事半真半假的指责，我们一边举着“嬉笑怒骂皆是创意”的旗帜为自己辩护，一边翻开简报，看到这次做的是美加净多效手霜的广告。抬头看到客户部同事的表情，分明在说，化妆品广告，看你们怎么嬉笑怒骂。

第一只螃蟹的滋味

美加净依旧在手霜市场上执牛耳，但“东洋之花”和“隆力奇”等后起之秀在紧追猛赶。

在这种情况下，客户希望能突出“抗静电”这一功能点，从而形成一个差异点，使得美加净多效手霜和其他竞品区别开来。

面对这种情况，我们很可能就干脆放弃新颖的创意，诉求点落在功能上，力求详尽地描述产品“抗静电”的功能点。

但这么做，很可能就会落入“向平庸妥协”的圈套，看似忠实地反映广告主的需求，实则以牺牲创意为代价，毫无创意的创意不做也罢。

此外，美加净的领导地位，还有“东洋之花”和“隆利奇”两大品牌虎视眈眈，若是就这么把制作平庸的广告丢到市场上随波逐流，任其经受大浪淘沙的考验，恐怕对广告主也是不负责任的。

于是秉承着“做人要厚道”的原则，我们决定在不牺牲创意的前提下，将功能点清楚呈现，达到广告主“让消费者一有静电问题，就想到美加净多效手霜”的要求。

创意与市场，两手抓，两手都要硬。说得轻松，做起来又谈何容易。

化妆品广告无论是在业内还是在消费者心目中已经形成了“化妆品=保守+美丽”的思维定势，甜得腻死人的音乐，不痛不痒的旁白，千篇一律的美手，我们做厌了，消费者也看得没感觉了。要变得好玩有趣，就需要一次改革。

抛开那该死的思维定势，谁说化妆品广告就不能“疯狂”一把?

灵光乍现。

我们向客户提出了用flash的方式来做的建议。

1. 能省下大量的制作费。

2. 新颖的方式能吸引大批的年轻白领。

3. 能解决美加净形象老化的问题。

面对一举三得的诱惑，客户虽然有些犹豫但还是同意了，决定以上海为试点进行投放。

这就表示，我们有机会对化妆品广告做一次大胆的创新，有机会品尝第一只螃蟹的滋味。我们的热情也就空前地高涨起来。

Two become one

随着一声“创意你大胆地往前走哇”的指令，一群奥特曼（outman）重新废寝忘食地投入到flash，动画片的阵营中，假充自己是新新人类。

恶补之下，倒也颇见成效。

抛开了逻辑，抛开定律，将对功能点的诉求变得好玩好记。新一轮的点子，都开始走青春搞笑路线。

在会议室一片欢声笑语、欣欣向荣的美好景象下，却发现了新的问题。

如何将这些好玩好记的故事用一条单纯的主线串接起来，而不显得凌乱?

此外，我们也担心“抗静电”担负起唯一的诉求点会稍显单薄，那么，又如何将其余的功能点与“抗静电”结合在一起，让消费者产生整体印象的同时，也能找到吸引自己的附加点?

两个问题其实可以得出一个解决方案。

我们需要一个代言人，一个能使这些故事既有相关性，又容易记忆，同时还能够展现手霜多效信息的代言人。

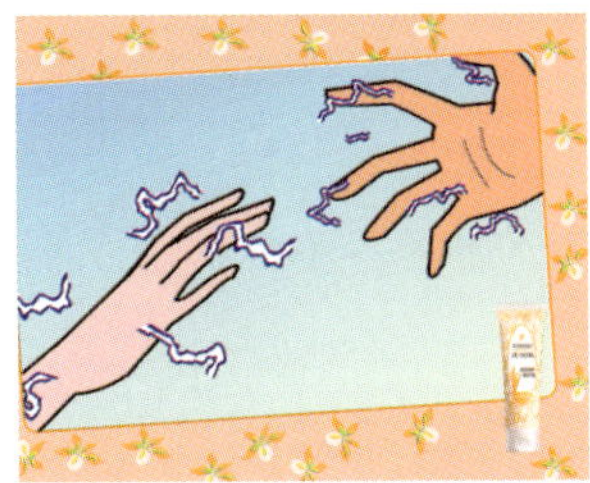

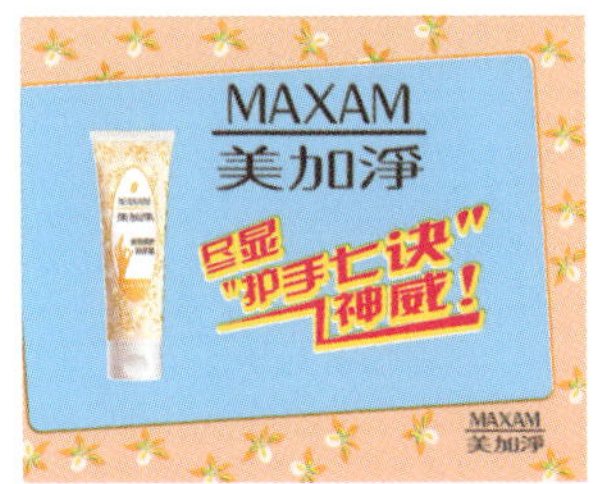

就这样，我们找到了这样一个女主角。

她是一个白领女孩，有点臭美，又有点搞笑，平凡得好像我们身边的任何一个爱美的女孩，却能遇到些匪夷所思的事情。

《男友的礼物》篇中，她收到男友的礼物会拿出去炫耀，却不知男友只是不想被她“电”到。

《悬崖来电》篇中，她会落在悬崖等待救她的白马王子，却也因为手部静电错失良缘。

《沉鱼落雁》篇中，她强迫男友说赞美的话，而男友口中“沉鱼落雁”的不是她的美貌，却是她手上的静电。

这样的女孩看了让人不由会心一笑，记住了“不要静电要美加净”的信息，又在她的手上看到了“护手七诀”的威力。

成品出来之后，创意部的同事们颇有些得意，“嬉笑怒骂皆是创意”并不只是飞机而已！

听起来很美

全方位的传播自然少不了电台广告。

然而，江湖传言“做广告难，做好广告更难，做一个好的电台广告更是难上加难”。许多电台广告在重复了产品的功能点利益点再加上一句广告语之后，就匆匆结束了。要说印象，几乎没有，要说创意，少得可怜。

但这是电台的问题吗？还是我们本身的问题？

精彩的电台广告能“从一个耳朵进入......却永远留在大脑里”。有什么东西是能留在大脑里的？

想起中学时期就天天等着每晚的广播节目，一边做作业，一边听搞笑的情景喜剧，在当时为人生一大乐事，至今还记忆犹新。

这是不是就是留在大脑里的东西呢？

于是我们开始尝试以情景剧的方式来写电台稿，延续flash中无厘头的旋律，并在此基础上进行提炼。

我们的《圣诞礼物》篇，结合了圣诞气氛，玩起“脑筋急转弯”，歪解种种圣诞习俗，把问题归结在“静电”。搞笑之余，回味一下，嘿，还真的留在了脑子里。

当然电台广告也不仅仅是flash的延续，而是互补的关系，在flash中来不及细述的“护手七诀”就在电台《许愿篇》中得到了补充。

此外，还有情人节的电台节目，美加净满怀爱意的贴心祝福在电波中传送，似乎在空气中都洋溢着温馨甜美的味道。

我们的广告看上去很美，听起来，也一样美。

结束是另一个开始

美加净多效手霜开始全方位投放的时候，我们虽满怀信心，但还是存在着少许不安，这毕竟是化妆品广告的一次创新。

但很快，我们就得到了令人欣慰的答案。我们不但完成了广告主的初级目标，还达到了“打败其他品牌的偷袭，保住美加净手霜的领导品牌位置，保住销量”的终极目标。

这不能不说是一次成功的尝试。事实证明，消费者完全能够接受打破定律的全新信息，“嬉笑怒骂”的方式也不仅仅局限于飞机稿。

美加净多效手霜的案子圆满结束了，但以flash为创意载体的时代却刚刚开始，也许我们以后能在TVC之外，有更多机会尝试flash或者其他更为新鲜的方式。

在flash广告中，嬉笑是主题，那么是否会有一种新的方式能真正做到“嬉笑怒骂皆是创意”，也许到了这一天，广告会变得更加有趣，更加充满活力。

点评：

中国改革开放30年来，许多原先在市场上很有名的品牌大都已经消失或衰落，据了解上海原来有270多个闻名全国的品牌，现在只剩下个位数了。如何重新焕发青春，如何不断创新，是摆在老品牌面前的一个严峻课题。上海家化美加净品牌是个在市场上很有影响力的老品牌，其美加净手霜多年来在市场上保持领先地位。本案例是一个老品牌创新的成功例子，主要有以下几个特点：一、打破原有化妆品广告的思维定势，在众多化妆品品牌中，首次使用FLASH为载体进行传播。既能降低制作成本，又能吸引大批年轻人。二、广告创意中使用年轻时尚，无厘头的风格，把产品功能“抗静电”诉求点结合到创意中。使老品牌年轻化，使广告变得更加有趣，更加充满活力。三、大胆创意与成稳运作相结合，先在上海为试点进行投放。市场的实践也证明其成功。建议：如果Flash画面做得美一些更好。

——陈志宏

Electronics & Home Improvement
家电与家居类

正泰电气，工业品牌的传播之道

CHNT 正泰

广 告 主：温州正泰电气

广告代理：上海胜加广告

正泰品牌升级战略中，确立了“电器成就世界”的品牌概念。赋予了正泰“对世界文明发展作出贡献”的品牌使命，同时实现了从业内到整个社会传播的升级。通过长江三峡、西电东送、宝山钢铁等推动“世界文明发展”的工程案例，实现了品牌概念的落地与传播。

工业品牌因其产品应用领域与客户类型的特殊性，与普通大众的日常生活并未发生直接的交集，无论是国际巨头如ABB、施耐德、西门子、艾默生，或本土品牌如徐工、德力西、三一重工等，都选择B2B式的品牌传播方式，即选择企业客户作为传播受众，传播主题也基本设定在科技、实力、历史、品质，对合作伙伴的贡献等概念。可以说，“业内名牌”的色彩重于“公众品牌”。

作为中国民营电气巨头，又该选择一条怎样的品牌传播之道?

正泰：我要升级

温州有很多知名的品牌，如美特斯・邦威、报喜鸟、红蜻蜓等，多为服装类品牌，除了德力西，胜加在没有接触正泰之前，也不知道温州还潜伏着体量如此巨大的民营电气企业。2004年数据统计显示，正泰总资产约42亿元，工业销售额为119亿元，市场占有率达到30%，旗下有5大专业公司、50余家持股企业，2000多家销售公司和特约经销处，8家海外分公司，30多家海外销售总代理，全球员工数近15000名，是低压电气业界的中国第一、世界第三、中国民营企业500强和世界行业500强。正泰在2005年定下三大升级的企业发展战略：从元器件供应商向系统集成商、从低压领域向中高压领域的产业升级；从盘踞温州到立足上海，面向整个国际市场的发展空间升级；从服务中国到放眼世界的品牌形象升级。由此交托给我们的传播任务是帮助解决正泰品牌升级的问题。

胜加：升高度的级,还是升宽度的级?

正泰原先并未做过品牌传播，更别提对外告知过自己的品牌使命了，这对我们来说是件好事，因为没有历史遗留问题，建立品牌形象，比改变品牌形象所花的成本和风险要小得多。正泰作为工业品牌，其产品价值最直接的体现是在工程和商用领域，在这个领域，它的对手都异常强大，在国内的国际品牌有ABB、施耐德、西门子等，都是电气行业历史长达百年的老妖怪，底气十足；国内品牌则主要是与正泰同城德比的德力西，德力西胜在先下手为强，近几年推行“助力神五腾飞”的广告运动，品牌传播渐有成就。

我们和正泰深入讨论了一个问题——在工程和商业领域的使命是不是正泰品牌的终极使命? 客户很愉快地接受了我们的论点：品牌使命的高度决定品牌形象的高度。如果我们将品牌使命设定为对世界文明发展的贡献，对人类生活发展的贡献，就能在传播中拉高身位。打个比方，如果有一座37层的房子，放在海拔为零的上海，就会淹没在摩天大厦群中；而放在海拔几千米的青藏高原，就是绝对的高楼了。

确定了传播的高度，接下来该锁定传播的受众范围了。根据对5000人的市场调查，正泰在行业内的知名度为97%，而在公众领域的知名度近乎为零，还是“行业名牌”的老问题。一个品牌在公众领域持续积累品牌资产，保持品牌良好的知名度与美誉度，会极大增强延伸产品的拉动力，例如西门子百年前也是以电气起家，但成为世界级的品牌之后，对家电、通信类延伸产品提供了强大的品牌支持。在现阶段，尽量争取公众对正泰品牌的好感，也能在正泰争取政府的支持时更有话语权。而我们对客户最具说服力的理由是：对真正意义上的工业品牌，允许它在商业用户和普通大众眼中的认知程度上有不同，比如贝多芬，音乐家会认知他对古典浪漫主义音乐做出了突出的贡献，普通人会觉得他的音乐很令人振奋，但总体形象是基本一致的，大家都认同贝多芬是一个很伟大的音乐家。一句话，不把行业名牌做成公众品牌，就不能真正完成正泰品牌的升级。

正泰：没有标杆

根据我们的经验，一般会在正式提案前询问客户有没有标杆品牌，标杆品牌是指客户心目中评价最高的竞争品牌，当然这里的评价是指广告传播上的，如果你去问很多国内的家电品牌，十有八九会告诉你西门子的广告做得不错。但正泰无法回答这个问题，电气领域或工业领域的品牌，在国内的无论是国际巨头还是本土品牌，都没有在公众领域进行成功传播的参考案例，B2B仍然是目前主流的传播方式。有所区别的是，国际品牌采用的B2B大多在针对商业客户进行传播时兼顾社会公益，以提升客户对品牌的好感度，但传播中涉及的品牌成就和公益支持与中国的公众并无直接关系。国内品牌的B2B更为原始，或是纯产品导向，缺乏品牌内涵；或是以产品带企业形象，但重点仍是产品功能诉求，没有明确品牌意识；又或是有一定的品牌意识，但仅是通过企业的厂房、规模、品牌所取得的荣誉、品牌的获奖情况来传达企业的形象。

值得一提的只有德力西，抓住“神五发射”这个热点话题进行传播，很快聚敛起知名度，较之徐工“徐工徐工，祝你成功”的不知所云和中国石油“问鼎冰穹，扬威中华”的语焉不详，都要高明得多，但缺点也是显而易见：一是缺乏品牌长期传播的策略规划，“神五”作为单点突破确有实效，但缺乏延展性；二是传播渠道单一，缺乏整合传播；三就是国内许多品牌的通病，舍得投放，却不舍得执行，执行品质比较粗糙。

如何建立正泰品牌与公众的密切关联，如何让公众知道“正泰所做的，和我们的生活息息相关”？一个和公众的生活有关联的品牌，才能成为引起公众关注和好感的品牌。既然B2B不灵，那么就走B2C。

胜加：卡位——电气成就世界

正泰是做电气的，那么电气的价值是什么？我们开始查询资料，电气的历史中可以看到很多著名的人物、著名的事件，富兰克林的风筝试验，爱迪生发明电灯，西门子发明电缆……以至于到现在电脑、电影、轨道列车，都与电气的发展密不可分，可以说每当电气的发展跨出一步，人类文明的发展就跨出一步，电气在改变着世界，用广告传播略微夸张的话来说，电气在成就着世界，这应该是电气的终极使命了。不过问题是，正泰敢这么说么？

100年前铺设世界第一条海底电缆的西门子也许有资格这么说。

卡位——在西门子还没这么说以前。有没有资格，要看正泰的成就能不能支持这句话。

我们在正泰的工程案例中找到了感兴趣的东西，长江三峡、西电东送、宝山钢铁……每一个都是史诗级的工程。“每一个都是事关国计民生的大工程，也许没有神五那么张扬，但长江三峡要是出了问题，你敢说和老百姓没关系？”这些工程在支持着中国的工业发展，

社会安定，经济发展。正泰提供的电气设备作为工程中不可或缺的一部分，确保它们安全稳定的运行。电气成就世界，言之有理，言之成理。再回头看正泰目前的业务范围，涵盖高低压电气、输配电设备、仪器仪表、工业自动化、建筑电器五大领域，基本上都在“大电气”的范畴之内，“电气成就世界”的品牌传播概念势力范围之内。

传播概念能够安全落地，正泰的品牌形象就会是值得信赖的、实力卓越的，对民众生活有切实价值的，对商业客户也具有良好的说服力。中国工业品牌第一次的B2C传播，正在进行中。

正泰：完成升级

“电气成就世界”广告运动由TVC、平面广告、新闻计划构成。前二者作为品牌传播的核心渠道，在执行时完全顾及了延展性与品质感。帮助正泰顺利完成第一次亮相。

平面广告：先后发布8张campain，案例选择包括水利、电力、工业、体育、航空、文化、外交等几大领域。告诉公众，每一个与国家发展，与你的生活密切相关的重要工程，都有正泰的支持。

我们的美术指导执行每张画面时，平均需要从23张图片中截取素材，然后拼接而成。很庞大的工作量，最后的效果着实令客户喜出望外。

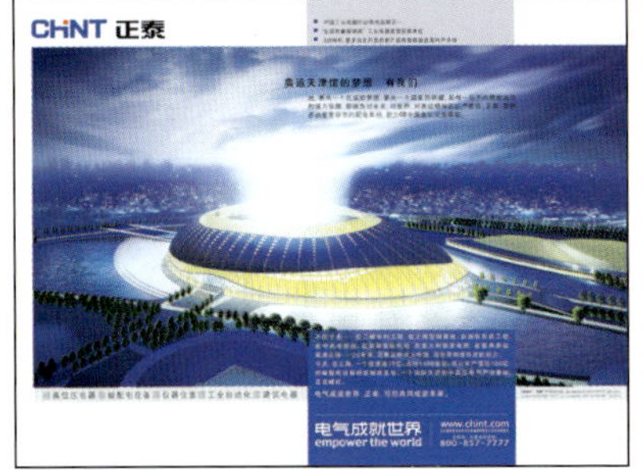

其中也有正泰的国外案例，凸显其参与国际竞争的技术实力。

TVC《按钮篇》

不同的手揿下红色的按钮，触发长江三峡的浪潮声、天津奥运馆的欢呼声、北京首都国际机场的轰鸣声。背景音效与字幕提示观众，正泰是这些重要工程的组成部分。

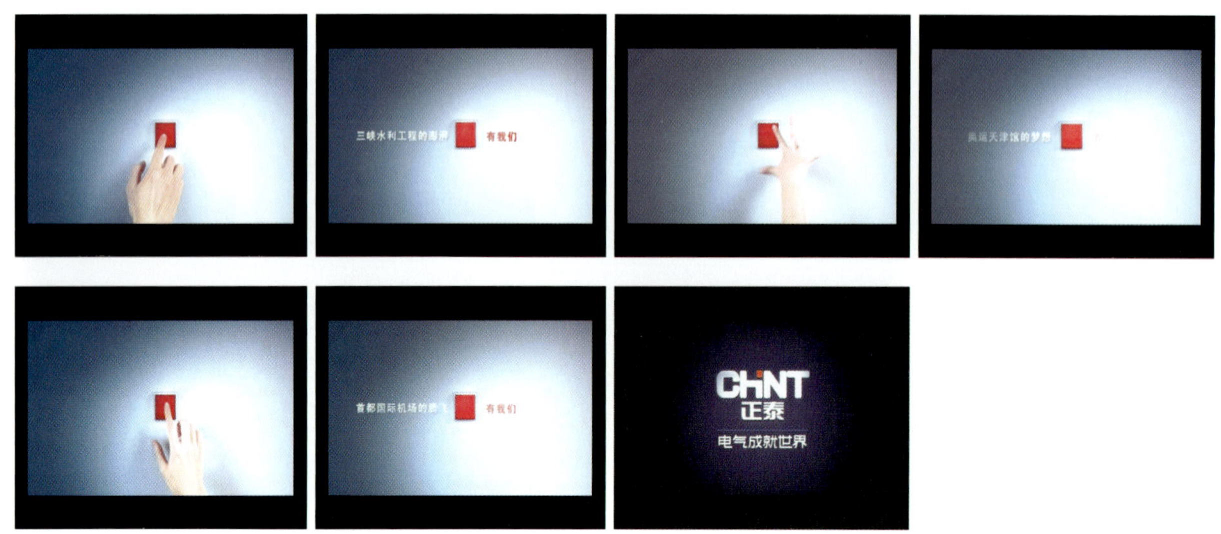

本片完全从创意上控制住制作成本，品牌塑造以小见大，品质感同样令客户感觉物超所值。

新闻计划

以“潜水二十年，中国民营电器大鳄浮出水面”、“正泰 电气成就世界”、“正泰电气 打响国际化品牌”，“正泰 从中国制造到中国创造”等为题，与公众进行深入沟通，全面介绍正泰的企业发展史、品牌实力、案例成就、社会贡献。

在广告发布前，我们将广告在上海、北京两地进行100人的测试，看后认为正泰“与我的生活确有关系”的占93%，认为正泰“有实力和责任心”的占91%。广告运动目前仍在执行中，我们相信只要有合适的传播费用支持，本次正泰的品牌升级会有良好的成果，中国工业品牌传播之道，也从此多了一种新的选择。

点评：

占领社会观念中的制高点，无论是先行一步还是站得更高，都是品牌传播的战略性、前瞻性选择。正泰品牌升级的关键，正是占领这样一个制高点，能够同时统领业内及社会领域的品牌传播，是面对国际化竞争的正面回应。

因此，赋予正泰“对世界文明发展做出贡献”的品牌使命，是切合正泰的行业属性、社会使命的。而选择的工程案例，既支持了这样的品牌高度，同时又实现了品牌概念的落地与传播。

由于工程案例的选择为万众瞩目，同时关切国计民生，因此不仅实现了正泰品牌传播的借势，同时实现了正泰与普通大众的紧密联系，将冷冰冰的工业企业变成了负责任的社会公民。

——贾丽军

长虹，从“芯”定义平板

广 告 主：四川长虹电子集团公司—长虹电器

广告代理：广东省广告有限公司

2006年是平板电视“平民化”的一年，面对国人对国际品牌的迷恋，以及国内品牌的大幅跳水。长虹“量子芯”打破竞争僵局、突破“屏”颈，用“芯”定义平板电视市场。再结合系统的整合传播组合及稳、准、狠的营销组合拳，开辟了中国平板电视的“量子芯”时代。

2006年初，长虹研制成功并采用的“量子芯”技术，率先在业内抢占了“战略制高点”，被誉为“平板电视技术革命者”。长虹由此成为国内唯一拥有世界级芯片技术的平板电视品牌。但是，科技时代，任何技术的领先在很大程度上都只是暂时的领先，如果仅仅将“量子芯”作为一项产品技术，长虹如何在平板市场价格战、概念战的混乱局面中突围，长虹“量子芯”如何实现差异化传播，如何形成最具价值的品牌资产。在这样的思考下，我们决定将竞争从品牌竞争引到品类竞争上，在品类上颠覆游戏规则，我们一直在证明一件事：由量子芯诞生之日起，量子电视时代已经到来，平板电视世界已经一分为二：“量子芯平板电视”和“非量子芯平板电视”，而长虹正是这个新时代领导者。

平板市场：价格战透支整个行业

2005年年尾的平板电视市场，迎来了一场由合资品牌掀起的价格战，索尼、松下、LG等都大幅度地下调了价格，而TCL的整体降幅也达到10%。相较于合资企业在技术、管理等综合实力构成下的价格体系和品牌优势，国产品牌的价格空间十分有限。面对合资品牌发起的价格战，国产品牌应战乏力。

就在平板电视军阀混战之际，省广前端公司与长虹结成战略合作伙伴。而合作后的第一个任务，就是“量子芯”平板电视的推广。

突破“屏”颈

一直以来，屏是消费者选购平板电视最重要的指标。可是，目前国内尚未拥有屏的研制科技，市场上平板电视品牌采用的屏绝大多数都是国外进口A级屏，这使得大家在屏的层面上处于同一个水平与档次；换汤不换药，不但难以实现差异化传播，更令消费者丧失选择的标准。

因此，将消费者对平板电视的注意力转移到“芯”上来，是推广的首要工作。

经过调研和大量数据分析，省广前端公司发现，屏的成像质量直接由“芯”决定，同样的屏，受芯片运算速度的制约，成像质量大不相同。在屏同质化的基础上，芯的好坏便成了产品区隔的一个利器。“量子芯”通过千亿次每秒的极速运算，对每个像素点进行量子级的多位优化，完全发挥超A级屏的成像优势。

但问题是，每个国内一线品牌都有一颗“芯”——TCL有“聚能单芯片”、海信有“信芯”、创维有“中国芯”。在众说纷纭的“芯”噪音中，我们如何突显长虹的“量子芯”？

创造品类 从“芯”定义市场

在电视发展史上，曾出现过许多令人激动并且意义非凡的名词，显像管电视、数字电视、平板电视……它们记载着电视视觉质量的飞跃，它们代表了一个品类。

于是，我们作出了大胆的设想：能否将量子芯的战场从品牌竞争引到品类竞争上。跳出常规的概念包装，站在整个品类的高度去看电视行业的发展，去看量子芯在平板电视中的意义——代表一个新品类的诞生，意味着平板电视新时代的到来。

重新检索量子芯的资产：

世界之“芯”。与全球顶级芯片制造商P.W公司合作研制的量子“芯”，技术达到国际顶级水平，长虹是中国唯一拥有这种最新芯片科技的品牌。

将超A屏打造成超A+屏。“量子芯”的极速运算能力，充分保证画面的真实和通透性，最大限度地发挥超A屏的显示潜力。

激活视觉盲点，让每个点成为精点。千亿次每秒的图像处理速度，比银河二代计算机更快，是普通平板芯片运算速度的近千倍，从细节轮廓、五区分色、细节色彩、暗景对比、蚊子效应等成像要素上彻底激活盲点。

我们有理由相信，长虹量子芯，不仅是一次技术上的升级，更是平板电视整个品类的更新革命。打造“量子电视时代”，在平板电视市场上创造一个划时代的新品类，是长虹量子芯推广的突破口。这一想法得到了长虹的赞赏和支持，大家一拍即合。

基于这一策略，我们将2006年的推广主题确定为：长虹量子电视 从“芯”定义平板。

首先，是消费者评判平板电视标准的重新定义。将消费者从对“屏”的关注转移到对“芯”的关注上来，将平板电视竞争的战场引到长虹最具优势的核心区域，从而摆脱“屏”同质化的尴尬。

其次，是平板电视画质享受的重新定义。量子芯对于整个品类，是具有颠覆性的，它为平板电视画质带来了质的飞跃，从某种意义上，量子芯让平板电视“复活”。

再次，是平板电视领导者的重新定义。只有领导者才能定义品类的标准，因此，“重新定义”既说明了长虹量子电视为平板所带来的技术飞跃，也体现了长虹在整个品类中所处的领导地位。

围绕这一主题，省广前端公司制定了“长虹量子芯平板电视”的传播组合策略：先用软文与公关运作来为整个品牌传播运动热身，第一时间吸引大众对“量子芯平板电视”这一品类的高度关注；接下来是空中影视媒介的轰炸式灌脑运动，在短时间内迅速提升长虹“量子芯平板电视”的认知度与影响力；同时各类提醒式广告也纷纷登场，让消费者无处可逃。传播迅速获得消费者广泛的关注度；占据了品类上的高度，有效地提升了品牌形象；2006年盛夏，一场量子芯与气温的热度竞赛拉开了。

第一波广告攻势：量子芯的强势亮相

（主形象：通过蜕变脱掉“旧平板时代”的概念，体现了长虹量子芯电视代表了新平板时代的来临）

（二分之一版报广）

（候车停广告）

第二波广告攻势：品牌新形象下的量子芯推广

（徐静蕾代言主形象）

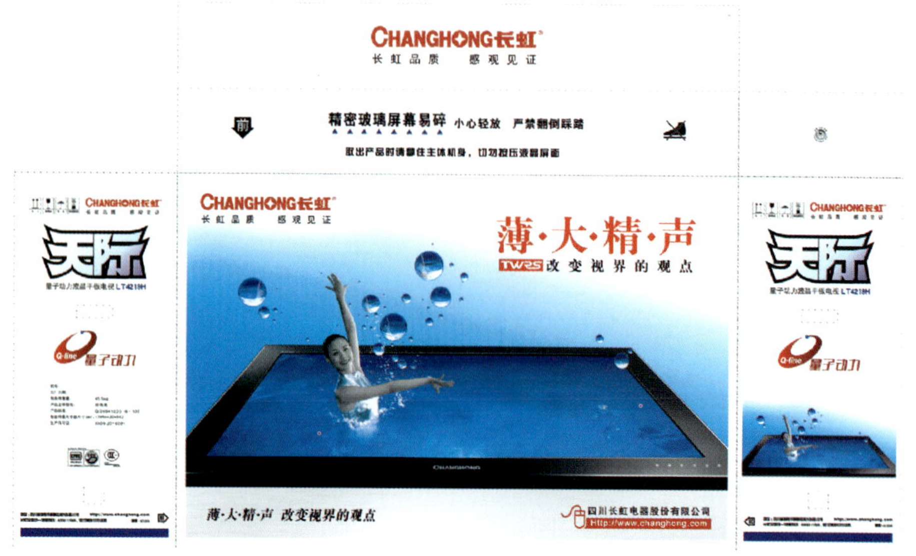

（量子动力电视包装）

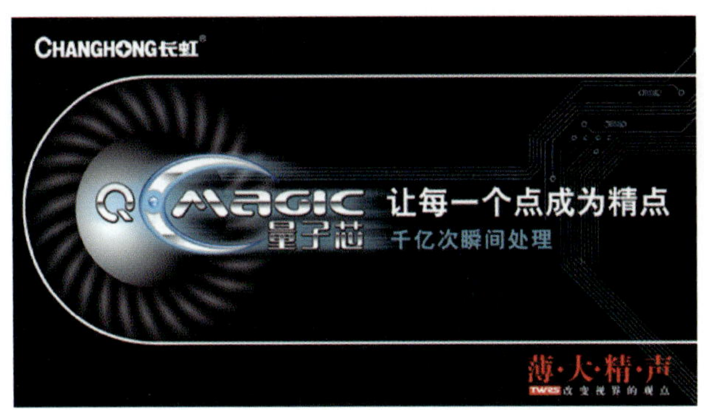

（吊旗）

（地贴）

营销攻略：稳、准、狠的营销组合拳

引发关注只是第一步思考，我们还希望消费者运用“芯”的运算速度标准去评判平板和选择平板，并真正认可“量子芯电视”这样一个划时代的品类。于是我们与长虹商定借势世界杯，整合长虹的现有资源，在五一期间奏响“量子芯”上市的最强音，并掀起一股长虹旗下主要电视产品的销售高潮。

世界杯是一场全民的视觉盛宴，长虹“量子芯”带来的是视觉革命，世界杯是一场实力的比拼，长虹“量子芯”掀起的也是各品牌间技术实力的比拼，世界杯是一次全民的盛会，长虹“量子芯”带来的也应该是一次全民的互动盛会。

经过反复的思考与讨论，最终与长虹方面确定了“足球世界杯、彩电视界杯”的主题活动，给消费者一个评判者的位置，让消费者在活动进程中接受并运用长虹“量子芯”及其他产品的标准，充分调动他们的参与热情，由他们来评判产品，由他们来决定哪个品牌是彩电世界杯的冠军。

活动大思路确定后，我们在长虹的配合下对“量子芯”以外的各款参与产品提出评判的标准，在突出长虹自身优势产品技术的特点的同时，给消费者一个清晰的选择标准。同时对活动进程进行了详细的构想：

第一阶段：足球世界杯、彩电视界杯——量子芯震撼上市

4月6日至4月20日，量子芯平板上市及“视界杯”启动。考虑到活动资源的整合，我们将“量子芯”上市与主题活动的启动仪式合二为一，形成长虹以“量子芯”为主力的彩电视界杯队伍，出征视界杯。

第二阶段：足球世界杯、彩电视界杯——与徐静蕾点燃五月热度

4月20日至5月10日，借量子芯上市推广、徐静蕾形象代言人发布，配合派送豪华大礼迅速完成量子芯平板的知名度提升，并通过即时活动全面带动平板产品销售。这段时间是促进各个产品的销量以及长虹“视界杯”豪华阵容全面亮相，让消费者通过两个“杯”的巧妙结合，找到参赛的感觉，激发他们对长虹在这场比赛中的关注。

第三阶段：足球世界杯、彩电视界杯——PK总动员

5月11日至世界杯开赛，这段时间是家电销售的淡季，家电视界杯为了炒作热度，开始全面PK对比，长虹的分公司每周都拿出不同的机器针对某项功能配合促销赠品直接叫板竞争对手上台打擂，并在每周一公布比赛结果。

第四阶段：足球世界杯、彩电视界杯——激情见证冠军

世界杯正式开始，家电视界杯的淘汰赛也正式开始，通过前一段时间的努力，每周公布销量统计，按照世界杯的进程，用与之相同的形式进行公布。世界杯结束，高潮来临，家电世界杯的最后冠军也将诞生，这个时候各个种子球队的分析很多，我们也在商场用足球评论的方式和语言评论产品，同时消费者参与的活动进入总结，评选出最佳球员（单品），最佳技术（量子芯的某个最受欢迎的功能），最佳人缘（产品造型），最佳守门员（服务机构）等等。

在足球世界杯落下帷幕之际，长虹发起的彩电视界杯也圆满完成，在活动期间，作为彩电视界杯主力的“量子芯”得到消费者的高度认同，“量子芯”的标准成为消费者的购买标准，有的卖场还一度出现了断货的现象。

（视界杯主形象画面）

（海报）

点评：

长虹的“量子芯”运动是产品技术与广告整合传播的一次紧密的结合，在刷新平板电视行业标准的同时，又引导了消费者对平板电视的关注点，定义了平板电视新的选择标准。在整个运动中，传播策略清晰系统，并抓紧世界杯强档，巧妙借势，推出“长虹视界杯”，将整个活动推向高潮，在整个平板电视市场上发出最强音。此间，也为树立长虹高端品牌形象做出贡献。

如果，长虹的量子芯电视能与整体品牌的“快乐C生活”运动、以及与新形象带言徐静蕾形成互动，将会是一场完美的广告运动。另外，产品特点方面的“薄大精声”好像似曾相识，与SONY“博大晶深”有同曲异工之妙。

——贾丽军

百得“梯旋火”燃气灶品牌重塑工程

广 告 主：中山百得燃气用具有限公司 — 百得“梯旋火”燃气灶

广告代理：顺德雅文广告设计有限公司

百得“梯旋火”燃气灶拥有多项技术优势，但由于产品概念不突出、产品宣传缺少理性论据、终端不够完善等问题，上市半年，却很难获得市场的认同。在2005年能源紧张的大背景下，企业抓住这个时机，给产品“节能”的定位，在总结产品一系列的科学依据基础上，融感性和理性的营销策略让产品不再埋没在众多的竞争对手中。在继承和发展企业的品牌策略上做到了平衡。

百得“梯旋火”燃气灶是中山百得燃气用具有限公司2004年4月推出的核心产品。该灶拥有热效率高、氮氧化物排放低和超薄等多项技术优势。然而，产品上市半年，却反而举步维艰，很难获得市场的认同。因此，重新塑造产品品牌形象，整合市场推广成为了百得“梯旋火”打破市场坚冰的关键。顺德雅文广告以顺应节能大势，以“省气”作为主要诉求点，重新提出了“O2+梯旋火”这一全新的产品概念，并以“为中国争气”的情感营销口号，使百得“梯旋火”迅速地打了一场漂亮的翻身仗。

重塑与整合：挑战市场坚冰

中山百得燃气用具有限公司是一家拥有15年专业燃气用具制造经验，涉及燃气具、厨卫产品和小家电产品领域的专业制造商。依托多年技术研究和设计积淀，2004年4月，中山百得推出了“梯旋火”燃气灶这一新产品。该灶拥有热效率高、氮氧化物排放低多项专利和超薄的特点，较之市场同类产品，有着一定的技术优势。然而，产品上市半年，却反而举步维艰，很难获得市场的认同。因此，重新塑造产品品牌形象，整合市场推广成为了百得“梯旋火”打破市场坚冰的关键。

诊断百得“梯旋火”

接到中山百得的委托，2005年已过去了将近半年。市场反应显示，“梯旋火”产品形象存在问题。什么才是问题的实质，问题如何解决？市场大潮滚滚向前，如果我们不抓住有限的时间，“梯旋火”产品很有可能因产品升级、市场换代而错失市场，不但浪费了前期开发推广的努力，也将影响后期新产品的推出。

时间就是金钱。我们迅速通过产品调研、行业调研、企业内部访谈、消费者访谈等方式，分析影响百得“梯旋火”燃气灶市场表现的内外因素。在充分的市场环境分析、目标客户与竞争对手研究的基础上，对“梯旋火”进行了全面、科学的品牌调研与诊断，从而发现以下主要问题：

1.产品概念不够突出，缺少生动化表现

“梯旋火”刚推出市场，即面临美的“全燃火”、方太“25.5° 火”和华帝“超猛四环火”等行业大品牌的围堵。这些竞争品牌通过生动的终端表现，纷纷占领“第三代火”甚至“第四代火”的制高点。而百得“梯旋火”由于终端表现的缺失，产品概念模糊，科技感稍弱，被人为地以“旋火”之名打压在“第二代火”上。

2.产品概念过于感性（如：健康、绿色等），缺少理性论据，前期推广宣传口径不一致

由于百得“梯旋火”前期上市概念模糊，缺乏有效整合，经销商只能各自理解、各取所需，进而各自表述。一时间，“梯旋火”被冠以各种称谓：叫“梯旋火”有之，叫“健康梯旋火”和“绿色梯旋火”亦有之。而不管如何称呼“梯旋火”，无一例外都仅仅是对产品停留在感性的阐述，并不能从原理、功能到效果对产品进行严谨科学同时生动易解的理性分析。健康、绿色这些功能表述均难以对目标人群的构成有效杀伤，市场反应冷淡。

3.终端梯旋火缺少明星产品

4.终端网络不够完善，梯旋火推广终端纵深力度不够

5.产品线单一，400-700元，800-1200元零售价梯旋火产品太少

对症下药，品牌重塑

尽管“梯旋火”产品市场表现不尽如人意，但前期已投入的推广费用消耗巨大，“梯旋火”已获得了一定的市场认知度。如果从“梯旋火”这个产品概念开始全盘否定，提出一个全新的产品形象和概念，即意味着推倒重来，必将承受着不菲的新推广费用。这将对百得这样一个正处于成长期的企业构成沉重的压力，到头来很可能是得不偿失。但如若不做出深度的调整，仅有的市场份额将会逐渐被竞争者一点点吞噬殆尽。

To be? or not to be? 这里出现了两难。

能不能在“梯旋火”现有的市场认知度基础上，促成市场的认同，并最终掀起“梯旋火”购买新浪潮呢？

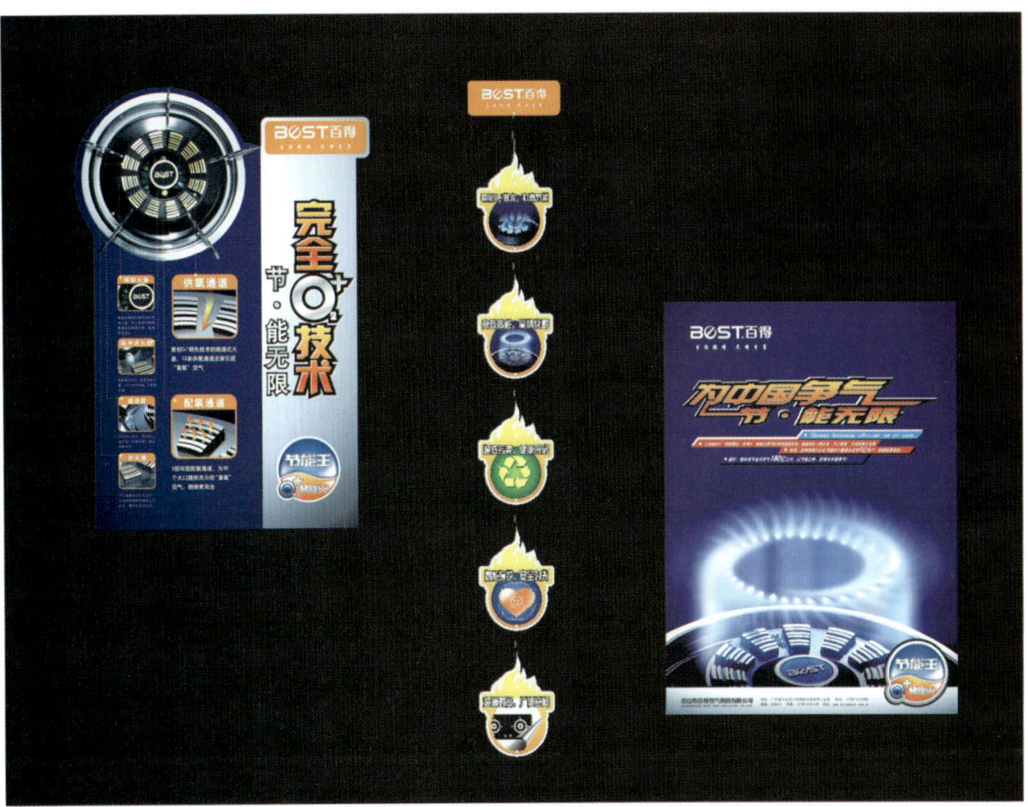
BEST百得
完全O2+技术
节·能无限
节能王
为中国争气
节·能无限

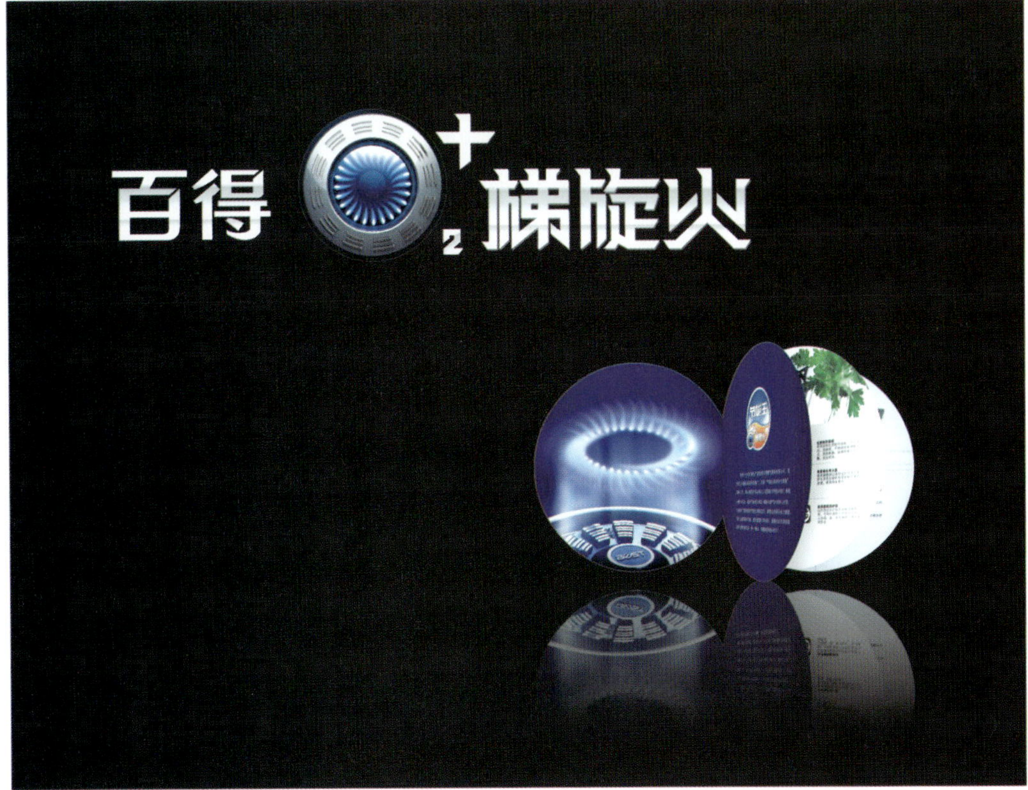
百得 O2+ 梯旋火

又是一轮市场分析和内部头脑风暴。

调研显示："梯旋火"这个产品核心概念正是对产品火形的一个形象概括，造成产品概念不突出更主要的原因是缺乏对概念的内伸外延，使得产品形象不够丰满。我们完全可以通过对"梯旋火"概念的延展，对产品形象进行必要的修补和再包装来解决这个问题。

分析决定：可以保留"梯旋火"概念，并在次基础上重新定位。

如何内伸外延？毫无疑问，产品的新定位主要来于对市场大势的准确把握。

解决之道，顺势而昌

2005年，我们迎来了一场能源危机。电荒、煤荒、油荒，这些离我们曾经很遥远的语汇突然闪现，那些曾经辉煌的业绩，就像多米诺骨牌一般一个个突然倒下。危机，在很多人的意料之中和意料之外。意料之中，是能源的不可再生众所周知，能源枯竭所导致的危机迟早会降临；意料之外，没想到能源危机来得如此之快，许多中国老百姓刚刚享受上小康生活，却又面临着能源价格上升带来的新生活负担。于是乎，节能节约顺应登台，成了社会主流。有以下可证：

1.能源危急催生节能产品

其实，能源危急警报从2004年已开始拉响，人们对产品是否节能环保也开始重视起来。这种情结持续到2005年，催生了节能产品大步上市的力度。

2.政府在催生节能产品

2005年中，国务院下发了《关于做好建设节约型社会近期重点工作的通知》，将能源节约作为建设节约型社会的重中之重。专家预测，《通知》的下达将加速厨卫家电产品的优胜劣汰，即高耗能产品的淘汰，而新型节能产品则会越来越受市场欢迎。

3.2005，节能要唱主角

无疑，2005年厨卫电器的发展主调，自然是节能环保、舒适健康唱主角。最节能的空调、冰箱已成为行业的明星。

然而，纵观整个燃气灶行业，几乎没有一个知名品牌是以节能作为主要诉求点的。我们判断这主要是电荒比油荒来得早的缘故，节能，灶具行业比电器行业虽然走慢了一步，可这一步已经迈出。

松下幸之助就说过："经营，其实就是一种顺势。就像雨天撑伞，晴天收伞。"

百得"梯旋火"有这个眼光，更有这个实力，迈出行业顺应节能大势的第一步。

精准定位，风云再起

我们的自信不是凭空的，百得"梯旋火"这个产品融会旋火、平火、三环火的优势，热效率高达63%，远高于行业一般灶具。换言之，就更省气更节能。同时，"梯旋火"独得国家3项专利，其中2项国家外观专利，1项国家实用新型专利。拥有环保、超薄等优点。

我们所需要的就是把百得"梯旋火"核心卖点——节能，通过概念化，形象地传达给目标客户。通过和百得科研部门的合作，我们科学严密论证了"梯旋火"的燃烧原理。根据对"梯旋火"火盖的分析，提出了"O_2^+梯旋火"这个新的概念。"O_2^+"技术主要是针对普通燃气灶在燃烧时显现供氧不足，燃烧不充分、热效率不高并且产生大量燃烧后残留气体等问题的一揽子解决方案。其以12条供氧通道，3层环型配氧通道，为36个火口提供充分的大量新鲜空气，使空气中的氧气分子（O_2）与炉火更全面地结合，造成"富氧"空气帮助燃烧的现象，燃烧由此更充分、更完全，极度推高了热效率，达到一个节能的行业新高度。"O_2^+梯旋火"，将是一个全新燃烧概念，是继直火、普通旋火技术之后划时代的燃烧技术。其以加强供氧燃烧和梯旋燃烧技术的完美组合，囊括节能、快厨、健康、安全、时尚五大特性，缔造出领先行业的火智慧。

在科学论证的基础上，我们同时也加强了产品的情感营销，提出了"百得O_2^+梯旋火，为中国争气！"这一大气磅礴的传播口号！使产品在传播过程中有理有据的同时，形象地传达出百得"O_2^+梯旋火"节能省气的特点和舍我其谁的气魄，直击目标客户内心深处。

针对新概念的提出，我们为百得“O_2^+梯旋火”重新设计了终端形象，为主要元素“O_2^+梯旋火”设计了新标志，并统一了视觉规范，折页、单张、POP、海报，加上媒体、网络的推广，一场轰轰烈烈的翻身仗已经展开。

O_2^+梯旋火，果真争气

2006销售年刚过半，我们从市场回过头来检视“O_2^+梯旋火”的表现：产品销售额比去年同期增长36%，形势一片大好。“O_2^+梯旋火”不仅仅为中国、为消费者“争了气”，也为百得“争了气”！

点评：

用消费者听得懂的语言，提升传播效果

百得的“梯旋火”燃气灶终于咸鱼翻身，当然，它现在已经不“梯旋火”了，而是在前面有了O_2^+的前缀，成了“O_2^+梯旋火”，虽然产品本身并没有任何实质的改变。这种换件马甲的游戏从营销的角度上讲，可不是什么随随便便的笑话，36%的销量提升的业绩能够证明一切。

当百得看到方太、美的等知名燃气灶陆续推出“XX火”产品名称的时候，也不甘落后地为自己的新产品冠上“流行”的名字：梯旋火。然而市场却没有因为百得的跟风，就奖给它好的销量，使得有15年业内经验的品牌遭遇尴尬。

百得梯旋火最大的问题就出在产品的名称上面，一是没有与同类产品进行良好的区隔，二是名称并没有体现产品的优势，三是故弄玄虚的名字并没有得到消费者的认同，所以，销量不尽如人意也就不足为奇了。

那么为什么就是简单的加个O_2就会有如此化腐朽为神奇的力量？O_2在消费者心目中固有的认知就是助燃，助燃必定旺火，所以O_2^+梯旋火名称中对产品的诉求满足了消费者对燃气灶的常态需求。百得O_2^+梯旋火的成功，不是依托品牌本身，赢就赢在从消费者的角度更新了传播的主体。因为我们都知道，谁是上帝？

——徐丽

泰尼普拉，以概念定位，以形象创新

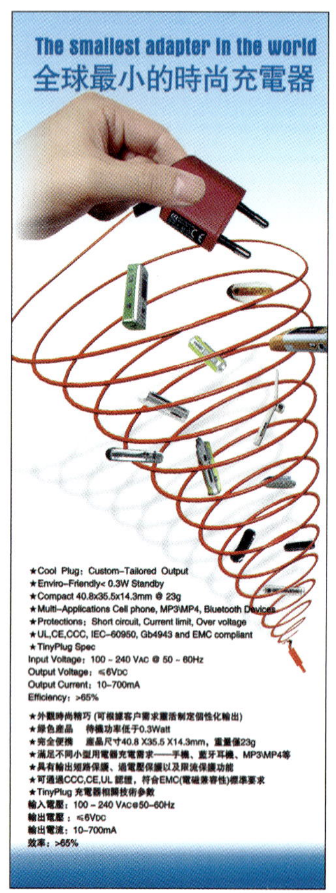

广 告 主：泰尼普拉科技（深圳）有限公司 — 泰尼普拉微型充电器
广告代理：博士广告公司

2006年，泰尼普拉微型充电器上市，如何为其进行形象定位和策划摆在了企业面前。产品的特点是小巧时尚、科技含量高，锁定的目标消费者是追求潮流的白领一族、经常商务出差或旅游的时尚人士。所以，产品就定位于全球最小的时尚充电器的概念，并且通过各大城市的大型行业展会进行宣传，在消费者心中建立起了良好的品牌形象。

一、背景简析

泰尼普拉科技(深圳)有限公司，是由香港泰尼普拉科技有限公司在内地独家投资设立的一家专门从事各类开关电源(充电器)研发、生产、销售的高科技企业。2006年，泰尼普拉拥有7项国际专利技术的充电器上市，这一新产品小巧时尚，科技领先，吸引力强，需要及时地进行一系列宣传与推广活动，尽快地在目标消费群中建立独特的品牌形象，带领消费热潮。决定由博士公司为其作上市推广的形象定位和策划。

二、目标受众

泰尼普拉微型充电器的主要消费群体是：追求潮流的白领一族、经常商务出差或旅游的时尚人士。

当下，是一个时尚文化盛行的时代，白领与时尚一族对潮流触觉敏锐，强调个性飞扬，对于新产品充满好奇，相信这类科技领先，设计独特又实用的产品，会很容易吸引他们的眼球，从而引领一股新的消费潮流。

1. 旅游——方便携带、轻巧、美观、时尚。

此类消费群青春活泼、时尚大方，容易接受新生事物！

2. 商务——时尚、档次、品位、大方、精品。

此类消费群讲究档次和时尚、商务实用，容易接受新生事物！

3. 礼品——喜庆、时尚、档次、品位、实用。

此类消费群针对喜庆、品位、时尚、容易接受新生事物！

三、创意表现

博士抓住泰尼普拉微型充电器小巧却功能强大的特点，将其定位为：世界充电器专家。营造独特销售卖点——全球最小的时尚充电器概念，清晰的画面，带给消费者新的视觉冲击，激起消费欲望。

1. 海报设计之一《龙卷风篇》局部：

采用龙卷风的创意元素，传递微型充电器的多多功能，与全球最小的时尚充电器的概念。

2. 包装设计：

设计理念：博士从打造“精品”的概念出发，充分考虑到产品的结构特性，科学合理地将其包装盒设计为与产品保持一致的精品造型，提升产品的品质感。

泰尼普拉充电器稳健中注入了看不见的奇妙遐思，色彩不再是传统意义上的色彩，而意味着风尚，是时尚礼品的最佳符号，所以包装设计上更应别出心裁！专有欧洲品蓝色，以印象派的简约线条醒目表达，瞬间给人生动印象，为泰尼普拉的欧洲尊贵气质又增加了一份清新与亮丽。

3. 展会设计；

4. 宣传折页设计。

四、推广效果

通过博士对泰尼普拉微型充电器的创新形象定位和一系列宣传后，营造独特销售卖点的全球最小的时尚充电器概念，其精致时尚的产品形象获得了客户的好评。

在香港、上海、深圳、广州等大型行业展会上，泰尼普拉的商品展示活动举办得很成功。精心布置的展位吸引了不少厂商驻足停步，进来观看产品的人络绎不绝，更有不少外国厂商对泰尼普拉充电器表示了强烈兴趣，咨询了很多相关问题，甚至现场就签订合同达成交易。

易拉宝

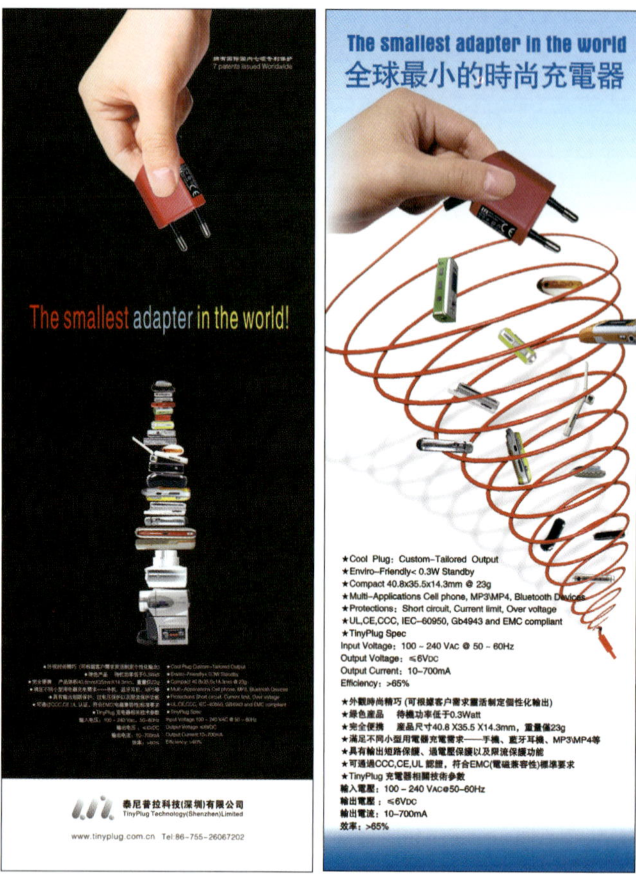
The smallest adapter in the world!
泰尼普拉科技(深圳)有限公司
TinyPlug Technology(Shenzhen)Limited
www.tinyplug.com.cn Tel:86-755-26067202
The smallest adapter in the world
全球最小的時尚充電器
★Cool Plug: Custom-Tailored Output
★Enviro-Friendly< 0.3W Standby
★Compact 40.8x35.5x14.3mm @ 23g
★Multi-Applications Cell phone, MP3\MP4, Bluetooth Devices
★Protections: Short circuit, Current limit, Over voltage
★UL,CE,CCC, IEC-60950, Gb4943 and EMC compliant
★TinyPlug Spec
Input Voltage: 100 - 240 VAC @ 50 - 60Hz
Output Voltage: ≤6VDC
Output Current: 10-700mA
Efficiency: >65%
★外觀時尚精巧 (可根據客户需求靈活制定個性化輸出)
★綠色產品 待機功率低于0.3Watt
★完全便携 產品尺寸40.8 X35.5 X14.3mm, 重量僅23g
★滿足不同小型用電器充電需求——手機、藍牙耳機、MP3\MP4等
★具有輸出短路保護、過電壓保護以及限流保護功能
★可通過CCC,CE,UL 認證, 符合EMC(電磁兼容性)標準要求
★TinyPlug 充電器相關技術參數
輸入電壓: 100 - 240 VAC@50-60Hz
輸出電壓: ≤6VDC
輸出電流: 10-700mA
效率: >65%

海报

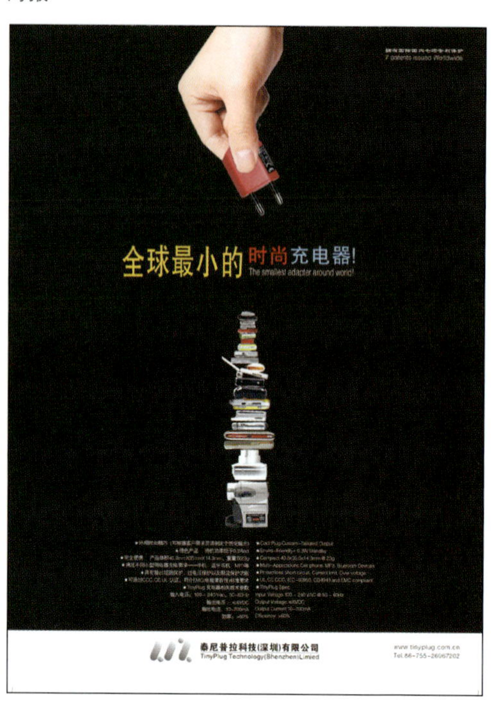
全球最小的时尚充电器!
The smallest adapter around world!
泰尼普拉科技(深圳)有限公司
TinyPlug Technology(Shenzhen)Limited

展会设计

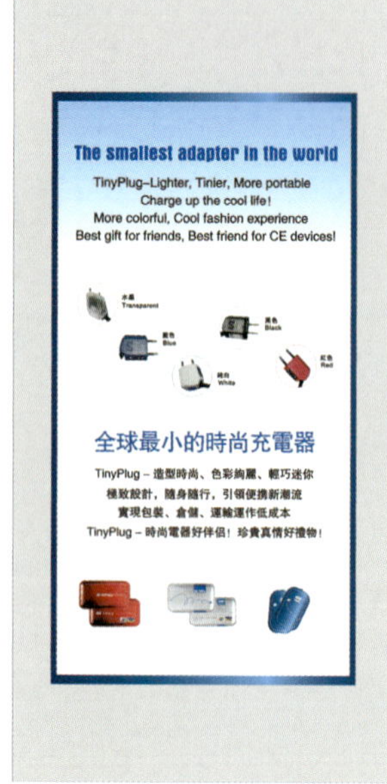
The smallest adapter in the world
TinyPlug-Lighter, Tinier, More portable
Charge up the cool life!
More colorful, Cool fashion experience
Best gift for friends, Best friend for CE devices!
全球最小的時尚充電器
TinyPlug - 時尚電器好伴侶! 珍貴真情好禮物!

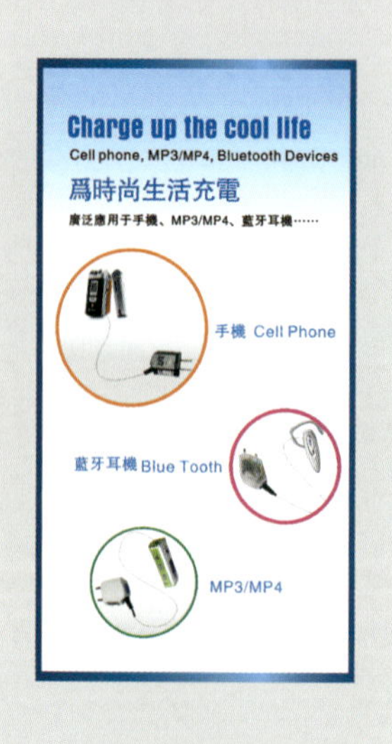
Charge up the cool life
Cell phone, MP3/MP4, Bluetooth Devices
爲時尚生活充電
手機 Cell Phone
藍牙耳機 Blue Tooth
MP3/MP4

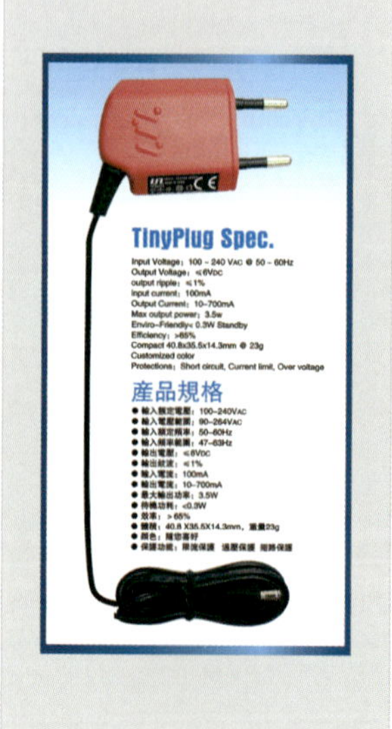
TinyPlug Spec.
產品規格

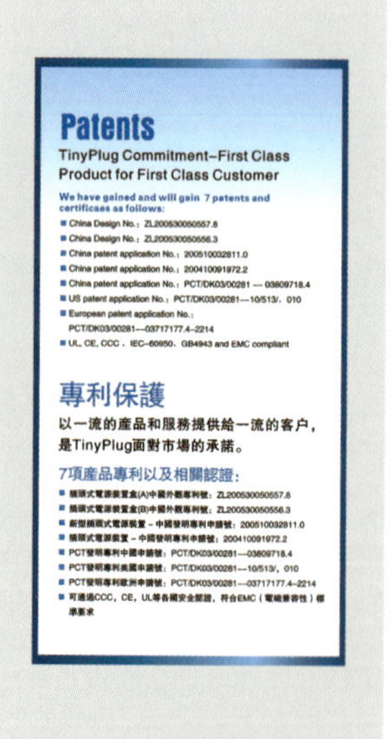
Patents
TinyPlug Commitment-First Class
Product for First Class Customer
專利保護
以一流的產品和服務提供給一流的客户,
是TinyPlug面對市場的承諾。
7項產品專利以及相關認證:

包装设计

宣传折页设计

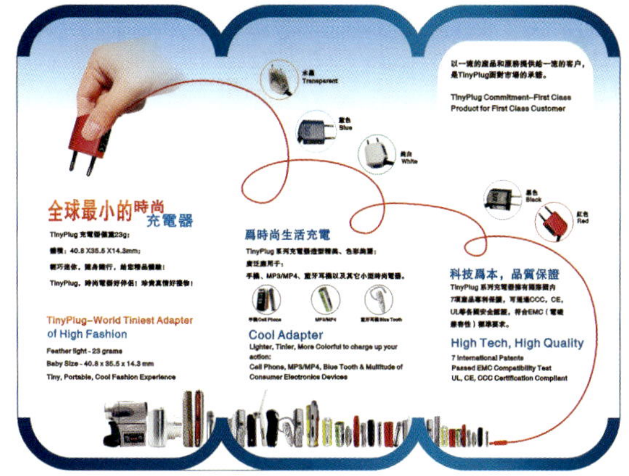

通过一系列的品牌形象宣传活动，强化了泰尼普拉微型充电器独特的产品优势，提升了泰尼普拉在目标受众中的品牌形象，为其开拓更多的商机奠定了基础。

点评：

小有小的时尚

如何做到酣畅淋漓的精致？看看BBIC泰尼普拉微型充电器的上市推广方案。无论是从产品的概念定位：全球最小的充电器，还是产品本身的外形与包装，还是终端的一系列表现，如海报、易拉宝、展位平面、产品折页，BBIC都在极尽全力地做到与精致、小巧靠拢。在电子产品市场中，消费者是认可精致小巧就代表了高科技与时尚的概念。人们喜欢轻便的笔记本电脑，追求轻薄的手机，甚至U盘也要像电话SIM卡片那么小才算过瘾。在电子产品的世界中，小才风尚，小才先进。

其实BBIC泰尼普拉微型充电器的上市推广方案中并没有特别亮点的地方，产品概念的定位中“世界充电器专家”也是需要产品力来验证是不是能对得起专家二字的，“全球最小的时尚充电器”也无非是再次强调了电子产品追小才是追时尚的概念。BBIC的成功就是因为将小等于时尚做到透彻，从而赢得了一大批年轻人的欢心，确立了自己市场的地位。BBIC很简单：站在对的地方，做好该做的事！

——徐丽

实德集团，强壮民族品牌的DNA

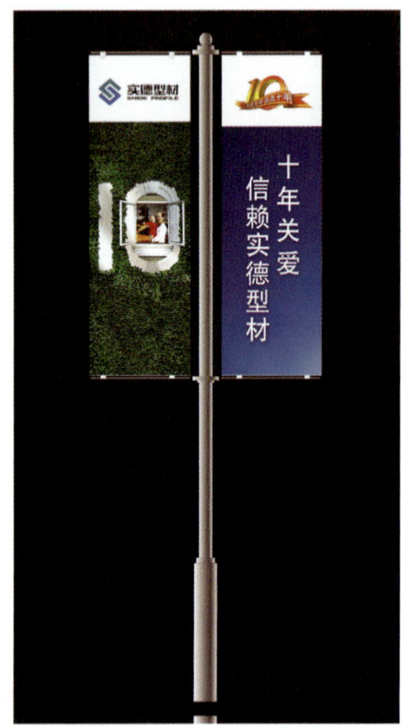

广 告 主：实德集团 — 实德型材

广告代理：大连壹捌零广告

化学建材产业是实德集团的主导产业，中间工业品牌是其早先的定位。然而随着广大消费者的自发需求成为市场的主要推动力之后，企业需要向消费者品牌转向。如何有机建立实德品牌与实德型材品牌之间的关系？如何加强中间品牌对最终消费者的亲和力和影响力，是企业要在转型过程中需要解决的两大问题。企业最终确立了“家”的核心概念，以“有家，就有实德型材”为主要的传播口号进行品牌打造。同时通过倡导“节能”的美德，以及创新行业标准，让实德品牌进入消费者的心里。

没有品牌的竞争是无力的竞争，没有品牌的市场是脆弱的市场，没有品牌的企业是危险的企业。随着市场经济的不断深入，随着竞争手段的丰富多样，企业间的较量与对抗将更多依赖品牌自身的力量。没有品牌，企业将寸步难行、举步维艰。

很庆幸，我们的民族品牌意识正在觉醒，并逐步得以强化。它们从无人喝彩的孤独，发展到今天高朋满座的热闹，得到了越来越多的关注和认可，开始了大规模的自主创新之旅。2005年，我们与实德集团合作，进行实德型材品牌推广。年末，实德型材获得十大民族品牌称号。作为本土广告公司，我们为能以自己的专业服务民族品牌而感到骄傲，我们用我们的本土经验和消费行动洞察，为民族品牌“体检”，寻找强壮之道。同时我们意识到中国的品牌之路任重而道远，既要探索中国经验，又要巧妙运用西方广告的拿来主义，一手双枪，为品牌“打”开市场。

品牌点睛：一扇窗的路程，我们走了十年

中间工业品牌向消费者品牌转向

品牌，要经营的不是单向的产品，而是产品与消费者之间的关系。

实德集团是中国新一代崛起的民营企业，化学建材产业是实德集团的主导产业，实德是中国最早的型材生产商之一。由于发展文化产业投资经营实德足球俱乐部，使实德品牌声名远播。但在我们的市场调查中发现，很大一部分消费者知道实德品牌，知道实德足球，但不知道实德究竟是做什么的；也有一大部分消费者知道实德生产型材，却不知道实德型材是做什么用的。面对如此模糊的品牌属性，说明品牌在消费者终端根本没有感受力，这也是很多中间工业品牌无法逃脱的宿命和弊端。

实德型材早期的主要任务是抓产品质量、抓市场，对品牌的建设仍停留在表层。随着广大消费者对塑料门窗的逐步认同，市场自发的需求已逐步成为行业发展的主要推动力。调查显示，塑钢门窗的需求对象正在发生转移，从建筑方向使用方发展，正是塑造品牌的最佳契机。

将实德型材由中间品牌向消费者品牌的转移，确定了整体品牌定位的大方向。然而，在开始考虑如何将品牌带上既定轨道时，两个亟待解决的问题摆在了我们面前。一个是，如何有机建立实德品牌与实德型材品牌之间的关系？另一个是，如何加强中间品牌对最终消费者的亲和力和影响力？

寻找品牌沟通的杠杆

带着疑问，我们开始寻找型材、门窗、消费者三者的联系，力图在作为中间产品的型材与消费者之间找到沟通的杠杆。最后，我们为品牌提出更具情感性的定位，在这个生硬的半工业化产品中，注入“家”的概念，以“有家，就有实德型材”作为主要传播口号，并以家作为创意的主要元素，使品牌更注重与消费者的沟通与亲和。

在进行广告创作的时候，我们抓住今年正好是实德型材诞生十周年的契机，以“十年关爱，信赖实德型材”作为策略点展开，让实德型材专业、领先、关爱的形象走进千家万户。

配合这个主题，我们进行了两个层面的广告推广，一方面是加工店的终端海报及相关物料制作，主要突出十年的主题，画面的视觉形象以“10”为核心，同时通过窗子中往外看的人物，展现出实德塑钢窗带给消费者的舒适生活；另一方面，是报纸、户外等统一形象的推广，主题为“一扇窗的路程，我们走了十年”。画面巧妙地通过一扇窗向外看到雪山、平原上一条曲折的长路，形象大气，语言感染力强，大品牌的气度卓然跃现。最主要的，品牌与消费者开始了情感沟通，让消费者感到了品牌的人文关爱，开始建立品牌信赖度。

塑造品牌核动力

借势社会力量：节能，也是一种美德

一个品牌必须有无可取代的核心竞争力，才能立足市场。品牌没有终身制，必须结合市场需求，快速响应，不断创新前进。实德型材近几年一直致力于生产高效节能产品，以独到的设计，考量产品的每个细节，使其节能性能更强。

借势中国全面建设节约型社会的宗旨，节能也逐渐成为产品竞争的关键。我们将“节能”作为推广主题——倡导：节能，也是一种美德。为社会节约能源的同时，将利益点落实到家庭，为家庭创造收益。策略地将个人利益和社会利益有机结

合，引导消费选择。我们针对不同的区域市场，进行核心卖点的提炼，并针对消费者的需求以及品牌形象的新特征进行诉求。在不同区域，主推不同的系列产品。2005年，我们进行了局部市场预热，反响很好。2006年进行了大面积的全国推广。

创新行业标准：首创1567金牌服务体系

创民族品牌就是要敢于坚持用国际标准、用国际上通行的规律和手法来开创。品牌培育，就是服务，消费者可长期感受到的品牌内涵，也是从服务中循序渐进的深入感受。中国的很多短命品牌，除了自身的发展动力不足，没有系统深入的服务也是品牌早夭的主要原因。门窗是一项长期工程，对于消费市场来说，基本上是一次性的购买与消费，很少有重复消费现象。门窗一旦安装，就会有一个比较长期的使用问题，一般消费者会比较谨慎和小心，选择起来会有一个过程。所以，给消费者一种专家的形象以及更多的附加价值，为客户提供解决方案，而非单纯的产品销售，对于品牌的构建和消费者的选择都会有决定性的影响。考虑到目前国内型材行业的特殊性，企业生产型材，然后由零散加工单位加工成门窗销售，所以门窗的质量不仅仅取决于原始的型材产品，更与加工工艺息息相关，而加工单位并不受实德型材直接管理，所以品质难以控制。为了完全保障门窗的质量，我们将整个的产业链纳入品质管理服务中，协助实德型材在业内完成了创造性的举措——首创1567金牌服务体系，让实德型材创建了一个新的行业准则，改善了纷争杂乱的市场现状。

以退为进的服务营销在实德扎根，《1567数字大厦篇》中，1567金牌服务简化为一个象征性的符号——1567，遍布城市的每个角落，形成了一张无处不在的保障网，给消费者带来十足的信赖感，也表现出一个大型企业的实力和气魄。有1567金牌服务体系，消费者可以完全放心使用实德塑钢门窗。针对性地提出了服务营销的新模式，我们建议实德型材建立以1本《用户服务手册》（针对所有客户）、5大专业项目（针对房地产公司提供专业服务）、6个规范步骤（针对消费者的规范服务）和7道重点工序（针对门窗安装工人提出规范）为内容的服务体系，更近距离地接近消费者。随着1567金牌服务体系的深入推广，将为消费者提供优质的产品利益承诺和完善的服务价值感受，强力提升品牌形象。国民品牌意识的苏醒我们用了近30年的时间！我们在分享全球化给我国经济生活带来的品质和效率的同时，也承受着相当一批本土品牌退出竞争舞台的代价。能够打开眼界，主动利用别人的资源和经验，确实是一件好事情，但对民族品牌的保护理应提到一个新的高度上来，策略地使用外资，因为我们已经不可能再用30年的时间去换一个新的世界战场，让别人的品牌星球，在中国的市场上“大战”。而且发展民族品牌不是一家之事，只有形成合作共融的大品牌环境，大家拉起手来，才可能有民族品牌的大发展，大胜利。

30年，我们的民族品牌经过了重重喋血的黑夜，渴望一个灿烂的春天。

点评：

窗，欣赏美景的介质

我们只说实德找到的产品与消费者之间的沟通方式：一扇窗的风景。

很多人都知道实德是品牌，大部分是从实德足球队知晓，实德的主要产品是型材，可用于门窗加工。找到离消费者生活似乎有点远的建材与消费者沟通的方式的确是有困难的，一味地强调产品力反而并不能取得良好的效果。我们之所以说“一扇窗的风景”沟通方式成功基于以下几点：一、融合了产品——型材与窗户的概念，突出了产品本身，也得到了消费者的认，几乎现代都市的住宅门窗都是以型材为原料的，切合了“有家，就有实德型材”的品牌诉求。二、采用情感诉求的方式与消费者沟通，能够得到消费者持久地认可，从家里看看窗外风景，风景也变得不一样，这让消费者感到了品牌的人文关爱，非常有利于今后实德品牌的进一步塑造。

消费者都是情感动物，即使在理性地选择时，也绝对不会拒绝除了产品本身还会额外带来的附加值，情感附加值是如今很多知名品牌在推广产品时惯用的法宝，实德也不例外，打动消费者，打开你心灵深处的窗。

——徐丽

用实德型材，做精品型窗
1567金牌服务体系，关爱每一个家

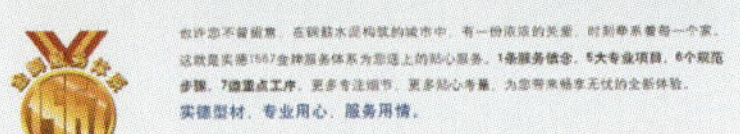
实德型材，专业用心，服务用情。

节能标兵

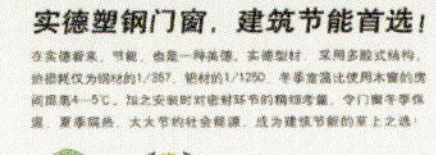
实德塑钢门窗，建筑节能首选！

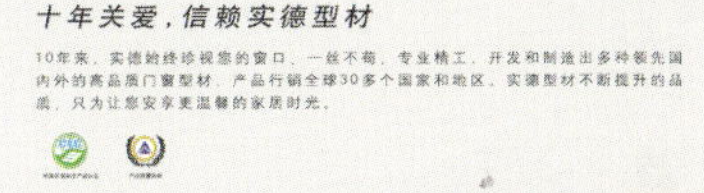
十年关爱，信赖实德型材
10年来，实德始终珍视您的窗口，一丝不苟，专业精工，开发和制造出多种领先国内外的高品质门窗型材，产品行销全球30多个国家和地区，实德型材不断提升的品质，只为让您安享更温馨的家居时光。

实德型材
SHIDE PROFILE
一扇窗的路程，我们走了10年

实德型材
SHIDE PROFILE
一扇窗的路程，我们走了10年

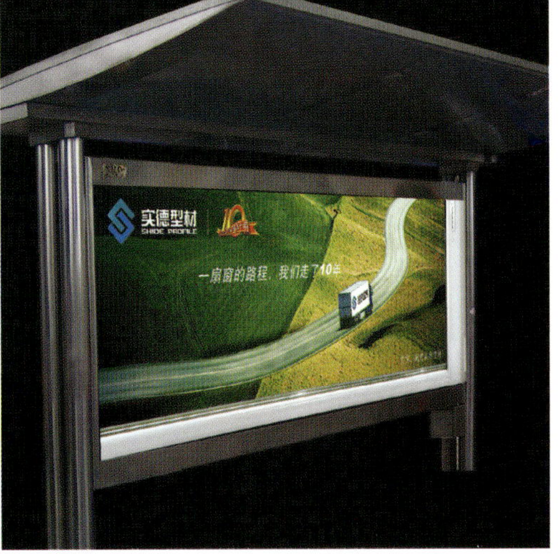
实德型材
SHIDE PROFILE
一扇窗的路程，我们走了10年

实德型材
SHIDE PROFILE
一扇窗的路程，我们走了10年

“未来之窗”铝塑板策略规划

广 告 主：广州市未来之窗建筑材料有限公司—“未来之窗”铝塑板
广告代理：广东广旭广告有限公司

面对建材价格竞争激烈化这一环境因素，铝塑板市场要从品牌上寻找突破口，提出了目标群体的侧重，以品牌带动产品吸引目标群体的策略并将目标对象定义为：“施工方是现有的客户资源，必须保持利用；设计方、发展商是下一阶段的核心人群，是市场拓展的重中之重；监理方是下阶段的第二考虑对象。大众市场则作为长远目标考虑。”

铝塑板市场：一个喜忧参半的市场

喜的是：随着楼市的火热，建材仍大有用武之地，其中以施工简便著称的铝塑板更有广阔的发展空间；忧的是：原材料价格的上涨，迫使价格竞争再上新台阶；伪劣产品凭借低价格手段更为原本伤痕累累的市场局面撒上一把盐。

未来之窗如何化忧为喜？—— 走品牌制胜之路！

对于消费市场而言，无非追求两种利益，一是产品价格的最低化，但，这一点会受到企业经营成本的限制。二是产品价值的最大化，这一点受品牌力的影响。所以面对建材价格竞争激烈化这一环境因素，铝塑板市场要化忧为喜就要从品牌上寻找突破口。

第一、选择哪里钓鱼？

铝塑板与普通消费品相比有着很强的专业性，从建材专业市场并根据行业经验来分析：施工方——建材的主要采购方，现阶段建材企业的主要争夺对象，他们需要的是有效的成本控制，安装的简便性；再深入分析，能接触到建材用品的还有其他方面：设计方——有很强的用料推荐权，他们对建材的需求是能最大程度地突显建筑个性，符合城市整体建设规划；发展商——是主要的出钱方，有着最终的决策权，他们对建材的需求是尽可能体现投资价值，甚至成为城市的标杆物；监理方——紧把质量关，有一定的建议权，他们对建材的需求是符合设计要求和可靠的质量体系。纵观以上四方，忽略任何一方都有可能流失部分市场。

此外，考虑到市场的长远发展，铝塑板除了能作为室外幕墙材料之外，同样可作为家居装修材料，如产品延伸至大众装修材料市场则具有很强的可拓性。

所以，品牌传播上先要调整目标群体的侧重面，以品牌带动产品吸引目标群体。从侧重面来看：施工方是现有的客户资源，必须保持利用；设计方、发展商是下一阶段的核心人群，是市场拓展的重中之重；监理方是下阶段的第二考虑对象；大众市场则作为长远目标考虑。

从竞争层面来看，现时竞争者在传播上只是着重于产品层面和企业规模的炒作，而品牌构筑则缺乏足够的内涵和推动力。可见，竞争者为“未来之窗”留下了广阔的品牌空间。

综合消费需求与竞争环境的考虑，“未来之窗”的品牌方向是着重传递产品功能所带来的效果感受。

第二、如何引鱼上钩？

要赢得市场的青睐，须先理清企业的固有优势与局限性，“未来之窗”目前拥有：（一）样板工程，但与竞争对手相比，优势不明显。可作为配合利用，助推“未来之窗”的品牌传播。（二）行内具有高知名度，但，行外的知名度很低。可作为延伸利用：以行内优势带动大众市场。要实现延伸作用，在整体策略的考虑上就要先做强，再做大！

如何做强，做大？

其一，顺应品牌建设的阶段性要求，现阶段以产品品牌带动企业品牌，下阶段以企业品牌拉动其他新开发项目。

其二，以“铝塑板”为企业经营突破点，壮大企业实力，为企业横向拓展作铺垫。

其三，从长远来看，“未来之窗”要渗入大众市场，就要合理规划好内部的其他产品品牌（雅力、雨战士）。所以在品牌推广上作出必要的市场细分。“未来之窗”品牌作为主推的形象产品，主打大众建材市场的高端市场，提高企业品牌形象，营造口碑。将“未来之窗”塑造为一个高端的建材品牌。“雅力”和“雨战士”则主打建材市场的中端市场，填补企业在产品线上的价格断层。这两个将依靠“未来之窗”的市场影响力来推动销售，主要以通路为主体来提高市场占有率，从而与母品牌形成共赢的市场互动关系。

其四，扩大市场接触面。调整目标人群侧重点，由目前单一地面对施工方转换为“四方”（设计+发展+监理+施工）立体化争夺。广泛利用媒体，从现时单一的专业媒体扩展到大众媒体（户外广告、平面媒体广告等等），借助大众媒体进行有效传播，在大众市场内建立知名度，为下阶段的“做大”做准备。另外，考虑到建材专业市场汇聚了行内专业人士与普通消费人群，所以可从建材市场上寻找突破口，通过强化终端建设（展柜应用、形象店的强化），一方面可吸引行内人士的眼球，另一方面在大众市场中传达“未来之窗”的品牌信息。“未来之窗”的品牌名称具有前瞻性的涵义（创新、领先），但还缺乏广泛传播，所以当前的主要任务，是赋予品牌内涵（个性形象），并运用有效的手段进行传播，提升它的知名度和美誉度。

通过以上的优势整合，使“未来之窗”实现由强变大的战略目标，最终使之成为大众熟悉的专业品牌。

第三、我们要钓大鱼！

要钓大“鱼”先要活化“未来之窗”的品牌形象。从方向性来考虑，一是着重产品层面的物理诉求，提炼某一产品利益点（如：耐用性，不变形），将“未来之窗”定位于耐用的铝塑板建材。这种方向能直观反映产品性能。但不便于企业品牌的长远规划，因为企业要不断推陈出新，每一产品都有其独特的产品性能，传播上难以面面俱到，而单一的物理诉求容易与竞争者同质化。另外，如果塑造的只是某一方面的利益点，则品牌竞争力不强，不利于品牌形象的提升。另一方向是以情感化诉求为切入点，结合产品功能点，重新包装产品品牌概念，这种方向的优点是：诉求空间相对较大，便于品牌长远发展。创新的概念演绎，竞争者难以模仿，又不会局限于某一点的传播能综合体现产品整体利益点，这些对品牌建设都是非常有益的。所以，以情感利益为诉求方向胜算更大。以此为基础，结合产品特点、消费需求和竞争环境三方面来分析，我们的产品特点是：

“优于专”，即精细的专业精神；

“精于心”，即创新的设计理念＋用心选材；

“形于表”，即多款图案选择。

我们的目标消费群的需求主要是与都市建设的协调；耐用性；价值（投资、设计）的体现。

从竞争环境来看，竞争者仍停留于为卖产品而卖产品，缺乏足够品牌沉淀。

所以广旭建议将“未来之窗”塑造成“未来都市的装饰者”，一方面可以紧扣市场机会点，另一方面能彰显其前瞻的个性形象——现代建筑的首选建材，未来都市的价值体现。在形象的感知上，我们则将未来之窗多年来在国际市场的开拓成果，变成了品牌的主要推动力，目的是使广大消费者认识到，未来之窗已经为众多的国际著名建筑所青睐，这是一个值得信赖的、与世界建筑趋势同步发展的大品牌。所以我们在广宣中侧重于体现其国际性、领先和创新的广告调性，因而，我们最终将“未来之窗”的品牌传播口号确定为：“全球视野，未来之窗。”

第四、“未来之窗”的推广手法。

户外媒体以品牌形象导入为主。（建材专业市场的户外媒体——高速公路户外媒体）

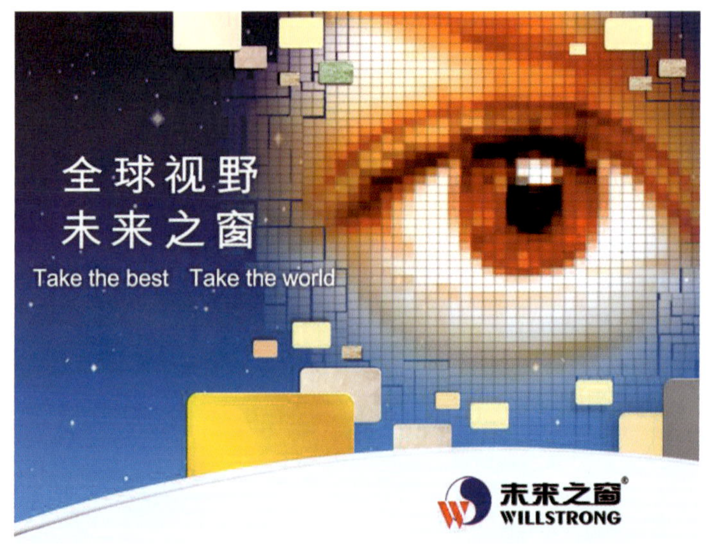

《形象篇》

终端着重品牌形象和宣传产品功能点。

《功能篇——色彩》

《功能篇——阻燃》

《功能篇——易安装》

《功能篇——坚固》

《功能篇——环保》

《功能篇——裁剪方便》

全套品牌策略确定之后，我们除了注重大众媒体对品牌建设的核心作用，更没有忽视专业媒体的实际促销效果。所以在国外专业媒体的运用和专业展销会方面也做足了功夫，使全新的品牌形象能顺利地向行内人士传达，完成品牌的跃升。

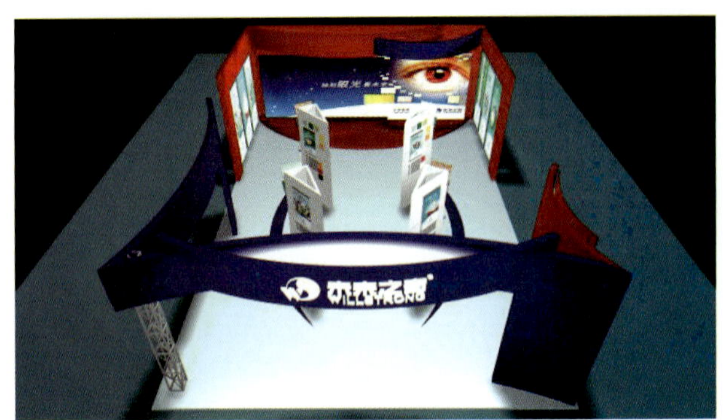

展览会布置

广旭相信，随着下一步网络营销和针对老顾客的DM行销手法的有序开展，未来之窗将成为铝塑板市场上一颗闪亮的新星，为全球越来越多的消费者所信赖。

点评：

从3个方面来评估案例：

1. 从市场策略上看：
找到了市场上的挑战，也就是企业在市场策略上的突破口。也有侧重地定义了目标对象。并给出了整套的解决方案。但对目标对象的洞察还可以加强。

2. 从创意执行上看：
创意表现具有冲击力，执行细节也有较好的处理。但从策略部分给出的挑战来看，权威性及给目标对象的信赖感还可以加强，这个问题的成因便是策略上的洞察问题。

3. 效果部分：
有更为精准的效果追踪将对客户及团队总结经验更有意义。

——陈碧富

“家居乐”南京市场争夺战纪实

广 告 主：“家居乐”建材超市

广告代理：上海凯纳策划机构

家居建材市场竞争激烈，国外的大型建材超市、厂家直销、各类建材市场已经经营得如火如荼。作为后来者的家居乐要从中突围，实不简单。在较短的三个月里，企业用常规的平面广告，更多的是用富有创意的活动传播，一浪接一浪，借势传播、与消费者零距离情感沟通、巧妙组合价格战为企业在战场中争得了生存的空间。更重要的是，在消费者对家居乐有了广泛的互动后，企业更看重的是长远发展，并在此基础上，打造一个全国性的品牌。

第一章：姗姗来迟的“王者”

2005年，几乎所有的南京市民都对一个名为“家居乐”的大型家居建材连锁超市耳熟能详。位于龙蟠中路的总店，虽然开业仅1年，却后起直追，创造了多项市场奇迹：净利润跃居行业第一，一举成为区域建材强势品牌，更值得一提的是，在没有启动电视广告的情况下，仅靠平面广告和周密的地面执行（全年仅用了同行业50%的投放资金），就在稳健盈利的同时，保持了品牌美誉度和知名度的持续攀升。更是给金陵人带来一种错觉——2005年，是“家居乐年”，大大提升了南京人“买建材到超市”的购物意识。

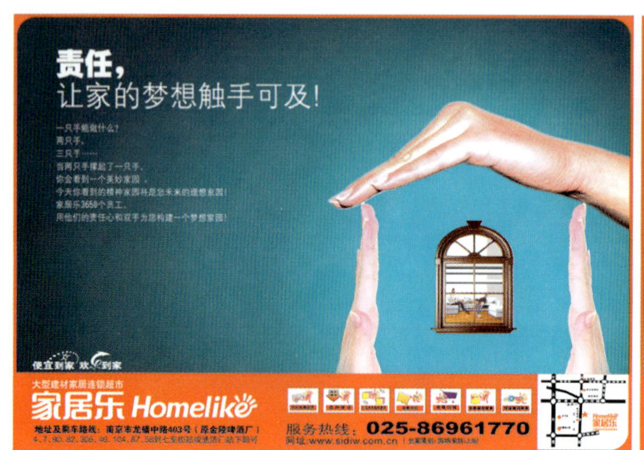

“家居乐”是谁？是由江苏省十强民营企业新丽华集团（具有深厚的建材行业背景）斥巨资投建的本土大型家居建材连锁超市。占地3万多平方米，规模宏大，单店在南京当地是经营面积最大的一家建材超市。

中国市场未来5到10年内，家居超市连锁业将与厂家直销及摊位式经营一起三分建材零售业的市场，这是个前景看好的市场。但目前建材业还是传统市场唱主角，建材超市作为一种先进的经营模式，还处在“黎明前的黑暗”，加之外国建材超市抢滩市场，已跨入的本土企业能盈利的甚少，多在僵持等待中。

从“迟到者”到“领跑者”，人们不禁要问：家居乐凭什么？

集团企划部总监韩文女士坦言：这是对市场精确测算、整合出击的结果。

作为家居乐建材超市独家全程策划伙伴——上海凯纳营销策划机构而言，家居乐建材超市的成功启动、成长、发展，不仅成功地树立了在纷繁复杂的市场环境下，打造区域建材强势品牌的典范，更预示着中国建材市场整合策划时代的到来。

第二章：起跑，就与世界赛跑

南京，一个建材业世界级的“习武场”。

南京近年来房产业的超速发展，促进了建材业的“疯狂”发展。

2004年下半年，也就是家居乐建材超市即将开业之日，恰逢南京建材业“战国之际”，市场主流业态一分为二：传统建材市场与建材超市。对于超市而言，外有洋品牌入侵，百安居、欧倍德（后被百安居兼并）用品牌和资本的优势盘踞金陵；内有诸侯割据，好美家、家乐家纷纷抢滩，再加上金盛、石林、红太阳、高力等大、中、小型建材市场虎视眈眈，硝烟味呛人。你开10万平方米，我开20万平方米，步步紧咬，烽火连天。

无论从哪方面看，家居乐都是一个迟到者，无名小卒，后来之辈。论品牌和实力不敌百安居、OBI，论名气不敌好美家，论低价不敌各类建材市场，开业在对手之后，群众基础为零。

在这种情况下，家居乐和凯纳策划擦出了合作的火花。记得2004年10月接手家居乐策划项目，当时面临着三大难题：时间紧、任务重、要求高。每个问题对客户而言都是沉重的，我们更是不敢掉以轻心。经过三个多月的辛勤工作，项目组终于不负众望，2004年12月18日家居乐开业第一二两天销售额连创新高，把家居乐开业这把火推至“沸点”，引来了南京家装行业人的关注与思考。

一、借家博、展雄风，初露锋芒

南京家装博览会是由南京装饰行业协会联手市政府举办的一年一度的家装家居盛会，当时超市还在筹建之中，我们提出一个行之有效的办法：适当投入，巧借东风。

制造错觉，在门面上做足文章——让市民以为家居乐是主办方，尽显实力高调亮相。在家博会的两个主入口处悬挂大幅喷绘：主标用大号黑体字写着“中国家居业超级航母登陆南京”，引标用小字写着一句意味深长的话“为了你全家，值得再等44天……”。并在会场入口外设置标有醒目家居乐LOGO的展板、展台，一副积极的迎战状态。

家博会开幕当天，我们还在展会四个入口处各安排了两名礼宾小姐，胸前统一佩戴“家居乐欢迎您”的红色绶带。她们的工作是分发《致准装修家庭的一封信》和家居乐的吉祥物：乐乐。这是一项家装中心的促销活动（家装中心隶属超市，可提前签单），即在登记客户资料的人群中挑选20户为装修样板房，不仅免收服务费，而且装修各项材料皆以超低优惠价格出售，并在DM上印制大幅的性价比表格。蜂拥而至的参展人流一度在家居乐的展台前排起了长龙，手拿“乐乐”争先留下个人资料。

二、挖特色、出亮点，三大活动横空出世

依据品牌形象推广和销售促进相结合这样一个方向，为家居乐开业策划了三大活动（其间还有小的促销活动跟进）。

活动一：“福临万家”——开门见乐乐，家家多欢乐

在12月10日晚（超市12月18日正式开业）派遣200名幸运使者，佩戴家居乐标志，悄悄地走进南京各小区，将祝福挂在10000户幸运家庭的门扉上。

在12月11日早晨，南京10000户幸运家庭一打开家门，抬头便看见高高悬挂在自家门前的一个鲜红“福”字和邀请卡（内容：家居乐送您5“福”——与江苏电视台联办的“与大刚、李菡面对面”晚会门票一张、靠垫一只，VIP购物卡一张、

优惠券等），惊喜之情自然溢于言表，马上联想到在报纸上宣传的《10000份“福礼” 究竟花落谁家？》，便明了这是家居乐的送福大行动，于是开心幸福的一天从此刻开始。上班后，告诉同事，我们家成了家居乐的幸运家庭了；告诉朋友，家居乐昨晚给我送福了。

当天，我们又推出《10000户南京家庭撞大运》一个整版，将活动的效应极尽可能地最大化。

活动二：与南京广播电视集团联袂举办“家居乐・家装知识”电视大赛。

策划方向明确而清晰：作为现代家装领域的一次探索，让来自各地的企业、客商和广大家装爱好者们，相聚在同一片赛场上，共同交流现代家装的知识、经验和体会。安排了场内+场外观众互动的形式，观众可拨打热线电话参与问答活动，答对者获丰厚礼品。

电视大赛收视率突破了栏目的历史新高，同期配合平面，让“家居乐”在南京家喻户晓。

活动三：“城市动脉”大联动——免费坐公交，公益牵人心。

这是商业活动结合公益营销的“双剑合璧”战，即以开展公益营销为面，商业活动为点，织造一张传播大网，把我们的人流、商机一网收罗，牢牢地罩在我们的宣传策略之下。

在开业当天，依据超市位置，选定横穿市中心的8条公交线路，择优择新31辆公交车作为免费公交车，在车体上悬挂醒目标语，打出“家居乐免费送你回家”、“便宜到家，欢乐到家”等广告口号。在车厢内、投币箱等目所能及之处，统一贴上家居乐的橘红色的广告标语，营造出浓浓的关爱气息。 事后南京晚报记者评述：免费公交的商业意义远超过了实际的公益效应。

启示一：在战争凶猛的“红海”中练兵，再到有市场空白的“蓝海”中淘金，实为本土企业有效战术之一。

启示二：“借势”是中国企业迅速切入市场的一把利剑，但许多企业却苦于“无势可借”，其实“势”往往就在你身边，只要善于把握、发现，并通过传播的力量把它放大，就能产生可预见的市场效益。

第三章：加速，跨越不可回避的价格战

2005年的南京，价格依然是最受消费者关注的焦点。市场“大腕”们时不时举起“价格剑”祭旗，业内传言：“不打价格战等死，打价格战找死”。

怎么办？综合考虑市场情况，结合企业自身优、劣势分析，凯纳慎重地提出了“从战略上追随，从战术上应变，主题活动入市，传播炒作造势，全年统筹，步步为营”的总策略。追随市场一线的游戏规则，家居乐作为刚入市的“新生儿”，面对价格战既然不可回避，那么要下手就要快、准、狠。强力出击，撼动市场，迅速跨越这道槛，抢占消费者资源。从战术上应变，不盲目跟风搞活动，有目的、有主题、有步骤、稳健地打好每一次符合企业需求的价格战。“让每一次价格战出成绩、出效益、出名气”。四轮市场攻势开始酝酿，第一回合市场争夺战打响。

第一轮：“买100送12”吹响强势号角

活动时间：2月中旬－3月底

开春为装修旺季，我们不修边饰地推出直白式口号“买100送12”，这背后隐藏着企业的实力和决心。此举震惊整个南京建材业，因为这是南京建材市场有史以来最大力度的无利润促销。就这样硬碰硬地创下了同期行业最高销售额，更有价值的是，南京人认家居乐了。

第二轮：“全线买断，极限底价”，三得利的底价操作模式

活动时间：4月9日－5月8日

此活动中消费、厂家和超市三方都有获利。选择直供厂家买断一批名牌特供商品，底价吸引消费者，活动设置“三重惊喜”。围绕活动，进行了主题性的全程炒作，活动最终取得了巨大的反响，很多消费者为“现金一卡通”慕名而来（除特供商品外，每本一卡通还含有价值5000元的现金抵用券，适用全场其他商品）。

第三轮：“满400送50元现金” 随行就市（5. 14—5. 29）

这阶段依然是家装旺季，全线促销，鼓励消费者在超市买各类软硬建材，依然采用全场直接打折，综合行情，制定了满400送50的政策，切中消费者心理。活动期间，家居乐日营业额同比翻3番，收银员不得不加班加点，每晚10点方能结束营业。

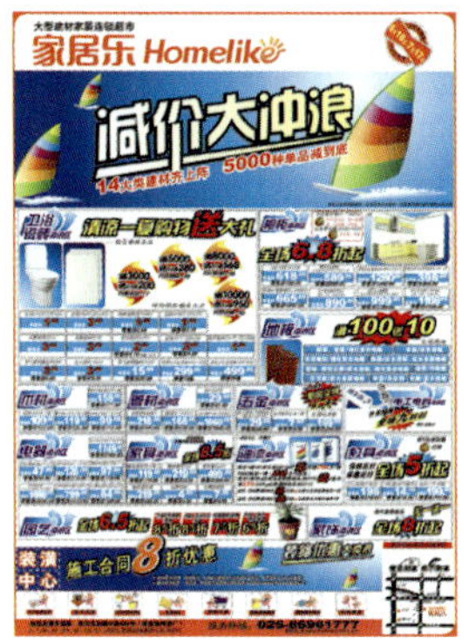

第四轮：“减价大冲浪”抢在淡季来临前 （6.18—7.17）

6月18日到7月17日，凡是走进家居乐的消费者，都能听到亲切的店堂广播广告：欢迎来到家居乐，参加减价大冲浪活动！家居乐14大类建材，部分名优产品5折起售，5000种单品一减到底。家居乐特设1元起卖区，为您提供物超所值的产品。家居乐永远是您值得信赖的建材超市，祝您购物愉快！谢谢！

这是继续第三轮攻势之后的四轮价格战，为避免即将来临的淡季，提前促销。

“开仓放凉——冰点团购日”一反行规，再创新高 （7.16—7.17）

周末，家居乐号召一些消费者转变观念，热季装修不仅能避免潮湿，还能省钱，并一反常规，提前开展促销活动——“冰点团购日”。集中两天时间，为消费者提供难得的冰点团购，活动取得了意料之外的好效果，2天时间出现了“井喷效应”，很多消费者慕名而来，为难得的两天倾囊，当日交易额创出了历史新高。

“月末大赢家” 淡季点睛笔 （7.29—7.31）

此时，依然不采用大规模的长期促销，集中优势兵力，集中2天促销，在促销中，分门别类，对二次装修的消费者提供软建材及各类零散建材。

在四轮市场攻势的同时，我们进一步完善自身，除常规服务外增加了特色服务。

零起点送货服务：不论购物多少，市区免费送，大大方便消费者。

设立家装阅览区。从来没有人在超市里开设免费阅览区的，我们是头一个。家装这行业，不同于其他百货超市，需要专业的家装知识，我们急顾客之所需。

家装中心免费设计

……

启示三：对于一个新开业的建材企业而言，价格战是必修课，不得不打，这里的关键是，如何在符合自身情况的条件下，把价格战打漂亮、打出知名度、打出油水。

启示四：对于建材企业而言，在“价格战”中，要做好长、短线的布置，有时候要作长时间的消耗战，有时候要集中优势兵力，打好“短、频、快”，一举占据制高点，在确保总成本安全投入的同时，稳健获利。

第四章：领跑——突出重围，将“价格战”升级为“品牌价格战”

打了四轮价格战，虽然取得了预期的市场效益和知名度，但凯纳和客户都看到了背后的隐患——价格战如同旋涡，一旦卷入，难以拔身。

由此，凯纳与南京家居乐高层制订新一轮市场战略，从赤裸裸的价格战中抽身，引入“责任与关爱”，将价格战升级为品牌价格战，趁热打铁，利用已经取得的美誉度与知名度，制定有品牌感的主题活动，吸引更多追求品质、追求服务的消费者前来选购。

事实证明，这一次的升级行动，为后来家居乐领跑市场起到了至关重要的作用，在品牌层面与对手拉开距离，在价格层面进行有计划的科学促销。

从情感和实际利益两方面切入，再次将四轮攻势砸向市场，第二回合的较量开始了。

第五轮：8月感恩月 打响旺季争夺战 （8.6—9.1）

旺季即将来临，家居乐先声夺人，针对近期准备家装和有家装意向的消费者，开展大力度的促销。

8月，家居乐超市里，许多消费者赶来挑选建材商品，停车场里车流不息。家居乐“感恩月”的销售场面相当火爆。

第六轮：温情大促销 “献给爱家的人”（10.1—10.8）

在“尝”遍商家赤裸裸的“减价大餐”后，让消费者尽享实惠的温情大促销呼之欲出。家居乐在国庆期间全场满百送15元现金券，还有大量厂家特供精品建材，全南京仅家居乐有售，家居乐也毫不犹豫地以超值价奉送。

第七轮：“拿事件说事” 打造“建材十运汇”（10.22—10.30）

借助南京举办的“十运会”的事件，制造营销由头，进一步提升品牌形象，此时的家居乐，已初具王者风范。

第八轮：年度大盘点 周年巨献 （11.19—12.18）

年度以大开大合的恢弘气势，推出“周年巨献”系列活动，再掀狂潮，将市场推向沸点，进一步巩固了家居乐的市场领跑者的形象和地位。

附录：

本阶段四轮攻势的同时，我们还把超市按零售、团购和装潢中心三大块，分别进行活动推广，取得了实质性的进展。如针对团购策划了“十运会场馆建设”公关事件、同媒体合作推出“《金陵晚报》读者家居乐团购日”等活动；针对零售策划了“南京十大新楼盘推介会”活动，营销向上游渗透；装潢中心更是渗透到每一次宣传推广中，还应市民要求，成立了精品设计中心，独立经营。

启示五：先做大，后做强。在完成原始积累后，建材企业就要思考长远发展的问题，即品牌与销售兼顾的问题，这时，企业的市场战略就要进行宏观调整，在更高的立意点上做事情，结合长、短线利益，利用传播、营销等一切可以利用的资源和手段，持续造势，迅速跻身区域强势品牌的行列。

启示六：在中国建材行业，品牌不只是搞搞形象广告就能树立的，它需要通过一次次兑现对消费者的承诺，要给消费者实质性的利益，单纯树品牌是不现实的。

第五章：远征——2006·走出南京 布局全国

徐州——自古乃兵家必争之地，即将开业的家居乐徐州店将填补该地区建材超市的空白。家居乐其他区域的分店也在紧锣密鼓的组建中……

家居乐控股企业新丽华集团吴董在集团大会上提出：家居乐建材超市将全面推进连锁战略，将以区域为中心，辐射式布点发展，至2008年形成省内最大的建材连锁规模；2012年称雄华东并全线向全国扩张；2015年超市占有量跃居全国前两名，立志成为中国家居建材业的领跑者。

从“迟到者”到“领跑者”，家居乐探索出了一条崭新的建材企业崛起之路，一整套科学、缜密的整合营销传播经验，将在2006年，乃至更远的将来，为家居乐布局中国，提供模式化的样本和扩张依据，是的，精彩还将继续……

点评：

在竞争激烈的南京市场，以市场传播活动发动8轮攻势，为该品牌取得了较好的市场业绩。

从3个方面来评估案例：

1. 从市场策略上看：

很好地分析了该行业在南京的发展趋势，也为客户制定了较高的发展目标。但如果能精准清晰的定义市场挑战，将会避免落于空泛的解决方案。

2. 从创意执行上看：

许多活动非常具有创意，并制造了一定的消费话题。但是广告创意及活动上的主题性和整合性还有提升空间。

3. 效果部分：

有很强的结果导向服务意识，非常好。如果能加强结果和策略及执行间的关系分析将会更好。

——陈碧富

东鹏陶瓷，借力视（世）界杯

广 告 主：广东东鹏陶瓷股份有限公司 — 东鹏陶瓷
广告代理：广州方铭广告公司

面对高通透瓷砖市场竞争混乱、价差大、价格战折扣战激烈竞争的现状，东鹏陶瓷借力2006世界杯足球赛，发起了“视界杯”的品牌造势活动。在分析了竞争对手的特点后，提出了产品的几个卖点。并且与渠道商联手，发起了百店百区总动员，在网站配合终端的攻势下，取得了2006年1—5月销售同比增长30%的成绩。

背景综述

从前两年流行纯白色瓷砖到现在流行高通透瓷砖，东鹏陶瓷珊瑚玉所在聚晶微粉类瓷砖品类如今已经成为行业的最主流产品。但此类市场，高中低产品竞争混乱，价差大，价格战折扣战激烈。当市场进入到恶性、混乱竞争状态，行业需要更强有力的声音领导行业整合。

东鹏陶瓷以新一代珊瑚玉上市为契机展开大手笔推广，借力2006世界杯足球赛，在混乱的竞争中，建立该品类在市场中的竞争优势。新一代珊瑚玉上市，东鹏甩出了“后发制人，后来居上”这张漂亮的牌。

策略切入

借势突围，造势跟进。

陶瓷业偏重于企业自造话题传播。但企业自造话题消费者关注度较低、费用高、推广周期长、显效慢。东鹏珊瑚玉在短时间、短周期内闪电式推广，利用社会热点借势——足球世界杯，进而引申至“东鹏陶瓷珊瑚玉，勇夺瓷砖视界杯”，进行品牌造势。

策略延展

在活动名称方面，东鹏巧借“世界杯”优势，为其促销活动冠名为“视界杯”，不仅形象生动，与瓷砖形象近似，同时也意味着要在陶瓷市场开踢一场火爆的“世界杯”。在产品方面，东鹏的“珊瑚玉”系列产品在前锋、中锋和后卫全线出击，以整体布局狙击竞争对手，全面向目标进攻。在渠道方面，东鹏采取面向普通终端的渠道策略，并利用普通价位，全力向聚晶微粉市场进发。

产品包装

分析竞争对手的卖点。竞争对手A：新中源超洁亮“超洁亮”技术，就是在陶瓷抛光砖表面形成结构稳定的纳米级保护层，主要用于提升陶瓷抛光砖的防污性能，该技术同时也大大增强了砖体表面的光泽度。其核心卖点为：抗污 。

竞争对手B：欧神诺冰川99无针孔技术，“冰川”是指瓷砖晶块与晶花，而“99”中，一是指其光泽度可达90度以上，另一指是其原料选材纯度高达98.5%，特性则有“透、硬、亮、久”四个突出的特点。其核心卖点为：光亮、纯透。

产品策略：以“全”攻“点”。新一代珊瑚玉，同类产品领先技术之大成内外兼修，更洁亮，纹理更有珊瑚美玉之美。

技术包装：东鹏陶瓷珊瑚玉“3+3，里外全优化技术”。

3项外部优化：一、光亮：复合镜面，洁亮超镜面，纹理透里面。二、通透：复合通体，内蕴精光，温润如玉。三、雅致：复合布料，四种时尚新色，过渡自然。

3项内部优化：一、坚硬：复合渗透，坚硬如铁，刻划无痕。二、防滑：手感舒适，防滑效果，媲美皮革。三、抗污：超细粉粒（0.01mm)超高温烧制（1250度)，质地致密不渗透。

活动配合

活动一：把视界杯捧回家，东鹏珊瑚玉普及风暴。

针对行业折扣暗战，东鹏珊瑚玉以行业普及价、冰凉透明价的形式引领行业正向洗牌。

针对终端导购员，东鹏珊瑚玉视界杯导购员争先赛。活动期间，每月评出全国销量最高的六大珊瑚玉销售冠军。16个珊瑚玉杰出贡献奖，季度再评出总奖。

针对经销商，东鹏珊瑚玉视界杯超级大赢家，销售竞赛期间每月进货量最大的6个经销商享受一定量优惠折扣，完成销售目标的经销商享受高额返点，季度优秀经销商16名免费参加东鹏夏威夷寻访珊瑚玉之旅。

东鹏陶瓷
雅致 空间更具艺术气质
3外有3

东鹏陶瓷
光亮怡人不刺眼 光亮
复合镜面，洁亮超镜面，纹理透里面
3外有3

东鹏陶瓷
老幼行走，安全不摔倒 防滑
细腻防滑：手感舒适，防滑效果，媲美皮革
3外有3

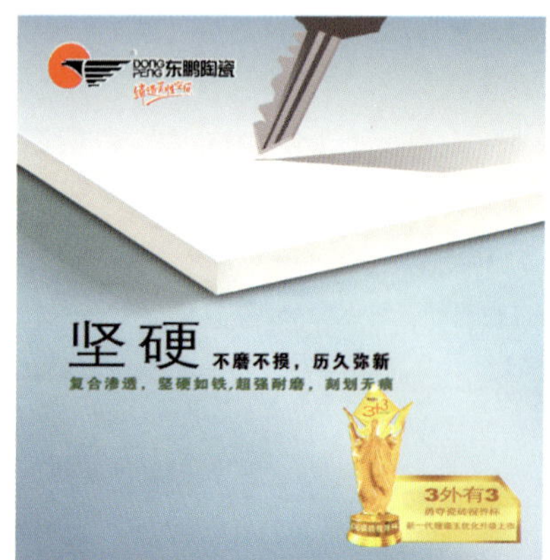
东鹏陶瓷
坚硬 不磨不损，历久弥新
3外有3

东鹏陶瓷
始终耐看，越看越好看 通透
复合通体，精选透明料，内蕴精光，温润如玉
3外有3

东鹏陶瓷
抗污
不渗一滴水份，让完美成为永恒
高密度抗污：超细粉粒（0.01mm）
超高温烧制（1250度），质地致密不渗透
3外有3

东鹏陶瓷
3外有3
东鹏陶瓷 珊瑚玉 勇夺瓷砖视界杯
CORAL STONE
06瓷砖视界杯

东鹏陶瓷
东鹏陶瓷 珊瑚玉 勇夺瓷砖视界杯
媒体见面会
06瓷砖视界杯

东鹏陶瓷
东鹏陶瓷 珊瑚玉
CORAL STONE
勇夺瓷砖视界杯
你为什么不把视界杯捧回家
06瓷砖视界杯

活动二：百店百区总动员，东鹏珊瑚玉“勇夺视界杯”潮流月

在每个市场有针对性地选择6个核心终端，6个重点社区，其中6个核心终端每周末与卖场联合举办活动，赞助卖场地贴、挂旗、店长推荐等促销活动形式；4个重点社区与会所或管理处联合举行周末户外巡展活动。

网络推广

为珊瑚玉产品单独制作迷你网站。

联合装修网站、地产网站举办“珊瑚玉杯”2006视界杯装修博客大赛。

在搜房、焦点网站BBS，各大装修网站BBS以装修日记、装修博客、团购等形式推广珊瑚玉。

效果

经过周密部署，积极进攻，东鹏陶瓷的主打产品“珊瑚玉”系列销售全面飘红，在德国世界杯之际，其展开的“东鹏珊瑚玉——勇冠瓷砖视界杯”活动，利用其大众化的消费定位，起到了带头整顿聚晶微粉市场作用。该活动推动了东鹏珊瑚玉系列销量，使得2006年1－5月份销售同比增长达到30%，大大超过了预期效果，延续了2005年的强势增长势头。

点评：

从3个方面来评估案例:

1. 从市场策略上看：

清晰地定义了市场现状，发现了可利用的话题。但还可以更有针对性的研究市场挑战，以及消费洞察。并给出不仅仅利用世界杯战术话题更能结合产品策略及市场策略的战略的解决方案。

2. 从创意执行上看：

充分利用世界杯展开战术行动，聪明的借力。在活动中，尝试周密与渠道及社区沟通，并使用了新媒体战术。但产品及形象广告中与世界杯的关联性生动性都还可加强，这也许只是因为针对性的市场挑战及消费洞察不足造成的。

3. 效果部分：

有很强的结果导向服务意识，并有一定的量化。

——陈碧富

卫洗丽，区隔定位重塑品牌形象

广 告 主：中国星星集团 — 卫洗丽品牌

广告代理：杭州美洋行销传播机构

在研究了行业发展，市场现状及企业内部问题后，针对企业及市场的现实状况，为品牌制定了三步走的策略，企图既能明确品牌长期的方向与目标，又能对短期的市场销售有突破性的增长。

1998年星星集团投资1.2亿元成立星星便洁宝公司，成功研制了自主独立知识产权的智能便座产品。同时，星星集团还注册了“便洁宝”商标，陆续投入了上亿元行销、广告费用，首次在中国大陆市场对这一新兴产品开展了大规模的行业教育。

但是事与愿违，8年来无论是率先的星星“便洁宝”，还是后起的“金陶”、“喜之朗”、“维维”，甚至国际型品牌TOTO、松下旗下的“卫洗丽”、“洁乐”等都未能真正敲动消费需求，在市场上步履维艰、苦苦挣扎，心中苦不堪言，却又无可奈何。据业内资深人士估计，全行业2004年度的市场总销量只有3-5个亿左右，而同样的产品在日本市场的普及率已高达70%家庭的以上，在韩国和台湾地区市场也有将近40%以上的家庭在常年使用。究竟是什么原因造成了行业和市场的现状呢？我们仔细地研究了星星便洁宝十年来的发展历程，同时亦走访了便洁宝在全国的十个重点市场，从产品研发、市场定位、渠道建设、竞争环境等各方面开展了详实的调查与诊断，分析出了目前的问题所在：

1. 作为颠覆传统生活方式的新型产品，要唤醒消费需求和改变消费观念的过程是漫长的。

2. 整体行业的定位混乱，产品同质化现象严重，造成了消费者对产品的认知障碍，更不用说对行业内品牌的识别了。

3. 行业定位混乱还带来了渠道建设混乱、价格体系混乱以及经销商体系混乱等系列问题，使得整个行业未能进入良性发展阶段，进一步制约了消费需求的复苏。

市场的不景气，进一步恶化了企业对行业发展的信心，忽略对消费者的研究和分析，不重视产品的更新换代，一味以短期利益为目标、价格战为唯一手段，导致了行业被整体边缘化。

自2005年下半年开始，智能便座市场风云再起，沉寂多时的竞争烽火重燃。三大阵营的代表品牌各显身手：国际卫浴品牌以TOTO为代表，大手笔开展各类营销活动，重金力邀香港女星陈慧琳代言“卫洗丽”，电视、杂志、户外等多箭齐发；家电品牌企业则为了摆脱现有利润困境，纷纷跨业来“圈地”，如松下、荣事达等；

专业智能便座生产品牌则通过加快新品上市（特别是一体机的上市）、有效改善渠道结构、深化终端建设等策略，以期强占市场先机。而作为行业先行者的“便洁宝”品牌，则在高知名度的背负下存在着一系列严重的问题：

1. 品牌概念极不清晰。

8年来一直把“便洁宝”作为商品名来做传播，忽略了品牌内涵的构建，同时亦缺乏产品、服务等方面的品牌外延层次。因此，一方面在消费市场“便洁宝”几乎成为了行业代名词，另一方面却未能给星星企业积累下有效的品牌资产，甚至很多消费者都不知道“便洁宝”是个品牌，以TOTO便洁宝、伊奈便洁宝等称呼竞争对手的产品。

2. 市场营销工作的系统性和整合性不足。

目前，由于企业在营销的组织建设、战略规划、销售管理以及传播推广等各方面还存在着不够完善之处，使得整体的市场营销工作的开展缺乏系统性，执行过程亦不够规范严谨，市场效果不明显。

3. 产品研发的理念、效率和机制都存在不足之处，制约了对新品上市时机的强占。

产品研发未体现“以消费者为中心”的理念，缺乏科学的市场调研和研究；新品开发的速度和准确性还有待进一步提升；未建立起市场与企业、营销与研发之间信息反馈和整理的机制，使得决策资源相对匮乏。

经销商的士气和信心急需提升。由于公司的人员变更、政策变化及支持力度不够，经销商对产品运作的信心不足，在持观望的态度，因此有必要在短时间内完成人员调整，加大对经销商的支持力度，增加对产品经销的信心。

区隔定位重塑品牌形象

针对目前企业及市场的现实状况，我们制定了三步走的策略，既明确品牌长期的方向与目标，又能对短期的市场销售有突破性的增长。

首先就是通过区隔定位重塑“便洁宝”品牌形象，清楚地梳理出“便洁宝是什么？”、“便洁宝品牌是什么？”、“对于消费者而言，便洁宝品牌意味着什么？”这些最基本的概念。在明确便洁宝品牌主张、愿景及传播主题的同时，还要通过产品品牌、服务品牌的规划，来丰富“便洁宝”的品牌层次。

品牌定位：“便洁宝”——智能便座专家

品牌主张：便洁宝专业，专心，专注于智能便座的研发与制造；以“不断提升大众生活品质”为己任，提供富有特色和创新的卫浴产品和服务；为消费者创造便洁，舒适，健康的高品质现代生活方式。

品牌写真：便洁宝是新卫浴文化的创导者、开拓者和传播者，更是现代生活方式的引导者；它强调专业的、健康的、人性化的品牌理念，强调创新的、领导的产品，强调优质的、周到的服务；它是高品质、现代生活的象征。

品牌传播口号：畅享便洁生活

品牌形象重塑的价值：

一. 有效界定便洁宝产品的行业属性，强化品牌的识别与认知；

二. “专家”定位是品牌历史、行业地位、企业实力、技术优势以及优质服务的集中体现；

三. 品牌形象将更鲜明,更具差异化，有助于实现长远的品牌战略目标。

其次，我们提出了正本清源的策略主张，强化便洁宝品牌的认知，结合新品上市的市场契机，强占行业的领军品牌地位，以产品带动品牌提升，以品牌促进产品销售。为了能真正更好地满足消费者需求，在新品的研发阶段就加强了对市场销售信息的反馈。同时分别在功能、材质、外观及专利技术等诸多方面寻求突破与创新，以期给消费者品质安全保证，加强产品形象对品牌形象的有效促进。

在新品上市传播规划方面，我们分别将分体机系列和一体机系列命名为“舒达”系列和“洗霸”系列，将产品概念生动化，更易于识别与传播。围绕着新品牌规划，制定了清晰的传播策略：以“专家”定位及“畅想便洁科技”为传播主题思想，将广告、公关、促销进行有机组合；以新品和明星产品为核心，制定出明确统一的传播执行计划，推动消费者对便洁宝品牌的重新认识，形成消费拉链，带动品牌价值提升；丰富传播手段，尝试通过制造话题来开展一些事件行销活动。

最后，则根据市场目前的销售现状及企业自身实际资源的匹配性，在全国市场中选择了6个区域市场，通过整合渠道、精细操作终端来开展差异化经营。以“重点突破、精耕细作”为核心的策略主张，一方面通过对重点市场资源投入的倾斜赢得了经销商的信心与支持，另一方面也是树立了样本市场，为后期的营销工作积累经验、锻炼了队伍。

1. 完善网络建设

通过市场调研发现，网点数量与产品销售关系密切。产品的销量直接取决于终端数量的多少，提高终端数量，在拥有一定数量终端的时候，才能使销量有很大提升。同时，智能便座市场渠道现在已经在向多元化发展，从“建材商场”在向“建材超市”、“家电超市”、“大型高档商场”等拓展，通过对这些渠道拓展，某些品牌已经取得了比较好的回报。因此打破传统渠道，向新型渠道拓展也是我们加大产品销量的另一个手段。

2. 优化终端形象

终端形象是影响消费者关注和购买最主要因素，终端形象统一和生动化对我们实施终端拦截、提升销量和制胜终端的作用是功不可没的。终端生动化建设必然在一定程度上促进产品终端的销售，因此提升终端形象是很有必要的，加强现有终端的生动化建设和对新开终端的重新设计包装也是市场推广中的一个重要的步骤。在销售旺季来临之前，做好终端生动化的建设是很有必要的。

3. 调整产品结构

市场调查中发现，智能便座类产品的功能基本相同，没有特别突出的功能，加强对产品功能的开发是提升产品核心竞争力一个很重要的措施，诸如对产品的按摩、药物治疗等功能进行拓展，加强产品竞争力度，以创新产品突出卖点，争夺市场

促销

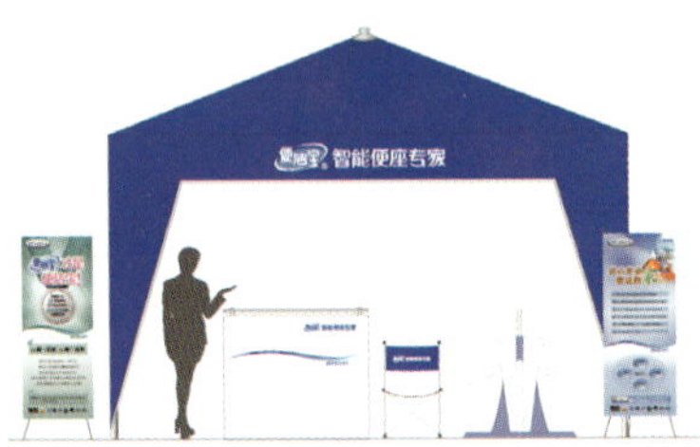
智能便座专家

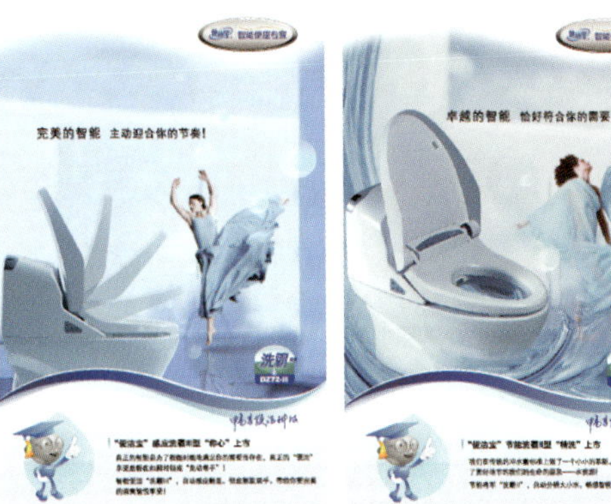
完美的智能 主动迎合你的节奏!
卓越的智能 恰好符合你的需要!

清爽洗悦
便洁生活

便洁宝才是
便洁宝!

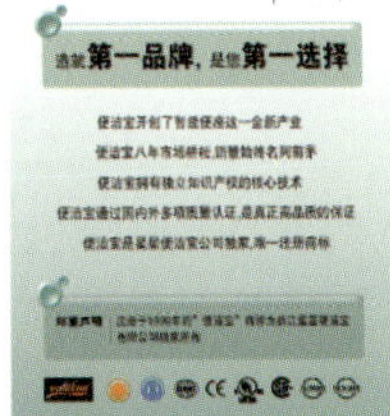
第一品牌，第一选择

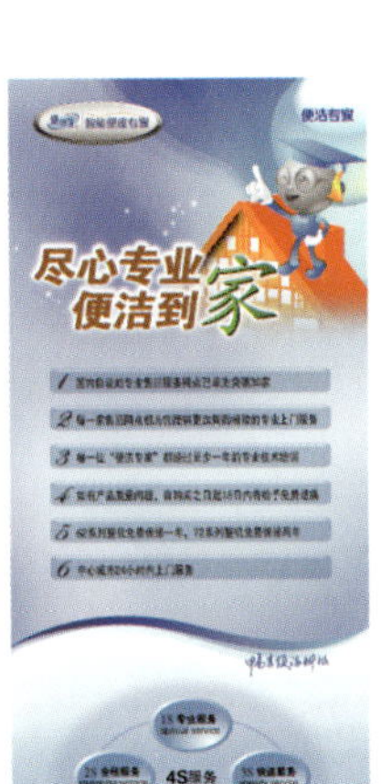
尽心专业
便洁到家

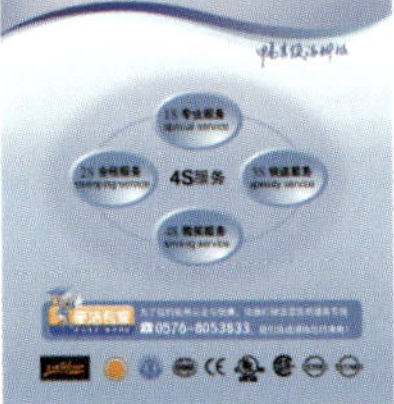
4S服务

特价
温馨1+1
加配
宝宝座圈
舒适全家享

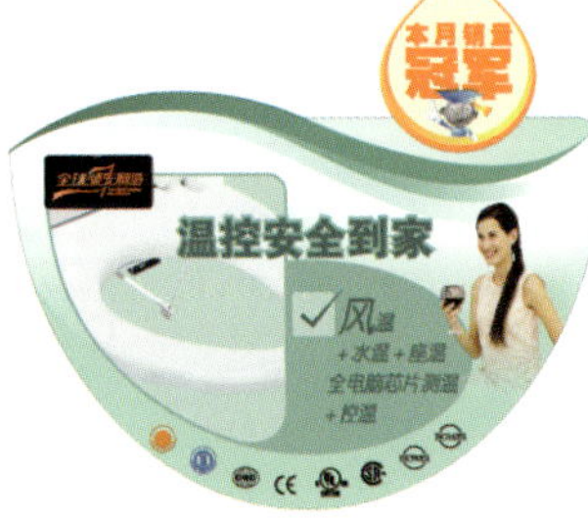
本月销量
冠军
温控安全到家
风暖
+水暖+座暖
全电脑芯片测温
+控温

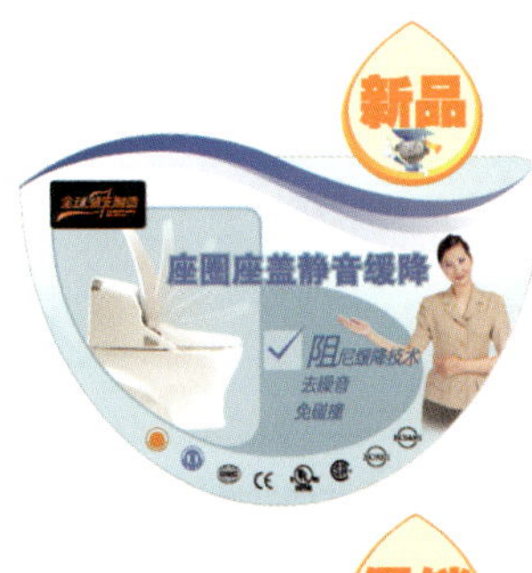
新品
座圈座盖静音缓降
阻尼缓降技术
去噪音
免碰撞

促销
按摩冲洗
舒爽女人心
气泡式喷淋
水压四档调节
喷管伸缩自如

玻璃
玻璃
玻璃
清爽洗悦 便洁生活

玻璃
玻璃
玻璃
清爽洗悦 便洁生活

清爽洗悦 便洁生活

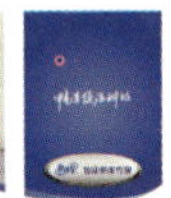

形象部分

便洁宝 智能便座专家
便洁专家
尽心专业 便洁到家
西安分公司
技术服务中心
□□路专卖店
临沂专卖店
0539-8369839
徐佳 XU JIA

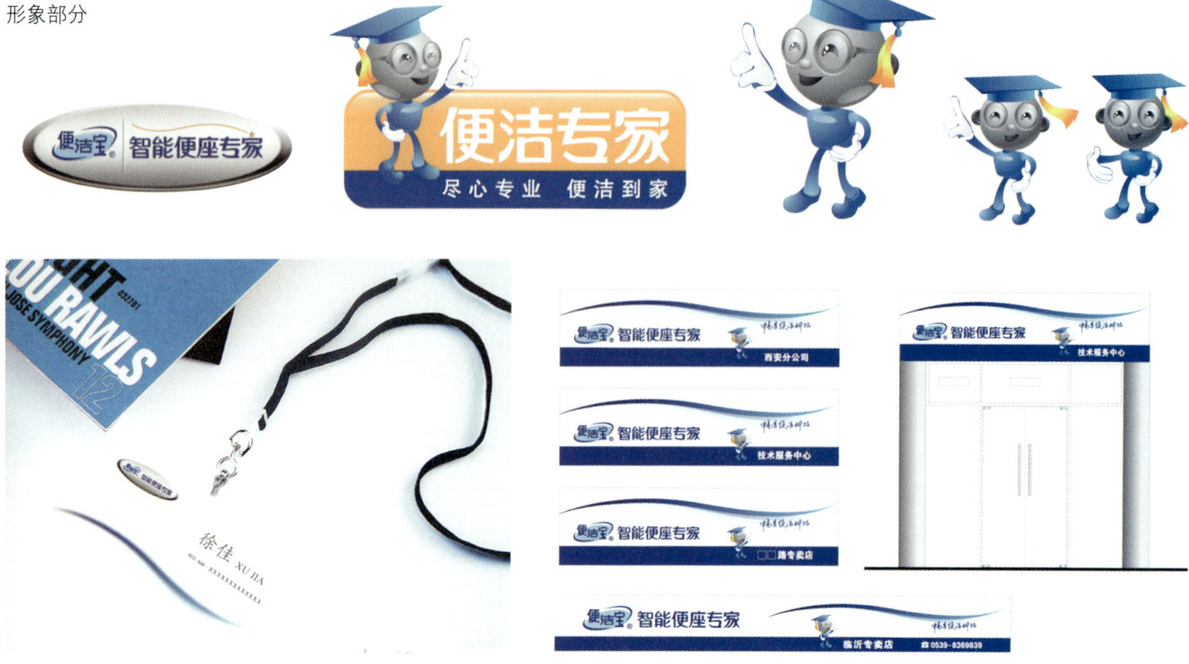

终端部分

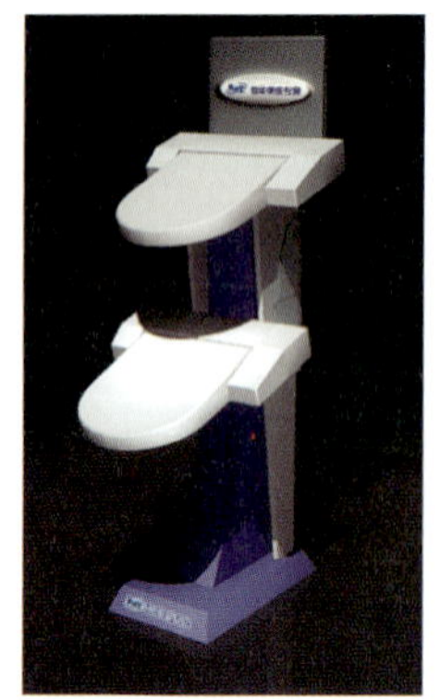

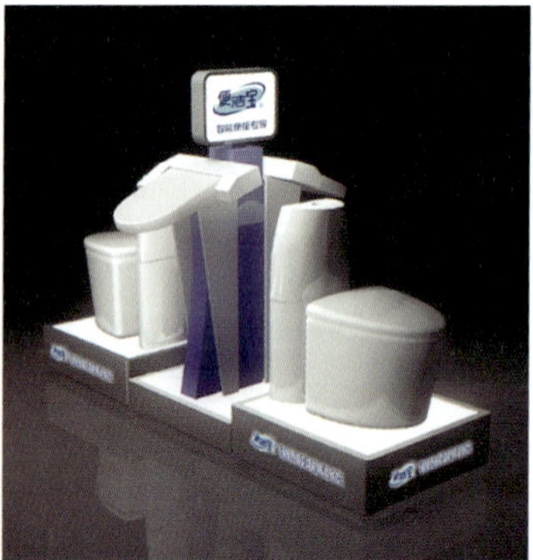

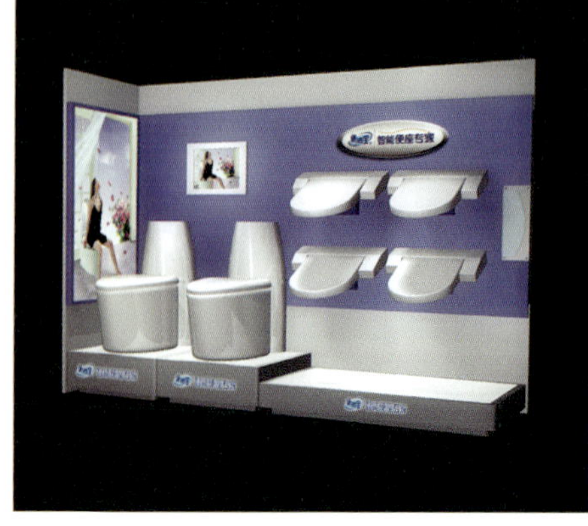

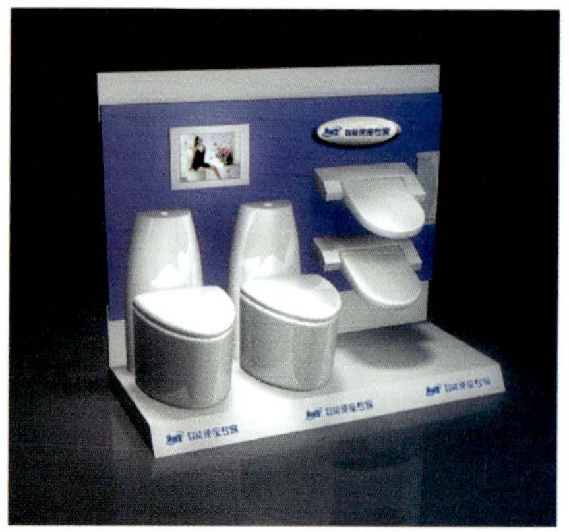

份额。同时可及时调整单品种的产品价位，推出一款特价机型，作为在中低价位产品中的竞争者，使产品在整个市场中具有很强的竞争力。

4.加强导购培训

导购作为最直接和消费者接触的人，包括个人形象、产品知识、销售技巧等方面将直接导致消费者购买产品的信心，因此对导购培训显得尤为重要，这样增强了产品终端拦截的力度，可以减少潜在客户向竞品的流失，提高产品销售同样是很重要的一个因素。

在对导购进行培训的时候，可以采取先对区域市场销售人员进行培训，由销售人员对区域内导购进行培训和现场指导。在公司人员充足的情况下，可以在区域市场内进行集中培训，同时进行考核和监督。

5. 丰富促销手段

现在消费者都比较精明，已经习惯了各种类型的促销活动，通过物质、价格等方面的刺激，会增加消费者对产品购买的决心，因此在周末及重大的节日进行相关的促销活动的跟进，同样可以增加潜在消费者购买信心，从而促使其进行购买，增加产品销售，达到预期销量。

点评：

从3个方面来评估案例：

1. 从市场策略上看：

细致分析了行业发展，市场现状及企业内部问题，较有针对性地提出了解决方案。解决方案的整合性也很强。同时，对品牌定位也有周密的思考。但在消费洞察上还可以作进一步的深入研究。

2. 从创意执行上看：

针对策略中提出的问题而开展的创意成为了解决市场问题的方案。但创意的冲击力还可以进一步提升。

3. 效果部分：

案例中未作说明。建议可以追踪结果，对照策略及创意执行进行分析，将能为客户找到更为有效的方案。

——陈碧富

华帝燃气具，从全运到奥运

广 告 主：华帝股份有限公司

广告代理：广州蓝色火焰广告有限公司

奥运是企业进行营销的一个重要平台和资源，2008奥运会，华帝的战略是成为北京奥运会的燃器具产品独家供应商。如何将“燃气具奥运供应商所获得的品牌资产”延伸注入到华帝的全线产品中，并为整个品牌组合创造差异性和品牌活力是华帝奥运战略要解决的核心问题。而华帝需要根据自身品牌的需要延伸赞助活动；建设企业专有的品牌赞助活动；避免盲目追求赞助热点活动，造成不必要的浪费。在此原则下，通过十运会的一系列运作为华帝做了一次充分的练兵。

2005年广州蓝色火焰广告有限公司曾做了一份特别的报告，交由华帝管理层向董事会特别阐述，华帝股份应向2008北京奥组委会申请，力争成为北京奥运会的燃气具产品独家供应商。这将是华帝股份实现国际化和行业领导品牌两个愿景最梦幻的机遇，一旦成功就会成为华帝实现未来总体战略最强劲可靠的推动引擎。

华帝的奥运战略

赞助奥运的挑战：成功不是必然

几乎所有的人，都断言赞助奥运能够为企业带来巨大的收益，但事实上很多时候这种潜在的可能最终无法变成现实的收益。这也是历史上不少奥运赞助企业最后自愿放弃赞助的原因。

华帝：从愿景到路径的寻找

三星赞助奥运是要让自己成为一流电子产品，联想赞助奥运是要让寻求以国际化为目的的向外扩张，而对华帝而言二者则兼而有之，既要成为国内市场的领导者和行业第一品牌，又要让品牌具备国际化的气质和观感。然后在奥运赞助与企业愿景之间似乎必然存在一条路径，而这条路径又是成功者与失败者的分水岭。

如何将“燃气具奥运供应商所获得品牌资产” 延伸注入到华帝的全线产品之中，并为整个品牌组合创造所希望的差异性和品牌活力是华帝奥运战略要解决的核心问题。对华帝而言，不可能像三星一样有大量的投入，所以在运用奥运时要有自己的原则：根据华帝品牌需要（能够产生相关联想的活动）延伸赞助活动；建设企业专有的品牌赞助活动、或形成自己的特点；避免盲目追求赞助热点活动，造成不必要的浪费。

在此原则下，十运会成为华帝奥运战略的第一次练兵。

练兵全运 备战奥运——华帝奥运战略第一役

2005年10月，当“申奥”工作还在紧锣密鼓地筹划之时，华帝已经借助全运正式启动了其筹划已久并将对未来产生深远影响的奥运战略。就中国体育而言，全运会是中国奥运体制的特殊组成部分，每一次的全运会都是中国体育代表团为毗邻的下一届奥运会所做的全面热身和备战。这一中国国情下的特殊赛事，这次又为所有赞助北京奥运会的中国企业提供了一次很好的演练机会和舞台。对华帝而言2005年的10月这是一次成功的彩排……

缺乏差异化品牌核心竞争点的华帝热水器

家电的竞争，早已是刺刀见红，各种概念层出不穷，各种促销铺天盖地。华帝热水器所处的热水器行业，更是云集了国内外众多知名品牌。热水器市场各品牌产品同质化严重，在激烈的市场竞争中，没有形成强大品牌个性的‘华帝热水器’ 因为缺少差异化的品牌核心竞争点，在没有大规模媒介高空支持的情况下，时常处于竞争劣势，这对我们向高端方向发展构成了很大的阻力。

华帝旺季促销的目标艰巨：提高9月销量，使品牌销售上到新的水平；强化品牌形象，树立差异化竞争优势；促进新品上市进程；拉开旺季促销序幕。

十运火炬赞助商：华帝的差异化优势

十一黄金周，恰逢十运会即将开幕，并且是北京2008前的最后一届体育盛会，在这两股力量作用下，势必掀起席卷整个市场的体育经济热潮。华帝作为“十运会火炬的独家研制和提供商”，正好可以利用这一“差异化优势”，助华帝在厨卫市场黄金旺季竞争激烈的促销大战中拔得头筹。

十运会火炬是科技实力最直接的体现（就像神州5号之于海尔冰箱），可以说是燃气火焰行业的技术巅峰之作，因此这对华帝产品，尤其是燃气类产品的技术印证意义不可估量。以上优势，让华帝热水器可以突破竞争对手的围攻，跳出产品同质化、低价竞争的困局。将华帝产品打造为市场上高品质的代表。

开展十运火炬推广促销项目的优势是显而易见的。十运火炬是华帝独家研制的，具有极强的不可复制性和排他性，任何人都不能宣传此点（而十运会是任何企业都可以借用的）；华帝在国内有2000多家专卖店，具有良好的渠道基础和强大的执行能力，能够使我们的公关方案得到完美的执行；十运会的举行，将在全民掀起一股十运的热潮，可以充分借势。

让十运火炬见证华帝的高科技与高品质

客户与广告公司经过激烈的讨论，最终拍板了华帝以“火炬和科技”为公关促销核心的十运火炬推广策略——让火炬看得见 让华帝看得见 让科技看得见。并以“华帝火炬燃十运，喜浴礼包送不停！”为主题，规划出产品、促销、宣传个方面的主要思路。

执行力：活动成功的关键

经过充分的筹备工作，华帝十运火炬公关促销活动从8月初就如火如荼地开展起来：

8月：先声夺人，利用媒体和终端，大肆宣传华帝夺标十运火炬的故事，宣传火炬科技，树立华帝在“火”这个领域无可比拟的王者地位。

9月-10月，正值销售旺季，配合高端新品的推广，开展促销活动。最终确定公关促销形式为买一送一，礼包由“1个火炬火机+1个礼品”组成。礼品包括迷你吸尘器、榨汁机、空气加湿器、洗浴礼包、浴室体重秤等。

报纸、网络、终端POP是此次公关促销活动的主要市场支持。在报纸上发布促销信息，同时以软性宣传提高华帝热水器品牌形象（重点市场）；利用网络发布促销信息，展开网上互动，将华帝十运火炬进一步炒热。同时可有效提高活动信息渗透范围，以及对较高收入阶层（电脑使用者）的信息到达率；通过一系列宣传品，在终端强力打造华帝同十运火炬之间的联系，树立华帝在燃气燃烧技术领域不可比拟的王者地位，由此增强华帝热水器导购员以及消费者对华帝产品的信心。同时有效渲染终端促销氛围，扩大促销信息的地面传播率。在终端，除了常规的海报、单张、机身贴等等，“十运火炬荣誉证书”和“胡锦涛点火炬剪报”的展示成为最有利的品牌形象建设和促销工具。

终端SI：通向购买的临门一脚

蓝火最擅长的营销实战工具之一——实效SI在这次活动起到了重要的作用。蓝火为华帝策划设计的华帝终端布置和终端操作要点成为这次公关促销活动的重要拉力，如醒目处陈列礼品包装盒，用以吸引消费者；有效展示火炬实物，制造终端关注热点；用‘拍照开放时间表’的形式提高消费者对火炬的关注，吸引消费者与火炬合影，提高终端人气；醒目处展示十运会荣誉证书，及胡锦涛主席点火新闻报道；十运吉祥物持火炬在卖场巡回展示；在重点高端机型（注意不能所有产品都贴该标志，否则就会失去权威性）上粘贴‘火炬科技inside’标志，以凸显他们科技感，强化他们的高端定位。

终端布置图示

华帝股份成为北京2008年奥运会燃气具独家供应商
Vantage Becomes the Beijing 2008 Olympic Games Gas Appliance EXCLUSIVE SUPPLIER
新闻发布会
華帝

创意生活 燃点梦想
華帝

华帝股份成为北京2008年奥运会燃气具独家供应商

华帝股份成为北京2008年奥运会燃气具独家供应商
Vantage Becomes the Beijing 2008 Olympic Games Gas Appliance EXCLUSIVE SUPPLIER
新闻发布会
Press Conference
Beijing 2008
華帝

创意生活 燃点梦想
華帝

華帝
感受创意生活
认识华帝 About us
华帝资讯 Vantage Information
事业部通道 Department
子公司通道 Subsidiaries
人力资源 Human resource
品牌管理 Brand Management
投资者关系 Investor Platform
Beijing 2008
北京2008年奥运会燃气具独家供应商
personally center

華帝
感受创意生活
认识华帝 About us
华帝资讯 Vantage Information
事业部通道 Department
子公司通道 Subsidiaries
人力资源 Human resource
品牌管理 Brand Management
投资者关系 Investor Platform
Enjoying
華帝
personally center

北京2008年奥运会燃气具独家供应商
The Beijing 2008 Olympic Games Gas Appliance EXCLUSIVE SUPPLIER
华帝热水器
北京2008的选择
你的选择
选择华帝热水器的三大理由
1 更高的品质标准
2 更强的科技标准
3 更快的服务标准
华帝热水器开心选择三重礼
www.vantage.com.cn

北京2008年奥运会燃气具独家供应商
The Beijing 2008 Olympic Games Gas Appliance EXCLUSIVE SUPPLIER
華帝
暖热二合一 品质生活随心意
华帝系列燃气壁挂炉
CHS
华帝舒适热能系统
www.vantage.com.cn

同时，在十一黄金周及十运开幕期间，为增强黄金周促销冲击力，各地在总部统一赠品促销基础上，再对高端重点机型（宽频、海量、户外）给予一定的特价支持，以在终端营造双重优惠的气势；重点市场利用总部提供的户外路演方案，包括现场互动游戏道具、大型背景板、拱门等的设计，在当地人流量大的卖场组织路演，路演现场的核心就是要突出‘十运火炬’，以形成华帝对‘十运火炬’的完全拥有，并形成对竞品的差异化竞争优势，提高华帝终端影响力，炒热华帝十运火炬。

第一役划上完美句号

- 华帝作为十运会赞助单位所产生的效益：同比增长额——702.29万元
- 与往年同期相比的销售增长量：同比增长率——40.5%
- 与今年促销开始前相比的销售增长量：环比增长率——110%

创意梦想 燃点中国——华帝系统奥运工程

奥运赞助的实质

从表面上看特别对于工业产品而言，赞助奥运可以让产品相对容易地获得创新的（Innovation）、高品质和可靠的（High Quality & Reliable Products）、卓越服务的品质认知和品牌联想。并且能够相对容易建立起高端的品牌定位。然后这对领导者而言确实相对容易，并能进一步强化已有的领先地位。但是当赞助企业并非绝对的领先者，也不存在任何差异化优势的时候，是无法通过奥运会这一个强势品牌为赞助企业提供品牌背书所能解决的。因此奥运赞助的实质并非常规简单的表面理解。

华帝奥运战略的全局思考

华帝的奥运战略将充分地运用到战略、品牌、传播三个层面。

第一个层面的核心任务就是推动加速企业差异化战略的实现，这一点将充分通过聚焦远景、内部激励、制度重建、文化提升等多元的共振，为差异化提供原动力，同时通过以奥运营销为核心手段，进一步实现4P的差异。

第二层面在品牌层面融入奥运，可以借助奥运改变/加强对品牌的原有看法，通过奥运能帮助实现品牌在知名度、美誉度、品质认证方面的提升，在产品识别上帮助强调某一方面的属性如“绿色、节能”，通过将企业logo与奥运会会徽的组合强化品牌的视觉冲击和识别，在品牌的组织联想层级对内——增加凝聚力，对外——增加亲和力。品牌个性中加入奥运的活力、自信、激情，完善华帝品牌人格魅力。

而在第三个层面将借鉴众多赞助企业成功的经验着重在公益营销、体验经销、大公关方面提高品牌的整体传播效率，并加速第一、第二层面的目标的最终实现。

后记：令所有竞争对手寝食难安的开始……

华帝对奥运战略的思考日趋完善，并已经着手从产品的工业设计、终端的提升、推广手段等营销的几个主要方面着手战略规划的落地实施。这其中蕴涵的能量将在其今后征服市场的过程中释放出来，也许只有那个时候我们每个人才能感知到奥运战略伟大的颠覆力。

2006年4月28日，华帝正式进入到自己的北京时间，2006年4月30日，CCTV-1《新闻联播》，华帝股份成为2008年北京奥运会燃气具独家供应商的消息通过中国最高规格的新闻渠道播报出来！伴随华帝新一轮的战略提升运动，这只是令所有竞争对手寝食难安的开始……

点评：

该策划案的重心就是对同质化产品市场营销路径的探寻。从预演到实战再到高潮，在一环紧扣一环的策划中，华帝股份终于从同质化产品的不利竞争局面中脱颖而出，获得了一个让人满意的营销业绩。在策划时他们避开了自古华山一条道，通过赞助十运会到赞助奥运会来完成一次跨越式的体育营销。该策划案最大的一个看点就是：成为“十运会火炬独家研制厂商”。我们知道，在当今的高科技社会大环境下，产品的同质化倾向越来越明显，同类产品之间已经很难找出差异；因而，如何能够成功冲出同质化产品竞争的怪圈，则是任何一家面临同质化产品竞争威胁的企业所要面对的一道非常难解的题。本策划案则为我们提供了一个成功范本：品牌差异化竞争的中心点就是——只有我才是全运会火炬的独家研制厂商，既然我有这样的能力，那我们研制开发的燃气具质量就无须置疑；这是一个极具诱惑力和煽情效应的产品营销卖点，燃气具和十运会火炬的对应诉求点非常明晰，让人很容易产生对应联想，这一卖点是很能说服、打动消费者的。不足之处就是对于获得了北京奥运会燃气具独家供应商后的下一步策划没有提及。

——崔银河

Retailer & Service

零售与服务企业类

利来国际大酒店VI策划实记

广 告 主：越南利来国际大酒店

广告代理：四川华视广告策划有限公司

为一家五星级的博彩酒店做VI设计，对中国的设计公司和设计人员来说无疑是新鲜的。如何既张扬酒店的行业理念，又能恰如其分de 2拿捏住忽略和回避的相关环节，“度”的把握是设计的核心。设计人员经过多次的现场实地调研，与客户深度沟通，在原有基础上对酒店的标志、标准色等视觉形象进行了大胆合理的规范设计、整合，最终形成了一套能够打动、说服客户的系统的VI方案，并赢得了客户。

作为越南第一家五星级博彩酒店，世界金钥匙酒店联盟组织除中国区域外的第一家海外联盟酒店，与我们所接触到的国内高档酒店不同，其VI设计必然要考虑到该酒店的博彩项目，而这对我们来说，根本就没有可以遵循的先例，那么我们又能为客户做些什么?

开局

“越南利来国际大酒店是经越南政府批准，由中国港商投资的五星级综合国际大酒店，坐落在越南的北部边境城市——芒街市。酒店占地面积2万多平方米，是一家涉足博彩、餐饮、娱乐等项目的五星级酒店。”

看着客户发过来的资料内容，我们所有人明白了此次策划项目的特殊性，对客户而言，由于我们有着与多家国内五星级酒店合作的经历且受到广泛赞誉，所以他们选择了我们进行接触。对我们来说，虽然在酒店VI策划上具备专业的素质，但却未有涉及博彩内容的项目。而对远在越南，具有合法手续的利来国际大酒店来说，博彩又是饭店整体VI设计不能忽略与回避的内容。

这对我们而言是第一次涉足，也是国内同行中没有涉足过的项目，我们能达到客户的要求吗? 所有人心里没底。

“接！”当公司的领导做出了决定，我们便明白这意味着自此后我们又多了一项新的经验。

通过分析，我们认为：

在我们涉足之前，利来国际大酒店已具有了自己的标志，并且自开业以来已经使用了1年多时间，因此想完全颠覆标志的设计显然不够现实，所以本着对已有设计进行完善的思想，这对我们的客户来说，在企业品牌维护以及感情角度上，显然更容易接受吧。

确定思想后，对以后的工作，我们充满信心。

拿什么让您相信? 真诚!

芒街市，与中国广西边境城市东兴市隔河相望，距越南首都河内仅340公里。望着北仑河上来往穿梭的船只、宽阔笔直的中越友谊桥、顺畅而繁忙的芒街——东兴口岸和欧陆风情的芒街民宅，这一切在我们眼中构成了中越边境城市的独特风景。

我们首次到达芒街市正值9月，此时当同处南亚热带气候带的首府南宁还是间或秋雨绵绵或炎热酷暑时，这里的天气却是温润相宜，十分舒适。

在我们到达后，客户便安排在第二日洽谈。当我们如约到达指定地点时，尽管心里已有准备，我们还是感到了压力：在场还有国内其他公司的同行，经过寒暄介绍，发现他们全都是越南国内广告设计领域内的顶尖公司的代表。大家相聚一堂经过初步沟通，通过对比，我们产生了一定的压力，但信心却更足，因为在客户眼中，我们的实力已达到中国国内一流的水平，这本身就是一种肯定。那么我们就应该以我们的专业和真诚，争取应属于我们的机会!

沟通过程中我们发现：与我们的同行相比，在有限时间内展示自己公司的实力上，我们并没有呈现出特别之处；同时对客户来说，要想在这短短时间之内判定谁更适合自己，显然也并不容易。

晚上，回到房间后，我们并没有休息，我们在思考着，拿什么让我们客户相信我们的专业与实力? 一时间似乎没有思路。

当我们看到带回来的客户画册时，通过分析，我们似乎找到了方法：我们发现在该画册上，利来国际大酒店的标识使用标准及应用特别不规范。

而我们来越南之前，对标识的重新定位和设计等工作已经做好，在原有标志设计的基础上，我们已加入了新的设计理念，此项工作成果尚未向客户提交。而目前在这里，要立即完成VI策划的全部规范工作，显然不现实。那么，规范已有设计的使用标准及应用的思想如何体现? 虽然对于我们来说，通过和客户的直接沟通体现，是一个最简单省事的办法，但是对于客户而言，却并不一定很容易看到最直观的结果。而看到客户的宣传画册，我们找到了展示我们的专业与实力的捷径。

项目组负责人做出决定并向国内公司及随同的设计师下达任务：远程协作，全力以赴，按照完善已有标识及应用的设计思想，对利来国际大酒店已有的宣传册进行重新设计，工作必须在第二天上午前完成！

这一夜，无论国内国外，对公司设计人员来说，都是一个不眠之夜……

我们赢了！

第二天，在其他国内同行的关注中，我们将所有的工作成果向客户提交：

1. 标志：沿用原有图形，进行重新规范

形体：在原有较为扁平的三角形的基础上进行进一步处理，使之构成等边三角形的形状，同时内部线条更加流畅，具备几何美感。表达企业追求平衡、积极、向上的精神。

标准色：采用"利来红"、"利来黄"两种分别代表着好运与财富的标准色进行规范，这与企业所具备的博彩业务息息相关。

标准字：采用 "文鼎CS大宋（繁）" 及"Century725 BT"作为中文（繁体）、英文标准字体，使之在更符合性质（港资、国际性）的同时更具表现力。

同时在标志、标志字组合上予以规范，使之更利于酒店开展自身业务及后续发展。

2. 利来国际大酒店宣传册：

使用新的标志进行重新设计，同时采用新颖的连折页形式，使宣传册更为活泼，更吸引消费者的眼球。

在提交的时候，客户似乎没有明白我们意图，但是，这一切并不妨碍他们对我们已做出工作的认可，就在那一刻，我们、客户以及与我们竞争的同行，都明白一个事实：

我们赢了！

LILAI INTERNATIONAL HOTEL
利來國際大酒店
世界金鑰匙酒店聯盟
GOLDEN KEY HOTELS OF THE WORLD
利來國際大酒店
LILAI INTERNATIONAL HOTEL
WWW.LILAIHOTEL.COM
越南芒街利来国际大酒店
QUIET AND TASTEFUL MOOD

利來國際博彩俱樂部
LILAI INTERNATIONAL GAMING CLUB

Table Game Rules
遊戲規則說明

貴重物品
寄存處
兌換處

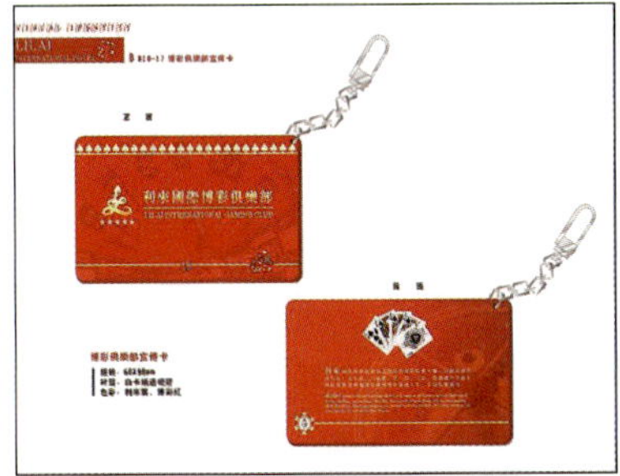
利來國際博彩俱樂部

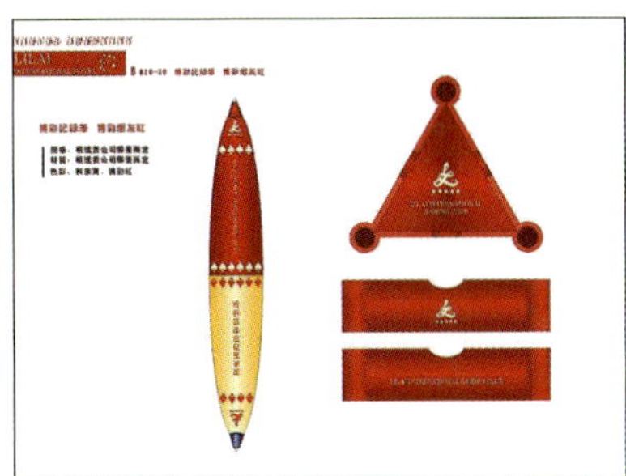

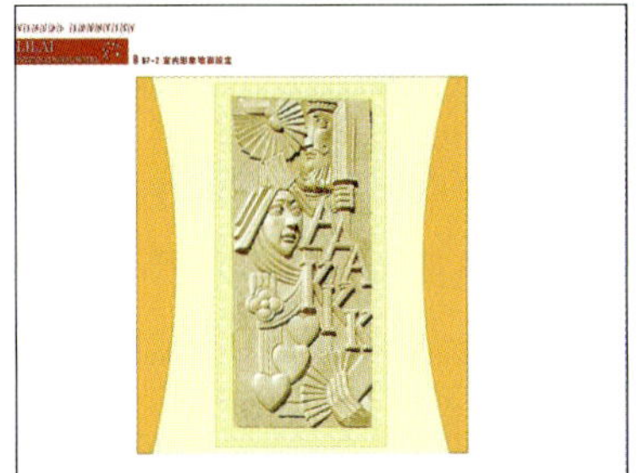

LILAI INTERNATIONAL HOTEL
Vietnam
利來國際大酒店

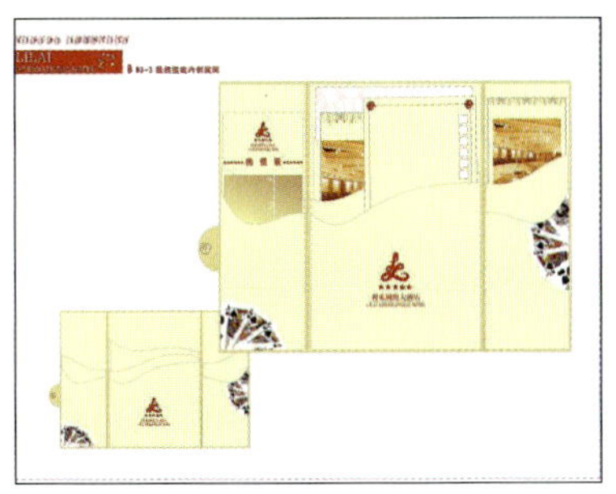

设计怎么做？问题很特殊……

在接下了这个项目之后，最先的设计工作进行得特别顺利，然而在工作进入后期阶段的时候，我们遇到了一个比较特殊的问题……

涉及到博彩部分的VI设计怎么做？这在国内根本就没有先例，而在前一次的沟通过程中，由于时间仓促，项目组人员对利来国际大酒店的内部项目只能进行初步的记录和了解，因此，在工作进展到这个特殊的、无法忽略与回避的环节时，我们为难了……

经过研究，我们决定再派人员南下越南，对利来国际大酒店所有业务项目进行全面了解。就在我们准备出发之前，客户忽然和我们取得联系，要求我们派人前往越南进行进一步沟通。

原来，利来国际大酒店拍摄的VCD宣传片需要进行包装设计，我们的客户则把这个任务直接交给了我们，因此才再次联系到我们的。

在这次深入沟通的几天内，在征求客户同意的基础上，我们对利来国际大酒店所有的营业项目进行了全面了解。从酒店的餐饮部到娱乐部，乃至安保部，我们与每个部门的主管及员工进行了细致而深入的沟通；从餐厅所提供的美食餐具，到客房设置中的日常用品，甚至于博彩大厅的服务生服装纽扣，都做了全面而仔细的观察；另外，我们还专门针对博彩项目，深入到大厅现场进行长时间的体验和观察……

在完成这一切工作之后，我们满怀信心地回国了。

以真诚和专业打动客户！

两个月后，经过三易其稿的最终设计方案得以顺利提交。

我们终于可以这样说：此次VI策划项目上，我们圆满地完成了客户交给我们的任务。而这次特殊的涉足博彩内容的VI策划，使我们在开创国内先例的同时，积累了新的经验。

点评：

机会总是留给有准备的人。

“相信我，我能”，策划人员的自信是本案成功的前提，品质、系统、创新是本案制胜的砝码。

VI设计是企业CI系统的核心要素，能够直观的诠释企业的经营理念，对消费者有鲜活的诉求功效。利来国际大酒店VI策划方案在形象上借助正三角平衡、向上的几何美学原理，色彩上充分挖掘行业理念的寓意表达基因，最大化地实现了VI视觉诉求的功效。

整套VI设计合理，完整的诉说了利来国际大酒店经营思想和意图，实现了企业品牌的维护和与消费者之间的感情互动。

——徐 豪

圣亚海洋世界的娱乐化事件营销

广 告 主：大连圣亚旅游控股股份有限公司 — 圣亚海洋世界
广告代理：大连壹捌零广告

本案是通过“圣亚海洋世界中国首届海底趣味争霸赛”这一娱乐活动，意图重新改善圣亚老品牌形象，重建圣亚品牌与相关对手品牌的区隔，加深圣亚品牌与消费群体之间的情感沟通，提高竞争力，意图再度引爆圣亚旅游品牌消费热浪的市场行为。活动通过海底运动会等四次系列话题事件的炒作，引起了大连、沈阳等多家媒体的新闻关注，触动了消费者的关心、群议和参与的兴趣，取得了非常好的市场效果。

市场困境：

圣亚是东北比较知名的旅游品牌，1995年就在大连投建海洋场馆，在滨城和整个东北掀起了一股海洋娱乐潮流。随着旅游业市场的发展，更多的景点投建，开始对圣亚形成消费分流，造成一定威胁。圣亚在2004年升级改造，由于宣传不当，没有大幅度引爆旅游市场。直接竞争对手老虎滩极地馆，在2002年投建，无论在产品规模、动物种类上，都比圣亚占有优势，很快占据了市场第一的位置。圣亚，面临着品牌老化、品牌个性不突出等问题，销售受到严重影响。

综上，我们的策略要解决的三大主要市场问题：

1. 改善圣亚品牌形象，加强品牌与消费群的情感沟通，提高偏好度；
2. 带动旅游旺季销售，提高全年销售额；
3. 解决老旅游景区的二次消费问题。

这三大问题，都是旅游产业非常本质的难题。我们的策略，面对不能承受的市场之重，如何拓展?

变脸：重建品牌区隔

通过前期的市场调研和对产品的重新梳理，我们发现，圣亚品牌和竞争对手在产品端存在着同化问题，我们的竞争对手老虎滩极地馆“以展示极地风情”为核心，动物总数更多更全，动物表演更丰富，占据产品端的绝对优势。

如何突破?

我们的策略转向品牌！

从品牌端建立差异。

一个旅游景点，天然景观除外，能够始终畅销，依靠的不可能是一成不变的设施和理念，新奇、好玩、有趣的形象才能吸引持续关注。10年圣亚，到了“变脸”的时候了。

消费者的心理需求决定了我们的“脸面”！

在消费者调研和消费心理研究中，我们发现由于两大场馆的多年普及，对于本地消费者来说，不论极地动物、海洋动物和各种风情景观，简单地观看已经不再构成“绝对诱惑”，很大一部分群体在此前的几年中已经完成了对海洋世界和极地世界的初次接触，要让他们再次光临，一定要有真绝活才行。从产品考虑，产品再提升一步，就是一起互动接触，人与动物、人与场馆互动，一起更快乐地玩。于是，我们为圣亚海洋世界重新定位为“更有趣、更好玩”的海洋馆。消费者将在欢乐的海底，和各种动物互动游戏，体验各种欢乐奇遇，让你的旅行一路乐不停，这才是圣亚要奉献给消费者的与众不同的海底游。

主题广告语顺势而生：开心海底游，一路奇遇行

主题画面充满了乐趣和梦幻感：一位年轻的母亲和她的女儿一起畅游海底世界，母亲骑着大白鲸，小女儿骑着调皮的海豚，一起体验海底世界的欢乐奇妙。当这幅快乐、而极有感染力的画面，一夜之间出现在城市主干路的交通指示牌上时，“这是哪儿啊？”“挺好玩”的议论到处能听到，圣亚成功地完成了自身的“变脸”——改变形象。

变身：事件营销突围

要彻底改变一个产品的形象，我们深知，光靠几张平面稿变脸，然后再潜移默化地改变人们的认识，这种方式是不够的，因为消费者对圣亚的形象记忆，已经积累了10年。圣亚品牌，是时候进行一次大规模的“品牌引爆”了，只有这样才能营造一股万众关注的热潮，把新的品牌概念集中传播出去，并通过活动让消费者主动接受，这才是此次品牌运动制胜的关键。品牌引爆，必须立足于品牌，从消费者需求或普遍关注的事物出发，营造热潮。

而且，一个概念的实现，必不可少地需要产品端的支持，在产品的硬件已经稳定不可变的情况下，我们只有用软件来支撑起策略，我们把目光聚焦在“活动事件”上。一个概念的着陆点是否稳固、可靠可行，是考验市场操作的关键。新的产品

中 山 路
ZHONG SHAN ROAD
开心海底游
一路奇遇行
圣亚
海 洋 世 界

圣亚
海底争霸赛
圣亚海洋世界
地址:星海公园内 旅游热线:84581113

圣亚
海底争霸赛
圣亚海洋世界

开心海底游
一路奇遇行
圣亚海洋世界
地址:星海公园内 旅游热线:84581113

开心海底游
一路奇遇行

圣亚海洋世界

概念要深化下去，要让消费者直接接受，活动事件可以成为一个非常好的载体。于是，在对大众传播中，事件营销成为我们首选的营销方式。

寻找撬动市场的支点：

事件营销的方式确定了，而能撬动市场的事件支点又在哪里?

重新发现我们的消费群，我们将主力消费群体分成两个部分：

儿童（3—18岁），他们是产品最热烈的追捧者，产品对他们有天然的吸引力；只要和稀奇的动物有关的活动，都能引起他们的强烈好奇和关注。

中青年（18—45岁），这一中青年群体，是社会的中坚力量，是消费的核心群体，具有很强的竞争意识；同时，在生活中，他们面对各种压力，追求放松、有趣的休闲方式，喜欢尝试新鲜事物，旅游的轻松好玩是他们崇尚的。这一部分中青年群体也担负着陪同自己的家人、客人和朋友去休闲景点游玩的职责。

在对这两个群体的考证中，我们的策略选择了中青年群体，针对中青年群体举行的活动，可以吸引向往成年人的儿童观看和关注，而儿童活动，成年人不可能有持续关注的热情。引爆了中青年群体的热情，也就占领了整个市场。锁定了消费群，找到他们的兴奋点，我们的活动也有了基本的轮廓。

一次比赛，地点在圣亚的海底，内容是在水中和动物有一定的接触与合作，更重要的是要有可持续性。

经过多次场馆考察，以及与合作的潜水俱乐部的安全论证，最后的活动定为海底运动会，也顺应了现在国际流行的水下运动潮流，圣亚将领衔打造国内创意化的海洋娱乐文化，在海底的水中踢足球、击剑、骑自行车……各种鱼类就在你的身边，这样的比赛，你参加过吗？！

圣亚海洋世界中国首届海底趣味争霸赛，正式确定。参赛者要在圣亚海底的几个主要景点完成一连串的深度海底体验，包括海底城市、海底两万里、梦幻海豚湾、舞鲨地带、海底金字塔内，挑战项目和海底景区特性相结合，让整个争霸赛成为消费者深度体验圣亚品牌内涵的平台。大赛经过前期淘汰赛、挑战赛，整个比赛将历时2个半月。圣亚为本次大赛提供了10万元大奖支持，这样重量级的奖项在整个东北也是非常有震撼力的。比赛将在全国范围内招募参赛者，集中于辽宁省内。

一时间，滨城哗然，报纸、广播、路牌，到处是圣亚争霸赛的信息，争霸赛的海报上，三个酷酷的选手在挑逗着人们的激情和勇气，电视上同步播出选手参加潜水培训和经历淘汰赛的赛况，争霸赛现场报名火爆，参赛的消费者除预计的本地消费群之外，还赢得了韩国、意大利和外省人士的积极参与，圣亚成为街谈巷议的话题核心。

巧用支点超越自我：

为了使活动效果最大化，圣亚争霸赛的传播策略针对大众群体接受信息的方式，主要选择了大众媒体，并进行了优化组合，在媒体使用中，除大面积的广告造势外，还有选择性地与部分媒体进行了深度合作，对大赛全程跟踪报道。主要媒体投放集中于电视、报纸、广播、户外、网络，以及媒介发布会等市场沟通手段上，在媒体的投放方式中，为节约市场资源，电视媒体主要选择与主打生活栏目合作的方式，选播争霸赛精彩赛事和花絮；还针对特殊群体大学生，在校园内进行定点宣传，立体化的活动营销策略使活动整体效果最大化。

这次活动，贵在立意新颖，看点十足。报纸宣传以新闻看点的方式，配合部分软文造势，比赛在不同阶段引爆不同的话题点，使争霸赛精彩迭起，高潮不断，吸引全程关注，也使圣亚争霸赛的传播效果最大化，不仅是一个海洋场馆主办的一次活动，而成为吸引全民关注的一种新的海洋娱乐文化，巧妙的传播方式，让事件超越了活动本身，成为一股社会潮流。

传播策略敲定，而要让报媒乖乖地报道我们的信息，却不是一件容易的事。根据活动日程，我们将比赛分段，计算了严谨的曝光率——每周不得少于两次新闻。除了正常的比赛进程报道和创意项目报道，我们还要在不同的时间段预埋“地雷”，定时引爆。

争霸赛在5月29日召开新闻发布会，同时开始招募，并进行淘汰赛。7月1日，有80名选手正式进入挑战赛，8月12日，决出总霸主，胜利结束。在这期间，圣亚争霸赛的创意化比赛项目，得到了消费者的热烈关注，每个新项目开赛，报社和电视台都积极地反应，做了相应的报道，如海底寻宝、首创海底跨栏、海底自行车、海底击剑、神秘海底拼图、海底足球等等，

圣亚海洋世界
中国首届海底趣味争霸赛
SUN ASIA
圣亚海底争霸赛

圣亚海底争霸赛

海底邮局

精彩的比赛照片，纷纷登上城市四大报纸的头版。除比赛项目本身不断爆出看点外，我们还发布了5次“定时引爆”，平均半个月，就有一个重量级的话题出现，让比赛高潮迭起。

比赛进程及“地雷”事件表：

2006年6月初，海底世界杯。争霸赛招募及淘汰赛阶段，适逢德国世界杯，如何和世界杯争夺关注率？圣亚采取了借势的态度，并充分利用足球之城的足球魅力，挑选了争霸赛的比赛项目“海底足球”，邀请鼎鼎大名的前国脚李明、张恩华和两名巴西球迷，在海底进行了中巴足球表演赛，通过报纸的大肆宣传，得到了球迷和游客的大力欢迎。

2006年7月初，海底邮局开通。招募及淘汰赛结束后，比赛进入正式选拔赛阶段，开赛仪式成为一个关键的宣传点。圣亚巧妙利用自身优势，开通了海底邮局，第一封由全部参赛选手签名的信件经海底邮局寄给奥委会主席罗格，申请将水下运动列为奥运会比赛或表演项目，普通市民也可以申请使用特别的海底邮局表达自己的情感。

2006年7月下旬，海底啤酒节。比赛在有条不紊地进行中，这个时候，除了自身正常的赛事花絮，还有什么事件能再一次引爆关注？当时大连正在举办国际啤酒节，大量人群汇聚星海湾（圣亚所在地），如何把经过家门口的人群请到家里来，圣亚大胆借势啤酒节，举行了“海底啤酒节”，让游客体验不一样的啤酒节，不一样的圣亚。圣亚海底啤酒节引起了热烈反响，海底英雄水下喝啤酒的英姿登上了各大报纸的头版，并引起了中央台、港澳台地区的新闻关注。

2006年8月初，竞猜事件。争霸赛在人们的热烈关注中火热地进行，从80强中选拔出24强，报纸上大肆宣传24强英雄榜，开通了“总霸主”竞猜平台，消费者可通过手机短信、邮寄、电话、网络等形式参与竞猜活动，猜对就有机会中大奖。

这几次话题事件，都取得了非常强的市场效果，吸引了大连、沈阳等多家媒体的关注，共上新闻报道100多篇，并登上了中央一套早间新闻栏目的《朝闻天下》，香港和台湾的部分媒体也对本次大赛作了相关的报道。在圣亚争霸赛举行的两个月内，圣亚不断爆出话题，几次引发市场高峰关注，经过两个多月与各地消费者的“亲密接触”和集中传播，圣亚在消费者心中的品牌偏好度有了明显提升，有65%的消费者明确表示要参加明年的争霸赛。争霸赛期间，销售量比去年同期大幅度增长，有更多本地消费者参与到本次活动中来，与圣亚进行了无比开心的第二次接触。圣亚，已经从老旧的形象中成功变身，成为“新奇好玩”的代名词。

点评：

让消费者关注、群议直至参与进来亲身体验，无疑是有效的营销策略。

把踢足球、击剑、自行车赛等消费者熟悉的陆地运动项目放在一个陌生的圣亚海底举行，接下来便是海底邮局、海底啤酒节、海底竞猜等等一系列奇思妙想的活动行为，无一不是创意的重磅“炸弹”和响亮的“包袱”，同时衬以10万元大奖，不火才怪。该案例整个过程高潮迭起，吊足了消费者的胃口和兴趣，创意了数次引爆市场高峰的点子，重新巩固了圣亚品牌的形象地位。

核心诉求符合产品特性和时代精神，使品牌走出了区域劣势的阴影。

——徐　豪

深圳航空五一黄金周传播推广方案

广 告 主：深圳航空有限责任公司

广告代理：广东省广告有限公司

这是深圳航空为迎接五一黄金周这一传统旅游高峰市场的宣传推广方案，也是一个既能提升品牌形象又能提高产品销量的一则“一举两得”的策划案例。该方案以深圳航空能给消费者“服务贴心，产品丰富灵活，出行实惠方便”的利益点为理性诉求卖点，树立深圳航空的品牌核心价值。围绕让消费者暖心的“票价动心，关爱心情”的感性主题展开广泛传播来拓展市场，水到渠成。

五一黄金周，是传统的旅游高峰期，这一期间，航空旅游市场竞争激烈，促销产品层出不穷，抢夺旅客资源；而随着游客旅游心理越来越理性成熟，已经开始考虑避开黄金周而选择平时休假出游，面对这一市场状况，深圳航空从旅客需求出发，推出极富竞争力的航空产品，力图在五一期间大展拳脚，满足甚至创造出消费者的潜在需求，获取较高的市场份额。

省广认为：作为客户的品牌战略合作伙伴，我们要做“叫好又叫座”的传播。在品牌打造过程中，要追求提升品牌形象与提升产品销量的兼容效应！我们称之为“双胞胎的分娩”。这次五一黄金周的传播推广，我们希望通过强而有效的宣传，提高产品销量，并树立深航产品灵活、出行实惠方便的品牌形象，同时，使旅客养成每到节假日，就会关心深航是否有相关促销产品推出的习惯。

五一推广的目的：

1. 促进销售：重点针对珠三角地区，主要通过“自由行”和深航具有比较优势的套票这两个产品，促进三个波谷的出行人数，带动整个五一期间的销售增长，带来丰厚利润；

2. 塑造品牌：在珠三角地区树立深航服务优质贴心、产品丰富灵活、出行实惠方便，从而进一步强化深航“因爱承载”的品牌核心价值，为深航品牌形象的塑造作积累。

目标消费者分析

目标对象：25－50岁之间，珠三角地区，月收入在3000元-8000元之间，受教育程度较高，主要针对非商务人士，对价格敏感但又有消费能力。

消费动机：主要分为家人出行、朋友出行、情侣出行。

家人出行：以家庭为单位，包括老人出行。因出行费用较高，五一正好有时间，深航的折价机票（无论是“自由行”还是套票）能够轻松实现家人五一出行/团聚的愿望，免除旅途劳苦，一家人其乐融融的感觉真好！

朋友出行：他们是工薪一族，处于事业上升期，五一时间相对紧张或有局限，但也对价格比较在意。深航的折价机票（无论是“自由行”还是套票）能够轻松实现朋友相聚、游玩的愿望，免除旅途劳苦，朋友在一起的感觉真好！

情侣出行：五一双方都有时间，但出行费用高，并且不希望因旅途的劳顿影响难得的假期，深航的折价机票（无论是“自由行”还是套票）能够轻松实现他们旅行的愿望，浪漫原来可以来得如此轻松！

目标消费者的决策、购买和使用基本上是一致的，也可能出现三者分离的情况，但他们始终处于决策地位。

无论怎样，不管是家人（包括老人）出行、还是朋友出行、情侣出行，都是为了得到和享受亲情、友情和爱情.

我们要针对决策者——他们是城市年轻化、中坚的一群，处于事业上升期，重视亲情、友情、爱情，他们理性实在，是周围人的“意见领袖”，追求性价比，但工作与休闲、事业和家庭很难兼顾，他们选择深航实际上除了重视产品本身的服务、价格外，也是在选择一种生活态度、一种生活方式。

活动主题——票价动心 关爱动情

活动主题释义：告诉消费者最直接的利益——令人动心的票价，具有煽动性，吸引消费者的注意并达成消费行为；承接深航“因爱承载”的品牌核心价值，具有内涵性，从而为深航品牌形象的塑造作贡献；无论是亲情、友情还是爱情，都是爱，都是针对目标消费者，既然有动心票价，动情的关爱和服务，你还不赶快行动！

产品命名——“易来易往”

套票作为深圳航空的优势产品，实际上是在反映深航深厚的实力，但消费者却并不了解。因而我们就是要把它用一种差异化的方式传播给消费者。

“易”一是指套票便宜，消费者能够轻松购买；二是指无论是来回程机票还是缺口程机票都能够为消费者带来轻松便捷的旅程；三是“易”合乎了目标消费者“简单”的消费意识。

想飞吗?
深圳航空

想飞吗?
深圳航空

想飞吗?
深圳航空

想飞吗?
深圳航空

无论是来回程机票或缺口程机票都是来往的过程，“来”、“往”准确反映了套票的特点。

传播推广

1. **传播推广策略**：通过广告、配合的促销以及软文，统一地传递本次五一活动的主题“票价动心，关爱动情”，达到传承和深化深航“因爱承载”的品牌核心价值的目的。

2. **广告**：包括报纸、电台、灯箱、网络、销售网点广告。

（1）报纸：传递本次活动的整体形象。

（2）电台：告知本次活动的促销信息及95080服务热线。

（3）灯箱：包括深圳候机楼、地铁、广州出发厅的各3个共9个广告位，传递本次活动的整体信息。

（4）网络：包括深航网站、三大门户网站之一。深航网站全面介绍此次活动，包括整体形象以及具体促销信息；三大门户网站之一主画面传递本次活动的整体形象，并链接到深航网站的此次活动的内容。

（5）销售网点广告（海报、横幅、单张）。

3. **软文规划**：制造最大化的新闻传播效应，提高深航五一活动的影响力，同时带动深航品牌形象的提升。

效果评估

为迎接五一黄金周的探亲旅游高峰，深航适时进行了一轮广告宣传，采用报纸主导、电台配合的媒体组合形式，传达促销信息，提高旅客流量，具体的媒体选择和投放频次如下：

广州：《广州日报》“旅游特刊”竖1/4彩色硬广1期，“旅游版”黑白通栏软文1期；《南方都市报》竖1/4彩色硬广三期；《新快报》彩色竖1/4版硬广1期，同期刊载1/8版黑白软文。羊城交通台早晚上下班高峰期15秒广告36次。媒体投放费用累计160794.4元。

深圳：深圳特区报彩色竖1/4版硬广3期，旅游版黑白通栏软文1期。深圳交通台15秒套播广告56次。媒体投放费用累计114441.8元。

整个推广效果明显，在费用有限的情况下达到甚至超出了预期；从始发和到港客座率看，都同比超过南方航空，且波峰波谷没有产生太多的反差，证明我们的推广针对性非常明确；活动推广后，电话呼入、订票成功率等有不同程度的提高；且有效传达了深航“因爱承载”的理念。

点评：

航空旅游市场竞争激烈，顾客心理越来越成熟、理性，五一黄金周又该向消费者诉求什么呢?

“票价动心，关爱心情”，“因爱承载”。

爱！爱是营销策略中永恒的主题，也是本案向受众传递品牌核心价值的诉求靶心。本策划方案并无重磅“炸弹”和“包袱”，但在市场分析、传播推广、效果评估等相关环节思考充分，在平淡中向消费者诉说了个明白。量体裁衣，策略思路清晰，传播信息到位，广告目标明确。

视觉画面简洁明亮，对消费者有一定的亲和力。

——徐 豪

必胜客，江西时尚之星选拔赛

广 告 主：中国百胜餐饮集团

广告代理：南昌九方连通广告公司

必胜客隶属于全球最大的餐饮集团——百胜餐饮集团。必胜客于2001年底进入江西南昌，虽然已有近5年的发展史，然而消费者对必胜客的认知还存在瓶颈，这直接制约了必胜客营业额的提升。必胜客·江西时尚之星选拔赛的举办直接有效地解决了存在的问题，对必胜客进行了一次自进入南昌以来最具深度和广度的营销传播活动，有效提升了必胜客的吸附力和影响力。从而提升必胜客在南昌市场的行销力。令销售额提升了50%。

必胜客于2001年底进入南昌，已有近5年的发展史。消费者对必胜客的认知存在瓶颈，直接制约了其营业额的提升。

必胜客·江西时尚之星选拔赛的举办直接有效地解决了存在的问题，销售额提升了50%，其核心价值主要体现在：

一、精确锁定目标市场，迅速提升销售力。

二、开辟了一条新的时尚传播通路。

三、树立了时尚营销活动之典范，得到了客户的高度认同。

市场背景

南昌市区人口200多万，2005年城镇居民可支配收入10301元。与其他中部省会城市（武汉、长沙、合肥、郑州和太原等）相比，南昌属于人口中等，收入偏低城市。虽然南昌人均收入不高，但餐饮业比较发达，其中餐要大大好于西餐。大部分市民对西方饮食的接受程度有限，对区别快餐、咖啡厅、西餐厅的能力有待提高。

南昌的媒体环境很有特色，两大传媒（电视和报纸）均是省级媒体占绝对优势。有一些电视节目在全国同类媒体的收视率排行中亦有不俗的表现。报媒方面还形成了一报独大，其广告营业额超过其他报媒总和的格局。其他媒体如杂志、网络等则非常平静。强势媒体虽然传播面很广，但针对必胜客的目标受众来讲，命中率却不高。必胜客自进入南昌以来，在当地强势的大众媒体有过不少的投入，但销售业绩不佳。经调查，必胜客面临的问题主要体现在：

（1）必胜客很高档，与我们之间有很大的距离感；

（2）有较高知名度，但亲和力和认知度较低；

（3）没有渗透目标消费群体的传播通路；

（4）欢乐、休闲、时尚、情趣、品位的品牌定位没有得到很好的诠释。

目标群体特征：必胜客的第一目标群体是20—30岁的都市青年，他们分布在政府机关、学校、中外资企业。他们赶新潮、追时尚、爱接受新生事物，自主性强，追求丰富多彩的生活。特别是近几年来，我国的都市青年对娱乐事件和娱乐新闻的关注度空前高涨。

活动策略

精确锁定目标受众。选择目标群体关注度极高而又吻合必胜客品牌形象的时尚元素，联合多家主流媒体共同主办“首届江西时尚之星选拔赛”。对必胜客进行一次自进入南昌以来最具深度和广度的营销活动，有效提升必胜客的吸附力和影响力。从而提升必胜客在南昌市场的行销力。

为了使大赛更具娱乐性、参与性和服务性，大赛特制定如下措施：

（1）设立多种奖项，对优秀选手进行奖励；

（2）举办时尚类的专题讲座；

（3）召开由获奖佳丽和她们的粉丝参加的欢乐见面会；

（4）邀请江西著名摄影家为参赛选手全程拍摄时尚风情照；

（5）整合时尚人物、时尚组织、时尚事件及各类时尚元素为大赛添彩；

（6）开设有奖投票。

大赛目的

（1）开辟一条适合必胜客的时尚传播通路；

（2）强化必胜客“欢乐、休闲、时尚、情趣、品位”的品牌定位；

（3）增强必胜客的亲和力和受众的认知度；

（4）用时尚、娱乐元素拉近必胜客与消费者之间的距离；

报纸广告

会刊

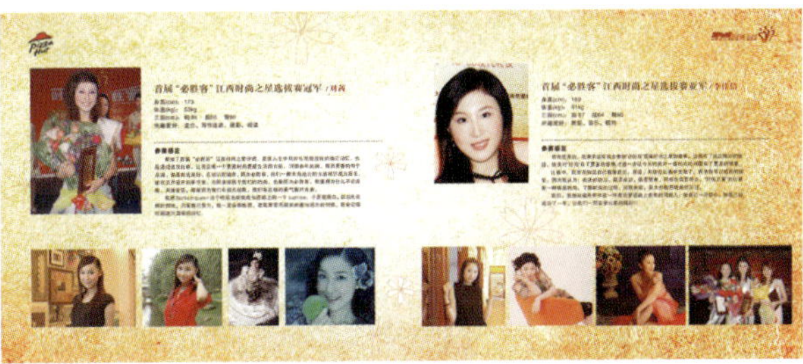

光盘

报名表与选手号牌

导向牌

新闻发布会与时尚讲座现场

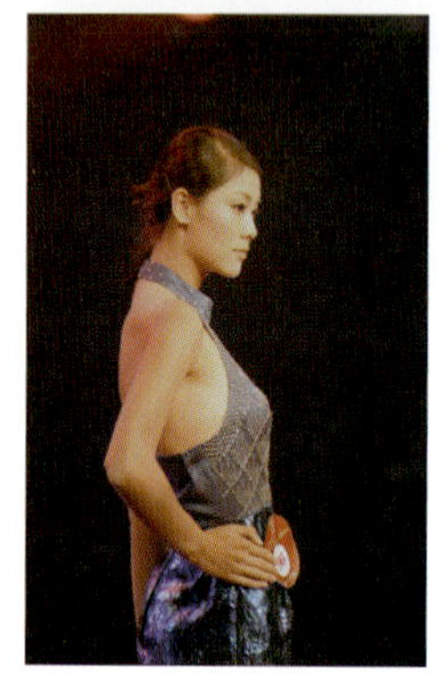

（5）让消费者亲身体会“开心时刻必胜客”带来的欢乐时光；

（6）提升必胜客的行销力。

注重品质的执行：必胜客是全球著名的餐饮品牌，在活动实施的整个过程中，我们都非常注重每一个细节的品质感。

大赛流程

（1）5月1日前设计好物料、LOGO及VI应用系统

（2）5月9日召开新闻发布会

（3）5月10-15日发布各类活动广告

（4）5月10-25日接受报名

（5）5月14、21、27日在必胜客餐厅举办三场时尚专题讲座

（6）5月28日进行初赛

（7）5月30日公布进入复赛人员名单

（8）6月1日-25日进行挑战赛、表演赛等专项赛事

（9）6月5日前出版大赛会刊

（10）6月10日进行复赛

（11）6月12日公布进入决赛佳丽名单

（12）6月17-19日对进入决赛的选手进行培训

（13）6月13日至25日发布决赛佳丽的资料供读者、网民、观众投票。

（14）7月2日决赛

（15）7月3日公布获奖佳丽及幸运读者、观众和网民的名单

（16）7月9日举行欢乐见面会

媒介策略

江西的媒体非常乐意在时尚领域有所作为，对联合主办“江西时尚之星选拔赛”有很高的热情，因此我们联合了电视、报纸、网络三大传媒的强势媒体共同主办此次大赛，极大地提高了此次大赛的传播力度，而且大大地节省了广告主的开支。

（1）网络传媒：根据目标群体经常接触网络媒体的特点，大赛建立了官方网站，用文字、图片、视频、音频等方式对大赛进行全程直播，大赛的所有资料均可通过网络索取、下载。并在大赛官方网站开通了QQ群、丽人博客，与选手和网民的沟通、交流工作均在网上完成。网络功能得到了极大的发挥。

（2）DM和海报：大赛设计制作了DM单和海报，在必胜客各餐厅、商业中心、卖场、写字楼、娱乐场所、大学校园等目标人群相对集中的场所发放、张贴。

（3）大赛物料传播：大赛设计制作了会刊、手提袋、纪念品等。设计时尚、新颖的大赛手提袋也被时尚佳丽们演绎成了南昌街头一道流行、靓丽的风景。

（4）电视和报媒：发布大赛新闻、大赛广告，报道大赛进程、花絮，公布选手资料及投票办法，全程报道大赛盛况。

效果

精确制导，准确定位的“必胜客——首届江西时尚之星选拔赛”的成功举办，超出预期地完成了各项既定目标。百胜餐饮集团必胜客品牌总经理也亲临了江西时尚之星选拔赛·总决赛颁奖晚会现场为选手颁奖，对九方连通公司给予高度评价，并要求公司对此次成功的营销案例进行总结,将成功经验应用于江西以外的地区。

随着我国经济的发展，时尚元素的重要地位日益突显。时尚的脉动已遍及生活的每个角落，人们对时尚高度关注的热情前所未有。此次以时尚为主线的营销活动，精准地渗透了目标市场，高效地整合了社会资源，为广告主带来了超值的回报。

点评：

现今，一场场各类名义的选秀节目扑面而来，大有“全民皆秀”的状态。而“秀”也作为一种时尚，得到广大年轻人的追捧。必胜客的主力目标群体是20—30岁的都市青年，她（他）们热衷时尚、乐于接受新生事物。“必胜客·江西时尚之星选拔赛”将目标受众精准锁定在这一群人身上，利用当下颇受年轻人关注的选秀活动作为传播突破口，结合社会资源、新闻力量为品牌无形造势，可谓是一种明智及聪明的选择。活动很好地结合了必胜客品牌时尚、欢乐的特性，制造了市场热点，为必胜客增强了品牌亲和力和受众的认知度，成功提升了必胜客的销售。

——何　俊

法国迪卡侬体育用品超市开业推广

广 告 主：法国迪卡侬集团 — 法国迪卡侬体育用品超市
广告代理：灵立媒体

迪卡侬是一家在全球生产和销售体育用品的法国企业，在全球拥有370家专营运动用品商场的零售商。2003年11月首家迪卡侬运动品专业商场在上海浦东开业，继而拉开了迪卡侬在中国的开拓之路。灵立媒体上海(Motivator SH)在负责迪卡侬2006年中国开业的推广和宣传中，结合其无品牌知名度，店址远离闹市区，户外媒体资源少；周围有大型社区，居住人口稳定等情况，制定了“邻里传播”的推广策略，取得了很大的成功，超过了客户的预想。

2008北京奥运的步伐日益临近，全民健身的热潮也越发高涨，就在这样的良好时机下，法国著名的运动品零售商迪卡侬于2006年加快了在中国的前进步伐。

背景

迪卡侬是一家在全球生产和销售体育用品的法国企业。于1976年创立，目前排名欧洲前列的迪卡侬不仅是运动用品的设计和生产者，而且是在全球拥有370家专营运动用品商场的零售商。迪卡侬拥有并销售自有的十二大品牌。迪卡侬的品牌核心在于“质量和价格两者兼得”，在迪卡侬一间超过2500平方米的体育用品超市中你可以获得专业免费的咨询以及找到任何你想要的体育用品。2003年11月，首家迪卡侬运动品专业商场在上海浦东开业，继而拉开了迪卡侬在中国的开拓之路。

迪卡侬的要求

2006年内在深圳、上海普陀、青岛、南京、无锡、杭州、北京开业8家专业运动品超市。我们的任务是：1. 为迪卡侬开业做宣传，迅速带来客流；2. 提升迪卡侬在北京的品牌知名度。

以北京为例，作为迪卡侬华北区最重要的一个市场，北京对于迪卡侬的重要性不言而喻。同时考虑到北京的面积广大，迪卡侬决定在北京同时launch两家店分别在大郊亭（东四环）和亦庄（东五环）。

面临的问题和机会

基于客户的要求，经过我们的调查和研究发现，在各地所共同存在的问题：无品牌知名度，店址远离闹市区，户外媒体资源少；周围有大型社区，居住人口稳定。以北京为例：

大郊亭店：离市中心较远，周围没有地铁站，公交车和出租车是最主要的交通工具，由于车流较大经常会造成塞车；同时周边有一些成熟的或者在建的大型社区，有较稳定的居住人口，而且有大型的购物中心在建。

亦庄店：靠近五环远离市区，车程约40分钟左右，周边多为大型公司生产基地和别墅区。

我们的策略和方法

针对所面临的问题和机会，我们的核心策略：“邻里传播”（neighborhood communication），即定义迪卡侬店周围的居民为主要目标受众，以迪卡侬店为中心车程20分钟的区域为宣传范围，迪卡侬店周围的媒体资源为主要使用的媒介。“邻里传播”能最大化地为迪卡侬开业吸引到客流，同时能够在迪卡侬周围区域迅速建立迪卡侬的品牌知名度，以满足客户的要求。在解决迪卡侬品牌知名度低的问题上，我们采用迪卡侬附近为主，城市覆盖为辅的策略。在保证给迪卡侬开业带来足够的客流的同时，使用覆盖城市的媒体建立迪卡侬的品牌知名度。

有了以上的策略，我们还要考虑到不同的城市自己特殊情况，以北京为例，我们给出的媒体组合为：

迪卡侬两店周围：电梯海报、指定区域夹报、经过两店的公交车车身广告；

城市覆盖：当地报纸、电台、英文杂志。

投放时间：电梯海报、电台正式开业前半月开始，报纸和夹报开业前一周以及后两周的周末，公交车身和杂志开业当月开始持续半年。

开业效果

灵立媒体上海成功地帮助迪卡侬在深圳、上海、青岛、南京、无锡、杭州、北京开业8家专业运动品超市。由于媒介组合恰当以及投放时间适合，迪卡侬在各地的开业投放可以说是非常成功的，甚至超出了客户的预想。

后记

类似开业宣传，在设定策略前对当地市场的了解非常重要的，甚至可以说是成败的关键，同时善于发现问题解决问题也是至关重要的。

点评：

所谓因地制宜，是指根据不同地区的具体情况制定相应妥善的办法。本案所谓的“邻里传播”策略，其实正是一种因地制宜的广告手段。其利用对当地市场的熟悉度选择相应的媒体宣传，起到了事半功倍的效果。应该说本案不具备很强的亮点，但这种恰当直接的传播策略不失为是一种可以迅速扩大品牌认知度的有效做法。

——何 俊

歌诗达邮轮上的美妙世界

广 告 主：意大利歌诗达邮轮旅游公司 — 歌诗达邮轮

广告代理：上海奥美行动营销

坐船去旅游，在国外不是一件新鲜的事情，在国内却相反。大部分消费者没有邮轮旅游的意识。于是本案将常去旅游的人设为主要的沟通对象，在理解了消费者们的旅游心理和习惯后，针对旅游过程中经常出现的不便，利用Teaser加主题广告的形式来传播，勾起消费者对油轮旅游的无限向往，从而成功地完成了销售。

来自意大利的歌诗达邮轮旅游公司登陆中国，带给中国消费者新的旅游方式。我们很高兴成为他们在中国的广告代理，负责在中国大陆，香港的线上和线下的广告创意。

坐船去旅游，在国外不是一件新鲜的事情，在国内却相反。大部分消费者没有邮轮旅游的意识。而从客户联络我们到第一波平面广告要推出的时间只有短短的2个月，如何在有限的时间里，充分理解客户产品并找到独特的优势，同时结合消费者的需求，想到一套能打动人心引起共鸣的广告，是我们当时的挑战。

坐船旅游概念虽然新，但也是旅游。所谓知己知彼，百战百胜。常去旅游的人，也就是我们应该沟通的对象，因此理解消费者旅游消费和习惯的调研是首要的任务。 没想到的是调研得到的资料，除了加深对旅游客的洞察，对客户确定价格方面也起了很大的作用。另一方面，对于客户产品的理解却没有那么顺利。 因为我们广告的主角——歌诗达爱兰歌娜号，当时正在世界的另一边为中国市场改装，对于它的一切，我们只能从客户既有的资料(小册子，图库和口述！)去想象它的外观，去理解它的服务，算是一次虚拟旅程。结合以上两方面的资料，我们得到一些很宝贵的看法——姑且先把它们分作传统(坐飞机)和非传统(坐邮轮)旅游两种。非传统旅游最大的优势在于，你的旅游从你登船的一刻已经开始，随身而行的酒店。邮轮是你的交通工具带你到目的地，同时也是你的吃喝玩乐的地方，不管是大人小孩都能在邮轮上找到适合自己的乐趣。相对传统旅游要先花几个小时在机场和飞机上，到了目的地后还要频繁换车，check in，check out酒店，挤得满满的行程。对比之下邮轮旅游带给消费者的就是开心和省心。

在找到了独特的优势后，接下来的工作就是要帮歌诗达邮轮想一个沟通的定位，好让我们的创意从这里发展下去。上面提过，在邮轮上已经有能满足所有人一般旅游的享受。创意总监建议把歌诗达定位成“Costa, all in one wonderland”中文是“美妙世界，尽在歌诗达”。第一波的广告，我们的目标是要让消费者 “知道” 歌诗达邮轮这个品牌和它为了中国市场量身定做的邮轮“爱兰歌娜号”能带给消费者的好处。要达到目标，可以用很直白的方式在广告上把内容都讲出来。但这不是客户和我们想看到的，客户希望能够在消费者心里引起共鸣，还记得我们要沟通的是常常旅游的消费者吗？没有其他办法比

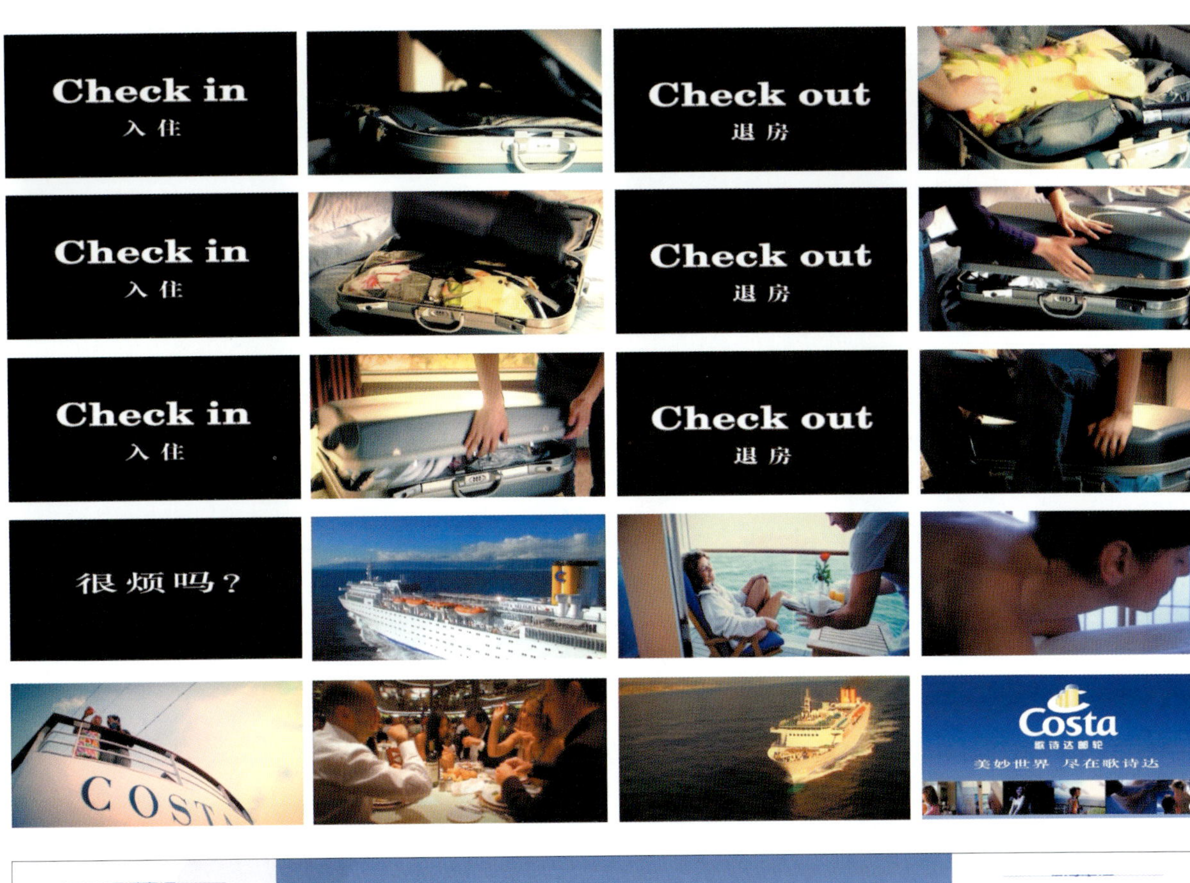
Check in
入住
Check out
退房
Check in
入住
Check out
退房
Check in
入住
Check out
退房
很烦吗？
COSTA
Costa
歌诗达邮轮
美妙世界 尽在歌诗达

188米，为何6天走不完
Costa
歌诗达邮轮
"爱兰歌娜"号豪华邮轮日韩六日游
预订：各大旅行社 咨询热线：800-820-1298 021-3878 4909 www.costachina.com
美妙世界 尽在歌诗达

Check in ... ... Check out ... ...
Check in ... ... Check out ... ...
很 烦 吗 ？
不一样的假期 歌诗达邮轮假期
Costa
美妙世界 尽在歌诗达

观光又累... 吃饭又吵...
上车又闹......
还想带上孩子旅游吗？
不一样的假期 歌诗达邮轮假期
Costa
美妙世界 尽在歌诗达

上车... ...下车... ...
等车... ...堵车... ...
不堪这番劳顿吗？
不一样的假期 歌诗达邮轮假期
Costa
美妙世界 尽在歌诗达

利用他们在传统旅游上遇到的不便来勾起兴趣，突显非传统旅游的优势更好的了。因此，整套广告稿的方向基本都已成型。

创意方面，需要有平面广告和电视短片，平面的创意，我们使用Teaser加主题广告来传播。Teaser的创意是用传统旅游上的种种不便/麻烦来做引子。由于爱兰歌娜号是适合不同年龄的旅客，因此我们的teaser涵盖了针对男的、女的、家庭的，而且还用上了一些只要你坐过飞机一定会听过的句子来引起人的共鸣，引发大家看下去的冲动。主题广告就以“美妙世界，尽在歌诗达”为中心来带出在邮轮上能满足到大家对旅游的各种需求。最后利用不同的报纸和杂志，比如生活、财经、旅游和机舱刊物等，配上不同的teaser来接触不同的消费者。

短片方面，也是分成不同的主题，包括浪漫、休闲、刺激篇。因为不是在电视上播放，而是在办公楼电梯里的户外广告，所以片的开头很应景地用了几个上班男女在电梯里的场景，大家都很无聊地看着显示楼层的数字。突然，叮的一声，电梯门打开，通往的不是办公室，是爱兰歌娜号上多姿多彩的船上时光。

广告投放后，客户的热线电话响个不停。7月初到8月底的航班都已爆满。我们也没有辜负客户的期望，打响了歌诗达登陆中国的第一炮。我们的平面创意后来也应用到机场里的户外广告，更进一步地和我们的目标消费群做近距离的沟通。

故事到这里还没结束，因为下一个挑战已在我们的面前。之前客户推出的是北线航班，面对的是上海，北京等城市的消费者。但10月份他们将推出南线，针对的是中国南方城市，例如广州、香港等。南方城市的消费者有不同的消费习惯，而且，邮轮旅游对他们一点都不陌生，因为早已经有其他的竞争对手立足。相信我们要用一个不同的策略才能让客户再尝成功。

点评：

喜欢旅游、想去旅游、常常旅游的人，他们是一种什么样的心态？他们会怎样看待旅游的方式？在众多五花八门的旅游产品中，歌诗达邮轮旅游如何脱颖而出，本案找到了一个很好的沟通定位，就是关于旅游和方便自在的美妙契合。创意利用Teaser广告的形式，从多个角度、针对不同人群男的、女的、家庭的，感性地表达了歌诗达邮轮旅游的利益点，带出歌诗达邮轮能满足到大家对旅游的各种需求，直达消费者内心。在旅游产品市场营销中，本案这种求新求异的诉求方式值得参考与借鉴。

——何　俊

Alcoholic Beverage

酒精饮料类

WYBO ROSE伏特加上市案例

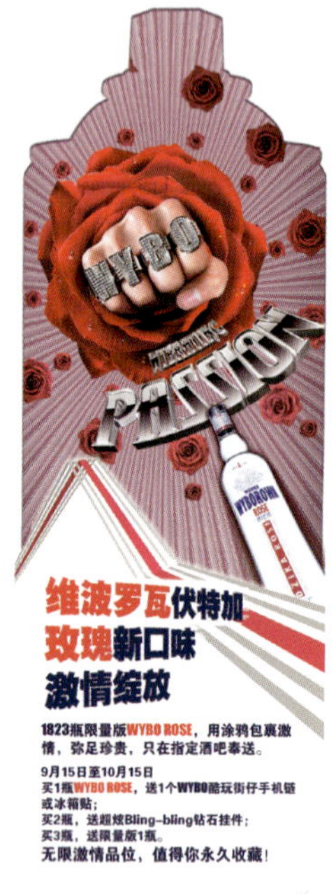

广 告 主：波兰 WYBO ROSE伏特加

广告代理：阳狮中国

一提到伏特加，中国消费者就会想到绝对伏特加，要想在本就很有限的伏特加市场份额中占有一席之地，历史悠久的波兰伏特加将目标对准了年轻时尚消费群，采用当下流行的嘻哈文化来包装自己。上市策略围绕“激情”这一主题，展开一场整合营销传播。上市派对与涂鸦艺术大赛的结合、限量版派对制造了很多话题。街头独特的展示架、挂件，酒吧里的专署特区实现了品牌的独特性和特属性。各种小礼物和媒体覆盖增加了年轻消费群的接触点。整合传播使得波兰伏特加的品牌形象日益鲜明，成为年轻一代的精神先驱。

我们说“整合营销”已经说了很多年了，但事实上，真正做好的并不多。大多数时候，只是简单地把key visual重复运用到各种媒介形式中，而这并不是整合营销的真谛。真正的整合营销，不仅仅是同一画面在不同媒介上的整合，还是概念的整合，通过不同媒介上的不同执行来传达同样的概念讯息。WYBOROWA玫瑰口味伏特加上市活动正是成功运用真正意义上的整合营销的典范。

背景

自2005年进入中国起，WYBOROWA的slogan就一直是“始于1823年的极致波兰伏特加”。但中国的洋酒市场在近年才刚起步，伏特加所占市场份额十分有限，而且基本被绝对伏特加占领。为了能够让中国的年轻时尚消费群更快接受和熟悉WYBOROWA这一品牌，WYBOROWA决定以当时的流行趋势嘻哈文化来包装自己。

玫瑰激情

当WYBO客户把玫瑰口味伏特加放到我们面前，并告诉我们在西方玫瑰象征火热的激情时，大家的眼睛都为之一亮。这次WYBO ROSE的上市campaign所要围绕的主题就是这两个字：激情。同时，它必须延续WYBO一贯的嘻哈风格。通过上市宣传，客户希望让消费者认识、尝试和喜爱上WYBO ROSE，同时进一步提高WYBOROWA的品牌知名度，从绝对伏特加那里夺下一定的市场份额。

创意发想非常迅速。由于WYBO ROSE是该品牌的高端产品，我们从一开始就否定了之前简单的涂鸦表现，因为那样的表现太过街头和平民化，难以体现WYBO ROSE的明星气质。经过几番讨论，大家一致认同用嘻哈明星经常用的物品来表现其张扬、时尚、激情勃发的个性。在众多的提议中，戒指、blingbling挂件、音箱、手表，这4样物品最终被定下来，因为它们更具有嘻哈代表性。4张key visual随即产生：在极致绽放的野玫瑰中，出击的拳头极具气势，各种嘻哈代表物上均有钻石镶嵌的WYBO字样，肆无忌惮地展现着品牌的激情与个性；背景上呈放射状的线条和小玫瑰加强了激情释放的张力，也把画面中央的主元素衬托得更加瞩目；产品本身被放置在主玫瑰下，仿佛这股气势磅礴的时尚激流就是从瓶中迸发而出的。

遍地花开

有了key visual只是一个开始，一场好的整合营销活动应该通过各个环节的传播，令品牌产品形象及信息完整合一，为此，它应该具备视觉性、话题性、独特性、特属性、散播性等特质。

（1）视觉性

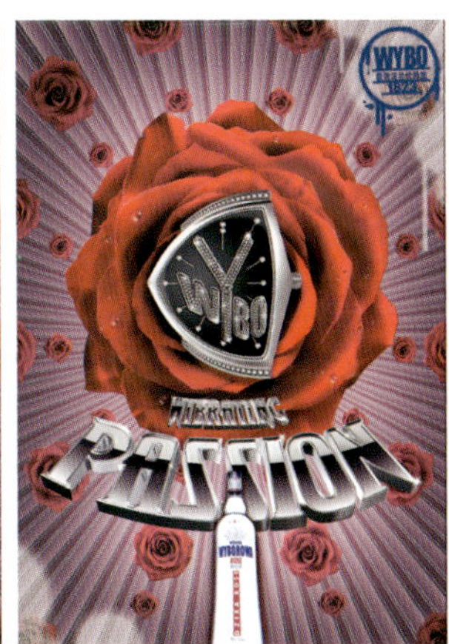

视觉上的整合是第一步。从符号、颜色到风格都必须有一个统一的视觉效果。WYBO ROSE的4张key visual为此奠定了基础。热烈的玫瑰色是色彩的基准、放射状的线条和绽放的玫瑰和嘻哈物品构成了主要视觉符号，整个画面所呈现出的嘻哈激情和时尚个性则树立了整个campaign的风格，这些都会被整合运用到杂志、海报、易拉宝、台卡等各种媒介中。

（2）话题性

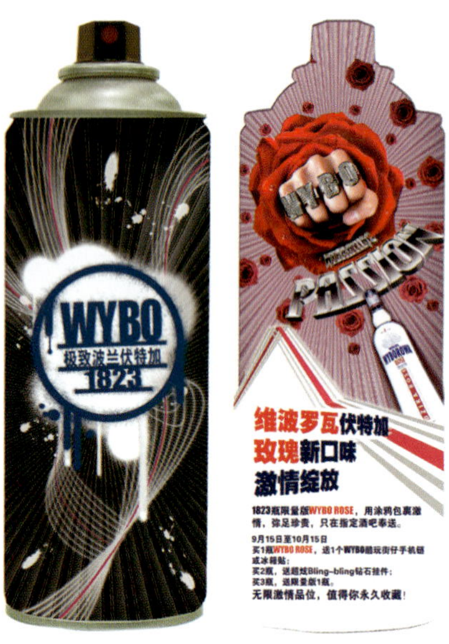

A.WYBO ROSE上市派对暨涂鸦艺术大赛

成功的上市活动应该是能够让消费者期待和谈论的。于是，在北京举行的WYBO ROSE上市派对与嘻哈文化中的涂鸦艺术大赛结合到一起。我们请来10位中外涂鸦艺术家，让他们在上市派对中以WYBO ROSE为主题进行现场涂鸦竞赛。前期的杂志宣传（选用在各大酒吧都有赠送的时尚娱乐信息杂志《HIGH》）和当天派对中DJ、艺术家的精彩表现吸引了大批记者和时尚青年。派送的礼物在现场供不应求，涂鸦艺术家的创作更是把WYBO ROSE“放肆激情　喷薄个性”的精神演绎得精彩绝伦。

B.WYBO ROSE限量版派对

上市派对所制造的话题还没结束，一个新话题又随即产生。在现场涂鸦大赛中的10幅作品，谁最能表现WYBO ROSE自由不羁的嘻哈精神？这将由专业评委和消费者投票决定。令人期待的是，冠军作品将会被印制成WYBO ROSE限量版瓶身，在盛大的派对上亮相，供永久收藏。这一讯息一经杂志、网络、酒吧宣传，立即吸引来消费者的投票，因为他们还可以通过投票赢取时尚礼物。这样的互动方式令活动的话题性进一步提高，为一个月后在上海O2俱乐部举行的限量版亮相派对奠定了成功的基础。派对当天，上海O2俱乐部门口安排有WYBO ROSE的促销小姐为每位客人提供试饮，进门后的长通道里放着12个1.5米高的酷玩街仔雕像，它们摆出炫目的街舞造型，鲜艳的玫瑰色在灯光装点下极具视觉冲击力。派对中除了DJ打碟掀起的嘻哈狂潮，还有象征1823年品牌诞生的1823瓶限量版WYBO ROSE组成的高墙，供冠军艺术家现场涂鸦。WYBO ROSE限量版就是在这样的别致氛围中向世人呈现的。当晚，几乎每位客人都品尝了玫瑰口味的独到香醇。除单点外，总计销售了58瓶WYBO ROSE！

（3）独特性

为配合派对和之后的各种促销活动，创意团队依照海报特制了一批bling bling钻石挂件，这种极富嘻哈时尚感的礼物让消费者爱不释手，大大促进了销售；此外，创意团队还创作出以街舞男孩为原型的酷玩街仔系列台卡、产品展示架，甚至放在街边供人探头拍照的大型雕像，吸引人眼球的多变造型令WYBO ROSE年轻、自在、张扬个性的嘻哈精神显得更为独特。尤其值得一提的是酷玩街仔系列产品展示架，产品展示一直是商家非常重视的一块，却也是做得最普通的一块。通常的展示架总脱不了“架”的影子，显得木讷无个性。而这次的WYBO ROSE展示架，完全跳脱传统的做法，用一个几乎真人大小的街舞男孩做造型，酒瓶就放在男孩的心脏位置，用灯光投射，寓意WYBO ROSE给年轻人带来的心跳震荡，让人在看到的瞬间就感觉到新鲜感，同时也感受到品牌的嘻哈风格和年轻活力。

（4）特属性

为了在酒吧里明显区别于其他品牌，WYBO ROSE设立了它的专属特区。消费者会看到巨大的玫瑰key visual背景板、真人大小的酷玩街仔展示产品、还有嘻哈味十足的促销小姐提供免费试饮，这样的区域让人一眼就能认出WYBO ROSE、感受到野玫瑰的激情魅力。

（5）散播性

上市和限量版的大型派对分别在北京和上海的酒吧成功举行后，如何将品牌影响力进一步散播？从地域上来说，两大派对后WYBO ROSE在其他城市相继进行促销，将影响力扩大；而消费者在酒吧拿到的有趣礼物，包括酷玩街仔系列手机链、冰箱贴、便笺夹等，非常讨年轻人的喜欢，他们把这些小玩意挂在手机上、包上，贴在家里冰箱上，这样就把品牌带到了酒吧以外的更多地方；在广告传播方面则覆盖了杂志、网络、酒吧店头、街头、短信等多种媒介，由于这些都是年轻消费群的接触点，所以花费不大，收效却很显著。

在进行了这一系列的整合营销传播后，WYBO ROSE打开了知名度，销售成绩令人振奋。而更重要的是，WYBOROWA独特的嘻哈风格和自由个性的品牌态度也在消费者心目中日益鲜明，成为追求自我、享受生活的年轻一代的精神先驱。

点评：

不是绝妙的idea，不是简单的信息传达，更不是传播手段的简单整合，WYBO ROSE玫瑰口味伏特加在和消费者接触的那一点、那段时间、那个空间里，他已然活生生的和你交流起来，而这一切正是通过他充满魅力的语言、表情、穿着和行为自然散发出来的，根本不需要刻板地自我介绍。

——吴 纲

长城唯尊杭州市场2006年度第一击

广 告 主：中国长城葡萄酒有限公司—长城唯尊葡萄酒

广告代理：智盛广告有限公司

红酒是快速消费品中相对特殊的产品，品牌集中度较高，新进品牌难有所作为。为了占领杭州市场，长城唯尊采取“借东风、连环战”的推广策略。借浙江最大经销商的东风完成杭州及周边地区的密集铺货；借用竞争对手已在消费者心中建立的认知度，迎合消费者心理进一步打开局面；借长城品牌的好感度将其延伸到长城唯尊上；利用08奥运独家葡萄酒供应商的热点事件配合宣传。最后结合各种营销活动的整合，迎来了杭州各个终端销售点的捷报频传。

2006年炎热的夏季刚刚开始，智盛广告接到了来自长城品牌的邀请，加入长城唯尊产品在杭州地区市场上的推广阵营。作为快速消费品中相对特殊的红酒产品整合营销，它的挑战是巨大的也是刺激的。挑战的压力来自于其产品的市场格局已经成型，竞争对手威龙橡木桶设置的种种障碍与阻挠已经不是单凭广告范畴所能解决的问题。刺激则在于快速消费品的推广营销是立竿见影的，市场会对每一次广告传播做出最迅速、真实的反应。回顾此次长城唯尊产品的整合营销之路，我们的推广思路总结起来不过就是六个字："借东风、连环战。"

借强势经销商之风

众所周知，近几年来浙江葡萄酒市场竞争异常激烈，但市场格局却相对稳定，许多新进品牌在这块市场上很难有所作为。在品牌集中度较高的情况下，几个强势品牌所衍生出的区域化专供产品成为浙江葡萄酒市场上的生力军，不少产品的年销售额都在亿元以上。

长城唯尊系列葡萄酒就是区域化专供产品的典型代表。它诞生于2004年下半年。当时，沙城长城进入浙江市场已多年，在浙江的主流品种包括星级干红、普通干红，以及由经销商买断销售的金装长城等。尽管产品线比较丰富，产品价格由低到高做到了密集分布，但是由于经销商缺乏对终端资源的掌控，在缺乏渠道推力的情况下，使得产品在终端始终难以动销。如何开拓市场空白点或加强在杭州市场的竞争力？——推出区域化专供产品是最佳的解决之道。在这种情况下，沙城长城与浙江市场上强势的酒水运营商浙江商源加强合作，并在2004下半年联合商源开发了面向浙江市场的唯尊长城系列。"唯尊"二字本身蕴蓄着将红酒的高贵品位做足、做深的信念。它作为长城品牌底下的一个分支，拥有长城品牌20多年的资深基础，它拥有沙城优良的葡萄品种及因悠久而累积的丰富酿制经验。它是真正具有高档葡萄酒纯正血统及资深工艺酿制而成的尊贵产品。

作为唯尊产品的共同哺育人——浙江商源食品饮料有限公司，也是一家实力相当的企业。通过控股、资本介入的方式，公司已经成功从卖酒人蜕变成布局者，完成了一次完好的蝶变。作为浙江最大的经销商及渠道领军者，商源在杭州的渠道网络控制力是强大的。它通过现饮渠道，买断、返利的经营模式，品牌推广人员的进驻等等形式在终端销售渠道上极力引导消费者的选择，并且进行巧妙的渠道布局和精深的终端控制。

至此，长城唯尊借着浙江商源的东风迎来了第一次跳跃， 通过商源在这两年间的大力推广，长城 唯尊系列已经实现了杭州及其周边地区的密集铺货，并借助商源在终端的强势推动,已成为长城在浙江市场上的代表性品牌。完美的品牌概念，精巧的网络运作思路，强大的品牌实力成就了成为未来的王者的雏体。

借竞争对手东风

市场总是垂青于有领先意识的产品。不可否认，在长城唯尊的谋划者们还在为自己的竞争力寻找突破口的时候，威龙在浙江的运作已经取得了相当的成效。在葡萄酒行业陷入集体"卖点恐慌"的时候，2001年推出了威龙95蛇龙珠橡木桶陈酿，凭借酒体上的橡木桶概念，脱颖而出，让橡木桶概念红酒在浙江深入民心。威龙橡木桶系列产品的成功打造，为其企业自身带来了巨大的市场销售额的同时也在消费者的观念里埋下了"橡木桶=好葡萄酒"的辨别标准。是选择扭转消费者这一观念重辟蹊径呢，还是选择延续跟进的方式？长城唯尊站在了品牌推广方向的十字路口上，选择任意一条都有可能关系着唯尊整个产品线的生死。这个时候，我们站在了第三方的角度上，仔细分析得出了第三条思路——"前人栽树，后人乘凉"。选择以退为进，以市场认知度及成熟度相对较高的橡木桶产品为基础，打造一个全新升级版橡木桶概念的长城唯尊橡木桶产品推进市场，凭借长城品牌的优势+全新橡木桶酿制的产品优势顺利打开局面。

因为经过千百个产品的前车之鉴，我们必须承认，观念的改变是循序渐进的，妄想一蹴而就，面对的可能就是快速死亡。因此首先还需要迎合消费者的心理，先从他们熟知的、认同的观念切入，然后循序渐进，慢慢引导从原有认知的岔路上扳回。这条道路的设定，首先是基于我们对长城唯尊产品优良品质的绝对肯定。因为我们深信，完成全新升级版橡木桶进行先期导入之后，能真正抓住消费者的只有产品的品质及口碑。以"血统更为纯正"相对成熟的橡木桶产品为突破口，然后扩展到其他点，在赢得消费群体的认同之后把整个唯尊的产品线进行全面提升。

借长城品牌东风

长城唯尊产品作为长城品牌在杭州市场上的一个特殊区域化专供产品，它对大多数的消费者来说是相对陌生的。而长城品牌隶属实力雄厚、全球500强企业之一的中粮集团，拥有20多年的成长历史，具有良好的市场口碑及消费者基础。既然有如此庞大的后备力量，何不站在巨人肩膀上登高着陆？毫无疑问，长城品牌与长城唯尊的嫡亲母子关系，会是我们此次推广最需要把握的核心。

如何利用长城品牌的这些优势为唯尊产品所用？如何将消费者对长城品牌的好感度同样延续到长城唯尊产品的身上？这成为我们此次整合推广中首要必须解决的两大问题。众所周知，长城是中国的第一瓶干白葡萄酒；第一瓶干红葡萄酒和第一瓶“香槟法”起泡葡萄酒的诞生之地。这三个第一所代表的意义在杭州的葡萄酒市场乃至全国的葡萄酒界都是非凡的。

作为中国葡萄酒界的第一品牌，我们可以顺势将长城品牌的第一概念延伸至唯尊产品。唯尊是长城品牌在浙江市场上的第一个区域专供产品，它是长城品牌为浙江人度身定制的。同时唯尊产品在浙江区域市场内的地位就等同于产品品牌在全国葡萄酒业的地位。这个概念同样可以延续到消费者对长城品牌好感度传递到唯尊产品上。显然，长城品牌20多年的积淀对唯尊产品的支持远远不止这些，我们当然还可以从葡萄生产源地、丰富的酿造技术、优良的产品品质等等各方面去诉求。但是虽然拥有了众多的利益支撑点。我们始终觉得还欠缺一个坚强有力的爆破点，能将两者巧妙地结合在一起的推广契机，怎么办？是自己去制造这个契合点吗？还是通过某个新闻事件进入？正在我们为这个问题头疼，犹豫不前的时候，北京长城总部传来了一个令所有人振奋的好消息——中粮酒业被选定为北京2008年奥运会葡萄酒独家供应商。

借奥运东风

通过前期的探讨和分析，我们已经确立了以长城品牌效应带动长城唯尊产品推广的营销思路。而长城品牌葡萄酒成为北京2008年葡萄酒独家供应商这一良好的新闻契机，能迅速有效地带动长城唯尊产品最快地进入杭州市场消费者的视线中，并成为葡萄酒强势品牌。北京2008奥运会作为一个全民皆知、全民关注的大型体育活动是最好的营销平台，它能迅速聚焦全体老百姓主动关注的眼球，因此也是品牌获得最大传播度和信任度的重要渠道。北京2008年奥运会组委会将长城葡萄酒选定为北京2008年奥运会葡萄酒独家供应商这一事件，不仅充分体现了长城品牌始终以酿造高品质的葡萄酒为己任的社会责任感，更让消费者深信其品牌精髓与业界公认的产品品质与奥运会所倡导的更快、更高、更强的奥林匹克精神不谋而合。

一直以来，大家都深知长城品牌是一个值得信赖的、有着悠久酿酒经验的国产老品牌，但并未有一个相对鲜明的性格特征让消费者记忆深刻。尤其在2005年三家合并之后的一年时间里，综合了“沙河”、“华夏”、“烟台”三大子品牌的各方面优势之后，并未塑造出一个让人能直接与品牌产生具体联想的独特利益点或者核心形象。而此次的结盟奥运会事件正好给了长城品牌一个绝佳的塑造自身品牌形象的机会。况且作为葡萄酒业界首家也是唯一一家成为奥运会红酒供应商的品牌，它有着绝对独特的优势点以及品牌区隔点。如何最佳利用这一新闻事件将长城品牌及长城唯尊产品推向更高的起点，包装出它们最鲜明突出的性格特征，获得更多的消费关注度？又如何将奥运精神与长城唯尊产品相联系，让消费者迅速了解它的产品性格并且产生好感？

如果把长城品牌的精神比喻成2008年北京奥运会，那么唯尊产品就象征着奥运赛场上的一把火炬。如果说奥运会一直以来提倡的是“积极进取 永不言败”分享体育运动的快乐精神，那么长城唯尊就象征所有人在欢聚时刻对奥运精神的快乐分享！寻找到长城品牌、唯尊产品与奥运的最佳融合点，我们决定利用2008奥运独家葡萄酒供应商的新闻热点事件为整个宣传的“敲门砖”，同时结合长城品牌积累多年的各项荣誉与唯尊产品的产品品质等各个宣传亮点，以“中国长城+奥运独家赞助商+杭州唯尊=长城唯尊”为宣传原则，以“分享成功 分享快乐”的核心策略串接起长城品牌、唯尊产品与奥运会的紧密结合。在最短时间内带动长城唯尊产品最快地进入杭州市场消费者的视线中，并形成葡萄酒强势品牌，同时也让长城品牌历久弥新。

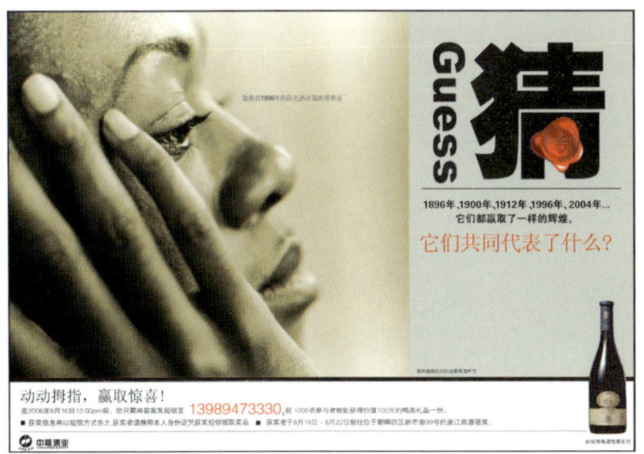
Guess
猜
1896年、1900年、1912年、1996年、2004年...
它们都赢取了一样的辉煌，
它们共同代表了什么？
动动拇指，赢取惊喜！
在2006年8月16日12:00pm前，您只要将答案发短信至 13989473330，前1000名参与者就能获得价值100元的精美礼品一份。
■ 获奖信息将以短信方式告之,获奖者请携带本人身份证凭获奖短信领取奖品 ■ 获奖者于8月18日－8月22日前往位于鄞州区新市街99号的浙江商源领奖。
中粮酒业

Guess
猜
1952年、1960年、1968年、1972年、1992年...
它们都缔造了新的竞技神话，
它们共同成就了什么？
动动拇指，赢取惊喜！
13989473330
中粮酒业

唯尊
中國長城
共品长城 同享中国
CHINA GREAT WALL WINE CO.,LTD
長城
SINCE 1979

唯尊
中國長城
GUESS猜，
今夜主角是誰？
6月18日
敬請關注:長城新品葡萄酒
盛裝啓幕杭城!

组合拳连环战

在确定了整个推广以“中国长城+奥运独家赞助商+杭州唯尊=长城唯尊”为宣传原则，以“分享”统领整个核心策略后，接下来就是一个“真枪实战”的实现过程了。我们首先制定了“立体式连环战”的推广方式组合，线上线下全面推进。确定以哄造声势同时提升曝光率的组合媒介宣传贯穿整个推广的始终，以吸引消费者的关注与品牌好感的公关活动与细分市场、有针对性的主题营销同步跟进，紧抓节假日促销活动，加深产品印象，促成实际购买。

整个组合连环战分为四大部分。

一、媒介策略

在媒介传播策略上，通过长城葡萄酒在同行业中首个成为2008北京奥运会独家供应商这一强有力的新闻事件的强势切入，引爆杭州消费市场。首先在大众媒介上形成轰轰烈烈、声势浩大的一场围绕“奥运、长城、唯尊”几个关键词展开的热点新闻运动，增加曝光率，形成消费者集体讨论的热点事件。如何将长城葡萄酒在同行业中首个成为2008北京奥运会独家供应商这个自家品牌的“家务事”形成全杭州消费者关注的热点话题呢？如果单单召开一个新闻发布会，以新闻报道的角度去包装和炒作显然是不够的，最后很可能造成“自娱自乐”的结果。而2008北京奥运虽然是一件全民上下关注的热点事件，但毕竟现阶段离奥运会的召开还有整整两年时间，从杭州到北京无论是时空上还是心理上都是有相当的距离的。怎么将这个距离拉近，让消费者产生与自身相关联的切实感受？我们想到了最佳带动消费者的方法——悬念式广告。首先选择杭州市中心最繁华地段的大型户外看板，在长城葡萄酒宣布成为2008北京奥运会独家供应商新闻发布会召开的前三天，持续刊发与奥运、长城品牌相关联的关键年份信息提示，让人猜猜看葫芦里到底卖的是什么药。随着每天更换的与奥运主题相关的画面，一层层揭开悬念，全面挑起消费者的广泛关注与议论。同时设立竞猜短信平台，利用每个人的好奇心理与报纸广告的渲染增强氛围，最后结合奥运会的号召力在悬念揭晓的那天形成一个杭州全城上下关注的焦点事件。这个活动刚刚开始启动就受到了大量目光的关注，短短三天时间竞猜短信达到了2000多条，在新闻发布会召开的同一天，大型户外看板上悬念揭晓——热烈庆祝长城葡萄酒成为2008北京奥运会独家供应商，并且配合进行了报纸媒介的整版揭幕公告，很多热心群众纷纷还打电话来表示祝贺和询问竞猜情况。

配合新闻发布会的召开，一时间，杭州的各大媒体上纷纷出现了奥运伙伴——长城葡萄酒独家供应商的新闻报道。不过短短几天时间。长城葡萄酒在杭州市场上“一石激起千层浪”。

紧接着随着线上线下全方位展开在大众媒体（电视、电台、报纸硬广、户外广告牌、公交车体、电梯媒介）、陈列终端等载体上的广告宣传，全杭州市场上都充斥着长城品牌成为奥运伙伴的荣誉信息，同时唯尊产品在各大媒体上出现的产品信息也让人记忆深刻，让消费者对长城品牌迅速加深印象产生好感，也树立长城全国第一品牌的品牌形象。而随着推广进程的全方位渗透，消费者自然而然地将长城品牌与唯尊系列产品相结合，对唯尊勇于拼搏、分享成功的奥运精神产生了一定的印象。我们乘胜追击，同时在报纸软文、各大销售渠道上加强唯尊产品信息的辅助跟进，增进消费者对产品的了解与熟悉程度，同时也加深两者之间的互动。同时配合接下来的公关、促销活动，与消费者进行面对面的沟通更进一步地提升唯尊产品的知名度及好感度，最终实现提升产品销售量的目的。

二、公关活动

要树立长城品牌、唯尊产品与奥运精神息息相关的“分享”精神精髓，公关活动是必不可少并且相当关键的环节。我们初步确立的公关活动原则是通过与老百姓息息相关的新闻热点事件相结合的方式组织大型公关活动，最大限度地吸引更多目标消费者的关注度与参与度，最终实现目标消费群对长城品牌的主动关注，从而自然转移至为对长城唯尊产品的好感。在不同的时间段，或者针对不同的消费人群，选取与他们息息相关的新闻性事件进行传播。就拿长城葡萄酒成为2008北京奥运会独家供应商这一新闻热点事件来说，我们首先采用与北京长城同步召开新闻发布会的形式将北京与杭州相联系、长城与西湖

相连接，直接邀请了20多家杭州本地的主流新闻媒体的记者来共同见证这一荣誉的时刻。同时推出长城唯尊奥运纪念版红酒酒标评选全民活动，采用激发消费者亲身参与或者与之进行面对面沟通的互动形式，建立与消费者之间良好的沟通，扩大品牌的知晓度和影响面。在酒标设计完成后公开在杭州市人气最聚集的武林广场上进行为期三天的公开展示。邀请市民前来参观，为自己喜爱的酒标设计投上一票。在评选出老百姓心目中人气最旺的酒标设计之后，从评选的热心市民中抽取部分进行纪念版红酒的赠送。

三、主题营销

在完成对长城品牌的轰动性造势之后，紧接着我们需要考虑的就是一些具有特殊性的细分市场。采用直接有效的、成本相对节约的、且能在最短时间内获得事半功倍的面对面主题促销方式，扩大产品的影响及提升销售。分别针对不同销售渠道、不同目标消费人群、不同的消费习惯，在细分市场上采用公关活动与终端促销双管齐下的方式，最大限度地提升对目标消费群的吸引力、并直接有效地促进实际购买。在酒类饮品中，婚宴市场历来是各大兵家的必争之地。而因为渠道控制、酒店包销等等的现实情况，这个市场蛋糕的瓜分历来都不是那么容易。如何巧妙地直接从消费者自身入手，引导他们婚宴用酒的自主消费？我们决定借鉴伊利特曲的成功包装经验，首先第一步从婚庆市场上的广告语入手。在全社会范围内，广泛征集描述红酒与爱情关系的一句话，结合电台的谈话类节目与报纸媒介同步跟进，探讨爱情与红酒关系的最佳描述。我们从中选择一句或者修改出一句概括精辟的、具有相当群众基础的、又朗朗上口的广告语作为长城唯尊产品在婚宴市场上的推广语。所谓的主题营销，就是这样通过选取有针对性的、适当的葡萄酒消费场所或者与之相关联的地点，或者某个特定种类的消费人群进行切合他们实际需求的推广，不但能与消费者进行最直接的面对面沟通，还能最行之有效地为他们提供所需求的服务。

四、促销活动

千万种推广方法最终的目的就在于如何迅速有效地销售产品，而促销活动顾名思义就是直接促进销售的方法。因此我们确定了在节假日这个特殊的葡萄酒销售旺季，进行最能直接打动、刺激消费者购买欲的各大终端促销活动。当然在促销活动的设置上，必须结合每个节假日的主题或季节性主题，设计最简单、易操作、可控制的促销执行（如不与各个销售终端发生直接关系，而是设计简单的流程让消费者直接与经销商发生关系等）。就拿今年的传统中秋佳节来说，它在时间上与国庆节是重叠的，这两个重大的节日重叠在一起更是一个促销的最佳时机。而9月底10月初这个时间恰好是长城葡萄酒成为2008北京奥运会独家供应商这个新闻热点事件与长城唯尊奥运纪念版红酒酒标评选大赛刚刚结束的时候，这个时候市场上消费者的关注点还集中在长城唯尊与奥运会结缘的新闻事件上，余温犹在并未散去。如何准确地利用这个余温效应与中秋国庆期间的促销相结合，将消费者的关注视线继续吸引住是此次促销活动的关键。我们考虑到中秋节作为中国人的传统佳节是举家团聚的日子，而奥运会全世界各地巡游了那么多年也渴望回家看看。它的发源地是在希腊雅典，如果能在2008年看北京奥运会之前，举家去希腊看看这个奥林匹克的发源地也是相当有意义的。因此我们设立了“长城送我回雅典”活动，以“中秋团圆 全家分享”为主题概念。但凡在活动期间购买长城唯尊葡萄酒不但能同时获赠一瓶奥运纪念版红酒，还能获得抽奖赢全家去雅典游玩及去北京长城、沙城葡萄酒庄园游玩的机会。同时，为了考虑活动的可控制性与消费者的参与方便性，我们与联华旗下的“快客”24小时便利连锁店合作，开辟了最便捷的礼品兑换抽奖网络。在各大销售终端上也做足了文章：如细致的、到位的终端展示陈列、促销执行、导购员引导说辞等等，每个细节都不敢懈怠。这样的活动设置不但配合了中秋举家团圆的氛围，更是契合了奥运会与长城唯尊 “分享欢乐”的主题，也在客户的参与方便度上做足了工作。加上通过媒介上的大幅度品牌及促销信息宣传跟进，此次的促销取得了异常可喜的结果，很多超市柜台上甚至出现了断货的情况，连客户都声称此次活动带来了今年以来销售业绩最火爆的一个月。接下来的元旦与春节等节假日时间段，我们还将计划进行一系列的促销活动引爆市场，回顾促销活动的成功秘诀，必须有一个契合当下时事的主题，每个细节的制定也都不容忽视，而且宣传也必须同步跟进。总之，执行是关键中的关键。

点评：

感性营销？没错，它是现代消费品营销传播的一种趋势。但是感性营销并不就是简单的化理性诉求为感性诉求。重要的在于找到几个整合点。比如，产品特性与感性之间的整合点，产品主要消费群与“故事”或“说辞”之间的整合点。而长城唯尊这个创意案例的成功，就在于找准并且把握了这种内在的关系，让一个看上去并不复杂的策划在内容资源、产品资源与媒体资源的整合中产生了微妙的化学反应。这就是1+1大于2的效果。

——张惠辛

董酒冠名“百姓关注”栏目周年庆策划

广 告 主：贵州振业董酒股份有限公司

广告代理：贵州天马广告公司

2005年董酒已经打造了高端白酒的形象，如何继续扩大品牌影响力，加深消费者的认知度，成为06年董酒市场运作的重要环节。贵州电视台《百姓关注》的周年庆为董酒提供了良好契机。以“扩大消费者影响力”为结合点，董酒和该栏目强强联手，借助媒体对栏目的跟踪报道，深入观众的现场表演，获得高涨的人气。事件营销和活动营销的配合使品牌形象得到了更深刻的阐释。

2005年9月董酒恢复生产、重新上市以来，“中国董酒·国密工艺”这一定位得到了全方面、立体化的宣传，使得董酒作为高端白酒的市场形象准确而深刻地传播，无论是业界还是消费群体，逐渐认知并接受了董酒的高端白酒形象。

有着2005年度打造的高端白酒品牌形象的良好基础，董酒目前要做的就是找到一个影响力较大的公共活动事件，与董酒品牌的深度宣传能够紧密有效地结合。贵州天马广告公司作为中国董酒的广告全案代理，需要进一步思考：在竞争激烈的白酒市场上，创新显得尤其重要。如何进一步扩大董酒的高端白酒市场影响力，如何有效借助相关活动事件，让更多的消费群体深刻认识董酒，这将成为2006年度中国董酒在市场运作中的一个至关重要的环节。

一、知己知彼，方能决策千里

2006年度，是董酒进一步扩大品牌影响力，让消费市场深度认知的关键一年，如何在纷繁复杂的白酒消费市场上开创出一片新天地，这就需要前期对白酒市场具有深刻的认识。

● **白酒市场概况**

大品牌市场基础逐渐稳固：茅、五、剑，为全国领导性品牌，在历史的积淀、饮食文化和习惯的影响下，在全国各地区，有各占优势的产品或品牌。

白酒市场容量稳定：根据中国酿酒协会有关统计资料分析，全国白酒市场容量约为400万—500万吨，总的来看有两个主要特点：一是市场总容量相对稳定；二是总的市场容量受质量、价格、服务、品牌等几方面的影响，将进一步进行细化和调整。

整个白酒市场的消费特征呈现出热衷于高端白酒的形势：

1. 越来越多的老白酒酒厂成为“高档酒热”的生力军，而新锐资本进入白酒业，大多又选定高档酒作为市场突破口。

2. 享受型用酒趋势

随着中国中等收入阶层和富人阶层的崛起，同时也涌现出了一群高消费人群，他们将高档白酒消费作为一种时尚潮流趋势。

3. 在对礼品酒品牌的重视度方面。大部分地区还是以品牌放在第一位的。

董酒广告

● **白酒消费市场对董酒的认识**

董香——作为中国白酒界唯一的兼香型白酒代表，董酒有别于酱、浓、清、米香型酒，因舒适香味和爽口微酸而别具一格，并以其独特性和唯一性为自身增添了不少风采，董酒的香气奇妙复杂、酯香优雅、药香舒适、饮后绵甜爽口，在我国白酒界独树一帜。

够年份——悠久的酿造历史积累、沉淀了董酒品牌，目前所生产的董酒均为10年以上的基酒调配而成。

品牌知名度极高——作为我国老八大名酒之一，董酒独特的酿造工艺和配方被确定为国家秘密，作为其他香型的代表，董酒在我国的白酒界屡获殊荣，在全国拥有很高的知名度和美誉度。

● 董酒面临的市场状况

经过半年的品牌塑造工程，“中国董酒·国密工艺”逐步在消费者心目中根深蒂固，董酒的高品质、高价值的高档品牌形象已经逐渐地深入消费者心目中。

市场推进速度缓慢，已经启动的市场销售、其他区域市场招商工作开展缓慢，造成整个董酒的市场发展缓慢，资金回笼缓慢。

贵州地区高端白酒市场，茅台占据绝对的主导地位。由于贵州是茅台的故乡，消费者对茅台有很高的认可，在高端白酒市场上，占据着绝大多数的大众消费群，其他白酒很难撼动茅台在消费者心中的地位。

综上分析，董酒作为全国性的品牌，以及产品本身的特点，具备一定的品牌基础。但是在竞争激烈的白酒市场环境下，要在高端白酒市场上占据一定市场份额，并且形成消费流行，就需要市场与消费者对董酒有广泛的认知和深刻的印象。因此，更需要一种集新颖、影响力于一体的活动，与董酒品牌有效结合，扩大其市场影响力。

二、良好的契机——《百姓关注》周年庆典活动

2006年3月28日起，贵州电视台为《百姓关注》一周岁的生日开展了一系列的生日庆典活动，2005年4月1日，贵州电视台《百姓关注》栏目正式开播。经过栏目组全体人员一年的努力和贵州电视台对该栏目的大力宣传和支持，直至2006年第一季度，《百姓关注》栏目在贵阳地区可接收频道中，平均市场份额达到33.4%，迅速成长为中国最火的民生新闻栏目之一，在整个贵州省更是家喻户晓，声望极高。

三、前期构思——双赢的强强联手

《百姓关注》作为贵州电视台的强势栏目，周年庆典活动的冠名权备受众商家追捧，说明该栏目在商家心目中具有极高的广告地位。活动由知名品牌冠名，也是《百姓关注》作为强势栏目在广大电视观众中的高收视率的有力佐证。

董酒，中国老八大名酒之一，以其工艺、风格、香气组成的三独特及优良的品质驰名中外，在全国名酒中独树一帜，是其他香型酒类的典型代表，其工艺配方被国家确定为秘密。凭借其优良的品质，连续四届在全国评酒会上，被评为中国名酒，荣获金质奖。从1959年起董酒历年被评为贵州名酒，多次获得国内外名酒金奖，出口远销，口感反映良好。

2005年9月1日，中国董酒以全新的市场运作模式重新上市，进入市场先期，以电视、户外广告、报纸、广播等媒体的有机组合为载体，通过统一的广告形象，向市场传达“中国董酒高端白酒品牌形象”这一定位，在密集的广告宣传攻势以及一系列的公关活动推动下，“中国董酒·国密工艺”这一广告语得到了很好的市场认知。2005年9月至2006年3月，在7个月的时间里，董酒从过去的白酒形象成功过渡到高端白酒品牌形象。可以说，董酒在市场形象建立上，取得了成功。

董酒冠名《百姓关注》周年庆典活动，借助《百姓关注》良好的群众基础，不断攀升的收视率，赞助整个活动的举行，扩大品牌影响力，使品牌形象深入人心，通过互动的方式让消费者真正认可董酒品牌。这些都是董酒目前需要加强的方面，因此扩大消费者影响力成为了董酒与《百姓关注》周年庆典活动的结合点。

这里值得提出的是，在与客户、媒体的沟通过程当中，董酒对活动的冠名极为赞成。近一年来，中国董酒与《百姓关注》栏目的合作，使广大老百姓通过收看栏目，看到了董酒的广告，了解到了董酒的信息，获得了较好的广告效果，董酒认可与《百姓关注》的活动结合点，借助《百姓关注》栏目在全省良好的收视基础，更深入地宣传董酒品牌。另外一方面，媒体单位认为，中国董酒作为老八大名酒之一，作为贵州乃至全国的知名品牌，在广大群众中的声誉和地位是极高的，与这样的全国知名品牌合作，更能够证明《百姓关注》栏目的公信力。

四、活动的执行和影响力

下面，将详细地介绍中国董酒《百姓关注》周年庆活动的策划思路与步骤，具体而深刻地描述整个活动的具体执行和影响力。

● 广告宣传，影响全省——

从2006年3月21日－4月30日，通过工作人员的精心创意和制作，由董酒公司冠名的本次活动宣传片在贵州电视台2、3、4频道黄金时段和非黄金时段高频次播出。该片占据了贵州电视台大量的时段资源，通过每天高达38次以上的播出量，大力宣传《百姓关注》周年庆典活动将在贵阳、安顺、遵义、六盘水、都匀5个城市与观众近距离接触，面对面地进行地面互动活动。同时将中国董酒冠名本次活动的信息最大限度地传递给观众。

活动电视宣传片

而且，在每场活动结束后，由《百姓关注》栏目对当日的活动盛况进行及时的报道，使得更多的人通过栏目了解到活动的盛况。

● 媒体跟踪，全面报道——

除贵州电视台各个频道以及《百姓关注》栏目对活动进行宣传并全程进行跟踪报道以外，本次《百姓关注》周年庆典活动，共有省内外27家媒体进行了宣传报道，使中国董酒与《百姓关注》得到很好的宣传。包括遵义、安顺、六盘水、都匀等地州电视台对当地的活动进行了宣传和报道；《贵州都市报》、《贵阳晚报》、《遵义晚报》、《贵州广播电视报》、《贵州商报》、《凉都晚报》、《安顺日报》、《黔南日报》等省内报纸对庆典活动进行了宣传和报道；省内外部分网络媒体，新浪网、贵州信息港、金黔在线对本次庆典活动进行宣传和全程跟踪报道；部分省内杂志及省外专业杂志，《广告人》、《广告大观》、《城市档案》等杂志对活动进行了宣传和报道。

众多媒体联手大力宣传本次周年庆典活动，在众多的大型活动策划案上，也是极为鲜见的，使得更多的消费者知道董酒，看到董酒广告，了解到董酒信息，获得良好的广告宣传效果。

● 前期准备，活动保证

一场大型活动的开展，离不开多方资源的合作，得以顺利圆满尚属不易，何况本次活动贯穿整个4月。由于各个地州市的地理人文的特殊性，在远离贵阳大本营，路程遥远的情况下，深入地州做好活动，这些都需要前期大量的接洽工作，完善场地、城管、舞台搭建、音响、空飘、拱门等方面的准备工作。

在这里专门提出为了本次《百姓关注》周年庆典活动，制作了若干的活动相关物料，以保证庆典活动的圆满顺利。

与各地协作单位的前期沟通，活动现场部署，活动当日的天气因素影响，众多工作人员的食宿行程，现场流程的事先沟通与环节安排，以及所有活动物料、各种礼品、奖品的准备有序，媒体及友好单位的邀请安排等，是影响地州活动执行顺利与否需要考虑的重要因素。

整整一个月的时间里，贵州电视台投入大量的人力：《百姓关注》栏目主持人、记者，贵州电视台广告部、贵州天马广告公司工作人员奔波于整个黔州大地，最大限度地发挥媒体的影响力，为中国董酒《百姓关注》一周岁的生日庆典活动最终取得圆满的成功付出了辛劳和汗水。

● 做好细节，体现权益

做公关推介活动，除了充分的前期准备工作，还需要具备清晰、细节化的思维，在每个环节不遗余力地做足宣传工作，体现商家权益，达到活动成功、品牌得以很好宣传的双赢效果。

观众正在仔细的阅读易拉宝的内容

工作人员发放宣传折页

活动前派发抽奖问卷与圆珠笔，吸引群众积极参与。限量版的签名折页、抽奖环节维持了良好的人气，以保证活动自始至终的热闹氛围。活动用车都贴上董酒冠名贴标，所到之处，壮观的车队引来过往车辆及行人的注目，让中国董酒冠名赞助的这一信息深入人心。活动现场的每个观众互动环节，都将董酒信息巧妙结合在其中。

活动现场的奖品展示

● 丰富多彩的节目表演

本次庆典活动中除了主持人与观众的互动交流和抽奖赠礼以外，还为到场的嘉宾和观众奉上了丰富多彩的节目表演。为中国董酒《百姓关注》周年庆典活动增添色彩。

老年腰鼓队正在演出

民族舞蹈“醉苗乡”

国家一级演员卜小贵

车技表演

● 观众反应

《百姓关注》栏目组所到之处，观众的反应都是非常的积极和热情，主持人和出镜记者在各个地方都受到明星般的待遇，平均每场活动到场观众达到上千人，观众年龄从6岁到70多岁，都对《百姓关注》的栏目内容如数家珍，对于活动现场的各种互动活动，积极参与，在气氛热闹的活动中，进一步了解董酒。在各个地州市的活动现场，活动组专门设置了董酒展示台，每到一处，观众们都将董酒展示台围了个水泄不通，咨询和品尝董酒的人络绎不绝，极好地宣传了董酒，获得了良好的人气。

活动现场气氛十分火爆

现场观众踊跃参与有奖调查

现场观众积极参与互动问答

现场观众向主持人索要签名

五、活动效果评述——强强联手的双赢效果

《百姓关注》自开播以来，深受老百姓喜爱，有着坚实的群众基础，借助强势栏目在全省范围内的民众影响力，中国董酒冠名赞助本次《百姓关注》周年庆典活动，是中国董酒2006年贵州省市场的一个启动性战略活动，取得了极好的宣传效果。

应该说，中国董酒《百姓关注》周年庆典活动的成功举行，通过丰富多彩的互动活动以及品牌的有效展示，让广大群众无论是通过哪个环节，直接看到、接触、了解到关于董酒的方方面面，使广大消费者进一步认知董酒品牌，加深品牌影响力。因此，活动的顺利圆满，成功达到预期的品牌效益，与媒体所发挥的巨大影响力，以及各个环节的有效组织和严格执行是密不可分的。中国董酒这一品牌，得到了极大的广告、公关、口碑宣传，其“中国高端白酒品牌形象”得到了更深刻的阐释与发挥，在广大群众中取得了极高的声誉。

点评：

看过这份策划案后给人最大的感触就是：这无疑是一次成功的活动营销。董酒产自贵州，贵州恰恰又是国酒“茅台酒”的产地，因而要想在那些早已引以为自豪的“茅台酒”故乡的消费者心中树立起对董酒的印象与好感，则是一件难于上青天的策划与宣传。这份策划案一反常规思维路线，走了一条出人意料的借力发力、“四两拨千斤”的品牌推广之路；策划案的重心放在了如何把握与利用电视栏目庆典活动来提升品牌知名度这一关键点上。为此，他们借助媒体自己卖力宣传电视栏目的契机巧妙提升董酒的品牌形象，通过一个系列的庆典活动来诠释董酒所具有的“中国高端白酒品牌形象”，从而扩大在消费者心中的影响力与认知度，达到提升该品牌地位之目的。这是一次巧妙的借势造势策划，所获取的效果无疑是双倍的；同时也应验了“势者，因利而制权也”、“人皆知我所以胜之形，而莫知吾所以制胜之形也”《孙子兵法》中的名言。

——崔银河

青岛啤酒“大优”北京市场推广

广 告 主：青岛啤酒股份有限公司 — 青岛啤酒

广告代理：北京第一企划广告有限公司

在2005年青啤的品牌战略性转变后，为强化其新的品牌内涵和主张，近年来开始积极采用体育赛事营销。通过成功赞助北京奥运，将青啤“激情、参与、快乐”的传播理念与奥运精神对接。借助足球与啤酒的天然联系，在慕尼黑世界杯中采用多种媒体结合各种活动的整合传播，构建起百年青啤的新品牌形象。同时在挺进北京市场的战略中充分因地制宜，在一系列京味十足的广告和活动后，成功占领北京市场，打破了燕京啤酒独据一方的格局。

身临其境般的超大屏幕，精彩的五人制足球比赛，狂热的摇滚音乐，当然还有痛快淋漓的享受青岛大优的啤酒盛宴。这是世界杯期间为助力广大球迷的高涨热情，青岛啤酒大优激情酒吧嘉年华活动在京城南三环方庄的火爆开幕。每天数以千计的热情球迷慕名而来，在世界杯开幕式当天，巨大的场地里座无虚席，每当有自己喜欢的球队或球星在屏幕上出现，都能引来球迷的阵阵高呼。这就是2006世界杯青岛啤酒大优特意为球迷提供了这个场地，适合宣泄情绪，让北京人享受属于自己的足球仲夏夜。这一切都是青岛啤酒为北京消费者精心准备的饕餮盛筵，是青岛啤酒2年北京市场运作的结果，是青岛啤酒市场运作的再次爆发，这条路一直走来，坎坷而又充满激情，让我们品尝着青岛大优啤酒的麦香一起来回顾一下青岛啤酒在北京走过的历程。

北京市场历来是商家必争之地，巨大的啤酒消费潜力不仅令青啤怦然心动，国内有实力的几大啤酒企业几乎都对之虎视眈眈，而百威、喜力等几大国际品牌更是觊觎已久。2005年1月9日，青啤大优上市，发起对北京市场的进攻号角，之后华润雪花、北京啤酒等在今年也都重新发起了强大攻势。

消费洞察 清晰定位

北京第一企画广告有限公司（ADK）与青岛啤酒公司的合作是在备战中达成的，因为在邀请第一企画公司（ADK）加入时，青啤北方销售公司已经将自建渠道这把利剑磨砺得锋芒毕露，可以保证10天之内将所有的啤酒送到北京的3万个终端。万事俱备，只欠东风，风向标就是整合传播策略，切合市场基础整合传播策略制定好后，青岛啤酒就会亮剑出鞘，决战京城。

摆在北方销售公司市场部和第一企画公司（ADK）面前的共同难题是，北京的消费者在想什么，他们如何认知啤酒，如何认知青岛啤酒，运用什么样的传播手段才能驱动消费者的购买与消费欲望。为了获得准确市场资料的支持，第一企画与北方销售公司市场部进行了大量的调研工作，包括定量的街头访问和定性的FGI（ Focus Group Interview 消费者小组座谈会）调研等。

调研结果发现北京的消费者及终端店老板对青岛啤酒表现出极大的热情，第一提及率非常高。但在消费者选择啤酒影响因素方面，数据表明“口味好”是北京消费者选择啤酒的第一标准（口味好/65.3%，价格适中/37.6%，有名的牌子33.4%，购买方便27.3%，只是由于习惯15%，生产日期13.3%，生产地3.9%，以上数据来源：IMI消费行为与生活形态年鉴2004-2005），利用口味来与北京的消费者进行沟通，唤起消费者的消费体验，有可能是青岛啤酒突破北京市场的爆破点。第一企画又通过FGI调研对北京消费者拒绝其他品牌选择燕京品牌的原因进行了研究，总结下来有如下三个原因：

第一、我买不到青岛啤酒（以前青岛啤酒的铺货比较弱）

第二、我认为北京人就应该喝燕京啤酒（北京人的传统消费心理）

第三、我已经习惯了燕京的口味

仔细分析，这几个问题不难理解，因为燕京是当地品牌，从ADK品牌体验（EX-Branding）理论看，消费者对啤酒的体验已经等同于燕京啤酒的体验，也就是说消费者对啤酒口味的认可，主要是受到第一品牌燕京啤酒口味的影响而得出的结论。如果利用啤酒口味的诉求来与消费者沟通，将会遇到非常大的阻力，但也可能成为青岛啤酒的一个机会，因为北京市场上的啤酒消费者对啤酒的口味已经失去了判断的标准，也没有人告诉消费者好的啤酒的口味到底是什么样子的，那么这就是青岛啤酒的机会。所以青岛啤酒要树立一个新的标准，配合着青岛啤酒的品牌力量去影响消费者，这将是青岛啤酒在北京市场传播的一个突破口。

为了提炼出传播概念，市场部人员带领第一企画营业部与创意部人员参观青岛啤酒生产车间并拜访青岛啤酒总工程师。

在经过再三的讨论验证之后，第一企画发现传播的概念，其实就是一种对好啤酒进行评价的标准……

“好啤酒 有麦香”。而大部分的竞争品牌做的广告都是在诉求爽、鲜，或者成长的激情等概念，而忽略了啤酒最本质的麦香，这更加坚定了第一企画对“好啤酒 有麦香”传播概念的信心，经过深度的洞察、分析，青岛啤酒大优已经亮剑出鞘，迎接大战。

另外，第一企画发现北京当地有个非常有地方特色的文化：消费者为了便于记忆，给很多大众化的产品起了小名，例如北京二锅头，北京人就亲切称之为“小二”。为了更好地增强传播效果，第一企画建议将青岛啤酒内部对“青岛优质啤酒”的简称——“大优”正式传播出去，因此“大优”出现在产品包装上，和所有的报广、海报、电视广告中。经过之后的北京市场消费者调查，此举对传播起到非常积极有力的帮助。

整合传播 全面出击

有了核心传播概念，有了坚强的渠道，如何将青岛啤酒推向市场？第一企画开始寻找青岛啤酒大优产品在北京的品牌接点。

Make The Wants——您身边的醇香

通过研究燕京啤酒，发现燕京在产品上以清爽型口味为主，主要通过宣传企业的生产实力来凸现其产品高品质，用产品的清爽口味来与消费者沟通，并没有抓住消费者最为关注的产品的利益。这即是燕京啤酒的弱势之处，如果青岛啤酒能抓住这个点并进行猛力进攻，这个战役青岛啤酒就有胜利的把握，但这个强势中的机会点如何把握，并非易事，一切需到市场中去，从消费者心理寻找答案。第一企画在FGI调研中，对北京消费者选择燕京品牌拒绝其他品牌的原因进行了研究，其中一点是“北京消费者认为北京人就应该喝燕京啤酒”，因为啤酒的消费者有很强的地缘情结，因此青岛啤酒就是要增加对北京地缘化的强化，让消费者感觉它是一个当地品牌，是北京老百姓身边的啤酒。

第一企画在做影视创意时，对传播概念进行了进一步提升。卖青啤其实是在卖青啤的麦香，却又不仅仅是麦香，同时贩卖的还有北京的人情味，因为啤酒就是生活，生活中的人情是和啤酒一脉相承的。影视创意设计了一个社区小卖店店主的形象，围绕着店主和周围的邻居，围绕着小卖店里的青岛啤酒，展开了一幅充满浓浓人情味的北京生活画卷，通过这种方式让青岛啤酒醇厚的麦香弥漫整个京城。这是让北京消费者接受青啤的最好方式。

在最初的影视创意中，第一企画就建议使用广告连续剧的方式，这样青岛啤酒可以随着北京人的生活变化，随时渗入北京人的生活，建立起产品与消费者之间的亲和力，并针对燕京啤酒建立消费者对青岛啤酒的认同感。

由于影片的主角将作为北京普通老百姓的代表，因此他的表演和形象将直接影响广告的效果。经过大量搜索与消费者确认后，主角锁定了北京人艺的青年演员何冰。

故事一：

故事二：

事实证明，选择何冰非常正确。首先他在北京有很强的人气，是北京老百姓非常喜爱的青年演员，容易被北京的老百姓接受；其次，何冰擅长演绎小人物，所以小店主的形象就像是给何冰量身定做的，能够充分发挥何冰的表演潜力；2005年上半年央视的收视冠军大戏《大宋提刑官》更是扩大了何冰的知名度，无形中为青岛大优啤酒广告的播出起到了造势的作用。

在2006年再次推出了何冰系列的影视作品，把同百姓生活密切关注的世界杯同大优紧密结合在一起，让消费者时时感到亲切。

故事三：

在平面广告上伴随着2005年1月9日青岛啤酒大优产品的上市而公布于世，第一企画制作出了《京剧篇》、《舞龙篇》、《蚂蚱篇》、《企鹅篇》等平面创意，并在2006年陆续推出《舞狮篇》、《袋鼠篇》和《世界杯篇》等平面创意。

Make The Contents——得民心者得天下

对于青岛大优大举进入北京啤酒市场，有可能在两个方面引起消费者的误解：1. 产品。肉卖豆腐价——品质是否保障？2. 产地。本地啤酒厂——还是青岛啤酒吗？这些只有通过公关手段，才能得到有效解决，因此第一企画在第一阶段设置了以下公关要素：

● 市场：一个品牌占据80%以上的市场对消费者来说是不公平的，青啤进入北京是想为北京的大众消费者提供更多更好的选择；

● 渠道：青啤在北京建立强大的终端网络；

● 产品：地产青啤更新鲜的理念，配合针对大众消费群的价格，将成为燕京最有竞争性的产品。

为了加强发布的新闻性，将企业新闻转化为社会新闻，确保发布质量，第一企画将大优上市的新闻传播划分为两个阶段：

● 预发布阶段：预发布阶段的主要目的是通过相关媒体的传播，给消费者形成两个概念：第一、燕京85%的市场占有率其实已经形成了垄断性；第二、青岛啤酒即将推出适合中低端市场的产品，这个格局将被打破。

● 正式发布阶段：掀起媒体传播高潮，配合市场推广和渠道铺货，让北京消费者知道：青岛啤酒推出适合大众的产品；青岛啤酒地产后味道还是一样纯正；地产青啤更加新鲜，符合北京消费者的口味。

按照以上的策略，发布了《燕京再次蝉联北京市场绝对第一　专家担忧是优势更是软肋》、《青啤即将进军京城市场　青岛啤酒随处可见》等各类公关稿件，并为了制造良好的舆论环境，有效控制媒体传播导向，在正式传播前期还安排了重点媒体对青啤高层的专访，以一对一的方式与媒体进行沟通来达到最好的传播效果，类似专访稿有《青啤低价进京再攻燕啤》、《啤酒业：决战紫禁刀剑出鞘》。同时策划实施了主题为“青啤优计划 地产更新鲜”的青岛大优啤酒媒体见面会，充分阐述了产品利益点和青岛啤酒需要传达的信息。

在第一阶段的媒体分布上，重点媒体及一类媒体的发布占传播总量的89.82%，重点媒体的高度集中和频繁覆盖率有效地保证了传播的质量；从稿件控制来看，整体分布均匀，新闻传播在保证覆盖面的前提下，深度报道在1/4以上，详细报道占到传播总量的70%以上，达到了青岛啤酒的预期效果。

第二阶段的公关传播主要表现在以下4个层面上：

● 青啤的整体企业品牌：配合总部的公关传播计划，从企业的全国布局、品牌战略、奥运赞助等角度进行侧重北方市场的传播和宣传。

● 北京市场经济新闻：围绕青岛啤酒大优在北京市场的推广情况，市场份额的提升和稳固的渠道网络进行各个角度的阐述，让广大消费者达成广泛的共识："青岛啤酒已经成为北京大众啤酒的主流消费品之一！"

● 青岛啤酒的产品稿：以青岛啤酒产品的品质、工艺、口味为主要传播要素。

● 围绕市场活动的促销稿：配合社区活动，设计适合传播的理念和活动。

为达到以上目的，第一企画采取了种种传播手段，例如以市场成绩为传播的基调，用数字说话、用事实说话、用成绩说话，正面传达青啤被北京消费者喜好和接受的消息；尽量使用各种传播要素，将北方事业部融合进青啤总部的整体规划中，以北京市场为例来诠释青岛啤酒的市场规划、营销战略和奥运战略；采用新闻传播和产品证言相结合的传播方式，在品牌传播的前提下配合市场销售。

Make The Action——青啤麦香 全家共享

终端制胜，品牌体验最大化

作为整合传播方案中重要部分，青岛啤酒北京市场终端推广宣传是整个战役中关键的一步。因为青岛啤酒北京市场中所有传播概念、品牌形象都将在终端推广中体现，这也是消费者体验青岛啤酒品牌最直接的接触点。

寻找最佳的接触点

家庭消费和餐饮消费是消费者饮用啤酒最多的两个场合， 在这两个场合中制造最佳的接触点，将为青岛啤酒带来最大化的目标消费者品牌体验。为此青岛啤酒利用其在北京3000个专业送酒员，从2005年4月开始，在北京各个目标社区展开青岛啤酒终端推广互动，到了5-7月啤酒销售旺季，青岛啤酒社区推广互动更加频繁，在整个推广活动中增加了促销小姐、售酒员、送酒工等人员，开设了免费赠饮品尝和有奖互动游戏、买赠等内容，在同步报纸广告、电视广告等传播力量的配合下，吸引很多居民的参与，最多一次在一个小区3个小时内销售了200多箱青岛啤酒，取得这样的成绩除了产品品质外，就要归功于青岛啤酒在社区这个接触点上创造的终端生动化品牌体验，让消费者真正全方位立体式体验了青岛大优啤酒。

2005年的北京市场可谓好戏连台，自年初青岛啤酒挟其中低端产品高调进入，到8月青啤燕京先后成为2008北京奥运会赞助商；从十几年的一"牌"独大到群雄纷争，可以说2005年是北京啤酒市场一场巨变的开端，而青岛啤酒经过一年的经营，旗下青啤大优单品的目标市场占有率由去年不足4%提升到今天的20%，成为燕京称霸北京市场后，另一款成为主流消费的大众产品。

点评：

上世纪20年代，当洋啤酒在上海滩横冲直撞、唯我独尊的时候，青岛啤酒采用了一套巧妙的宣传推广策略，通过一系列的公关、策划、广告等造势活动，将该品牌啤酒打入上海市场，取得了与洋啤酒相抗衡的地位，该策划活动也成为旧中国民族品牌敢与洋人叫板的一个楷模。80年后的今天，青岛啤酒同样以一个清醒而有远见的企业家战略眼光来面对竞争日趋激烈的国内外市场；他们没有固守在啤酒业老大的滩头阵地上，而是采用了循序渐进的市场营销策略，顺利地将该品牌啤酒打入首都市场，完成了一个能与已经深深扎根于本地消费者心中多年的燕京啤酒相抗衡的商业运作；这一成功的策划不仅带给人很多思考，更值得业内人士学习与借鉴，同时亦让我们想起了《孙子兵法》中的一句话："故善战者，致人而不致于人。知之者胜，不知之者不胜也。"

——崔银河

古越龙山全案策划记

广　告　主：浙江古越龙山绍兴酒股份有限公司 — 古越龙山黄酒
广告代理：华盛时代广告有限公司

没有饱和的市场，只有饱和的心态。古越龙山作为一个区域品牌，只有进军全国，才能实现品牌快速成长。这需要使产品被主流消费者接受，这就必须改变黄酒一贯给人的过于温顺的形象，重新阐释黄酒文化，突出品牌尊贵阳刚之气。古越龙山锁定高端消费者作为改变普通消费者饮酒观念的意见领袖，占位高端黄酒市场，将品牌发展战略定为“中国国粹黄酒的代名词”。重新梳理产品线，以绍兴花雕“龙酝”系列为领头产品，请陈宝国作代言人。经过各种表现方式的执行，使古越龙山成功进军全国市场，成为全国黄酒第一品牌。

古越龙山：黄酒老大的发展之困

世人面前的古越龙山，可以说是荣誉等身，那长长的荣誉榜似乎在诉说着它不尽的辉煌：

绍兴黄酒第一品牌的桂冠，古越龙山当仁不让。然而，在黄酒全国大发展的浪潮中，古越龙山的表现却不尽如人意。

2003年前，连续5－6年古越龙山销售额徘徊在3.5元。

2004年，古越龙山的增长率约为8.6%，远低于行业百分之十几的增长速度。

……

“山还是那座山，酒还是那坛酒。”古越龙山并没有变，为什么它的发展迟缓呢？难道是其他黄酒变了吗！

通过市调及走访，我们大吃一惊。

在上海，以和酒、石库门为代表的海派改良黄酒侵蚀着古越龙山的市场份额。

在江浙成熟市场，会稽山、塔牌等跟随品牌与古越龙山展开激烈的市场争夺。在江浙沪外的非成熟市场，各大黄酒品牌“圈地运动”风起云涌，古越龙山却没有大的市场拓展举动。“知己知彼，方能百战不殆”。“人变而我不变”是古越龙山发展受困的根源。我们要做的只有一个字——“变”：挖掘古越龙山的品牌优势；清晰古越龙山的品牌战略定位；进行系统的品牌营销规划，进军全国市场……如何“变身”，如何走向全国？古越龙山面临着多重抉择。

走向全国：古越龙山需要怎样的“文化”？

春秋以来，黄酒和文化似乎就难舍难分。从卧薪尝胆的勾践到斗酒成诗的李白；从貂裘换酒的秋瑾，到兼容并包的蔡元培；从甘为孺子牛的鲁迅，到融酒入“侠”的金庸……

有这么好的文化故事自然不可不用。因此黄酒品牌的江南文化风愈演愈烈。古越龙山走向全国要不要也打江南文化呢？

经过慎重分析，我们得出否定的答案。理由如下：“杏花烟雨江南”，江南文化一直以“柔和”著称。再加上江南百姓一直有喝黄酒的习惯，形成口味依赖，黄酒在江浙沪一带风行不足为奇。“铁马秋风冀北”。北方人豪爽、好客，煮酒论英雄。因此他们更喜欢尊贵的白酒、轻松的啤酒、浪漫的红酒。黄酒被斥为“娘娘喝的酒”，不符合江南以外的地区，特别是北方人豪爽、好面子的性格。在整个社会上，也存在着“喝酒看品味”的消费认知。黄酒的品牌形象不够强烈，并不被主流消费者所接受。各地区文化的差异，使“温顺”的黄酒一直在“夹缝”中发展。

可见，古越龙山要走向全国，开辟“新市场”，以前黄酒宣传的“文化”显然会“水土不服”。“新市场”要求寻找新的“文化”，或者是给黄酒文化以新的阐释。我们要做的是：找到它，并把它表现出来。

走向全国：锁定高端，成就国粹黄酒

既然一个人、一个地区的文化习惯根深蒂固，改变普通消费者的饮酒习惯绝非一朝一夕之事。古越龙山何不“退而求其次”，先占领市场制胜的那个点呢？

制胜点在何处？从消费者角度来看，谁是酒水消费的意见领袖？谁又最容易被打动呢？显而易见，社会高端消费者是这样的一群人，他们的特征在眼前清晰浮现：政务、商务、文化人士是社会高端人群（高学历、高收入、高消费)的集中代表，这三类人士包括政府官员、公司管理领导层、白领、高级知识分子等社会中坚阶层。他们消费能力强，有经济实力和社会地位，喜欢接受和尝试新事物，不在乎价格，更关注事物的品质和内涵，是社会的意见领袖，对全社会消费潮流的形成拥有强大的影响力。

从古越龙山的角度来看，古越龙山有没有实力争取高端消费者呢？所谓“高端看品质”，品质卓越、国宴用酒、伟人推崇……这些元素使古越龙山在高端市场上拥有无可比拟的优势。更让我们欣喜的是，目前在我国高端黄酒市场上还没有形成一个强势黄酒品牌，“机不可失，时不再来”，谁能够抢占高端人群的心智资源，谁就站在了克敌制胜的制高点上，并且为后来者设置了更高、更难的进入障碍。

“让所有人成为你的消费者，不如让一部分人成为你的忠诚消费者。”至此，古越龙山全国品牌发展的市场策略呼之欲出：通过在社会上传播古越龙山优质、名贵的品牌形象，古越龙山率先抢占高端消费者的心智资源，然后以高端消费者为依托，带动大众消费者饮用古越龙山，最终实现古越龙山品牌全国化进程。

于是，我们将古越龙山品牌发展战略定为：古越龙山：中国国粹黄酒（高端黄酒）代名词。

走向全国，梳理产品线，新品展新颜

古越龙山，中国国粹黄酒、高端黄酒代名词，那么古越龙山现有的产品“高端、国粹”吗?

市调的结果让我们捏了一把汗。我们发现：古越龙山的产品品类极其繁多，竟有300多种。如花雕、加饭、状元红、国宾酒、礼品酒等等。高中低档产品应有尽有。产品价格从几元的袋装酒到几千元的陈年佳酿，跨度惊人。产品包装外观过于粗糙，色调暗淡，给人以低档的品牌联想。古越龙山产品的整体感觉是“良莠不齐”，这严重影响了古越龙山面向高端的品牌形象定位。做全国市场，必然要求梳理古越龙山产品线，推出针对全国高端市场的新品是上上之策。

绍兴花雕酒是绍兴黄酒中的极品，古越龙山花雕酒更是正宗绍兴花雕的卓越代表。做全国高端市场，新产品非古越龙山花雕酒莫属。

古越龙山花雕酒叫什么呢? 龙是权力、尊贵的象征，是中华民族的图腾，是华夏文明的载体，龙更是许多酒中知己的最爱……“龙酝”两字破口而出，古越龙山龙酝花雕酒震撼问世。古越龙山龙酝花雕酒新品系列分为九年陈、十年陈、十二年陈、十五年陈、十八年陈等多种规格。古越龙山龙酝花雕酒系列定位高端，致力于成为“政务、商务、文化人士”专用酒。

为使产品包装体现出“高档”、“尊贵”的王者之气。在材质选择上，新品主要使用陶瓷瓶，显得有文化和韵味。为争取追求时尚的年轻消费者，古越龙山还推出了清新、明亮的龙酝九年玻璃瓶包装。

在色调选择上，新品基本上以国人喜爱的红色为主色调，龙酝十二年、十五年、十八年陈的瓶底还特意设计成仿真的“古越龙山”大印章。“古越龙山”古体大字简洁、醒目，既使人油然而生尊贵感，又蕴涵着深厚的文化意境。

走向全国：数风流人物，品古越龙山

“说得好，更要做得好”。策划重要，执行更重要。“古越龙山：中国国粹黄酒代名词”不仅要说出来，更要很好地表现。项目组群策群力，不放过每一个可能的表现方式，从品牌代言人、广告表现、媒体选择等多方面为古越龙山走向全国“保驾护航”。

一、代言人：古越龙山品牌形象大“变脸”

在消费者心目中，古越龙山有江南文化内涵，有滋养健康的产品特性，但品牌个性刚性不足，尊贵感没有凸现出来。

走向全国，必须赋予古越龙山尊贵阳刚之气，当然，古越龙山的深厚文化内涵也不能舍弃。能同时表现这两方面特质的代言人究竟是谁?

陈宝国，内地实力派演员的代表，拥有成熟男人的气质、成功人士的形象、有魅力，有文化内涵。陈宝国主演的《汉武大帝》家喻户晓，反响热烈。汉武帝一代伟人，功绩名垂史册，老百姓对他的故事耳熟能详，正处事业巅峰的陈宝国正好符合古越龙山品牌快速成长的市场形势。陈宝国还主演了《朱元璋》和《越王勾践》，其“银幕皇帝”的形象还会继续下去。“皇帝”、“黄酒”、“尊贵”、“英雄”……就是陈宝国了。我当即给客户打电话，客户也随即对选择陈宝国代言表示认同，提交企业营销人员讨论，也一致通过。

二、创意表现：陈宝国与古越龙山；英雄与美酒的演绎

既然是陈宝国代言，皇帝这一元素不可不用。客户也提出要在广告片中同时出现陈宝国古装与现代装的形象。在短短30秒内，如何将古与今、帝与民巧妙融合，这的确是个棘手的问题。经过一场场激烈的头脑创意风暴，《古越龙山·陈宝国竹林对酌篇》影视广告最终浮出水面：

1. 江南竹林中，汉武帝与陈宝国在石桌旁对酌。
2. 两人酒间纵论“英雄识美酒，煮酒论英雄”。
3. 古越龙山龙酝花雕酒新品震撼推出，配上字幕“古越龙山，千年滋养美酒”。
4. 数巡之后，酒壮豪情，汉武帝遥想起当年自己亲自指挥大汉帝国军队大破匈奴的英雄场面。
5. 沉浸其中的汉武帝不由念道：“数风流人物”。
6. 陈宝国会意，举杯作和：“品古越龙山”。
7. 推出古越龙山企业标板。字幕：“古越龙山，正宗绍兴花雕，千年滋养美酒”。

广告片中陈宝国、汉武帝对饮的镜头

这支广告片看似简单，却融入了许多精彩的元素。通过竹林对酌，将陈宝国帝王形象和现代成功人士形象完美融合，既表现了古越龙山尊贵高端黄酒的品牌内涵，又传达了古越龙山悠久、深厚的黄酒文化。沙场征战之大气，烟雨江南之静幽。刚柔并济，内外兼修。古越龙山国粹黄酒代名词的品牌形象跃然而出。

广告语“数风流人物，品古越龙山”，由毛泽东著名诗词《沁园春·雪》引申创作而成。朗朗上口，大气天成，很好地迎合了高端消费群体的口味和心理。

《古越龙山·陈宝国竹林对酌篇》广告片拍摄版

三、品牌传播：居高声自远，一鸣天下闻

借助全国性强势媒体的力量是区域品牌快速成长为全国性品牌的有效武器。传播就是要让区域品牌站在“巨人”的肩膀上，成为品牌的“巨人”。

区域品牌占领全国市场，“不鸣则已，一鸣必须惊人”。中央电视台是我国最具影响力的媒体，而古越龙山也是绍兴黄酒第一品牌，两大品牌“联姻”可谓“门当户对”。

2004年11月18日，2005央视广告招标大会如期召开。在我们的精心策划下，古越龙山成功夺标，中标额高达6000万元。考虑到黄酒消费的季节性，古越龙山的央视广告投放集中在2005年9月后，为充分利用招标的传播效应，激活古越龙山的营销渠道。我们在广告播出以前采取多种措施为古越龙山全国品牌拓展营造强大的传播势能。

央视招标后不久，古越龙山就在《中国经营报》、《糖烟酒周刊》、《新食品》等权威媒体投放招商广告，面向全国招商，既增强经销商的信心，又借机扩大市场渠道。

新版电视广告在央视播出前，我们精心设计了一版《“数风流人物，品古越龙山”广告大片·预告篇》平面广告，在杂志、网络等媒体上传播，反响强烈，使《古越龙山·陈宝国竹林对酌篇》广告影片未播先红。

随着各项品牌营销执行方案的有效落实，古越龙山的品牌竞争力得到显著提升。客户反馈的市场战况让我们欣喜不已。

1. 2005年1月，古越龙山全国销量突破1亿元，开创中国黄酒发展史上的新里程。

2. 2005年8月，在传统的黄酒消费淡季，古越龙山创造了同比50%的市场增长率。

3. 2005年10月，随着古越龙山央视广告的强势投放，古越龙山全国销售渠道迅速激活。济南秋季糖酒会上，古越龙山在全国范围内一举新增200多位经销商。

后记

一年多的时间，古越龙山由区域走向全国；由“绍兴黄酒第一品牌”跃变为“中国黄酒第一品牌”；品牌实现了跳跃式的发展。今天，成为“中国国粹黄酒代名词”的古越龙山，已傲然屹立于中华主流名酒品牌之林中。（李光斗／文）

点评：

本案确实借着古越龙山花雕酒的整合营销传播，为黄酒塑造了一种新的气质，让原本的温和儒雅变得阳刚尊贵而不失内涵。让中国更大范围的消费者能够产生共鸣，这是一步较为大胆的棋。

从古越龙山针对高端市场的新品花雕酒作为切入点为推广起到了定调作用。陈宝国演绎阳刚与尊贵应该是一个不错的选择，影视创意跨越古今，令人惊喜。但是黄酒比起白酒来说，最具优势的健康滋养这一个点，在本案中未能得到相应的表现，应该作为创意很好的辅助诉求，并且在立体的推广传播得到一定的展示，否则会遗失自己的“根”，不能更大范围地去影响争取其他品类当前的消费者！

——冯帼英

水井坊，提炼“中国高尚生活元素”

广　告　主：四川水井坊股份有限公司 — 水井坊品牌

广告代理：广东省广告有限公司

在当今中国，奢侈品概念在延伸，其已从对昂贵物质用品的追求转变到了对一种理想生活方式的追求。水井坊作为一个高端白酒品牌，参加国际顶级私人物品展、荣膺“中国顶级品牌”称号、荣获“特别推荐创造力产品奖”，在平面和终端设计中均着力体现中国元素和高端形象，将“中国高尚生活元素”作为传播主题，让其高端形象深入人心。

因势通变——发现“中国高尚生活”潜在价值

高盛公司伦敦总部曾发布一项针对中国消费市场的分析报告指出，中国的奢侈品市场已达20亿美元，其上升幅度为全球之首。摩根斯坦利也在一份报告中提出，目前中国有10%的人有能力消费高档奢侈品，而且这个数字还在不断增长。

正是这样的数字，让中国开始正视“奢侈”这个曾经一度禁忌的词语。

奢侈品概念正在发生变化。沃尔冈·拉茨勒在畅销书《奢侈带来富足》中说：“旧式奢侈是消耗，而且常常是破坏；而新式奢侈则寻求具备前瞻性的技术方案来解决问题，致力于以知识和能力取胜，它提供了保护和改善的可能性。”

奢侈品概念也在延伸。除了物质产品之外，奢侈品已经延伸到了健康、休闲、旅游、体验、饮食、运动、社交等多个方面；奢侈品消费已经从对昂贵的物质用品的追求转变到了对一种理想的生活方式的追求。

这一风尚的转变，正好应和中国式高尚生活的意境与理想，那就是永恒追求人生的完美体验与自然的和谐共鸣，最终达到人生的至高境界。

在中国文化中，奢侈不一定代表高尚。中国式的高尚生活，是物质与精神的更高层次结合。这种生活更多地代表一种生活态度：自然洒脱、不拘一格、勇于追求，正是水井坊所倡导的高尚生活。作为高端白酒品牌，水井坊参加了国际顶级私人物品展，接着又荣膺“中国顶级品牌”称号，一切都在证明一点：水井坊作为中国高尚生活元素，已经渐渐深入人心。

应势而起——塑造水井坊“中国高尚生活元素”内涵

荣膺“中国顶级品牌”奖，缔造水井坊“中国高尚生活元素”的高度

2005年10月28日，首届“21世纪奢华品牌榜” 评选活动在上海波特曼丽嘉酒店圆满结束，中国白酒品牌水井坊荣获“中国顶级品牌（唯一白酒品牌）”奖。

“21世纪奢华品牌榜”评选活动是由中国顶尖的财经传媒《21世纪经济报道》携手全球著名的咨询机构——美国盖洛普咨询有限公司，首次在中国对全球奢侈品进行的全面排名。评选活动联合全国数百家平面、电视、网络等主流媒体，邀请近20名中国社会名流：方晓光（盖洛普中国咨询有限公司副董事长）、丁磊（网易创始人兼首席架构设计师）、张欣（SOHO中国CEO）、宋秩铭（奥美大中国区总裁）……覆盖200万中国商务精英及时尚消费群体，最终打造出首份以中国顶尖商务人士观点为考量标准“21世纪奢华品牌榜”暨中国顶级品牌影响指数，评选出“25个全球顶级品牌”和“10个中国顶级品牌”，全面考量了中国顶级商务人士的品牌倾向和消费态度。

水井坊作为中国唯一白酒品牌参与了本次活动的评选，并最终上榜，标志着这个根植于传统风雅文化的中国白酒品牌，以及它所倡导的“中国式高尚生活”获得了世界的认可与尊敬，这也意味着传统文化中蕴涵着巨大的品牌资源可供开发。“水井坊”以中国600多年的风雅文化为依托，长期致力于传统酒道的继承开拓和“中国白酒第一坊”品牌形象的建设。

水井坊用考究的酒器设计、卓越的品质和尊贵的形象，展示了中国式的高尚生活理念：从容，和谐，也不乏优雅。代言这种中国式的高尚生活，成为水井坊品牌文化的孜孜追求。把中国的味道，融会于国际顶级品牌生活，这是水井坊与世界顶级品牌对话的基点。

香飘“国际顶级私人物品展”，传递水井坊“中国高尚生活元素”的内蕴

而此前在上海国际会议展览中心，“摩纳哥国际顶级私人物品展”（Top Marques）首次登陆中国，花旗银行亚洲区总裁和摩纳哥驻上海总领事等参加了开幕式。这次展览共展出60多个世界顶级品牌，主要以名车、名表、顶级珠宝、天价音响为主，此外还有私人飞机、豪华游艇、高档家具、顶级家电、名牌时装、钻石手表、 高尔夫球会、游艇俱乐部、私人会所等。这是堪称世界顶级奢侈品盛会的Top Marques 展首次在中国举办，也是中国顶级品牌首次跻身展览。Top Marques起源于富人之都的蒙特卡洛，被誉为“欧洲时尚富豪玩具展”，很多超级买家是展览的重要客人。

作为第一次在中国举办的奢侈品展，Top Marques Shanghai展出了令人惊叹的中国奢侈品：2.6万元一瓶的水井坊酒，红木仿明清家具、风格皮草……50多个国外品牌云集的“奢侈品嘉年华”中首次出现了中国品牌。

参与了这次奢侈品展的白酒品牌水井坊，秉承了巴蜀酒道的精髓，其酒品“色香味格”极为考究。因为水井坊出众的特质，在展会现场，2.6万元一瓶的“水井坊世纪典藏”就被订购3套。“水井坊世纪典藏”需要提前预订，因为它的外包全是手工打造，精美异常，是收藏家的爱物。

水井坊以中国白酒起源的代表品牌亮相奢侈品展，并现场展示传承600多年的酿造技艺，这是中国品牌在国际性展会上的高调登场，也是“中国高尚生活元素”的正式登场。

但对于这个优雅的中国白酒品牌来说，在此刻闪光灯闪耀前，已经走过了整整600多年。穿越了元、明、清三个朝代，今天，水井坊再次以沉积于历史、文化中的力量，点燃了人们的目光和思绪。

荣获“特别推荐创造力产品奖”，自主创造之路打造水井坊的“中国”味道

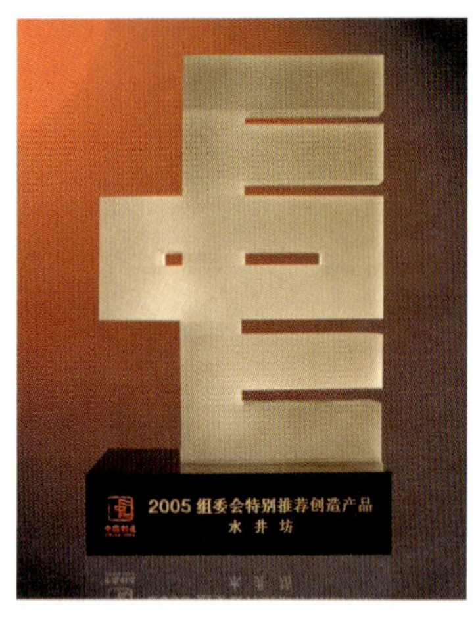

水井坊在“中国创造”评选活动中，以唯一的白酒品牌当选“组委会特别推荐创造力产品奖”。作为代表着中国白酒行业新风尚的水井坊，在成功开创高档白酒领域和新的白酒消费理念的同时，更代表着水井坊企业及水井坊品牌，已从传统的中国白酒行业由单纯的产品制造迈入到品牌创造、品牌塑造的崭新高度。

水井坊秉承传统酿造技艺，结合现代生物技术，从600年老窖中分离出以“水井坊一号菌”为代表的生香菌群，赋予水井坊酒独特的色、香、味、格。美酒还需美器衬，水井坊包装将中国传统五行与现代艺术精粹相结合，其卓绝的艺术内涵，一举夺得国际莫比艺术设计大赛金奖和全场大奖。

水井坊不仅善于产品创新，还将品牌根植于中国传统文化的深厚土壤中，汲取中华文化的博大精深，融合现代审美意境和高尚品位，走出了一条中国高档白酒品牌的发展之路，堪称中国顶级品牌的典范之作。

不断创新的水井坊，深厚的历史文化底蕴和与时俱进的品牌精神，不仅为消费者带来传世的美酒，更让消费者领略到中华文化的博大精深，体验中国式高尚生活的优雅味道！

立体整合传播，演绎水井坊“中国高尚生活元素”

品牌平面《围棋》篇

起源于古老中国的围棋，流传至今仍是备受人们喜爱的一项娱乐，但它又不仅仅是游戏和消遣，而是中国文化博大精深的浓缩之一。黑白两个纯色蕴涵中国太极思想，在对弈中展现出智慧的较量，在经纬交错中流露和谐。

水井坊，每一滴酒液，都是中华酒文化的精粹浓缩，都是中国传统酿造工艺的智慧结晶。黑白经纬之间，落下的是智慧的共鸣，是中国式高尚生活的品位。点滴之间，高雅流露，与水井坊一起，畅享中国高尚生活。

品牌平面《高尔夫》篇

从西方舶来的高尔夫运动，以其独特魅力迅速成为高尚人士休闲运动首选之一。受到如此青睐，也许就是因为它是所有运动项目中唯一的非对抗性游戏，打高尔夫球，最大的竞争对手就是自己。挥杆之时，正是不断地挑战自我与超越自我。

水井坊，每一滴酒液，都是中华酒文化的精粹浓缩，都是高雅品位的象征。任优雅在绿草芳香的天地间挥洒，这是水井坊高尚生活的心神感悟。举止之间，意趣相投，与水井坊一起，畅享中国高尚生活。

品牌平面《印章》篇

一枚印章，印下烙印之时，不仅是对艺术珍品的鉴赏与认同，印章本身就是一件艺术珍品，就是品位的见证。就在这鉴赏与被鉴赏之时，中国式高尚生活的优雅魅力绽放。

水井坊，每一滴酒液，都是中华酒文化的精粹浓缩，都是品位的印证。水墨灵韵印下品位的见证，瓶底烧画烙下艺术的鉴赏。品鉴之间，雅趣共赏，心神相印，与水井坊一起，畅享中国高尚生活。

户外《画卷》篇

“中国高尚生活元素”作为水井坊的阶段性主题，其内涵丰富，但由于字数等原因，在做户外创意时很难以视觉的形式表现，因此需要一个既契合品牌主题调性，又够视觉冲击力的载体来承载，我们找到了“画卷”这个元素。

“画卷”的形式感强，独特又醒目，更因其浓郁的中国味道，与“中国高尚生活元素”的内涵不谋而合。无论是喷绘还是霓虹灯，水井坊“中国高尚生活元素”的户外广告，都如一幅徐徐展开的画卷，展现中国高尚生活的写意绘卷。

“中国高尚生活元素”终端体验

水井坊在终端陈列及展场的视觉输出上，也紧紧扣住“中国高尚生活元素”的中国味道和高尚生活两大核心，来营造“中国高尚生活元素”的体验感。水井坊以终端为载体，开展“中国高尚生活元素”的体验营销。

顺势而达——穿越历史的“中国高尚生活”

美国总统布什穿着唐装参加领导人会议，世界瞩目中国唐装。原来最传统的也能最时尚的，最中国的也可以最国际。引领国际时尚潮流的顶级品牌CHANEL（夏奈儿），用盘扣设计来表达对中国元素的景仰；日本设计师三宅一生用“一生褶”来证明中国元素的超强时尚感……越来越多的顶级品牌、越来越多的国际设计师从中国元素中吸取创造的灵感。一贯以古老著称的中国元素，开始焕发蓬勃的生机，在国际社会中赢取越来越重大的注意。

孔子曾说“一箪食，一瓢饮”、“曲肱而枕之”的生活是“高尚生活”。亚圣孟子也说“万钟于我何嘉焉？”因为他们有着丰富的内心生活，有着一种崇高的精神追求，所以把物质的意义淡化了。“高尚”、“品质”在传统的语境里，总是和人的道德素质息息相关。只有物质外壳的生活，可能徒具高尚的外表，却缺少一种高尚的气韵。

这是一种无言的感召，是一种精神上的力量，也是高尚生活的精神内核。

中国的古人讲究天人合一，追求和谐、通达的人生境界。这是传统文化中真正的精髓，当代的高尚人士也会倾心于这样一种境界：平时西装革履，以英语为工作语言；私下里，换上布鞋马褂，喝功夫茶，寻找一些内心的宁静。中国传统的吸引力仍然巨大，会得到更多的人的喜爱。水井坊正是努力把这样的气息带到当代的生活中，并且成为一个彰显文化内蕴的高尚标签。

结语

在这场高尚生活的盛宴里，水井坊是中国，是历史，是文化。奢华盛宴背后，不仅仅是历史的续写，更是中国式风雅与高尚的再次勃发，水井坊所代表的中国高尚生活元素与来自世界各地的顶级品牌一争芳华，展示中国之美，展示风雅之美，水井坊延续着中国式高尚生活的脉络，用现代的衣装，焕发历史与文化的光彩。水井坊“中国高尚生活元素”，是一种态度，一种思想，一种生活哲学，一种东方神韵的意境……

“中国高尚生活元素”，成为水井坊品牌的又一个发展里程碑，在水井坊的澄明酒液中，映照出的正是中国式高尚生活理念在当代的焕发与光大。

点评：

水井坊经过了五年多对水井坊品质、历史、荣誉、文化等方面的诉求以后，传播重心回归到消费者生活体验上来是一个适时的转变。因应中国奢侈品市场的崛起，水井坊意图倡导中国高尚生活，唤起高层次人群，除昂贵的物质追求外，对理想人生境界的追求。

本案采用了几次成功的事件营销，包括首届“21世界嘉华品牌榜”及“国际顶级私人物品展”、“特别推荐创造力产品奖”，把水井坊产品与品牌进一步推向了一个新的高度。充分发挥事件策划的威力。但美中不足的是，这些事件都缺乏了精神生活的诉求。

品牌传播平面《围棋》篇、《高尔夫》篇、《印章》篇、户外《画卷》篇融合中西高尚生活，为我们展现了一种新的中国式高尚生活优雅风范。但如果提炼出高尚生活的内涵表达文字作为传播元素则更佳。

——冯帼英

澜沧江啤酒品牌整合案

广 告 主：云南澜沧江啤酒企业集团有限公司 — 澜沧江啤酒
广告代理：昆明白宇现代广告

该整合案是云南澜沧江啤酒集团在低扩张所形成的超常规发展中，由于啤酒产品更新换代速度之快和知名品牌对云南大举进攻的形势下及时做出的一个战略决策。整合案在对国内与省内啤酒市场营销现状予以准确诊断并进行科学分析的基础上，制定出一个全新的品牌定位与产品结构整合策略；以主打“纯天然”、“原生态”这一卖点为其营销战略基点；导入全新的品牌标识，将雪山、江水、高品质定为主诉对象等销售战术定为整个营销战略得以实现的具体步骤，最终成功实现了所预定的产品营销重心的战略转移和巩固其市场份额的目标。这是一个切中要点、并以成功作为其验证的策划案例。

云南澜沧江啤酒集团前身为云县一个乡镇小酒厂。1998年，白宇与澜沧江携手，开始了双方长达8年的精诚合作。从3000万到8亿，白宇创造了一个巨人般的本土品牌；澜沧江也同样谱写了云南酿酒业的神话，逐步成长为云南省最大的啤酒、白酒生产企业。

由于近年来澜沧江啤酒集团战略扩张，在品牌驱使下，集团以低成本扩张形成了超常规发展，同时也迅速扩大了市场占有率，取得了令人瞩目的成果。

但迅速扩张的同时也带来了诸多问题：如品牌缺乏科学规划、产品结构混乱、品目繁多导致消费者认知混乱等。大量产品不断涌现，而市场上鲜活的产品却寥寥无几，产品形象严重混乱。

一、市场分析

国内市场分析（啤酒市场发展趋势）

精耕细作 知名品牌开始“圈地运动”，并在自己的领地内进行精耕细作。

更新换代 啤酒产品更新换代速度加快，国内啤酒企业面临新的洗牌。

盈利路线 走中高端盈利路线成为2005年国内啤酒市场的战略性转变。

并购风潮 啤酒企业并购风潮此起彼伏，市场瞬息万变。

省内市场分析

云南省内啤酒市场“诸侯割据”，本土企业仅澜沧江啤酒集团孤军奋战。而国际国内啤酒企业开始进驻云南市场，知名啤酒品牌迅速“侵入”，使云南啤酒市场在云南外围的压力之下更加扑朔迷离。

二、现状诊断

产品结构描述：品类繁多，品名混乱，视觉紊乱，严重影响了品牌的传达力！

品牌概念描述：鸡唱鸡歌，马哼马调！没有用同一种声音说话！

核心问题点：亲者痛，仇者快！

严重后果：品牌的堆砌被自己亲手拆毁！

三、解决方案

实现战略突围

澜沧江集团已面临着来自于国际国内的竞争压力。内忧外患，如何应战？白宇认为：战略转变，迫在眉睫！

品牌形象活化：1. 战术销售转为战略销售；2. 做产品品名转为做品牌；3. 产品管理转为战略品牌打造。

（一）品牌定位

定位前的思考：产品品类：品目众多，繁杂紊乱

产品概念：各自精彩，整体混乱

符合企业自身特点，代表“澜沧江”品牌的定位有吗？没有。

正式定位：白宇观点

代表“澜沧江”的企业灵魂的完整定位：1. 与众不同 2. 鹤立鸡群 3. 特立独行 4. 石破天惊

“澜沧江”是什么？

澜沧江啤酒是什么？

澜沧江：是源于梅里雪山纯净的雪水，是一条充满母性的江河，是世代生活在这里的人，是狂野的舞蹈、燃烧的火焰，

是清脆的歌声，是阿哥阿妹的喜悦，是这一方水土与这一方人……

澜沧江啤酒：是零污染的酿造基地，是纯天然的原材料，是高科技的工艺，是秘境云南的恩赐，是江水与自然的琼浆玉露，是自然、鲜活、纯正、原汁原味……

原生态

原生态概念是为澜沧江量身定做的，是与澜沧江品牌浑然天成，是澜沧江的、云南的、我们大家的！

省外啤酒品牌妄图嫁接“原生态”借鸡生蛋，结果只能是画虎不成反类犬！

澜沧江原生态啤酒是“原”自天地，真正天然；纯正品质，那“自然风流”。澜沧江原生态啤酒更新鲜、更纯正、更爽口、更自然，势必引领啤酒业归零至“原生态时代”。

导入全新的品牌识别

澜沧江全新企业LOGO

LOGO诠释

1. 由原LOGO三山两水、澜沧江中英文名称，加上新元素地球护心共三组元素组成。

2. 地球护心表明澜沧江的前景无比远大，并从我们的、云南的、中国的升华为地球的。寓意澜沧江是地球的，地球是澜沧江的。

3. LOGO在澜沧江唯一合法标志的基础上，通过白宇的整合创造后识别性更强、更漂亮、更大气、更富有时代感。

澜沧江原生态识别标志

LOGO诠释

1. 由原LOGO三山两水、澜沧江中英文名称、加入新元素地球护心、意向化绿叶共四组元素组成。

2. 三山两水这一澜沧江的唯一合法标志，经白宇的整合后识别性更强、更具审美性、也更富有时代感。

3. 新元素地球护心寓意澜沧江是地球的、地球是澜沧江的。新元素意向化绿叶形似澜沧江江浪，它是原生态的具象表现，是腾飞的翅膀，还是一个如意的符号，一个胜利的“V”的符号。

4. “原生态”是各构成元素所特有的核心概念，它是澜沧江所独占的，以其特有的零污染、天酿地造，引领现代人的绿色健康之“饮”。

5. 整个LOGO有如澜沧江在乘着“原生态”的翅膀腾飞，又如在浪花里起锚远航的船，预示着澜沧江无限广阔的未来。

（二）产品结构整合

产品结构整合目的→实现澜沧江品牌完整占位

● 优化产品结构

● 最大化输出“原生态”概念

● 彰显品牌个性

澜沧江原生态啤酒系列：

1. 旗帜产品　　品名：月亮啤酒（moon beer）　规格：300ml

2. 市场高端　　品名：原生态金啤　规格：500ml 300ml

3. 市场中端　　品名：原生态银啤　规格：500ml 300ml

4. 村镇低端　　品名：原生态普啤　规格：620ml

产品创意

1. 旗帜性产品创意设计——月亮啤酒（moon beer）

2. 主导性产品创意设计——原生态金啤、原生态银啤、原生态普啤

1. 旗帜性创新产品

产品名称：月亮啤酒（moon beer）

销售区域：夜场

价格定位：与国际品牌档次相同

设计特点：体现夜场文化特点，制作精美

孔雀篇

月光下面的凤尾竹、难舍难分的阿哥阿妹、令人陶醉的孔雀舞，看着它，恍然已身临其境，喝下它，更增添了无限神往。心情已如爆满的潮水，决堤在灯火变幻的时尚。

星星篇

星随一轮弯月，徜徉在迷幻的夜空，潇洒，自在，另类。你不是要把月亮旁的那颗星星给我吗？好了，给我月亮啤酒吧。给我MOON的张狂，给我STAR的激爽。

澜沧江夜场专供酒——UFO篇

在回旋的江流中，“原生态”跃然而出。在相聚的夜场里，人们在寻回心灵的本真，是原初，更是张扬。让快乐和自由随UFO飞向遥远的外太空。

主导性创新产品

产品名称：原生态金啤、原生态银啤、原生态普啤

moon
月亮啤酒 BEER

澜沧江月亮啤酒六瓶装外包装
moon
月亮啤酒 BEER

MOON

澜沧江月亮啤酒六瓶装外包装
300ML/1X6
MOON

我要月亮
你看到此情此景时……
moon
月亮啤酒 BEER

销售区域：待定

设计特点：传承澜沧江啤酒个性瓶型设计特点，突出时尚感与品质感，具有极强可塑性和差异化特点.

如意篇

地球江浪篇

水车地球篇

净含量: 500ml
Nature
原生态
啤酒
云南澜沧江啤酒企业集团有限公司

雪山江浪篇

净含量: 500ML
原生态
Nature
BEER
云南澜沧江啤酒企业集团
LANCANG RIVER BEER ENTERPRISE GROUP YUNNAN

净含量:500ML
酒精度:12%V/V
原生态
Nature
啤酒
云南澜沧江啤酒企业集团
LANCANG RIVER BEER ENTERPRISE GROUP YUNNAN

澜沧江原生态金啤六瓶装外包装
Nature

雪山水车篇

净含量：500ML
原麦汁浓度：11°P
原生态
啤酒
Nature
BEER
云南澜沧江啤酒企业集团

户外及招贴

天地酿造 自然风流
澜沧江原生态啤酒
澜沧江

天地酿造 自然风流
澜沧江原生态啤酒
LAN CANG RIVER
原生态
澜沧江

原生态
天地酿造 自然风流
澜沧江原生态啤酒

四、未来展望

无可替代的“原生态”概念，完整的产品线构成，一定会为品牌插上腾飞的翅膀，让澜沧江集团实现飞跃发展的无限可能！

点评：

“澜沧江啤酒品牌整合案”在澜沧江啤酒面临省内市场“诸侯割据”、国内外知名品牌纷至沓来的严峻形势下，以一套全新的策划理念为该产品如何巩固已有的市场份额，进而取得更大的市场占有找到了一条正确的战略通道。在该策划案中，他们依托高原、雪山、江水这一独具的地理区位优势，主打“纯天然”、“原生态”等绿色食品概念，迎合了当代人的现代消费理念与消费心理。同时以极具视觉冲击力的“三山两水”品牌商标作为产品新标识，带给人一种较强的审美认同感受。再者，策划案中把纯正、天然、绿色生态概念作为大众文化消费符号就更是赋予该产品一个独具品牌定位。此外，从立意、构思到谋篇布局，整个策划案衔接有序，一气呵成，具有很强的可操作性；读后留给人很多的启迪。

——崔银河

会稽山黄酒：新奢华营销之道

广 告 主：会稽山绍兴酒有限公司 — 会稽山黄酒

广告代理：谢佩伦营销策划机构

会稽山虽在江浙一带声名显赫，但在全国的品牌影响力十分有限，品牌形象急需从一历史品牌提升到传奇品牌和灯塔品牌，而这必须走新奢华营销之路。抓住消费者洞察，满足其情感消费的欲望，将会稽山黄酒定位为新奢华品，充分发掘其历史内涵。通过发起“黄酒的本源之旅”，结合高端媒体的推广和各种营销方式引爆流行，将会稽山打造为消费者心中的至爱品牌。

一、把会稽山从历史品牌提升到传奇品牌和灯塔品牌

“会稽山”始创于1743年（清乾隆八年），至今已逾263载春秋，创下了“263年来生产从未间断和263年来经营从未亏损”两大奇迹。得益于绍兴师爷及文人墨客的竞相宣扬，绍兴酒在明清时进入鼎盛时期。1915年，在美国举办的“巴拿马万国博览会”上“会稽山”更是为中国获得一枚金奖。

“会稽山”虽在江浙一带声名显赫，但在全国范围的品牌影响力却十分有限，品牌形象亟待提升。在会稽山总经理傅祖康看来，“‘会稽山’这个百年字号是块金字招牌，只不过沾上了岁月的尘埃，只要将其拭去，金字招牌所凝聚的价值仍将闪烁熠熠光辉”。在傅祖康的推动下，百年会稽山积极导入品牌战略，打起“质量取胜、品牌兴企”的旗帜，实施品牌再造工程，并决定与品牌导师谢佩伦携手，开创品牌复兴之路。

谢佩伦营销策划机构受邀参与到品牌再造工程中来。我们的目标是要把会稽山的历史品牌提升到传奇品牌和灯塔品牌，传奇品牌炼造品牌信念、品牌故事与品牌神话，吸引忠实客户群，灯塔品牌就是要成为产业的榜样和标杆。我们的目标不仅是抓住注意力，更是要运用洞察力，达成与消费者之间的共鸣。而打造传奇品牌和灯塔品牌必须走新奢华营销之路。

二、酒类的新奢华营销势在必行

1. 新奢华正在流行!

新奢华就是趋优消费：花更多的钱，买更好的产品

趋优消费已成为全世界市场上一种爆炸式蔓延的现象。世界各地的消费者都愿意，甚至是渴望，以额外的高价购买优秀的产品，这里我们称其为新奢华品，它们比同类商品中的其他产品或服务品质更好、品位更独特、期望值更高、更让消费者心驰神往，这种产品或服务的价格并不是最高的和遥不可及的，不计其数的人们现在能支付得起这种消费。

因此，产生了这样一种结果：这些商品的销售一路飙升，远远超越了人们所熟悉的价格——需求曲线。在酒界，水井坊、1573、芝华士、红花郎酒等的成功说明了这点。

新奢华品牌厚利多销，嘲弄了一句传统老话：“价钱越高，成交量越少。”

2. 趋优消费的实质：情感消费的欲望

感情消费在中国意味着：高感性消费、面子消费、品位消费、价值消费

新奢华品的情感空间：关爱自己、人际关系、探索、个人风格

中国只有15%的人是健康的，其余85%或者患有各种各样的病，包括越来越流行的抑郁症和焦虑症。为什么能干的、成功的商界人士都处在极大的压力之中，他们把自己局限在狭小的生活领域内，既不健康、也不快乐。“你成功，还是成功的傻瓜”?

中国现在是世界上发展最快的大型经济体，虽然尚未完全跨进发达国家门槛，但高速发展所带来的压力已经让这个飞速行驶的列车上的人感到异常疲惫，但一个大多数人都疲惫的公司和社会能够有创造力吗？特别是我们的精英们。

芝华士因为捕获了“中国精英们的情感空间和情感欲望”而大获成功。

芝华士——这是芝华士人生：驰放人生；激情人生；享受生活，何止周末。

“奢华品就是能够使人深深沉浸其中，得到享受的东西。”

3. 奢华品牌的中国盛宴——新时尚、新市场、新力量

创中国自己的新奢华品牌

我们已经看到，中国消费者支出正在大幅上升，在广泛的产品类型中出现了趋优消费迹象。中国的这类消费由新兴中产阶级和更多富裕的消费者推动。虽然这些消费者只占总人口的10%-15%，但绝对数字也达1.2亿-1.5亿人，4000万-5000万

个家庭。

我们完全可以预计满足中国消费者的趋优消费需求将成为未来企业所面临的最重要机会和挑战之一。到2010年，中国消费者在顶级消费品上的花费将达到5000亿人民币。谁能凭着无与伦比的品牌塑造能力和推广能力成为中国新兴市场的最大赢家?

在上海这个国际化、物欲化、品位化的大都市和名利场的中心，趋优消费更是成为风尚。

“首届国际顶级时尚品牌行业高峰会”2005年5月在上海召开。四百多位世界顶级品牌的高管和机构投资者齐集上海。

“奢华品发现了中国，中国需要生活品位。在奢华品与中国消费者这一日渐联系的价值链条中，引领生活品位的高端媒体，前路无限。”

4. 什么是新奢华品?

通过对30余种最成功的新奢华品的分析，我们将这种商品分成三大类：现成的超优质产品类、传统奢侈品延伸类、精英名牌。

5. 新奢华品必须具备的三个优势阶梯

某种产品若想成为新奢华品，情感介入是必不可少的。但是，只有情感介入还远远不够，这种产品必须拥有三个层次的优势阶梯：工艺、性能、情感。

当一种新奢华品完全彻底地达到了这些，它就会迅速火起来。它会在消费者心里生根发芽，迅速改变该类产品的市场规则，在市场上占据主导地位。这正如星巴克、水井坊、芝华士和哈根达斯所经历的一样，迫使人们重新划分需求线。

6. 新奢华营销的9大法则：

1) 永远不要低估消费者
2) 打破价格——需求曲线
3) 创造一个真正的优势阶梯：工艺、性能、情感
4) 加快创新，提升质量，向消费者提供零缺陷的体验经历。
5) 拓宽价格范围和品牌的定位
6) 制定价值链，体现优势阶梯
7) 利用影响力和感召力宣传产品，牢记成功源于品牌忠实者
8) 像一个局外人一样不断对行销发起进攻
9) 成为至爱品牌

三、黄酒需要新奢华营销

（一）黄酒新奢华营销的原因

1. 商品陈旧，大同小异。

任何一个产品种类如果它的各种产品相似，没有一种产品能够提供一个与众不同的优势阶梯，口味单一、包装简单、品牌缺乏吸引力，很难与其他酒类形成竞争优势。对不同地区、不同年龄、不同收入层次消费群体的市场细分和研究不够充分。那么，它就为一位新奢华品新成员的进入提供了一个机会。

2. 商品缺乏情感介入。

新奢华品总是建立在情感介入的基础之上，如果一个产品类别的现有商品没有与消费者的情感联系在一起，或者产生了

精糯米

文化乡

羲之字

鉴湖水

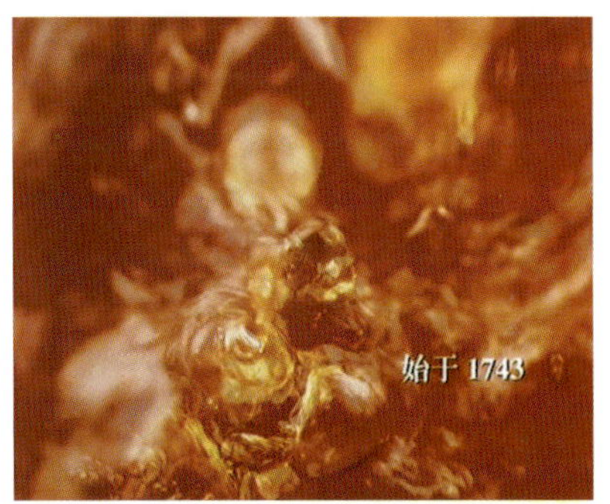
始于 1743

会稽山

会稽山
始于1743年
黄酒之源—会稽山
中国驰名商标

负面的情感，这个产品类别就应该出现新奢华品和至爱品牌。

3. 黄酒品类开始崛起，出现大众名牌，但缺一线品牌和奢华品牌。

上海圈子的石库门、和酒、上海老酒等黄酒只不过是大众品牌，因为它们不是原产地保护品牌，古越龙山的广告攻势只能说明它是一线品牌，它们攻势越强，越是替整个黄酒品类宣传，这是广栽桃树，留给我们的使命是如何摘桃?

4. 成本可以增加进来，而不是要扣除出去。

我们已经看到，消费者们愿意多付大笔的高价去购买达到优势阶梯的商品，而且，新奢华品领头人也为了确保自己的产品能够在工艺上和功能上做到与众不同而投入大笔的资金，用以开发产品、购买原材料和组织生产，特别是品牌的塑造和推广。

5. 未能填补大众与顶级之间的缺口。

当中档市场提供的产品和超优质产品之间存在着一个大价格缺口时，那么就有一个创造精英名牌和新奢华产品或服务的机会。

6. 存在工艺上的障碍。

在许多产品类别中都有一款更好的产品等待人们的开发，但是，根本没有制造商愿意为克服在掌握生产过程中的困难投入资源和精力，不愿意去承担风险。而我们有足够的资本和资源 。

（二）黄酒新奢华营销的构思方法：

1. 模式化。

学习和领悟新奢华营销的模式，寻找成功的关键因素，不要怕模仿。

2. 在不同的地理环境和不同文化中寻求创意。

这个世界充满创意，等待着人们去开发、借鉴、效仿、采纳或者改进。许多新奢华品都采纳了来自其他文化的想法，特别是欧洲文化。路易威登、阿玛尼、哈根达斯、芝华士、马爹利、星巴克等，所有这些品牌都可以追溯到西欧的思想中。

3. 社会调查。

新奢华品开创者往往是关注世界的人们，他们想要了解社会是怎样变革的，人们是如何思考问题的。他们广泛阅读，留意大众媒体。名流们都在谈论些什么? 高端杂志上在报道些什么? 电视上还在热播什么节目? 他们关注世界潮流和地方风俗，而且尝试着把所有因素重新组合在一起。

4. 产品类别分析与方块。

详细地绘制出这个产品类别的近期表现十分重要。要善于利用相关数据，这些数据往往是有关增长趋势、渠道增长率、价值趋势、区段份额与利润、顾客、竞争者的成功模式等。

5. 市场规模。

确定潜在市场有多大非常重要。我们采用一种我们称之为“消费函数”的手段制定市场规模，把品牌类别的消费量从大批的数据中离析出来，以确定这个优质市场的大小。

（三）会稽山的新奢华营销之道：

1. 会稽山品牌战略定位

会稽山品牌战略目标定位：酿中国最好的黄酒

黄酒之源—会稽山
会稽山
始于1743年
中国驰名商标
酿中国最好的黄酒
東風紹興酒有限公司

黄酒之源—会稽山
始于1743年
中国驰名商标
酿中国最好的黄酒
東風紹興酒有限公司

黄酒之源—会稽山
酿中国最好的黄酒
酿酒大师、艺术大师和心灵大师共创的杰作
全新塑造"东方名酒之冠"
始于1743年
中国驰名商标 東風紹興酒有限公司

酿中国最好的黄酒
黄酒之源—会稽山
始于1743年
中国驰名商标
酿酒大师、艺术大师和心灵大师共创的杰作
"东方名酒之冠"，全新塑造
東風紹興酒有限公司

会稽山品牌定位："黄酒之源"

会稽山品牌形象：本源的、正宗的、文化的、相承的、新经典的

会稽山品牌事件行动：黄酒本源之旅

支持点：

（1）会稽山云集大师名师——中国黄酒的梦幻团队，创造"豪华黄酒"和"黄酒极品"，印证"云集最著"的历史荣光。会稽山的品牌战略目标定位是有历史根源和信心远见的。

（2）1743是中国黄酒的密宗。"3"就意味着生生之道，造化玄妙。

（3）"他的本性沉潜于他的根。他的生机，他的力量，藏在秘密的道里。"

"我们没有高层次的文化。它们被切断了。我们失去了自己的根，于是不知道自己为什么是中国人。"

将周清所著《绍兴酒酿造法》提升为"黄酒之道"，简称"黄道"。

（4）1915年获第一枚巴拿马国际金奖，

人民大会堂专用国宴酒；

（5）中国黄酒的本源和发祥地：

"悠悠千年绍兴酒，源本出自会稽山。"

多次"祭禹用酒"

会稽山的品牌定位"黄酒之源"既符合"悠悠千年绍兴酒，源本出自会稽山"的历史渊源，又让会稽山与目前的强势品牌古越龙山和上海的黄酒区隔出来，"摘桃法则"占取先天的心智资源。

领悟本源，和谐通达

会稽山发起"黄酒的本源之旅"，会稽山倡导"本源中国"、"中国本源精神"、"亲近源头"、"回归活源"、"品鉴本源"、"领悟本源"、"吸取本源能量"、"寻找生命元气"、"寻找气运"，方能吸纳为道，启迪未来，引领成功，成就非凡。

电视广告中一位现代精英男士，乘一条大红色的乌篷船，开始绍兴黄酒文化之乡的发现之旅，在传统中演绎现代，在古今对比中彰显时尚，在文化之乡中自醉，在色彩美与造型美的意象中，传达一脉相承的本源感，领悟本源，和谐通达。

古有：资治通鉴；今须：资史通商，资源通达。寻找内圣外王与成为商业之王的秘密能量管道，此乃当今社会成功人士信奉与渴求的"通达心经"。高品位的经典品牌，都具伟大的悠久的传统，寻找本源恰恰是尊重传统、推崇传统，彰显传统。因为会稽山最核心的定位是黄酒之源黄酒鼻祖，是黄酒传统和黄酒精髓的化身，是黄酒的源头，是黄酒伟大的开创者、集大成者、奠定者，是世界名酒殿堂级经典。经典因时间而珍贵，经典因荣誉而珍贵。世人皆赞叹经典，唯开创者缔造经典。品鉴经典尚需追溯本源，尊崇经典，称颂经典。传承经典，王者归来，荣誉凯旋，新经典主义领航。

新的潮流是独具慧眼地选择有传承有根源的优质经典产品，他们追求"心灵富足，丰盛人生"，带动起一种"至善至正，至真至美"的风潮，本源消费，归真消费。回归于一种全新的主流文化、本源文化、创意文化、爱意生活。

2. 重新规划产品线和产品矩阵。

3. 投入成本，打造会稽山四个优势阶梯：工艺、性能、包装、情感。

工艺：止于至善；

性能：止于至美；

包装：经艳经典；

情感空间：领悟本源，和谐通达

4. 像明星一样推明星产品

将会稽山的明星产品塑造为：酿酒大师、艺术大师和心灵大师共创的杰作。

这些超优质产品将用来叫板和超越茅台、五粮液、水井坊等超高端产品，直接体现“东方名酒之冠”的魅力，全新塑造东方名酒之冠“会稽山1743 ”与西方名酒之冠“路易十三”相辉映的品牌价值地位。

5. 从神秘感、感观享受、亲密感三大因素入手，打造至爱品牌

讲述动人的故事，培育传奇与象征，利用过去、现在和未来的结合，触动梦想，连接时代，全新发现和揭秘“黄酒之道”。

从品牌观念转换到至爱品牌这个观念，对我们来说，意味着改变消费者与品牌之间的关系。这个变化意味着从理性购买某个品牌变成非理性地、热情高涨地决定忠实于那个品牌。它已经附加了一些称之为“心理满足”的东西，它正在给你我称之为“心灵补偿”的东西。

“如果你有梦想，就一定能实现”。最经典的梦想企业家要属哈雷，他们在敏锐地了解到中年人仍然还想摇滚后，借机起死回生。“他们梦想着有朝一日自己也可以放下一切，轻装上阵。因为自由和冒险精神主宰一切”。

感观享受，感觉是人类情感的高速轨道，感觉直截了当、令人振奋、立竿见影。让感觉器官去感觉味觉和视觉惊艳。

亲密度意味着：共鸣，承诺，激情，投入。

6. 制定品牌价值链和营销价值链

以价值链营销和经销商同盟，实施一个全新的拓展性计划，体现优势阶梯。

7. 将目标及报酬与豪华原则相结合

8. 善用关系行销

列名单：关键人物、核心人物、专家、鉴赏家、传播人物名单。

9. 与高端媒体合作，特别策划媒体增刊与别册

与高端政经、财经、时尚杂志和报纸合作：如《周末画报》、《名牌》、《新周刊》、《中国企业家》等。

10. 善用事件营销、娱乐营销、病毒式营销、游击营销激发目标消费者的关注度和参与度，引爆流行

衡量一个商业创意是否有的标准，就是看这个创意是否像病毒一样容易被广泛传播感染，通过人际传播变成一种流行趋势，这就是“引爆流行”。

谢佩伦倡导病毒式主流传播，认为这是突破主流市场最有力的方法：先小众后大众，先支流后大流，以点带面，层层扩散。我们必须针对性地设计有效的更易广泛传播的“创意病毒”。创意病毒最好的传播媒介是“喷嚏者”（敏感人士），一句话“先让一部分人感染起来”，让这些创新者和早期接受者，不断释放他的影响力病毒，接着影响主力消费者，包括后知后觉者。

11. 制作鉴赏手册

制作一本国内最具内涵、最高水准的鉴赏手册，成为一本“黄酒圣经”，借此让目标消费群发现“黄道”，发现“东方名酒之冠”，发现世界，发现一种全新的生活方式，发现自己，激发共鸣。

相关链接：

“黄酒之源”会稽山 近7000万投标央视引领行业腾飞

借央视招标东风 树黄酒全国品牌

11月18日，CCTV黄金资源现场人声鼎沸，“179”号频频亮牌，成为当天招标现场的焦点，而“179”号的持有者正是浙江东风绍兴有限公司的著名黄酒品牌“会稽山”，“179”与“要吃酒”谐音，更喻意会稽山“要持久”地屹立于中国黄酒名牌阵列中。

随着拍卖师一锤定音，“会稽山”最终以近7000万的巨资一举拿下2006年黄金资源3至4块标的物，成为招标会名副其实的大赢家。早在招标之前，央视广告部相关人员就曾做出预估，黄酒行业会成为此次招标的生力军。会稽山第一次参加央视招标便大获全胜，是其由区域市场迈进全国市场的必然结果，它将借招标这一市场杠杆，撬动全国市场，实现市场升级；还将为“会稽山”这一有着263年历史的老字号注入新的活力，实现品牌复兴。“黄酒之源”会稽山，此次高调出击，结盟央视，将肩负振兴黄酒行业的重任，吹响品牌前进的号角，点燃行业腾飞的信号。（央视国际）

点评：

会稽山黄酒策划案用大胆的新奢华诉求试图营造一个高贵典雅黄酒概念，倡议消费者花更多的钱买更好的产品；将目标消费者群体直接对准相当一部分日渐富裕起来的城市中产阶层。这是一种很为新颖、大胆的现代营销理念。同时，“成功源于品牌忠实者”、“正确处理广栽桃树和如何摘桃之间的辩证关系”、“采用消费函数的手段来确定市场份额”等策略不仅成功完成了从品牌观念到至爱品牌的消费理念转变，更带给人一个全新的营销学策划感受。感性诉求与理性诉求的有机结合使得策划案看后让人赞赏不已；本策划案带给业内人士的借鉴作用是不容低估的。

——崔银河

Financial & Insurance
金融保险类

中国人保财险“奥运传播工程”

广 告 主：中国人民财产保险有限公司

广告代理：维传凯普传播机构

21世纪，中国保险市场正不断地高速发展和日益开放，作为中国最大的财险公司－中国人保财险面临着机遇，也面临着挑战。

继维传凯普2004年推出“国计民生保障者”的中国人保形象广告后，面对2008中国奥运年，这样一个机遇，给了中国人保更大发展的绝佳平台。通过“中国人保财险为2008年奥运会做保障”这个简单的信息，转化到与奥运关联更深、更能体现中国人保财险在奥运会项目上的作用和价值。利用多层次的传播，将人保社会公民角色变得明确和清晰，拉开了与其他同类广告的距离，更拉近了与广大受众的距离，达成了企业奥运传播的目标。

“国字头”的企业，曾经在很多人的印象中是一批有国家背景、机构庞大、财大气粗、不和消费者沟通的企业。但随着中国市场化进程的加快，各行业外来竞争的加剧，中国“国字头”的企业正在发生着惊人的转变。由于维传凯普深入服务中国最大的财险公司——中国人保财险（PICC）的机缘，我们对这种进步更有深刻而直接的体会。

更强：国计民生的保障者

中国人保，如同其他国有大型企业一样，由于特殊的历史、政府背景，在很大程度上人保的形象就是国家保险的形象。在人们的头脑中，对“人保财险”的印象主要来自既往的“中国人民保险公司”，对其普遍有“国有的”、“最大的”保险公司的认知，而具体到公司目前的现状、保险内容、与自己的联系等缺乏了解。也就是说，人们对身边这位保险巨人的认识处于记忆的边缘，知道存在却没有清晰的印象。这主要是由于长期缺乏主动的企业传播造成的。

然而，随着中国保险市场的高速发展和日益开放，中国人保财险规划并传播企业形象的必要性与日俱增。特别是在2003年底率先海外上市后，企业性质、业务范围等都发生了变化。在“国内领先、国际一流的知识型、现代化非寿险公众公司”的战略发展目标框架下，中国人保财险需要以崭新的公众公司形象面对广大股东和社会公众，并传播新的企业内涵和理念。

正是在这样的现实需求下，2004年维传凯普第一次以比稿的形式接触到了中国人保财险，当时的命题是企业形象广告。经过对中国人保财险的系统了解，发现从上至航空航天、核电站、能源、远洋运输、大型工商企业、政府采购、农业险等大型保险业务领域，下至车辆保险、家庭财产保险等分散型业务领域，中国人保财险在整个中国国民经济运行中都起到了重要的保障作用。

在某种意义上说，中国人保财险就是中国国民经济正常运行的护法神，是国家和人民财富的保障者。据此维传凯普将中国人保财险的社会角色定义为“国计民生的保障者”，可谓是恰如其分的形象描述。在企业形象广告的创作中，我们将“增加公众对企业的了解和信任，体现与公众生活的联系度”作为形象片要达成的目标。在塑造大“保险”的传播角度下，我们创作了《时刻篇》，通过由不同的时间单位引导出一组组承保项目的画面和数字，伴随着清脆的秒表声和浑厚的鼓声展开宏

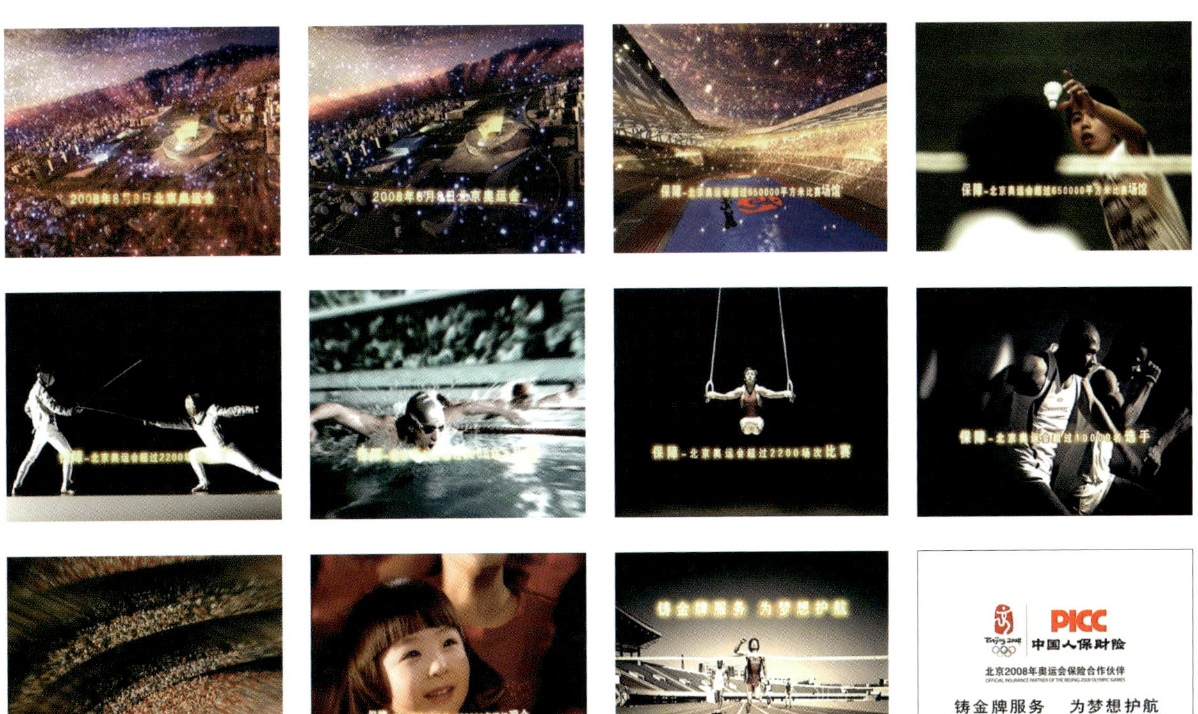

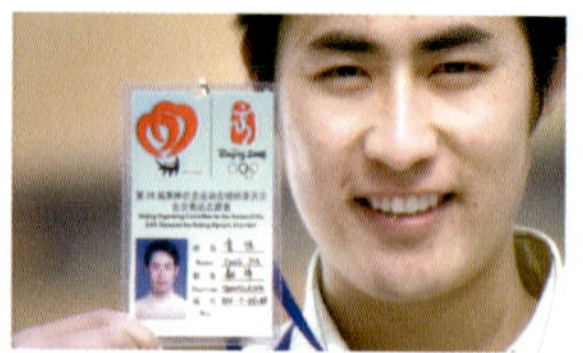

大的画面，造福于民”的企业理念，对中国人保财险“国计民生保障者”形象进行了有力的实证和注脚，极具视觉震撼力。

这条企业形象广告，不但受到企业高层的赞誉，而且投播后引起行业强烈反响，大众对中国人保财险的印象更为积极。由此，人保财险迈出了作为公众公司主动进行形象传播的第一步。

更高：2008北京奥运会的保障者

北京2008年奥运会，除了是中国国力的一次展示，更是一次中国企业借机获取更大发展的一个绝佳的平台。

2005年9月，中国人民财产保险股份有限公司正式成为北京2008年奥运会保险合作伙伴，中国人保财险的行业地位和实力在奥运合作上得到再次体现，而且中国人保财险希望借助奥运，将企业的传播推向新境界。

成为北京2008奥运会保险合作伙伴，为中国人保财险搭建了更高的传播平台。如果说，第一次的形象广告明确了中国人保财险的社会角色和实力宣扬的话，那么借助奥运传播，将赋予企业“国计民生保障者”形象以新的内涵和意义，而且增加了极具社会关注点的事例。因为，借助奥运的传播平台，不但是中国人保财险企业实力的最好体现，而且可以获得更显见、广泛的关注，还可以整合企业的传播资源，做到高效传播。此外，由于奥运合作企业的行业唯一性，获得相应名义的企业可以独占奥运名义传播的权利，因此中国人保财险可以借此形成具有长远影响力的传播优势。

因此，成为北京2008年奥运会保险合作伙伴，对于中国人保财险的意义不在于事件本身，而在于借助这一事件对企业形象传播的价值。好处一大堆，关键是怎么利用奥运进行传播。我们纵观历届奥运合作伙伴的传播，成功的赞助商除了利用这一身份和名号，更重要的是要找到奥运和自身品牌的结合点，为品牌注入某种精神，才能做得有声有色，对品牌真正大有助益。中国人保财险的奥运保险合作伙伴身份有什么特别之处可以利用吗?

我们发现，中国人保能成为奥运保险合作伙伴，除了企业的地位和实力外，北京奥运会的许多项目都与中国人保财险有着某种联系，奥运会的许多大型运动场馆如鸟巢、水立方等，以及很多比赛的公众险都是中国人保财险承保的，由此中国人

保财险可以说比其他合作伙伴与奥运有更深入的关联。由此，我们好像找到了传播的兴奋点——不应只传播“中国人保财险成为北京2008年奥运会保险合作伙伴”这一简单信息，而是“中国人保财险为2008年奥运会做保障”！

传播角度的转换，将把“奥运会保险合作伙伴”这一名义上的信息，转化到与奥运关联更深、更能体现中国人保财险在奥运会项目上的作用和价值，也更能在众多奥运传播中独树一帜，抢人耳目。

更快：奥运传播工程紧锣密鼓

北京2008举办一次成功的奥运会，是全体中国人民的愿望和信心。中国人保财险作为中国人民的保险公司，责无旁贷地与全国人民一起，保障北京2008年奥运会的成功。“北京2008，成功我们一同保障”，成为中国人保财险的输出的核心信息。

我们在传播中，要将承保奥运项目转换为保障奥运会成功，让大众感受到中国人保财险是奥运会成功的有力保障者。这样将全国人民的期盼化做的企业使命，可以激发社会公众的巨大号召力和认同感。

在这样的思路下，我们发展出中国人保财险的奥运传播工程，即“商业广告＋公益广告＋公关传播＋产品促销”的全方位传播模式，多角度、最大化奥运合作伙伴的传播价值。

很快，奥运形象片《成功保障篇》面市，紧接着，2006年5月，中国人保财险在中央电视台连续发布了《期待篇》、《开始篇》系列奥运公益广告，成为北京2008年奥运合作伙伴中第一支纯粹的公益广告，这也是自北京申奥成功5年来，第一条完全意义上的企业为奥运所做的公益广告。在这支系列的公益广告中，我们呈现的不是体育精神，而是跟每个人紧密相关的生活期待，这使得中国人保财险体现出前所未有的传播贴近度，从根本上拉近了中国人保财险与消费者之间的距离。

从之前的很少传播，到初次“人民保险造福人民”的TVC，到现今“奥运传播工程”的全面启动，中国人保财险围绕奥

运的传播层次日趋丰富，企业的社会公民角色变得明确和清晰。更重要的是，中国人保财险开始成为一个“亲切”的品牌，迅速拉开了与其他同类广告的距离，拉近了与广大受众的距离，达成了企业奥运传播的目标。

体育的奥运2008年开始，传播的奥运我们早已开始。更快、更高、更强，我们与中国人保财险一起践行着奥运的精神，创造着新的精彩和纪录！

点评：

《保障篇》：奥运选择中国，是世界对中国的信任，也是对中国的挑战。保险以信任为行业基础，影片创意很好地传达了中国人保财险对奥运的责任感和参与感，是奥运会成功的有力保障者。将全国人民的期盼化做企业的使命，激发社会公众的巨大号召力和认同感。

《期待篇》：奥运对中国来说是第一次，是期许，人生中有太多的这种期许；情感、家庭、未来是中国人存在的三个重要心理特征；“beauty”” baby” 也是广告中屡试不爽的法宝，用广告中的“法宝”结合中国人的心理特征选择在2008这个期待的时期，应该是一次“天时、地利、人和”成功广告活动。

《开始篇》：2008奥运是世界的，08奥运是中国的，08奥运更是每一个人的；奥运是挑战，奥运是责任，奥运更是开始；每一个人都在开始，这就是本片的亮点所在，善于造势者是英雄，善于用势者为胜者，本次广告活动就是胜者所为。

《数字篇》：大笨钟、水坝、炼钢炉、生产线、机场，看似风马牛不相及，如何化腐朽为神奇，这是广告的魅力，也就是本广告片的魅力。

——屈 鹏

招商银行“伙伴一生”理财计划推广

广 告 主：招商银行总行

广告代理：广东博士广告有限公司

招商银行总行拥有诸多的金融产品与服务品牌，消费者年龄层次分布较广。招行个性形象不鲜明，不利于认知。该案例以新的视角，提升消费者对金融服务的意识，在对现有产品和服务整合后，根据不同人生阶段提供相应的推广策略。推出了“伙伴一生”的理财理念。该理念撇开传统的客户细分方式，按生命周期的规律，将人生分为五个阶段，并将招行总行具备全线金融服务的特征表露无疑。

一、市场综述

1. 企业和品牌背景

招商银行成立于1987年4月8日，是我国第一家完全由企业法人持股的股份制商业银行，总行设在深圳，目前，招商银行总资产近7000亿元，在英国《银行家》杂志“世界1000家大银行”的最新排名中，资产总额居前150位。

招商银行在革新金融产品与服务方面创造了数十个第一，较好地适应了市场和客户不断变化的需求，被广大客户和社会公众称誉为国内创新能力强、服务好、技术领先的银行。人均效益、股本回报率等重要经营指标位居国内银行业前列。近年来，招商银行被境内外媒体授予“中国本土最佳商业银行”，“中国最受尊敬企业”，“中国十佳上市公司”等多项殊荣。

2. 市场情况

诸侯争雄——市场前景虽然诱人，而市场竞争更加激烈。现阶段的银行业定位雷同，相互模仿的情况屡见不鲜。四大银行的釜底抽薪，低端竞争加剧，另外一些不知名金融投资机构的蚕食，加上外资银行的大军入侵，屏蔽情况严重。除了靠产品服务市场，银行大战胜负在品牌。

目前，招商银行具备丰富的产品线，但与其他银行、特别是国有四大商业银行相比，没有明显的产品差异，难于突显自身的优势。竞争对手已经树立起领导者形象，招商银行正在设法突围。在此背景下，招商银行于2006年度如何细分目标客户，整合产品、渠道和营销创新？需要整合现有的产品和服务，细分市场，根据各个年龄层的社会主流客户度身定做系列服务产品计划，为不同阶段的客户提供个性化的服务。

二、广告运作目标

整个运作要达到招商品牌的规划和整合，使招商银行成为第一的品牌。

目标1：针对招商银行所面临的问题，制定“蓝海战略”，重新界定产业边界，打破差异化和低成本之间的替代关系，创造新的价值曲线，挑战行业现有的战略逻辑和商业模式！成就一个全新的、拥有广阔蓝海的招商银行！

目标2：根据客户所处的阶段细分市场，整合现有的产品和服务，全面推广“人生系列”理财计划，打造一个好的沟通和服务的平台，为不同阶段的客户提供个性化的服务。

目标3：通过电视、报纸、户外等媒体资源，以强大的推广力度全力推动本项目。

三、目标对象

招行的定位目标是全家人的信用卡，消费群体在选择产品上主要以满足自身对应的需求为导向，个性化选择品牌几率大，容易因为其他个性化诱惑而改变决定。目标对象针对不同的年龄，具体又分为以下几类：

1. **踏足社会阶段**：一般为18-25岁，未婚，和父母居住。

特征：对新生事物有强烈兴趣，追求时尚，有一定的品牌意识，对未来充满信心，喜欢交朋友，收入较低，但花销大。

投资风格：风险承受力较低，投资活动较少。以保守型投资风格为主。

理财需求：转账、汇款需求较多，对刷卡购物的方式比较接受。有助学贷款、耐用消费品贷款和留学深造的需要。

2. **成家立业阶段**：一般为23-30岁，未婚或结婚未育。

群体特征：经济收入增加而且生活稳定，乐观、自信、积极向上，有一定的财力，有较强的品牌意识，追求时尚，为提高生活质量往往需要较大的家庭建设支出，如购买一些较高档的用品、贷款买房，是社会消费的中坚力量。

投资风格：有一定风险承受能力，更加注重投资收益。以温和进取型投资风格为主。

理财需求：消费观念时尚，用卡消费频繁；购房、购车需求强烈；资产增值愿望迫切，已形成理财观念。

3. **养儿育女阶段**：一般为28-40岁，三口之家，已经成家立业，子女尚未成年。

特征：已成为中高层，在经济上、生活方式上都趋于稳定，对未来的生活安排和人生目标也日渐清晰。处于家庭成长

期，孩子是家庭的中心，重视成长教育和文化环境，培养孩子是家庭的重要支出。对生活品质有一定要求，生活压力加大。

投资风格：有较强的风险承受能力，投资品种多样化。以进取型投资风格为主。

理财需求：日常消费稳定，着手准备子女教育、投资增值计划，并希望保持合理的流动资金。理财意识很强。

4.事业有成阶段：一般为38-55岁中老年人士。

特征：已有子女或已成年自立，有了自己的生活空间，处于家庭成熟期。自身的工作能力、工作经验、经济状况都达到高峰状态，成为中高层，事业达到高峰，生活压力逐渐减轻，开始为退休生活和保持健康做准备。追求社会地位，关注国家大事和社会发展变化，热心公益事业。

投资风格：有较强的风险承受能力，但更加注重投资风险。以均衡型投资风格为主。

理财需求：调整财富结构比例，更加注重投资的安全性；保险支出增加；二次置业需求出现。希望能更多地积累财富，保障自己和爱人退休后的生活质量和医疗费支出；理财经验和知识较为丰富。

5.安享晚年阶段：一般为55岁以上老年人士。

特征：退休以后，孩子也已完全独立，开始安排新的生活， 正是享受一生耕耘成果的时候。对生活质量没有太高的要求，但希望过得悠闲而丰衣足食，生活稳定，重视健康，会适当提高生活质量，享受生活乐趣。

投资风格：风险承受能力较低，须注重投资风险。以温和保守型投资风格为主。

理财需求：大部分闲钱存银行，买国债，有时也买点开放式基金，炒点股票和外汇，追求风险较低的投资收益。

四、创意策略

2006年，招商银行总行针对人生不同阶段为客户提供相应服务，配套推出招商银行——人生系列理财计划，博士广告公司为其进行品牌形象推广策划，对招行现有的产品和服务进行整合，向目标受众传达招行“人生系列”金融计划。那么，如何整合推广招商银行的系列产品、突显其优势呢？招商银行虽然诚信度高，但是个性形象不鲜明，不利于消费者认知。而且目前国内金融业快速发展，银行交易渠道已十分宽广，金融产品层出不穷，但定位雷同，相互模仿的情况普遍。要想成为一个伟大的品牌，就要摆脱同质化、无差异的定位。重新界定产业边界，打破差异化和低成本之间的替代关系，创造新的价值曲线，挑战行业现有的战略逻辑和商业模式！

针对以上情况，我们提出了蓝海战略。蓝海战略有别于红海战略，它开创无人争抢的市场空间，甩脱竞争，创造和获取新需求。现阶段，客户的金融意识相对滞后，很多人对银行提供的服务详情并不通晓。如何让一个不懂金融产品的客户，更容易去理解，更合理去选择，更方便去消费，已经成为金融产品销售的当务之急。进一步说，银行要满足客户潜在的需求，让他们无须花费更多的选择成本，而方便地享受服务。所以，如何进行金融产品的组合和包装，对国内银行界提出了更高要求。在此情况下，博士公司根据招行的概念需求，对现有的产品和服务进行整合，根据人生不同阶段提供相应的全方位推广策略。由此，“伙伴一生”理财计划应运而生。

“伙伴一生”理财计划是一种为服务对象度身定造并贯穿于服务对象一生的财务规划。如果说昔日的银行服务，立足于对每一个人的每一次关爱，今天的招商银行“伙伴一生”理财计划，则是对特定的对象提供长达一生的关爱。从关爱一次从关爱一生，这正是“伙伴一生”理财计划的主要特色和核心价值。

与其他银行推出的金融产品相比，“伙伴一生”理财计划具有两大显著特点：

首先，撇开传统的客户细分方式，独特地提出按人生不同阶段为客户分类。目前，国内银行在对客户资源进行分类时，通常采用两种方法，即按资产量（财富的多少），或按不同的特性来区分，如女性、男性等，但是，这些分类方法往往将产品单一化，缩小了银行资源空间。而“伙伴一生”理财计划巧妙规避了传统的分类法，推出按人生不同阶段对客户和消费群体分类的金融产品。这种分类方法尽管在保险业界有过尝试，但作为银行推出的金融理财计划，在国内还属首创。处于人生不同阶段的人，在需求上相似性特别多，而不同的人生阶段对金融需求也存在着相当的差异。因此，按人生阶段来细分客户资源，比较容易把握客户需求的本质。“伙伴一生”理财计划给予了客户合理的选择空间，在调动客户积极性的同时，也消除了客户理财的盲目性，为客户节约了选择成本。

“伙伴一生”理财计划另一独特之处，在于其超越了银行产品本身的范畴。“伙伴一生”并非单一的银行产品，而是包括证券、保险、基金、医疗健康计划等在内的一揽子金融解决计划。由于招商银行在这方面拥有独特的资源和优势，可以对诸多不同领域的产品服务进行组合打包。

基于这种理念，博士公司对招商银行“伙伴一生”金融计划按生命周期的规律，以及人生各阶段的生活消费特征、投资风格和理财需求，具体设计出“炫彩人生”、“浪漫人生”、“和美人生”、“丰硕人生”和“悠然人生”五大主题理财套餐的系列形象，并将产品进行组合，实施捆绑销售，无疑大大拓展了银行金融产品的销售空间。

五、形象传播

1. 2006年3月底，招商银行在北京举行新闻发布会，隆重推出“伙伴一生”理财计划。

2. 《炫彩人生》、《浪漫人生》、《和美人生》、《丰硕人生》、《悠然人生》和《金融伙伴，一生相伴》系列推广广告，以海报、折页、易拉宝的形式在招行营业厅展现，同时在报纸、杂志上刊登。

六、招行推广策略

“伙伴一生”理财计划将作为招行2006年的重点项目，通过电视、报纸、户外等媒体资源，以强大的推广力度全面推动。同时，针对不同年龄层的目标客户展开相应的推广活动，借助活动影响力广泛传播。

1. 针对18—25岁目标人群（踏足社会阶段），推出以下活动：

（1）QQ卡、YOUNG卡免费试用（试用卡）；（2）“办一卡通，获2008奥运比赛门票”抽奖；（3）与网络游戏商合作，线上推广；（4）巧用网络在18-25岁年轻人中招募“形象代言人”活动；（5）借记卡消费抽奖，奖品主要为演唱会门

票、音响、DV、碟机、数码相机等娱乐消费品。

2. 针对23—30岁目标人群（成家立业阶段）：

（1）贷款购房送人寿险、意外险和火险、车保；（2）信用卡消费抽奖，奖品主要为耐用消费品、旅游、汽车或房子；（3）《教你理财》系列免费培训课程；（4）与当地重要商户推出刷卡优惠活动，可购物打折或送折价券（购物券）。

3. 针对28—40岁目标人群（养儿育女阶段）：

（1）教育储蓄存款抽奖或信用卡消费抽奖，奖品主要为耐用消费品、现金、子女教育基金；（2）《教育与理财》系列免费培训课程；（3）与当地教育部门联合推广教育储蓄存款。

4. 针对38—55岁目标人群（事业有成阶段）：

（1）与慈善组织合作“我为社会贡献力量”公益活动；（2）与财经报刊等媒体合作“理财经验交流”专栏；（3）与名表、名车等奢侈消费品、高级酒店、高尔夫等联合促销。

5. 针对56岁以上目标人群（安享晚年阶段）：

（1）“我为爸妈送健康”的储蓄抽奖，送健康医疗、保险等；（2）赞助“万名长者万米长跑赛”活动，以银行服务优惠作为奖品；（3）“金色年华”金婚、银婚模范夫妻评选。

七、推广效果

招商银行“伙伴一生”理财计划是招商银行理财计划的第一期，尚在阶段性的推广过程中，其为招行带动的业绩增长还无法公布。但其人性化定位和个性化形象得到客户的好评，吸引了目标大众的眼光，有效地提升了招商银行品牌价值和核心竞争力。按照人生阶段进行金融产品组合销售，这在银行界尚属于第一次。突显出招商银行对零售银行业务的重视，也是招商银行战略转型中的重要一步。该金融计划的推出，不但可以为客户提供更为人性化的理财服务，也代表着内地商业银行

在营销模式上的一次创新和突破。至此，人性化的金融理财计划，不再是一个遥远的话题，也不再是一个国人不可企及的境地。它结束了人们理财观念和方式混乱的现状，具有历史性的意义。

根据调查，57%的人会选择银行理财产品，认为银行提供的专业理财服务可以降低投资风险，有效解决个人理财中存在的问题。虽然外资银行在中高端客户中享有一定声誉，但就比例而言，更多的受访者还是选择了更贴近生活、更方便的招商银行"伙伴一生"理财产品。

点评：

招商银行"伙伴一生"人生理财金融计划，策略针对人生不同阶段为客户提供相应服务，撇开传统的客户细分方式，秉承着"因您而变"的人性化服务原则。对特定的对象提供一生的关爱。从关爱一次从关爱一生，这正是"伙伴一生"理财计划的主要特色和核心价值。

——屈 鹏

武进农村商业银行品牌形象塑造

广 告 主：武进农村商业银行

广告代理：香港贝特国际传媒控股机构　江苏华讯广告传播有限公司

该案例借鉴了近年来颇为流行的民间选秀活动的成功经验，展开广告主角征选活动。同时，抓住“神六”上天开展事件营销传播，使得品牌形象深入人心。而通过CIS的导入，将银行、市场、服务、理念、视觉、行为等一系列形象和行为高度地统一起来，运用蚂蚁精神巧妙地诠释出企业理念。在执行层面上，该案例采用了朴素无华的表现手段，以诚信和关怀为主旨，这些对农村金融品牌的打造起到了良好的效果。

项目背景

武进农村商业银行，全称为江苏武进农村商业银行股份有限公司，是经中国银行业监督管理委员会批准，以发起方式设立的地方性股份制金融机构。

武进农村商业银行的前身是武进区农村信用合作联社，据国务院《关于深化农村信用社改革试点方案》和中国银行业监督管理委员会《农村商业银行管理暂行规定》文件精神，自2003年10月起，正式启动筹组工作，2005年1月经中国银监会批准，武进农村商业银行正式对外开业，成为常州第一家、国内第八家农村商业银行。

创意原点

2005年2月，春节前夕，正在海南出差的江苏华讯广告传播有限公司总经理蔡爱东，接到武进农村商业银行邓华副行长电话，邓华副行长高兴地通报华讯公司已通过评估，正式成为武进农村商业银行的品牌管理顾问公司，由此开始了双方的合作历程。

通过华讯广告整体攻略以及360度整合行销传播系统的检视，我们发现武进农村商业银行的品牌基因图：

一家卓然出众的金融机构

农村信用合作社，老百姓把它简称为“信用社”、“农信社”、“信合”。它提供与各家银行别无二致的金融业务服务，但过去却并不被称为“银行”；它的服务已经进入城市市区，却仍然与“农村”二字密不可分。它诞生于1951年，是典型的“中国特色”，可以说见证了中国农村改革各个时期的历史变化，拥有丰富的历史经验积累。

在为武进农村商业银行进行形象策划的时候，我们把其中的不寻常之处提炼成以下几点：

网点最全，渗透最深——武进农村商业银行营业网点密布农村，深入乡、镇，在这一层次区域拥有比其他任何银行都要好的基础，在武进地区，是营业网点最多、最全的金融机构。

人群最广——武进农村商业银行服务“三农”（农业、农民、农村经济），是农村金融主力军，面向最广泛的村镇人群，在客户群绝对数量上占优势。随着农村的城镇化和农商行自身的发展，业务范围又向城市延伸。

实力强大——在武进地区，存款、贷款总额排名第一，绝非一些新兴银行可比，是当之无愧的“农村金融航空母舰”。

个性服务——武进农村商业银行凭借网点广泛、深入基层的特长，积极采取上门服务的形式，与客户面对面交流，帮助客户解决实际问题，以优质服务建立起在群众中的好感和信任感。

这样的特点，是企业特点。我们希望能从中萃取出更加富有概括力的灵魂，形成品牌特征，建立品牌差异。

因为今天的农商行面临的是一个银行品牌的战国时代。在金融产品、金融服务日趋千人一面的今天，各家银行已经着手于加强品牌建设。它们都以自己的形象与宣传行为，诠释着品牌的主张。

一个熟悉而陌生的朋友

正是因为武进农村商业银行的历史和网点渗透率，在广大的城镇地区、城市郊区，众多的企业和家庭与它密不可分。过去，在人们的眼中，“县农信社”、“乡农信社”几乎就是自家的邻居。

熟悉的关系却并不代表了解的关系。一直以来，武进农村商业银行给人的印象，总是摆脱不了“小的”、“土的”、“地方的”、“非正规的”影子。

为了把这样一些陈旧、错误的印象从人们脑海中驱逐出去，策划农商行形象的首要课题，便成为“如何建立一个统一的、有效的、具有提升作用的品牌形象？”只有“统一”，才有利于在区域建立形象，培养忠诚，并有利于管理，有序发展；“有效”是为了整合资源，提高效益；“提升”则有利于改变认知，提升档次。

策划中的形象，会在什么样的人群前进行展示呢?

有两大人群：

第一族群：生活在村镇地区的中青年人群，他们是农商行的主要目标客户。

这些人群散布于武进的东西南北中，不同区域各有特点：

湖塘地区——“城市化”明显，生活环境或生活观念向城市逐渐过渡。

横林横山地区——民营经济发达。

奔牛一带——传统农业向现代农业的转变。

他们在对金融服务的需求和消费上，个人存贷款额度有限；行为慎重、保守，相互之间口碑影响较大；对银行认识不够，对主动的投资理财缺乏了解。

第二族群：城市地区的中青年人群，目前属于农商行的次要客户群。

他们对四大国有商业银行认同度高、忠诚度高；理财较为灵活多样，乐于尝试新业务；受广告宣传及社会风尚的影响，易于接受形象好的新兴银行。

这样的两类人群，是我们这次“形象秀”的核心观众。他们爱看怎样的“秀”，决定我们作怎样的“秀”。

我们采取了排除法，来取舍形象传播核心主题的切入角度：

实力形象——武进农村商业银行的存贷总量虽然可以笑傲群雄，但综合实力还不能同以四大银行为代表的大银行抗衡。

历史形象——历史悠久的诉求并不能保证长期地吸引客户，况且历史的诉求早有交通银行的“历经百年，信誉卓著”。

网点形象——在长期的、统一的形象宣传中，网点不适于用作主要诉求。武进农村商业银行未来的发展还需要突破现有网点主要集中于农村地区的局限。

服务形象——诉求服务的银行比比皆是。

和顾客之间的密切关系——此切入点能满足武进农村商业银行自身特点与对象群需求的结合，又与已经存在的其他银行的定位没有明显、直接的重复。基于这一特色发展出来的品牌形象将带来一种密切的、互动的、伙伴般的关系。

这是一个合适的切入发现。

基于这样的切入方向，顺利地发展出品牌定位：武进农村商业银行是“人生事业支持者/企业创业好伙伴”。

翻译成老百姓的话，就是“我的成长与武进农村商业银行有关：家庭的、事业的、生活的成长都和农商行紧密相关”。

这样一个基础定位，我们通过一句高度凝练的传播口号来传达：“百姓人生，诚信关怀”。寄托了普通百姓家庭的共同愿望，是作为“人生事业支持者／企业创业好伙伴”的农商行对广大顾客的美好祝愿与承诺：在农商行的支持下，不但万事可兴、万事皆兴，而且将伴随您成就辉煌的事业人生。这同时也是农商行对自身的一种良好期待和对员工的一种有力激励：武进农村商业银行将继往开来，在新世纪事业更加兴旺。

我们完全摒弃了在做企业形象传播时极易落入的“假、大、空”俗套，采用了朴素无华却又源自内心的创意概念，来突出武进农村商业银行与顾客间的独特关系：

“百姓人生，诚信关怀”系列电视广告——

在表现企业与顾客间关系的时候，最有说服力的方式，的确是顾客们的实话实说。武进农村商业银行的广告受众群在教育程度、知识视野方面层次不一，尤其应该以一种既易理解又易信服的方式来表现。

系列广告由三篇组成，主题统一，诉求各有侧重：

《老太太篇》：广告里的老太太，生活于武进农村地区。富有吴文化特色的配乐，把观众带到了江南农村。随着老太太带有当地口音的叙述，我们知道了武进农村商业银行在她生活中的位置：“我今年65岁了。儿女都很孝顺，就是忙着挣钱，没时间陪我，儿子把家用存在农商行里，出门就可以取到。平时有了难题，农商行也挺乐意帮忙的，就像一家人！”

《企业主篇》：长三角地区是中国最先富裕起来的地区之一，一大批以农民身份创业起家的企业主，在事业发展的过程中，几乎都与农商行的支持密不可分，第一笔贷款，可能就来自农商行。本篇广告的主角，就是他们的典型代表：“我的工厂和办公室都在这里。这些年变化实在太大。以前我搞过桑基鱼塘。有些积蓄后，又从武进农村商业银行贷了款，自己开工厂，已经开始赚钱了。农商行领导说过，能干加巧干，就一定可以干出名堂来。我真的很信赖他！”朴素的独白，表达的却是对农商行衷心的感激之情。

《村长篇》：一村之长在颇具江南特色的养花场讲述老百姓自己的故事：“这就是我们村。家家都有自己的花场，村里还有园艺公司。武进农村商业银行的人给我们很多帮助，教我们理财，给我们出主意。支持真的很多！”

三篇广告分别选取了武进地区的普通居民、企业主、村干部为主角，作为武进农村商业银行顾客群中普通家庭、乡镇企业、农村基层组织的代表，以适应武进不同人群的接受习惯；以纪实风格表现农商行对不同人的生活所给予的帮助，并最终令人感受到“百姓人生，诚信关怀”就是活生生的身边的故事。

为了更强化本系列广告的纪实性，同时为提前在社会引起对广告片的关注，在创意确定之后，立即在常武地区范围内展开了广告主角征选活动，公开征集真实的、具有代表性的广告主角——企业主、老太太、村干部。既成功地制造了社会话题与新闻效应，又为广告片的拍摄执行提供了有效的帮助。

演员征选的消息通过《武进日报》、《常州日报》、《扬子晚报》先后向外传递，犹如一枚石子投进静静的湖中，掀起阵阵鼓舞人心的涟漪。从海选的名单中，华讯公司经过PK的程序，相继确定了主要的演职人员。20天后三支带有浓郁人文情怀的广告片诞生了。

当喜庆的2005年春节之后，武进农村商业银行在人们眼前展现的是另一幅喜气洋洋的收获景象。这是从主体角度做出的另一种承诺。循着“不同的收获，来自同一信贷支持”的创意概念，人们看到的是不同收获场面的各种笑脸。他们年纪不同、性别不同、角色不同，发自内心的源于收获的喜悦却是相同的，背后的支持力量也是相同的。同样以纪实风格拍成的，主要用于贺岁、企业周年庆以及其他喜庆之机传播企业的核心主张。

在传播载体的选择上，电视媒体无疑是重中之重。尤其在乡镇地区，有效地利用当地收视率高投放成本却不高的有线电视媒体，是我们发挥形象传播力量的重要策略。

同时，充分发挥不同时间对不同媒体的需求以及不同媒体的功效，组合运用其他媒体进行配合：

节日期间，信息下乡，不仅在各营业场所布置了全套的海报、吊旗，而且把富有浓郁节日气息的礼品送予客户；整个

2005年度，在以电视广告为主导的同时，配合与高速公路大型立柱广告、公共汽车车身广告、候车亭广告等提示性媒体，传播“百姓人生，诚信关怀”的统一主题。

善用活动传播形式。如展开“露天电影100站巡映”，让久违的露天免费电影重现乡场。以反映当代城乡生活的国产片为巡展影片，并在电影播放前播放武进农村商业银行形象广告，既繁荣了乡镇文化生活，又宣传了农商行的企业形象，让“百姓人生，诚信关怀”的信息家喻户晓，彻底到达顾客群中。

神六上天

经过半年多紧张而忙碌的工作，华讯公司相继协助武进农村商业银行完成了网点形象的整改，重要路段户外广告形象的统一，核心产品的开发也通过了方案审核，在这样深厚内功的基础上，华讯团队认为：已经基本具备了整合品牌统一传播的重要依据，就如神舟六号一样，该是上天摘星的时候了。

为了把这一事件营销传播活动策划出最大效果，我们双方一起集思广益，几易其稿，决定打破传统的客户联谊形式，一改昔日农信社形象，采用先声夺人、耳目一新的方式，以期给广大客户震撼式效果。活动环节除邀请客户分享核心产品之外，决定大胆运用媒体关注，牵涉受众视听神经，把武进农村商业银行比喻成即将上天揽月的神六骄子，一样的蓄势待发，一样的青春勃发，一样的张扬冲动，正因为品牌基因上有如此多的共性，一切都显得那么亲切和自然。伴随着南京民乐团悠扬的江南丝竹，在众人的欢呼声中，武进农村商业银行品牌之箭振翅翱翔于九天之上。

聚香格里拉，四方英雄。望中华神舟，豪情万种。当现场的300位来宾和媒体代表看到神六升空的时候，仿佛看到了三年之后，武进农村商业银行将打造成为常州地区最具竞争活力的现代化商业银行的辉煌一刻。

蚂蚁图腾

CIS作为近年来国际上出现的一种新型现代银行形象管理理论，已经被许多著名银行导入与应用，并在日趋激烈的商战中显示出了巨大的威力。导入CIS通过对银行、市场、服务、理念、视觉、行为等一系列整体的定位和统一，实现银行理念、视觉、行为的统一性和独特性，强化银行的识别功能，加深顾客对银行和产品的印象。实现银行形象的差异化。CI将在这场以名牌特征的大角逐中，扮演着重要角色。

基于这样的共识，双方决定在形象重整的同时，全面导入实施CIS战略工程。那么接下来的问题，用什么作为CIS战略工程导入实施的“抓手”？

企业管理在经历了经验管理、科学管理两大阶段之后，从20世纪80年代开始，已经进入了文化管理阶段。当今世界，谁拥有了自己的企业文化，谁就能扩展文化对品牌的影响力和扩张力，提高产品的文化附加值，谁就能获得竞争的主动权和制胜力量。文化力越来越成为21世纪企业成功的入场券。

然而文化是无形的、抽象的，但导入却需要有形的、具象的一个载体，正如2008北京奥运会需要“五福娃娃”一样，没有精神的图腾，何来文化的顶礼膜拜。

随着合作的深入，双方高层接触的增加，默契与灵感常常会不期而至，一个图腾的影子忽地掠过华讯团队客户总监朱明华的脑海。

蚂蚁是一种十分渺小的生物，但又是一个无比巨大的种群：每个时刻，地球上都存活着大约一万兆亿只蚂蚁，这些家伙占据着和人类生存区域不相上下的面积，这些小东西实在不可小看。

在西方，蚂蚁是勤劳的象征。《圣经》和《伊索寓言》都对蚂蚁赞赏有加。在东方，蚂蚁更被赋予了多种美德。

勤劳，是蚂蚁的成功之道。

其实，蚂蚁更大的成功之道，却是它们的社会性。这个社会性用现代语言来说，就是高度的团队意识，强烈的合作精神和缜密的社会分工（专业精神）。

除了勤劳能干，团队意识，合作精神，专业精神，蚂蚁身上还体现出执著、勇敢、利他、敬业精神。作为全国农村金融体制改革的排头兵，我们武进农村商业银行在构建现代商业银行的征途中，非常需要从蚂蚁身上取长补短，学会以积极的态度去打造成功的未来。因此，华讯建议把蚂蚁作为武进农村商业银行精神图腾的象征，既生动形象又内涵实足。

悟空变法

目前由于中央调控影响，银根紧缩，不少银行都收紧了对中小企业和官方认定的过热行业放贷，中小企业普遍面临信用危机，不少中小企业只有通过社会融资。针对以上情况的判断，华讯品牌管理机构为武进农村商业银行及时推出“民营TOP”这一创新金融服务品牌，对于融资不易的中小企业来讲，无疑是一个绝好消息。

“民营TOP”是指：每年选择100家左右民营企业，派出100名以上资深客户经理，提供全过程的100%金融服务，并追求所服务民营企业100%的满意等一揽子投资理财计划。它不限地域行业、不限规模大小、不限服务内容、不限融资方式、不限授信额度、不限抵押担保。针对中小、民营企业在“创业”、“成长”和“发展”三个阶段不同的融资需求，专门设计了导航灯、创业乐、担保易、融资通、龙舟旅、金管家、智囊团、民赢通8个子项目，以有效解决融资难和担保难等问题。重点支持那些科技含量较高、管理规范、经济效益显著、信誉良好，具有较强的市场潜力和发展势头的民营企业。一旦被确定为重点支持对象，便不受信贷规模限制，当然不同的客户有不同的评判标准和条件，重点服务中小企业和地方民营经济是武进农村商业银行基本的市场定位。

“民营TOP”优势在于：1. 只需有10%至30%的初始资金，结合关联企业或资产，借助金融工具，就能满足民营企业100%的资金需求，轻松解决民营企业融资担保难问题。2. 充分发挥武进农村商业银行人才、产品、网络、资金、信息等全方

位的资源优势，精益求精，有效地降低民营企业营运成本、提高经营效益。

为了便于民营TOP这一公司业务品牌的推广，华讯团队独创性地导入拟人化手法，其实这一品牌主张一以贯之沿袭了华讯整体攻略的思想，强调品牌IDEA的个性主张。针对传统金融产品相对市场发展的滞后性，为了改变金融不能随需而变的惯性思维，华讯大胆将“孙悟空”这一中国人熟知的视觉形象摘入品牌之中，强调孙悟空七十二变的灵动个性，由此彰显武进农村商业银行以变求生存、求发展的竞争活力，这一耳目一新的做法事实上改变了人们对传统金融业的定势判断，传承了武进农商行新生新价值的品牌精髓。

武进农商行金融品牌的日益成熟和完善，标志着武进农村商业银行的金融品牌已走上了国际化、现代化的发展征途，更加表明了武进农村商业银行“立足城乡，服务三农，协助中小企业成长”的使命和决心。

点评：

这是一个农村银行朴素的传播案例。却充分显示了策划者的用心、专业与功力。为这样一个从信用合作社转型而来的农村银行进行包装与策划，其实比一些知名大行的策划难得多。不长的策划案，却可以看出策划者在整体与细节上都花了相当大的心思。电视片精心选择的相貌平平的演员与平实的氛围，恰恰是银行特定定位的需要，如此多的活动设计，与银行规模小而网点多的特征相吻合。民营TOP的策划设计，更是对于中国三农独特理解的产物。由一系列经得起推敲的细节构成的案例，显示了中国二三线城市广告策划业的努力与进步。

——张惠辛

中国银联，建设和谐的产业生态环境

广 告 主：中国银联浙江省分公司

广告代理：美洋行销传播机构

“刷卡生活”正成为中国当今最流行的消费形态之一，中国银联浙江省分公司联合浙江省内17家发卡银行，整合了浙江诸多非银行卡行业成功地进行了跨业联盟，并且配合2006年世界休博会，推出了“卡卡嘉年华”的营销活动，通过活动提升持卡人用卡积极性，培养持卡人良好的用卡习惯，同时进一步推动银行卡受卡环境的改善，营造全社会良好的发卡、用卡、受卡氛围，实现各方和谐共赢。

“刷卡生活”正成为中国当今最流行的消费形态之一。来自官方最新的统计，浙江省共有国内发卡金融机构17家，发卡总量约1500万张。全省共铺设可受理银行卡的ATM、POS终端机具1万多台，可受理银行卡的商业服务企业5000多家。

跨业结盟

中国银联作为中国唯一的民族银行卡支付品牌自2002年成立以来，采用先进的信息技术与现代公司经营机制，建立和运营广泛、高效的银行卡跨行信息交换网络系统，制定统一的业务规范和技术标准，实现高效率的银行卡跨行通用及业务的联合发展，并推广普及银联卡，积极改善受理环境，推动我国银行卡产业的迅速发展，把银联品牌建设成为国际主要银行卡品牌，实现“中国人走到哪里，银联卡用到哪里”的企业愿景。

本次营销活动正是在这样的背景之下，由中国银联浙江省分公司联合浙江省内17家发卡银行来共同开展的，以期推动银商进一步合作，使银行卡的刷卡量和商业企业的销售额有较大幅度增长，共同打造一个先进、高效、规范的用卡、刷卡环境，最终达到促进消费和银行卡产业健康快速发展“双赢”和银行、商家、消费者“三满意”的目的，从而真正达到促进消费，扩大内需，推动我省经济快速发展的积极作用。

为了能有效达成上述营销目标，我们制定了跨业结盟，联合营销的策略，整合了杭州市旅游委员会、青年时报、杭城排名前五的大百货公司、特色小店林立的五大商业街区以及美地亚珠宝、豪雅表、卡西欧、GUESS、雪花啤酒等诸多知名品牌资源，共同来参与活动，营造刷卡消费的缤纷气氛，让消费者充分享受到了刷卡消费的乐趣。

联合营销 整合传播

本次营销活动适逢2006年世界休闲博览会在杭州盛大召开，为了配合休博会欢乐祥和的氛围，针对刷卡消费主力的年轻

族群对“时尚”，“潮流”，“新鲜事物”的追求，我们以“嘉年华”的概念来推广本次活动，通过活动提升持卡人用卡的积极性，培养持卡人良好的用卡习惯，同时进一步推动银行卡受卡环境的改善，营造全社会良好的发卡，用卡，受卡氛围，实现各方和谐共赢。

营销活动以“卡卡嘉年华”冠名，以“刷出精彩”作为核心传播主题，设计了针对不同商业业态以及特殊节假日的多层次公关促销活动。

结束语

和谐共赢在银联品牌建设中同样起着至关重要的作用，这是由支付网络的特点决定的。与传统产业不同，银行卡带有网络经济的显著特征，就是边际效益递增。随着网络的扩大和服务的深化，这个网络中的每一个利益主体都会有更大的收益，对银行、对商户、对持卡人以及地方经济都是如此。

跨业结盟，联合营销正是为了打造和谐的产业生态环境，只有通过合作来建立良好的发展秩序，所有产业主体既能共同健康发展，又能共同分享产业利益和产业发展成果；既能充分竞争，又能相互合作。这种和谐的产业生态环境，不仅是我国银行卡产业健康发展的内在要求，也是银联健康发展的前提条件。

点评：

中国银联本次营销活动针对刷卡消费主力的年轻族群对“时尚”，“潮流”，“新鲜事物”的追求，以”嘉年华”的概念来推广本次活动。本次活动以节日为营销节点，目标细分十分精确，执行到位，效果也就相当的好。

——屈 鹏

Telecom & Mobile
信息通讯类

联通四川公司“新势力”推广整合

广 告 主：中国联通四川分公司—“新势力”

广告代理：四川华视广告策划有限公司

作为同是以年轻人为销售目标的通讯产品，“动感地带”与“新势力”在四川一直呈现着短兵相接的竞争格局。相比较而言，“新势力”的市场推广无论是广告投入力度、市场份额或是品牌美誉度均处于劣势。随着竞争的深入，两种产品在目标消费群中的品牌印象已经形成，市场份额趋向稳定。如何打破这种相对的“稳定”，使得新势力的市场有一定的转机呢？我们的思路是：重点媒体，重点投放；特定对象，特定场合投放；活动以点带面，宣传面面俱到；花最少的钱，办最多的事情！

作为同是以年轻人为销售目标的通讯产品，中国移动“动感地带”与中国联通“新势力”，在四川一直呈现着短兵相接的竞争格局。随着竞争的深入，两种产品在目标消费群中的品牌印象逐步稳定，市场份额也趋向稳定。

相比较而言，“新势力”的市场推广无论是广告投入力度、市场份额或是品牌美誉度均处于劣势，同时推广费用又十分有限。对于新势力而言，如何以有限而有效的投入打破这种相对的“稳定”，使得新势力的市场有一定的转机呢？我们的客户对我们给予厚望。

用一句话概括，我们面临的最大问题是：用最小的投入获取最大的回报——如何把钱用到刀刃上？即在确保市场推广宣传力度的前提下，在宣传方式上如何压缩成本？这便需要我们的进一步思考。

开局

2006年4月下旬，中国联通更换新标，随之市场上所有的宣传物料也同步进行更新，受四川联通紧急委托，我们在数天内完成了营业终端的所有客户品牌的物料设计及更新工作，其中也包含新势力物料的更新。这使得我们在客户心目中留下了良好的印象，从而为以后进一步的合作奠定了良好的基础。

7月初，客户与我们再次坐在了一起，通过交流和沟通，我们接下了未来几个月“新势力”在四川范围内进行宣传推广的任务。

第一天：最初思路，一团乱麻

在沟通交流的过程中，客户明确告诉我们，新势力推出新的形象代言人的新闻即将于7月18日在全国同步发布，而在此后，由中国联通总部组织的其他新势力全国性推广活动也将逐步展开，主要针对高校学生予以推广，因此，对我们而言，在方案中除了对这些活动相应的落地方式予以体现外，还应该包含如何使前后近3个月推广活动连贯成为整体的其他推广措施。这一切对于我们而言，意味着提交初步方案仅有一周的时间，而最终方案的确定最多只有两周时间。

这几乎是不可能完成的任务！

基于客户提供的资料，我们首先对方案涉及的7月中旬到10月中旬之间，由中国联通总部就新势力的所有市场推广活动进行了梳理，发现有这几个活动值得注意：7月的新势力明星代言人造势及炒作、8月中旬至9月中旬的张韶涵巡回演唱会成都站落地宣传及抢票炒作、8月上旬至10月中旬的手机网络游戏大赛四川省高校现场演示落地宣传、9月下旬开始的大超新生篮球赛成都赛区活动等。

在短短的数月之内，尤其是在假期，在完成预定活动的落地推广的同时，还要考虑到销售量及媒体的有效宣传等问题，但就推广费用上，则十分有限，方案似乎显得无从下手。

第二天：思路整合，把好钢用在刀刃上！

时间急迫，项目组立即展开全面讨论，一场头脑风暴，所有人只回答了这样一个问题：什么样的安排才是最合理的？

最省钱最节约的，错！

最新鲜最轰动性的，错！

最实际最可行的，错！

最直接最有效的，对！

思路豁然开朗，由此，我们首先就7至9月新势力的目标消费群在该时段内的行为特点进行了分析，从媒体宣传、活动宣传、终端宣传三个方面的所有推广手段分列分析、选择，在考虑总预算的前提下，选取了其中最直接有效的方式进行整合。

活动宣传：重点以总部现有各项活动为主做好落地工作，不再考虑其他新的活动项目，以此几项活动为线索，媒体宣传与终端宣传进行配合，使所涉及的几个月的推广工作形成一个整体。

媒体宣传：以新势力代言人为中心内容，同时配合总部各项活动的宣传，以品牌造势为重点进行宣传，在媒体选择上，考虑到暑期目标人群出行、活动的主要特点，选择最有效的媒体进行投放。

终端宣传：在保障常规的营业厅及高校校园内宣传覆盖的同时，考虑目标人群的暑期活动特点，有针对性地选择一些特定的终端场合进行投放。

用一段话概括就是：重点媒体，重点投放；特定对象，特定场合投放；活动以点带面，宣传面面俱到；花最少的钱，办最多的事情！

接下来的讨论更加激烈……

第三天，一个漂亮的思路就出来了

时间进入第三天，经过对前两天的工作进行总结，我们完成了第一次的整体规划。

依据不同时间段的工作重心及推广方式，根据时间为线索将整体推广划分为可延续的四个阶段：品牌预热期、活动启动期、活动炒作期、品牌延续期，各阶段工作重点及推广策略如下表所示：

阶段	时间	资源	工作内容	推广方式
品牌预热期	7月中旬－8月上旬	第一支明星广告发布	以“张韶涵、林俊杰代言新势力”为中心进行初步的品牌宣传，启动市场关注度，吸引目标人群的注意力	媒体：报纸软文炒作，电视品牌广告宣传； 终端：营业终端物料更新，IT卖场、网吧影院等特定场合宣传
活动启动期	8月上旬－8月下旬	暑假	逐步投入其他媒体宣传，形成立体宣传态势，开始对演唱会、手机网络游戏大赛的宣传炒作，吸引目标人群对活动的关注	媒体：报纸、电视、移动电视、广播立体宣传； 活动：演唱会抢票炒作； 终端：营业终端物料更新，特定场合持续宣传
活动炒作期	8月下旬－9月中旬	秋季入学销售热期	重点进行活动炒作及宣传，加大各媒体的宣传力度，以演唱会、游戏大赛等活动结合秋季入学促销，同步宣传及炒作，吸引目标人群对新势力品牌的整体关注	媒体：报纸、电视、移动电视、广播高密度宣传； 活动：演唱会抢票炒作，游戏大赛现场演示活动； 终端：营业终端物料更新；高校校内宣传
品牌延续期	9月中旬－9月底	第二支明星广告发布	以演唱会等活动的现场宣传为工作重心，各个媒体集中宣传，在“张韶涵成都演唱会”之后逐步减弱宣传力度，重点转移到营业终端的销售上来	媒体：报纸、电视、移动电视、广播集中宣传； 活动：演唱会现场宣传，游戏大赛现场演示活动，新生篮球赛赛区活动； 终端：营业终端物料更新；高校校内宣传

此表的制定，使得我们的下一步工作终于有了比较明确的方向，所有涉及的人员——策划、文案、设计、媒体专员、执行——人手一“表”。

第四天，一切都在进行中

首先是文案报告：方案逐渐成形，只需要添加部分效果图及预算。

接着媒体人员报告：所有媒体投放基本排定，初步预算已经做出。

再下来执行人员报告：所需物料数量及初步预算已经做出，厂家样品已筹备完毕，部分样品已提交快递。

设计人员也接着报告：所有物料设计已经完成，可以立刻提供，以便完成最后方案。

而客户那边，所需资料也陆续补充过来……

第五天中午，初步方案终于完成

第五天，是一个周五，在中午前，我们终于完成了初步方案，全体人员再次讨论，仅修改部分细节及物料预算，方案基本通过，经过修改，即向客户正式提交。此时，恰好一个星期的时间。

第二周，执行只差一步

星期一与星期二，我们等待着回音，客户却一直没有动静。而部分需要提前筹备的工作已经在有条不紊地进行着……

星期三，我们接到了客户的电话，约定一个小时后立即会谈……

“劲”享轻松
由我连通
本地主叫最低至0.15元/分钟
新势力
由我连通 U-power
无线QQ 目在联通

百变生活，
由我连通
新势力
由我连通 U-power
善变 就是思考，变化 才是格调。这是属于新势力的百变空间，让你看到、听到、感受到不一样的自己，不一样的律动，不一样的生活！加入联通新势力，百变音乐任你听，百变游戏打不停，百变炫铃随你选，百变新势力，百变由你！
客户服务热线10010 话费查询专线10011

新势力
手机网游大赛
英雄招募中
等你出招
新势力网络游戏大赛，PK由我，游戏新势力
客户服务热线10010 话费查询专线10011

China
unicom中国联通
让一切自由连通

新势力
由我连通 U-power

新势力
由我连通 U-power

入学送大礼
“心”动新势力
百变生活，
由我连通
新势力

原来，周一四川联通省公司内部便已经就此方案进行了初步研究。周二则立即召集了全省各分公司新势力品牌的主管经理进行磋商，最终产生了初步的意见：对媒体宣传部分，没有意见；活动宣传所需物料部分，微调；终端宣传特定场合部分，提前开展。再次修改，最终的方案如下：

活动宣传：

1. **手机网络游戏大赛演示宣传——**选择成都重点高校及IT卖场进行宣传，重点进行品牌及业务宣传+手机网络游戏大赛宣传，同时对新势力近期其他活动开展支持性宣传；另在各高校宣传期间可与高校促销同步配合。

主题：新势力欢乐校园行——中国联通手机网络游戏现场展示

2. **演唱会抢票及活动炒作——**主要以增值政策进行引导，促进业务销售。

炫铃：活动期间，下载张韶涵“新歌打榜”炫铃就有机会参加歌迷见面会及赢取“成都演唱会”活动海报、普通席门票。彩E：活动期间，以张韶涵的照片制作成彩E图片，共计7~8张；其中有一张将有新势力的字样；用户发指令随机获得精美彩E桌面一张，成功下载到有“新势力”字样者或订阅相关业务者即有机会参加歌迷见面会及赢取“成都演唱会”活动海报、普通席门票等。

短信：用户发指令订阅相关业务者即有机会参加歌迷见面会及赢取“成都演唱会”活动海报、普通席门票等。

入网送票：各大营业厅抢票期间，凡入网新势力前10位消费者，可获得赢取“成都演唱会”活动海报、普通席门票等。

3. **大超新生篮球赛赛区活动——**主要以现场外围宣传为主。

活动方式：大超新生篮球赛预选赛现场外围落地宣传。　宣传物料：易拉宝、横幅、T恤衫、护腕赠品等

4. **张韶涵成都现场演唱会——**根据已有条件，制定落地方案，重点以现场宣传为主。

宣传物料：DM单、易拉宝、横幅、赠品海报、新势力休闲光盘赠品、T恤衫、充气棒、荧光棒、KT板标语牌等

媒体宣传：

1. 报纸——以软文炒作为主。根据活动宣传覆盖区域特点，主要选择《华西都市报》投放软文专题宣传。

2. 电视——以品牌广告宣传为主，选择SCTV-5（影视文艺频道）及CDTV-2（33频道）投放广告。

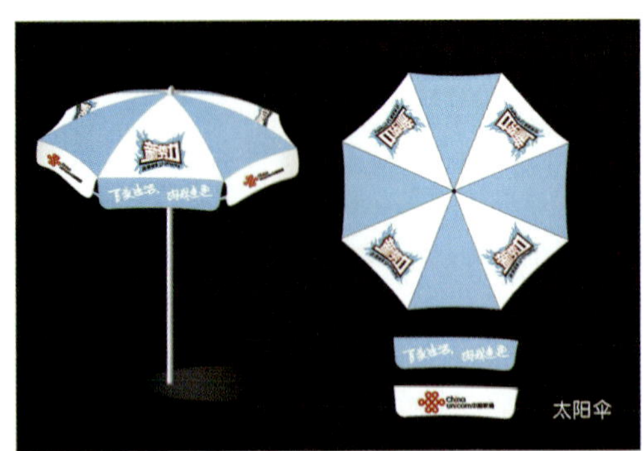

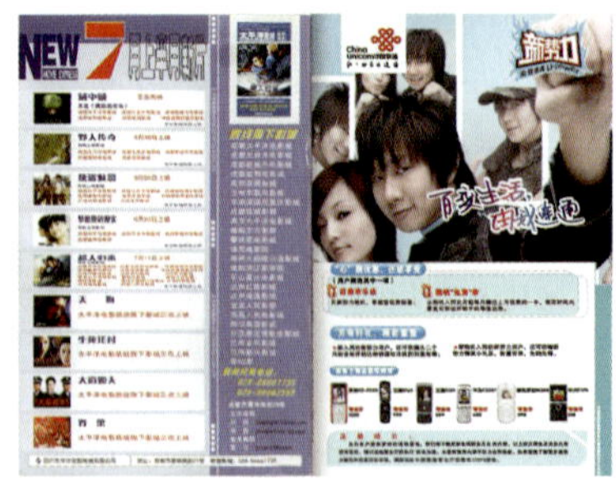

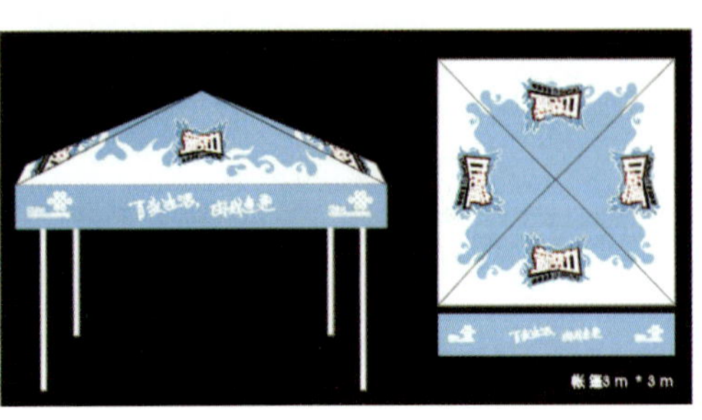

3. 移动电视——宣传内容：品牌广告+活动广告。选择在移动电视投放专题、广告，重点投放时段：10:00 – 18:00。

4. 广播电台——宣传内容：品牌广告+活动广告。选择成都电台音乐广播Love Radio进行投放。

终端宣传：

1. 营业终端——海报、DM单、易拉宝等物料更新及摆设，增强宣传力度。

2. 校园终端——以每年秋季入学热销期为契机，开展高校宣传及促销活动，并与其他活动（如：张韶涵成都演唱会、大超新生篮球赛、手机网络游戏大赛等）的宣传进行配合，同步告知性宣传本活动。

3. 特定场合——目标人群暑期生活（或消费）热点——IT卖场、网吧、影院

结论：有针对性地选择投放网吧（周边布置）、IT卖场（赠送促销礼品）、影院（快讯杂志广告及影院贴片广告）等进行宣传，作为假期特定覆盖渠道，增加宣传力度。

以上方案，花费十分有限，没有超出客户的期望。

又等待了一天，传来的消息是：通过！

7月下旬，客户终于传来消息，新势力的执行需要调整延后一个星期开始……

8月中旬以后，新势力在四川的宣传推广进入了一个新局面，长期以来趋于稳定的市场份额终于被打破了……

点评：

中国移动和中国联通作为我国两大移动通讯运营商，在品牌、产品、服务、价格和增值业务等多个层面展开对抗，“动感地带”与“新势力”的相继推出更加剧了对学生这一庞大群体市场的争夺。联通如何突出重围，扭转劣势局面，确实值得深究。本案紧紧围绕学生群体，结合学生的消费心理、生活习性、媒介接触习惯、学校教学安排而开展，借助张绍涵成都演唱会、手机网络游戏大赛、大超新生篮球赛以及新生入学等良好契机，进行了富有针对性的宣传促销活动安排。主题明确、重点突出，内容充实、形式多样，媒体组合科学、宣传到位，业务促与销结合，企业形象与产品宣传共融，具有很强的操作性和现实性，极大地提升了中国联通“新势力”这一新兴品牌的社会影响和经济价值。

——李振国

江苏联通“孙燕姿演唱会”事件营销

广 告 主：江苏联通

广告代理：江苏大唐灵狮广告有限公司

2006年4月28日，这是一个注定被江苏联通用户和“姿迷”记住的日子，经过40多天的大规模的宣传推广，4万多张门票全部送出……演唱会当天，已经通过各种途径拿到票的联通用户从江苏四面八方涌到南京的奥体中心，热辣的燕姿果然没让我们失望，演唱会现场一度出现“万人齐跳板凳舞”的火爆场面。看着舞台中央孙燕姿热歌劲舞，台下4万名联通用户持续挥动着手里的荧光棒，此次活动的主要策划者们长舒了一口气。“跳出竞争、出奇制胜”的推广模式获得了巨大成功。

背景

一、活动背景

伴随着移动通信市场的竞争白热化，通信行业产品、服务也趋向同质化。作为通信行业龙头的中国移动凭借在通信市场多年积累的资金实力及品牌运作经验，在品牌上、价格上对中国联通形成了“上挤下压”的竞争态势；而中国电信小灵通在低端市场的成功切入，与固话一样的语音资费又使中国联通原本的价格优势受到了巨大冲击。对于处于竞争链条中的中国联通，出路又在何方？

时值中国联通总部在3月初开始启用新的企业标识和三大客户品牌战略，标志着中国联通由原来的技术导向型开始向客户导向型转变。作为中国联通省级分公司的江苏联通急需配合总部系列推广活动，启动江苏市场的企业新形象落地策划、宣传工作。作为已经和江苏联通合作4年之久的战略伙伴——大唐灵狮广告深知单纯的大众媒体告知已经不能触动消费者最深处的神经。兵法云：“凡战者，以正合，以奇胜。”因此，我们必须通过“出位”的营销手段，出奇制胜方能取得此次传播任务的成功。

这时，我们获悉孙燕姿将在4月底来南京举办她首次个人演唱会，这给我们的策略思考方向带来了曙光。

二、关于演唱会经济

演唱会是艺人和歌迷最直接的互动的方式之一。庞大的歌迷人群成就了演出市场这块巨大的经济蛋糕。因此，演唱会也受到了越来越多有实力的商家和企业的高度关注，它们会在企业周年庆典或在推出新形象时借助演唱会进行品牌推广。

三、孙燕姿VS江苏联通

如何把“中国联通新形象在江苏市场有一个完美的亮相”同时又能“解决江苏联通在销售上面临的压力”两大问题与此次演唱会有更好的融合，是我们考虑的核心问题。多年的传播经验告诉我们：只有名人的形象和企业形象一致吻合，才能达到通过艺人的形象来提升企业形象的目的。

我们找来相关资料分析孙燕姿个人形象与中国联通企业形象两者之间的关联性。孙燕姿被喻为华语乐坛最清新的实力天后，在歌迷心目中具有“健康、活力、真诚”的形象，她的歌声沉静、激情、感人，深受广大歌迷的喜爱；而中国联通此次更改企业标识，欲打造出一个“活力、创新、时尚”全新企业形象，两者在形象上不谋而合。

接下来再分析两者的目标人群：孙燕姿的歌迷主要集中在年轻白领阶层、在校学生以及恋爱中的青年男女；而中国联通新推出两大客户品牌世界风（主要为中、高端用户，核心人群：白领人士）及新势力品牌（核心人群：学生族）。两者在人群上又进行了“无缝对接”。形象及目标人群的高度吻合，增强了我们说服客户的信心。

目前企业介入到演唱会中，采用的形式主要是通过企业冠名或成为指定赞助商进行推广。对于此次演唱会而言，如果要达成“品牌、销售”双提升的目的，单纯的企业冠名可能不能达成我们预期目的。因此，我们想到了如果把此次“孙燕姿演唱会”做成一场只针对联通用户的专场演唱会，那就可能是另外一种效果了：一方面，专场演唱会的形式对于提升企业的形象、提高美誉度及忠诚度要远远好于单纯的冠名形式；同时，作为演唱会的最大资源——演唱会门票，联通可以通过“充值送票”或“入网送票”的形式充分利用起来，可在一定程度上缓解客户在销售上面临的压力。更何况这是一场人数高达4万名联通用户的专场演唱会，这在江苏以前的演出史及通信市场上都可称之为空前盛事！可以想象，在演唱会当天，能容纳4万多人的南京奥体中心，4万名联通用户大聚会，那是一种多么壮观的场面！

现在摆在我们面前的最大问题是，客户能接受我们这个如此“出位”的营销建议吗？4万多张的门票，由一家通信企业独家买断，那毕竟是一个不菲的数字。

在我们将上述想法和客户沟通后，客户方面权衡了利益得失，很快给我们答复，认同了我们的思路，“好，这次就做演唱会”。

后面的事实证明：我们这个专场演唱会的建议是正确的，此次演唱会不但为江苏联通带来了很好的口碑传播效应，也带来销售上的突破！

“联通·孙燕姿南京演唱会”推广策略

一、孙燕姿演唱会对于江苏联通的意义

在品牌形象层面：将艺人“清新、健康”的形象巧妙地嫁接到联通企业形象上，活化了企业品牌形象；同时，配合联通总部品牌战略，为联通新企业标识启用及三大客户品牌在江苏市场落地开了一个好头。

在销售层面：通过“充值送票”的形式，在阶段时间内提高用户充值兴趣，达到维系老用户、吸引新用户入网的目的；同时，开展围绕艺人、演唱会的短信祝福、炫铃下载、WAP等增值业务促销活动，促进了相关增值业务量的发展，跳出以前打价格战的传统竞争模式。

在竞争层面：由于此次演唱会采用联通用户专场形式，对竞争对手形成不可复制的强势区隔；同时，配合排他性营销政策，刺激了异网用户转网的可能性。

二、孙燕姿演唱会之五宗“最”

此次演唱会注定就是一场不同寻常的演唱会。它是孙燕姿第一次来江苏举办她的个人演唱会，同时也是2006年南京演出市场第一场演唱会；加上江苏联通的深度介入，使此次演唱会变成了江苏演出市场的第一次不卖票的演唱会，也是联通用户第一次专场演唱会和中国联通历史上第一次高达4万用户的大聚会。创造了江苏演唱会史上的惊人的五宗“最”，这五个“第一”必将吸引消费者及媒体高度关注，这也使我们在运作此次演唱会的信心大增。

三、孙燕姿演唱会主题

“联通·孙燕姿永远和你在一起”——2006联通回报用户专场演唱会

四、推广内容

作为此次传播方案的重点，我们将演唱会“艺人、门票、现场”三大资源、联通新品牌战略及联通相关业务做了多角度、全方位的融合，主要通过以下三个层面进行推广：

（1）公关活动，提高知晓度和关注度。

“演唱会新闻发布会”、“艺人媒体见面会”炒作：

主要利用“演唱会新闻发布会、艺人媒体见面会”两大新闻事件进行演唱会炒作，引爆演唱会第一把火；同时，在整个演唱会传播过程中，穿插大众媒体对于艺人相关新闻炒作，吸引消费者和媒体对演唱会的关注。

“祝福孙燕姿”、“姿势大比拼”网上互动活动：

联合江苏地区最具人气的BBS论坛——西祠胡同，在江苏联通“红人馆”板块上专门开设“祝福孙燕姿”板块及“‘姿’势大比拼”网上互动活动，使目标用户进一步介入到演唱会中来。

《东方》杂志抢票活动：

为了增进活动的趣味性，充分调动用户参与的积极性，我们联合了《东方》文化周刊开展了孙燕姿抢票活动。读者搜集四期中任意一期的《东方》异型广告，只要回答对上面的两道小问题，并填写一个联通的手机号码，邮寄给我们就可以参加抽奖活动。

演唱会志愿者招募行动：

为了吸引学生人群对本次演唱会的关注度，我们在活动推广的中后期，启动了面向学生人群的招募演唱会“宣传大使”、“亲善大使”以及“守卫大使”公关活动，活动一经推出，在两天内就有数百名学生歌迷加入到志愿者行列中来，使演唱会活动在校园中又火了一把。

其他媒体公关活动：

此次活动虽说是全省性活动，但由于此次演唱会是在南京举行，所以，我们还在南京市的各家报纸上开展了与演唱会相关的系列活动进行事件炒作。除了《扬子晚报》和《现代快报》外，《金陵晚报》、《南京日报》和《南京晨报》也开展了一系列旨在吸引孙燕姿歌迷参与的活动。如《扬子晚报》的舞台拼图，《南京日报的》风筝召集令等。

孙燕姿
2006 南京演唱会
时间:2006年4月28日晚19:15
地点:南京奥体中心体育场
联通·孙燕姿
永远和你在一起
2006联通回报用户专场演唱会
专场主办: 中国联通江苏分公司
主 办: 江苏电视台综艺频道
大唐传播机构
承 办: 大唐亚太国际演出交流有限公司
China unicom中国联通
时尚、活力、创新的通信乐趣
联通始终为您不断呈现
活力四射的新形象带您感受全新通信生活
让一切自由连通
……
现在，联通为您精心准备了联通用户专场孙燕姿演唱会，
“充值送票”活动已全面启动，
恭请新、老客户亲临现场，
与孙燕姿共享激情！
让一切自由连通
客户服务热线 10010
话费查询专线 10011
中国联通有限公司江苏分公司
http://www.js.chinaunicom.com

抢先充值拿票！
充300元话费 送 一张380元门票
充400元话费 送 一张480元门票
充600元话费 送 一张680元内场票
→更多充值送票方式和活动须知详见营业厅海报
联通·孙燕姿
永远和你在一起
2006联通回报用户专场演唱会
China unicom中国联通
想见燕姿，最后机会怎能错过？即刻前往联通指定营业厅充值拿票，新、老用户均可参加。
280元门票已送完！380元门票即将送完！
现场激情互动 与燕姿更亲近
• 互动方式：发送520到100158，即有机会参加现场抽奖活动。
• 奖品设置：孙燕姿签名手机大礼包6个（签名照片、海报、CD及手机），现场上台献花机会3个。
• 短信资费：0.5元/条。

China unicom中国联通
联通·孙燕姿
永远和你在一起
2006联通回报用户专场演唱会
孙燕姿

China unicom中国联通
一起倒数5天
激情约会燕姿
最后机会，充值送票，亲临燕姿演唱会现场！
充400元话费 送 一张480元门票
充600元话费 送 一张680元内场票
活动须知详见营业厅海报
还剩少量余票，欲充值请从速！
现场激情互动 与燕姿更亲近
互动方式：发送520到100158，即有机会参加现场抽奖活动。
奖品设置：孙燕姿签名手机大礼包6个（签名照片、海报、CD及手机），现场上台献花机会3个。
短信资费：0.5元/条。
联通·孙燕姿
永远和你在一起
2006联通回报用户专场演唱会
客户服务热线10010 话费查询专线10011

China unicom中国联通
联通·孙燕姿
永远和你在一起
2006联通回报用户专场演唱会
燕姿演唱会志愿者，火热招募中！

（2）维系活动，提高忠诚度。

a）大众市场老用户充值送票活动：

作为此次活动的主要环节，考虑到不同客户对票价的接受程度，按照客户品牌人群可接受价位，并结合联通用户充值习惯和充值数额，我们确定了280、380、480、680、880、1080的六种充值送票的档次（低端票价针对新势力及如意通人群、高端票价针对世界风人群）；同时，考虑到演唱会中目标受众中多为情侣，有针对性地推出了套票系列。

新势力用户校园定向维系活动：

为了充分利用演唱延伸产品，针对学生人群，开展了相应的“入网、充值送演唱会大礼包”促销活动，扩大活动在学生人群中的吸引力。

积分抽奖送票活动：

考虑到“积分兑奖”的成本较大，我们采用了“积分抽奖”的形式，将此次演唱会门票作为江苏联通2006第三期积分抽奖奖项，共分为贵宾票、内场票、看台票三种票种。

VIP用户送票活动：

部分地市公司启动针对VIP用户赠票活动，通过给“世界风”钻石卡用户免费赠送演唱会门票的形式，强化联通高端用户对客户品牌的归属感，提升其好感度和满意度。

（3）增收活动，增收增量。

炫铃等增值业务推广活动：

炫铃是与此次演唱会最为契合的联通增值产品，利用演唱会这一热点事件提高用户的换歌率，增加其活跃度，增加炫铃业务收入。

在联通的现有平台上开通“孙燕姿炫铃专区”：平台包括门户网站、炫铃网站、手机音乐台、WAP。

与江苏音乐台开辟孙燕姿歌曲专栏，介绍相关歌曲的炫铃下载方法，提高听众的换歌率。

制作“孙燕姿炫铃音乐盒”供炫铃用户选择。

门票上公布孙燕姿歌曲和下载方法，方便用户下载炫铃。

“发短信、送祝福，赢演唱会大礼包”活动：

充分利用孙燕姿对歌迷的吸引力，挖掘潜在资源，通过与歌迷短信互动，使演唱会进一步深入人心，增加短信业务收入。

奖品设置：孙燕姿签名手机大礼包10个、现场上台献花机会3名。

参与方式：用户发送“520”到100159

开奖方式：演唱会现场开奖

宣传方式：票封上宣传和活动现场宣传（抽奖共分6次，通过抽奖现场激发观众参与热情）

五、演唱会时间、阶段划分

（1）活动时间：

2006年3月20日——2006年5月初（演唱会时间为2006年4月28日）

（2）活动阶段划分：

阶段	时间	内容
启动期	3.20日—	以演唱会新闻发布会为标志；同时启动大众市场的充值送票活动。
热抄期	3.26日—4.28日	以孙燕姿媒体见面会为标志；同时启动其他公关活动以及其他增收、维系活动。
高潮期	4.28日当天	主要为演唱会现场宣传及互动活动。
延续期	4.28日后	对演唱会进行新闻报道；充分利用演唱会资源进行后续炒作宣传。

充值即送 孙燕姿 演唱会门票

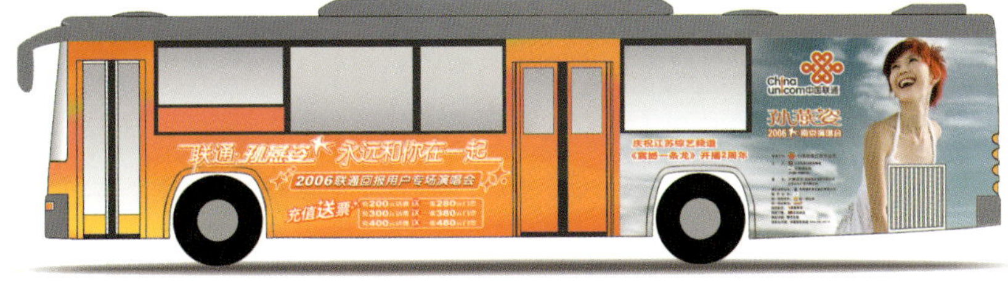

六、媒介策略：

本次活动由于江苏联通的全程介入，此次演唱会在媒介策略上也采用了“两条腿走路”的方式：一条是演唱会本身的事件软性炒作，内容偏重在艺人及演唱会的宣传；另一条为联通方面宣传，主要为联通新形象宣传、充值送票等内容的硬性宣传。

（1）整体媒介策略：

采用“传统大众媒体+分众媒体”、“硬广+软文+新闻”的整合投放方式，在具体的媒体选择、时段/版面组合及广告行程上，考虑演唱会宣传和联通宣传的互补性和统一性，以实现最大限度的广告传播合力。

（2）演唱会的媒介策略：

概述：以报纸和杂志媒体的软性宣传为主，结合广播和电视媒体的30秒硬广投放；同时加大南京地区的楼宇电视、站牌灯箱、车身挂板等分众媒体的宣传。

媒体选择与组合：立足南京各主流媒体，结合省级媒体的娱乐版/娱乐频道节目展开宣传以及相关分众媒体宣传。

（3）联通方面的媒介策略：

概述：以省级报纸、杂志、广播等传统媒体的硬广宣传为主，软文辅助，并结合联通内部媒体及终端展开宣传；

媒体选择与组合：

省联通媒体：选择江苏市场覆盖面最广的《扬子晚报》、《现代快报》报纸媒体作为主要媒体，江苏交广网、江苏经济台和江苏音乐台广播媒体，《东方文化周刊》杂志，以及西祠红人馆、短信群发等内部媒体和演唱会现场展开宣传。

地市联通媒体：主要集中在户外媒体、校园分众媒体及营业厅终端的宣传。

后记

2006年4月28日，这是一个注定被联通用户和“姿迷”记住的日子，经过40多天的大规模的宣传推广，4万多张门票全部送出。演唱会当天，已经通过各种途径拿到票的联通用户从江苏四面八方拥到南京的奥体中心，热辣的燕姿果然没让我们失望，演唱会现场一度出现“万人齐跳板凳舞”的火爆场面。看着舞台中央孙燕姿热歌劲舞，台下4万名联通用户持续挥动着手里的荧光棒，作为此次活动的主要策划者——大唐灵狮联通品牌组的同仁们长长地松了口气。

点评：

演唱会是艺人和歌迷最直接的互动的方式之一。庞大的歌迷人群成就了演出市场这块巨大的经济蛋糕。因此，演唱会也受到了越来越多有实力的商家和企业高度关注。“2006孙燕姿·江苏联通回报用户专场演唱会”采用“出位”介入模式，将艺人“清新、健康”的形象巧妙的嫁接到联通企业形象上，活化了企业品牌形象，同时，通过充值送票、入网送票、短信祝福、炫铃下载、WAP等增值业务促销活动的开展，强化了企业与消费的沟通与交流，提高了联通的美誉度及忠诚度，促进了相关增值业务量的发展，达到了“品牌、销售”双提升的目的，带来了很好的口碑传播效应。

此策划方案内容十分丰富，前期炒作和公关活动到位，促销活动安排与产品销售结合紧密，现场氛围营造充分，具有很强的借鉴意义。

——李振国

广东电信“固话有益”推广活动

广 告 主：广东省电信有限公司

广告代理：TBC铭鼎品牌传播广告公司

电信业竞争的加剧，电话业务从有线转为无线，使传统固定电话受到了极大冲击，收入日渐萎缩，用户慢慢流失。调查发现，固定电话流失主要集中在时尚的年轻族群、中高收入的商务公务人群；而固话最忠实的用户是收入不高对话费太过敏感的以家庭主妇为代表的普通消费者。针对三大类主要人群，我们采取了平面与影视相结合的创意推广策略，有针对性的提出了不同的诉求重点。即：清晰通话，多用固话；健康通话，多用固话；便宜通话，多用固话的传播理念。

随着电信业的发展，大众通讯产品越来越多，而由于对消费者的抢夺，竞争也愈演愈烈。固定电话面临的不仅是来自移动电话的竞争，还要面对低价网络电话的竞争。电话业务正逐渐从有线转为无线。固定电话收入日渐萎缩，用户正在慢慢流失。

我们经过市场调查发现，固定电话流失主要集中以下两大类人群：时尚的年轻族群、中高收入的商务公务人群；而固话最忠实的用户是收入不高对话费太过敏感的以家庭主妇为代表的人群。

确定核心传播策略：

为了真正发掘消费者的需求，在策略制定阶段，我们组织了多场的消费者深度访谈会来发掘消费者的消费心理，以保证整个推广活动的科学性和有效性。

通过多次深入的消费者调研和测试我们经过发现，固定电话的三大好处是其他通讯方式暂时所无法完全替代的：话费便宜、完全无辐射和通话清晰不掉线。消费者对这些好处本身是容易接受和认同的，只是这些好处因为其他替代产品的大力度宣传被渐渐淡忘，因此我们核心传播策略是不断地提示这些利益点，唤醒用户对固话好处的印象。

因此在此次“固话有益”的推广宣传中，我们要做的是不断地唤醒和提醒人们对固定电话特有的无法完全替代的好处的认知，加深印象，并影响他们更多地使用固定电话进行通讯。

针对性推广：

特别针对以上述的三大类主要人群，采取了不同的策略，用有针对性的不同的诉求重点进行诉求。

我媒介方面，采取了平面与影视相结合的创意推广策略。

平面与影视相互结合的创意策略：

篇名：广东电信固话形象片《清晰通话篇》

温馨的场景中，一个恋爱中的女孩在给她的男朋友打电话，她跟男孩子开个玩笑，“听不清”男孩讲的那三个字……男男孩子突然醒觉：“我打的是固话呀……”。通过这种温情的生活场景传达出主题：“清晰通话，多用固话。”

同时在创意初步成形阶段，我们又组织了广告创意脚本的测试，通过测试选出这系列最能打动消费者的方案，并结合消费者提出的一些问题，对方案进行了合理的改进。

创意思路：

不用担心话费，不用担心辐射，不用担心掉线。多打电话少担心，中国电信，固话有益。

“清晰通话，多用固话！”——年轻人群，喜欢时尚，他们是现实主义的一代，简单的价格优势难以打动他们，他们对健康的关注度也不高。他们讲究情调、品位和生活质量。他们更宽容、更多元化。在使用通讯方面，他们喜欢煲粥(广东方言，指讲很长时间的电话)，不论是与朋友家人通话还是与恋人通话，他们都喜欢讲很长时间，更多地用电话进行沟通。所以固话清晰的好处对他们是最有力的诉求点。我们针对这个人群的宣传主题是“清晰通话，多用固话！”

“健康通话，多用固话！”——中高收入的商务及公务人群，他们大多人到中年，家里有关心自己的老人家，同时又有自己要关心的妻子儿女（所谓上有老下有小）。他们主要以男性为主，有一定社会地位、经济实力较强，事务繁忙，联系频繁，对电话的依赖性高。在消费行为对价格因素不太敏感。一般拥有手机和多部固定电话。但他们由于是家庭的支柱，因此更关心健康，家人也更关心他们的健康。针对这群人，资费对他们而言倒不是太关注的问题，固话完全无辐射的好处是能打动他们的诉求点。我们针对这个人群的宣传主题是：“健康通话，多用固话！”

“便宜通话，多用固话！”——“有人说，男人决定一个家庭的生活水准，女人则决定这个家庭的生活品质。”作为母亲，善于持家是懂得支出有序、积累有度。天生的母性让家庭主妇忘我、无私，为了孩子和家人愿意奉献一切。在支出方面，她们是对价格的敏感度最高的一群人。她们对资费最关注，我们要做的就是强化固话真正便宜的好处，巩固他们的习惯，我们针对这个人群的宣传主题是：“健康通话，多用固话！”

平面与影视相互结合的创意策略：
篇名：广东电信固话形象片《健康通话篇》
家庭中最常见的场景，通过老父母唠唠叨叨对儿子健康的关心：“头痛还打手机？”传达出针对商务中年人士的宣传主题“健康通话，多用固话”。

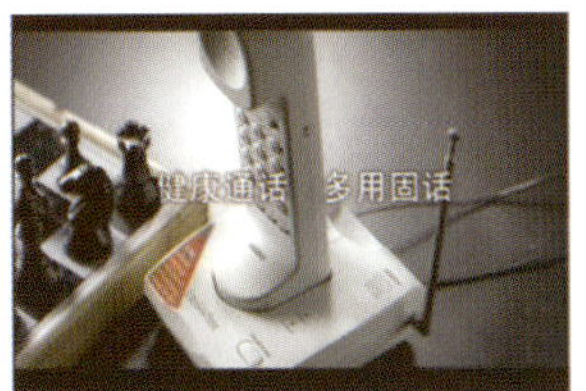

平面与影视相互结合的创意策略：

篇名：广东电信固话形象片《便宜通话篇》

利用大学生上学接到妈妈叮嘱的电话，唤起家庭主妇的共鸣。

“便宜通话，多用固话。”

没事 妈在家打的是固话

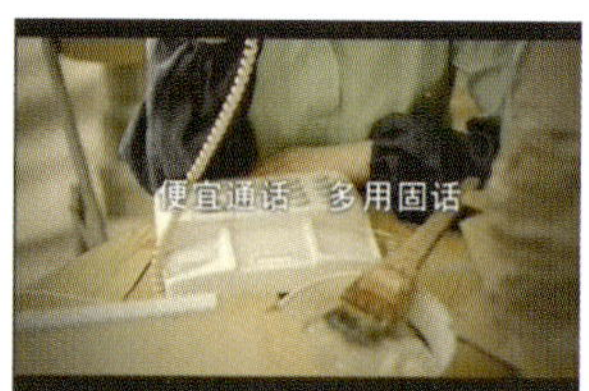

家庭的/亲情的调性：

整体的表现风格上，我们也紧紧围绕中国电信固定电话一贯的品牌核心价值——家庭/亲情，以十分贴近消费者生活的，围绕家庭亲人关系发生的一些比较感人动人的小片断来表现我们的主张。

通过这些有效的工作，在该系列广告推出以后，迅速引起了消费者的关注和认同，也获得了各方的广泛好评。

点评：

本方案的策划和创意是在深入市场调查基础上完成的，充分把握了固定电话话费便宜、完全无辐射和通话清晰不掉线三大突出优势，确定了固定电话省钱、无辐射、通话质量高的心理定位。结合固定电话三大主要消费人群的不同心理，提出了清晰通话，多用固话；健康通话，多用固话；便宜通话，多用固话的针对性的诉求，并通过电视这一具有很大影响力的大众媒介进行大规模、大范围的传播，达到了理想的传播效果。

方案的精彩之处在于广告的创意，画面温馨柔和，文案抒情感人。以消费者为代言人，以生活画面为场景，平凡中体现个性，交流中体味真情。整体的表现风格既符合“固话有益”的宣传主旨，又与中国电信固定电话“家庭、亲情”的品牌核心价值十分贴近。

——李振国

云南电信话费共享计划上市推广

广 告 主：云南电信有限公司

广告代理：广东省广告有限公司

当市场成熟到一定程度时，价格战便成为争夺市场份额的利器，对于语音通讯市场同样如此。低资费竞争和通讯移动化趋势不仅对云南电信2006年度保存增量任务指标的完成构成沉重压力，更为传统语音业务的发展蒙上一层阴影。基于此，广东省广告有限公司提出锁定家庭用户群，建立家庭客户品牌的战略建议，在突出“实惠”这一核心价值基础上，赋予话费共享计划家庭文化价值，从而将“便宜，更便宜”的竞争格局引向“有价值，更有价值”的良性竞争蓝海。

当市场成熟到一定程度时，价格战便成为争夺市场份额的利器，

语音通讯市场同样如此。

2006年初，云南移动大众卡率先发动价格战，推出每分钟低至9分钱资费，云南电信小灵通借助“单向收费”建立起来的低资费印象已危如累卵。

与此同时，云南电信固定电话也面临着通讯移动化带来的市场冲击，固定电话使用率和ARUP值（个人贡献值）进一步降低，拆机率大增。

至此，从单个语音产品看，云南电信面临非常严峻的竞争态势，低资费竞争和通讯移动化趋势不仅对云南电信2006年度保存增量任务指标的完成构成沉重压力，更为云南电信传统语音业务的未来发展蒙上一层阴影。

营销决策

单打独斗，必将陷入“便宜，更便宜”的恶性价格战泥潭中。

有无其他对策，可以化解危机。

经过周密的市场调研和数据测算，云南电信选择了可以充分发挥电信全业务优势的固定电话&小灵通捆绑战术，推出话费共享计划。

1）以固定电话、小灵通捆绑免月租，互打免费为利益点；

2）重点吸引中低端资费敏感家庭；

3）力图以“免月租”化解固定电话因高月租低使用带来的高拆机率，以“免月租”带来的低话费总数维系小灵通原有客户，并以总体的低资费优势吸引小灵通和固定电话新用户；

4）重新塑造“打来打去，还是电信话费便宜”的市场印象。

而广东省广告有限公司更在此基础上，提出锁定家庭用户群，建立家庭客户品牌的战略建议，在突出“实惠”这一核心价值基础上，赋予话费共享计划家庭文化价值，从而将价格竞争引向价值竞争的良性竞争蓝海。

这正是有效化解近期危机，并为传统语音业务规划一个美好远景的双全之策！

产品定位

在传播工作开展前，我们从客户需求、套餐特点、市场环境三个纬度，对话费共享计划予以定位。

套餐特点研究：话费共享计划实现家庭话费共享、零月租，真正为全家人节省话费。

心理需求研究：客户既注重实惠，又希望有一些新鲜的方法能增进家庭感情。

市场环境研究：云南尚无专门针对家庭客户开发的有市场影响力的套餐。

因此，话费共享计划市场定位为：首个为全家人量身定做的话费套餐。

在产品层次：强调“免月租，固话小灵通共享话费的省钱套餐”。

在心理层次：强调“家庭成员分享亲情、分享快乐的套餐”。

传播主旨

在精准的定位策略指引下，传播面临两大使命：如何包装话费共享计划？如何在最短的时间内，以最经济的预算来推广话费共享计划？

取其上才能得其上，首先我们制定了传播推广的三大标准：包装方案重点体现家庭价值，必须具备强大的沟通力；推广方案则重点在于一炮打响，要有强烈的冲击力和记忆点；在媒介计划上，做到精确锁定，多管齐下，全面覆盖，在上市初期即形成强大广告攻势。

严格遵循以上三大标准，我们为云南电信话费共享计划上市推广搭建起强有力的传播体系。

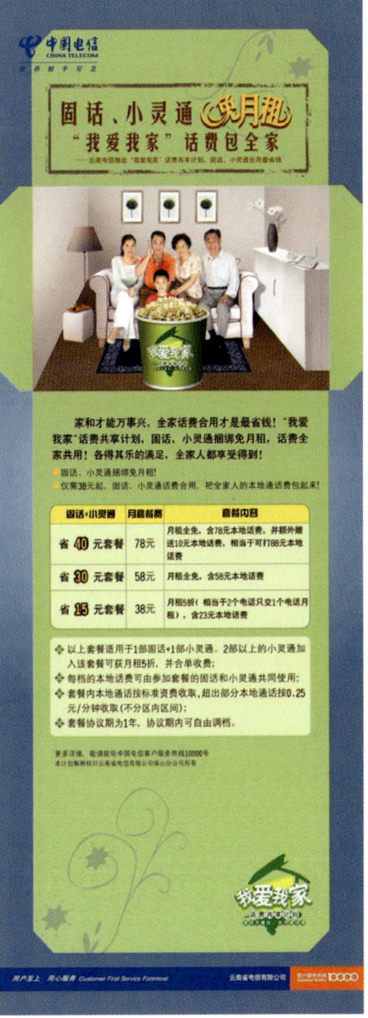

固话+小灵通	月套餐费	套餐内容
省40元套餐	78元	月租全免，含78元本地话费，并额外赠送10元本地话费，相当于可打88元本地话费
省30元套餐	58元	月租全免，含58元本地话费
省15元套餐	38元	月租5折（相当于2个电话只交1个电话月租），含23元本地话费

广告亮点

命名："我爱我家"话费共享计划

"我爱我家"这个名字，具有强烈的感情色彩和价值取向，具有很强的感召力，而且作为曾经红遍全国的情景喜剧名称，具有高知名度和美誉度，借用来作为话费共享计划的名称，既能很好地体现家庭价值，又通俗易懂，易于传播。

广告语：家和万事兴，合用最优惠

从固定电话与小灵通的捆绑合用联想到家庭成员的和睦，广告语将家庭价值观与话费共享计划利益点巧妙对接，为我爱我家话费共享计划注入实惠、亲情的价值内涵。

平面创意：大家小家全都包起来

以"话费包全家"这一在当地非常新颖的促销形式为切入点，用精美的纸箱真的把幸福家庭包起来，构成强烈的情境戏剧性，第一时间吸引大众眼球，进而关注我爱我家话费共享计划内容。

电视广告：把全家人的话都包起来

与平面广告相互呼应，沿用"话费包全家"的戏剧点，用纸箱将通话时甜蜜的情景、温柔的情景、关切的情景全都包起来，以情动人。

效果跟踪

"我爱我家"话费共享计划在全省一经推出，即引起强烈市场反响，自5月初推向市场到6月底短短两个月时间里，加入我爱我家话费共享计划的用户已经累计达到2万户，达到营销预定目标。

而且经统计，在成功加入我爱我家的用户中超过60%是通过广告途径知道"我爱我家"话费共享计划的。

综上所证，本次传播推广取得了非常好的效果。但是我们深知要将"我爱我家"打造成云南电信家庭客户品牌，还任重道远。在接下来的市场推广中，"我爱我家"将融入更多的电信业务，更多的家庭文化价值，为家庭用户提供更全面更实惠更贴心的通讯解决方案，终将打造成云南家庭最知心的通讯品牌。

点评：

通讯产品已从稀缺资源过渡到大众消费品，中国巨大的市场规模和发展空间吸引着国内外各大通讯运营商，业务相互渗透、区域顾客争夺日趋激烈，新业务的开发和价格战在所难免。针对特定市场环境，云南电信提出的"我爱我家"话费共享计划具有很强的实践意义。

1. 本案摆脱低层次的价格战，将促销活动引入"有价值，更有价值"的良性竞争蓝海，有效地提升了"电信"品牌的文化价值。

2. 定位于"首个为全家人量身定做的话费套餐"，将亲情交流与沟通纳入广告之中，既符合促销主题，又能与目标公众达成共识，具有很强的针对性和沟通力。

3. 在传播过程中，诉求单一、明确，"捆绑免月租，互打免费"的利益点突出。但这一促销主题有待于今后融入更多的活动内容和解决方案，丰富主题内涵。

——李振国

泉州114号码百事通品牌推广

广 告 主：中国电信集团泉州分公司 — 泉州114号码百事通

广告代理：蓝道广告公司

2006年，中国电信传统114查号台全面升级，并更名为“114号码百事通”，为大众提供综合信息服务。

为提升公众与企事业单位对“114号码百事通”的品牌认知度与使用度，改变人们以往的认知印象，不断提升品牌价值，必须进行品牌推广整体策划，加大市场推广力度。

2006品牌规划分三阶段进行，即推广期、扩张期、提升期。围绕着 “世上无难事，有事就问114”的广告主题，组合运用多种媒介开展立体传播，取得了较好的传播效果与经济效益。

114的化蝶之变

2006年，中国电信传统114查号台全面升级，并更名为“114号码百事通”，以下简称“号百”。

作为最方便的电话号码搜索引擎，114凭借其庞大的信息库和便捷的查询系统聚集了大量的用户群，拥有很高的品牌认知度。“号百”是在原有114查号服务基础上推出的全新服务，是一切基于中国电信114台的增值业务的统称。其目的是在充分挖掘和整合用户号码信息的基础上，延伸和拓展传统的查号业务，满足用户现实和潜在的各类信息查询需求。升级后的114实现了从简单电话号码查询向提供语音生活导航服务综合类信息服务平台的转变，一改以往业务单一的丑小鸭形象，摇身一变，成了“无所不能”的金凤凰。它不仅可实现简单的企业号码、地址查询功能，还可提供指路、旅游、购物、餐饮、酒店、娱乐、家政、出行等生活信息的查询服务和行业首推、企业详查、单位总机等企业增值服务。不论是服务范围还是服务性质都有了本质上的改变。

蓝道广告2006年4月接手泉州电信“号百”项目，通过深入的市场分析以及企业内部诊断，为该项目的推广做了大量准备工作。

发现问题、解决问题

问题：

“知百事，通天下”，中国电信在2006年世界杯足球赛期间打出的“号百”广告，凭借轻松愉快的广告氛围给观众留下了深刻的印象，品牌形象初步凸显。广告中漂亮大方的花店老板引起了不少网民的关注，纷纷询问该女主角的芳名。网友的交流与讨论无形中加强广告传播强度与传播范围，消费者对“号百”的认识逐渐清晰。但在“号百”引起广泛关注的同时，问题也随之出现：用户认为，既然你打出了“百事通”的招牌，就得真的“通百事”才行。于是各种各样的问题接踵而至：有人来电咨询心理问题、有人询问孩子学习不好怎么办？甚至有人来电咨询如何应对老公有了外遇。在形形色色的问题中，固然有恶意捣乱和抱着猎奇心态的，但更多的是因为没有理解114号码百事通的服务实质。

归根到底，出现以上情况的原因有两个：一是广告宣传不到位，消费者缺乏针对性引导；二是“号百”信息储备不足，难以提供名副其实的服务。

解决办法：

1. 没有千斤力，怎挑九百九？收集各种新鲜、有价值的信息，及时更新数据库，增大平台信息存储量，是发展“号百”业务的重中之重。此外，加强与旅游、交通等相关部门的合作不仅能够节约信息收集成本、更能确保所提供信息的准确性。

2. 规范接线员应答说辞，“老公有了外遇怎么办”，对这类问题，接线员应明确表示不在号码百事通的服务范围之内，并进一步阐明114的业务方向，让用户对号码百事通有一个明确的概念。若是用户的问题属于号码百事通服务范围，但因为信息不够完善等原因暂时无法解答的，就必须跟用户解释清楚，并告诉用户该服务功能什么时候开放。无论何种情况，接线员的回答务必保持口径一致，尽量消除负面影响。

3. 通过分析拨打记录和对用户进行抽样调查，我们发现：用户拨打114的需求内容很广，关注集中点与阶段新闻热点及广告主推密切相关。这就要求我们充分利用各种新闻契机，提供服务特色，并通过广告加以引导：在2006年度的推广计划中，“号百”将为闽台缘心连心、高考资讯、世界杯足球赛、中国雕艺节、纺织机械博览会、网博会、网洽会、茶峰会等提供全程的咨询服务。

品牌规划，三步提升

经过多年的市场耕耘，“查电话号码打114”的观念已深入人心。在消费者看来，114查号码很方便，但也仅仅是查号方便而已，对于升级后的“114号码百事通”所能提供的其他服务，大部分消费者并不了解。庞大的用户群为“号百”的推出打下了坚实的市场基础，但老用户根深蒂固的老旧观念不利于品牌形象的重新塑造。如何全面提升品牌形象，巩固老用户，发

展新用户成了推广过程中迫切需要解决的问题。蓝道为“号百”所做的2006品牌规划分三阶段进行，即推广期、扩张期、提升期：

推广期：主要针对公众客户，利用集团公司统一宣传模版，启动户外、电视、报纸等媒体，以“号百”全面升级为主要诉求，传达114由简单的查号台升级为为大众提供综合信息服务平台的信息，提升公众对114号码百事通品牌名称的认知。同时充分利用自有渠道，向企业客户推介企业详查、行业首查等增值服务。

扩张期：采用全方位的立体宣传攻势，利用报纸、户外、电视、广播、网站、DM直邮、楼宇广告、自有宣传渠道等方式开展宣传。根据信息收集进度，开展针对衣、食、住、行、娱乐、旅游、商情等主题推广活动，有效培养用户的拨打使用习惯，聚合人气，循序渐进，不断加强公众记忆，提升号码百事通的品牌知晓率、累积品牌价值。同时，开展“让114号码百事通找到你”大型主题活动，以免费发布企业信息和114新型强势媒体优势来吸引企事业单位和商家主动进行信息登记和维护，以此不断丰富114信息内容，促使114业务发展进入良性循环。此外，本阶段将继续利用泉州电信自有渠道，向企业客户推介企业详查、行业首查、电话总机等已推出的面向企业客户的信息服务。如有必要，可举办推介会辅助推广。

提升期：结合泉灵通、经典固话提升品牌价值。以114号码百事通作为丰富品牌的信息服务内涵进行宣传，从而提升泉灵通、固话话务量，减少客户离网率。持续推进号码百事通的品牌宣传，并以公众用户和企业用户使用114号码百事通的实际案例说法，通过硬广告结合软性报道的方式，不断进行品牌炒作，持续提升中国电信、号码百事通品牌的知名度和美誉度。有效结合节日和商机，持续做好114品牌信息服务的重点推介。

娱乐性包装、创意性沟通

至此，“号百”品牌规划初步成型，但想要快速达成品牌目标，有效提高广告效果，首先必须回答好以下问题：

1、广告中说什么才能既讲清楚“号百”的服务内容又吸引广泛关注引发用户共鸣?

2、怎么才能向用户更生动地传达我们的传播主题? 让用户更直观地认知我们的品牌，并真心实意地爱上我们的品牌?

3、我们说得直观吗? 方便口口相传吗? 方便记忆容易传播吗?

蓝道认为，如果继续保持中国电信一贯中规中矩的广告风格，将很难让号码百事通的广告在铺天盖地的消费信息中脱颖而出，只有破旧立新方能迅速出位。经过项目小组的多次思想碰撞，创意浮出水面：“世上无难事，有事就问114”。该广告语直指消费需求，干脆利落，充满自信。从消费者出发，讲消费者语言，既拉近了产品与消费者的距离，摆脱告知性、口号性广告形式，更能在增强广告效果的同时激发顾客的消费欲望并形成持续消费动力。

有创意才有看头，才有趣味和回味，才有吸引力，才能让人留下深刻印象，有创意才能打动受众的购买欲望，进而征服市场。“号百”的平面广告在平面表现中移花接木，把学生时代举手提问的习惯移植到日常生活场景中来，让人眼前一亮。

组合媒介，立体传播

空中地面齐出击，打好组合拳，形成立体传播效应。通过消费者生活中的每一个接触点，累积品牌好感。

随着信息服务市场的不断成熟与壮大，信息通信用户类型、结构、偏好也在发生巨大变化，需求层次也不断提高。个人用户的简单通信需求正在向支付需求、内容需求、情感需求、游戏娱乐和虚拟社区需求等不断提升；商业和集团用户也要求日益专业化和综合化的信息集成服务。中国电信通过采用新技术以及商业模式的创新，推出多种新兴业务，包括169多媒体通信网、全球眼图像业务、传真存储转发服务、七彩铃音、114号码百事通等。

媒介组合策略

	目标	组合原则	媒体组合
品牌推广期	1. 提高品牌知名度。 2. 建立品牌印象，解决消费者对品牌印象模糊和错位问题。 3. 配合业务推广，刺激拨打，提高商企参与热情。	空中地面齐出击，打好组合拳，形成立体传播效应。通过消费者生活中的每一个接触点，累积品牌好感，刺激拨打量。	使用大众传播媒体，大范围传播品牌形象与产品讯息，提高消费者的广告接触频次与拨打几率。媒体主要选择电视台的新闻性栏目等收视率较高的栏目；配合报纸、广播、网络、户外及终端，利用新闻炒作、软性广告、POP卖场布置等渗透性传播，迅速提高品牌知晓率。
品牌扩张期	1. 提升品牌形象，加强记忆； 2. 丰富业务内容，提高拨打频次； 3. 提高商企参与广度，丰富各种实用信息量。		选择高收视率的电视栏目配合报纸、电台进行节目合办，软硬兼施，培养拨打习惯、强化品牌印象、推广明星业务。
品牌提升期	1. 树立品牌个性，丰富品牌联想； 2. 培养消费者拨打习惯，加强拨打黏度； 3. 前后互动，促进114良性发展。		此阶段的媒体选择主要用于提升品牌形象和保持记忆度。在特殊时期及节假日可加大大众传播媒体的使用量。报纸、广播等主要配合SP活动发布。

这些新兴业务一开始在中国电信的收入中所占比重很小，但发展迅猛。随着新旧技术的交替、市场的进一步成熟，新兴业务所占的比重日趋增大，甚至超过传统业务，大有后来居上的趋势。以号码百事通为例，该业务的推出使中国电信114查询台的整个商业模式发生了实质性的转变。它不仅仅是一个新业务的建设，也是中国电信向综合信息服务提供商转型的开端。预计到2010年，全国使用过“号百”业务的用户数将达到1.5亿。届时，作为都市生活新指南的“号百” 将真正融入大众生活，成为大众用户和企业、政府之间沟通和交流的信息桥梁。

点评：

新产品的推广，品牌价值的提升，关键是找出新产品与品牌的核心价值点，找出达成目标的主要障碍与解决问题的核心思路。本策划案的成功之处恰恰在于此。

从该策划案可以看出，蓝道公司准确把握了客户——中国电信泉州分公司的业务需求，准确分析了“114号码百事通”的核心价值点与市场推广障碍——消费者认知上的差异，进行了品牌推广的整体策划；对“114号码百事通”进行了富有创意性的产品娱乐化包装，创造性提出与品牌价值定位相吻合、表达非常准确贴切的广告主题口号——“世上无难事，有事就问114”，在品牌推广的不同时期都组合使用多种媒体开展整合传播，符合现代广告策划运作的发展趋势，实际效果应该很好。

——樊传果

神舟电脑“抢签超女”事件营销

广 告 主：深圳市神舟电脑有限公司

广告公司：东方船广告传播机构（北京/广州/南昌）

成立仅四年多的神舟电脑以低价策略，打开了市场销路，初步确立了品牌的市场地位。为全面启动神舟品牌提升工程，寻找合适的代言人，为神舟即将推出的笔记本电脑时尚新品做推广，当2005年8月“超级女声”总决选落下帷幕之后，东方船和神舟电脑在第一时间抢占先机火速抢签“超女”全国总冠军李宇春，将消费者对“超女”的关注与迷恋转嫁给神舟，使得广告的轰动能量在大流量的市场环境中得以快速释放。

神舟电脑在中国PC格局进入重新组合阶段，在被业界称之为“IT业的寒冬”的2001年冬天，抓住电脑消费的平民化契机，以“黑马”姿态昂然杀入市场。凭借民营企业在决策机制与成本控制上具有先天优势，以及自主研发与品牌制造两大利器和渠道的扁平化和“麦当劳”式加盟体系，在市场上创造了一系列奇迹。

成立短短4年多时间的神舟电脑，以平价为锋刃，连续出击，在业界屡掀狂潮。在2005年8月国际权威调研机构IDC公布的2005年第二季度PC市场调研报告中，神舟笔记本在中国笔记本零售市场占有率仅次于并购国际著名品牌IBM后的新联想，稳居排行榜第二位。

“平民化”的困惑

在获得骄人成绩的同时，困扰也随之而来。国人心目中“便宜无好货”的消费偏见始终笼罩着“神舟”品牌，让神舟无法跻身名牌电脑的行列。神舟面临的急迫问题有二：

第一，如何增强市场竞争力？纵观当今笔记本市场，低价位的确是一副好牌，但已经不能决定整个牌局了。很多厂商只推出一两款低价产品，来控制低价位市场。众多低价产品汇聚到一起，就成了神舟笔记本庞大的敌人。太多的低价使得神舟的低价位变得不那么吸引人了。此时，如何通过更有效的品牌营销手段提升神舟的市场竞争力，成为了紧迫的课题之一。

第二，如何提高品牌形象？通过调查我们发现，神舟的消费者都不愿意承认自己买了神舟电脑。他们得到了神舟低价的实惠，却在心里认为神舟无法与高价的知名电脑品牌媲美。神舟已以超级“平民化”的价格获得了普罗大众的青睐，接下来要做的就是提升品牌形象，完成从产品到品牌的飞跃。这也是使得神舟取得恒久市场竞争力的一个制胜之道。在以平价跑马圈地、向市场要销量之后，一场品牌提升的攻坚战势在必行。

闪电战，让“超女”搭载神舟

2005年8月，神舟电脑即将推出在外观设计上脱胎换骨的“优雅”系列笔记本电脑和国内首创的可爱宝一体化电脑。神舟电脑和伴随其整个发展历程的广州东方船广告有限公司，开始寻找合适的代言人，为神舟即将推出时尚新品做推广，并拟以此为契机，全面启动神舟品牌提升工程。

谁是最合适的代言人呢？我们考虑过徐静蕾，也考虑过从高校中挑选人才。但最终，在全国大热的“超级女声”进入了我们的视野。

早在2005年7月24日《广告导报》在湖南广电中心举行理事会期间，嗅觉灵敏的东方船广告董事长赵树明、总经理王郁斌就和“超女”主办方进行过初步接洽，有意撮合超女来代言神舟电脑，事实上，很多企业也已经盯上了“超女”背后巨大

神舟台式电脑4880篇

神舟可爱宝电脑

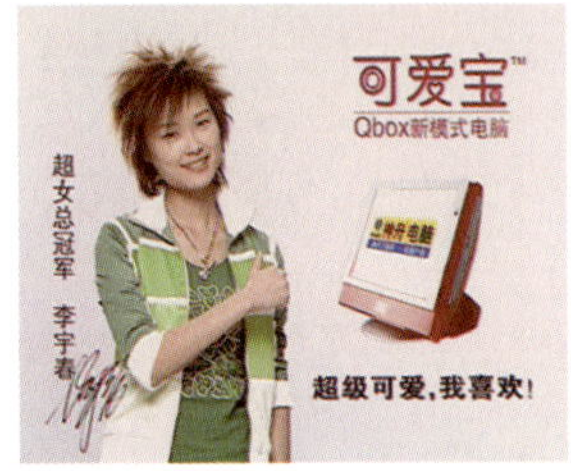

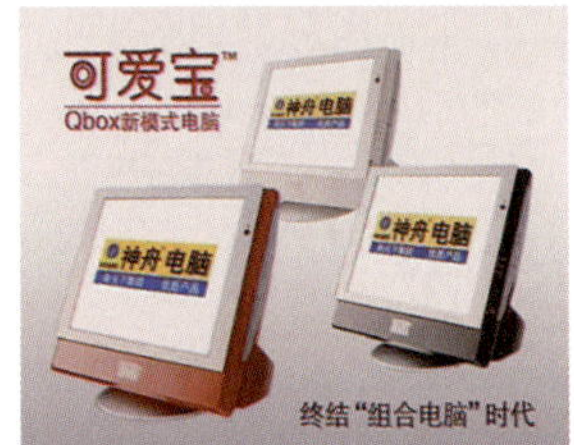

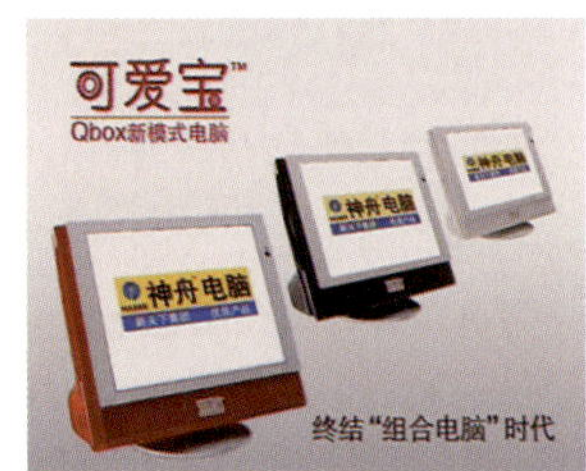

的商业契机。

2005年8月26日，随着“超级女声”2005年的总决赛落下帷幕，这一全民狂欢运动画上了圆满的句号。刚从南昌赶回广州的东方船董事长赵树明在第一时间和“超女”主办方天娱集团王鹏董事长沟通，迅速明确合作意向。在得到初步的肯定答复后，便火速赶往深圳机场，与神舟电脑吴海军董事长会合，双双飞往长沙。

下午5点多到达长沙以后，二人立刻与天娱王总进行谈判，最终以7位数价码签约“超女”全国总冠军李宇春。第二天一早，赵吴两位董事长又火速赶回深圳，火速召集双方人马，经过两个小时的沟通，确定了影视广告的创意。从迅速出击，到签约，再到确定电视广告的主题和方案，整个过程仅仅24小时，令人无法想象的闪电般的速度！之后有传闻说，另外也有几家企业瞄上了“超女”，只是在神舟电脑和天娱方面洽谈签约事宜的时候，它们可能还在开会商议左右权衡举棋不定。

“非主流”身份之下的市场与产业先锋

2005年，几乎可以称为中国“超女年”。一档普通的娱乐节目，最终演变为一个让很多人瞠目结舌百思不得其解的社会性事件，制造了一个不知是否“绝后”但是肯定“空前”的中国电视史上的奇迹。“超女”把各种娱乐制造因素应用到了极致，同时创造了巨大的商业价值。

一脉相承的平民化特质，请看“超女”节目主管者和主创者对于节目所达成的共识：“所有的环节、元素都必须具备最大众的特质”。“超女”凭借降低参赛门槛等手段，成功地使“超女”成为大众喜欢和追捧的对象，得到了最广大的普通民众的广泛认可。

神舟电脑从创立时起，就喊出“做中国人买得起的电脑”的口号，并凭借总成本领先优势，把电脑价格拉下了马，圆了老百姓的电脑梦。凭借优越的性价比，神舟电脑得到了广大消费者的广泛青睐。李宇春的率真霸气令人折服，青春时尚的形象与神舟新产品不谋而合，而且梦想实现的化身李宇春作为“平民天后”，和“平民电脑”神舟一样，都是老百姓的选择。

神舟和超女，虽然处于不同的领域，但是凭着“敢为天下先”的创新态度和民本主义视角与平民化路线，抓住市场和产

神舟优雅笔记本

神舟优雅

超女总冠军
李宇春
超级优雅 我喜欢

超女总冠军
李宇春
超级优雅 我喜欢

神舟笔记本电脑优雅系列

HASEE 神舟电脑
新天下集团 优质产品
神舟"优雅"系列
centrino

神舟电脑
天下集团 质产品

HASEE 神舟电脑
新天下集团 优质产品
神舟电脑形象代言人
2005"超级女声"总冠军
李宇春
超级可爱 我喜欢

模式电脑

业发展过程中稍纵即逝的契机，以“非主流”的身份，为产业和市场重新拟定规则。

以品牌打造恒久销售力

让人气十足且青春时尚的李宇春代言神舟电脑新产品神舟笔记本“优雅”系列和“可爱宝”一体化电脑，将消费者对“超女”的关注与迷恋转嫁给神舟，使得广告的轰动能量在大流量的市场环境中得以快速释放，同时也能让消费者看到神舟电脑在外观上的时尚路线和雄厚的企业实力，借势“超女”，达到迅速提升品牌形象的目的，在推出新广告片的同时，与消费族群近距离沟通。

2005年9月17、18日，广州东方船广告有限公司完成了李宇春代言的神舟电脑新产品影视广告；“十一”期间，神舟笔记本“优雅”系列广告和神舟“可爱宝”电脑的影视广告在央视一套全新登场。

选第一时间、抢第一超女、上第一媒体、争第一品牌。

凭借敏锐的市场洞察力和快速的事件操控力，东方船和神舟电脑在第一时间抢占先机，火速抢签“超女”全国总冠军李宇春，引起巨大反响，广泛的消费者受众面和高频率的媒体助阵，为神舟电脑新产品的全国推广和品牌提升打开了又一个全新的局面！

点评：

事件营销是塑造与提升品牌的重要手段，如果运用得当，能起到事半功倍的效果。

事件营销成功的关键就是善于“借势”和“造势”。东方船此举，应该算作事件营销中“借势”比较成功的案例，在注重时效性和快速反应方面，做得比较突出。

第一时间抢签“超女”，抢占市场先机，完成资源的最大化占有，体现出东方船对于市场机会异常敏锐的感觉。寻找品牌代言人，关键是代言人的知名度与美誉度要高，人气较旺，消费者对代言人的认知印象要与品牌定位相吻合，有利于强化品牌形象。让人气十足且青春时尚的李宇春代言神舟电脑新产品神舟笔记本“优雅”系列和“可爱宝”一体化电脑，将消费者对“超女”的关注与迷恋转嫁给神舟，同时让消费者看到了神舟电脑在外观上的时尚路线和雄厚的企业实力，达到了迅速提升品牌形象的目的。

——樊传果

好记星品牌形象重塑运动

广 告 主：上海好记星数码科技有限公司 — 好记星数码学习机
广告公司：广州平成品牌管理咨询有限公司

中国数码学习机市场日渐成熟，市场竞争日趋激烈，消费者对产品功能和品牌形象的要求越来越高，消费者对直销广告的不信任严重影响到好记星等品牌的成长。为摆脱这种局面，提升品牌形象与销售业绩，“好记星”开展了“以情感的力量建立消费者认同，从焦虑营销走向情感营销”的品牌形象重塑运动。采取的创意表现策略与媒体策略也都具有较强的创新性，强调情感营销、情感诉求与媒体整合传播，取得了显著的传播效果与销售效果。

市场综述

“高速发展，承诺透支，品牌危机”的行业： 自2003年中国数码学习机市场启动以来，经过爆发式增长，进入2005年，数码学习机迅速蹿升为数码领域的主导产品，成为继复读机、电子辞典、MP3之后，业内最受关注的产品与市场。

好记星在早期独树一帜的“保健品式营销”的营销模式更是迅速催生了当前英语学习机行业的繁荣局面，文曲星、步步高等电子辞典厂商以及爱国者等数码产品厂商纷纷入局，不仅市场整体容量在不断扩大，学习机的大环境也趋于成熟。

随着市场的成熟，消费者对产品功能和品牌形象的要求越来越高，保健品营销模式开始失灵，加上近年来直销广告存在着众多虚假、欺诈现象，消费者对直销广告的不信任，这种不信任严重影响到好记星等品牌的成长。同时，经过各大品牌“海陆空”外科手术般的广告轰炸，学习机市场消费者在购买学习机产品时不再一味听信广告，消费理念和品牌意识快速成熟。

“2006年ELP行业价格低飞年”——2006年行业进入透支期，全面开展价格血战，在没有品牌，又没有远景的行业是不会有未来的。

“好记星作为领导品牌首当其冲，需要带领行业解决公众质疑”： 如何消除消费者对品牌的信任危机，摆脱这种恶劣的竞争环境，继续领导英语电子学习工具ELP行业，使之向大英语产业升级，成为好记星持续发展的战略性任务。

创意策略

“以情感的力量建立消费者认同，从焦虑营销走向情感营销”，开展一场大英语产业的形象优化战。

媒介策略

“长版本情感型电视广告”策略： 广告、促销、公关、售点广告在纵向上结合消费者的特点进行沟通，横向上则结合不同媒体的特点进行沟通。

“三级覆盖”的媒介选择：

电视广告：形成“地方电视台-卫视-中央电视台”三级覆盖，其中与中央电视台招标时段的结合，是“好记星”品牌传播的战略性决策，黄金招标时段广告有助于好记星建立权威、值得信赖的品牌形象，从而为好记星的健康发展保驾护航。

报纸媒体：主要选择各地主要都市报、晚报，以家长为主要诉求对象，密集式地投放整版或半版报纸广告，迅速拉动市场，建立了消费者对产品功能的认知。“心有大未来”MTV也得到中央电视台的认可，在央视多个频道上免费播出。

户外媒体：主要选择公交车站台、地铁站台指示牌等易于受到行人关注的户外媒体进行投放。

网络媒体：主要选择门户网站、科技网站等进行软文投放，引起网民对好记星“心有大未来”形象工程的关注。

效果证明：

效果一：中国消费者认知研究中心在调查中发现89%消费者对好记星“心有大未来”品牌主题产生好感；在广告运动开展之后，对好记星的负面信息大幅度下降，消费者更加认同、信任好记星品牌，质量、价格问题的负面信息也逐渐脱离品牌而限制在产品层次上。

效果二：保持增长势头，同期增长率达到25%，1-5月市场份额22.06%。

点评：

虚假广告的泛滥造成消费者对广告的不信任，进而波及产生对品牌的不信任危机。如何消除消费者对品牌的信任危机，是每一个品牌成长过程中都要面临的问题。

“好记星”公司通过开展情感营销，同时实施“长版本情感型电视广告”策略，强调广告、促销、公关、售点广告要在在纵向上结合消费者的特点进行沟通，横向上则结合不同媒体的特点进行沟通，在电视、报纸、网络、户外媒体上开展不同内容与形式的广告宣传，策略较为精准，广告创意表现得执行力也较好，因此，效果也非常显著。

——樊传果

“移动气象站”推广案例

广 告 主：中国移动通信集团北京有限公司—“移动气象站”服务
广告公司：北京灵狮广告有限公司

2003年，北京移动推出全新产品“移动气象站”。但经过一段时间之后，大多数手机用户对此项服务仍毫无了解，在此背景下，“移动气象站”的推广任务便被提上日程。

为此，创意人员首先分析了“移动气象站”的产品独特优势与利益点，分析确定了产品的主要目标消费群体特征与消费需求心理，进而明确了产品传播诉求点：随身的气象服务。在广告创意阶段，充分考虑到受众特点、产品诉求点及之间的联结点，以“卡通形象的手机挂链”为表现元素，创作出生动形象又富有说服力、感染力的系列广告。

2003年，北京移动推出全新产品“移动气象站”。但经过一段时间之后，大多数手机用户对此项服务仍毫无了解，在此背景下，“移动气象站”的推广任务便被提上日程。这里，就把推广方案简单概括与各位分享之。

首先，传播任务既已确定为推广“移动气象站”的气象服务，那么接下来就要对产品提出一些基本的问题：一、产品的服务是独特的吗？答案显然是否定的，因为传统的气象服务早已存在；二、那传统的气象服务有哪些呢？这个大家都很熟悉了，比如电视新闻后免费播报、报纸头版免费刊登、拨打收费声讯台可查询等；三、产品自身的特点是什么？这一点很重要，“移动气象站”可通过手机发送气象信息，而且可以随身携带。显而易见，这是产品最大的优势，也是整个推广方案必须抓住的出发点。

对产品有了简单认知之后，就要提出下一个问题：谁是目标消费者？在这里，不妨对消费者进行一下细分。

我们可将手机用户分为三类：一、“传统文字型一代”。他们是完全接受传统的、以文字逻辑教育为主的受众，在成长过程中接触的是以文字为主的媒体，因此对文字更为敏感，有读报习惯。接触媒体主要有电视、报纸，对产品的接受度不高。二、“文字与视觉一代”。他们于20世纪70年代前后出生，是处于中国由计划经济走向改革开放的过渡期人群，儿时经历了与上一代人同样传统的教育，但在年轻时受到“电子时代”的冲击，对电视、电影、MTV等新媒体所带来的视觉文化也有着很强的兴趣与接受力，他们读报，但不是习惯性的。接触的媒体主要是电视、网络、报纸，对产品的接受度较高。三、“视觉新一代”。他们出生于20世纪80年代以后，生活在电子时代，是接受视觉传播的新人类。他们在电视、电影、演讲、MTV和口语的熏陶下成长，教育主要是通过音效、象征、符号、图像等进行沟通，对于符号、图像的接受力更强，新生代、新新人类等等是对他们的称谓，接触媒体主要是网络、电视，对产品的接受度很高。

显而易见，在“传统文字型一代”、“文字与视觉一代”、“视觉新一代”三类消费者中，后者便是“移动气象站”这一新服务最为核心的目标受众。因为传统气象服务有着诸多不便，尤其对于视觉新一代而言，对于电视新闻的非习惯性收看、对于报纸的非习惯性阅读、每天拨打声讯电话的不便利，都会促使他们接受“移动气象站”的服务；而且，手机是他们生活中不可缺少的重要媒体，而“移动气象站”的气象信息储存在手机里，可在需要时随时查看，这一点，是其最易被接受的利益点。

接下来，我们需要更深入地了解一下目标消费者的内心需求，即大家常说的“消费者洞察”。我们要清楚目标消费者所拥有的类似的需求和关心的事情，比如他们的生活喜好是怎样的（以确定广告诉求），他们的文化心理是怎样的（以确定创意切入点及广告调性），他们的色彩喜好是怎样的（创意的色彩搭配），他们的文风喜好是怎样的（广告的文案及设计调性）等等。通过一番调查与研究，我们可以得到以下讯息：他们生活在这个动漫文化流行的电子时代，朱德庸的漫画每本必读，还喜欢几米的漫画，另外还热心于网络上的各种FLASH制作竞赛、爱看新闻报纸上以“漫画”形式讲述的故事、热情收集猪卡通、小新、流氓兔、KITTY 猫等饰物。看到这些，我们基本上已经心中有数了，似乎看到了作品的大体轮廓。

于是，我们将目标消费者的特点与手机的特点以及手机文化的影响结合起来，将传播的诉求确定为：随身的气象服务。

在广告创意阶段，我们充分考虑到受众最爱的动漫文化、产品与手机的密切关联、服务随身的特点，从而找到了一个个性鲜明的切入点：卡通形象的手机挂链。这样，既可抓住目标消费者的喜好与关注，保持整体色彩鲜亮活泼，又可将产品特点简洁有力地表达出来。此外，在文案方面，也考虑了使用简单、随意、更为人性化的文字，于是"嘘寒问暖，一路相伴"便应运而生。

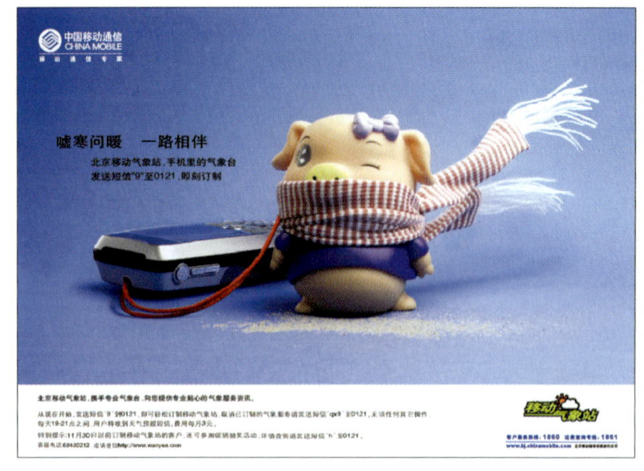

下面，就来看一下我们为"移动气象站"所创作的系列作品《下雨篇》、《降雪篇》、《起风篇》："移动气象站"可以随时随地通过手机获得气象信息，因此跟手机关系最亲密的"手机链卡通人" 便得到了随手相伴的关照，无论下雨、降雪还是沙尘暴，都早有防备。

后话：

此套方案推出一段时期以后，北京移动增值业务广告效果评估经CTR市场研究发现：受众对此系列广告的喜爱率近50%，移动气象站的知名度也随之有大幅提升；卡通形象的造型和神态生动可爱，大大增加了受众对广告的好感度；卡通形象的色彩搭配赏心悦目；"嘘寒问暖、一路相伴"的亲切广告语，充满人性化关怀；树立起了有益的品牌形象。这可作为对此方案的一个肯定，在此与各位分享，希望或多或少有所收获。

点评：

做好新产品推广策划的精髓是依据推广目标找准产品具有竞争性与独特性的价值利益点，找准产品的目标消费者，分析把握其人口统计特征与消费心理特点，找准传播诉求点，然后再做好广告诉求表现策略，做好广告创意。在这几方面，该策划案做得几乎无可挑剔，尤其是对消费者心理的分析与广告表现创意，非常到位。因此，广告刊播以后，水到渠成，取得非常好的效果。这就是广告策略精准的魅力，大创意广告作品的魅力。

——樊传果

精英招聘1010job.com的非传统执行

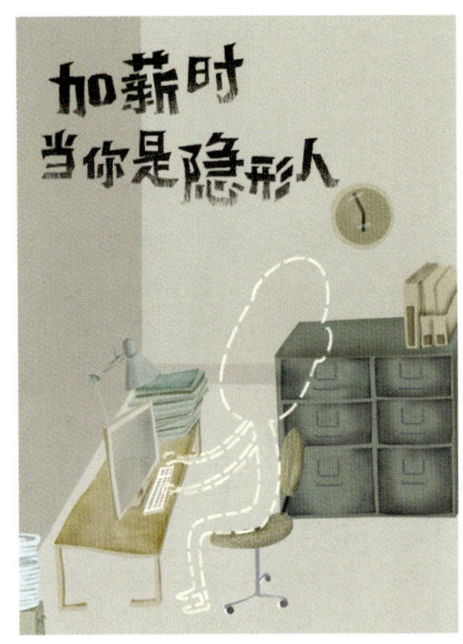

广 告 主：精英招聘1010job.com

广告公司：上海李奥贝纳广告公司

总部位于香港、刚刚登陆上海的“精英招聘1010job.com” 带着大量的期待和少量的预算找到李奥贝纳，希望能帮助他们有声有势地登陆上海！

面对这个难度颇高的任务，创意小组在广告主题创意、广告媒体选择、广告文案、广告表现策略等方面下足了功夫，尤其是网络广告传播、手机短信传播等运用得非常到位！

一个个好创意，大创意，破土而出。1010job.com知名度随之迅速打开。

有人对你说：加班时当你是超人，加薪时当你是隐形人！

有人给你发消息：圆的是月，缺的是钱，痛苦加班是今天。

有网络红人秀给你看：面试，你准备好了吗？

这些，就是最近为“精英招聘1010job.com”所做的系列广告活动。让一个求职网站，一改找工作的沉重，把求职辛酸演绎得让你会心一笑；一系列广告，也一改线上线下的老一套，用不像广告的广告疯狂刺激你的视听神经，骂老板不怕被炒，牢骚有多少就发多少！只因求职也疯狂！

回想当初刚接brief时汗涔涔的模样：客户带着大量的期待和少量的预算找到我们，希望能帮助他们有声有势地登陆上海！相比已在本地运作多年的竞争对手来说，总部位于香港、刚刚登陆上海的“精英招聘1010job.com”处于绝对劣势，我们必须想办法把“1010job.com”这个新名字最快最广地传播出去，同时把求职者大把大把地带进网站来！而当听到具体预算后，一阵心惶脑钝，冷汗滋生，而后TVC+Print+Outdoor+POP百试不爽的老组合悲壮地自杀——没有这样的预算，却要达到只大不小的传播效果，该怎么办？脑子真空片刻后直觉说：这回得玩点特别的了！

全组对着这个几乎“不可能完成的任务”开始玩命，一整天未果。第二天，与客户深谈，大有收获，那就是感受到客户和我们有着一样的激情，有敢于尝试新事物的勇气，更有着对我们的信任！（广告人一旦有了这样的支持，会比拿到大笔预算更玩命工作！傻？）第一次提案2天后到来，我们先从花费较低的户外媒体杀出一条血路，地铁车身、双层巴士、地铁内海报等一系列创意从求职者的心态出发，以幽默讽刺的基调传达出“工作不如意？来1010job得到你应得的”的信息，一套平面海报以插画形式带出求职者心声，同时在地铁站内的座椅、公车站等地也有相应的创意配合。提案当场，创意全过，客户非常喜欢插画形式的系列平面，也肯定了双层巴士的创意，当即拍板执行！终于舒了一口气。

一边开始平面稿的执行，一边还总觉得缺了点什么，还是不够特别！光靠现在这些，并不足以达到希望的效果。还有什么方法能用最短的时间、花最少的钱把求职者拽进我们的网站呢？全组重新战斗ing……就在某个晚上，还没想到狠招正要抓狂，有人辛酸地唱起二人转来：大哥你玩广告，你玩它有啥用啊！Bingo！为什么不给他做几首歌呢？把工作中想发的牢骚想说的话，全都给他唱出来，1010job就是牢骚后的选择！“做歌可以，但怎么传播呢？”“有网络啊！”现如今，“芙蓉”当红“菊花”香浓，“后舍男孩”正得宠，等赵英俊签名的要排长龙……现在网络的传播力已经大大超过传统电视，而成本只是投放电视的零头！我们的target白领们更是“一日无网不欢”，借助网络打开缺口，再配合传统媒体炸开竞争对手的堡垒，绝对可行！

有了网络这个大舞台，还有什么不可能？最快乐最疯狂的时刻到来，憋了很久的广告熔岩瞬间迸出，每个人都放开手脚，idea很快出炉：做几首网络rap歌曲，唱出不同职业的心声！几条网络短片的构想也基本成型，不劲爆不罢休！从平面引申出来的各类插画可以做成聊天头像、电脑壁纸供人下载；除了因特网，当然不能忘了手机网！自编短消息来传播正式的广告，由来已久的念想终于有了实现的机会！我们的copywriter更是乐此不疲，过了一把短信写手的瘾！而所有这些，都能够在1010job网站下载和转发。

拿出这套想法后，客户终于露出“惊喜”的表情，没说二话就拍板执行！（由衷敬佩客户的勇气……）而相比以往，这次的执行尤为关键，简单地说，一定要疯、要过瘾！要让人看了愿意去主动传播！

确定了这样的目标，才发现执行真的不容易：

平面插画要做到完全不拘一格，希望给插画师最大的空间，每一张稿又能有自己的特色。与插画师不断沟通，终于没

手机短信

1. 白领民工

上班基本靠走，福利完全没有，老板天天乱吼，老婆月月伸手，加班加到抽抽，还装精神抖擞！快上1010job.com，好工作早出头。

2. 往事随风

项目出意外，赔了！老板没人性，闪了！多年的积蓄，没了！到手的女友，吹了！人生如此下去，废了！上1010job.com，对了！

3. 月夜相对论

圆的是月，缺的是钱；痛苦的加班是今天；甜的是月饼，苦的是月薪，老板个个没人性！月光下上网去，好工作在1010job.com等着你。

4. 月下愁思

窗前明月光，窗下加班忙，举头是文件，低头啃干粮，双亲遥相望，佳节又泡汤！还等什么，快上1010job.com，好工作无限量。

5. 国庆日

今日思友无数，想来数你最苦，举国欢歌热舞，众里寻你百度，仍在办公室深处。还不快上1010job.com，找到更好前途。

有失望，只有惊喜；rap歌曲从写词到寻找乐队却是一波三折，试过本地多家乐队，不幸几次返工，最后“跋山涉水，翻山越岭”，左求右拜欠下半辈子人情才找到北京的某乐队“操刀”，老天终不负我们这做歌有心人，果然每一首歌都够劲够疯……而网络video也由于成本太低，难以向心仪的导演启齿，所幸凭着一张三寸厚皮老脸终于成功说服导演，不仅收钱少少还打着十二万分的精神为片子卖命操劳……（此刻有人说：出来混，迟早要还的……寒ing）

就这样，这套疯狂而不知要怎样去命名的campaign陆续出街，各类传统与非传统的资源整合出击，网络作为一个巨大的平台，深挖出了许多新兴媒体的潜能，一时间，带有1010job广告信息的歌曲、短信、短片、壁纸甚至聊天头像在网络上迅速传播开去，广告投放数周以来，客户网站（1010job.com）的点击率已增长400%，并还在稳步上升；更有多家媒体在看到“1010job”的广告后主动上门采访，还引发了一场关于职场心态的“辩论”，有支持说“骂老板痛快”的，也有声音说“要理性看待雇佣关系”，是非暂且不论，激起了大家的如此讨论，真有点始料不及……

而这套疯狂campaign得以出街，“疯狂”客户绝对功不可没：

拿歌词给客户确认，本以为词里偶尔的“放肆”会被大皱眉头大刀砍掉，谁知客户笑翻天还鼓励我们“步子迈大一点”；平面插画初稿过来客户勾着我们肩膀说：这个猪头我喜欢！短消息出炉的那一天，客户拿出自己的手机一遍一遍转发传阅……我想我们是幸运的，我们遇到了尊重创意，信任伙伴，必要时挺身而出为创意护航的好客户。

回想整套活动出炉的始末，一是幸运，二就是过瘾。只因这种感觉实在久违，广告人心底的那点小得意于是暴露无遗（此处省略门牙数颗）……希望客户的生意更好，希望下一次合作惊喜更多……

1010job.com创意阐释

创意角度：从求职者的心理层面出发，以幽默讽刺为整体基调，带出“工作若不如意就来1010job求职”的信息。

非传统执行：整合一切可利用的媒介全方位出动，除了传统媒体（报纸杂志、户外车身、地铁包车、车内海报等）外，更利用了许多“新兴媒体”来传播广告信息：例如短信、网络video、网络rap歌曲，甚至还设计了相关的壁纸、聊天头像等供人下载！

非传统风格：执行要疯、要过瘾！风格要多样！确定了这样的目标，一切作品都像插上了翅膀，跳开所有条条框框，给予执行充分的空间，从插画师，到制作歌曲的乐队，都放手让他们发挥，疯玩到high，不尽兴不罢休。

非常效果：广告投放2周以来，客户网站（1010job.com）的点击率已增长400%，并还在不断上升。更有多家媒体在看到“1010job”的广告后主动上门采访，几何级数的传播效果正在蔓延……

点评：

李奥贝纳广告1010job.com的创意团队演绎了一场富有广告人激情的大手笔创意，对该项业务目标的把握、求职者心理的分析非常准确，在广告媒体选择、广告文案创作、广告创意设计等每一方面的创意无不表现出创意人的聪明才智。一口气读完全篇，细细品赏其中奥妙，即应验了广告要想取得好的传播效果，既要讲究科学性，更要在艺术性上下足功夫，尤其在费用预算捉襟见肘的情况下，更要如此。只有在广告创意上玩出大手笔、大创意，才可能达成广告目标！

广告主的开明、开放与果断勇敢也是这次广告成功的主要原因之一。 ——樊传果

Media & Publishers
媒体与文化产品类

《盛京车鉴》汽车广告专版策划

广 告 主：《辽沈晚报》—《辽沈晚报》广告经营中心汽车专刊部
广告代理：《辽沈晚报》广告经营中心汽车专刊部

高速——本次特刊是汽车专刊部有史以来推出速度最快的特刊。
高质——本次特刊真正称得上是《盛京车鉴》典藏式的恢弘篇章。
高效——本次特刊的效益有经济、社会、行业三方面的突出表现。

《辽沈晚报》广告经营中心下辖的汽车专刊部，成立于8年前，经过不断地发展提高，现已成为东北地区乃至全国最有影响力的报纸类汽车专刊之一，其权威媒体的地位和广告创收额在东北首屈一指，地位无可动摇。近年来虽然同城媒体不断挑战其霸主地位，但是依然无法撼动其辽沈汽车类广告市场近50%的市场份额。这其中的原因，除了强势媒体的发行量居于东北地区首位、汽车专刊的内容深受读者和汽车生产厂家经销商的欢迎之外，汽车专刊部丰富多彩、紧扣时势的各种类型的大型活动策划实施，几乎每个月都盛事迭出，引人关注。尤其是今年以来，传统平面媒体形势严峻，面临前所未有的新的挑战。在这种形势下，以大型活动吸引眼球，寻求新的广告收入增长点，更是汽车专刊部全体人员的共识。

2006年7月12日，借沈阳车展为契机，《辽沈晚报》汽车专刊部推出了18个版面的《盛京车鉴——一起看车去》沈阳车展大型专题策划特刊。本次特刊无论在速度、规模、影响力、内容精彩程度、广告效益等方面，均取得了出人意料的良好效果，尤其是报社各级领导年初推行的新闻平台整合措施，在本次特刊的推出上显示出了良好效果，为取得骄人战绩奠定了基础。

7月12日，沈阳地区每年一次的“中国沈阳国际汽车博览会”在浑南国际会展中心举行，这个沈阳地区比较大的汽车活动，由于组委会对媒体的宣传推广作用不是很重视，与媒体的联系沟通不是很密切，所以今年虽然已经是第五届了，但是沈城各媒体对于沈阳车展的宣传报道并不十分重视，以前本报汽车专刊也是如此。7月初，车展即将开始前，有汽车经销商反映，希望由本报汽车专刊这个辽沈地面最具权威性的汽车媒体出一次车展广告的集中刊登，以便让参观者了解展位布置情况。针对这一情况，汽车专刊部策划人员敏感地意识到由于自身的疏忽，也许错过了一次广告增收和扩大影响的机会。所以紧急行动，连夜调查，发现确实有很多汽车经销商正在不同媒体上宣传自己参加车展的情况，为此，汽车专刊部决定抓紧时间争取在车展开幕当日策划推出《车展特刊》，在确立本报汽车专刊辽沈地区汽车媒体老大的地位和责任的同时，争取在广告收入方面达到额外增收的目的。

由于决定制作特刊的时间已经是7月7日（周五），特刊的领导审批程序和相关新闻报道的组织采写成了让人担心的问题。在紧急打请示报告的同时，也担心时间的紧迫会影响进程，可是接下来发生的事情使人深深地体会到了现在《辽沈晚报》报社领导雷厉风行的工作作风和新闻平台整合所产生的速度质量效益。接近中午，拟推出《沈阳车展特刊》的申请报告递送报社领导审批，很快得到同意推出的批示，并特别强调了调动所有采编力量全力支持工作。由此，一次创造速度、质量、效益全面丰收的《车展特刊》推出行动迅速展开。

经过紧张的攻坚之后，7月12日（周三），一份18个整版的洋洋洒洒又细致生动详实的《盛京车鉴——一起看车去》沈阳车展大型专题策划特刊新鲜出炉，详尽生动的车展详情预报、丰富多彩的参展车型介绍、张弛有度的版面美术设计、紧扣时效的观展路线向导等一系列引人入胜的新闻报道，配合齐整的参展车型厂家经销商广告，使得本次车展特刊成为一份读者参观车展的指路书和参展厂商必上的展示宣传平台。并创造了《辽沈晚报》乃至辽沈媒体速度、质量、效益全面丰收的大型活动策划特刊新纪录。

速度——本次特刊是汽车专刊部有史以来推出速度最快的特刊。

18个整版的宏大规模、70多家广告发布单位的紧急联络、详尽真实的新闻采写和十多位老总级的专访、繁杂版面的编排等等的一切，都在包括周末周日的72个小时内紧张有序地展开。在报社领导的关怀下，汽车专刊部由主任牵头，各位同仁分工协作，各尽所能，在最快的时间内完成了广告的征订工作；同时负责新闻部分采写的同志克服周末的不便，想尽各种办法完成了新闻部分的采写工作。

质量——本次特刊真正称得上是《盛京车鉴》典藏式的恢弘篇章。

虽然在时间上是仓促的，但是本次特刊在内容质量上却取得了飞跃性的提高。取得新闻内容上飞跃性提高的关键，得益于报社领导年初倡导的“新闻平台资源整合”英明决策。通过整合，使得广告客户联络、新闻采写、编辑、美编、制版、印刷、投递等方面紧紧地结合成了一个整体，极大地开发了报社的资源潜力。以本次特刊为例，在产经新闻部冯郁松副总监

A2
A2
VOLVO

2006年第五届中国沈阳国际汽车工业博览会
开幕式

TOYOTA

的亲自指挥下，版式效果上，由视觉中心设计的版式鲜活大方，精彩耐看，一改以往汽车专刊小家子气的样式；在新闻内容上，虽然时间紧迫，但是经过汽车专刊部记者夜以继日地努力采写，达到了内容详实生动全面客观的良好效果；更有新闻编采中心产经新闻部资深编辑的精彩编排，使得版面张弛有度，浑然天成，体现了本报辽沈第一媒体的整体风格。

效益——本次特刊的效益有经济、社会、行业三方面的突出表现。

首先，凭借汽车专刊自身优势，取得广告收入大丰收。据统计，共有近70家汽车厂家、经销商在本次特刊上发布广告，当天广告总额达到692137元，创造今年单日广告收入新高。应该强调的是这些都是报社领导一直倡导追求的平常广告投入之外的计划外追加广告投入，也就是"绿色收入"。

其次，由于充分发挥了整合之后采编平台的优势，使本次特刊成为报道本次车展内容最为详尽、版面最为宏大、影响力最为深远的媒体专刊。本次特刊是唯一在车展开幕当日推出，并获准进入展场派发的报纸媒体专刊，由辽报红马甲发行公司特别派出专人现场发放报纸2000多份，在车展现场造成了极大的轰动效应，除了每家参展商人手一份之外，现场手拿本报按图索骥参观展会的人随处可见，创造了良好的社会效益。

总结本次7月12日《盛京车鉴——一起看车去》沈阳车展大型专题策划特刊的成功推出和取得的成绩，主要是徐少达社长、顾剑峰总经理、刘冰副总经理等报社领导在2006年年初倡导推行的整合报社采编资源，力争将各部门整合成一个整体以取得最大的工作效率的战略决策所结出的硕果。正是有了这个整合资源的战略措施和半年来各部门之间的磨合沟通共同提高，才会在这次时间紧迫、任务繁杂、多部门协同、数字效益说话的车展专刊推出上取得胜利。

另外，本次特刊的推出，也在汽车经销商中更加巩固了《辽沈晚报》汽车专刊强势媒体的地位。就报纸而言，本报于车展开幕当日推出的18个整版的大型专题特刊，相比同城其他报纸汽车版后面几日的最大2－3个版面的车展特刊，无论在规模、内容、影响力、厂商经销商和读者认可程度上，以及由此带来的额外广告收入等实际收入和报纸品牌影响力提升等无形资产的增加等等诸多方面，都凸显出本报辽沈地区第一强势媒体的地位。

点评：

该案例有一点可以说说，该媒体经营的快速反应能力，值得国内媒体学习借鉴，对于竞争日益激烈的媒体来说，不光是内容的快速反应，经营的快速反应更加重要。

——傅博

浙江卫视综合频道形象包装策划

广 告 主：浙江卫视综合频道
广告代理：博采广告有限公司

综合频道比一般频道带有更多的“政府味”。其实，“政府味”并不意味着居高临下和官腔。相反，它应该是正气的、平等的和以民为本的。那，我们不如把它充分利用好，发挥好，以百姓真正喜闻乐见的形式，在公益广告中用心体现出来，这样，浙江卫视形象本身的频道气质反而就被托出来了。

一、背景

或者找广告公司，或者亲自操刀，现如今，“媒体包装”成了电视台一年一度的必修课。媒体包装是什么？从本质上说，它也是广告。不同的频道有不同的定位，也有不同的盈利模式，因此，在频道的包装形象背后，是昭然若揭的商业企图。只不过这一次，电视台的身份由传播媒介变身成了广告主。

在境外，频道自身广告也早不是什么新鲜事，而在内地只能说才刚刚起步。在我国内地，频道又不同于一般广告客户，电视台资源属于国家机器，没有哪一家敢宣称自己是纯粹的商业电视台，于是电视台这个特殊的机构，它有其市场运作的一面，而作为国家的播出机构，它又肩负着不可推脱的为党和政府做宣传的职责。

因此，当电视台在做自身形象宣传的时候，永远不敢忘记自己的身份。尤其是综合性频道——地位强势，背景深厚，播出题材广泛，内容网罗天下——这些自然可以解释为大台风范，但在频道定位越来越专业化细分化的今天，却难免不受到自身定位上的束缚，而这种束缚，电视台是无法自作主张去作改变的。这也就为它的形象包装出了一个难题。

今天给博采出这道难题的，恰恰就是这样一个台——浙江卫视综合频道。

二、策略

先来分析一下对手。兄弟省市综合频道在形象包装上是如何面对的呢？因为这也是国家各级地方综合性频道都会遇到的问题。形象决定于频道的定位，定位含糊不清，形象往往也就浮光掠影。纵观各个综合频道的形象宣传片，总体而言，年轻的中国电视人给出的答卷并不漂亮，创意几乎如出一辙，无外乎是一条本地风光片，最后在片尾打上自己频道的台标。

地方性就是独特性，这一点当然没错。但如果和频道的核心灵魂毫无瓜葛，再美丽的风光也只是掠过荧屏的一阵软弱无力的轻风，在观众心目中又能留下什么呢？

陈述以上种种，其实都是为了说明：浙江卫视综合频道的形象，需要“创意化的策略”。只有这样，才能从千人一面的形象中脱颖而出。广告的生命力在于颠覆，不颠覆就没有关注。“创意策略化，策略创意化”本就是广告中的定律。没有策略的创意是盲目的，而雷同的、没有想象力的策略，有如隔靴搔痒，同样也是无效的。

对应到浙江卫视，这个创意化策略就是：以公益广告的形式，为浙江卫视确立新时期的频道形象。各家电视台播放的公益广告也不少，说白了，大部分是为了完成上头派发下来的任务。直接把公益广告作为频道形象有战略有步骤地去做的，浙江卫视还是首倡。公益与频道紧密互动，系列化长线传播，以日积月累的公益系列，带动起良好的卫视频道的品牌形象，这就是我们最终的目的。

具体地说，浙江卫视需要怎样的形象？它承担着怎样的频道任务呢？

正如前文所说，综合频道比一般频道带有更多的“政府味”。其实，“政府味”并不意味着居高临下和官腔。相反，它应该是正气的、平等的和以民为本的。那，我们不如把它充分利用好，发挥好，以百姓真正喜闻乐见的形式，在公益广告中用心体现出来，这样，浙江卫视形象本身的频道气质反而就被托出来了。

另外，因为形象广告是系列的，每一支广告一个公益主题，聚沙成塔，集腋成裘，无数个小的公益主题都在支撑起一个大的公益主题，同时，也在为浙江卫视的频道做大形象。

三、创意

说到公益，很多人马上联想到的都只是诸如“节约用水”，“不随地吐痰”等等。这些的确是公益，但事实上，“公益”有着比这些更广的外延和更深厚的内涵。比如被当代人逐渐淡忘的许多中华传统美德，比如宽容、自省、科学、独立等更具时代意义的公益观念等等。举个具体的例子，在某种程度上，时下政府宣传的“八荣八耻”就是在更广意义上为公益做出诠释。假想如果把这“八荣八耻”都各做一支生动的公益广告，所能达到的效果岂是贴标语喊口号可以比拟的。

这样，我们确定了“大公益”的广告表现方向。并很快在这基础上创作了一批公益短片的创意文稿，与其说是创作，不

《风力发电篇》

《父子消防队篇》

《姐妹放映员篇》

如说是寻找。因为我们选取的题材都是真人真事。我们觉得，和创意相比，真实的事件本身更有打动人心的力量。

用真实的事件作素材，不代表把广告拍成流水账和简单的好人好事表彰。只有在事件的叙述和主题的提炼上下足功夫，才能让公益内容深入内心，真正起到公益的效果。其实在很多时候，人并不会为公益而公益，当初往往是出于个人喜好等原因，顺应本愿去做，到最后，在客观上起到了很好的公益效果。但如果我们想当然地去虚饰现实，不切实际地给主人公脸上贴金，真实的事件反而会让人感到虚假。比如《姐妹放映员》这支片子，我们从女孩子年轻时候的电影梦入手，带出她们多年来为乡亲们义务放映电影的不凡事迹，这就让公益广告透出十足的人情味来。更重要的是，这样的方式，能让观众容易生发联想和感触，反观到自己作对照，真正达到公益的效果。

浙江卫视的公益“形象工程”是个长线项目，现在的三支片子，是第一步。我们确信，只要向着这个方向，一步步扎实地走下去，一定能让浙江卫视树起一面精彩而个性的品牌大旗。

点评：

作为地方的强势媒体，用平实的手法倡导公益，真正做到了贴近百姓，贴近生活，三支广告片不同主人翁的故事中流淌着一份责任，一份对社会大众的关爱和奉献。虽然平实，却具有感染力，容易引起共鸣，如能不断坚持，一定会为浙江卫视的品牌带来更广泛的认可。

——傅博

广播媒体与演出经纪市场的互动营销

广 告 主：上海汤尼传媒广告有限公司

广告代理：上海汤尼传媒广告有限公司

资源整合、互动营销、三方共赢，完美呈现，是广播媒体广告与演出市场的互动营销模式的运用，在《亲》剧演出项目的整体执行过程中，得到了全面的运用。

1. 项目背景分析

大型舞台喜剧《亲戚朋友好算账》作为著名喜剧演员陈佩斯放弃电影事业投身舞台事业后全力推出的舞台喜剧三部曲之二，具有相当高的品牌效应。

（1）背景评估

当今的文化市场，包括一些影视剧，充满了暴力、色情、凶杀、绯闻等低俗文化倾向；好像以为只有这些才能赢得观众、赢得市场，其实不然，那只是一种短期的误导现象，大多数人还是比较欣赏有格调、有品位、追求喜闻乐见、寻常百姓生活的、有深度的演出内容和形式。而《亲》剧因为贴近生活的题材、出彩的演出、深刻的内涵吸引了更多观众，开演至今，在全国各地已演出了80多个场次，火爆异常，这充分说明此类题材是深入人心的；另一方面也说明陈佩斯的这种舞台喜剧形式是被观众认可的。

（2）群体分析

作为贴近生活、贴近百姓的喜剧种类，根据简单的调查得出应该是老少皆宜，处于社会中等层次的普通百姓尤为青睐，并且对剧目的前期宣传表示出极大的兴趣，但是他们的普遍消费能力并不是很高，200-300元左右的票价是其能承受的。

（3）时间选择

初步定于五一黄金周之后，整体的演出市场处于相对平静态势，竞争在一定程度上相对缓解，利于项目出票的执行。

（4）地点选择

该演出项目的主要受众群体为普通百姓，选择中等层次剧院与主要受众定位与其相符，并且选择繁华、方便地段。

（5）承接形式：东广新闻综合频率为主办方、汤尼传媒为承办方的合作承办。

利用大众传媒的品牌影响力和公众信任度，为项目的顺利运行搭建一个较坚实的平台。

2. 项目自身SWOT分析

（1）优势：

①《亲》剧作为陈佩斯推出的三部舞台喜剧之二，在著名演员陈佩斯、郭凯敏的带领下，具有一定的名人、品牌效应；

②《亲》剧本身的内容题材既有喜剧效果、又有深刻内涵，具有相当高的可看性；

③《亲》剧全国范围的演出已经多达80多个场次，具有一定规模的知名度。

④ 本次上海演出所选场地，地处繁华商业区、拥有较高人流量，具有一定地理位置优势。

⑤ 汤尼传媒作为广播广告的代理商，拥有相当的媒体资源优势。

（2）劣势：

①《亲》剧于年初刚来沪进行过首次公演，同年5月即来沪进行第二轮演出，那么近的时间差将流失一部分的观众群体。

② 存在地方差异，北方剧种在上海是否能进一步吸引消费群体有待商榷。

（3）机会：

① 目前的演艺市场多为交响音乐会、芭蕾舞剧等，舞台喜剧形式的演出比较少见，这具有一定的机会点。

② 年初的首轮来沪演出进行了大量媒体宣传，消费者记忆的留存性为本次演出的宣传推广减轻了一定压力。

③ 首轮来沪演出150元—680元的高额票价，把众多平民百姓堵在了剧场之外，如果此次演出制订合理的票价能吸引更多的普通百姓参与。

（4）威胁：

① 演出市场的高度风险性，为初涉演出市场的公司带来一定的威胁性。

② 演出市场的高度竞争性，为该项目的成功运行留下了重重障碍。

根据对大型舞台喜剧《亲戚朋友好算账》第二次来沪公演的优劣势等各方面的全面分析，我们对该演出项目有了初步的了解，合理的定位利于整体营销策略的制订。

3. 营销策略分析

(1) 票价制订策略

a) 票价制订要素：

- 美琪场地的整体票价层次
- 《亲》剧各地演出的整体票价水平
- 本次演出项目的成本支出
- 《亲》剧第一次来沪献演的整体定价

b) 票价制订策略：

100、200、300、400、500元的整体票价

- 100到500元的整体票价水平略低于首场演出的150-680元票价，以吸引更多消费者参与。
- 100、200、300元略低的档次占整体票务的75%左右，以迎合普通百姓的消费能力。

(2) 媒体宣传策略

拥有整个广播频率媒体平台的汤尼传媒，在承接本演出项目的同时尽可能利用此媒体资源，进行整合互动营销。由此，在此项目的宣传策略上，我们利用了以下几个宣传平台，并且有针对性地进行了不同阶段的宣传行为。

① 广播媒体：《东广新闻台》演出品牌广告+新闻信息播报

《东广都市台》演出品牌广告+专题节目互动+片段情景回顾+户外现场直播

《上广新闻台》、《交通台》 新闻信息发布+人物专访

② 电视媒体：《东视新闻娱乐频道》 演出信息发布

《上视生活时尚频道》 人物专题访谈

③ 报纸媒体：《新闻午报》 演出广告宣传

《青年报》 演出广告宣传

《生活周刊》演出广告宣传

《新民晚报》、《文汇报》、《解放日报》 演出信息宣传

《新民晚报》邮政夹报演出售票信息

④ 记者见面会：让演员（陈佩斯、郭凯敏）与媒体记者以直面交流的形式，增加演出的亮点宣传，扩大演出轰动效应。从正面、侧面的角度让媒体记者们尽可能了解演出及演员的优势、发掘点，希望借助记者之手为演出进行一番强烈渲染。

⑤ 平面宣传品：海报、单片、节目册等最普通，但又必不可少的演出宣传品的制作、张贴、派发，为演出客户的购票吸引程度起到了直接的宣传效果。

⑥ 演出现场：巨型剧照写真、大型宣传图片、名人签名海报赠送、现场横幅等现场布置为观赏客户营造一种身临其境的氛围；促使现场路人的参与。

同时，在宣传上，汤尼采取了三个不同的宣传阶段：

① 第一阶段预热期：

通过广播媒体高频次的演出信息告之、报纸媒体演出广告的刊登，使广大消费群体对记忆犹新的《亲》剧演出再次来沪有一个初步的认知效应。

② 第二阶段炒作期：

通过媒体见面会的召开、演出信息在各大众媒体的全面发布，使演出前期宣传进入到全面渲染、炒作阶段；各相关媒体的深入报道、人物专访等宣传形式，让观众对演出有更深入的认知；配合各类售票渠道、行为，最大限度地主动出票。

③ 第三阶段互动期：

通过广播、电视媒体与观众群体进行互动性（赠票形式）的交流加深观众的对演出的观看欲望、平面宣传品在各联网售票点进行直接宣传扩大观众的购票欲望等形式，在出票高峰期进一步加强演出热度。

在整个演出的媒体宣传策略中，公司充分运用媒体平台的优势，通过自身广告资源、节目资源进行纵向宣传；通过资源交换的形式进行横向宣传；有效把握了媒体资源与演出项目的互动营销行为。

(3) 出票策略

整个演出项目是否能成功运营，出票渠道、出票能力、出票比例是非常关键的，因为媒体营销对消费者而言仅是较为被动的宣传，购票的主动权把握在消费者手中；而出票的策略却是使演出能盈利的主动把握机会。由于汤尼传媒在此方面处于相对弱势，因此采取以借助外力为主的形式进行。

通过有机整合社会各界的出票力量，为本项目的实质盈利策略寻求一系列相对有利的方式。

(4) 合作策略

正如我们对沪上演出市场的认知，如今的演出承办方必须承担高额的团体演出费、团体住宿费、场地费、宣传费等，在没有合作客户的支持下，单纯依靠票房收入要能获利是非常困难的。尽管拥有媒体资源的汤尼传媒在媒体宣传方面占尽优势，而通过媒体平台与演出市场的互动营销，以此为公司在单一的媒体营销之外获得额外的收益，这是公司所希望并正在探索的，为此公司在承接该项目前期就积极运用媒体资源与演出现场资源的整合，寻求合作支持方，并且有了一定成绩：

① 根据本演出项目的主要定位群体，充分整合我广播平台广告资源、新闻发布会及演出现场的互动资源、直接面对消费者的各类宣传资源，寻找与受众相符合的全新客户——新侨食品。几经谈判，新侨食品有限公司对我们的合作策略欣然接受，作为本次演出的冠名赞助方，虽然他们的资金投入并不是很大，但作为我公司的利润新增加点还是值得一提的。

② 其次，通过长期友好的合作关系，我们为本项目寻找到了“唯一指定保健品”——XX牌水溶珍珠粉。作为知名度不是很高的保健产品，他们对本次演出的投入最大的希望是提升品牌知名度。

③ 30人左右的演出团体来沪，吃住将成为一项较大的支出；而名人的入住对宾馆自身知名度的提升是相当重要的，为此我们寻找了地理位置方便的中亚饭店作为本次演出的“唯一指定宾馆”，他们承担本次演出期间的相关住、吃问题，而同样广播媒体及演出现场的相关回报是他们所获得的支出回报。

众多合作支持方的加盟，为该演出项目的成功进行奠定了一定基础，同时从实践上支持了我们正在探索追求的媒体平台与演出市场的互动营销理论，它是获得广告主支持的营销行为模式。

合作优势：三方共赢，完美呈现

(1) 全新的运行模式，使汤尼传媒把演出团体-媒体平台-广告主三方有机地统一起来，形成一种有效的三方共赢组合。

(2) 相对专业化的营销，使演出团体在轻松获利之余能专心演戏，把更优秀、更完美的东西奉献给观众。

(3) 媒体+演出的宣传行为，正符合广告主的营销需求。正如本次演出的全程赞助方“新侨食品”，在本次活动宣传的同时配合自身的周年庆促销活动，不仅品牌知名度得到提升，营业额一下子成倍增长。活动结束时，新侨老总还表示明年一定还要有这样的合作方式。

点评：

作为一家原来只做广播媒体经营的公司来讲，利用现有资源与娱乐演出嫁接整合，变成新的服务产品，是诸多中小广告公司值得借鉴的一条创新经营和创新服务之路。从具体操作层面来看，将节目当作新品上市来做，也值得很多演出公司借鉴。

——傅博

中华英才网策划纪实

广 告 主：中华英才网

广告代理：叶茂中营销策划机构

营销诊断——发现长板，开拓蓝海。天赐良机，怎容错失，作为专注于网络招聘的公司，中华英才网完全有资格率先竖起“中国网络招聘第一品牌”的旗帜，以之展开营销/广告攻势，迅速抢占消费者心目中“中国网络招聘第一品牌”的制高点。

核心创作——攻心为上，抢占形象，最适合中华英才网的品牌形象载体跃然而出了！在中国，乃至全世界的范围内，超人有着极高的知名度。

媒介策略——集中投放，一鸣惊人。北京、上海、广州，历来是各大招聘网站必争之地。通过中华英才网提供的数据资料我们发现，最近几年谁能在北上广三地取得领先，也就在全国逐鹿中取得上风。

6月9日，全球瞩目的世界杯揭幕战终于拉开帷幕。中华英才网《超人篇》世界杯套播广告同样精彩亮相。数亿中国观众在球赛的中场休息时间连续两次看到了的中华英才网《超人篇》电视广告。

世界杯持续了一个月，中华英才网《超人篇》广告同样热播一个月，正如叶茂中所料，中华英才网TVC《超人篇》迅速撞击所有观众的眼球，不仅好评如潮，中华英才网的点击率与数据库中的简历数量也同时呈几何级增长。

一、市场环境——网络招聘 大势所趋

伴随着互联网的快速发展，中国网络招聘市场迎来前所未有的巨大商机。根据《2004年中国网上招聘研究报告》，2004年中国招聘市场达到41.6亿元，预计2006年将达到51.2亿元，平均年增长率为10%。2006年中国网络招聘市场规模增长到16.9亿元，占整体市场份额33%，平均年增长率达到73.9%。而在中国，2004年中国企业招聘人才平均只有8%通过网络招聘，相比同年美国采用网络招聘的企业所占77.6%的比例，中国网络招聘市场还有相当大的增长空间。

综上所述，在中国市场，网络招聘市场份额急速增加，并最终成为企业招聘的首选将是大势所趋，同时，诸多有着同样野心的竞争对手也即将在这片利润丰厚的开阔市场上驰骋，一场争夺中国网络招聘市场的大战在所难免。

二、竞争状况——三分天下 谁主沉浮

随着市场的放开和技术门槛的降低，中国网络招聘市场竞争主体日趋增多，总体竞争十分激烈。其中，以前程无忧、中华英才网、智联招聘为代表的大型综合招聘网站目前仍处于绝对优势地位。

作为国内最早、最专业的人才招聘网站，中华英才网从1997年起就开始从事网络招聘业务，其品牌和服务已被个人求职者和企业人力资源部门普遍认可。2005年4月，全球最大的网络招聘服务Monster.com（Nasdaq：MNST）注资中华英才网5000万美元，并把自身先进的管理理念、业务模式和产品引入中华英才网，公司从此进入全新的国际化发展阶段。同年5月，中华英才网与中国第一门户网站新浪网战略合作，缔造网络招聘帝国。

中华英才网走得很快，但起步比我们晚的竞争对手走得更快。2004年前程无忧成功上市，报纸+网络（51JOB）组合，依靠强大的产品力和资本优势，横行招聘业，牢牢占据第一；同时，51JOB在大客户方面影响力巨大。智联招聘凭借“张飞卖肉篇”广告战役配合强大的营销攻势，继续缩短与中华英才网的差距，直逼中华英才网市场老二的地位。专注行业和地方的人才网站也开始悄然崛起，各路诸侯纷纷占地为王，分别以南方人才网和浙江人才网和建筑英才网等为代表。目前已经形成前程无忧、中华英才网、智联招聘三分天下，各地诸侯占地为王的市场格局。前程无忧占天时，挟天子以令诸侯，网络报纸，具有对大客户的影响力；智联招聘，占地利，以专业白领网站占据高端人才；英才网，占人和，利用其优秀的产品及服务贴近消费者。但同时我们也发现中华英才网面临的困境：以网络发展惯例计算，一个品牌的发展速度要大于平均增速的2倍，才能占据市场的主导地位，中华英才网2005年每月新增用户已经数倍于互联网招聘的平均增长，2006年要提升这种爆炸式的增长，难度极大……前程无忧“报纸＋网络”，跟中华英才网排名距离落差也不小，中华英才网凭什么超越前程无忧？智联在高级人才品牌影响力中已经深入人心，广告影响力巨大，市场占有与中华英才网差距也仅仅是百步之遥，中华英才网靠什么可以甩开智联的紧逼？

三、营销诊断——发现长板，开拓蓝海

1. 发现长板

叶茂中策划认为，如果市场上出现了强有力的竞争对手，营销就可以超越原有的木桶理论——发现短板，将其补长，而去寻找企业的长板，将其加长，攻对手之短。

回过头来，我们对中华英才网的资源重新进行审视：不去找它的问题，而是找它的成功之处。

广告？人员？服务？产品？

中华英才网的产品在网络招聘里是最成熟的，正是靠这产品力，中华英才网一路过关走到了今天的地位。可是中华英才网的长板——专注网络招聘，优秀的网络产品。这个长板比竞争对手有优势吗？

我们发现“报纸＋网络”的产品形态是前程无忧成功的制胜法宝。前程无忧报纸的收入占到总收入的80%，网络占20%左右。报纸招聘是前程无忧的主体业务，网络招聘只是作为在向企业推销报纸招聘时候的附属品，因为在中国市场上，企业对网络的认知还相对落后，报纸招聘更为企业所接受。因此在价格只比对手稍高的情况下，“报纸＋网络”的产品形态更能

吸引企业。

《前程无忧报》成长花费了两三年，在其已经形成格局的情况下再去竞争，至少需要5年才能形成一个相对平衡的格局。这需要巨大的资金投入与时间成本。智联招聘曾经推出报纸想与前程无忧一较高低，结果却铩羽而归。

“报纸＋网络”的产品形态有弱点么？如果有的话，弱点在哪里？前程无忧报纸的收入占到总收入的80%，网络占20%左右。从这个层面上讲，前程无忧其实并非纯正的网络招聘公司。机会就在眼前！！！强势即是弱势！！！

在网络招聘迅速抢占传统招聘方式市场份额，并最终成为主流招聘方式的时候，若有人能振臂一呼，率先竖起网络招聘的鲜明旗帜，必将奠定其行业领先者的品牌地位。招聘市场领先者前程无忧却迟迟没有竖起这面大旗，并非前程无忧没有想到，毕竟他们80%来自报纸，网络招聘只占20%，如果竖完网络招聘的旗帜，他们的报纸该怎么办呢？天赐良机，怎容错失，作为专注于网络招聘的公司，中华英才网完全有资格率先竖起“中国网络招聘第一品牌”的旗帜，以之展开营销/广告攻势，迅速抢占消费者心目中“中国网络招聘第一品牌”的制高点。

2. 开拓蓝海

对于网络招聘来说，产生盈利的是企业客户，如何让英才网企业端用户爆炸增长，除了用传统的增长模式、广告等模式寻找新的用户，我们还有更好的方式吗？前程无忧，中华英才网，智联招聘都在拼命抢夺有限的几个大客户，同时期望以这些大客户的品牌效应来吸引更多的求职者。但大客户数量毕竟有限。中小企业客户才是决定公司盈利水平的关键。在争取大客户的同时，我们必须从这片竞争激烈的红海中跳出来，投入到全力开发中小客户的蓝海中去。

“向中小企业要效益，向大型企业要影响”成为中华英才网企业端推广的战略指导思想。

在此思想的指导下，叶茂中策划建议中华英才网采取以下动作，全力掠夺中小客户：首先，我们需要一款产品力十足的产品，一款专门为中小企业度身定制的产品。我们欣喜地发现，2005年中华英才网已经推出国内第一个针对中小企业的招聘解决方案——“英才招聘宝”，让中小企业提高招聘质量、降低招聘成本，并强力提升中小企业的招聘效果。经过大半年的市场检验，市场反应良好。在已有合适产品的情况下，叶茂中策划要做的就是尽可能改良这一产品，使之更具产品力。不同行业企业由于运作模式不尽相同，因此对人才类型的需求也是大不相同。做过三百五十行的营销策划的叶茂中策划深知这一点。按照不同行业，推出服务侧重点不同的行业招聘宝，并放到特定场合进行销售。更具针对性的产品，放在目标人群集中的地方卖，当然事半功倍。好方案不需多作解释，客户全盘接受。顺利解决产品力问题，接下来就要考虑怎么卖了。

在建议中华英才网急需强化其独有的电话销售模式后，叶茂中策划绞尽脑汁思索如何获得更多潜在客户的电话号码。人总是逼出来的，在连续数场脑力风暴后，一组令客户眼前一亮的方案摆在客户面前——危险关系；非常1+6； 串糖球……可是因为涉及商业机密，所以不能在此与诸位分享，见谅见谅！解决了网络这个行业特殊的战略问题，剩下的我们就要做品牌传播了。

四、核心创作——攻心为上，抢占形象

（一）核心价值——攻心为上

通过市调研究，我们发现受访者很难区别中华英才网与前程无忧智联招聘三者之间的差异，中华英才网还没有通过传播其独特的核心价值占领消费者的心智资源。同时，在企业访谈中，我们发现一个更令人倍感担忧的现象：当我们问道“请问中华英才网的核心价值是什么”时，答案林林总总，说“技术领先”的、说“中国第一网络招聘”的，说“讯息真实”的……答案五花八门。当一个企业对自身品牌核心价值都迷惘、混乱时，往往是一个危险的信号，它会造成品牌资源无法积累，品牌构建无法成型。必须先凝练出“中华英才网”的核心价值，之后才能进行有效的广告传播。我们仔细研究市场调查中得到的数据；在问到求职者“常登陆某求职网站的主要原因”时，29.3%的受访者选择“招聘信息更新快”，20.6%的受访者选择“招聘信息更准确真实”；在问到企业端同样问题的时候，51.7%的受访者选择“信息发布更及时”，34.3%的受访者选择“招聘效率更高”。

一个关键的发现，无论找工作，还是找人才，都有一个共同的心愿：要快、要适合。于是，中华英才网的品牌核心价值浮出水面——更快·更准！“更快·更准”这正是中华英才网的目标核心最为迫切渴望的。在面向求职者的时候，我们将其提炼为一句话——更快更准找工作！在面向企业端的时候，我们同样提炼为一句话——更快更准找人才！

（二）形象载体——谁是强者

单单就广告推广而言，智联招聘是招聘三甲中做得最到位的，“张飞卖肉”系列广告叫好又叫座。

叶茂中策划一直认为品牌采取形象载体有着无可比拟的优势，合适的形象载体对广告运动会起到事半功倍的推动作用。形象载体就是“符号”，符号总能最先抢夺人们的眼球，不但可以凸现品牌鲜明的个性，更能为品牌创作创造一个无限大的延展空间。机会面前并不是人人平等的，就看谁能够抓住机会——迅速抢占强有力的形象载体并全力坚持，成为中国第一个拥有形象载体的招聘网站。

中华英才网的品牌形象载体选择必须遵循以下标准：

一、能够符合目标受众的心理认知；

二、具有很高的知名度；

三、能够与中华英才网原先的标准VI完美融合

首先我们必须洞察求职者心理：心理学研究指出：人对自我能力水平的判断总是比旁人对他能力水平的判断要高出一截。 对于求职者而言，很少有人会认为自己找不到工作完全是因为自身的水平不够，更多是认为机会不够好，自身所长无从表现。每个求职者都会认为在某一方面，自己有超过他人的才能。

何不恭维一下我们的求职者，满足他们的心理预期：你是世界上最厉害的人。

最厉害的人是谁？超人!最适合中华英才网的品牌形象载体跃然而出了！在中国，乃至全世界的范围内，超人有着极高的知名度。当然了，在我们这里用的不是超人形象，而是一个披红色披风的飞人。

（三）创意表现——直揭问题

求职者喜欢看到什么调性的广告？严肃的？励志的？诙谐的？大气的？调侃的？……把自己当作一个求职者，实地跑几场招聘会，打几个求职电话，设身处地地感受一下求职者的求职历程再来回答上面的问题。于是，叶茂中策划中华英才网战斗组的创作人员全都跑出去找工作了。一个星期后，每个人的求职心得汇总出来：来回奔波于大小招聘会，每次满怀希望，却屡屡碰壁……未必是自己不够努力，只是中国的人才实在太多了……每天日出而出，日落而归，出门的时候精神抖擞，回家后却心力交瘁……日复一日如此这般，不知哪天才能拨得云开见日出，找到合适的工作……

……

在这种艰难状况下，严肃励志的广告调性未必会被求职者接受，因为有可能会令求职者产生反感，认为这是高高在上的谆谆教诲，是站着说话不腰疼；而诙谐调侃自我解嘲的调性则更具沟通力，通过表现求职过程中求职者亲身遇见的困难，能让身心疲惫的求职者产生共鸣后会心一笑，而后重新振作再度出发，这样调性的广告更容易获得目标受众的认同。

TVC以碰壁为创意点，通过无所不能的超人求职时却屡屡碰壁这一戏剧化的情节，夸张演绎出求职者在找工作时的辛酸与无奈。进而告诉受众这样的讯息：中华英才网，作为中国网络招聘的领先者，致力于提供方便快捷的求职服务，让你免遭碰壁之苦。《超人碰壁系列》、《超人受伤系列》、《超人做小工》系列等针对个人端的杂志稿也应运而生。并且根据中华英才网自身网络公司的属性，我们更创作了一组5秒的FLASH创意，通过网络进行投放，配合TVC，并深入阐述找工作碰壁之缘由。同时，针对企业端，以超人为主要元素的创作也相继诞生，并于人力资源领域的权威杂志《HR经理人》上陆续投放。

五、媒介策略——集中投放，一鸣惊人

紧接着，就该考虑如何有效利用媒介预算进行广告投放了。如何让客户的媒介预算效果最大化？这是叶茂中策划为客户所做全案策划中最重要的一环。叶茂中认为广告投放分三种思路。

第一种是一举成名型，在短时间，投入巨额广告费用集中投放广告引爆市场，瞬间提高知名度。比如我们的客户柒牌男

装，2002年世界杯期间一举投入3000万，一下子打出了知名度。

第二种是细水长流型，每个月都能见那么几次广告，但也就那么几次。这种方法适合一些大品牌，提醒注意为主，但对于成长期的品牌而言却是不合适的。

第三种是低成本型，通过集中投放同样可以达到较好的效果。

对于中华英才网不算宽裕的媒介预算，哪种投放方式能够取得最具震撼力的效果？招聘旺季是3-5月。招聘网站的常规做法就是在招聘旺季投放广告拉动销售。但经过研究，在此期间媒体并无好的资源。虽然有争议，但叶茂中坚决反对搞常规投放，而要求客户把广告费集中在四年一次的世界杯集中投放，采取一举成名的投放策略。世界杯持续时间一个月，是眼球最集中的机会，它与春节联欢晚会不同，春晚只有一天。世界杯一个月，如果量够的话绝对可以打响一个品牌。这正是新品牌成长的最佳机会。但3-5月是招聘旺季，而世界杯要从6月才开始，这个矛盾如何解决？北京、上海、广州，历来是各大招聘网站必争之地。通过中华英才网提供的数据资料我们发现，最近几年谁能在这三地取得领先，也就在全国逐鹿中取得上风。在世界杯来临之前，让我们先从突破重点城市开始！决战京沪粤！

哪些是京沪粤求职者最常接触的媒体？对于那些正在求职的求职者，每天往来于招聘会、面试地点、寓所之间，肯定是要搭乘交通工具的，搭地铁坐公车肯定是每天必修课。而对于虽有跳槽打算但未付之于行动的人，每天上班下班也是要搭乘地铁或者公车。

2月中旬的一个早晨，上海搭乘地铁的上班族们惊奇地发现：徐家汇、陕西南路、人民广场等枢纽站点的灯箱、包柱全部换上了中华英才网的新版广告。同一时间，上海、广州、深圳的地铁公车上，中华英才网极具视觉冲击力的新版广告吸引了上班族的眼球。超人碰壁成为上班族茶余饭后的谈资。同一时间，只要登上中国最大的门户网站新浪，中华英才网的5秒FLASH广告立刻映入眼帘。

仅仅局限于此吗？中华英才网开发了针对个人端的“英才求职宝”，增加对个人服务功能，诸如：可免费进行专业的职业测评一次、特价获得专业的职业培训、特别优惠价在网上购书、特价获得职场运程测试服务……

中华英才网提供的是不可见的网络服务，“英才求职宝”可以给产品一个可见的物质载体——卡，既是ID身份，又是时时提醒消费者的广告，还可以产生一种归属感。

在“英才求职宝”的派送方式上，我们提出如下建议，力求达到最大的到达率：

● 通过与高校毕业办合作，把“英才求职宝”与派遣证等一同发送给毕业生

● 于写字楼内免费派发

● 于各书报亭免费派发

……

如此便直接锁定了我们的求职目标人群。同样，针对企业端客户的习惯媒体——专业性杂志广告也紧接而上。在中国，中小企业的人事大多由老总直接决策，所以我们选择了目标群体相对比较集中，竞争对手的干扰较少，可以较好地传递企业及产品信息的媒体：航空类杂志、营销类杂志等。通过与央视大型创业节目《赢在中国》合作，中华英才网成为《赢在中国》海选唯一指定报名网站，同样为中华英才网敛得不少人气。截至4月，在电视广告尚未发布的情况下，仅凭中华英才网地铁广告、网络广告、杂志广告的优异表现，中华英才网业绩已经比去年同期增长超过100%。6月9日，全球瞩目的世界杯揭幕战终于拉开帷幕。中华英才网《超人篇》世界杯套播广告同时精彩亮相。数亿中国观众在球赛的中场休息时间连续两次看到了中华英才网《超人篇》电视广告。世界杯持续了一个月，中华英才网《超人篇》广告同样热播一个月，正如叶茂中所料，中华英才网TVC《超人篇》迅速撞击所有观众的眼球，不仅好评如潮，中华英才网的点击率与数据库中的简历数量也同时呈几何级增长。乐得中华英才网总裁张建国专门跑来请叶茂中喝酒。世界杯刚结束，我们又建议中华英才网贴片电影大片《超人归来》，将这股超人热借到中华英才网的传播上来。

7月14日的晚上，中华英才网董事长徐新女士专门从放映《超人》的影城里打来电话：广告效果太好了，销售增长太快了，我们选叶茂中公司来策划选对了。并约时间谈第二年的合作。

ChinaHR.com
找工作碰壁了
又碰壁了
中华英才网
ChinaHR.com
更快 更准 找工作
服务热线：400 671 1818
上班去喽
上班去喽

后记

从中华英才网新版主平面第一天投放大致5个月的时间。

超强冲击力的广告表现配合上集中密集投放的媒介投放策略，让中华英才网的广告无论是到达率还是记忆度上都创造了网络招聘公司广告的神话。

从客户那边了解到，中华英才网的点击率是直往上走，简历库的数量也是一翻再翻，中华英才网的技术人员最近正为解决网络访问量过大导致网络阻塞的问题忙得焦头烂额。

中华英才网总部打电话过来，告诉我们面对中小企业的“英才招聘宝”销量喜人，要我们增派人手迅速赶做各行各业的招聘宝。

努力不会白费，汗水不会白流，随着中华英才网广告战役的深入开展，相信一定会有更多的好消息回报给我们和中华英才网。

点评：

是一个蓝海战略思想的实践，无论在市场定位、创意、还是后期的媒介策略运用上，都体现差异化，其中有几个关键点值得学习和借鉴：

1. 对于目标客户的深入研究，特别是创意人员的亲身体验。
2. 对于品牌记忆点的把握，借力超人形象，产生多重记忆点和交叉记忆。
3. 对于传播媒体、时段、节奏的把握，恰到好处地利用世界杯的事件资源，快速扩大知名度。

——傅博

首届中国台挂历暨文化用品展策划

广 告 主：中国台挂历城 — 中国台挂历暨文化用品展览会
广告代理：金广广告公司

该案例结合金乡古镇的历史文化和地区域个性，突出金乡镇是“中国台挂历城”的城市特点，通过诗画的创作元素，显示金乡古镇的独特文化韵味，通过媒体、互动传播、恳谈会、邮寄宣传、网站、展会VI设计、发展论坛等多种传播方式，整合宣传，周密布署，使展会主题鲜明，进一步宣传和巩固了“中国台挂历城”的区域品牌。

一、背景

温州金乡，地处浙南闽东沿海的交界处，是一个具有600多年历史的文明古镇，明洪武二十三年筑城置卫，是浙南沿海的军事重镇，城围十里，护城河环绕全城，呈八卦乾坤布局；民族英雄戚继光曾几度在此扎营练兵，抗击倭寇。金乡人民在抗倭斗争史上留下了辉煌的篇章，也形成了独特的文化和性格特征。

金乡是温州市的滨海经济强镇，是迈向21世纪的台挂历文教用品生产基地、中国标牌包装制作营销中心、中国商标文化城、中国数字第一镇。目前，全镇有台挂历印刷、装订、销售经营企业125家，文化用品生产、销售企业100多家，从业人员近万人。2005年单台挂历一项品种有900多个，占全国台挂历市场份额的75%左右。近年来，金乡镇利用产业集群优势，大力发展台挂历行业。中国（金乡）台挂历商贸城占地300多亩，总建筑面积近15万平方米，是集商贸、居家、办公、美食、住宿、仓储、娱乐等为一体的新型台挂历商贸中心。2005年7月，以“中国台挂历城” 冠名的中国乒乓球超级联赛（温州赛区），将中国台挂历城这一区域品牌推向了全国。

首届中国(温州・金乡)台挂历暨文化用品展览会的举办，为全国台挂历行业构建专业的交易平台，同时进一步宣传和巩固了“中国台挂历城”这一区域品牌形象。

二、创意

结合金乡古镇的历史文化和地域个性，办出具有文化品位与商业气息相融合的展览会。我们在展览会策划时，始终坚持突出金乡古镇的特性，达到以金乡历史文化赋予展会文化内涵，同时又以商业展会来宣传金乡的古镇形象的效果。

展会理念：合众联动，共赢商机。

金乡作为全国性的台挂历和文化用品生产基地，是一个广阔的合作平台。吸引外商，与外地客商合作，共同开拓商机，是展会的理念所在。

表现主题：依循古镇脉流，发展文化产业。

我们通过大气、流畅的设计风格，以古镇历史遗迹为主要设计元素，结合台挂历类、文具类、礼品类等参展范围，对广告主题进行艺术化地传达，显示出600多年的文明历史积淀所赋予金乡的独特文化韵味。

三、策划与执行

1. 媒体推广

展会的媒体推广以报刊、户外、网络、路牌媒介为主，辅以灯箱、条幅等户外广告宣传。我们整合了各种媒体资源，进行针对性的宣传。

金乡本地、苍南地区、温州地区等重要路段大型户外广告牌、灯箱广告牌都发布了本次展览会广告。

浙江电视台，温州电视台，苍南电视台；《中国广告》、《温州日报》、《温州商报》、《中国义乌国际文化产业博览会》会刊、《商品资源网》会刊、《深圳发现资源》会刊、《今日玩具》会刊、《3515》会刊、《中交会》会刊以及慧聪网、中华商业网会展频道、浙江在线・浙南频道、中国文化用品信息网、商品资源、中国礼品商务联盟、慧聪网印刷行业、中国展会网等100多家媒体和网站都发布了展览会的相关信息。

2. 互动传播

为了学习举办展览会的经验，通过有效、专业的渠道宣传、招商，以最大的努力举办好首届中国(温州・金乡)台挂历暨文化用品展览会，组委会招商组于2006年3月份赴宁波参加2006年中国国际文具礼品博览会。4月份，分别赴义乌参加中国义乌（国际）文化产业博览会，赴深圳参加中国（深圳）国际工艺品、礼品展览会。在展览会中，参观展览会的有关企业展位，拜访相关企业单位。利用这些大型专业展会这一优良平台，为中国（温州・金乡）台挂历暨文化用品展览会为展会招商作了充分的准备，也促进展会的互动传播与宣传推广。

3. 恳谈会

组委会招商组还特地前往义乌、温州等地区开展招商恳谈会，通过深入人心的亲切长谈，推广本次展会，广邀四方参展商与采购商。

4. 邮寄宣传

通过各种渠道，收集台挂历及文化用品企业的相关信息与资料，给全国各地的企业邮寄邀请函，并及时通过电话、网络与各企业进行沟通，邀请各企业参展，并及时处理相关反馈信息。

5. 建立展会官方网站

展会官方网站——中国台挂历网发布展览会的相关信息，为参展单位提供相关服务，宣传中国台挂历商贸城的品牌形象。通过自身网站与其他相关行业网站以及一些知名区域网站的链接，依托它们的宣传力量，达到辐射性的推广效果。

6. 展会VI设计

通过统一的系统设计体现本次展览会的专业性，通过醒目的视觉画面，提升中国台挂历商贸城为台挂历第一城的企业形象，提高展览会的行业档次，同时为展览会增添文化、喜庆、时尚的气息。设计的主题思路将以展览会形象为中心，辐射性地展开金乡台挂历商贸城自我形象以及各参展单位企业形象的设计。

7. 筹备工作

为了周密做好筹备工作，办好本次展会，组委会特别成立领导小组，并下设各办公室和宣传组、招商会展组、安全保卫组、后勤接待组、会展庆典组等专门小组，各司其职，集中力量筹备本次展览会。

8. 特设三大展区

展览会特别设立了中国金乡历史文化展区、中国百年精品挂历展区和苍南旅游观光展区等三大特色展区。中国金乡历史文化展区主要介绍千年古镇、浙南抗倭重镇——苍南县金乡镇的抗倭历史文化和今日金乡镇的发展概况。中国百年精品挂历展区主要介绍宋广福先生用20年时间，收藏了清朝以来的中外挂历12000多本，他收藏的挂历除了中国挂历外，还有日本、美国、印度、越南和澳大利亚等十多个国家的挂历，被称为“中国挂历收藏第一人”，并被载入“吉尼斯世界纪录”。通过对金乡文化的深入挖掘、广泛传播，使人们对金乡镇的人文历史有更深的认识，进一步推动金乡特色文化品牌建设步伐。苍南旅游观光展区则主要介绍苍南县的悠久历史和旖旎风光。展出的名胜景区有滨海苍南玉苍山省级风景名胜区、海滨胜景东方夏威夷渔寮大沙滩、炎亭海口度假村、国家级重点文物保护单位蒲壮所城和生态旅游胜地玉苍山森林公园等苍南县著名的旅游胜地。

9. 签约仪式

为促进各企业间建立良好的合作伙伴关系，共创双赢的产销合作新局面，展览会开幕第一天举行隆重的签约仪式。金乡镇共有12家企业顺利签约，签约金额达1.8个亿。在隆重的签约仪式上，苍南县博文月历贸易有限公司、苍南县博雅月历贸易等金乡本地企业与广州万印发月历公司、杭州华艺礼品有限公司等外地企业顺利结对签约，达成良好的工贸合作协议，其中还有一家与韩国一企业达成签约意向。

10. 中国台挂历发展论坛

来自全县台挂历生产、营销企业主、各行业协会、笔记本企业主、外来台挂历商等人员共100多人参加聆听了论坛。浙江省摄影出版社副社长邱东浩、省人民美术出版社主任胡国林、中国台挂历收藏家宋广福三位专家应邀为论坛作了演讲。他们分别就“台挂历的生存与发展”、“浙江台挂历的发展”、“台挂历发展史”等作了精辟的论述，全面而又详细地讲述了台挂历的产生、发展及前景，并就台挂历行业发展规律、市场需求等进行深入浅出地讲解，论述具有很强的专业性、指导性、实用性和前瞻性，受到了与会人员的欢迎。

四、效果

1. 距首届中国（温州·金乡）台挂历暨文化用品展览会开幕还有14天的时候，招商工作就已超出预定计划的10%。最终

首届中国(温州·金乡)台挂历暨文化用品展览会
The 1st China (Wenzhou · Jinxiang) Calendar & Stationery Expo
开幕仪式
OPENING CEREMONY

锦洲月历

签约仪式
SIGNING CEREMONY

笔墨。
文韬武略，决胜千里。
文具类 Staionery

渊源流长，生生不息。
【依循古镇脉流　发展文化产业】
台挂历类 Calendars
文具类 Stationery
礼品类 Gifts
其它类 Others

松寿千节根自壮，
花生万蕊色深幽。
【深扎古城之根　绽放文化之花】
台挂历类 Calendars
文具类 Stationery
礼品类 Gifts
其它类 Others

日月。
志在乾坤，日月争辉。
台挂历类 Calendars

禮。
来而不往非礼也。
礼品类 Gifts

有260多家企业参展，首次参展规模超过了国内挂历类展览会。展会现场场面异常火暴，人流如潮，盛况空前。

2. 三天来，十几家企业合同签约额达1.8亿元，现场交易额也超出2000多万元。据估测，展会期间观展人数达6万多人次，创下中国台挂历展会人气、设摊参展、规模三项最高纪录。展览会官方网站——中国台挂历网受到强烈关注。

3. 展会受到了多家媒体的关注，《人民日报》、《中华工商时报》、《中国乡政企业报》、《浙江日报》、《浙江电视台》、《浙江在线》、《温州电视台》、《温州日报》、《温州商报》等媒体陆续对本届展会作了各种形式的报道。

4. 展会得到了各级领导，参展商、采购商以及各界人士的一致肯定和赞许。中国轻工业联合会、浙江省新闻出版局领导对本届展览会的各项工作给予了高度的评价，认为展会所取得的效果超出了他们的预想，必将给温州相关产业的增长带来了多倍的效益。

点评：

展会的策划很容易落入俗套，热闹有余，但品牌个性模糊。本案例平面部分巧妙采用复古的东方水墨构图方式为基调，通过行云流水般的书法及古朴典雅的国画烘托出金乡600年古镇的文化韵味，紧扣“台挂历暨文化用品”的会议主题，视觉感很强。在执行上通过多种宣传媒介整合传播，彰显了“金乡台挂历暨文化用品展”品牌个性，扩大了展会的影响力，实现了形象宣传及经济效益的双丰收。

——吴彬

GMS第二次领导人会议形象工程塑造

广 告 主：GMS第二次领导人会议

广告代理：风驰传媒

本案例旨在通过塑造大湄公河次区域（GMS）经济合作第二次领导人会议形象工程从而提升昆明市作为国际化都市的城市形象，扩大昆明市在周边国家尤其是GMS各国中的影响力。定位“七彩共荣”作为会议的核心理念，寓意大湄河区域六国与亚洲开发银行七方在昆明共商发展大计，谋求灿烂未来，更是代表七彩昆明。在此核心理念的指引下，形象宣传上大胆地利用色彩的渲染力，通过细节处理体现云南的地方特色，从而建立完整的视觉形象体系。通过“三横”、“四纵”户外宣传，“全城开花”的格局，以亮点工程提升形象，以“以会沟通，全民互动”使城市形象焕然一新。从而达到了宣传会议、宣传云南，展示现代新昆明的良好形象。

1999年，昆明世界园艺博览会成功举办，春城，一个“天天是春天”的美丽都市，以全新的面貌，成为全世界关注的焦点。2005年，举世瞩目的大湄公河次区域（GMS）经济合作第二次领导人会议在昆明完美落幕。春城，一个“七彩之城”，以现代化国际大都市的崭新形象，再一次让全世界的目光看过来！

一个展览带动一个城市的经济发展，一次会议促进一个城市的形象提升，并引发城市的基础设施进步：奥运会成就了无数城市的梦想，博鳌论坛使一个偏远的渔村成为世界的焦点，世博会使昆明的发展提前了十年，这已是实实在在让人们感受并体会到的事实。在以视觉为第一导向第一认知的今天，一个城市的形象，一次会议的形象已不再是单纯的标志表达，而是一个从视觉到理念，从理念到行为的系统工程，这个工程融合了传统意义上的企业形象、品牌形象及产品形象等方面的塑造，更带入了现代的城市个性定位与城市立体形象推广等综合诉求。

在此次GMS领导人第二次会议期间，昆明市民在一种从未有过的气氛中感受到了现代视觉文化传播带来的全新体会：昆明市大街小巷在鲜花的簇拥下靓丽一新的同时，全市的大型户外广告看板、购物中心大型墙面广告看板、街道各种小宗灯箱、公车站台灯箱、公车车体、主要街道灯杆刀旗等户外广告媒体，一夜之间统一换上了缤纷热烈的会议主题形象宣传画，整个昆明融入到会议节庆的喜庆大氛围中。优美的画面，缤纷的色彩直接传达出会议的主题，使市民与到昆的所有嘉宾真正感受到了昆明市的热情好客与市委市政府对会议的高度责任感与执行力。

作为一家专业广告传媒企业，在经历了严格的比稿，向省、市政府的多次提案、无数次的方案修改后，风驰传媒有幸承担此次盛会的全面形象包装与整体传播推广重任。一个由公司高层亲自挂帅的专案组同心协力，连续奋战半年之久。其间，各级领导对公司专业能力、沟通能力、客户服务能力的赞许，成为全体专案组成员倾力工作的不懈动力。

风驰传媒在GMS会议的整体形象塑造与推广执行上全面引入国际化的会议形象建设体系，从会议会徽的创作开始，到会议主题形象、会议事务用品、会议场馆建设、会议氛围营造、会议展览执行、会议宣传推广等方方面面全面严格地以现代VI视觉体系为创作原则，在紧扣GMS的主题下开展了GMS会议形象工程建设。

【形象创意篇】

准确定位：齐彩共荣 全面塑造新昆明形象

在传统意义上，一个城市的形象塑造是靠社会的全方位体现的，城市是一个政治、经济、文化、历史、地理等等组成的综合复合体，不像一个企业或一个品牌，相对单纯地具有明显的行业特性与产品特性。城市形象的塑造建设往往要依托相关的产业与时世，长期不断强化完善。在现代会展经济快速发展的今天，通过大型的国际性会议塑造城市形象的方式正在全球风行。为GMS会议塑造形象，并完整推广执行，首先是GMS自身作为区域性国家级会议必须要完成的工作，更是借机为昆明市形象建设锦上添花的好机会。将会议自身的特性提炼出来并与东道主主办地的城市文化结合是形象能否准确定位的关键。

一个标志从图形本身来看是很难界定美丑好坏的，每个人的审美观将导致个人对图形的认知偏好，一个好的标志创意首先要求“对”，即方向要正确，气质要对应。风驰传媒本次为GMS会议进行的会徽创作过程中，组织了三个创意团队与一个策略团队，经过三轮创作，为GMS会议度身定制共创作了四十几件作品，并向组委会最后提交了四套方案，其中“七彩共荣”方案被筹委会一眼认定，从众多比稿中一跃而出，该方案的成功第一因素正是因为准确的定位明确了创作方向：七彩共荣是GMS会议的一种精神理念，大湄公河次区域六国与亚洲开发银行七方在昆明共商未来，追求共同繁荣进步，必将为该地区带来美好缤纷的未来。这一切都是会徽创意可直接联想到的创作元素，而且主办地昆明是七彩云南的首府，这一块多姿多彩的土地上热情的人民对会议的满腔热情也是会徽必须表达出来的。这些需求导致了会徽创意的第一层概念产生：七彩，缤纷的七彩分别代表了与会六国与亚洲开发银行，同时也是七彩云南的直接表达，更是会议带来的美好未来的体现。有了色彩的第一概念后，色彩与图形的结合才是会徽成型的关键。GMS会议作为政府间合作的会议，有如在六国与亚行之间架起的一座沟通交流的桥梁，这也正是GMS会议的核心所在，所以桥梁这一创作概念同样被抽取出来，与七彩概念的完美结合终于产生了本次GMS会徽的准确定位。会徽从图形与色彩本身都直接传达出会议的外在与内在信息。正应了形象创作中造“形”与造“象”的关联理论：一个企业的标志必须要承载企业的文化理念。正如古话“相由心生”所阐述的关联性一样，现代形象

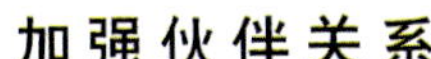
加强伙伴关系

THE SECOND GMS SUMMIT
A Stronger GMS Partnership For Common Prosperity
Kunming, China
4-5 July 2005

实现共同繁荣

加强大湄公河次区域经济合作 互利共赢 共同发展
THE SECOND GMS SUMMIT
STRENGTHEN GMS ECONOMIC COOPERATION FOR MUTUAL BENEFIT AND DEVELOPMENT

体系建设中“形”是可见的，外在的，而“象”是内在的，核心的，“形”的创意如果不能紧密结合在“象”的指导下，就必将失去生命力而仅仅是一个图形而已。所以，定位是创作的第一步，也是最重要的一步。

【策略推广篇】

执行到位：细节决定成败

现代国际性会议的形象体系建设不再单纯依靠一个会徽标志，而必须是建设一套完整的视觉形象体系。在本次GMS会议的会徽标志产生后，相关的形象应用推广设计才是执行工作能否到位的关键。

风驰传媒的创作团队在近三个月的创作周期里全面投入到形象的应用创作中。整个会议期间所有与会嘉宾会谈、交通、饮食、住宿、考察等各个环节中有可能接触到、看到、感受到的环境、道具、器物都必须与会徽标志具有直接的视觉联系，因此，形象体系建设的深度与广度创作都必须顾及到。在这个需求下，首先要创意产生的是会议的主题推广形象，这将是GMS会议对社会传媒推广的关键宣传画面，而且从专业的角度出发，本形象宣传画面必须与会徽标志从图形到色彩到内涵都有直接的关联性与统一性。于是“彩江荣六国”的广告推广主题形象宣传画应运而生。一条由会徽标志衍变而成的七彩河流泛起的层层波涛中，与会六国的标志性建筑依次跃然而出，金碧辉煌，直接体现出GMS会议的核心理念，表达出一江连六国，六国共繁荣的美好未来。这一主形象从色彩到形式都充分考虑到未来会议环境与城市氛围营造的需求，在所有媒体尤其是户外媒体上的传播效果将是无可比拟的直观鲜明。小到酒店的一双拖鞋，一块毛巾，大到全市的氛围建设，媒体应用，GMS的形象无处不在，都是风驰创作团队必须要认真思考，细心完成的工作，这也是对风驰专业执行力的一次大检阅。

形象的对外宣传树立是让昆明人切身感受到的，而GMS会议的会议场馆、专题展览的建设，却是直接对接到与会的六国及亚行领导人及全体参会者的。作为在云南举办的最高级别的政府会议，展览场馆的建设也必须是国际化的一流水平。会议场馆的整体改造方案，展览展厅的规划设计及布展是会议硬件建设成功与否的直接体现。在时间紧、任务重的情况下，风驰传媒创新出众多全新的展览形式，使展览整体层次品质提升的同时在细节处理上更体现出云南的综合实力与发展气势。整个展览得到了与会各领导人的高度认可与赞扬，为云南人民赢得了荣誉。

创新出位：三横四纵 让人非看不可的力量

再好的创意，都必须执行到位。而要产生超出期望的精彩出位，就必须要在执行上创新出彩。此次GMS的整体形象推广计划正体现了风驰创新出位的专业能力与执行能力，优秀的会徽标志，靓丽的宣传画，不仅是为会议创作的，更要让全昆明人民感受到，体会到。要通过广告与传媒的力量让全体昆明人融入到GMS会议中来，不仅要让昆明人参与其中，更要让每一个昆明人为GMS会议在昆明召开而自豪骄傲，要让所有到昆明的嘉宾游客感受到春城的热情与精彩。为了达到这一目的，风驰传媒投入重兵，根据昆明市的城市环境、交通流向及GMS会议流程紧密结合，制定了一套完整可行的城市氛围营造计划，提出了“三横”（人民路、金碧路、东风路）“四纵”（春城路、北京路、青年路、西昌路）的户外广告推广方案，以昆明市主要干道及与会代表会议期间将路经的交通要道的全新主题装饰、改造，带动整个昆明市主要交通干道的主题形象建设，在线上形成深度与广度兼顾、“全城开花”的格局；并提出了以亮点工程提升形象，以线状网络连接氛围的大昆明形象互动工程。通过亮点项目，“以会沟通，全民互动”；通过亮点项目，让城市焕然一新，让国内外宾客眼前一亮……

为了使昆明全市统一认知GMS形象，并在会议召开前，全面执行户外形象上架，使昆明一夜之间全市盛开GMS形象鲜花，以确保项目的实施执行到位，风驰GMS专业业务团队连续几个月投入全负荷工作，从选点到布点，走遍了昆明所有的户外广告位置，根据每一块户外广告的尺寸调整设计画面，更在会议开幕前连续几日几夜在一线组织安装画面。从项目总体服务上达到最佳品质。

【团队协作篇】

非同寻常的完美力量 源自精诚协作的团队精神

由中华人民共和国财政部主办，云南省人民政府承办，云南省财政厅协办的《大湄公河次区域经济合作成果展》，是大湄公河次区域经济合作第二次领导人会议的重要配套活动之一。这次活动规模大，规格高，要求严格，然而时间却十分有限。在GMS形象建设与推广执行的全过程中，风驰传媒积极配合各级领导与组委会的工作方向，从专业创意与推广执行上全力全心地投入，在非常紧促的时间内，精心设计、精心制作，应用多种展览语言和展示手段，实现了展览内容与形式的有机结合，快速、高效、圆满完成布展任务，展览受到与会各国领导人及国内外来宾、观众的一致好评，受到省政府的表彰奖励。事实再一次证明：无论面对任何挑战，团队协作的完美力量，攻无不克！

为期仅仅2天的GMS会议，使全世界又一次聚焦春城，让焕然一新的现代新昆明再一次展现于世界，进一步确立云南和昆明在中国面向东南亚、南亚开放中的前沿地位。本次盛会以“零缺点”、“万无一失”的优良表现，在赞许声中完美落幕。会议各项议程圆满完成，实现既定目标；整个会议宣传了云南，宣传了昆明。在全方位、大范围宣传本次盛会的同时，全面展示了现代新昆明之崭新形象。

点评：

城市形象的塑造可以提升城市竞争力，扩大城市影响力。而通过国际会议在城市的举行的契机来宣传提升城市形象是国际上非常普遍而且行之有效的方式。GMS第二次领导人会议形象工程塑造也正是着眼于城市形象提升的基础上展开的。

好的主题形象广告，创意设计与卖点融合是必不可少的元素，还必需能传达广告主题的核心内涵。本案利用“七彩创意”，将主办地昆明是七彩云南的首府巧妙融入，通过衍变成“七彩河流”泛起的层层波涛，将与会六国的标志性建筑串连在一起，体现GMS会议的核心理念，整体画面视觉冲击力强。执行中通过一系列整合传播推广执行，将此次盛会的外衍和内涵演绎得淋漓尽致突显了会议主题，也将七彩昆明的城市灵魂准确呈现，很好地达到了预期的目标。当然，如果能将一次政治性质的盛会在执行中注入更多的平民化元素的话，相信能更深入民心，影响更久远。

——吴彬

首届“感动沈阳”慈善评选活动回顾

广 告 主：“感动沈阳”慈善评选活动

广告代理：《华商晨报》

《华商晨报》与沈阳市慈善总会联合主办：“感动沈阳“评选项活动，充分利用了媒体的影响力，在筹划中重视体现活动的权威性，同时也注重扩大社会的影响力，非常注重把知名企业纳入评选。通过专家层的讨论平台，大众的评选活动，扩大大活动的参与度，影响面普及整个沈阳。在最后的颁奖晚会邀请到了有关部门领导和众多的明星参与，带动了全城的看点，掀起了慈善活动的高潮使活动圆满成功。

2005年9月1日是沈阳市第二个慈善日，在辽沈地区各媒体纷纷策划对慈善日进行包装报道的同时，《华商晨报》从7月20日开始同沈阳市慈善总会接触、策划此次活动，8月1日慈善评选活动正式启动，9月3日慈善晚会成功举办，到9月5日特刊的顺利出版，再到沈阳电视台对整台晚会进行录播，本次活动历时近一个半月，在同城媒体对慈善日的报道中取得了绝对优势，《华商晨报》“慈善之美，感动沈阳”的呼号，一时间成为沈阳的焦点话题。

这一活动体现了媒体的策划能力和较强的活动水准，更为重要的是，此次活动在为报社本身带来直接利润的同时，还使《华商晨报》与沈阳不少的潜在广告客户建立起了联系，并保持了一张报纸对所在城市的可持续的影响力。

突破：追求更权威

一个活动吸引读者、客户参与的最有效途径，就是最大限度地提升活动的权威性。尤其是对于评选类活动来说，权威性是关系到活动成败的关键。

“彰显沈阳市为慈善事业做出突出贡献的爱心人士，加强沈阳市‘慈善家’和‘慈善活动家’两支队伍建设，进一步提升慈善理念，扩大慈善事业的影响力和感召力。同时，合理利用并整合报社资源，开发、创造新的广告形式，争取将活动做成社会效益、经济效益双丰收的品牌活动。”在《华商晨报》总编辑齐东对本次活动宗旨准确定位的前提下，如何将活动办得更权威成为问题的关键所在。

第一、合作单位的权威

这次活动是《华商晨报》和沈阳市慈善总会联合搞的，这就意味着《华商晨报》拥有了最权威的合作单位。

沈阳市慈善总会是沈阳市民政局直接下属的单位，也是沈阳地区唯一合法的慈善机构。在同城媒体都在做慈善策划的前提下，《华商晨报》不是随便找一个民间组织来合作，首先就体现了《华商晨报》举办这次活动整体的权威性，从起点上就遥遥领先于同城其他媒体，为系列活动的开展奠定了坚实的基础。

来自沈阳市慈善总会的声音告诉我们，沈阳的慈善事业还仅仅处于起步阶段，一组权威数字震撼了这个城市：沈阳作为一座有着悠久文化历史的文明城市，却在慈善事业的发展上迈着不协调的步伐，沈阳一年所募捐上来的善款仅与山东一城镇一次募捐来的善款一般多，沈阳一年的善款平均到720万市民身上，每人每年仅向慈善事业捐赠善款1.38元。在这个背景下，才可以更好地彰显出慈善评选的意义，吸引更多的读者和企业，乃至政府部门、同城媒体的参与和关注。

第二、评选过程的权威

权威的评选过程不仅仅关系到此次活动的成败，更直接关系到一个媒体的公信力和社会话语权。在报业竞争的大背景下，《华商晨报》绝不允许被对手妖魔化和边缘化。

随着“十大慈善人物”和“十大慈善企业”评选活动报名及推荐的逐渐展开，通过系列报道让公众在第一时间内了解到活动的评选流程，并且真正参与到评选之中，于是权威性再次成为《华商晨报》赢得社会关注并最终取得成功的关键。

8月20日，《华商晨报》先后刊登了经过初选的30家候选企业和30名候选人物的照片和善举简介。组织社会各界人士通过信函、网络、短信三种方式，集中对这些候选人物及企业进行投票，每日对投票情况进行报道，渲染气氛；同时继续对候选企业及人物进行展示，特别注意不能将形象展示做成营销广告，这样客观上会影响报纸商业广告，得不偿失。

8月26日-8月31日，根据投票情况，结合评选委员会的意见，各选出15位候选人物/企业。8月26日刊登15位候选人物/企业名单，进入第二轮集中投票阶段。

最后进入确定“十大”阶段，9月1日由华商晨报社及沈阳市慈善总会牵头，召开评选委员会，根据投票情况，结合行业影响力以及善举，从30位候选人（企业）中选出10位慈善人物和10家慈善企业；同时选出20名“慈善贡献奖”（企业和人物各10个）；其余进入候选名单的20个企业和个人授予“慈善提名奖”。

第三、评委的权威

评选委员会的构成综合了社会各界的知名、权威人士，除慈善总会秘书长梁万富、慈善总会办公室主任魏广义、沈阳市地税局副局长赵奎刚、沈阳市工商局局长程云伟、沈阳市国税局副局长周晓娥等政府部门的领导外，还有沈阳唯一一位全国知名的经济学家、全国人大代表、辽宁大学原校长冯玉忠教授，此举大大提高了评选委员会的权威性。

谁可以入选，谁不能入选，绝不是谁都可以随便说了算的。评选委员会对参加慈善评选条件做出了明确的规定，首先“十大慈善人物”的主要捐赠行为、慈善行为发生在沈阳；其次，近年来，为沈阳市的慈善事业做出突出贡献，同时具有良好的社会形象和强烈社会责任感；第三，以个人名义为赈灾、帮助贫困群体或贫困地区捐款捐物，累计数额较大；第四，长期坚持不懈服务贫困群体、宣传慈善、并有感人事迹，且有较大社会影响的个人。

“十大慈善企业”首先必须是有捐赠行为的本土企业或国内外在沈企业；其次是长期坚持把企业文化与慈善文化结合，在企业发展过程中积极推崇慈善理念的企业；第三，以企业名义为赈灾、贫困群体或贫困地区捐款捐物，累计数额较大的企业；以及热心支持慈善事业发展，积极参与慈善活动，贡献突出的企业。

评选的权威性也是关系到是否可以“服众”的大事，有效避免各种传言的产生。

突破：参与度与影响力

一个成功的策划活动绝不是媒体自己唱独角戏，在权威性基础上，如何吸引更多的企业、读者、权威部门参与，如何提高活动的影响力更是重中之重。

首先，既然涉及到了慈善企业，如果没有本地的知名大型企业参加，活动的影响力则会大打折扣！那么怎样才能保证最知名的企业参加?

经过精心策划及准备，最终包括沈阳商业城、中兴-沈阳商业大厦、雪花啤酒、宏发集团等沈阳最知名的企业全部都参加了《华商晨报》组织的此次评选活动；同时，包括广东潮宏基、沃尔玛等企业也先后参与到评选中来。社会中坚阶层、主流企业的介入，不仅使评选的辐射范围得到最大化，同时，更彰显出《华商晨报》活动的强大影响力及社会意义。

其次，参与评选的群众热情及数量均达到了空前的高潮。

本次活动在提高政府及学术界人士参与热情的同时，也为其提供了讨论平台，同时还为企业家、下岗工人、农民等各个领域的慈善家以及读者提供了展示和效仿、相互激励的舞台。

为鼓励群众参与到活动中来，活动期间，先后进行了两轮投票，并且特别设置了短信、声讯、网络三种参与平台，评选期间的投票创下54万条（其中4万条投票为重复无效票，按无效处理）的历史纪录。以沈阳市民及流动人口共计800万人计算，平均每16个人当中就有1人为本次活动投票。市民关注度空前高涨。

甚至在颁奖晚会即将举行之际，出现了读者纷纷来电“抢票”的高潮，可见本次活动影响力之大。

最后，作为整个慈善评选活动的高潮，颁奖晚会也邀请到了有关部门领导及众多明星的参加。

哪些领导及明星会出现在晚会的现场？这一问题的答案可直接反映出政府有关部门对此次活动的态度及活动的社会关注度。经多方努力，最终主管宣传工作的沈阳市政府副市长郭允冲，沈阳市政协副主席王声溢、辽宁省新闻出版局局长余献朝等省市主要领导均出席了颁奖晚会，沈阳市市委宣传部特别指示沈阳各媒体配合参与报道，并给晚会发来贺电。沈阳电视台台长紧急调动转播车，亲临现场全程录播，颁奖晚会后，电视节目播出了，《沈阳日报》、《辽沈晚报》、辽宁电视台等更是在新闻稿件中直接写上“《华商晨报》主办”，一举开创了《华商晨报》活动外宣的新局面。

除了权威部门的领导外，众多参加慈善颁奖晚会义演的明星成为本次活动的又一亮点。中国足球先生肇俊哲、影星金巧巧出任沈阳慈善大使，香港影星成奎安在患鼻癌术后首次公开亮相，徐靖博、彝人制造组合、爱乐团组合也为晚会现场助兴，更有沈阳本地著名歌唱家范继红等倾情演绎，用市场化手段带动了全城的看点，将整个评选活动推向高潮。

目标：影响力的可持续性

选择会场对于此次活动来说意义十分关键，在经费自理的情况下，是选择一个普通的剧场，还是选择最高规格的辽宁大剧院?

辽宁大剧院是建国以来辽宁省投资最大的文化艺术设施。总建筑面积3万平方米，可容纳观众近1300人，用于上演芭

阳慈善晚会
晨报

慈善晚
晨报

晨报

沈阳慈善晚

首届沈阳慈善企业 慈善人物颁奖晚会

慈善晚会

感动沈阳 慈善晚会

感动沈阳 慈善晚会

首届沈阳慈善企业 慈善人物颁奖晚会

感动沈阳 慈善晚会

蕾、歌剧、交响乐、大型综艺晚会，其旋转、升降、可伸缩的巨型舞台和一流的灯光、音响都代表了辽沈地区观演剧场的最高水准。一般只有国家级乃至国际级的演出才在这里举行，其每场演出的综合费用至少也要百万之多。

同时，晨报人也深深地思考，在辽宁大剧院举行颁奖晚会意味着什么？权威、主流、影响力……《华商晨报》需要这样的高支点平台来服务支撑整个慈善评选活动的高潮。摆在面前的问题是《华商晨报》能不能做到？是的，《华商晨报》做到了。

在无需报社资金投入的情况下，《华商晨报》胜利地完成了整台晚会，为整个慈善评选活动打造了最声势浩大的高潮。“感动沈阳”——“十大慈善人物”和“十大慈善企业”评选活动以及“慈善论坛”开展37天来，共发新闻报道大小稿件94篇，投入版面近30个（对开）版。报道投放实行分期投入，合理搭配，不仅保证了新闻的看点和卖点，确保了优质的版面质量，还最终实现广告总收入70余万元，为报社带来了近30万元的直接利润。

说到资金和利润，专刊部在首席编辑徐云华的带领下在此次活动中同样功不可没。在参与此次评选的百余家企业和个人中，其中沈阳商业城、沈阳春天等很多企业一直是报社经营部门久攻不下的难点，通过这次评选，使这些企业对本报有了新的认识。活动过程中，记者听到很多这样的声音：“原来我们对《华商晨报》了解得不够，以为你们就会写批评稿，以后我们就是朋友了。”

当天，《华商晨报》的活动已经是这个城市里焦点中的焦点，然而，30万元的利润并不是终极目标，《华商晨报》更看重的是报道与活动的成功开展给本报带来的巨大社会效益，体现了《华商晨报》关注弱势群体的情怀，为《华商晨报》与政府以及各大企业集团、与读者建立的良好沟通渠道以及友好合作关系，活动对于《华商晨报》所带来的提升报纸品格档次，塑造品牌影响力、打造更广泛领域的市场环境是无法估量的。

专刊部利用这一机遇，熟识并团结了一大批“社会中坚”，有效地开发了新的广告客户，使《华商晨报》广告结构向主流化迈进，比如雪花啤酒、中兴服装等都是首次在《华商晨报》投放广告，不仅使企业对报纸自身形象有了重新认识，更为重要的是社会对《华商晨报》主流形象也有一定的认同。在此基础上，报社正酝酿成立“名流俱乐部”，与更多知名企业建立长期战略合作关系，通过影响力的可持续性，有效巩固了《华商晨报》主流媒体的形象和地位，最终实现报社经营工作的新突破及持续性发展。工作人员在交流心得时纷纷感叹：“通过我们的努力，树立《华商晨报》的主流媒体形象是我们最大的骄傲！”活动最终圆满成功，在获取读者认可的同时，《华商晨报》赢得了市场的尊重，更赢得了政府部门的赞誉。“感动沈阳”——“十大慈善人物”和“十大慈善企业”评选活动，最终实现了社会效益、经济效益以及报纸影响力高度提升等多局共赢的局面，成为《华商晨报》2005年策划性活动中的制高点。放大一次活动，影响一个城市。这次活动充分体现了《华商晨报》在团体作战上的能力和智慧，每一位晨报人也更有信心，将整个队伍和《华商晨报》同时打造成真正意义上的辽沈第一。

点评：

慈善活动已不是新鲜的话题，虽然社会意义深远，但如果策划不到位，只会使“慈善意义”流于形式，不一定能引起社会的共鸣。《华商晨报》作为媒体企业敢为人先，策划这次慈善活动，令人对他们的创新力和胆识刮目相看。《华商晨报》很巧妙地利用报纸媒体的影响力，发动社会资源，在活动策划中突出“权威”、“参与面”两大重点，用最经济的方式使难以出彩的慈善活动成为全城上下共襄的盛事，令人耳目一新，印象深刻。《华商晨报》也通过这次活动，巩固了主流媒体的品牌形象，扩大社会影响力，实现了经济效益和品牌提升的双重目标，成为笑到最后的大赢家。

但本案更多的是体现活动策划过程，对于主题——弱势群体着墨较少，如果能在这方面加强，或者从慈善颁奖晚会上着力体现的话，将更升华本案的社会影响力。

——吴彬

腾讯与厦门国际马拉松的合作

广 告 主：腾讯公司

广告代理：广州大华广告公司

为了增强腾讯网站的权威性，进一步扩大知名度，2006年2月，腾讯作为2006厦门国际马拉松唯一指定互联网通信服务商，与厦门马拉松进行了合作。腾讯网负责厦门马拉松的新闻制作，组织互动环节，赛事赞助企业广告链接，并利用其网络资源进行赛事宣传；厦门马拉松作为新闻提供者，负责提供第一手资料，并利用相关的电视、平面资源为腾讯进行大众媒体方面的宣传。通过此次合作，双方都达到了预期的目的，实现了共赢。

合作背景

北京申奥成功，使中国进入了一个体育营销的时代——所有的目光都随着2008的临近而向各类体育赛事转移。厦门国际马拉松作为中国田径协会、厦门市政府、厦门体育局的重点项目借势而发，以全城之力打造这一亚洲一流品牌赛事。

腾讯——作为中国最早，也是最大、最知名的互联网即时通信软件开发商，腾讯QQ的知名度远胜于腾讯网站的知名度。基于QQ的盛名，腾讯网给人的感觉是一个偏重于娱乐性的门户网站。为了增强腾讯网权威性，进一步扩大网站知名度，2006年2月，腾讯作为2006厦门国际马拉松唯一指定互联网通信服务商，与厦门马拉松进行了合作。

合作思路

网络的无限性和虚拟性使互联网用户可以自由游走在大量的信息当中。如何更好地吸引用户，使腾讯成为用户的首选?

根据CNNIC的有关调查报告：80%以上的互联网用户是基于求知心理、娱乐心理而使用互联网的，而当网站内容可用性（富新闻性、知识性）、可评论性、可娱乐性越来越强时，其固有、稳定用户才会越来越多，流量才会越来越大。大流量的访问量，不但能提高网站的知名度，同时也能使网站内容得到更广泛的宣传。基于此，我们将腾讯与厦门马拉松有机结合——借助厦门马拉松的影响力，及新闻的独占性充实腾讯网站内容，吸引更多的用户登录腾讯，关注腾讯；依托腾讯网的传播力，扩大厦门马拉松赛事的宣传面及宣传力度，提供更好的网络媒体平台（腾讯网）为赛事赞助企业提供宣传服务。

角色分配：

腾讯网——网络媒体平台，负责厦门马拉松的新闻制作，组织互动环节，赛事赞助企业广告链接，并利用其网络资源进行赛事宣传

厦门马拉松——A、新闻提供者，负责提供第一手资料

B、作为大众媒体宣传平台，利用其手中的电视、平面资源为腾讯进行大众媒体方面的宣传

具体实施方式

1. 网站合作：

a) 由厦门马拉松授权并提供相关素材，在腾讯体育频道开设二级栏目，用户可以通过该栏目关注最新赛事活动情况，包括赛事介绍、最新图片、最新消息等；

b) 为提高内容的可评论性和娱乐性，在赛事前一天，由腾讯记者独家采访厦门马拉松组委会华南区市场开发机构首席代表，并进行视频直播，现场解答网友对马拉松的各项问题，满足网友对马拉松的好奇心。当天的视频点击量达28万人次。

c) 比赛当天，腾讯网进行网上视频直播

2. 大众媒体宣传——与赛事新闻相结合，进行软性宣传：

为了更好地推广厦门马拉松，使马拉松成为一项大家关注的赛事。组委会在广州等地召开了新闻发布会，并为赛事筹备了一系列的配套活动：如拉拉队选拔赛、马拉松明星演唱会等，在所有的赛事宣传中，我们都尽可能的将腾讯与马拉松新闻相结合，提高腾讯在各类新闻媒体中的曝光力度；

3. 现场回报：

a) 腾讯标志展示：包括主会场背景板、颁奖仪式背景板、新闻采访台、折返点等；

b) 电视直播：在第二直播室中，在赛事新闻中融入“腾讯网正进行现场直播”相关新闻和腾讯记者直播现场等画面。第二直播室的信号通过广东、福建、厦门、四川等30多家电视媒体向全国直/转播厦门国际马拉松盛况；

c) 赛事宣传品：在赛事秩序册、成绩册等赛事宣传品中提供全版广告位供腾讯进行自身形象宣传。

增值服务

抓住时机，第一时间提供、制造热点新闻、话题

1. 当获知张靓颖成为厦门马拉松健康形象大使的当天，我们以最快的速度将该消息提供给腾讯。使其成为最先报道该消息的媒体之一。

其后在百度、google的搜索排序中，该新闻的搜索排序腾讯稳居前三位，这大大提高了腾讯该页面的点击量。

2. 在腾讯记者抵厦当天，恰逢国际马拉松高手同日抵厦。我们即安排在机场等候的厦门电视台记者对腾讯记者进行了即时采访，并在第二天厦门新闻频道“厦视在线”节目播出——通过报道，为腾讯的马拉松之行进行了宣传造势。

腾讯记者戏称：未采访人，先成为采访对象，感觉真的不一样。

效果评估

1. 在合作期间，腾讯的厦门马拉松专题网页日均访问量达到25万人次。腾讯的独家专访及视频直播点击量更超出28万人次。

2. 在厦门，赛事期间，人们对腾讯网的提及率达85%以上。

通过此次合作，无论是腾讯，还是厦门马拉松都受益匪浅：腾讯凭借厦门马拉松的宣传平台不单只达到宣传品牌的目的，而且厦门马拉松为腾讯网提供的新闻资讯，也丰富了腾讯网站的内容，使腾讯网更具吸引力、影响力。同时厦门马拉松也借助腾讯网络得到了更好的宣传。

点评：

腾讯网站与厦门马拉松活动的合作，是网络品牌与事件品牌有机结合的成功范例：事件品牌（厦门马拉松）不仅借助网络品牌（腾讯网络）得到了很好的宣传，其赛事介绍、最新消息、新闻发布会等信息通过腾讯网络迅速传递给网络受众，而且通过网络互动等环节有效提高了活动的参与性和认知度；网络品牌（腾讯网络）不仅从事件品牌（厦门马拉松）获得了大量最新的新闻资讯，丰富了腾讯网站的内容，而且借助厦门马拉松的现场宣传平台与大众媒体宣传有效地提高了品牌知名度与美誉度。

——姜智彬

红馆量贩式KTV，聚焦核心消费动机

广 告 主：红馆量贩式KTV

广告代理：东莞市点石广告有限公司

在调查研究的基础上，“红馆量贩式KTV”制定了“娱乐自己、娱乐大家”的唱K快乐文化，同时也喊出了“打造全城至High Party，让您炫到极点”的品牌主张。并以“娱乐化、时尚化、年轻化”作为开展推广工作的最高指引。在“红馆量贩式KTV”品牌标志设计和整体店面的装修风格上体现简约、时尚，视觉冲击力极强。同时大胆创新地采用“寻人启事”广告，并根据不同的节假日，开展相应的主题活动，迅速提升了项目的知名度。

背景

从2005年起，“量贩式”概念悄悄窜进东莞人的生活，东莞的量贩式KTV也一家接一家地冒了出来，成为都市人娱乐消遣的主要去处之一。

“量贩式”一词源于日本，在日语里是“超市”的意思，也有“大量批发”之意。量贩式KTV是灵活应用了“量贩”的精髓，最大的特点是包厢费因每天时段和节假日的不同而变化。

凭着对市场需求的敏锐触觉，“红馆量贩式KTV”的主体投资商新世纪河畔酒店决定切入“量贩式KTV”市场。基于前期我们对河畔酒店包装推广工作的优秀成效，这一次客户二话没说就把“红馆量贩式KTV”的整体推广很安心地交给了我们。

战略

早在“红馆量贩式KTV”进入市场前，东莞已经出现了两家装修豪华的量贩式KTV，量贩式的消费观念已经得到一部分人的认可，消费市场也相对地培育起来。但在我们经过收集资料的分析研究以及去竞争对手实地消费考察后，我们开始感到“量贩式KTV”在东莞市场变的有点模糊，因为竞争对手都把精力过多地放在追求装修的豪华，总体形象倾向于夜总会式KTV，而消费模式更偏向于商务型的KTV，体现不出“量贩式KTV”的真正消费精髓。

为此，我们又重新认真地审视一遍“量贩式KTV”的主要消费群体：他们的年龄以20岁—35岁为主，追求时尚，喜欢休闲娱乐生活；其中以年轻的白领、大学生居多；同事朋友同学相聚，边娱乐边公事的约会，情侣相约，也有一家老少齐参与的家庭聚会。

这一次，我们终于抓住了这群消费群体的最核心消费动机——聚会的欢唱，这是一场属于自己与朋友、与亲人之间的音乐派对！他们走进“量贩式KTV”消费，就是看中它高尚的经营理念，透明、自助、平价的消费原则，消除了以往高消费和秩序凌乱的误解，让KTV重归大众娱乐的本质。

于是，我们给“红馆量贩式KTV”制定了“娱乐自己、娱乐大家”的唱K快乐文化，同时也喊出了“打造全城至High Party，让您炫到极点”的品牌主张。

执行

在制定了具有强烈动感符号的品牌主张之后，“娱乐化、时尚化、年轻化”便成了我们开展推广工作的最高指引。

首先在“红馆量贩式KTV”品牌标志设计上，我们围绕K房里欢唱的元素把其时尚化演绎，仅初稿就给客户提交不少于十份方案。最后几经易稿，终于确定了一款对KTV欢唱的精彩演绎：标志将跳动的音符巧妙地融为“红馆”两字，并且通过点缀出KTV的“音箱”、“麦克风”的欢唱元素，渲染了在夜色里绚烂开放的心情，标志在视觉传达上极具时尚感与亲切感，渲染力极强，简约易记。

另外在整体店面的装修风格上体现简约、时尚，大胆运用标志的色彩对比，在外观和内部都给人耳目一新的感觉，视觉冲击力极强。同时巧妙地应用了标志的辅助图形，延展一系列时尚感十足的应用物料，例如店员的服装、头巾等等。尤其是店内旗舰店的概念包装，我们更是大胆地将辅助图形设计为一系列主题式的潮流时尚插画，给旗舰店增色不少。

试业的推广中，我们大胆创新地采用“寻人启事”广告，全城寻找与试业日期同日出生的人，邀请全城人为之开演一场至炫至High的生日Party，广告刊登当日店内的咨询电话响个不停。同时我们在征得客户的同意下，将“寻人启事”广告纷纷贴在街头的阅报栏、写字楼以及高档住宅电梯口、停车场以及加油站的出入口，将一场席卷全城的创意媒体运动发挥到极致。

试业后，根据不同的节假日，我们配合客户开展相应的主题活动，例如春节开展的“唱响2006新年节拍”贺年歌曲斗唱；情人节的“让我们的爱天‘唱’地久”情侣情歌24小时连唱；三八妇女节的“三个女人一场戏”职业OL迷你个唱；五一前开展长达两个月的“让你尝足61天的甜头”的特价促销，另外更有配合唱K减肥开展的“唱K唱出好身材”主题活动，世界

星販式

Others
其他类

欢唱世界杯
在世界杯期间，凡到红馆量贩KTV消费，均能获得特别优惠，消费满两个小时加送一个小时，
另更增设多种精彩游戏等你的参与。这个盛夏，我们一同欢“唱”世界杯！
地址：东莞市运河东一路新世纪河畔广场　服务热线：0769 2269 3333　2263 0000

寻人启事
姓名XXX，性别X，民族XX，出生于XXXX年12月31-1月2日，其亲友原订于近日在红馆量贩KTV为其举行盛大生日party，现下落不明。
望本人或有知其下落者致电：2269 3333
红馆量贩KTV元旦全面试业
凡12月31日-1月2日生日的朋友，持有效证件当日房费全免，赠送红馆超级蛋糕、永久会员卡、神秘礼物一份、啤酒等，先到先得，送完即止。
致电截止日期：2005年12月30日
打造全城至hign生日party，让你炫到极点！

杯期间的“欢唱世界杯”……这一系列主题活动的开展不仅为“红馆量贩式KTV”赚足了人气，更通过口碑宣传迅速提升了项目的知名度。

在品牌形象塑造的公关活动上，我们极力推荐了客户赞助了“联想—滚石网络歌手新人王”东莞分赛区和第二届《歌sing魅影》歌唱模仿大赛东莞赛区两大赛事。借助这两大赛事的成功举行，“红馆量贩式KTV”的品牌形象得以迅速提升，扩大了品牌影响力以及加深了消费群体的忠诚度，“红馆量贩式KTV”也成了越来越多东莞人晚上唱K娱乐的首选。

效果

一个成功的宣传推广，应整合运用广告、公关、POP、促销、DM等手段全方位立体传播。但根据“红馆量贩式KTV”当初的财务状况及工程进展情况，还不适合进行大规模的全面的广告宣传活动。

因此，“红馆量贩式KTV”要在实践中去开拓自己的品牌与市场，所有的推广方式都是奇招百出，以创新的手法吸引了一大群消费能力强、消费潜力大、容易接受和尝试新鲜事物的中年和青年一族。在极短的时间里树立起潮流、时尚、动感的鲜明个性，牢牢占据了东莞年轻人唱K消费的最大市场份额，成为城中年轻人的时尚朝拜圣地！

在“红馆量贩式KTV”面市半年后，品牌的扩张力得到很大的提升，目前已成功开设了第一家分店，同时在东莞的百年古镇——石龙镇也即将开设第二家分店，“红馆”绝对成为了东莞地区量贩式KTV的领军品牌。

点评：

红馆量贩式KTV案例很好地说明了广告调查在品牌定位中的重要作用。在品牌定位之前，通过对东莞量贩式KTV的资料分析和实地考察后发现，“量贩式KTV”在东莞市场已经异化，竞争对手都把精力过多地放在追求装修的豪华，总体形象倾向于夜总会式KTV，而消费模式更偏向于商务型的KTV。而“量贩式KTV”的主要消费群体的核心消费动机是聚会的欢唱，是一场属于自己与朋友、与亲人之间的音乐派对！在此基础上，“红馆量贩式KTV”制定了“娱乐自己、娱乐大家”的唱K快乐文化，同时也喊出了“打造全城至High Party，让您炫到极点”的品牌主张。通过有效地执行，“红馆量贩式KTV”已完成了品牌打造。

——姜智彬

第一财经系列电视广告的创意之道

广 告 主：上海第一财经传媒

广告代理：上海JWT

定位有道，创意有道，执行有道，这就是第一财经电视广告的成功之道。从定位的角度，第一财经拉近了与广大中层消费者之间的心理距离，准确地表现第一财经所能够给予消费者的指引和帮助。从创意的角度，围绕“第一财经，你的第一财富”这个创意点，“报纸篇”、“收音机篇”、“电视篇”这一系列TVC广告针对第一财经的各种不同媒体，让观众在轻松愉快的状态下接受广告信息。从执行的角度，通过与香港的Justin Poon导演和后期制作公司的默契沟通，三条系列的广告完美地演绎出了广告主题。

当今世界，经济全球化趋势愈演愈烈。财经资讯，作为其中重要的力量之一，不仅对重大商业决策起着决定性作用，同时对个人以及家庭的发展也具有不容忽视的影响力。随着越来越多的跨国企业将其中国区甚至亚洲区的总部移师上海，这个具有强大诱惑力的经济贸易中心已成为商家的必争之地，同时也成为了重大的经济资讯发布地。各大财经媒体对资讯市场的争夺战，日趋白热化。占领上海财经资讯市场，就是拿下全国财经资讯市场的重要先决条件之一。在这个历史性的时刻，作为上海财经媒体中的领跑者，第一财经选择了上海智威汤逊广告公司，为第一财经打造一套富有创意的电视广告，使它以全新的形象出现在消费者眼前，从而推动和发展第一财经这个品牌。古人云，君子爱财，取之有道。我们自信，君子爱创意，取之亦有道。

一、定位有道

第一财经是以投资者为对象的专业财经传媒，它包括了广播媒体的第一财经频率，电视媒体的第一财经频道和《第一财经日报》等多种形式。丰富的媒体形式，强大的整合实力，怎么样才能让消费者了解？怎么样才能赢得消费者的信赖？为第一财经做出一个准确的定位，成了摆在大家面前的第一个大问题。

随着经济的发展，财经已经不再是少数人的珍奇玩具。从针对少数经济精英，转而面向更大范围内的大众，才是现阶段财经媒体应该选择的方向。经过与客户的沟通交流，第一财经全新的品牌定位出台了，即面向更广阔、更纵深的市场，拉近与广大中层消费者之间的心理距离，准确地表现第一财经所能够给予消费者的指引和帮助。在广大消费者的心目中，第一财经应该是什么？它不是什么高深莫测的玄机，也不是令人望而却步的象牙塔，它就是一笔实实在在的属于你的财富。

二、创意有道

第一财经品牌定位确立过后，新的挑战即刻摆在眼前。应该以什么样的创意手法来表达呢？既然是财富，既然属于广大中层消费者，电视广告当然既要平易近人，又要完美展现出第一财经的作用和优势。怎么样让人们了解和记住第一财经？用什么样的方式来展现它的优势和作用？用什么方法让人们喜欢和信赖第一财经？如何更有趣更吸引人？……需要考虑的问题还真不少。大家攒足了劲，带着这许许多多的问题，开始展开了深入细致的思考。

第一财经可以带给它的消费者们什么？是所有人都在商业上获得成功，人人都成为了成功人士……；还是大家都变成了富人，城市中到处都是拉风的跑车，海面上满是气派的游艇……；或者是因为富人太多而产生很多的特殊状况，像飞机头等舱爆满，剧院贵宾包厢满员……

杰出的创意，往往就是在众多的可能性中诞生。经历一轮又一轮的思考和讨论，看着一个又一个的创意产生，然后又被否定，大家的坚持不懈终于有了回报，一个能让人眼前一亮，大呼过瘾的创意终于浮出水面。既然第一财经给消费者带来的最大利益是资讯，那换句话说，资讯就是消费者的最重要的财富。那我们不妨在第一财经和财富之间直接画上等号，看看会产生什么样效果呢？“资讯=财富”……“第一财经=财富”……“第一财经，你的第一财富”。有了！伴随着这句口号的产生，一个令大家都非常满意的创意点新鲜出炉了。

接下来的问题是，怎么样围绕“第一财经，你的第一财富”这个创意点，来做出漂亮的有创意的电视广告呢？大家又陷入一场艰辛的创意攻坚战。电视广告的目标群体是广大民众，就要求必须浅显易懂，平易近人；作为好的广告，足够的有趣对吸引观众同样也十分重要的，这样才能让观众在轻松愉快的状态下接受广告要传达的信息；更值得注意的是，第一财经既有电视，又有广播、报纸等多种媒体形式，要清楚地表现第一财经等于第一财富，也不是一件容易的事。在经过一个又一个不眠之夜后，针对第一财经的各种不同媒体，“报纸篇”、“收音机篇”、“电视篇”这一系列TVC广告的创意终于呱呱坠地。

“报纸篇”，描述的是一群劫匪成功打劫的故事。收获颇丰的他们欢呼雀跃地冲回设在一座破旧仓库中的据点，开始兴奋地分赃。“你的！你的！我的！”最后画面特写赃物，原来他们抢到的全都是第一财经的报纸。让他们如此兴奋发狂的是第一财经的报纸，而不是成捆的钞票或者名贵的金银珠宝。这个结果让观众先是出乎意料，之后又会心地一笑。第一财经报能给消费者最多最好的财经资讯，而这些资讯正是可以带来巨大财富的重要手段。劫匪抢到比现金珠宝更有价值的东西，当然会这样地欣喜若狂了。第一财经报就是财富，这个创意点生动而又深刻的印入观众脑海中。

“收音机篇”，描述的是一群晨练老人的故事。清晨，公园中，老人们伴着收音机的广播音乐跳健身舞。突然收音机出了故障，广播频道跳到了第一财经的广播频率，一位老太太正准备换台的时候，被一个坐在旁边吃早餐的白领阻止。旋即，不等老人反应过来，白领抢走了正在播放第一财经频率的收音机。连这样一位文质彬彬的白领，也想将一台正在播放第一财经广播的普通收音机占为己有，足以见得第一财经频率的吸引力。第一财经频率，能为消费者提供最有用的财经资讯，面对这笔无形的财富，难以抗拒自然合情合理。

“电视篇”，描述的是一名准备行窃的小偷的故事。在已经打量好屋里的名贵物品后，他却被电视里的第一财经频道吸引，进而无视男主人的存在，舍弃名贵物品，而偷走正在播放第一财经频道的普通电视机。偷最有价值的东西，这是小偷的原则。比起那些名贵物品，第一财经频道带给大家的财经资讯，无疑是最大的财富。小偷的夸张举动，充分地表现了第一财经频道就是财富的概念，同时也让观众忍俊不禁。

该系列广告，每条都幽默有趣，又出人意料，将 “第一财经，你的第一财富”这个创意点，淋漓尽致地呈现在广大消费者面前。

三、执行有道

有了出色的创意，执行的优秀与否就成了广告成败的关键。在与制片部门同事的共同努力下，我们最后选择了由香港的Justin Poon导演来进行电视广告的拍摄。

由于档期时间安排的关系，三条TVC广告要在两天时间内拍完，而1月份的上海，那几天又时阴时雨，众多外景的拍摄能否顺利完成，困难不容小视。天公作美，原本一直下雨的天气，在拍片第一天的早上止住了，大家配合默契，“报纸篇”顺利完成。傍晚，雨又开始下起来，大部队移师室内继续工作。顺利地完成 “电视篇”拍摄的时候，已经是第二天凌晨4点多了。也许是老天对大家辛苦的回报，第二天一早，雨又止住了，大家在短暂的休息后又投入了最后一条“收音机篇”的拍摄。下午，三条广告的拍摄任务终于全部完满完成。导演擅长的无厘头风格非常适合这一系列广告的创意，画面的运用也恰到好处，广告的成功就只剩下最后的后期制作了。

通过与导演和后期制作公司的默契沟通，三条广告的最终成片成功地完成。镜头剪切很好地表现出故事的创意点，音乐和配音也为创意加分颇多。整个系列的广告都一气呵成，完美地演绎出我们所要表达的广告主题。

定位有道，创意有道，执行有道，这就是我们的工作之道。我们希望，我们也自信，欣赏了这一系列广告的消费者，一定会因此关注第一财经，一定会因为关注第一财经而生财有道。

点评：

第一财经“财富系列”电视广告有力地说明了广告是打造媒体品牌的有效手段。定位有道，创意有道，执行有道，不仅是第一财经电视广告的成功之道，而且是打造媒体品牌的成功之道。其中，创意有道是打造成功媒体品牌的重要因素。“报纸篇”、“收音机篇”、“电视篇”系列广告，每条都幽默有趣，又出人意料，将“第一财经，你的第一财富”这个创意点，淋漓尽致地呈现在广大消费者面前，将“第一财经，你的第一财富”的媒体理念进行了完美的诠释和有效的传播。电视受众在欣赏了这一系列广告之后，一定会更加关注第一财经，一定会因为关注第一财经而生财有道。

——姜智彬

从真人秀看东方卫视娱乐策略

广 告 主：东方卫视 — 东方卫视真人秀
广告代理：东富传媒

东方卫视从开播之日起，就一直强调“新闻立台、娱乐补充”的战略定位。新闻赋予了东方卫视在社会舆论上的权威性和媒体公信力，而娱乐元素的活跃为东方卫视注入了时尚、动感、现代的都市活力。东方卫视在2006年夏天举办了两个大型娱乐真人秀项目——莱卡“加油！好男儿”与雪碧“我型我SHOW”，在全国掀起巨大的娱乐风暴。这两档选秀节目的成功，正是这个娱乐发展策略成熟运作所带来的结果！

不可否认，2006年夏天，从东方刮起了一场强大的“龙卷风”！这场龙卷风，不仅让全国亿万观众、全国各类媒体为一群标新立异的型男秀女和另一群花样美男而癫狂，更是着实令号称有“娱乐王国”的湖南卫视感受到它所带来的强大冲击。如果说2005年让国人记住了李宇春、张靓颖的名字，那么在2006年夏天，师洋、马天宇、吴建飞将是今年中国娱乐界最大的看点和惊喜。

众所周知，东方卫视在2006年夏天举办了两个大型娱乐真人秀项目——莱卡“加油！好男儿”与雪碧“我型我SHOW”，在全国掀起巨大收视风暴。从CSM提供的8月19日全国17个重点城市的收视仪数据看，莱卡“加油！好男儿”的平均收视已经超过2%，8月18日雪碧“我型我SHOW”为1.4%。在短信投票上，东方卫视的两档真人秀节目在一周的累计票数上也各自突破150万，逼近200万，超高人气可见一斑！上海地区，莱卡“加油！好男儿”在15－24岁青少年人群中更是历史性地创造了19.4%的最高收视！可以说在2006年，东方卫视打了一场漂亮的娱乐战役！

东方卫视从2003年开播之日起，就一直强调“新闻立台、娱乐补充”的战略定位。新闻赋予了东方卫视在社会舆论上的权威性和媒体公信力，而娱乐元素的活跃为东方卫视注入了时尚、动感、现代的都市活力。无论是业界还是受众，都已明显地感受到，东方卫视的娱乐节目已经构成了东方卫视的坚强支撑，东方卫视已经摸索出一套适合自身特点的娱乐发展策略。这两档选秀节目的成功，正是这个娱乐发展策略成熟运作所带来的结果！

坚持风格定位差异化，打造海派时尚！

其实在20世纪初，上海就是中国娱乐文化的中心，因为历史原因，逐渐失去了主导地位。随着市场经济的发展，消费社会的形成，娱乐需求的增加，上海面临着一个重新凭借娱乐成为文化中心的机遇。而东方卫视作为一个立足上海面向全国的播出窗口，责无旁贷地承担起打造海派娱乐的重任。

这种“海派”并不是仅局限在“上海风格”的小框框内，而是对“时尚、现代、大气、国际化”的一种泛指，体现出强烈的都市性。这种都市性不是通过选手造型、舞美等可见要素体现的，而是从骨子里散发出来的一种气质，已经融入到东方卫视娱乐项目运营中的各个环节。同样，这种都市性正体现了东方卫视娱乐栏目的核心竞争力，是其他上星频道现阶段难以克隆或拷贝的。所以东方卫视的娱乐栏目及相关活动，都深刻地印有时尚、现代的都市化烙印，与其他上星频道的节目风格有很大的不同。

海纳百川，为我所用

东方卫视在娱乐项目运作上一直秉承“让专业的人做专业的事”，以开放的态度去对待国内乃至国际的社会制作力量，一方面既规避了节目开发风险，同时降低了成本，另一方面也增加了节目的专业品质。东方卫视的娱乐节目有很多是和社会合作开发制作的，20%的综艺节目都放弃了电视台自办节目的“内部作坊”模式，转向委托制作、合作制作，初步构建起了一个“社会合作制作流水线”，这样就集合了社会上最具优势的制作和项目运作组织为东方卫视所用。展现出东方卫视谋求合作，实现共赢的广阔胸怀，从而使节目的质量和水平有大幅度提高。

全体总动员，充分整合集团资源及社会资源

上海文广新闻传媒集团是中国最有实力和影响力的全球华语传媒娱乐集团之一，作为上星频道，东方卫视无疑是这艘传媒航母中最重要的组成部分。从此番东方卫视的两档真人秀的运作上看，上海文广无疑是不惜成本地动用了旗下能够支配的所有媒介资源，并从人力、物力、财力上给予巨大支持。

上海文广下辖十几个电视频道，并且拥有广播、报纸、期刊、互动媒体等多类媒体，众人拾柴，和谐配置，托起卫视高度。在两档真人秀播出期间，几乎在文广下辖的所有电视频道，都能看到真人秀宣传片或深度报道。与此同时，东方卫视还与其他全国性的门户网络、报纸、期刊、电台、地方电视频道等社会传播资源进行合作，使对真人秀的新闻宣传在全国铺天盖地地传播开来，“强强联合、兄弟同盟、商机共创、利益共享”，极大地提高了东方卫视娱乐栏目的竞争力和影响力。

创新，“变”是不变的真理

东方卫视的发展历程，贯穿了创新求变的精神。2006年夏，面对真人秀市场激烈的厮杀，东方卫视根据竞争态势积极应对，出奇制胜。

6月19日，东方卫视突然高调宣布，从6月25日起到30日，“我型我秀”的百强争霸赛将进行为期六天的连续直播。紧接第二周，东方卫视又将“加油！好男儿”拉上直播周的战车。为期两周的直播周，无论是从节目的制作难度上还是从赛事的进程上而论，在内地电视选秀节目史上都堪称创举。为了此次直播周，东方卫视的电视节目编排也做出了相应调整，一些黄金档的电视剧和专题节目都纷纷为两档真人秀节目让路。电视业界也对东方卫视的这一举动表示了强烈的关注！

在“加油！好男儿”进入到全国总决赛阶段，东方卫视每周均推出不同的主题秀，一方面避免出现因赛制雷同而出现审美疲劳，另一方面也大大增加了节目的观赏性和结果的不确定性，从而促使收视率稳步上扬。在三强王位总决赛的当天，东方卫视再次创中国电视史上真人秀直播纪录，打通全天版面，从早上7点起就进行“加油！好男儿”全天17小时的直播大放送，为晚上的好男儿巅峰之战进行铺垫宣传，引发舆论惊叹。也正因为东方卫视大打创新牌，所以迅速在国内产生极大关注度，一举占领选秀节目的制高点，博得上位。创新，已经成为东方卫视真人秀的闪亮标签。

顺应趋势，打造“真实四季”、抢占娱乐制高点

中国电视娱乐节目发展到今天，共经历了综艺晚会、游戏娱乐、益智博彩和真人秀四个时期。作为一种新的节目形态，真人秀是一种电视理念的创新，自2000年起，一个巨大的真人秀浪潮就已经在全球范围内兴起并蔓延开来。东方卫视看到了这种潮流。在新的一年里，善于创新的东方卫视要寻找新的突破口，抢占娱乐制高点，真人秀自然成为东方卫视娱乐的战略选择。从2006年伊始，东方卫视力推“真实四季”，打造“真人秀系列”：打通周末晚间黄金时段，每季推出一档娱乐真人秀节目：“民星大行动”、“我型我SHOW”、“加油！好男儿”、“赢家”。每档真人秀面向不同人群，有着不同定位：“民星大行动”，主题“慈善”，真实记录明星从事普通职业时的体验和感受，将劳动所得捐献给社会弱势群体，既赢得口碑，又赚得眼球；“我型我秀”，致力于打造中国最专业、时尚、前卫的歌唱选秀比赛，见证邻家少年到天皇巨星的转变；“加油！好男儿”，全力打造国内最具轰动效应的男性选秀活动，将男人的魅力最大化地表现出来；“赢家”，被业内评价为“中国电视史上第一个财经真人秀”，面向社会的“白领、精英、骨干”人群，为全国心怀创业梦的电视观众提供了群体体验的出口。东方卫视 “真实四季”的战略选择，将对提升东方卫视真人秀电视市场的整体份额有着非常深远的影响。

真人秀广告编播科学化，广告主投资效益最大化

东方卫视除了在娱乐节目运营和制作方面有着积极的探索之外，在节目中的广告编排方面也进行了大胆改革和创新！

细心的观众都会发现，东方卫视的两档真人秀节目在直播过程中的广告插口较多，但每个刀口只有1－2分钟时间，而国内另一档同时段选秀节目“超女”在播出的时候虽然刀口较少，但每个刀口的时间多为5－7分钟。

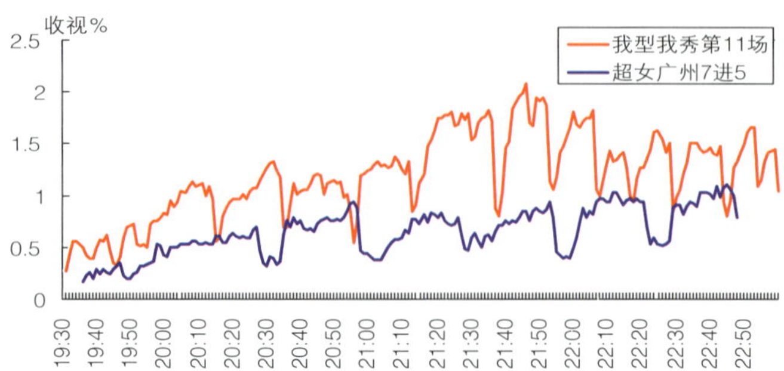

（数据来源：CSM8月4日全国17个重点收视仪城市晚间收视）

雪碧
我型我
SHOW

创智
赢家
WINNER

莱卡™
加油!
好男儿

莱卡™
加油!
好男儿
一个男人要走过多少路
才能被称为真正的男子汉?
HOW MANY ROADS MUST A MAN WALK DOWN
BEFORE YOU CALL HIM A MAN

LYCRA

CASIO

雪碧
我型我
SHOW
2006 雪碧我型我show

从表里可以很明显地看出三个问题：1. 东方卫视真人秀的广告时段收视率要明显高于“超女”，接近“超女”的两倍。2. 东方卫视的真人秀广告收视曲线呈现刀口状，能够在短时间内迅速拉伸，而“超女”的广告收视曲线呈现碗底状。3. 在“超女”的某些广告时段，东方卫视的收视有快速上升，明显是存在观众的流动现象。

东方卫视的这种广告编排策略不仅有效保证了广告收视率，避免观众换台，从而保证节目收视率，更关键的是保障了广告商的投资效果。假设是2分钟的广告刀口，如果投放的是30秒广告，则只能容纳4个，均属于前二倒二的位置，被观众收看到的几率大大提高！使广告主的投资效益发挥到最大化！

东方卫视在广告编排上进行的有益创新，使其在节目收视和广告主投资上取得了很好的收效，在做节目的同时，也充分重视广告主的投资利益！

综上，东方卫视依靠有利的集团资源和社会资源，通过差异化竞争，通过创新以及科学化的编排等一系列措施，在2006年夏打了一场漂亮的娱乐战役，其项目运作能力不可小视。在中国上星频道运作真人秀节目的市场内，基本上已确立了央视、东方卫视、湖南卫视三足鼎立的局面。在2006年的基础上，我们有理由相信2007年真人秀市场将会硝烟更浓！

点评：

如果说中国电视行业品牌建设的第一次强大冲击波来自于凤凰卫视，那么第二次冲击波可以说是来自东方卫视。自从上海卫视改版成为东方卫视以来，在电视机的矩形屏幕上就开始出现了一个年轻亮丽的漫舞者，向世人展示自己焕然一新的风格。2006年东方卫视“自有新视角”，完成了对自身品牌的一次升级，重头戏之一是力推贯穿全年四季、内容风格各异的四大真人秀节目。明年，东方卫视除了保存“加油好男儿”、“我型我秀”、“创智赢家”以及“舞林大会”外，还开拓思路，把真人秀节目的触角延伸到了体育界和教育界。它将推出两档全新的真人秀节目《足球王子》和《留学生》，打造强势娱乐平台。

——姜智彬

2006中国肝炎防治教育活动整体策划

广 告 主：中国肝炎防治基金会

广告代理：麦肯健康传播（中国）（McCann Healthcare China）

——麦肯光明广告有限公司下属健康保健传播公司

由中国肝炎防治基金会发起，与卫生部新闻办公室共同主办的肝炎防治宣传教育活动是一个在全民范围中开展的爱肝爱健康肝炎防治宣传教育活动。麦肯健康传播（中国）、中国肝炎防治基金会和中国卫生部共同组成的战略联盟，一举将该活动提升至了国家范畴级别的高度。麦肯健康传播（中国）采用了名人效益这个策略，成功地邀请到了亚太区最有名望的人气巨星刘德华来义务担任“乙肝防治宣传大使”，并参与多项公益活动推广的前期和后期工作。活动一经推出，即获社会各界如潮的支持和好评，截止到2006年9月7日为止，已经有51家电视台，79家报纸，8家杂志，7家网络报道了此次活动。用百度搜索“乙肝防治宣传大使”，共搜索到多达659,000条相关报道，用Google也搜索到了106,000条。

病毒性肝炎已成为中国非常严重的传染性疾病，尤其乙型肝炎在中国广泛流行，中国约有10%的人口长期携带乙肝病毒。究其原因，很重要的一条是对乙肝疾病的正确了解不多。大部分乙肝患者对乙肝的基本知识及其治疗现状不甚了解，在无知中加重了病情。45%的医生不知道什么是慢性乙型肝炎规范抗病毒治疗，对病人不能及时进行正确诊断指导医治。整个社会也对乙肝患者和慢性肝炎治疗存在严重歧视的心理。这种缺乏科学的理解和错误的治疗观念，致使肝炎长期没有得到很好的控制。基于此状况，中国肝炎防治教育活动势在必行。由麦肯健康传播（中国）全程策划，中国肝炎防治基金会公开发起，与卫生部新闻办公室共同主办的肝炎防治宣传教育活动已于2006年8月30日在北京人民大会堂正式启动。为期两年的肝炎防治教育活动始发于中国大陆，麦肯健康传播（中国）之后计划将此活动推广至香港、台湾地区和韩国等亚太国家。

整个活动推广包括：麦肯健康传播（中国）联系邀请刘德华义务担任“乙肝防治宣传大使”；拍摄制作乙肝教育公益广告；刘德华为本次活动亲自填词创作主题歌《心肝宝贝》MV；制作乙肝防治教育宣传单页；拍摄制作2006中国肝炎防治教育活动的一系列主题海报；策划整合活动期间媒体广告投放的发布计划；策划安排北京人民大会堂举行的2006肝炎防治宣传教育活动启动仪式；策划安排刘德华各项公益活动如北京友谊医院的探访；推广香港、台湾地区和韩国等亚太国家该活动计划等。

活动策略一：诚邀中国政府机构为活动的中流砥柱。麦肯健康传播（中国）集合中国肝炎防治基金会的力量，针对目前肝炎疾病对整个社会造成的潜在危害性及程度严重性，表明这一活动举办的必要性、紧迫性和对国家稳定发展的利益点，使中国卫生部这一国家政府机构对该宣传教育活动表示认同和鼎力支持，形成了由麦肯健康传播（中国）、中国肝炎防治基金会和中国卫生部共同组成的战略联盟。这行为一举将活动提升至了国家范畴级别的高度，使活动具备极大的社会号召力。

活动策略二：用真正的社会公益性打动名人义务参与活动，形成名人效益。中国自古即有“诸葛亮借东风”的经典策略，麦肯健康传播（中国）更将此举发挥得淋漓尽致。巨星刘德华被挑选并被活动的本质社会公益性深深打动，接受邀请义务担任“乙肝防治宣传大使”，参与多项公益推广的前期和后期活动和工作，并不收取任何的费用。刘德华的号召力和影响力是无可比拟的，活动一启动，即深获社会各界的关注和支持。

活动策略三：强调人文主义和社会使命感的精神力量，潜移默化引起公众的认同感。巨星刘德华因此在活动的启动仪式中真情流露，使整个活动成为了社会的热点，激起公众对活动的关注度。

一、市场背景

病毒性肝炎已成为中国非常严重的传染性疾病，尤其乙型肝炎在中国广泛流行。据调查推算，全国约有 1 亿人长期携带乙肝病毒，慢性乙肝病人约2000万，每年约有28万人死于与乙肝病毒感染相关的肝硬化或肝癌。在中国法定报告的传染病中，乙肝病例数多年来一直位居前列。乙肝已成为现阶段最为突出的公共卫生问题之一。在各类型肝炎中，乙肝流行较广感染人数众多，大多数健康人缺乏正确的乙肝防治知识，而感染者和患者也缺乏对正确诊断治疗的甄别，乙肝已不单单是医学问题，而其对社会带来的一些列影响，也成为我国现阶段最为突出的公共卫生问题之一。

目前，乙肝发病流行的严峻现实已引起政府和卫生主管部门的高度重视。今年，《国民经济和社会发展第十一个五年规划纲要》明确提出的要“严格控制艾滋病、结核病、乙型肝炎等重大传染病的传播”的要求。

在上述情形下，中国肝炎防治教育活动必将应需所出，势在必行。

二、公益活动目标的确立

中国肝炎防治基金会为积极宣传贯彻规划精神，促进规划的全面实施，于9月份组织开展以普及肝炎防治知识为主要内容的系列宣传教育活动，旨在通过中国肝炎防治教育活动，广泛动员社会各方面力量，唤起全社会对乙肝的重视，在群众中进行肝病防治知识的普及教育，增强肝脏健康观念和自我肝脏保健的意识，建立肝脏保健行为，自觉抵制各种虚假宣传误导，从而提高全民科学健康意识和肝脏健康水平，确保各项防治干预措施的有效落实。同时，该教育活动也为提高我国医务人员对慢性乙型肝炎的治疗，规范我国的慢性乙型肝炎的治疗和预防工作。

三、目标群体的确立

主要目标：全中国13亿人口

1. 乙肝患者

乙肝患者大部分人群对乙肝的基本知识及其治疗现状不甚了解，而求医治病的心情非常迫切，乱投医乱服药的现象十分严重，从而延误了最佳的治疗时机。根据目前调查仅19%的乙型肝炎病人进行了规范的抗病毒治疗。

2. 医护人员

45%的医生不知道什么是慢性乙型肝炎规范抗病毒治疗，对病人不能正确诊断指导医治，延误了病人的病情。

3. 社会公众

整个社会对乙肝患者和慢性肝炎治疗也有歧视的心理，不了解不重视乙肝病情，从而导致不知情者延误了病情，严重者最终转变成肝硬化。

四、整合行销策略

由中国肝炎防治基金会发起，与卫生部新闻办公室共同主办的肝炎防治宣传教育活动是一个在全民范围中开展的爱肝爱健康肝炎防治宣传教育活动。该活动得以大规模的举办，与麦肯健康传播（中国）和中国肝炎防治基金会团结一致，针对目前肝炎疾病对整个社会造成的潜在危害性及程度严重性，表明这一活动举办的紧迫性和对国家稳定发展的利益点，使活动一经提案即获中国卫生部国家政府机构的认同和鼎力支持，形成了由麦肯健康传播（中国）、中国肝炎防治基金会和中国卫生部三方共同组成的战略联盟。这行为一举将该活动提升至了国家范畴级别的高度，至此活动将会在全国范围内开展得游刃有余、通畅无阻，具备极大的社会号召力。为了更有效地推广活动，激起公众对乙肝的关注度，麦肯健康传播（中国）采用了名人效益这个策略，帮助中国肝炎防治基金会，用活动的本质真正的社会公益性深深打动并最终成功地邀请到了亚太区最有名望最超人气的巨星刘德华来义务担任“乙肝防治宣传大使”，并参与多项公益活动推广的前期和后期工作。借用刘德华无比强大的亲和力和巨大震撼的影响力来鼓励乙肝病人充满信心地面对疾病，坚持长期治疗，并呼吁更多的人来关注乙肝病人，给予他们更多的友爱和支持。此次活动为期两年。整个活动推广包括：麦肯健康传播（中国）联系邀请刘德华义务担任“乙肝防治宣传大使”；拍摄制作乙肝教育公益广告；刘德华为本次活动亲自填词创作主题歌《心肝宝贝》MV；制作乙肝防治教育宣传单页，该单页已成功插入收入活动主题歌《心肝宝贝》的刘德华最新专辑《刘德华声音》中；拍摄制作2006中国肝炎防治教育活动的一系列主题海报；策划整合活动期间媒体广告投放的发布计划；策划安排北京人民大会堂举行的2006肝炎防治宣传教育活动启动仪式；策划安排刘德华各项公益活动如北京友谊医院的探访；推广香港、台湾地区和韩国等亚太国家该活动计划等。此外，“亲情、诚恳、切身”的人文主义和“公益、义务、责任”的社会使命感是此次活动一直贯穿始终潜移默化宣传的情感线索，该感情色彩也是将活动推向高潮和实现成功功不可没的必要元素。尤其面对现代社会趋以冷漠的人际关系，该活动的推出激起了公众的沉寂已久的互相间心灵碰撞并继而产生关爱生命关爱他人的火花。

五、整合行销的实施

● 活动举办前期

共抗乙肝TVC

2006年6月至8月，由刘德华主演，中国著名第五代导演田壮壮执导的乙肝教育公益广告顺利拍摄制作完毕。刘德华成功邀请到著名艺人林家栋和导演田壮壮来参与教育活动。此次是田壮壮第一次执导广告。

公益电视广告分成了30秒和15秒的两个版本。故事情节从刘德华得知朋友兼工作同伴患病后，安慰鼓舞帮助他重新树立面对生活的信心和勇气，并愿意陪伴他积极共抗乙肝。这一系列带有强烈感情色彩的线索，配以渲染力极强的画面，伴有刘德华亲自撰写的活动主题曲的音乐，再加上刘德华贯穿广告始终的鼓舞乙肝患者的旁白，使整个公益广告有声有色，拉近了广告和受众的距离，并通过刘德华强大的号召力点明肝炎防治宣传教育活动的主旨“动员全民、关爱健康、共抗乙肝”。

MV

2006年6月至8月，由著名导演田壮壮执导、刘德华、林家栋主演的MV顺利拍摄制作完毕。这也是田壮壮第一次执导MV。

主题歌

2006年6月至8月，刘德华亲自填词创作了2006中国肝炎防治教育活动主题歌《心肝宝贝》。该曲已收入刘德华最新专辑《刘德华声音》，并内附有乙肝防治教育宣传单页。新专辑《刘德华声音》已于2006年8月8日在全亚洲同步发行。

主题海报

2006年6月，刘德华拍摄了2006中国肝炎防治教育活动的主题海报。并由此主视觉发展成一系列的平面广告。

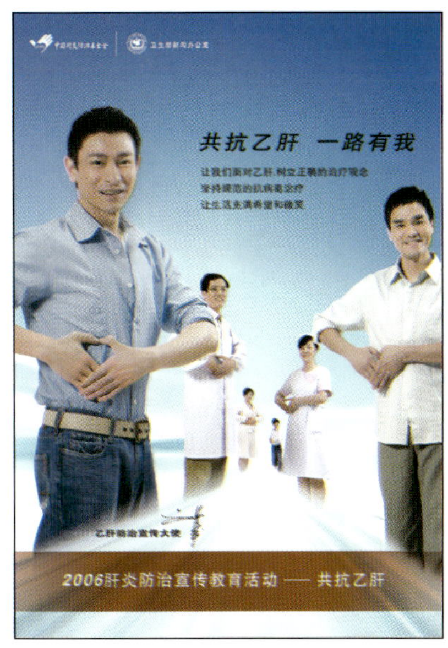

● 活动开展中

新闻发布会

2006年8月30日，我们在北京人民大会堂举办了“2006中国肝炎防治教育活动”的新闻发布会，并赢得各界的高度评价。

医院探访

2006年8月30日，刘德华专程前往首都医科大学附属北京友谊医院看望了在这里就诊的乙肝患者并对医务人员进行了亲切慰问。探访活动的纪实新闻已在新闻发布会中播放。

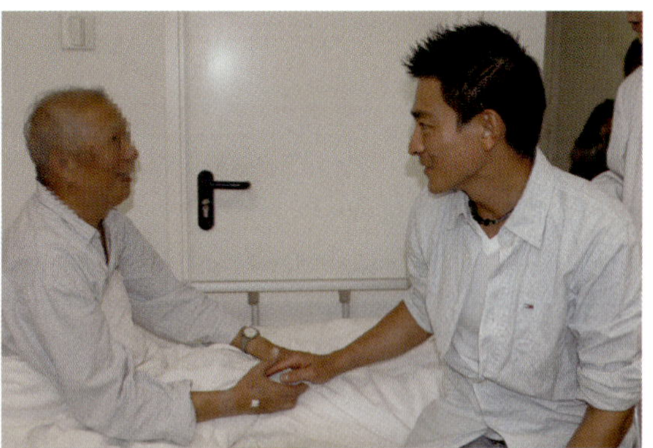

● 继中国推广活动启动后

香港、台湾地区和韩国等亚太国家的一系列推广计划

麦肯健康传播（中国）和亚太国家的卫生组织就此活动积极进行密切联络沟通，目前为止已有香港、台湾地区和韩国表现出强烈的支持和推广的意向。之后针对不同国家，不同语言的宣传方式，当地的组织活动等也将由麦肯健康传播（中国）筹划制作面世。

六、媒体策略

麦肯健康传播（中国）和优势麦肯一起合作，整合了一系列的活动媒体发布计划。由刘德华主演的乙肝防治公益广告将在上海、北京和广州的主流媒体，包括电视台、电台、报纸和户外媒体上同期发布。优势麦肯为这次公益活动争取到了很多公益广告的折扣及免费赠送，尤其在平面和户外媒体方面。

同时，我们还利用刘德华唱片公司自身的宣传工作为本次活动做宣传。例如：为本次活动亲自填词创作的主题歌——

“心肝宝贝”已收录在刘德华2006年8月最新发布的音乐专辑中，并作为在中国内地推广的主打歌曲（专辑中唯一的一首普通话歌曲）。与此同时，体现本次“心肝宝贝”的音乐录像亦会通过刘德华自身唱片的推广渠道在全国主要的电视台播放。

七、成效

8月30日的新闻发布会一召开，就吸引了来自全国各地包括港台地区的约200家电视、报纸、杂志、电台、网络媒体，并在会后第一时间报道了会况，在整个社会引起了中国肝炎防治教育活动的波澜壮阔的声势。截止到2006年9月7日为止，已经有51家电视台，79家报纸，8家杂志，7家网络报道了此次活动。平面媒体新闻共计发布93篇，有多家媒体还进行了两次以上的报道。央视报道远远超出预期效果，央视的1、2、3、4、6、8、9、新闻八个频道总计进行了13次报道。包括四大门户在内的各大网站，也都对发布会的内容进行了转载。用百度（最大的中文搜索引擎）搜索“乙肝防治宣传大使”，共搜索到多达659,000条相关报道，用Google也搜索到了106,000条。

点评：

随着市场经济的发展，社会需求心理逐步向更高层次过渡，人们普遍追求社会地位和文化品位，以满足尊重需要和自我实现需要。与之相适应，广告宣传策略上也越来越注重品牌形象塑造。通过名人来塑造品牌，无疑是一条捷径，因为名人效应本身就是一种品牌资源，通过广告能实现名人与品牌之间的联姻，唤起消费者对广告的认同。本案应该是运用名人效应中的成功典范，和普通商品不同，本案是一个公益性极强的肝炎防治教育活动，强调人文主义和社会使命感的精神力量，其成功地运用了刘德华这个健康、阳光的亲和形象，以他在亚洲的口碑与声望，引起公众的认同感。那支TVC更是通过朋友间相互关怀的真情，深入人心。由于明星具有一般人所远不及的公共影响和示范效应，能起到事半功倍的效果，加上正确的媒体选择，本案已取得了非常了不起的成功，相信其也必将成为众多广告争相效仿的对象。

——何俊

山东省红十字会社会募捐活动策划

广 告 主：山东省红十字会 — 大型社会募捐活动
广告代理：济南蔚蓝众和策划机构

本案为山东省红十字会首次为大型社会募捐活动进行的专业策划及推广方案，通过实施本方案共有效募集善款近千万，效果极为理想。2006年全国红十字会工作会议对此次活动作出高度评价，并号召全国其他省市红十字会学习本次活动经验。

前言

本方案为山东省红十字会首次为大型社会募捐活动进行的专业策划及推广方案，通过实施本方案共有效募集善款近千万，效果极为理想。2006年全国红十字会工作会议对此次活动作出高度评价，并号召全国其他省市红十字会学习本次活动经验。

活动背景

“新型农村合作医疗”介绍（略）

Ⅰ. 社会募捐现状调查及分析

在今天，当募捐箱摆在面前时，很多人都选择了默然处之，20世纪80年代人们争相募捐的感人场景似乎已远去。近年来由于慈善事业的公益性，加上国家又缺乏统一有效的管理，社会上组织募捐的机构越来越多，各式各样的募捐活动层出不穷。从最初的红十字会，到近年发起的慈善会，再到各种扶贫基金会，甚至有的企业、媒体专门为某一个个人举行募捐，各式募捐名目繁多，令人应接不暇。大学生街头募捐、慈善“一日捐”、报纸上各种“扶贫帮困”义捐，还有电台的捐助热线等等，组成一张募捐的大网，包罗了生活的每个角落。这种多头多次募捐的直接后果就是引起广大市民群众的反感，使他们产生逆反心理，最终对募捐变得麻木。同时国内募捐组织与方式还有待成熟与完善，目前一些募捐活动还带有政府强制色彩，而主持募捐事业的民间组织在这方面的力量还非常薄弱，因此大部分社会群体有所顾虑，对募捐机构的信任度也不够。

提起“希望工程”，人们立刻会想起广告牌上那个失学女孩，由此想到“希望工程”是发展教育事业，解决贫困儿童失学问题的。因此，人们在选择捐款的时候，一般都喜欢把钱捐给“希望工程”。可见希望工程的定位宣传十分成功。因而使“希望工程”在形形色色的社会慈善募捐活动中成为最出色的一个品牌。因此慈善组织要想做好募捐活动，必须选择正确的定位及宣传手段，从而以品牌性建立社会信任感。

Ⅱ. 活动定位：品牌化大型社会公益募捐活动

Ⅲ. 活动表现策略：

定位表述：1. 活动主题：支持“新农合”，为特困农民健康献爱心！ 2. 活动口号：捐10元钱，助一位特困农民参加一年新农合！捐50元钱，助一户特困家庭参加一年新农合！为特困农民的健康献一份爱心。

诉求方法：

1. 设计并确定活动视觉标志，即VIS视觉识别系统，将活动形象具象化。

2. 确定活动诉求模式，根据活动的定位、主题及口号我们发展出以下诉求模式。

A：感性诉求：通过可感染受众人群的画面与语言与之产生共鸣，使受众人群被感动，从而达成目的。

B：对比型诉求：通过对比以强烈、震撼的视觉化手段将特困农民需要帮助的信号传达给社会受众，达到募捐目的。

Ⅳ. 活动表现手段：

1. 标志

2. 平面广告创意：

A. 感性诉求型：海报设计方案

B. 对比型：宣传彩页设计方案

C. 对比型：该平面广告创意可同步适用于海报、宣传彩页或公益报纸广告。

3. 30秒电视广告短片创意脚本

A. 对比型

镜头一：一个正在洋快餐店吃汉堡的时尚青年。

镜头二：贫瘠的山村小路上步履蹒跚的病弱老农。

镜头三：画面一分为二，左面特写洋快餐价牌上的汉堡的价格：￥10.00；右边特写老汉饱经风霜的脸。

画外音：让10元钱变得更有意义。

镜头四：画面淡出，出现活动口号及募捐电话。捐10元钱，助一位特困农民参加一年新农合！捐50元钱，助一户特困家庭参加一年新农合！为特困农民的健康献一份爱心。募捐电话：0531–85599985

镜头五：画面淡出，在一阵音乐旋律（体现爱心的歌曲）中推出活动标志。

B. 感性诉求型

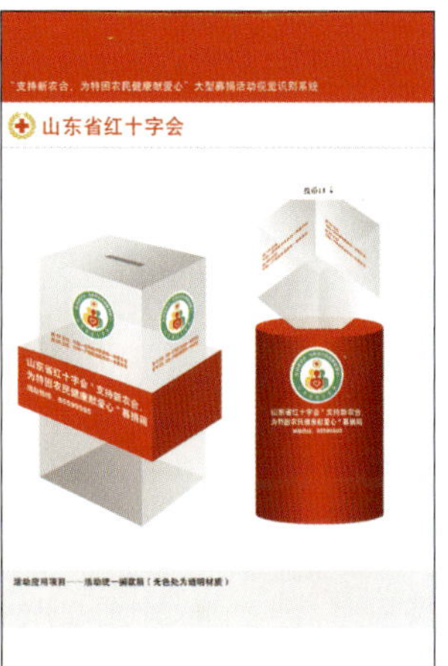

镜头一：当年山村农民拥军抗战的黑白历史图片。

画外音：他们曾是祖国的脊梁……

镜头二：一个满脸沧桑的老农站在贫瘠的土地上。

镜头三：病床上无助的农村儿童。

画外音：现在，关爱特困农民健康，是每个人的责任。

镜头四：画面淡出，出现活动口号及募捐电话。

捐10元钱，助一位特困农民参加一年新农合！

捐50元钱，助一户特困家庭参加一年新农合！

为特困农民的健康献一份爱心。

募捐电话：0531-85599985

镜头五：画面淡出，在一阵音乐旋律（体现爱心的歌曲）中推出活动标志。

V. 活动实施计划：时间：2005年12月份

地点：以大中城市为主，覆盖全省

具体实施手段：

一、平面广告宣传推广

海报：海报作为各类社会活动的主要宣传表现手段，在现代传播中有着不可替代的作用。本次活动海报共制作4500份，首先应分批下发到各地市红十字分会，然后在主要公共场所（写字间、酒店、大型社区、企事业单位）公开张贴。为达到统一发布的效果，活动开始后一周内必须全部完成。

宣传彩页：宣传彩页覆盖面大、数量多、成本低、传播途径更广，本次活动宣传彩页共制作50000份，60%用于夹报发行，时间为12月份前2周的周一（周一报纸传阅率较高），报纸可选择社会人群影响较大的《齐鲁晚报》。40%用于各类广场活动散发。

二、现代传媒宣传推广

1. 电视传播

自12月中旬开始，在山东卫视黄金时段连续播放30秒公益广告，至月底结束。

效果：电视广告覆盖面大，能有效提升活动曝光率，引发更多人的关注。

2. 报纸类

自12月中旬起，在《齐鲁晚报》每周刊登半版公益广告一次，持续2周。

效果：报纸广告到达率高，同时保存期高于电视，可与影视传媒互补。

3. 新闻

活动开始后，邀请相关新闻单位进行报道。

效果：新闻在传播中信任度高，能有效引导社会大众对活动的关注。

三、活动

在活动开始后，选择节假日在城市中人流量较大的公共场所开展宣传推广活动并散发活动彩页，如济南的泉城广场、银座商城广场、青岛的五四广场等。

效果：在较短时间内使社会人群了解活动，并达到募捐目的。

VI. 活动视觉识别系统（VIS）

点评：

想要做好慈善公益募捐活动，就必须建立社会信任感，在我们印象中，最成功的公益广告莫过于“希望工程”，照片上那双渴望读书而又无助的大眼睛打动了无数人的心。慈善公益募捐是物质上的付出，精神上的回报，所以必须以情动人。本案强调感性诉求，成功之处尤以平面中老人饱经风霜，褶皱善良的脸深入人心，这点上摄影师可谓功不可没。另外，其也通过平实的语言与受众产生共鸣，让人产生信任感。我们说，策划的重点就是为了加深受众的记忆，从而使信息有效地进入受众的内心，本案借社会普遍关注的焦点，以强烈的视觉化表现将农民需要帮助的信号清楚地传达给了受众，效果非常理想。

——何俊

（以姓氏拼音为序）

陈 刚
北京大学广告系主任

陈培爱
中国广告教育研究会会长
厦门大学教授 博士生导师

陈一枬
威汉国际联盟
董事长&执行总裁

程士安
复旦大学新闻学院广告学系
主任 教授 博士生导师

谷文通
新疆普拉纳广告公司董事长

胡晓云
浙江大学新闻传播学院
广告专业主任

金定海
上海师范大学
人文与传播学院副院长
广告与网络传播系主任

李颖生
《销售与市场》杂志社
社长兼总编

林展贤
上海精信广告公司
行政创意总监

孟 建
复旦大学新闻学院副院长
视觉文化研究中心主任 教授

乔 均
南京财经大学营销与物流
管理学院院长 教授

邵隆图
九木传盛广告公司董事长

王永辉
i-DNA异智品牌传播机构
总经理及执行创意总监

叶茂中
叶茂中策划机构董事长

张百清
智得沟通事业股份有限公司
董事 总经理

张惠辛
中国广告杂志社
社长兼主编

张家祎
灵诺策划传播机构总经理

张小平（黑 马）
黑马广告首席执行官

（以姓氏拼音为序）

陈碧富

1961年生于台北。

1986年至1992年——在台湾奥美广告公司任企划总监。1992年至1996年——北京奥美广告公司任总经理。

1996年10月至今——任观唐广告公司总经理。

服务过的客户有：伊利集团、统一食品、联华食品、金红叶纸业、五月花生活用纸、联合利华、裕隆汽车、舒洁纸业、远东建设、通用食品、信义房屋、美国运通卡、金车饮料、金佰利纸业、IBM、中美史克、天津统泰、德国威娜美发用品、联华食品、北海粮油福临门食用油、蒙牛集团。

陈月明

教授，宁波大学传播与艺术学院院长，宁波大学广告与文化研究所所长、浙江省传播学会副会长。主持浙江省规划课题“广告与文化传播”的研究，主编《文化广告学》、《广告与广告创意》。

陈志宏

1951年生。自1981年起，在上海社会科学院和《世界经济导报》任记者、编辑、经理、社务委员，并从事研究工作。1990年至1992年任《消费报》总编辑。现为上海社会科学院世界经济研究所市场研究部主任，中国未来研究院研究员。长期致力于市场营销、广告品牌、战略管理、创新管理、领导艺术、跨国公司、消费经济等学科的研究。出版著作二十余部。发表论文、文章三百余篇。共计四百余万字。

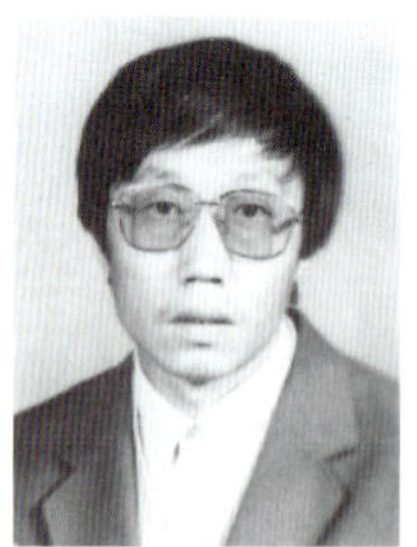

崔银河

华东师范大学广告学专业教授，广告学硕士研究生导师，星海广告文化公司总经理兼创意总监。主要研究方向：广告策划与创意、广告法规、影视广告编导等。出版《广告创意研究》、《广告法规与职业道德》、《影视广告编导与制作》等专著7部，发表相关学术论文90多篇。创意制作的广告作品曾在中国广告节上获奖。

邓相超

教授，硕士研究生导师，山东省政协委员，山东建筑大学艺术与传播学院副院长，山东建筑大学广告传播与社会调查研究所所长，山东经营管理研究会常务理事，山东省文化艺术科学协会理事；《21世纪广告》杂志、《广告研究》杂志编委；《海岱广告丛书》副主编，著作《广告媒介策略》等7部，论文30余篇，省部级课题5项，省部级获奖6项；广告金犊奖评委（大陆），山东省第四届青年广告设计学院奖评委，山东省“学院杯”青年广告设计大奖赛评委，中国优秀广告作品“IAI年鉴奖”评委，全国大学生广告艺术大赛评委。

董景寰

副教授，硕导，中国广告协会学术委员会委员，从事广告教学工作多年。原同济大学经济与管理学院工商管理系副系主任、广告专业主任。退休后任上海建桥学院艺术系副主任、广告专业主任。

樊传果

徐州师范大学信息传播学院副院长、副教授，广告研究所所长，广告传播中心经理，江苏省普通高校首批特色专业——广告学专业学科带头人，首批中国注册高级商务策划师；主持多项省部级课题，发表40多篇广告传播理论研究与实务运作方面的论文，主编《广告策划》、《文化与领导》等书；担任过十几家大型企业品牌与营销广告顾问，为近百家企业提供整体营销与广告策划。

冯帼英

天进整合营销传播机构董事长、中国广告协会学术委员会委员、厦门大学广告学硕士生导师，广州4A执委，十几年成功的中国市场品牌建设及推广经验，是整合营销的积极倡导者之一。1998年组建天进。通过多年实践提炼出“品牌快速成长十八法”及“天进品牌资产地球理论”。著作有《品牌快速成长十八法》、《海尔背后》、《海尔终端》。

傅博（Bruce）

现任多米国际营销传播咨询机构中国区CEO、首席品牌营销顾问、并担任多家企业顾问。

2004年度中国十大新锐策划人，中国市场学会理事，中国营销高峰论坛总策划人，2006中国营销“专业精英人物”，策略与资源营销理论的创导者和实践者，《中国广告》专家委员会委员，《新营销》、《中国广告》、《销售与市场》、《中国广告网》等多家媒体顾问。

曾先后成功服务乐百氏集团、中国人寿、中国移动、TCL手机、韩国LG电子、宝洁日化、伊莱克斯、英国灵格风、红金龙实业、东贝集团、明基电子、郑州卷烟总厂、长花灰韶旅游、羚锐制药、稻花香酒业集团、日本花王（forbon）、中国民生银行等多家国内外知名企业。

何俊

上海圣峰营销机构总经理。

曾就读于上海复旦大学MBA，从事广告事业十三年，并先后服务于上海宝久广告有限公司、上海圣吉伟丰文化传播有限公司以及上海圣峰广告有限公司。

贺雪飞

宁波大学传播与艺术学院副院长、副教授。著有《跨文化广告传播》等著作。

贾丽军

中国卓越形象创意产业机构首席创意官。2006戛纳评委与美国EFFIE奖国际终审评委，2006中国广告长城奖创意大奖评委。多次担任美国EFFIE奖国际终审评委、中国艾菲广告实效奖评委、中国广告节创意大奖、中国公益广告创意政府奖、中国网络广告大赛、《广州日报》优秀平面广告奖、中国青年人现场创意大赛、中国时报金犊奖等大赛评委。曾荣获“2005广告年度人物”、“10大广告经理人”、“中国广告20年20人”、“中国当代杰出广告人”、“中国最有影响的100位创意总监”、“中国最有影响的100位设计师”等荣誉。

江绍雄

蓝道(中国)广告公司执行创意总监。中广协学术委员会委员；中国广告节青年设计大赛评委。

获“中国广告10大创意总监”称号。蓝道广告名列中国最具成长性的广告公司100强，创作实力50强。

姜智彬

中国广告协会学术委员会委员，中国广告教育研究会理事，中国优秀广告作品IAI年鉴奖评委，中国艾菲实效广告奖评委，上海市广告企业资质评审委员会委员。现任上海外国语大学新闻传播学院常务副院长，硕士生导师。

专著《现代广告学论纲》、《现代广告设计》（合著）、《广告公司经营与管理》（合著）、《POP广告设计》（合著），主编《现代广告学》等多部教材，发表论文20余篇。参与国家级、省市级课题多项。

雷少东

壹捌零（中国）广告公司董事总经理。曾获颁2005中国十大广告创意人、中国十大广告策划专家、中国最具影响力的创意总监50人。现任中国广告协会学术委员会委员、2006纽约国际广告节、中国广告节及中国广告协会学院奖评审委员。曾服务的客户包括大众汽车、西门子家电、春兰电器、统一食品、肯德基、芬达、雀巢、日清奥丽友、东盛制药、港龙航空、《南方周末》等。

李光斗

中央电视台品牌顾问、中国十大策划人代表人物、著名品牌战略专家、李光斗品牌营销机构创始人。参与并策动了中国VCD和乳业营销大战，被评为影响中国营销进程的25人之一，并任北京大学、清华大学、上海交通大学特聘教授。自1990年开始先后担任小霸王电子、伊利集团、蒙牛乳业、广日电梯、民生药业、古越龙山、交通银行、喜临门集团、夏进乳业等著名企业的常年品牌战略和营销广告顾问，荣获中国策划业12年杰出功勋奖。

李振国

副教授，河北师范大学新闻传播学院广告学系主任；石家庄法商职业学院特聘教授；石家庄工商管理学院广告系主任；河北省新闻奖专家评委；河北省国际公共关系协会学术委员会委员。出版发表《商品美学》、《传媒新视野》、“政府营销论”、“跨国公司品牌策略和中国品牌创新与发展”等著作和论文。为省内外数十家企业进行企业管理、营销推广、广告策划活动。

何春

大西南广告董事长、执行创意总监

1992年创办大西南广告公司。

中国广告学术委员会委员，2006艾菲（中国）广告奖评委，全国大学生广告艺术节评委，中广协《中国元